重歸文獻——影印經學要籍善本叢刊

主編 安平秋 楊忠

重歸文獻——影印經學要籍善本叢刊

周禮

影印金刻本婺州本

（上冊）

（漢）鄭玄 注

北京大學出版社
PEKING UNIVERSITY PRESS

教育部人文社會科學重點研究基地重大項目「鄭玄與漢唐經學傳統研究」（項目編號 22JJD770007）成果

「重歸文獻」叢書序

學術從建立各種相關概念開始，逐漸討論各概念之間的關係，追求建設精緻完美的理論體系。不難想象，在這追求的過程中，脱離實有世界的傾向是不可避免的，因爲他們的出發點是諸概念，目標是理論世界的完美。西漢章句學發展到極點，遭到班固、桓譚、王充等的批評，班固等轉而主張兼通五經；南北朝義疏學發展到極點，遭到顔之推、王劭、劉炫等的鄙視，顔之推等轉而主張廣泛閲讀典籍。朱熹以四書爲基礎建立一套經學體系，元儒紛紛爲之義疏，研究透徹，理論精密，理學理論貫徹到五經所有内容。於是出現一個悖理：五經所述既然不外乎四書之道理，讀五經有何意義？所以明代中期以後學者才逐漸轉移目光，開始閲讀漢注唐疏以及唐代以前各種典籍。二十世紀史學界，曾經盛行馬列理論，經過諸多學者辛勤研究，所有歷史現象都被證明符合馬列理論。同樣出現的問題是：既然知道都符合馬列理論，還有必要學習歷史嗎？我們利用概念、理論，可以收到以簡馭繁的效果，但這種概括方式走到最後，只能導致學術的貧瘠，甚至口號化。若欲拯救這種貧瘠，惟有回到文獻的豐饒世界裏。

經過八十年代的理論熱，九十年代的國學熱，近十年來文史領域的論文數量猛增，而我們又開始感覺到學術的空疏。現在我們要暫時告别學術界，跳出學術發展的大潮流，上岸脚踏實地，重新調查實有的歷史文獻，仔細探索各種概念、理論與實有文獻之間的關係。我們不求速成，準備從容悠長地進行調查。首先要有可供調查的資料，所以我們策劃推出這套叢書。我們選擇最基本的文獻，尋找該書最重要的版本，儘可能全面、如實地展現其實有真相。因此，本叢書會有殘、破、髒、重、小等看似十分糟糕的特點，而我們爲此感到驕傲。版片磨損，印葉殘破，背面有公文等情況，本叢書都如實影印，絶不加工。原版、補版儘量並列對照，不怕重複。希望本叢書能夠爲文史研究者提供一片原始森林，既爲學界提供必要的稀有資源，又作爲可以退守的根據地。也希望本叢書能爲那些有能力體察實有文獻真相的同道所購，時常引誘他們踏進實有文獻的世界中。

目録

影印金刻本婺州本周禮前言…………一

影印金刻本婺州本周禮（上）

金刻本周禮…………一

卷一

天官　敘官…………三
天官　太宰…………一三
天官　小宰…………二一
天官　宰夫…………二六
天官　宮正…………二八
天官　宮伯…………三〇
天官　膳夫…………三〇
天官　庖人…………三二
天官　内饔…………三三
天官　外饔…………三四
天官　亨人…………三五
天官　甸師…………三五
天官　獸人…………三六
天官　𩺰人…………三七
天官　鼈人…………三七
天官　腊人…………三七

卷二

天官　醫師…………三九
天官　食醫…………三九
天官　疾醫…………四〇
天官　瘍醫…………四一
天官　獸醫…………四一
天官　酒正…………四二
天官　酒人…………四四
天官　漿人…………四四
天官　凌人…………四五
天官　籩人…………四五

天官　醢人……四七
天官　醯人……四八
天官　鹽人……四八
天官　冪人……四八
天官　宮人……四九
天官　掌舍……四九
天官　幕人……四九
天官　掌次……五〇
天官　大府……五一
天官　玉府……五二
天官　内府……五三
天官　外府……五三
天官　司會……五四
天官　司書……五五
天官　職内……五五
天官　職歲……五六
天官　職幣……五六
天官　司裘……五七
天官　掌皮……五八
天官　内宰……五八
天官　内小臣……六一
天官　閽人……六一
天官　寺人……六二
天官　内豎……六二
天官　九嬪……六三
天官　世婦……六三
天官　女御……六三
天官　女祝……六四
天官　女史……六四
天官　典婦功……六四
天官　典絲……六五
天官　典枲……六五
天官　内司服……六六
天官　縫人……六七
天官　染人……六七
天官　追師……六八

天官　屨人……六八
天官　夏采……六九
卷三
地官　敘官……七五
地官　大司徒……八五
地官　小司徒……九五
地官　鄉師……九八
地官　鄉大夫……一〇一
地官　州長……一〇三
地官　黨正……一〇四
地官　族師……一〇五
地官　閭胥……一〇六
地官　比長……一〇七
地官　封人……一〇七
地官　鼓人……一〇八
地官　舞師……一〇九
地官　牧人……一〇九
地官　牛人……一一〇
地官　充人……一一一
卷四
地官　載師……一一三
地官　閭師……一一五
地官　縣師……一一六
地官　遺人……一一六
地官　均人……一一七
地官　師氏……一一八
地官　保氏……一一九
地官　司諫……一二〇
地官　司救……一二〇
地官　調人……一二一
地官　媒氏……一二二
地官　司市……一二三
地官　質人……一二六
地官　廛人……一二七
地官　胥師……一二七
地官　賈師……一二七

地官　司虣……一二八
地官　司稽……一二八
地官　胥……一二八
地官　肆長……一二九
地官　泉府……一二九
地官　司門……一三〇
地官　司關……一三〇
地官　掌節……一三一
地官　遂人……一三二
地官　遂師……一三五
地官　遂大夫……一三六
地官　縣正……一三六
地官　鄙師……一三七
地官　酇長……一三七
地官　里宰……一三七
地官　鄰長……一三八
地官　旅師……一三八
地官　稍人……一三九
地官　委人……一三九
地官　土均……一四〇
地官　草人……一四〇
地官　稻人……一四一
地官　土訓……一四一
地官　誦訓……一四二
地官　山虞……一四二
地官　林衡……一四三
地官　川衡……一四三
地官　澤虞……一四三
地官　迹人……一四四
地官　丱人……一四四
地官　角人……一四四
地官　羽人……一四四
地官　掌葛……一四五
地官　掌染草……一四五
地官　掌炭……一四五
地官　掌荼……一四五

地官　掌蜃……一四五
地官　囿人……一四六
地官　場人……一四六
地官　廩人……一四六
地官　舍人……一四七
地官　倉人……一四七
地官　（司禄）……一四七
地官　司稼……一四七
地官　舂人……一四八
地官　饎人……一四八
地官　槁人……一四八
卷五
春官　敍官……一五三
春官　大宗伯……一六二
春官　小宗伯……一六九
春官　肆師……一七二
春官　鬱人……一七五
春官　鬯人……一七六
春官　雞人……一七七
春官　司尊彝……一七七
春官　司几筵……一七九
春官　天府……一八一
春官　典瑞……一八二
春官　典命……一八五
春官　司服……一八六
春官　典祀……一八九
春官　守祧……一八九
春官　世婦……一九〇
春官　内宗……一九〇
春官　外宗……一九一
春官　冢人……一九一
春官　墓大夫……一九二
春官　職喪……一九三
卷六
春官　大司樂……一九五
春官　樂師……二〇〇

春官　大胥……二〇二
春官　小胥……二〇三
春官　大師……二〇三
春官　小師……二〇六
春官　瞽矇……二〇六
春官　眡瞭……二〇七
春官　典同……二〇七
春官　磬師……二〇八
春官　鍾師……二〇八
春官　笙師……二〇九
春官　鎛師……二一〇
春官　韎師……二一〇
春官　旄人……二一〇
春官　籥師……二一〇
春官　籥章……二一一
春官　鞮鞻氏……二一一
春官　典庸器……二一二
春官　司干……二一二
春官　大卜……二一二
春官　卜師……二一四
春官　龜人……二一五
春官　菙氏……二一五
春官　占人……二一六
春官　簭人……二一六
春官　占夢……二一七
春官　眡祲……二一八
春官　大祝……二一八
春官　小祝……二二三
春官　喪祝……二二四
春官　甸祝……二二五
春官　詛祝……二二六
春官　司巫……二二六
春官　男巫……二二六
春官　女巫……二二七
春官　大史……二二七
春官　小史……二二九

春官　馮相氏……二三〇
春官　保章氏……二三〇
春官　内史……二三二
春官　外史……二三二
春官　御史……二三三
春官　巾車……二三三
春官　典路……二三七
春官　車僕……二三七
春官　司常……二三八
春官　都宗人……二三九
春官　家宗人……二四〇
春官　神仕……二四〇

卷七

夏官　敍官……二四七
夏官　大司馬……二五六
夏官　小司馬……二六四
夏官　（軍司馬）……二六四
夏官　（輿司馬）……二六五
夏官　（行司馬）……二六五
夏官　司勳……二六五
夏官　馬質……二六六
夏官　量人……二六六
夏官　小子……二六七
夏官　羊人……二六七
夏官　司爟……二六八
夏官　掌固……二六八
夏官　司險……二六九
夏官　（掌疆）……二七〇
夏官　候人……二七〇
夏官　環人……二七〇
夏官　挈壺氏……二七〇
夏官　射人……二七一
夏官　服不氏……二七四
夏官　射鳥氏……二七四
夏官　羅氏……二七四
夏官　掌畜……二七五

卷八

夏官　司士……二七七
夏官　諸子……二七九
夏官　司右……二八〇
夏官　虎賁氏……二八〇
夏官　旅賁氏……二八一
夏官　節服氏……二八一
夏官　方相氏……二八一
夏官　大僕……二八二
夏官　小臣……二八三
夏官　祭僕……二八三
夏官　御僕……二八四
夏官　隸僕……二八四
夏官　弁師……二八五
夏官　（司甲）……二八六
夏官　司兵……二八六
夏官　司戈盾……二八七
夏官　司弓矢……二八七
夏官　繕人……二八九
夏官　槀人……二九〇
夏官　戎右……二九一
夏官　齊右……二九一
夏官　道右……二九一
夏官　大馭……二九二
夏官　戎僕……二九二
夏官　齊僕……二九三
夏官　道僕……二九三
夏官　田僕……二九三
夏官　馭夫……二九三
夏官　校人……二九四
夏官　趣馬……二九六
夏官　巫馬……二九六
夏官　牧師……二九六
夏官　廋人……二九七
夏官　圉師……二九七
夏官　圉人……二九七

夏官　職方氏……二九八
夏官　土方氏……三〇二
夏官　懷方氏……三〇二
夏官　合方氏……三〇二
夏官　訓方氏……三〇三
夏官　形方氏……三〇三
夏官　山師……三〇三
夏官　川師……三〇三
夏官　邍師……三〇四
夏官　匡人……三〇四
夏官　撢人……三〇四
夏官　都司馬……三〇四
夏官　家司馬……三〇四

卷九

秋官　敍官……三〇九
秋官　大司寇……三一六
天官　小司寇……三一九
秋官　士師……三二二
秋官　鄉士……三二四
秋官　遂士……三二五
秋官　縣士……三二六
秋官　方士……三二七
秋官　訝士……三二八
秋官　朝士……三二八
秋官　司民……三三一
秋官　司刑……三三一
秋官　司刺……三三二
秋官　司約……三三三
秋官　司盟……三三三
秋官　職金……三三四
秋官　司厲……三三五
秋官　犬人……三三五
秋官　司圜……三三六
秋官　掌囚……三三六
秋官　掌戮……三三七
秋官　司隸……三三八

秋官　罪隸……三三八
秋官　蠻隸……三三九
秋官　閩隸……三三九
秋官　夷隸……三三九
秋官　貉隸……三三九

卷十

秋官　布憲……三四一
秋官　禁殺戮……三四一
秋官　禁暴氏……三四一
秋官　野廬氏……三四二
秋官　蜡氏……三四三
秋官　雍氏……三四三
秋官　萍氏……三四四
秋官　司寤氏……三四四
秋官　司烜氏……三四四
秋官　條狼氏……三四五
秋官　脩閭氏……三四五
秋官　冥氏……三四六
秋官　庶氏……三四六
秋官　穴氏……三四六
秋官　翨氏……三四六
秋官　柞氏……三四六
秋官　薙氏……三四七
秋官　硩蔟氏……三四七
秋官　翦氏……三四八
秋官　赤犮氏……三四八
秋官　蟈氏……三四八
秋官　壺涿氏……三四八
秋官　庭氏……三四八
秋官　銜枚氏……三四九
秋官　伊耆氏……三四九
秋官　大行人……三四九
秋官　小行人……三五五
秋官　司儀……三五七
秋官　行夫……三六二
秋官　環人……三六三

秋官　象胥……三六三
秋官　掌客……三六四
秋官　掌訝……三六八
秋官　掌交……三六九
秋官　（掌察）……三七〇
秋官　（掌貨賄）……三七〇
秋官　朝大夫……三七〇
秋官　（都則）……三七〇
秋官　（都士）……三七〇
秋官　（家士）……三七〇

卷十一

冬官考工記　總敍……三七一
冬官考工記　輪人爲輪……三七五
冬官考工記　輪人爲蓋……三八〇
冬官考工記　輿人……三八一
冬官考工記　輈人……三八二
冬官考工記　築氏……三八六
冬官考工記　冶氏……三八六
冬官考工記　桃氏……三八七
冬官考工記　鳧氏……三八八
冬官考工記　㮚氏……三九〇
冬官考工記　（段氏）……三九一
冬官考工記　函人……三九一
冬官考工記　鮑人之事……三九二
冬官考工記　韗人……三九三
冬官考工記　（韋氏）……三九四
冬官考工記　（裘氏）……三九四
冬官考工記　畫繢之事……三九四
冬官考工記　鍾氏……三九五
冬官考工記　（筐人）……三九五
冬官考工記　㡛氏……三九五

卷十二

冬官考工記　玉人之事……四〇一
冬官考工記　（楖人）……四〇四
冬官考工記　（雕人）……四〇四
冬官考工記　磬氏……四〇四

冬官考工記　矢人……四〇四
冬官考工記　陶人……四〇五
冬官考工記　旊人……四〇六
冬官考工記　梓人爲筍虡……四〇六
冬官考工記　梓人爲飲器……四〇八
冬官考工記　梓人爲侯……四〇八
冬官考工記　廬人……四一〇
冬官考工記　匠人建國……四一一
冬官考工記　匠人營國……四一二
冬官考工記　匠人爲溝洫……四一四
冬官考工記　車人之事……四一七
冬官考工記　車人爲耒……四一七
冬官考工記　車人爲車……四一七
冬官考工記　弓人……四一九

附

周禮釋音　天官……四二七
周禮釋音　地官……四三三
周禮釋音　春官……四三七
周禮釋音　夏官……四四三
周禮釋音　秋官……四四七
周禮釋音　冬官考工記……四五一

影印金刻本婺州本周禮前言

一、周禮版本概況及本書緣起

周禮鄭注，至今以黄丕烈校刊本爲標準版本，孫詒讓正義亦以爲底本。後來有加藤虎之亮挍勘記，廣搜諸本，詳録異文，便於核對。

越刊八行本周禮注疏，有一九三九年董康珂羅版影印本，所據李盛鐸舊藏殘本，未經元明補修，可惜僅及一半，剩下乃用清宫舊藏本配補。（董康影印本用李盛鐸舊藏本者，卷一、卷二、卷十三、卷十四、卷二十八至四十七、卷四十九、卷五十，共二十六卷，詳情見張麗娟老師宋兩浙東路茶鹽司刻八行本周禮疏傳本考。）一九七六年臺灣影印清宫舊藏本及二〇一九年國學基本典籍叢刊影印清怡府舊藏本則更經明代補修，難稱盡善。又有一九三四年北平文禄堂影印建刊經注附音本，所據底本今藏中國國家圖書館（書號：八六三五），影印本今已難得一睹，且是南宋中期建刊本，亦不得稱善。（文禄堂本之詳情，曾請梶浦晋老師指點，記此志謝。）董康影印八行本及文禄堂影印建本，檢加藤桉勘記亦可見其文字之大概。要之，長期以來，學界以黄丕烈刊本爲本，參考加藤桉勘記，以爲善本文字不過如此。

婺州本有章壽康（字碩卿）舊藏殘本存卷一至卷六（今藏中國國家圖書館，書號：八六三四），費念慈曾校之，故孫詒讓正義亦得校其異文。然另一足本舊藏海源閣，故近代諸家皆不得參校，直至一九九二年中華書局影印，作爲古逸叢書三編之一，一舉成爲周禮經注最善本。（海源閣秘其藏本，後陸續變賣，散在私人藏書家手中，故諸多善本未爲近代學者參考利用，至二十世紀八九十年代始有影印本。鎮江刊三禮圖等，其例不少。）

婺州本之外，頗令人在意的是金刻本。此本爲清宫舊物，天禄琳琅續目著録爲宋監本，而中國國家圖書館著録爲金刻本。然目前學界僅據其字體風格認定爲金刻本，至於刊刻時地之詳，皆未聞有任何推論，遑論研究。直至二〇〇五年北京圖書館出版社影印金刻本，作爲中華再造善本之一，學者始有條件參考利用。二〇一三年山西師範大學召開「晉學與區域文化學術研討會」，我們選擇金刻本周禮與蒙古刊本三禮圖，試爲探討。結果發現蒙古刊本三禮圖與淳熙二年鎮江刊本同出一種蜀刻本，金刻本周禮與婺州刊本雖未便遽定同出一本，但兩版之底本應當相當接近。尤其重要的是一版版面經挖改之處，另一版往往未經挖改，而且乍看文本有問題，不妨推測底本文字如後者未經挖改之版，故前者挖改修定。既然保留大量婺州本挖改之前的文本，金刻本的價值並不在婺州本之下，至少應該説利用婺州本必須參照金刻本，才能深入理解婺州本文本的歷史意義。

婺州本有古逸叢書三編，普及深廣，而金刻本僅有再造善本，仍不便利用，於是我們希望能將兩版一併影印。而且因爲我們關注版面挖改等問題，所以希望能做高保真影印。十分幸運，我們得到陳紅彦老師的支持，獲得影印許可，而且中國國家圖書館還給北京大學出版社提供了兩版全書彩色電子圖像，令我們欣喜雀躍。出版社馬辛民老師、王應老師也都積極支持我們的想法，於是實現了原大影印，使我們振奮不已。

二、兩版基本情況

婺州本見中國版刻圖録著録，據云「匡高一九・六釐米，廣一三・一釐米」，而再造善本書前刊記稱「高十九・八釐米，寬十三・六釐米」。金刻本不見中國版刻圖録，據阿部隆一調查，「一八・三×一二・七釐米」，再造善本書前刊記稱「高十八・五釐米，寬十三・二釐米」。再造刊記每多二至五毫米，當因其不遵趙萬里成法，測量框綫外沿之結果（請參二〇一八年中華書局出版正史宋元版之研究）。南宋官版版框標準大致如今A5型（二一・〇釐米×一四・八釐米），建刊坊本小一圈，雖有較大變化幅度，大致類似如今B6型（一八・二釐米×一二・八釐米）。金刻本版框大小如建刊坊本，婺州本稍大而仍不如官版標準。然婺州本行數字數遠多於金刻本，小字密排，故版數較金刻本少。

我們推測，金刻本、婺州本皆非據底本覆刻，而經重新寫版樣，行格出於各自規劃，非底本之舊。例如夏官戎僕職最後一段經文「掌凡戎車之儀」及其注，婺州本（卷八第六葉左第八行）刻字特小又緊密，是因下文齊僕職當換行，若不壓縮此經注，跨行至第九行，則第九行僅幾個字又需换行，浪費空間。假如婺州本所據底本已經如此，則婺州本應當據以調整，第七行多刻兩字，第八行文字大小及字距都可平均化，足以避免末段如此壓縮。又，金刻本小字夾行，往往是右行偏小，左行偏大，例如卷二末葉等。這應該是寫右行時，怕字太大，使左行空間不够，所以刻意寫小，至寫左行則無此顧慮，故不妨寫大點。可見金刻本亦非覆刻，而且寫版樣的技術不够成熟。

三、兩版文本關係

我們之前的論文金刻本周禮商榷（今附録於書後，下簡稱「商榷」），重點討論金刻本之特點，而且當時只能在圖書館善本室調閲再造善本，雖然花了不少精力，只能提出初步的認識。今仍未及研究，但既獲兩版彩色圖像，爲編排粗翻一遍，分述所見情況如左。

（一）金刻本與婺州本底本文字有共同特點

•小宗伯「及執事涖大斂」注「爲之喪大記」，兩版「喪」字俱作「𠷎」，與其餘諸處常作「喪」，或作「喪」「丧」不同，可見兩版底本關係緊密。（商榷已言及。以下諸例或有已見商榷者，請諒之。）

•鄉師「歲終則攷六鄉之治」以下，「器」字經文七見，注文十見，婺州本中間筆畫均經剜修作「大（犬）」。金刻本則皆作「噐」，中間作「工」。又婺州本卷六第七葉左第三行，經文仍作「噐」，注文剜修作「器」。不妨推測婺州本底本亦皆作「噐」。

•金刻本多俗字，婺州本多標準。然如卷六大胥「學」字經文四見，金刻本皆作「學」，而注文十見，金刻本皆作「斈」。婺州本經文皆作「學」，而注文前七處作「學」（第四葉），後三處作「斈」（第五葉）。第四葉作「學」，第五葉作「斈」，恐因不同寫手寫版樣。是知婺州本字形未必皆如其底本，儘管我們推測金刻本大量出現簡化字形，是出於金刻本改寫從簡，但亦不排除有些地方底本用簡化字形，婺州本改從標準字形的可能性。

•小宰「八成」注「稽猶計也合也合計其士之卒伍」，金刻本無下一「合」字，婺州本「合也合」三字擠刻。不妨推測婺州本初刻亦無下一「合」字，與金刻本同。

·羊人職「祭祀割羊牲」，金刻本脱「羊」字，婺州本「羊牲」擠刻一字格，是其初刻仍脱，與金刻本同。

·槁人注「不於饟人言者共至尊」，金刻本「者」作「其」，阮刻本及阮氏校勘記所舉余本、監本、毛本同金刻本。婺州本作「不於饟人言者言其共至尊」，「人言者言其共」六字擠刻於四字格，則初刻恐與金刻本同。婺州本剜修後之文本，與加藤所舉建本（即文禄堂影印李盛鐸舊藏南宋中期建刊經注附音本）同。楊守敬跋婺州本殘本，以婺州本爲是，諸本誤奪兩字，岳本、嘉靖本改「其」作「者」亦誤。其説恐非。蓋原當作「言者」，刻本訛作「言其」，校者欲改作「言者」而誤加「言者」，遂成「言者言其」。

（二）金刻本、婺州本底本文字之共同特點與毛居正所據監本、董本、八行本等相通

·旅師職注「而讀爲若聲之誤」，金刻本「爲」誤作「實」，婺州本雖不誤而已經挖修，則初刻恐與金刻本同。毛居正所據監本及加藤所舉董本、八行本與金本同。（董本即黄丕烈據以校嘉靖本之紹興集古堂董氏刻本。加藤得見黄丕烈校本，故所録董本文字多出士禮居刊本附録札記之外。又，再造善本影印北京大學圖書館藏重廣眉山三蘇先生文集，爲紹興三十年饒州德興縣莊谿董應夢所刊，有

多種牌記，或云「董應夢宅經史局」「銀峰董應夢集古堂善本」等。不妨推測黄丕烈所見董本即紹興十五年饒州書坊集古堂董氏刻本。）

·委人職注「玉府其牧」，金刻本「牧」譌作「收」，婺州本經挖修作「牧」，則初刻恐與金刻本同。加藤所舉董本與金刻本同。

·小宗伯注「鄭司農立」，婺州本如此。金刻本「農」下有「云」字，但與「立」字擠刻一字格，則初刻恐與婺州本同。加藤所舉八行本、建本與婺州本同。

·司服「公之服自衮冕而下」注「天子日視朝之服」，金刻本「日」訛「曰」，婺州本雖不誤而已經挖修，則初刻恐與金刻本同。加藤所舉董本、八行本與金刻本同。

·占夢「先簭而後卜」注「即事有漸也」，金刻本無「有」字，婺州本有「有」字，但經剜修擠補，則初刻恐與金刻本同。加藤所舉八行本亦無「有」字。

·大祝「辨九祭」注「擩祭以肝肺菹擩鹽醢中」，金刻本重「以」字，婺州本「以」下空一格，則初刻恐與金刻本同。加藤所舉董本與金刻本同，八行本與婺州本同。

·巾車「王后之五路」注「或曰潼容」，金刻本作「幢」，婺州本剜修作「潼」，則初刻恐與金刻本同。加藤所舉董本、建本與金刻本同。

·環人「掌致師」注「春秋傳曰楚許伯御樂伯攝淑爲右」，金刻本、婺州本均經剜修擠加三字。加藤所舉董本、八行本脱「御樂伯」三字，則金刻本、婺州本初刻當亦然。

·司兵注「厥興也興作明器之役」，金刻本、婺州本均經剜修擠加二字。加藤所舉董本、八行本脱「興也」（亦可謂脱「也興」），則金刻本、婺州本初刻當亦然。

·職方氏「乃辨九服之邦國」注「諸子之地方二百里」，金刻本脱「里」字，婺州本有「里」字，乃經剜補，則初刻恐與金刻本同。加藤所舉董本、八行本與金刻本同。

·秋官敘官「薙氏」注「又今俗間謂麥」，金本脱「今」字，婺本「又今俗」三字擠刻二字格，則初刻恐與金刻本同。加藤所舉董本、八行本與金刻本同。

·庭氏注「獸狐狼之屬」，金刻本無「之」字，婺州本有「之」字，乃經剜補，則初刻恐與金刻本同。加藤所舉八行本與金刻本同。

·伊耆氏「共其杖咸」注，金刻本作「咸續函也」，「續」爲「讀」之形誤，則其底本當作「咸讀函也」。婺州本作「咸讀爲函」，而經過剜修，則初刻恐與金刻底本同。案毛居正云：「伊耆氏『共其杖咸』注『咸讀爲函』作『咸讀函』，婺誤。」不知所謂「婺誤」是否即據此婺州本唐宅本？若果即此婺州本，則毛居正所見當即早印本，作「咸讀函也」（且不論有無「也」字），後印乃改作「咸讀爲函」。加藤所舉建本、蜀本亦皆作「咸讀函也」，當與金刻本、婺州本底本同。

・大行人「上公之禮」節注「朝士儀曰奉國地所出重物而獻之」，金刻本、婺州本同，而均經剜補。加藤所舉八行本、建本皆無「重」字，則金刻本、婺州本初刻恐亦然。

・玉人職注「於其杼上明無所屈」，金本誤重「上」字。婺州本不重「上」字而「上」下空一格，則初刻恐與金刻本同。加藤所舉八行本與金刻本同。

（三）金刻本獨異處，與董本、八行本、建本相通

・大宰九賦注「以徵其財，征皆謂此賦也」，金刻本「征」下空一格。加藤所舉董本、建本重「征」字，則金刻本初刻恐與董本、建本同。

・籥章注「爾雅曰畯農夫也」，金刻本「農」訛作「田」。加藤所舉董本、岳本、京本等與金刻本同。

・大司馬「及所弊鼓」節注「天子諸侯蒐狩」，金刻本「狩」訛作「獸」。加藤所舉董本與金刻本同。

・梓人注「若與群臣飲酒而射」，金刻本「臣」下有「閒暇」二字。加藤所舉董本、八行本與金刻本同。

・匠人「囷窌倉」注「囷圜倉」，金刻本下衍「万」作「囷圜倉万」。加藤所舉

董本、建本作「囷圜倉方」，則金刻本底本當如董本、建本，而金刻本「方」譌作「万」。

（四）婺州本獨異處，與董本、八行本、建本相通

·小司徒「乃經土地」注「四井爲邑方二里」，婺州本「二」下空一格。加藤所舉董本、八行本「二」下衍「百」字，則婺州本初刻恐與董本、八行本同。

·載師注「五百里爲都」，婺州本「五百里」三字擠刻於二字格。案八行本「里爲」二字擠刻於一字格，則婺州本與八行本初刻恐皆脱「里」字。

·司關「國凶札」節注「出入關門無租税猶幾，謂無租税猶苛察」，婺州本「入關門無租税猶幾謂無租税」十二字擠刻於七字格。加藤所舉董本脱「幾謂無租税」五字，則婺州本初刻恐與董本同。

·典瑞「王晉大圭」注「王朝日者」四字，婺州本擠刻於三字格。加藤所舉董本脱「者」字，則婺州本初刻恐與董本同。

·「秋官司寇第五」婺州本譌作「第六」。毛居正所據監本及加藤所舉董本、建本皆譌作「第六」。

·韗人注「今亦合二十版」，婺州本「二十」下衍「四」，與加藤所舉八行本同。

右（一）（二）諸例，皆顯示兩版底本之高度共性。（三）（四）諸例則一版有問

題，另一版無問題，兩版不同。然無論金刻本抑或婺州本，刻版之前自然都會經過一定的校勘，初刻文本已非底本原貌，不能因此而懷疑兩版底本之緊密關係。加上兩本所見諸多訛誤同見於八行本、董本等紹興年間刊本的情況，則不排除此諸本皆據北宋或南宋初監本翻刻的可能性。

就文本流傳的主脈絡而言，南宋及金諸經版本皆當以北宋監本爲祖本，只不過有直接據監本覆刻與輾轉翻刻的差别而已。版本文字並非一成不變，不如説變化無窮才是常態。就算是北宋監本，應該經過多次修改，不同時期印本之間文本又有差異。我們目前無法看到南宋初直接覆刻北宋監本的周禮版本，也看不到南宋初據南宋監本如實翻刻的地方官版周禮。八行本應該是最如實反映北宋或南宋初監本的版本，自然最值得重視，而較早印本現在我們只能看到一半。這一點，不如禮記既有撫州版早印本及足利學校所藏八行本。既然如此，我們只能以婺州本爲主，參考金刻本、八行本、董本等觀察文本變化的幅度，探索北宋監本可能的文本。董本今不知下落，只能通過黄丕烈校記瞭解異文；八行本要看董康影印本，聽説師顧堂有計劃重行影印，企踵待之。暫時皆可以用加藤校勘記代替。最重要的婺州本、金刻本，偏偏都是加藤校勘記未及記録的，現在我們以目前我們能想到做到最精細的方法高保真影印，鄭重呈現給讀者。

二〇二一年八月喬秀岩葉純芳謹識

書衣

五福五代堂寶
八徵耄念之寶
太上皇帝之寶

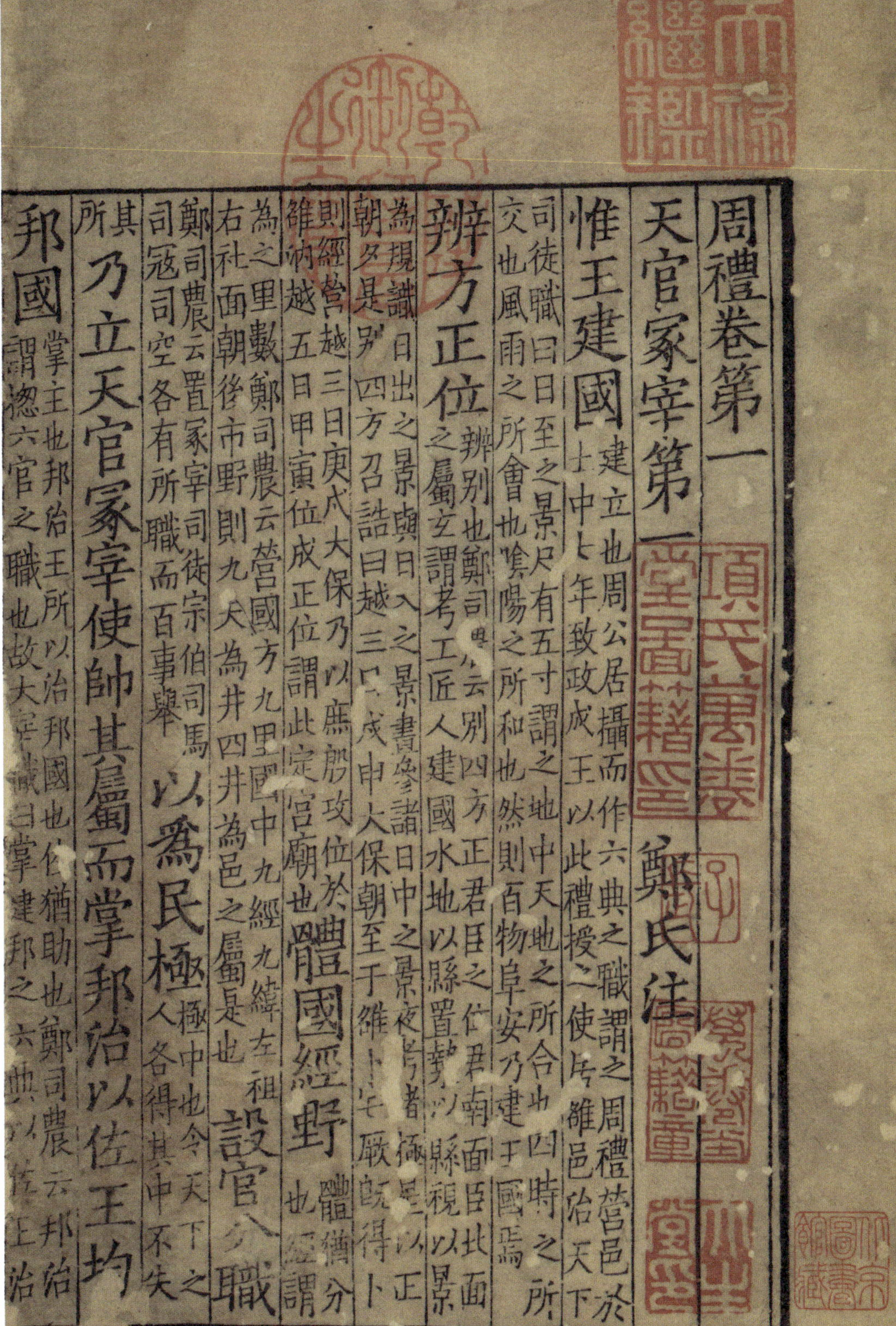

周禮卷第一

天官冢宰第一　鄭氏注

惟王建國　建立也周公居攝而作六典之職謂之周禮營邑於土中七年致政成王以此禮授之使居雒邑治天下司徒職曰日至之景尺有五寸謂之地中天地之所合也四時之所交也風雨之所會也陰陽之所和也然則百物阜安乃建王國焉

辨方正位　辨別也鄭司農云別四方正君臣之位君南面臣北面之屬玄謂考工匠人建國水地以縣置槷以縣視以景為規識日出之景與日入之景晝參諸日中之景夜考之極星以正朝夕是別四方召誥曰越三日戊申太保朝至于雒卜宅厥既得卜則經營越三日庚戌太保乃以庶殷攻位於雒汭越五日甲寅位成正位謂此定宮廟也

體國經野　體猶分也經謂為之里數鄭司農云營國方九里國中九經九緯左祖右社面朝後市野則九夫為井四井為邑之屬是也

設官分職　鄭司農云置冢宰司徒宗伯司馬司寇司空各有所職而百事舉

以為民極　極中也令天下之人各得其中不失其所

乃立天官冢宰使帥其屬而掌邦治以佐王均邦國　掌主也邦治王所以治邦國也佐猶助也鄭司農云邦治謂總六官之職也故大宰職曰掌建邦之六典以佐王治

邦國六官皆揔屬於冢宰故論語曰君薨百官揔己以聽於冢宰言冢宰於百官無所不主爾雅曰冢大也冢宰大宰也治官之屬大宰卿一人小宰中大夫二人宰夫下大夫四人上士八人中士十有六人旅下士三十有二人變冢言大進退異名也百官揔焉則謂之冢列職於王則稱大冢大之上也山頂曰冢旅衆也下士治衆事者自大宰至旅下士轉相副貳皆王臣也王之卿六命其大夫四命士以三命而下為差府六人史十有二人府治藏史掌官書者凡府史皆其官長所自辟除胥十有二人徒百有二十人此民給繇役者若今衛士矣胥讀如諝謂其有才知為什長

宮正上士二人中士四人下士八人府二人史四人胥四人徒四十人正長也宮正主宮中官之長

宮伯中士二人下士四人府一人史二人胥二人徒二十人伯長也

膳夫上士二人中士四人下士八人府二人史四人胥十有二人徒百有二十人（膳之言善也今時美物曰珍膳膳夫食官之長也鄭司農以詩說之曰仲允膳夫）

庖人中士四人下士八人府二人史四人賈八人胥四人徒四十人（庖之言苞也裹肉曰苞苴賈主市買知物賈）

内饔中士四人下士八人府二人史四人胥十人徒百人（饔割亨煎和之稱内饔所主在内）

外饔中士四人下士八人府二人史四人胥十人徒百人（外饔所主在外）

亨人下士四人府一人史二人胥五人徒五十人（主為外内饔煑肉者）

甸師下士二人府一人史二人胥三十人徒三百人

郊外曰甸師猶長也甸師主共野物官之長

獸人中士四人下士八人府二人史四人胥四人徒四十人

𩞁人中士二人下士四人府二人史四人胥三十人徒三百人

鼈人下士四人府二人史二人徒十有六人

腊人下士四人府二人史二人徒二十人腊之言夕也

醫師上士二人下士四人府二人史二人徒二十人

醫師衆醫之長

食醫中士二人食有和齊藥之類

疾醫中士八人

瘍醫下士八人瘍創癰也

獸醫下士四人獸牛馬之屬

酒正中士四人下士八人府二人史八人胥八人徒八十人酒正酒官之長

酒人奄十人女酒三十人奚三百人奄精氣閉藏者今謂之宦人月令仲冬其器閎以奄女酒女奴曉酒者古者從坐男女沒入縣官為奴其少才知以為奚今之侍史官婢或曰奚宦女

漿人奄五人女漿十有五人奚百有五十人女漿女奴曉漿者

凌人下士二人府二人史二人胥八人徒八十人凌冰室也詩云二之日鑿冰沖沖三之日納于凌陰

籩人奄一人女籩十人奚二十人竹曰籩女籩女奴之曉籩者

醓人奄一人女醓二十人奚四十人醓豆實也不謂之豆此主醓豆不盡于醓也女醓女奴曉醓者

醯人奄二人女醯二十人奚四十人女醯女奴曉醯者

鹽人奄二人女鹽二十人奚四十人女鹽女奴曉鹽者

冪人奄一人女冪十人奚二十人以巾覆物曰冪女冪女奴曉冪者

宮人中士四人下士八人府二人史四人胥八人徒八十人

掌舍下士四人府二人史四人徒四十人舍行所解止之處

幕人下士一人府二人史二人徒四十人幕帷覆上者

掌次下士四人府四人史二人徒八十人次自脩正之處

大府下大夫二人上士四人下士八人府四人史八人

賈十有六人，胥八人，徒八十人。大府爲王治藏之長，若今司農矣。

玉府，上士二人，中士四人，府二人，史二人，工八人，賈八人，胥四人，徒四十有八人。工，能攻玉者。

内府，中士二人，府一人，史二人，徒十人。内府，主良貨賄藏在内者。

外府，中士二人，府一人，史二人，徒十人。外府，主泉藏在外者。

司會，中大夫二人，下大夫四人，上士八人，中士十有六人，府四人，史八人，胥五人，徒五十人。會，大計也。司會主天下之大計，計官之長，若今尚書。

司書，上士二人，中士四人，府二人，史四人，徒八人。司書，主計會之簿書。

職内，上士二人，中士四人，府四人，史四人，徒二十人。

職內主入也若今之泉所入謂之少內

職歲上士四人中士八人府四人史八人徒二十人主歲計以歲斷

職幣上士二人中士四人府二人史四人賈四人胥二人徒二十人

司裘中士二人下士四人府二人史四人徒四十人

掌皮下士四人府二人史四人徒四十人

內宰下大夫二人上士四人中士八人府四人史八人胥八人徒八十人內宰宮中官之長

內小臣奄上士四人史二人徒八人奄稱士者異其賢

閽人王宮每門四人囿游亦如之閽人司昏晨以啓閉者刑人墨者使守門囿御

苑也游離宮也

寺人王之正內五人 寺之言侍也詩云寺人孟子正內路寢

內豎倍寺人之數 豎未冠者之官名

九嬪 嬪婦也昏義曰古者天子后立六宮三夫人九嬪二十七世婦八十一御妻以聽天下之內治以明章婦順故天下內和而家理也不列夫人于此官者夫人之於后猶三公之於王坐而論婦礼無宮職

世婦 不言數者君子不苟於色有婦德者充之無則闕

女御 昏義所謂御妻御猶進也侍也

女祝四人奚八人 女祝女奴曉祝事者

女史八人奚十有六人 女史女奴曉書者

典婦功中士二人下士四人府二人史四人工四人賈四人徒二十人 典主也典婦功者主婦人絲枲功官之長

典絲下士二人府二人史二人賈四人徒十有二人

典枲下士二人府二人史二人徒二十人

内司服奄一人女御二人奚八人 内司服主宮中裁縫官之長有女御者以衣服進或當於王廣其礼使無色過

縫人奄二人女御八人女工八十人奚三十人 女工女奴曉裁縫者

染人下士二人府二人史二人徒二十人

追師下士二人府一人史二人工二人徒四人 追治玉石之名

屨人下士二人府一人史一人工八人徒四人

夏采下士四人史一人徒四人 夏采夏翟羽色禹貢徐州貢夏翟之羽有虞氏以為緌後世或無故染鳥羽象而用之謂之夏采

太宰之職掌建邦之六典以佐王治邦國一曰治典以經邦國以治官府以紀萬民二曰教典以安邦國以教官府以擾萬民三曰禮典以和邦國以統百官以諧萬民四曰政典以平邦國以正百官以均萬民五曰刑典以詰邦國以刑百官以糾萬民六曰事典以富邦國以任百官以生萬民大曰邦小曰國邦之所居亦曰國典常也經也法也王謂之礼經常所秉以治天下也邦國官府謂之礼法常所守以為法式也常者其上下通名擾猶馴也統猶合也詰猶禁也書曰度作詳刑以詰四方任猶傳也生猶養也鄭司農云治典冢宰之職故立其官曰使帥其屬而掌邦治以佐王均邦國教典司徒之職故立其官曰使帥其屬而掌邦教以佐王安擾邦國礼典宗伯之職故立其官曰使帥其屬而掌邦礼以佐王和邦國政典司馬之職故立其官曰使帥其屬而掌邦政以佐王平邦國刑典司寇之職故立其官曰使帥其屬而掌邦政以佐王刑邦国此三時皆有官唯冬無官又無司空以三隅反之則事典司空之職也司空之篇亡小宰職曰六曰冬官其屬六十掌邦事

以八灋治官府一曰官屬以舉

邦治二曰官職以辨邦治三曰官聯以會官治四曰官常以聽官治五曰官成以經邦治六曰官灋以正邦治七曰官刑以糾邦治八曰官計以弊邦治 百官所居曰府弊斷也鄭司農云官屬謂六官其屬各六十若今博士大史大宰大祝大樂屬大常也小宰職曰以官府之六屬舉邦治一曰天官其屬六十是也官職謂六官之職小宰職曰以官府之六職辨邦治一曰治職二曰教職三曰礼職四曰政職五曰刑職六曰事職官聯謂國有大事一官不能獨共則六官共舉之聯讀為連古書連作聯聯謂連事通職相佐助也小宰職曰以官府之六聯合邦治一曰祭祀之聯事二曰賔客之聯事三曰喪荒之聯事四曰軍旅之聯事五曰田役之聯事六曰斂弛之聯事官常謂各自領其官之常職非連事通職所共也官成謂官府之成事品式也小宰職曰以官府之八成經邦治一曰聽政役以比居二曰聽師田以簡稽三曰聽閭里以版圖四曰聽稱責以傅別五曰聽禄位以礼命六曰聽取予以書契七曰聽賣買以質劑八曰聽出入以要會官法謂職所主之法度官職主祭祀朝覲會同賔客者則皆自有其法度小宰職曰以法掌祭祀朝覲會同賔客之戒具官刑謂司刑所掌墨辠劓辠宫辠刖辠殺辠也官計謂三年則大計羣吏之治而誅賞之玄謂官刑司寇之職五刑其四曰官刑上能糾職官計謂小宰之六計所以斷羣吏之治 以八則治都鄙一曰祭祀以馭其神

二曰灋則以馭其官三曰廢置以馭其吏四曰祿位以馭其士五曰賦貢以馭其用六曰禮俗以馭其民七曰刑賞以馭其威八曰田役以馭其衆都之所居曰鄙則亦法也典法則所用異異其名也都鄙公卿大夫之采邑王子弟所食邑周召毛聃畢原之屬在畿内者祭祀其先君社稷五祀法則其官之制度廢猶退也退其不能者舉賢而置之祿若今月俸也位爵次也賦口率出泉也貢功也九職之功所稅也礼俗昏姻喪紀舊所行也鄭司農云士謂學士以八柄詔王馭羣臣一曰爵以馭其貴二曰祿以馭其富三曰予以馭其幸四曰置以馭其行五曰生以馭其福六曰奪以馭其貧七曰廢以馭其罪八曰誅以馭其過柄所秉執以起宰者也詔告也助也爵謂公侯伯子男卿大夫士也詩云誨爾序爵言教王以賢否之第次也班祿所以富臣下書曰凡厥正人既富方穀幸謂言行偶合於善則有以賜予之以勸後也生猶養也賢臣之老者王有以養之成王封伯禽於魯曰生以養周公死以為周公後是也五福一曰壽奪謂臣有大罪沒入家財者六極四曰貧廢猶放也舜殛鯀于羽山是也誅責讓也曲礼曰齒路馬有誅凡言馭者所以歐

之內之於善以八統詔王馭萬民一曰親親二曰敬故三曰進賢四曰使能五曰保庸六曰尊貴七曰達吏八曰禮賓統所以合牽以等物也親親若堯親九族也敬故不慢舊也晏平仲久而敬之賢有善行也能多才藝者保庸安有功者尊貴尊天下之貴者孟子曰天下之達尊者三曰爵也德也齒也祭義曰先王之所以治天下者五貴有德貴貴貴老敬長慈幼達吏察舉勤勞之小吏也禮賓賓客諸侯所以示民親仁善鄰以九職任萬民一曰三農生九穀二曰園圃毓草木三曰虞衡作山澤之材四曰藪牧養蕃鳥獸五曰百工飭化八材六曰商賈阜通貨賄七曰嬪婦化治絲枲八曰臣妾聚斂疏材九曰閒民無常職轉移執事任猶傳也鄭司農云三農平地山澤也九穀黍稷秫稻麻大小豆大小麥八材珠曰切象曰瑳玉曰琢石曰磨木曰刻金曰鏤革曰剝羽曰析閒民謂无事業者轉移為人執事若今傭賃也玄謂三農原隰及平地九穀无秫大麥而有粱苽樹果蓏曰圃園其樊也虞衡掌山澤之官主山澤之民者澤無水曰藪牧牧田在遠郊皆畜牧之地行曰商處曰賈阜盛也金玉曰貨布帛曰賄嬪婦人之美稱也堯典曰釐降二

女嬪于虞臣妾男女貧賤之稱晉惠公卜懷公之生曰將生一男一女男為人臣女為人妾生而名其男曰圉女曰妾及懷公質於秦妾為宦女焉疏材百草根實可食者疏不孰曰饉

以九賦斂財賄一曰邦中之賦二曰四郊之賦三曰邦甸之賦四曰家削之賦五曰邦縣之賦六曰邦都之賦七曰關市之賦八曰山澤之賦九曰幣餘之賦財泉穀也鄭司農云邦中之賦二十而稅一各有差也幣餘百工之餘玄謂賦口率出泉也今之筭泉民或謂之賦此其舊名與鄉大夫以歲時登其夫家之衆寡辨其可任者國中自七尺以及六十野自六尺以及六十有五皆征之遂師之職亦云以徵其財征皆謂此賦也邦中在城郭者四郊去国百里邦甸二百里家削三百里邦縣四百里邦都五百里此平民也關市山澤謂占會百物幣餘謂占賣國中之斥幣皆末作當增賦者若今賈人倍筭矣自邦中以至幣餘各入其所有穀物以當賦泉之数毎処為一書所待異也

以九式均節財用一曰祭祀之式二曰賓客之式三曰喪荒之式四曰羞服之式五曰工事之式六曰幣帛之式七曰芻秣之式八曰匪頒之式九曰好用之式式謂用財之節度荒凶年也羞飲食之物也工作器物者幣帛所以贈勞賓客者芻秣養牛馬禾穀也鄭司農云匪分也頒讀為班布之班謂班賜也玄謂王所分賜羣臣也好用燕好所賜

子以九貢致邦國之用一曰祀貢二曰嬪貢三曰器貢四曰幣貢五曰材貢六曰貨貢七曰服貢八曰斿貢九曰物貢嬪故書作賓鄭司農云祀貢犧牲包茅之屬賓貢皮帛之屬器貢宗廟之器幣貢繡帛材貢木材也貨貢珠貝自然之物也服貢祭服斿貢羽毛物貢九州之外各以其所貴為摯肅慎氏貢楛矢之屬是也玄謂嬪貢絲枲器貢銀鐵石磬丹漆也幣貢玉馬皮帛也材貢櫄榦栝柏篠簜也貨貢金玉龜貝也服貢絺紵也斿讀如圍游之游斿貢燕好珠璣琅玕也物貢雜物魚鹽橘柚　以九兩繫邦國之民一曰牧以地得民二曰長以貴得民三曰師以賢得民四曰儒以道得民五曰宗以族得民六曰主以利得民七曰吏以治得民八曰友以任得民九曰藪以富得民兩猶耦也所以協耦万民繫聯綴也牧州長也九州各有封域以居民也長諸侯也一邦之貴民所仰也師諸侯師氏有德行以教民者儒諸侯保氏有六藝以教民者宗繼別為大宗收族者鄭司農云主謂公卿大夫世世食采不絕民稅薄利之玄謂利讀如上思利民之利謂以政教利之吏小吏在鄉邑者友謂同井相合耦耡作者孟子曰鄉田同井出入相友守望相助疾病相扶則百姓親睦藪亦有虞掌其政令為之厲禁使其地之民守其材物以時入于王府頒其餘於万民富謂藪中材物　正月之吉始和布

治于邦國都鄙乃縣治象之灋于象魏使萬民觀治象挾日而斂之正月周之正月吉謂朔日大宰以正月朔日布王治之事於天下至正歲又書而縣于象魏振木鐸以徇之使万民觀焉小宰亦帥其屬而往皆所以重治法新王事也凡治有故言始和者若改造云尔鄭司農云象魏闕也故魯災季桓子御公立于象魏之外命藏象魏曰舊章不可忘從甲至甲謂之挾日凡十日

乃施典于邦國而建其牧立其監設其參傅其伍陳其殷置其輔乃者更申勑之以侯伯有功德者加命作州長謂之牧所謂八命作牧者監謂公侯伯子男各監一國書曰王啓監厥乱為民參謂卿三人伍謂大夫五人鄭司農云殷治律輔為民之平也立謂殷衆也謂衆士也王制諸侯上士二十七人其中士下士各居其上之三分輔府史庶人在官者

乃施則于都鄙而建其長立其兩設其伍陳其殷置其輔長謂公卿大夫王子弟食采邑者兩謂兩卿不言三卿者不足于諸侯鄭司農云兩謂兩丞

乃施灋于官府而建其正立其貳設其攷陳其殷置其輔正謂冢宰司徒宗伯司馬司寇司空也貳謂小宰小司徒小宗伯小司馬小司寇小司空也考成也佐成事者謂宰夫鄉師肆師軍司馬士師也司空亡未聞其考

凡治以典待邦國之治以則待都鄙之治以灋待官府之治以官成

待萬民之治以禮待賓客之治成八成禮賓禮也祀五帝則掌百官之誓戒與其具脩祀五帝謂四郊及明堂誓戒要之以刑重失礼也明堂位所謂各揚其職百官廢職服大刑是其辝之略也具所當共脩埽除糞洒前期十日帥執事而卜日遂戒前期前所諏之日也十日容散齊七日致齊三日執事宗伯大卜之屬既卜又戒百官以始齊及執事眡滌濯執事初為祭事前祭日之夕滌濯謂溉祭器及甑甗之屬及納亨贊王牲事納亨納牲將告殺謂鄉祭之晨既殺以授亨人凡大祭祀君親牽牲大夫贊之及祀之日贊玉幣爵之事日旦明也玉幣所以礼神玉与幣各如其方之色爵所以獻齊酒不用玉爵尚質也玉者執以從王至而授之祀大神示亦如之大神祇謂天地享先王亦如之贊玉几玉爵玉几所以依神天子左右玉几宗廟獻用玉爵大朝覲會同贊玉幣玉獻玉几玉爵助王受此四者時見曰會殷見曰同大會同或於春朝或於秋覲夆春秋則冬夏可知玉幣諸侯享幣也其合亦如小行人所合六幣云三獻獻国珍異亦執玉以致之玉几王所依也立而設几優尊者玉爵王禮諸侯之酢爵王朝諸侯立依前南面其礼之於阼階上大喪贊贈玉含玉助王為之也贈玉既窆所以送先王含玉死者口實天子以玉雜記曰含者執璧將命曰寡君使某含則諸侯含以璧鄭司農云含玉璧琮作大

事則戒于百官贊王命助王為教令春秋傳曰國之大事在祀與戎王眡治朝則贊聽治治朝在路門外羣臣治事之朝王視之則助王平斷眡四方之聽朝亦如之謂王巡守在外時凡邦之小治則冢宰聽之待四方之賓客之小治大事決於王小事冢宰專平歲終則令百官府各正其治受其會正正處也會大計也聽其致事而詔王廢置平其事來至者之功狀而奏白王三歲則大計羣吏之治而誅賞之事久則聽之大無功不徒廢必罪之大有功不徒置必賞之鄭司農云三載考績

小宰之職掌建邦之宮刑以治王宮之政令凡宮之糾禁杜子春云宮皆當為官玄謂宮刑在王宮中者之刑建明布告之糾猶割也察也若今御史中丞掌邦之六典八灋八則之貳以逆邦國都鄙官府之治逆迎受之鄭司農云貳副也執邦之九貢九賦九式之貳以均財節邦用以官府之六敘正羣吏一曰以敘正其位二曰以敘進其治三曰以敘作其事四曰以敘

制其食五曰以敘受其會六曰以敘聽其情〔敘秩次也謂先尊後卑也治功狀也食祿之多少情爭訟之辭〕以官府之六屬舉邦治一曰天官其屬六十掌邦治大事則從其長小事則專達二曰地官其屬六十掌邦教大事則從其長小事則專達三曰春官其屬六十掌邦禮大事則從其長小事則專達四曰夏官其屬六十掌邦政大事則從其長小事則專達五曰秋官其屬六十掌邦刑大事則從其長小事則專達六曰冬官其屬六十掌邦事大事則從其長小事則專達〔大事從其長若庖人內外饔與膳夫共王之食小事專達若宮人掌舍各為一官六官之屬三百六十象天地四時日月星辰之度數天道備焉前此者成王作周官其志有述天授位之義故周公設官分職以法之〕

以官府之六職辨邦治一曰治職以平邦國以均萬民以節財用二曰教職以安邦國以寧萬民以懷賓客三曰禮職

以和邦國，以諧萬民，以事鬼神。四曰政職，以服邦國，以正萬民，以聚百物。五曰刑職，以詰邦國，以糾萬民，以除盜賊。六曰事職，以富邦國，以養萬民，以生百物。懷亦安也。賓客來共其委積，所以安之。聚百物者，司馬主九畿，職方制其貢，各以其所有。以官府之六聯合邦治：一曰祭祀之聯事，二曰賓客之聯事，三曰喪荒之聯事，四曰軍旅之聯事，五曰田役之聯事，六曰斂弛之聯事。凡小事皆有聯。鄭司農云：大祭祀，大宰贊王幣，司徒奉牛牲，宗伯視滌濯，涖玉鬯，省牲鑊，奉玉齍，司馬羞魚牲，奉馬牲，司寇奉明水火。大喪，大宰贊贈玉、含玉，司徒帥六鄉之衆庶，屬其六引，宗伯為上相，司馬平士大夫，司寇前王，此所謂官聯。杜子春：弛讀為施。玄謂荒政弛力役，及國中貴者、賢者、服公事者、老者、疾者，皆舍不以力役之事。奉牲者，其司空奉豕與？以官府之八成經邦治：一曰聽政役以比居，二曰聽師田以簡稽，三曰聽閭里以版圖，四曰聽稱責以傅別，五曰聽祿位以禮命，六曰聽取予以書契七曰聽賣買以質劑八曰聽出入以要會鄭司農云政謂軍政也役謂發兵起徒役也比居謂伍籍也比地為伍因内政寄軍令以伍籍發軍起役者平而无遺脱也簡稽士卒兵器簿簡猶閲也稽猶計也合也計其士之卒伍閲其兵器為之要簿也故遂人職曰稽其食簡其兵器國語曰黄池之會吴陳其兵皆官師擁鐸拱稽版戶籍圖地圖也聽人訟地者以版圖决之司書職曰邦中之版土地之圖稱責謂貸子傅別謂券書也聽訟責者以券書决之傅傅著約束於文書別別為兩兩家各得一也礼命謂九賜也書契符書也質劑謂市中平賈今時月平是也要會謂計最之簿書月計曰要歲計曰會故宰夫職曰歲終則令羣吏正歲會月終則令正月要傅別故書作傅辨鄭大夫讀為符別杜子春讀為傅別玄謂政謂賦也凡其字或作政或作正或作征以多言之宜從征如孟子交征利云傅別謂為大手書於一札中字別之書契謂出予受入之凡要凡簿書之最目獄訟之要辭皆曰契春秋傳曰王叔氏不能舉其契質劑謂兩書一札同而別之長曰質短曰劑傅別質劑皆今之券書也事異異其名耳礼命礼之九命之差等

以聽官府之六計弊羣吏之治一曰廉善二曰廉能三曰廉敬四曰廉正五曰廉灋六曰廉辨聽平治也平治官府之計有六事弊斷也既斷以六事又以廉為本善善其事有辭譽也能政令行也敬不解于位也正行無傾邪也法守法不失也辨辨然不疑惑也杜子春云廉辨或為廉端

以灋掌祭祀朝覲會同賓客之戒具軍旅田役喪荒亦如之法謂其礼法也

戒具戒官有留者所當共七事者令百官府共其財用治其施舍聽其治訟七事謂先四如之者三也施舍不給役者七事故書為小事杜子春云當為七事書亦為七事凡祭祀贊王幣爵之事祼將之事又從大宰助王也將送也祼送送祼謂贊王酌鬱鬯以獻尸謂之祼祼之言灌也明不為飲主以祭祀唯人道宗廟有祼天地大神至尊不祼莫稱焉凡鬱鬯受祭之啐之奠之凡賓客贊祼凡受爵之事凡受幣之事唯祼助宗伯其餘皆助大宰王不酌賓客而有受酢大宗伯職曰大賓客則攝而載祼喪荒受其含襚幣玉之事春秋傳曰口實曰含衣服曰襚凶荒有幣玉者賓客所賵委之礼月終則以官府之敘受群吏之要主每月之小計贊冢宰受歲會歲終則令群吏致事使齎歲盡文書来至若今上計正歲帥治官之屬而觀治象之灋徇以木鐸曰不用灋者國有常刑正歲謂夏之正月得四時之正以出教令者審也古者將有新令必奮木鐸以警衆使明聽也木鐸木舌也文事奮木鐸武事奮金鐸乃退以宮刑憲禁于王宮憲謂表縣之若今新有法令云令于百官府曰各脩乃職攷乃灋待乃事以聽王

命其有不共則國有大刑（乃猶汝也）

宰夫之職掌治朝之灋以正王及三公六卿大夫羣吏之位掌其禁令（治朝在路門之外其位司士掌焉宰夫察其不如儀）敘羣吏之治以待賔客之令諸臣之復萬民之逆（恒次敘諸吏之職事三者之來則應使辨理之鄭司農云復請也逆迎受王命者宰夫主諸臣萬民之復逆故詩人重之曰家伯維宰玄謂復之言報也反也反報於王謂於朝廷奏事自下而上曰逆逆謂上書）掌百官府之徵令辨其八職一曰正掌官灋以治要二曰師掌官成以治凡三曰司掌官灋以治目四曰旅掌官常以治數五曰府掌官契以治藏六曰史掌官書以贊治七曰胥掌官敘以治敘八曰徒掌官令以徵令（别異諸官之八職以備王之徵召所為正辟於治官則冡宰也治要若歲計也師辟小宰宰夫也治凡若月計也司辟上士中士治目若今日計也旅辟下士也治數每事多少異也治藏藏文書及器物贊治若今起文書草也治叙次序官中如今侍曹伍伯傳吏朝也徵令趨走給召呼）掌治灋以攷百官府羣都

縣鄙之治乘其財用之出入凡失財用物辟名者以官刑詔冢宰而誅之其足用長財善物者賞之羣都諸采邑也六遂五百家為鄙五鄙為縣言縣鄙而六鄉州黨亦存焉乘猶計也財泉穀也用貨賄也物畜獸也辟名詐為書以空作見文書與實不相應也官刑在司寇五刑第四者以式灋掌祭祀之戒具與其薦羞從大宰而眡滌濯薦脯醢也羞庶羞內羞凡禮事贊小宰比官府之具比校次之凡朝覲會同賓客以牢禮之灋掌其牢禮委積膳獻飲食賓賜之飧牽與其陳數牢禮之法多少之差及其時也三牲牛羊豕具為一牢委積謂牢米薪芻給賓客道用也膳獻禽羞俶獻也飲食燕饗也鄭司農云飧夕食也春秋傳曰飧有陪鼎牽牲牢可牽而行者春秋傳曰餼牽竭矣玄謂飧客始至所致禮凡此禮陳數存可見者唯有行人掌客及聘禮公食大夫凡邦之弔事掌其戒令與其幣器財用凡所共者弔事弔諸侯諸臣幣所用賻也器所致明器也凡喪始死弔而含襚葬而賵贈其間加恩厚則有賻焉春秋譏武氏子來求賻大喪小喪掌小官之戒令帥執事而治之大喪王后世子也小喪夫人以下小官士也其大官則冢宰掌其戒令治謂共辦三公六卿之喪與職

喪師官有司而治之凡諸大夫之喪使其旅帥有司而治之旅冢宰下士歲終則令羣吏正歲會月終則令正月要旬終則令正日成而以攷其治治不以時舉者以告而誅之歲終自周季冬正猶定也旬十日也治不時舉者謂違時令失期會正歲則以灋警戒羣吏令脩宮中之職事警勑戒之言鄭司農云正歲之正月以法戒勑羣吏書其能者與其良者而以告于上良猶善也上謂小宰大宰也鄭司農云若今時舉孝廉賢良方正茂才異等

宮正掌王宮之戒令糾禁糾猶割也察也以時比宮中之官府次舍之衆寡時四時比校次其人之在否官府之在宮中者若膳夫玉府內宰內史之屬次諸吏直宿若今部署諸廬者舍其所居寺爲之版以待鄭司農云爲官府次舍之版圖也待待比也玄謂版其人之名籍待待戒令及比夕擊柝而比之夕莫也莫行夜以比直宿者爲其有懈惰離部署鄭司農云柝戒守者所擊也易曰重門擊柝以待暴客春秋傳曰魯擊柝聞於邾國有故則令宿其比亦如之鄭司農云故謂禍災令宿宿衛王宮春秋傳曰忘守必危況有災乎玄謂故凡非常也文王世

子曰公有出疆之政庶子以公族之無事者守於公宮正室守大廟諸父守貴宮貴室諸子諸孫守下宮下室此謂諸侯也王之庶子職掌國子之倅國有大事則帥國子而致於大子唯所用之者令宿之事蓋亦存焉

辨外内而時禁鄭司農云分別外人内人禁其非時出入稽其功緒糾其德行稽猶考也計也功吏職也緒其志業幾其出入均其稍食鄭司農云幾其出入若今時宮中有罪禁止不得出亦不得入及無引籍不得入宮司馬殿門也玄謂幾荷其衣服持操及疏數者稍食祿稟去其淫怠與其奇衺之民民宮中吏之家人也淫放濫也怠解慢也奇衺譎觚非常會其什伍而教之道藝五人為伍二伍為什會之者使之輩作輩學相勸帥且寄宿衛之令鄭司農云道謂先王所以教道民者藝謂禮樂射御書數月終則會其稍食歲終則會其行事行事吏職也凡邦之大事令于王宮之官府次舍無去守而聽政令使居其處待所為春秋以木鐸脩火禁火星以春出以秋入因天時而以戒凡邦之事蹕宮中廟中則執燭鄭司農讀火絶之云禁凡國之事蹕國有事王當出則宮正主禁絶行者若今時衛士填街蹕也宮中廟中則執燭宮正主為王於宮中廟中執燭玄謂事祭事也邦之祭社稷七祀於宮中祭先公先王於廟中隸僕掌蹕止行者宮正則執燭以為明春秋傳曰有大事於大廟又曰有事於武宮大喪

則授廬舍辨其親疏貴賤之居　廬倚廬也舍堊室也親者貴者居倚廬疏者賤者居堊室雜記曰大夫居廬士居堊室

宮伯掌王宮之士庶子凡在版者　鄭司農云庶子宿衛之官版名籍也以版為之今時鄉戶籍謂之戶版玄謂王宮之士謂王宮中諸吏之適子也庶子其支庶也　掌其政令行其秩敘作其徒役之事　秩祿稟也敘才等也作徒役之事天子所用　授八次八舍之職事　衛王宮者必居四角四中於徼候便也鄭司農云庶子衛王宮在內為次在舍為外玄謂次其宿衛所在舍其休沐之處　若邦有大事作宮衆則令之　謂王宮之士庶子於邦有大事或選當行　月終則均秩歲終則均敘以時頒其衣裘掌其誅賞　頒讀為班班布也衣裘若今賦冬夏衣

膳夫掌王之食飲膳羞以養王及后世子　食飯也飲酒漿也膳牲肉也羞有滋味者凡養之具大略有四　凡王之饋食用六穀膳用六牲飲用六清羞用百有二十品珍用八物醬用百有二十甕　進物於尊者曰饋此饋之盛者王舉之饌也六牲馬牛羊

豕犬雞也羞出於牲及禽獸以備滋味謂之庶羞公食大夫礼內則下大夫十六上大夫二十其物數備焉天子諸侯有其數而物未得盡聞珍謂淳熬淳毋炮豚炮牂擣珍漬熬肝膋也醬謂醯醢也王舉則醢人共醢六十罋以五齏七醢七菹三臡實之醯人共齏菹醯物六十罋鄭司農云羞進也六穀稌黍稷粱麥苽苽彫胡也六清水漿醴涼醫酏

王日一舉鼎十有二物皆有俎殺牲盛饌曰舉王日一舉以朝食也后與王同庖鼎十有二牢鼎九陪鼎三物謂牢鼎之實亦九俎

以樂侑食膳夫授祭品嘗食王乃食侑猶勸也祭謂刌肺脊也禮飲食必祭示有所先品者每物皆嘗之道尊者也

卒食以樂徹于造造作也鄭司農云造謂食之故所居處也巳食徹置故處

王齊日三舉鄭司農云齊必變食

大喪則不舉大荒則不舉大札則不舉天地有烖則不舉邦有大故則不舉大荒凶年大札疫癘也天烖日月晦食地烖崩動也大故寇戎之事鄭司農云大故刑殺也春秋傳曰司寇行戮君為之不舉

王燕食則奉膳贊祭燕食謂日中與夕食奉膳奉朝之餘膳所祭者牢肉

凡王祭祀賓客食則徹王之胙俎膳夫親徹胙俎胙俎最尊也其餘則其屬徹之賓客食而王有胙俎王與賓客禮食主人飲食之俎皆為胙俎見於此矣

凡王之稍事設薦脯醢鄭司農云稍事謂非日中大舉時而間食謂之稍事膳夫主設薦脯醢玄謂稍事有小事而飲酒

王

燕飲酒則爲獻主鄭司農云主人當獻賓則膳夫代王爲主君不敵臣也燕義曰使宰夫爲獻主臣莫敢與君亢禮掌后及世子之膳羞亦主其饌之數不饋之耳凡肉脩之頒賜皆掌之鄭司農云脩脯也凡祭祀之致福者受而膳之致福謂諸臣祭祀進其餘肉歸胙于王鄭司農云膳夫受之以給王膳以摯見者亦如之鄭司農云以羔鴈雉爲摯見者亦受以給王膳歲終則會唯王及后世子之膳不會不會計多少優尊者其頒賜諸臣則計之

庖人掌共六畜六獸六禽辨其名物六畜六牲也始養之曰畜將用之曰牲春秋傳曰卜日曰牲鄭司農云六獸麋鹿熊麕野豕兔六禽鴈鶉鷃雉鳩鴿玄謂獸人冬獻狼夏獻麋又內則无能熊則六獸當有狼而熊不屬六禽於禽獻及六摯宜爲羔豚犢麛雉鴈凡鳥獸未孕曰禽司馬職曰大獸公之小禽私之凡其死生鱻薧之物以共王之膳與其薦羞之物及后世子之膳羞凡計數之薦亦進也備品物曰薦致滋味乃爲羞王言薦者味以不褻爲尊鄭司農云鱻謂生肉薧謂乾肉共祭祀之好羞謂四時所爲膳食若荊州之鱃魚青州之蟹胥雖非常物進之孝也共喪紀之庶羞賓客之禽獻喪紀喪事之祭謂虞祔也禽獻獻禽於賓客獻古文爲獸杜子

春云當為献　凡令禽獻以灋授之其出入亦如之　令令獸人也禽獸不可久處賓客至將献之庖人乃令獸人取之必書所當献之數與之及其來致禽亦以此書校數之至于献賓客又以此書付使者展而行之掌客乘禽於諸侯各如其命之數聘礼乘禽於客日如其饔餼之數士中日則二雙　凡用禽獻春行羔豚膳膏香夏行腒鱐膳膏臊秋行犢麛膳膏腥冬行鱻羽膳膏羶　用禽献謂煎和之以献王鄭司農云膏香牛脂也以牛脂和之腒乾雉鱐乾魚膏臊豕膏也以豕膏和之杜子春云膏臊大膏膏腥豕膏也鮮魚也羽鴈也膏羶羊脂也玄謂膏腥雞膏也羔豚物生而肥犢与麛物成而充腒鱐暵熱而乾魚鴈水涸而牲定此八物者得四時之氣无盛為人食之弗勝是以用休廢之脂膏煎和膳之牛屬司徒土也雞屬宗伯木也犬屬司寇金也羊屬司馬火也　歲終則會唯王及后之膳禽不會　膳禽四時所膳禽献加世子可以會之

内饔掌王及后世子膳羞之割亨煎和之事辨體名肉物辨百品味之物　割肆解肉也亨煑也煎和齊以五味體名脊脅肩臂臑之屬肉物胾燔之屬百品味庶羞之屬言百舉成數　王舉則陳其鼎俎以牲體實之　取於鑊以實鼎取於鼎以實俎實鼎曰脀實俎曰

載選百羞醬物珍物以俟饋先進食之時恒選擇其中御者共后及世子之膳羞膳夫掌之是乃共之辨腥臊羶香之不可食者牛夜鳴則庮羊泠毛而毳羶犬赤股而躁臊鳥皫色而沙鳴貍豕盲眡而交睫腥馬黑脊而般臂螻腥臊羶香可食者是別其不可食者則所謂者皆臭味也泠毛毛長總結也皫失色不澤美也沙澌也交睫腥腥當為星声之誤也肉有如米者似星般臂臂毛有文鄭司農云庮朽木臭也螻螻蛄臭也杜子春云盲眡當為望視凡宗廟之祭祀掌割亨之事凡燕飲食亦如之凡掌共羞脩刑膴胖骨鱐以待共膳掌共共當為具具羞庶羞也脩鍛脯也胖如脯而腥者鄭司農云刑膴謂夾脊肉或曰膺肉也骨鱐謂骨有肉者玄謂刑鉶羹也膴牒肉大臠所以祭者骨牲體也鱐乾魚凡王之好賜肉脩則饔人共之好賜王所善而賜也

外饔掌外祭祀之割亨共其脯脩刑膴陳其鼎俎實之牲體魚腊凡賓客之飧饔饗食之事亦如之飧客始至之礼饔既將幣之礼致礼

於客奠盛於饔食邦饗耆老孤子則掌其割亨之事饗士庶子亦如之孤子者死王事者之子也士庶子衛王宮者若今時之饗食衛士矣王制曰周人養國老於東膠養庶老於虞庠師役則掌共其獻賜脯肉之事獻謂酌其長帥凡小喪紀陳其鼎俎而實之謂褻事之奠祭

○亨人掌共鼎鑊以給水火之齊鑊所以煑肉及魚腊之器既孰乃脀于鼎齊多少之量職外內饔之爨亨煑辨膳羞之物職主也爨今之竈主於其竈煑物祭祀共大羹鉶羹賓客亦如之大羹肉湆鄭司農云大羹不致五味也鉶羹加鹽菜矣

甸師掌帥其屬而耕耨王藉以時入之以共齍盛其屬府史胥徒也耨芸芓也王以孟春躬耕帝藉天子三推三公五推卿諸侯九推庶人終於千畝庶人謂徒三百人藉之言借也王一耕之而使庶人芸芓終之齍盛祭祀所用穀也粢稷也穀者稷為長是以名云在器曰盛祭祀共蕭茅鄭大夫云蕭字或為莤莤讀為縮束茅立之祭前沃酒其上酒滲下去若神飲之故謂之縮縮浚也故齊桓公責楚不貢包茅王祭不共無以縮酒杜子春讀為蕭蕭香蒿也玄謂詩所云取蕭祭脂郊特牲云蕭合黍稷臭陽達於牆屋故既薦然後焫蕭合馨香合馨香者是蕭之謂也茅以共祭之苴亦以縮酒苴以藉祭縮酒泲酒也醴齊縮酌共野

果蓏之薦甸在遠郊之外郊外曰野果桃李之屬蓏瓜瓞之屬喪事代王受眚烖粢盛者祭祀之主也今國遭大喪若云此黍稷不馨使鬼神不逞于王既殯大祝作禱辭授甸人使以禱藉田之神受眚烖弭後殃王之同姓有辠則死刑焉鄭司農云王同姓有罪當刑者斷其獄於甸師之官也文王世子曰公族有死罪則磬於甸人又曰公族無宮刑獄成致刑于甸人又曰公族無宮刑不踐其類也刑于隱者不與國人慮兄弟帥其徒以薪蒸役外內饔之事役為給役也木大曰薪小曰蒸獸人掌罟田獸辨其名物罟罔也以罔搏所當田之獸冬獻狼夏獻麋春秋獻獸物狼膏聚麋膏散聚則溫散則涼以救時之苦也獸物凡獸皆可獻也及狐狸時田則守罟備獸觸攫及弊田令禽注于虞中弊仆也仆而田止鄭司農云弊田謂春火弊夏車弊秋羅弊冬徒弊虞中謂虞人釐所田之野及弊田植虞旗於其中致禽而珥焉獸人主令田衆得禽者置虞人所立虞旗之中當以給四時社廟之祭故曰春獻禽以祭社夏獻禽以享礿秋獻禽以祀祊冬獻禽以享烝又曰大獸公之小禽私之公之謂輸之於虞中珥焉者取左耳以致功若斬首折馘故春秋傳曰以數軍實凡祭祀喪紀賓客共其死獸生獸共其完者凡獸入于腊人當乾之皮毛筋角入于玉府給作器物凡田獸者掌其政令

𢿥人掌以時𢿥為梁月令季冬命漁師為梁鄭司農云梁水偃也偃水為關空以笱承其空詩曰敝笱在梁春獻王鮪王鮪鮪之大者月令季春薦鮪于寢廟辨魚物為鱻薧以共王膳羞鮮生也薧乾也凡祭祀賓客喪紀共其魚之鱻薧凡𢿥者掌其政令凡𢿥征入于玉府鄭司農云漁征漁者之租稅漁人主收之入于玉府

鼈人掌取互物鄭司農云互物謂有甲𦬢胡龜鼈之屬以時簎魚鼈龜蜃凡貍物蜃大蛤鄭司農云簎謂以叉刺泥中搏取之貍物龜鼈之屬自貍藏伏於泥中者玄謂貍物亦謂鱴刀含漿之屬春獻鼈蜃秋獻龜魚此其出在淺處可得之時魚亦謂自貍藏祭祀共蠯蠃蚳以授醢人蠃蜁蝓鄭司農云蠯蛤也杜子春云蠯蜯也蚳蛾子國語曰蟲舍蚳蝝掌凡邦之簎事

腊人掌乾肉凡田獸之脯腊膴胖之事大物解肆乾之謂之乾肉若今涼州烏翅矣薄析曰脯捶之而施薑桂曰鍛脩腊小物全乾當凡祭祀共豆脯薦脯膴胖凡腊物脯非豆實豆當為羞声之誤也鄭司農云膴膺肉也鄭大夫云胖讀為判杜子春讀胖為版又云膴胖皆謂夾脊肉又云礼家以胖為半體玄謂公食大夫礼曰庶羞皆有大有司曰主人亦一魚加膴祭于其

上內則曰麋鹿田豕麕皆有胖足相參正也大者胾之大臠膴者魚之反覆膴又詁曰大二者同矣則是膴亦膴肉大臠胖宜為脯而腥胖之言片也析肉意也礼固有腥膴爓雖其有爲孰之皆先制乃亨之賓客喪紀共其脯腊凡乾肉之事

周禮卷第一

周禮卷第二

天官冢宰下　周禮　鄭氏注

醫師掌醫之政令聚毒藥以共醫事毒藥藥之辛苦者藥之物恒多毒孟子曰若藥不瞑眩厥疾無瘳凡邦之有疾病者疕瘍者造焉則使醫分而治之疕頭瘍亦謂禿也身瘍曰瘍分之者醫各有能歲終則稽其醫事以制其食十全爲上十失一次之十失二次之十失三次之十失四爲下食祿也全猶愈也以失四爲下者五則半矣或不治自愈

食醫掌和王之六食六飲六膳百羞百醬八珍之齊和調也凡食齊眡春時飯宜溫羹齊眡夏時羹宜熱醬齊眡秋時醬宜涼飲齊眡冬時飲宜寒凡和春多酸夏多苦秋多辛冬多鹹調以滑甘各尚其時味而甘以成之猶水火金木之載於土內則曰棗栗飴蜜以甘之堇荁枌榆免薧滫瀡以滑之凡

會膳食之宜牛宜稌羊宜黍豕宜稷犬宜粱鴈宜麥魚宜苽會成也謂其味相成鄭司農云稌稉也爾雅曰稌稻苽彫胡也凡君子之食恒放焉放猶依也

疾醫掌養萬民之疾病四時皆有癘疾春時有痟首疾夏時有痒疥疾秋時有瘧寒疾冬時有嗽上氣疾癘疾氣不和之疾痟酸削也首疾頭痛也嗽欬也上氣逆喘也五行傳曰六癘作見以五味五穀五藥養其病養猶治也病由氣勝負而生攻其羸養其不足者五味醯酒飴蜜薑鹽之屬五穀麻黍稷麥豆也五藥草木蟲石穀也其治合之齊則存乎神農子儀之術云以五氣五聲五色眡其死生三者劇易之徵見於外者五氣五藏所出氣也肺氣熱心氣次之肝氣涼脾氣溫腎氣寒五聲言語宮商角徵羽也五色面貌青赤黄白黑也察其盈虚休王吉凶可知審用此者莫若扁鵲倉公兩之以九竅之變參之以九藏之動兩參之者以觀其死生之驗竅之變謂開閉非常陽竅七陰竅二藏之動謂脉至与不至正藏五又有胃旁胱大腸小腸脉之大候要在陽明寸口能專是者其唯秦和乎岐伯榆柎則兼彼數術者也凡民之有疾病者分而治之死終則各書其所以而入于醫師少者曰死老者曰終所以謂治之不愈之

狀也醫師得以制其祿且爲後治之戒

瘍醫掌腫瘍潰瘍金瘍折瘍之祝藥劀殺之齊腫瘍癰而上生創者潰瘍癰而含膿血者金瘍刃創也折瘍踠跌者祝當爲注讀如注病之注聲之誤也注謂附著藥刮刮去膿血殺謂以藥食其惡肉凡療瘍以五毒攻之止病曰療攻治也五毒五藥之有毒者今醫方有五毒之藥作之合黃堥置石膽丹砂雄黃礜石慈石其中燒之三日三夜其煙上著以雞羽埽取之以注創惡肉破骨則盡出以五氣養之以五藥療之以五味節之既刮殺而攻盡其宿肉乃養之也五氣當爲五穀字之誤也節節成其藥之力凡藥以酸養骨以辛養筋以鹹養脉以苦養氣以甘養肉以滑養竅以類相養也酸木味木根立地中似骨辛金味金之纏合異物以筋鹹水味水之流行地中以脉苦火味火出入無形似氣甘土味土含載四者似肉滑滑石也凡諸滑物通利往來似竅凡有瘍者受其藥焉

○獸醫掌療獸病療獸瘍畜獸之疾病及瘍療同醫凡療獸病灌而行之以節之以動其氣觀其所發而養之療畜獸必灌行之者爲其病狀難知灌以緩之且強其氣也節趨聚之即也氣謂脉氣既行之乃以脉視之以知所病凡療獸瘍

灌而劀之以發其惡然後藥之養之食之亦先攻之而後養之凡獸之有病者有瘍者使療之死則計其數以進退之

酒正掌酒之政令以式灋授酒材式法作酒之法式作酒既有米麴之數又有攻沽之巧月令曰乃命大酋秫稻必齊麴糵必時湛饎必絜水泉必香陶器必良火齊必得鄭司農云授酒材授酒人以其材凡爲公酒者亦如之謂鄉射飲酒以公事作酒者亦以式法及酒材授之使自釀之辨五齊之名一曰泛齊二曰醴齊三曰盎齊四曰緹齊五曰沈齊泛者成而滓浮泛泛然如今宜成醪矣醴猶體也成而汁滓相將如今恬酒矣盎猶翁也成而翁翁然葱白色如今酇白矣緹者成而紅赤如今下酒矣沈者成而滓沈如今造清矣自醴以上尤濁縮酌者盎以下差清其象類則然古之法式未可盡聞杜子春讀齊皆爲粢又禮器曰緹酒之用玄酒之尚玄謂齊者每有祭祀以度量節作之辨三酒之物一曰事酒二曰昔酒三曰清酒鄭司農云事酒有事而飲也昔酒无事而飲也清酒祭祀之酒玄謂事酒酌有事者之酒其酒則今之醳酒也昔酒今之酋久白酒所謂舊醳者也清酒今中山冬釀接夏而成辨四飲之物一曰清二曰醫三曰漿四曰酏清謂醴之泲者醫內則所謂或以酏爲醴凡醴濁釀酏爲之則少清矣醫之字從殹從酉省也漿今之酨

漿也酏今之粥内則有黍酏酏飲粥稀者之清也鄭司農説以内則曰飲重醴稻醴清糟黍醴清糟粱醴清糟或以酏爲醴漿水醷后致飲于賓客之禮有醫酏糟糟音
声与滿酒相似醫与醷亦相似文字不同記之者各異耳此皆一物　掌其厚薄之齊以共王之四飲三
酒之饌及后世子之飲與其酒后世子不言饌其饋食不必具設之五齊正用醴爲飲者取醴恬与酒味異也
其餘四齊味皆似酒　凡祭祀以灋共五齊三酒以實八尊大祭三貳中祭
再貳小祭壹貳皆有酌數唯齊酒不貳皆有器量酌器所用注尊中者
數量之多少未聞鄭司農云三貳三益副之也大祭天地中祭宗廟小祭五祀齊酒不貳爲尊者質不敢副益也杜子春云齊酒不貳謂五齊以祭不益也其三酒人所
飲者益也弟子職曰周旋而貳唯嗛之視玄謂大祭者王服大裘衮冕所祭也中祭者王服鷩冕毳冕所祭也小祭者王服希冕玄冕所祭也三貳再貳一貳者謂就三
酒之尊而益之也礼運曰玄酒在室醴醆在戸粢醍在堂澄酒在下澄酒是三酒也益之者以飲諸臣若今常滿尊也祭祀必用五齊者至敬不尚味而貴多品
共賓客之禮酒共后之致飲于賓客之禮醫酏糟皆使其士
奉之禮酒王所致酒也王致酒后致飲夫婦之義糟醫酏不泲者泲曰清不泲曰糟后致飲無醴醫酏不清者與王同體屈也亦因以少爲貴士謂酒人
漿人奄士　凡王之燕飲酒共其計酒正奉之共其計者獻酬多少度當足也故書酒正無酒字鄭司農

云正奉之酒正奉之也凡饗士庶子饗耆老孤子皆共其酒無酌數要以醉爲
度掌酒之賜頒皆有灋以行之法尊卑之差凡有秩酒者以書契
授之鄭司農云有秩酒者給事中之酒秩常也常受酒者國語曰至于今秩之玄謂所秩者謂老臣王制曰七十不俟朝八十月告存九十日有秩
酒正之出日入其成月入其要小宰聽之出謂授酒材及用酒之多少也受用酒者日言其計
於酒正酒正月盡言於小宰歲終則會唯王及后之飲酒不會以酒式誅賞
誅賞貢作酒之善惡者○酒人掌爲五齊三酒祭祀則共奉之以役世
婦世婦謂宮卿之官掌女宮之宿戒及祭祀比其具酒人共酒因留與其奚爲世婦役亦官聯共賓客之禮酒飲酒
而奉之酒正使之也禮酒饗燕之酒飲酒食之酒此謂給賓客之稍王不親饗燕不親食而使人各以其爵以酬幣侑幣致之則從而以酒往凡
事共酒而入于酒府入于酒正之府者是王燕飲之酒酒正當奉之凡祭祀共酒以往不言
奉小祭祀賓客之陳酒亦如之謂若歸饔餼之酒亦自有奉之者以酒從往
漿人掌共王之六飲水漿醴涼醫酏入于酒府王之六飲亦酒正當奉之醴醴清也鄭司

農云涼以水和酒也玄謂涼今寒粥若糗飯雜水也酒正不辨水涼者無厚薄之齊 共賓客之稍禮 稍禮非飧饔之禮留閒王稍所給賓客者漿人所給亦六飲而已 共夫人致飲于賓客之禮清醴醫酏糟而奉之 亦酒正使之三物有清有糟夫人不體王得備之禮飲醴用柶者糟也不用柶者清也 凡飲共之 謂非食時

凌人掌冰正歲十有二月令斬冰三其凌 正歲季冬火星中大寒冰方盛之時春秋傳曰水星中而寒暑退凌冰室也三之者爲消釋度也故書正爲政鄭司農云掌冰政主藏冰之政也杜子春讀掌冰爲主冰也政當爲正正謂夏正三其凌三倍其冰 春始治鑑 鑑如甀大口以盛冰置食物于中以禦溫氣春而始治之爲二月將獻羔而啓冰 凡外內饔之膳羞鑑焉凡酒漿之酒醴亦如之 酒醴見溫氣亦失味酒漿酒人漿人也 祭祀共冰鑑賓客共冰 不以鑑往嫌使停膳羞 大喪共夷槃冰 夷之言尸也實冰于夷槃中置之尸牀之下所以寒尸尸之槃曰夷槃牀曰夷牀衾曰夷衾移尸曰夷于堂皆依尸而爲言者也漢禮器制度大槃廣八尺長丈二尺深三尺漆赤中 夏頒冰掌事 暑氣盛王以冰頒賜則主爲之春秋傳曰古者日在北陸而藏冰西陸朝覿而出之 秋刷 刷清也鄭司農云刷除冰室當更內新冰玄謂秋涼冰不用可以清除其室

○籩人掌四籩之實 籩竹器如豆者其容實皆四升 朝事之籩

其實麷蕡白黑形鹽膴鮑魚鱐蕡枲實也鄭司農云朝事謂清朝未食先進寒具口實之籩熬麥曰麷麻曰蕡稻曰白黍曰黑築鹽以為虎形謂之形鹽故春秋傳曰鹽虎形玄謂以司尊彝之職參之朝事謂祭宗廟薦血腥之事形鹽鹽之似虎者膴牒生魚為大臠鮑者於楅室中糗乾之出於江淮也鱐者析乾之出東海王者備物近者腥之遠者乾之因其宜也今河間以北煮穜麥賣之名曰逢燕人膾魚方寸切其腴以啗所貴饋食之籩其實棗㮚桃乾藤榛實饋食薦孰也今吉礼有者特牲少牢諸侯之大夫士祭礼也不祼不薦血腥而自薦孰始是以皆云饋食之礼乾藤乾梅也桃諸梅諸是其乾者榛似栗而小加籩之實蔆芡㮚脯蔆芡㮚脯加籩謂尸既食后亞獻尸所加之籩重言之者以四物為八籩蔆芰也芡雞頭也栗与饋食同鄭司農云蔆芡脯脩羞籩之實糗餌粉餈羞籩謂若少牢主人酬尸宰夫羞房中之羞于尸侑主人主婦皆右之者故書餈作茨鄭司農云糗熬大豆與米也粉豆屑也茨字或作餈謂乾餌餅之也玄謂此三物皆粉稻米黍米所為也合蒸曰餌餅之曰餈糗者擣粉熬大豆為餌餈之黏著以粉之耳餌言糗餈言粉互相足凡祭祀共其籩薦羞之實薦羞皆進也未食未飲曰薦既食既飲曰羞喪事及賓客之事共其薦籩羞籩喪事之籩謂殷奠時為王及后世子共其內羞於其飲食以共房中之羞凡籩事掌之

醢人掌四豆之實朝事之豆其實韭菹醓醢昌本麋臡菁菹鹿臡茆菹麇臡醓肉汁也昌本昌蒲根切之四寸為菹三臡亦醢也作醢及臡者必先膊乾其肉乃後莝之雜以粱麴及鹽漬以美酒塗置甀中百日則成矣鄭司農云麋臡麋骭髓醢或曰麋臡醬也有骨為臡無骨為醢菁菹韭菹鄭大夫讀茆為茅茅菹茅初生或曰茆水草杜子春讀茆為卯玄謂菁蔓菁也茆鳧葵也凡菹醢皆以氣味相成其狀未聞饋食之豆其實葵菹蠃醢脾析蠯醢蜃蚳醢豚拍魚醢蠃螔蝓蜃大蛤蚳蛾子鄭司農云脾析牛百葉也蠯蛤也鄭大夫杜子春皆以拍為膊謂脅也或曰豚拍肩也謂河間名豚脅聲如鍛鎛加豆之實芹菹兔醢深蒲醓醢箈菹鴈醢筍菹魚醢芹楚葵也鄭司農云深蒲蒲蒻入水深故曰深蒲或曰深蒲桑耳醓醢肉醬也箈水中魚衣故書鴈或為鶉杜子春云當為鴈玄謂深蒲蒲始生水中子箈箬箭萌筍竹萌羞豆之實酏食糝食鄭司農云酏食以酒酏為餅糝食菜餗蒸玄謂酏𨢮餐也內則曰取稻米舉糔溲之小切狼臅膏以与稻米為𨢮又曰糝取牛羊豕之肉三如一小切之与稻米稻米二肉一合以為餌煎之凡祭祀共薦羞之豆實賓客喪紀亦如之為王及后世子共其內羞王舉則共醢六十甕以五齊七醢七菹三臡實之齊當為齏五齏昌本脾析蜃豚拍深蒲也七醢醓蠃蠯蚳魚兔鴈醢七菹韭菁

茆葵芹箈筍菹三臡麋臡鹿臡麇臡凡醯醬所和細切爲齏全物若䐑爲菹少儀曰麋鹿爲菹野豕爲軒皆䐑而不切麇爲辟雞兔爲宛脾皆䐑而切之切葱若薤實之醯以柔之由此言之則齏菹之稱菜肉通 賓客之禮共醢五十甕 致饔餼時 凡事共醢

醯人掌共五齊七菹凡醯物以共祭祀之齊菹凡醯醬之物賓客亦如之 齊菹醬屬醯人者皆須醯成味 王舉則共齊菹醯物六十甕共后及世子之醬齊菹賓客之禮共醯五十甕凡事共醯

鹽人掌鹽之政令以共百事之鹽 政令謂受入教所處置求者所當得 祭祀共其苦鹽散鹽 杜子春讀苦爲盬謂出鹽直用不湅治鄭司農云散鹽湅治者玄謂散鹽鬻水爲鹽 賓客共其形鹽散鹽 形鹽鹽之似虎形 王之膳羞共飴鹽后及世子亦如之 飴鹽鹽之恬者今戎鹽有焉 凡齊事鬻盬以待戒令 齊事和五味之事鬻盬湅治之

幂人掌共巾幂 共巾可以覆物 祭祀以疏布巾幂八尊 以疏布者天地之神尚質 以畫布巾幂六彝 宗廟可以文畫者畫其雲氣與 凡王巾皆黼 四飲三酒皆畫黼周尚武其用文德則黻可

宮人掌王之六寢之脩六寢者路寢一小寢五玉藻曰朝辨色始入君日出而視朝退適路寢聽政使人視大夫大夫退然後適小寢釋服是路寢以治事小寢以時燕息焉春秋書魯莊公薨于路寢僖公薨于小寢是則人君非一寢明矣爲其井匽除其不蠲去其惡臭井漏井所以受水潦蠲猶絜也詩云吉蠲爲饎鄭司農云匽路廁也玄謂匽豬謂霤下之池受畜水而流之者共王之沐浴沐浴所以自絜清凡寢中之事埽除執燭共鑪炭凡勞事勞事勞褻之事四方之舍事亦如之從王適四方及會同所舍

掌舍掌王之會同之舍設梐枑再重故書枑爲拒鄭司農云梐榱梐也拒受居溜水涑橐者也杜子春讀爲梐枑梐枑謂行馬玄謂行馬再重者以周衞有外内列設車宮轅門謂王行止宿阻險之處備非常次車以爲藩則仰車以其轅表門爲壇壝宮棘門謂王行止宿平地築壇又委壝土起堳埒以爲宮鄭司農云棘門以戟爲門杜子春云棘門或爲材門爲帷宮設旌門謂王行晝止有所展肆若食息張帷爲宮則樹旌以表門無宮則共人門謂王行有所逢遇若住遊觀陳列周衞則立長大之人以表門凡舍事則掌之王行所舍止

幕人掌帷幕幄帟綬之事王出宮則有是事在旁曰帷在上曰帟幕或在地展陳于上帷幕皆以布爲之四合象宮

室曰幄王所居之帳也鄭司農云帟平帳也綬組綬所以繫帷也玄謂帟王在幕若幄中坐上承塵幄帟皆以繒爲之凡四物者以綬連繫焉 凡朝覲會同軍旅田役祭祀共其帷幕幄帟綬 共之者掌次當以張 大喪共帷幕帟綬 爲賓客飾也帷以帷堂或與幕張之於庭帟在柩上 三公及卿大夫之喪共其帟 唯士無帟王有惠則賜之檀弓曰君於士有賜帟

掌次掌王次之灋以待張事 法大小丈尺 王大旅上帝則張氈案設皇邸 大旅上帝祭天於圓丘國有故而祭亦曰旅此以旅見祀也張氈案以氈爲牀於幄中鄭司農云皇羽覆上邸後版也玄謂後版屏風與染羽象鳳皇羽色以爲之 朝日祀五帝則張大次小次設重帟重案合諸侯亦如之 朝日春分拜日於東門之外祀五帝於四郊次謂幄也大幄初往所止居也小幄既接祭退俟之處祭義曰周人祭日以朝及闇雖有強力孰能支之是以退俟与諸臣代有事焉合諸侯於壇王亦以時休息重帟複帟重案牀重席也鄭司農云五帝五色之帝 師田則張幕設重帟重案 不張幄者於是臨誓衆王或迴顧占察 諸侯朝覲會同則張大次小次 大次亦初往所止居小次即宮待事之處 師田則張幕設案 鄭司農云師田謂諸侯相与師田玄謂此掌次張之諸侯從王而師

田者孤卿有邦事則張幕設案有邦事謂以事從王若以王命出也孤王之孤三人副三公論道者不言公公如諸侯礼從王祭祀合諸侯張大次、小次師田亦張幕設案凡喪王則張帟三重諸侯再重孤卿大夫不重張帟柩上承塵凡祭祀張其旅幕張尸次旅衆也公卿以下即位所祭祀之明外以待事爲之張大幕尸則有幄鄭司農云尸次祭祀之尸所居更衣帳射則張耦次耦俱升射者次在洗東大射曰遂命三耦取弓矢于次掌凡邦之張事

大府掌九貢九賦九功之貳以受其貨賄之入頒其貨于受藏之府頒其賄于受用之府九功謂九職也受藏之府若內府也受用之府若職內也凡貨賄皆藏以給用耳良者以給王之用其餘以給国之用或言受藏或言受用又雜言貨賄皆互文凡官府都鄙之吏及執事者受財用焉凡頒財以式灋授之關市之賦以待王之膳服邦中之賦以待賓客四郊之賦以待稍秣家削之賦以待匪頒邦甸之賦以待工事邦縣之賦以待幣帛邦都之賦以待祭祀山澤之賦以待喪紀幣餘之賦以待賜予待猶給也此九賦之財給九式者膳服即羞服也稍秣即芻秣也謂之稍稍用之物

也喪紀即喪荒也賜予即好用也鄭司農云幣餘使者有餘來還也玄謂幣餘占賣國之斥幣凡邦國之貢以待弔用此九
貢之財所給也給弔用給凶礼之五事凡萬民之貢以充府庫此九賦之財充猶足凡式貢之
餘財以共玩好之用謂先給九式及弔用足府庫而有餘財乃可以共玩好明玩好非治国之用言式言貢互文凡邦
之賦用取具焉賦用用賦歲終則以貨賄之入出會之
玉府掌王之金玉玩好兵器凡良貨賄之藏良善也此物皆式貢之餘財所作其
不良又有受而藏之者共王之服玉佩玉珠玉佩玉者王之所帶者玉藻曰君子於玉比德焉天子佩白玉而玄組綬詩
傳曰佩玉有葱衡下有雙璜衝牙蠙珠以納其間鄭司農云服玉冠飾十二玉王齊則共食玉玉是陽精之純者食之以禦水氣鄭司農云王
齊當食玉屑大喪共含玉復衣裳角枕角柶角枕以枕尸鄭司農云復招魂也衣裳生時服招魂復魄于天
廟至四郊角柶角匕也以楔齒士喪礼曰楔齒用角柶楔齒者令可飯含玄謂復於四郊以綏掌王之燕衣服衽席牀第
凡褻器燕衣服者巾絮寢衣袍襗之屬皆良貨賄所成第簀也鄭司農云衽席單席也褻器清器虎子之屬若合諸侯則共
珠槃玉敦敦槃類珠玉以為飾古者以槃盛血以敦盛食合諸侯者必割牛耳取其血歃之以盟珠槃以盛牛耳尸盟者執之故書珠為夷鄭司農

云夫槃或爲珠槃王敦歃血玉器凡王之獻金玉兵器文織良貨賄之物受而藏之謂百工爲王所作可以獻遺諸侯古者致物於人尊之則曰獻通行曰饋春秋曰齊侯來獻戎捷尊魯也文織畫及繡錦凡王之好賜共其貨賄

内府掌受九貢九賦九功之貨賄良兵良器以待邦之大用大用朝覲之班賜凡四方之幣獻之金玉齒革兵器凡良貨賄入焉諸侯朝聘所獻國珍凡適四方使者共其所受之物而奉之王所以遺諸侯者凡王及冢宰之好賜予則共之冢宰待四方賓客之小治或有所善亦賜予之

外府掌邦布之入出以共百物而待邦之用凡有灋者布泉也布讀爲宣布之布其藏曰泉其行曰布取名於水泉其流行无不徧入出謂受之復出之共百物者或作之或買之待猶給也有法百官之公用也泉始蓋一品周景王鑄大泉而有二品後數變易不復識本制至漢唯有五銖久行王莽改貨而異作泉布多至十品今存於民間多者有貨布大泉貨泉貨布長二寸五分廣寸首長八分有奇廣八分其圜好徑二分半足枝長八分其右文曰貨左文曰布重二十五銖直貨泉二十五大泉徑一寸二分重十二銖文曰大泉直十五貨泉貨泉徑一寸重五銖右文曰貨

玄曰泉直一也共王及后世子之衣服之用凡祭祀賓客喪紀會同軍旅共其財用之幣齎賜予之財用齎行道之財用也聘礼曰問幾月之齎鄭司農云齎或為資今礼家定齎作資玄謂齎資同耳其字以齊次為声從貝變易古字亦多或凡邦之小用皆受焉皆来受歲終則會唯王及后之服不會

司會掌邦之六典八灋八則之貳以逆邦國都鄙官府之治逆受而鉤考之以九貢之灋致邦國之財用以九賦之灋令田野之財用以九功之灋令民職之財用以九式之灋均節邦之財用掌國之官府郊野縣都之百物財用凡在書契版圖者之貳以逆羣吏之治而聽其會計郊四郊去国百里野甸稍也甸去国二百里稍三百里縣四百里都五百里書謂簿書契其最凡也版戶籍也圖土地形象田地廣狹以參互攷日成以月要攷月成以歲會攷歲成參互謂司書之要貳与職内之入職歲之出故書互為巨杜子春讀為參互以周知四國之治以詔王及冢宰廢置

周猶徧也言四周者本逆邦國之治亦鉤考以告

司書掌邦之六典八灋八則九職九正九事邦中之版土地之圖以周知入出百物以敘其財受其幣使入于職幣

九正謂九賦九貢正稅也九事謂九式復言之者重其職明本而掌之非徒相副二也敘猶比次也謂鉤考其財幣所給及其餘見爲之簿書故書受爲授鄭司農云授當爲受謂受財幣之簿書也玄謂亦受録其餘幣而爲之簿書使之入于職幣幣物當以時用之久藏將朽蠹

凡上之用財用必攷于司會

上謂王与冢宰王雖不會亦當知多小而闗之司會以九式均節邦之財用

三歲則大計羣吏之治以知民之財器械之數以知田野夫家六畜之數以知山林川澤之數以逆羣吏之徵令

械猶兵也逆受而鉤考之山林川澤童枯則不稅

凡稅斂掌事者受灋焉及事成則入要貳焉

法猶數也應當稅者之數成猶畢也

凡邦治攷焉

考其法於司書

職内掌邦之賦入辨其財用之物而執其總以貳官府都鄙之財入之數以逆邦國之賦用

辨財用之物处之使種類相從總謂簿書之種別与大凡官府之有財入若關市之屬

凡受財者受其貳令而書之 受財受於職內以給公用者二令者謂若今御史所寫下本奏王所可者書之若言某月某日某甲詔書出某物若干給某官某事 及會以逆職歲與官府財用之出 亦參互鉤考之 而敘其財以待邦之移用 亦鉤考今歲中餘見為之薄移用謂轉運給他

職歲掌邦之賦出以貳官府都鄙之財出賜之數以待會計而攷之 以二者亦如職內書其二令而編存之 凡官府都鄙羣吏之出財用受式灋于職歲 百官之公用式法多少職歲掌出之舊用事存焉 凡上之賜予以敘與職幣授之 敘受賜者之尊卑 及會以式灋贊逆會 助司會鉤考羣吏之計

職幣掌式灋以斂官府都鄙與凡用邦財者之幣 幣謂給公用之餘凡用邦財者謂軍旅 振掌事者之餘財 振猶拯也撿也掌事謂以王命有所作為先言斂幣後言振財互之 皆辨其物而奠其錄以書楬之以詔上之小用賜予 奠定也故書錄為祿杜子春云祿當為錄定其錄籍鄭司農云楬之若今時為書以著其幣 歲終則會其出凡邦之會事以式灋贊之

司裘掌爲大裘以共王祀天之服鄭司農云大裘黑羔裘服以祀天示質中秋獻良裘王乃行羽物良善也中秋鳥獸毨毨因其良時而用之鄭司農云良裘王所服也行羽物以羽物飛鳥賜羣吏玄謂良裘王藻所謂黼裘与此羽物小鳥鶉雀之屬鷹隼所擊者中秋鳩化爲鷹中春鷹化爲鳩順其始殺与其將止而大班羽物季秋獻功裘以待頒賜功裘人功微麤謂狐青麛裘之屬鄭司農云功裘卿大夫所服王大射則共虎侯熊侯豹侯設其鵠諸侯則共熊侯豹侯卿大夫則共麋侯皆設其鵠大射者爲祭祀射王將有郊廟之事以射擇諸侯及羣臣与邦国所貢之士可以与祭者射者可以觀德行其容體比於礼其節比於樂而中多者得与於祭諸侯謂三公及王子弟封於畿內者卿大夫亦皆有采地焉其將祀其先祖亦与羣臣射以擇之凡大射各於其射宮侯者其所射也以虎熊豹麋之皮飾其側又方制之以爲臬謂之鵠著于侯中所謂皮侯王之大射虎侯王所自射也熊侯諸侯所射豹侯卿大夫以下所射諸侯之大射熊侯諸侯所自射豹侯羣臣所射卿大夫之射麋侯君臣共射焉凡此侯道虎九十弓熊七十弓豹麋五十弓列国之諸侯大射大侯亦九十參七十下五十遠尊得伸可同耳所射正謂之侯者天子中之則能服諸侯諸侯以下中之則得爲諸侯鄭司農云鵠鵠毛也方十尺曰侯四尺曰鵠二尺曰正四寸曰質玄謂侯中之大小取數於侯道鄉射記曰弓二寸以爲侯中則九十弓者侯中廣丈八尺七十弓者侯中廣丈四尺五十弓者侯中廣一丈尊卑異等此數明矣考工記曰梓人爲侯廣与崇方參分其廣

而鵠居一焉然則侯中丈八尺者鵠方六尺侯中丈四尺者鵠方四尺六寸大半寸侯中一丈者鵠方三尺三寸少半寸謂之鵠者取名於鳱鵠鳱鵠小鳥而難中是以中之爲儁亦取鵠之言較較者直也射所以直己志用虎熊豹麋之皮示服猛討迷惑者射者大礼故取義衆也士不大射士无臣祭无所擇故書諸侯則共熊侯虎侯杜子春云虎當爲豹

大喪廞裘飾皮車皮車遣車之革路故書廞爲淫鄭司農云淫裘陳裘也玄謂廞興也若詩之興謂象似而作之凡爲神之偶衣物必沽而小耳

凡邦之皮事掌之歲終則會唯王之裘與其皮事不會

掌皮掌秋斂皮冬斂革春獻之皮革踰歲乾久乃可用獻之獻其良者於王以入司裘給王用

遂以式灋頒皮革于百工式法作物所用多少

共其毳毛爲氈以待邦事當用氈則共之毳毛毛細縟者故事

歲終則會其齎財斂財本數及餘見者齎所給予人物曰齎今時詔書或曰齎計吏鄭司農云齎或爲資

內宰掌書版圖之灋以治王內之政令均其稍食分其人民以居之版謂宮中閽寺之屬及其子弟録籍也圖王及后世子之宮中吏官府之形象也政令謂施閽寺者稍食吏祿稟也人民吏子弟分之使衆者就寡均宿衛

以陰禮教六宮鄭司農云陰礼婦人之礼六宮後五前一王之妃百二十人后一人夫人三人嬪九人世婦二十七人女御八十一

人玄謂六宮謂后也婦人稱寢曰宮宮隱蔽之言后象王立六宮而居之亦正寢一
燕寢五教者不敢斥言之謂之六宮若今稱皇后為中宮矣晨昏礼毋戒女曰夙夜毋
違宮事以陰禮教九嬪教以婦人之礼不言教夫人世婦者舉中省文以婦職之灋教九御使
各有屬以作二事正其服禁其奇衺展其功緒婦職謂織紝組紃縫線之事九御女
御也九九而御於王因以號焉使之九九為屬同時御又同事也正其服止踰侈奇
衺若今媚道展猶録也緒業也故書二為三杜子春云當為二二事謂絲枲之事
大祭祀后祼獻則贊瑤爵亦如之謂祭宗廟王既祼而出迎牲后乃從後祼也祭統曰君執圭瓚祼尸大宗
執璋瓚亞祼此大宗亞祼謂夫人不与而攝耳獻謂王薦腥薦孰后
亦從後獻也瑤爵謂尸卒食王既酳尸后亞獻之其爵以瑤為飾正后之服
位而詔其禮樂之儀薦徹之礼當与樂相應位謂房中及阼所立処贊九嬪之禮事助九嬪贊
后之事九嬪者贊后薦玉齍薦徹豆籩凡賓客之祼獻瑤爵皆贊謂王同姓及二王之後來朝覲為賓客者祼之
礼亞王而礼賓獻謂王饗燕亞王獻賓也瑤爵所以亞王酬賓也坊記曰陽侯殺繆侯而竊其夫人故大饗廢夫人之礼致后之賓客之
禮謂諸侯來朝覲及女賓之賓客凡喪事佐后使治外內命婦正其服位使使其屬之上
士內命婦謂九嬪世婦女御鄭司農云外命婦卿大夫之妻王命其夫后命其婦玄謂士妻亦為命婦凡建國佐后立市設

其次置其叙正其肆陳其貨賄出其度量淳制祭之以陰禮市朝者君所以建国也建国者必面朝後市王立朝而后立市陰陽相成之義次思次也敘介次也陳猶處也度丈尺也量豆區之屬鄭司農云佐后立市者始立市后立之也祭之以陰礼者市中之社先后所立社也故書淳為敦杜子春讀敦為純純謂幅廣也制謂匹長玄謂純制天子巡守礼所云制幣丈八尺純四只与陰礼婦人之祭礼中春詔后帥外内命婦始蠶于北郊以為祭服蠶于北郊婦人以純陰為尊郊必有公桑蠶室焉歲終則會内人之稍食稽其功事内人主謂九御佐后而受獻功者比其小大與其麤良而賞罰之献功者九御之屬鄭司農云丞斋而献功玄謂典婦功曰及秋献功會内宮之財用計夫人以下所用財正歲均其稍食施其功事憲禁令于王之北宮而糾其守均猶調度也施猶賦也北宮后之六宮謂之北宮者繫于王言之明用王之禁令令之守宿衛者上春詔王后帥六宮之人而生穜稑之種而獻之于王六宮之人夫人以下分居后之六宮者古者使后宮藏種以其有傳類蕃孳之祥必生而献之示能育之使不傷敗且以佐王耕事共禘郊也鄭司農云先種後孰謂之穜後種先孰謂之稑王當以耕種于耤田玄謂詩云黍稷穜稑是也夫人以下分居后之六宮者每宮九嬪一人丗婦三人女御九人其餘九嬪三人丗婦九人女御二十七

人從后唯其所燕息焉從后者五日而沐浴其次又上十五日而徧云夫人如三公從容論婦礼

內小臣掌王后之命正其服位命謂使令所爲或言王后或言后通耳后出入則前驅道之若有祭祀賓客喪紀則擯詔后之禮事相九嬪之禮事正內人之禮事徹后之俎擯爲后傳辭有所求爲詔相正者異尊卑也俎謂后受尸之爵飲于房中之俎后有好事于四方則使往有好令於卿大夫則亦如之后於其族親所善者使往問遺之掌王之陰事陰令陰事羣妃御見之事若今掖庭令晝漏不盡八刻白錄所記推當御見者陰令王所求爲於北宮

閽人掌守王宮之中門之禁中門於外內爲中若今宮闕門鄭司農云王有五門外曰皐門二曰雉門三曰庫門四曰應門五曰路門路門一曰畢門玄謂雉門三門也春秋傳曰雉門災及兩觀喪服凶器不入宮潛服賊器不入宮奇服怪民不入宮喪服衰絰也凶器明器也潛服若衷甲者賊器盜賊之任器兵物皆有刻識奇服衣非常春秋傳曰尨奇無常怪民狂易凡內人公器賓客無帥則幾其出入三者之出入當須使者符節乃行鄭司農云公器將持公家器出入者幾謂無將帥引之者則苛其出入以時啓閉時漏盡凡外內命夫命婦出入

則爲之闢（辟行人使無干也内命夫卿大夫士之在宮中者）掌埽門庭（門庭門相當之地）大祭祀喪紀之事設門燎蹕宮門廟門（燎地燭也蹕止行者廟在中門之外）凡賓客亦如之

寺人掌王之内人及女宮之戒令相道其出入之事而糾之（内人女御也女宮刑女之在宮中者糾猶割察也）若有喪紀賓客祭祀之事則帥女宮而致於有司（有司謂宮卿世婦）佐世婦治禮事（世婦二十七世婦）掌内人之禁令凡内人弔臨于外則帥而往立于其前而詔相之（從世婦所弔若哭其族親立其前者賤也賤而必詔相之者出入於王宮不可以闕於礼）

内豎掌内外之通令凡小事（内后六宮外卿大夫也使童豎通王内外之命給小事者以其無与為礼出入便疾内外以大事聞王則俟朝而自復）若有祭祀賓客喪紀之事則爲内人蹕（内人從世婦有事於廟者内豎為六宮蹕者以其掌内小事）王后之喪遷于宮中則前蹕及葬執褻器以從遣車（喪遷者將葬朝于廟褻器振飾類沐之器）

九嬪掌婦學之灋以教九御婦德婦言婦容婦功各帥其屬而以時御叙于王所婦德謂貞順婦言謂辭令婦容謂婉娩婦功謂絲枲自九嬪以下九九而御於王所九嬪者既習於四事又備於從人之道是以教女御也教各帥其屬者使亦九九相與從於王所息之燕寢御猶進也勸也進勸王息亦相次敘凡羣妃御見之法月與后妃其象也卑者宜先尊者宜後女御八十一人當九夕世婦二十七人當三夕九嬪九人當一夕三夫人當一夕后當一夕亦十五日而徧云自望後反之孔子云日者天之明月者地之理陰契制故月上屬爲天使婦從夫放月紀凡祭祀贊玉齍贊后薦徹豆籩玉齍玉敦受黍稷器后進之而不徹故書玉爲王杜子春讀爲玉若有賓客則從后當贊后事大喪帥敘哭者亦如之亦從后帥猶道也后哭衆之次敘者乃哭

世婦掌祭祀賓客喪紀之事帥女宮而濯摡爲齍盛摡拭也爲猶差擇及祭之日涖陳女宮之具凡内羞之物涖臨也内羞房中之羞掌弔臨于卿大夫之喪王使往弔

女御掌御敘于王之燕寢言掌御敘防上之專妬者于王之燕寢則王不就后宮息以歲時獻功

事絲枲成功之事凡祭祀贊世婦助其帥涖女宮大喪掌沐浴王及后之喪后之喪持翣翣棺飾也持而從柩車從世婦而弔于卿大夫之喪從之數蓋如使者之介云

女祝掌王后之內祭祀凡內禱祠之事內祭祀六宮之中竈門户禱疾病求瘳也祠報福掌以時招梗禬禳之事以除疾殃鄭大夫讀梗爲亢謂招善而亢惡去之杜子春讀梗爲更玄謂梗禦未至也除災害曰禬禬猶刮去也郤變異曰禳禳攘也四礼唯禳其遺象今存

女史掌王后之禮職掌內治之貳以詔后治內政內治之法本在內宰書而貳之逆內宮鉤考六宮之計書內令后之令凡后之事以禮從亦如大史之從於王

典婦功掌婦式之灋以授嬪婦及內人女功之事齎婦式婦人事之模範法其用財舊數嬪婦九嬪世婦言及以殊之者容国中婦人賢善工於事者享齎讀以女功之事來取絲枲故書齎爲資杜子春讀爲資鄭司農云內人謂女御女功事資謂女功絲枲之事凡授嬪婦功及秋獻功辨其苦良比其小大而賈之物書而楬之授當爲受聲之誤也国中嬪婦所作成即送之不須獻功時賈之者物不正齊當以泉計通功鄭司農苦讀爲盬謂分別其縑帛與

布紵之麤細皆比方其大小書其賈數而著其物若今時題署物 以共王及后之用頒之于內府

典絲掌絲入而辨其物以其賈楬之 絲入謂九職之嬪婦所貢絲 掌其藏與其出以待興功之時 絲之貢少藏之出之可同官也時者若温煖宜縑帛清涼宜文繡 頒絲于外內工皆以物授之 外工外嬪婦也內工女御 凡上之賜予亦如之 王以絲物賜人 及獻功則受良功而藏之辨其物而書其數以待有司之政令上之賜予 良當為苦字之誤受其麤盬之功以給有司之公用其良功者典婦功受之以共王及后之用鄭司農云良功絲功縑帛 凡祭祀共黼畫組就之物 以給衣服冕旒及依盥巾之屬白与黑謂之黼采色一成曰就 喪紀共其絲纊組文之物 以給線縷著盱口綦握之屬青与赤謂之文 凡飾邦器者受文織絲組焉 謂茵席屏風之屬 歲終則各以其物會之 種別為計鄭司農云各以其所飾之物計會傳著之

典枲掌布緦縷紵之麻草之物以待時頒功而授齎 緦十五升布抽其半者白而細疏曰紵雜言此數物者以著其類衆多草葛蕡之屬故書齎作資 及獻功受苦功以其賈楬而

藏之以待時頒其良功亦入於典婦功以共王及后之用鄭司農云苦功謂麻功布紵頒衣服授之賜予亦如之授之授受班者頒言待有司之政令布言班衣服互文歲終則各以其物會之

內司服掌王后之六服褘衣揄狄闕狄鞠衣展衣緣衣素沙鄭司農云褘衣畫衣也祭統曰君卷冕立于阼夫人副褘立于東房揄狄闕狄畫羽飾展衣白衣也喪大記曰復者朝服君以卷夫人以屈狄世婦以襢衣屈者音声与闕相似襢与展相似皆婦人之服鞠衣黃衣也素沙赤衣也玄謂狄當為翟翟雉名伊雒而南素質五色皆備成章曰翬江淮而南青質五色皆備成章曰搖王后之服刻繒為之形而采畫之綴於衣以為文章褘衣畫翬者揄翟畫搖者闕翟刻而不畫此三者皆祭服從王祭先王則服褘衣祭先公則服揄翟祭羣小祀則服闕翟今世有圭衣者蓋三翟之遺俗鞠衣黃桑服也色如鞠塵象桑葉始生月令三月薦鞠衣于上帝告桑事展衣以礼見王及賓客之服字當為襢襢之言亶亶誠也詩國風曰玼兮玼兮其之翟也下云胡然而天也胡然而帝也言其德當神明又曰瑳兮瑳兮其之展也下云展如之人兮邦之媛也言其行配君子二者之義与礼合矣雜記曰夫人復稅衣揄狄又喪大記曰士妻以褖衣言褖者甚衆字或作稅此緣衣者實作褖衣也褖衣御于王之服亦以燕居男子之褖衣黑則是亦黑也六服備於此矣褘揄狄展声相近緣字之誤也以下推次其色則闕狄赤揄狄青褘衣玄婦人尚專一德無所兼連衣裳不異其色素沙者今之白縛也六服皆袍制以白縛為裏使之張顯今世有沙縠者名出于此

辨外內命婦之服鞠衣展衣緣衣素沙內命婦之服鞠

衣九嬪也展衣世婦也緣衣女御也外命婦者其夫孤也則服鞠衣其夫卿大夫也則服展衣其夫士也則服緣衣三夫人及公之妻其闕狄以下乎侯伯之夫人揄狄子男之夫人亦闕狄唯二王後褘衣 凡祭祀賓客共后之衣服及九嬪世婦凡命婦共其衣服共喪衰亦如之 凡者凡女御与外命婦也言及言凡殊貴賤也春秋之義王人雖微者猶序乎諸侯之上所以尊尊也臣之命者再命以上受服則下士之妻不共也外命婦唯王祭祀賓客以礼佐后得服此上服自於其家則降焉 后之喪共其衣服凡內具之物 内具紛帨線纊鞶袠之屬

○縫人掌王宮之縫線之事以役女御以縫王及后之衣服 女御裁縫王及后之衣服則為役助之宮中餘裁縫事則專為焉鄭司農云線縷 喪縫棺飾焉 孝子既啓見棺猶見親之身既載飾而以行遂以葬若存時居于帷幕而加文繡喪大記曰飾棺君龍帷三池振容黼荒火三列黻三列素錦褚加僞荒纁紐六齊五采五貝黼翣二黻翣二畫翣二皆戴圭魚躍拂池君纁戴六纁披六此諸侯礼也礼器曰天子八翣諸侯六翣大夫四翣漢礼器制度飾棺天子龍火黼黻皆五列又有龍翣二其戴皆加璧故書焉為馬杜子春云當為焉 衣翣柳之材 必先纏衣其木乃以張飾也柳之言聚諸飾之所聚書曰分命和仲度西曰柳穀故書翣柳作接櫝鄭司農云接讀為歰櫝讀為柳皆棺飾檀弓曰周人牆置翣春秋傳曰四歰不蹕 掌凡內之縫事

染人掌染絲帛凡染春暴練夏纁玄秋染夏冬獻功 暴練練其素而暴之

故書纁作窼鄭司農云窼讀當為纁纁謂絳也夏大也秋乃大染玄謂纁玄者謂始
可以染此色者玄纁者天地之色以為祭服石染當及盛暑熱潤始湛研之三月而
后可用考工記鍾氏則染纁術也染玄則史傳闕矣染夏者染五色謂之夏者其色
以夏狄為飾禹貢曰羽畎夏狄是其揔名其類有六曰翬曰摇曰鸐曰甾曰希曰蹲
其毛羽五色皆備成章染者擬以
為深淺之度是以放而取名焉　掌凡染事

追師掌王后之首服為副編次追衡笄為九嬪及外内命婦之
首服以待祭祀賓客鄭司農云追冠名士冠礼記曰委貌周道也章甫殷道
也毋追夏后氏之道也追師掌冠冕之官故并主王后
之首服副者婦人之首服祭統曰君卷冕立于阼夫人副褘立于東房衡維持冠者
春秋傳曰衡紞紘綖玄謂副之言覆所以覆首為之飾其遺象若今步繇矣服之以
從王祭祀編編列髮為之其遺象若今假紒矣服之以桑也次次第髮長短為之所
謂髲髢服之以見王王后之燕居亦纚笄揔而已追猶治也詩云追琢其章王后之
衡笄皆以玉為之唯祭服有衡垂于副之兩旁當耳其下以紞縣瑱詩云玼兮其之
翟也鬒髮如雲不屑髢也玉之瑱也是之謂也笄卷髮者外内命婦衣鞠衣襢衣者
服編衣禒衣者服次外内命婦非王祭祀賓客佐后之礼自於其家則亦降焉少牢
饋食礼曰主婦髲鬄衣移袂特牲饋食礼曰主婦纚笄宵衣是也昏礼女次純衣攝
盛服耳主人爵弁以迎移袂禒衣之袂
凡諸侯夫人於其國衣服与王后同　喪紀共笄絰亦如之

屨人掌王及后之服屨為赤舃黑舃赤繶黄繶青句素屨葛

屨

屨自明矣必連言服者著服各有屨也複下曰舄禪下曰屨古人言屨以通於複今世言屨以通於禪俗易語反与舄屨有絇有繶有純者飾也鄭司農云赤繶黃繶以赤黃之絲為下緣士喪礼曰夏葛屨冬皮屨皆繶緇純礼家說繶亦謂以采絲礫其下玄謂九屨舄各象其裳之色士冠礼曰玄端黑屨青絇繶純素積白屨緇絇繶純爵弁纁屨黑絇繶純是也王吉服有九舄有三等赤舄為上冕服之舄詩云王賜韓侯玄衮赤舄則諸侯與王同下有白舄黑舄王后吉服六唯祭服有舄玄舄為上褘衣之舄也下有青舄赤舄鞠衣以下皆屨耳句當為絇聲之誤也絇繶純者同色今云赤繶黃繶青絇雜互言之明舄屨眾多反覆以見之凡舄之飾如繢之次赤繶者王黑舄之飾黃繶者王后玄舄之飾青絇者王白舄之飾言繶必有絇純言絇亦有繶純三者相將王及后之赤舄皆黑飾后之青舄白飾凡屨之飾如繡次也黃屨白飾白屨黑飾黑屨青飾絇謂之拘著舄屨之頭以為行戒繶縫中紃純緣也天子諸侯吉事皆舄其餘唯服冕衣翟著舄耳士爵弁纁屨黑絇繶純尊祭服之屨飾從繢也素屨者非純吉有凶去飾者言葛屨明有用皮時

辨外內命夫命婦之命屨功屨散屨

命夫之命屨纁屨命婦之命屨黃屨以下功屨次命屨於孤卿大夫則白屨黑屨九嬪內子亦然世婦命婦以黑屨為功屨女御士妻命屨而已士及士妻謂再命受服者散屨亦謂去飾

凡四時之祭祀以宜服之

祭祀而有素屨散屨者唯大祥時

夏采掌大喪以冕服復于大祖以乘車建綏復于四郊

求之王平生常所有事之處乘車玉路於大廟以冕服不出宮也四郊以綏出国門此行道也鄭司農云復謂始死招魂復魄士喪礼曰士死于適室復者一人以爵弁服升自東榮中

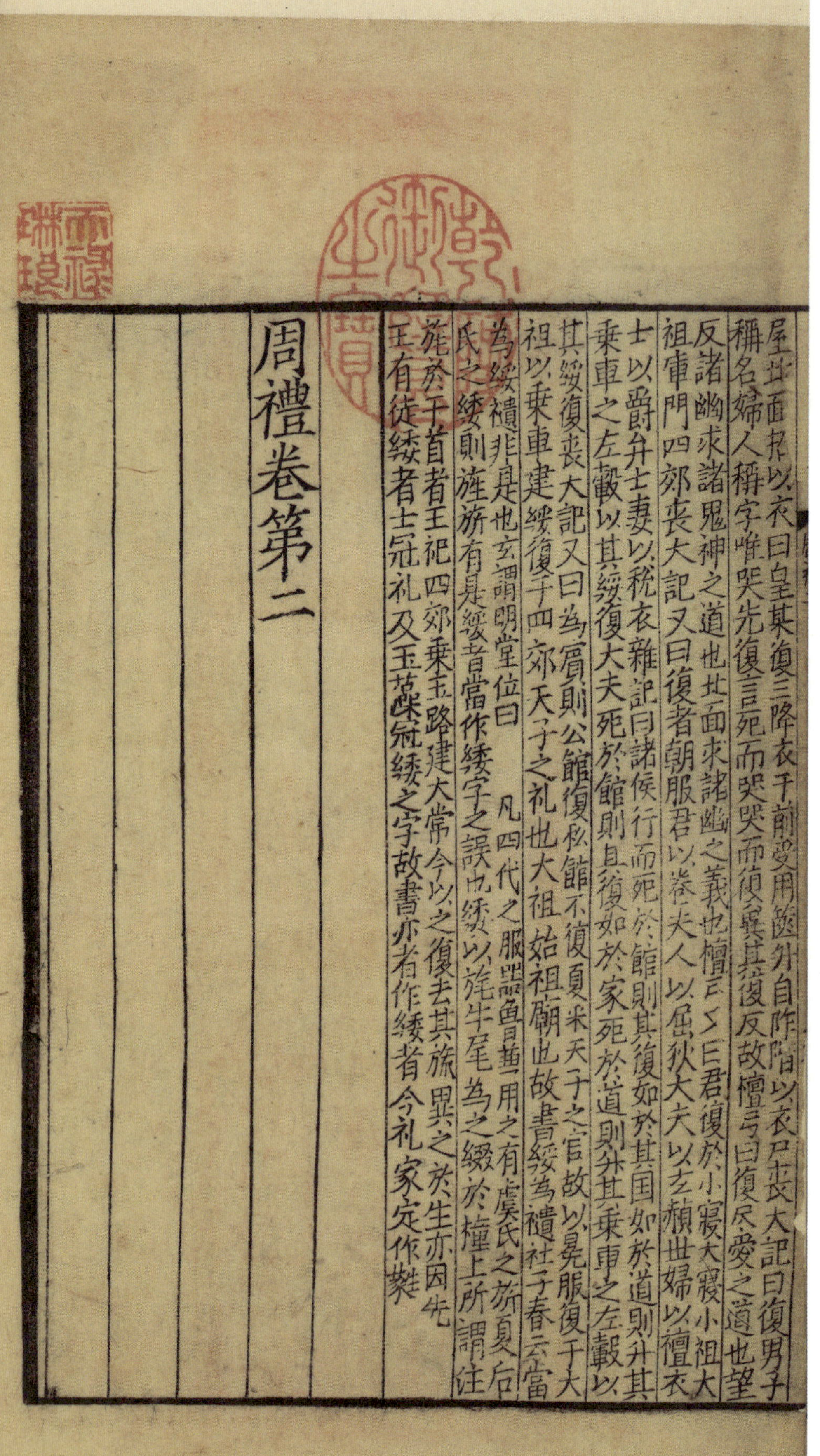

屋北面招以衣曰皋某復三降衣于前受用篋升自阼階以衣尸喪大記曰復男子稱名婦人稱字唯哭先復言死而哭哭而復冀其復反故檀弓曰復盡愛之道也望反諸幽求諸鬼神之道也北面求諸幽之義也檀弓又曰君復於小寢大寢小祖大祖庫門四郊喪大記又曰復者朝服君以卷夫人以屈狄大夫以玄赬世婦以襢衣士以爵弁士妻以稅衣雜記曰諸侯行而死於館則其復如於其國如於道則升其乘車之左轂以其綏復大夫死於館則其復如於家死於道則升其乘車之左轂以其綏復喪大記又曰為賓則公館復私館不復夏采天子之官故以冕服復于大祖以乘車建綏復于四郊天子之礼也大祖始祖廟也故書綏為禮杜子春云當為綏禮非是也玄謂明堂位曰　凡四代之服器魯兼用之有虞氏之旂夏后氏之綏則旌旂有是綏者當作緌字之誤也緌以旄牛尾為之綴於橦上所謂注旄於干首者王祀四郊乘玉路建大常今以之復去其旒異之於生亦因先王有徒緌者士冠礼及玉藻冠緌之字故書亦者作緌者今礼家定作蕤

周禮卷第二

五福五代堂寶

八徵耄念之寶

太上皇帝之寶

五福五代堂寶

八徵耄念之寶

太上皇帝之寶

周禮卷第三

地官司徒第二　周禮　鄭氏注

惟王建國辨方正位體國經野設官分職以爲民極乃立地官司徒使帥其屬而掌邦教以佐王安擾邦國（教所以親百姓訓五品有虞氏五而周十有二焉擾亦安也言饒衍之）

教官之屬大司徒卿一人小司徒中大夫二人鄉師下大夫四人上士八人中士十有六人旅下士三十有二人府六人史十有二人胥十有二人徒百有二十人（師長也司徒掌六鄉鄉師分而治之二人者共三鄉之事相左右也）

鄉老二鄉則公一人鄉大夫每鄉卿一人州長每州中大夫一人黨正每黨下大夫一人族師每族上士一人閭胥每閭中士一人比長五家下士一人（老尊稱也王置六鄉則公有三人也三公者內與王論道中參六官之事外與六鄉之教

其要為民是以屬之鄉焉州黨族閭比鄉之屬別　正師胥皆長也正之言政也師之言帥也胥有才知之稱載師職曰以官田牛田賞田牧田任遠郊之地司勳職曰掌六鄉之賞地六鄉地在遠郊之内則居四同鄭司農云百里内爲六鄉外爲六遂

封人中士四人下士八人府二人史四人胥六人徒六十人聚土曰封謂壝堳埒及小封疆也

鼓人中士六人府二人史二人徒二十人

舞師下士二人胥四人舞徒四十人舞徒給繇役能舞者以爲之

牧人下士六人府一人史二人徒六十人牧人養生於野田者詩云爾牧來思何蓑何笠或負其餱三十維物爾牲則具

牛人中士二人下士四人府二人史四人胥二十人徒二百人主牧公家之牛者詩云誰謂爾无牛九十其犉犉者九十其餘多矣

充人下士二人史二人胥四人徒四十人充猶肥也養繫牲而肥之

載師上士二人中士四人府二人史四人胥六人徒六十人載之言事也事民而稅之禹貢曰冀州既載載師者閭師縣師遺人均人官之長

閭師中士二人史二人徒二十人王徵六鄉賦貢之稅者鄉官有州黨族閭比正言閭者徵民之稅宜督其親民者凡其賦貢入大府穀入倉人

縣師上士二人中士四人府二人史四人胥八人徒八十人主天下土地人民己之數徵野賦貢也名曰縣師者自六鄉以至邦國縣居中焉鄭司農云四百里曰縣

遺人中士二人下士四人府二人史四人胥四人徒四十人鄭司農云遺讀如詩曰棄予如遺之遺玄謂以物有所饋遺

均人中士二人下士四人府二人史四人胥四人徒四十人均猶平也主平土地之力政者

師氏中大夫一人上士二人府二人史二人胥十有二人

徒百有二十人。師教人以道者之稱也保氏司諫司救官之長鄭司農云詩云楀維師氏

保氏下大夫一人中士二人府二人　史二人胥六人

徒六十人保安也以道安人者也書敘曰周公爲師召公爲保相成王爲左右聖賢兼此官也

司諫中士二人史二人徒二十人諫猶正也以道正人行

司救中士二人史二人徒二十人救猶禁也以礼防禁人之過者也

調人下士二人史二人徒十人調猶和合也

媒氏下士二人史二人徒十人媒之言謀也謀合異類使和成者今齊人名麴𪎊曰媒

司市下大夫二人上士四人中士八人下士十有六人府四人史八人胥十有二人徒百有二十人司市市官之長

質人中士二人下士四人府二人史四人胥二人徒二十人質平也主平定物賈者

廛人中士二人下士四人府二人史四人胥二人徒二十人

故書廛爲壇杜子春讀壇爲廛說云市中空地玄謂廛民居區域之稱

胥師二十肆則一人皆二史

賈師二十肆則一人皆二史　司虣十肆則一人

司稽五肆則一人　胥二肆則一人

肆長每肆則一人

自胥師以及司稽皆市司所自辟除也胥及肆長市中給繇役者胥師領羣胥賈師定物賈司暴禁暴亂司稽察留連不時去者

泉府上士四人中士八人下士十有六人府四人史八人賈八人徒八十人

鄭司農云故書泉或作錢

司門下大夫二人上士四人中士八人下士十有六人府二人史四人胥四人徒四十人每門下士二人府一人史二人徒

四人司門若今城門校尉主王城十二門

司關上士二人中士四人府二人史四人胥八人徒八十人

每關下士二人府一人史二人徒四人關界上之門

掌節上士二人中士四人府二人史四人胥二人徒二十人節猶信也行者所執之信

遂人中大夫二人

遂師下大夫四人上士八人中士十有六人旅下士三十有二人府四人史十有二人胥十有二人徒百有二十人遂人主六遂若司徒之六鄉也六遂之地自遠郊以達于畿中有公邑家邑小都大都焉鄭司農云遂謂王国百里外

遂大夫每遂中大夫一人

縣正每縣下大夫一人

鄙師每鄙上士一人

酇長每酇中士一人

里宰每里下士一人

鄰長五家則一人（縣鄙酇里鄰遂之屬別也）

旅師中士四人下士八人府二人史四人胥八人徒八十人（主斂縣師所徵野之賦斂者也旅猶處也六遂之官里宰之師也正用里宰者亦斂民之稅宜督其親民）

稍人下士四人史二人徒十有二人（主爲縣師令都鄙丘甸之政也距王城三百里曰稍家邑小都大都在自稍以出焉）

委人中士二人下士四人府二人史四人徒四十人（主斂甸稍芻薪之賦以共委積者也）

土均上士二人中士四人下士八人府二人史四人胥四人徒四十人（均猶平也主平土地之政令者也）

草人下士四人史二人徒十有二人（草除草）

稻人上士二人中士四人下士八人府二人史四人胥十人徒百人

土訓中士二人下士四人史二人徒八人鄭司農云訓讀爲馴謂以遠方土地所生異物告道王也尒雅云訓道也玄謂能訓説土地善惡之勢

誦訓中士二人下士四人史二人徒八人能訓説四方所誦習及久所作爲久時事

山虞每大山中士四人下士八人府二人史四人胥八人徒八十人中山下士六人史二人胥六人徒六十人小山下士二人史一人徒二十人虞度也度知山之大小及所生者

林衡每大林麓下士十有二人史四人胥十有二人徒百有二十人中林麓如中山之虞小林麓如小山之虞衡平也平林麓之大小及所生者竹木生平地曰林山足曰麓

川衡每大川下士十有二人史四人胥十有二人徒百有二十人中川下士六人史二人胥六人徒六十人小川下士二人史

一人徒二十人川流水也禹貢曰九川滌源

澤虞每大澤大藪中士四人下士八人府二人史四人胥八人徒八十人中澤中藪如中川之衡小澤小藪如小川之衡澤水所鍾也水希曰藪禹貢曰九澤既陂尔雅有八藪

迹人中士四人下士八人史二人徒四十人迹之言跡知禽獸處

丱人中士二人下士四人府二人史二人胥四人徒四十人丱之言礦也金玉未成器曰礦

角人下士二人府一人徒八人

羽人下士二人府一人徒八人

掌葛下士二人府一人史一人胥二人徒二十人

掌染草下士二人府一人史二人徒八人染草藍蒨象斗之屬

掌炭下士二人史二人徒二十人

掌荼下士二人府一人史一人徒二十人荼茅莠

掌蜃下士二人府一人史一人徒八人蜃大蛤月令孟冬雉入大水為蜃

囿人中士四人下士八人府二人胥八人徒八十人囿今之苑

場人每場下士二人府一人史一人徒二十人場築地為墠季秋除圃中為之詩云九月築場圃十月納禾稼

廩人下大夫二人上士四人中士八人下士十有六人府八人史十有六人胥三十人徒三百人藏米曰廩人舍人倉人司祿官之長

舍人上士二人中士四人府二人史四人胥四人徒四十人舍猶宮也王平宮中用穀者也

倉人中士四人下士八人府二人史四人胥四人徒四十人

司祿中士四人下士八人府二人史四人徒四十人主班祿

司稼下士八人史四人徒四十人種穀曰稼如嫁女以有所生

舂人奄二人女舂抌二人奚五人女舂抌女奴能舂與抌者抌抒臼也詩云或舂或抌

饎人奄二人女饎八人奚四十人鄭司農云饎人主炊官也特牲饋食禮曰主婦視饎爨故書饎作䭕

槀人奄八人女槀每奄二人奚五人鄭司農云槀讀爲犒犒師之犒主冗食者故謂之犒

大司徒之職掌建邦之土地之圖與其人民之數以佐王安擾邦國土地之圖若今司空郡國輿地圖以天下土地之圖周知九州之地域廣輪之數辨其山林川澤丘陵墳衍原隰之名物周猶徧也九州揚荆豫青兖雍幽冀并也輪從也積石曰山竹木曰林注瀆曰川水鍾曰澤土高曰丘大阜曰陵水崖曰墳下平曰衍高平曰原下溼曰隰名物者十等之名與所生之物而辨其邦國都鄙之數制其畿疆而溝封之設其社稷之壝而樹之田主各以其野之所宜木遂以名其社與

其野千里曰畿疆猶界也春秋傳曰吾子疆理天下溝穿地爲阻固也封起土界也社稷后土及田正之神壝壇與堳埒也田主田神后土田正之所依也詩人謂之田祖所宜木謂若松栢栗也若以松爲社者則名松社之野以別方面　以土會之灋辨五地之物生一曰山林其動物宜毛物其植物宜皁物其民毛而方二曰川澤其動物宜鱗物其植物宜膏物其民黑而津三曰丘陵其動物宜羽物其植物宜覈物其民專而長四曰墳衍其動物宜介物其植物宜莢物其民皙而瘠五曰原隰其動物宜嬴物其植物宜叢物其民豐肉而庳會計也以土計貢稅之法因別此五者也毛物貂狐貒貉之屬縟毛者也鱗物魚龍之屬津潤也羽物翟雉之屬覈物李梅之屬專圜也介物龜鼈之屬水居陸生者莢物薺莢王棘之屬皙白也瘠臞也嬴物虎豹貔貙之屬淺毛者叢物萑葦之屬豐猶厚也庳猶短也杜子春讀生爲性鄭司農云植物根生之屬皁物柞栗之屬今世間謂柞實爲皁斗膏物謂楊柳之屬理致且白如膏玄謂膏當爲櫜字之誤也蓮芡之實有櫜韜　因此五物者民之常而施十有二教焉一曰以祀禮教敬則民不苟二曰

以陽禮教讓則民不爭三曰以陰禮教親則民不怨四曰以樂禮教和則民不乖五曰以儀辨等則民不越六曰以俗教安則民不偷七曰以刑教中則民不虣八曰以誓教恤則民不怠九曰以度教節則民知足十曰以世事教能則民不失職十有一曰以賢制爵則民慎德十有二曰以庸制祿則民興功　陽禮謂鄉射飲酒之禮也陰禮謂男女之禮昏姻以時則男不曠女不怨儀謂君南面臣北面父坐子伏之屬俗謂土地所生習也偷謂朝不謀夕恤謂災危相憂民有凶患憂之則民不解怠度謂宮室車服之制世事謂士農工商之事少而習焉其心安焉因教以能不易其業慎德謂矜其善德勸爲善也庸功也爵以顯賢祿以賞功故書儀或爲義杜子春讀爲儀謂九儀　以土宜之灋辨十有二土之名物以相民宅而知其利害以阜人民以蕃鳥獸以毓草木以任土事　十二土分野十二邦上繫十二次各有所宜也相占視也阜猶盛也蕃蕃息也育生也任謂就地所生因民所能　辨十有二壤之物而知其種以教稼穡樹藝　壤亦土也變言

耳以万物自生焉則言土土猶吐也以人所耕而樹藝焉則言壤壤和緩之貌詩云樹之榛栗又曰我藝黍稷藝猶蒔也以土均之灋辨五物九等制天下之地征以作民職以令地貢以斂財賦以均齊天下之政均平也五物五地之物也九等騂剛赤緹之屬征稅也民職民職也地貢貢地所生謂九穀財謂泉穀賦謂九賦及軍賦以土圭之灋測土深正日景以求地中日南則景短多暑日北則景長多寒日東則景夕多風日西則景朝多陰土圭所以致四時日月之景也測猶度也不知廣深故曰測故書求爲救杜子春云當爲求鄭司農云測土深謂南北東西之深也日南謂立表處大南近日也日北謂立表處大北遠日也景夕謂日昳景乃中立表處大東近日也景朝謂日未中而景中立表處大西遠日也玄謂晝漏半而置土圭表陰陽審其南北景短於土圭謂之日南是地於日爲近南也景長於土圭謂之日北是地於日爲近北也東於土圭謂之日東是地於日爲近東也西於土圭謂之日西是地於日爲近西也如是則寒暑陰風偏而不和是未得其所求凡日景於地千里而差一寸日至之景尺有五寸謂之地中天地之所合也四時之所交也風雨之所會也陰陽之所和也然則百物阜安乃建王國焉制

其畿方千里而封樹之景尺有五寸者南戴日下万五千里地与星辰四遊升降於三万里之中是以半之得地之中也畿方千里取象於日一寸為正樹樹木溝上所以表助阻固也鄭司農云土圭之長尺有五寸以夏至之日立八尺之表其景適与土圭等謂之地中今潁川陽城地為然凡建邦國以土圭土其地而制其域諸公之地封疆方五百里其食者半諸侯之地封疆方四百里其食者參之一諸伯之地封疆方三百里其食者參之一諸子之地封疆方二百里其食者四之一諸男之地封疆方百里其食者四之一土其地猶言度其地鄭司農云土其地租為正四方耳其食者半公所食租稅得其半耳其半皆附庸小国也屬天子參之一者亦然故魯頌曰錫之山川土田附庸奄有龜蒙遂荒大東至于海邦論語曰季氏將伐顓臾孔子曰先王以為東蒙主且在邦域之中是社稷之臣此非七十里所能容然則方三百里四百里合於魯頌論語之言諸男食者四之一適方五十里獨此与今五經家說合耳玄謂其食者半參之一四之一者土均均邦国地貢輕重之等其率之也公之地以一易侯伯之地以再易子男之地以三易必足其国礼俗喪紀祭祀之用乃貢其餘若今度支經用餘為司農穀矣大国貢重正之也小国貢輕字之也凡諸侯為牧正師長及有德者乃有附庸為其有祿者當取焉公无附庸侯附庸九同伯附庸七同子附庸五同男附庸三

同進則取焉退則歸焉魯首於周法不得有附庸故言錫之地方七百里者包附庸以大言之也附庸二十四言得兼此四等矣凡造都鄙制其地域而封溝之以其室數制之不易之地家百畮一易之地家二百畮再易之地家三百畮都鄙王子弟公卿大夫采地其界曰都鄙所居也王制曰天子之縣內方百里之国九七十里之国二十有一五十里之国六十有三此蓋夏時采地之數周則未聞矣春秋傳曰迁鄭焉而鄙留城郭之宅曰室詩云嗟我婦子曰焉改歲入此室處以其室數制之謂制立甸之屬王制曰凡居民量地以制邑度地以居民地邑民居必參相得鄭司農云不易之地歲種之地美故家百畮一易之地休一歲乃復種地薄故家二百畮再易之地休二歲乃復種故家三百畮乃分地職奠地守制地貢而頒職事焉以爲地灋而待政令分地職分其九職所宜也定地守謂衡麓虞候之屬制地貢謂九職所稅也頒職事者分命使各爲其所職之事以荒政十有二聚萬民一曰散利二曰薄征三曰緩刑四曰弛力五曰舍禁六曰去幾七曰眚禮八曰殺哀九曰蕃樂十曰多昏十有一曰索鬼神十有二曰除盜賊荒凶年也鄭司農云救飢之政十有二品散利貸種食也薄征輕租稅也弛力

息繇役也去幾關市不幾也眚礼掌客職所謂凶荒殺礼者也多昏不備礼而娶昏者多也索鬼神求廢祀而修之雲漢之詩所謂靡神不舉靡愛斯牲者也除盜賊隱其刑以除之饑饉則盜賊多不可不除也杜子春讀蕃樂爲藩樂謂閉藏樂器而不作玄謂去幾去其稅耳舍禁若公無禁利眚礼謂殺吉礼也殺哀謂省凶礼

以保息六養萬民一曰慈幼二曰養老三曰振窮四曰恤貧五曰寬疾六曰安富保息謂安之使蕃息也慈幼謂愛幼少也産子三人与之母二人与之餼十四以下不從征養老七十養於鄉五十異粻之屬振窮抍捄天民之窮者也窮者有四曰矜曰寡曰孤曰獨恤貧貧无財業稟貸之寬疾若今癃不可事不筭卒可事者半之也安富平其繇役不專取

以本俗六安萬民一曰媺宮室二曰族墳墓三曰聯兄弟四曰聯師儒五曰聯朋友六曰同衣服本猶舊也美善也謂約椓攻堅風雨攸除各有攸宇族猶類也同宗者生相近死相迫連猶合也兄弟昏姻嫁娶也師儒鄉里教以道藝者同師曰朋同志曰友同猶齊也民雖有富者衣服不得獨異

正月之吉始和布教于邦國都鄙乃縣教象之灋于象魏使萬民觀教象挾日而斂之乃施教灋于邦國都鄙使之各以教其所治民正月之吉周正

月朔日也司徒以布王教至正歲又書教法而縣焉令五家爲比使之相保五比爲閭使之相受四閭爲族使之相葬五族爲黨使之相救五黨爲州使之相賙五州爲鄉使之相賓此所以勸民者也使之者皆謂立其長而教令使之保猶任也救救凶災也賓賓客其賢者故書受爲授杜子春云當爲受謂民移徙所到則受之所去則出之又云賙當爲糾謂糾其惡玄謂受者宅舍有故相受寄託也賙者謂礼物不備相給足也閭二十五家族百家黨五百家州二千五百家鄉万二千五百家頒職事十有二于邦國都鄙使以登萬民一曰稼穡二曰樹藝三曰作材四曰阜蕃五曰飭材六曰通財七曰化材八曰斂材九曰生材十曰學藝十有一曰世事十有二曰服事鄭司農云稼穡謂三農生九穀也樹藝謂園圃育草木作材謂虞衡作山澤之財阜蕃謂藪牧養蕃鳥獸飭材謂百工飭化八材通財謂商賈阜通貨賄化財謂嬪婦化治絲枲斂材謂臣妾聚斂疏材生材謂閒民无常職轉移執事學藝謂學道藝世事謂以世事教能則民不失職服事謂爲公家服事者玄謂生材養竹木者以鄉三物教萬民而賓興之一曰六德知仁聖義

忠和二曰六行孝友睦婣任恤三曰六藝禮樂射御書數物猶事也興猶舉也民三事教成鄉大夫舉其賢者能者以飲酒之礼賓客之既則獻其書於王矣知明於事仁愛人以及物聖通而先識義能斷時宜忠言以中心和不剛不柔善於父母爲孝善於兄弟爲友睦親於九族婣親於外親任信於友道恤振憂貧者礼五礼之義樂六樂之歌舞射五射之法御五御之節書六書之品數九數之計以鄉八刑糾萬民一曰不孝之刑二曰不睦之刑三曰不婣之刑四曰不弟之刑五曰不任之刑六曰不恤之刑七曰造言之刑八曰亂民之刑糾猶割察也不弟不敬師長造言訛言惑衆乱民乱名改作執左道以乱政也鄭司農云任謂朋友相任恤謂相憂以五禮防萬民之僞而教之中礼所以節止民之侈僞使其行得中鄭司農云五礼謂吉凶賓軍嘉以六樂防萬民之情而教之和樂所以蕩正民之情思使其心應和也鄭司農云六樂謂雲門咸池大韶大夏大濩大武凡萬民之不服教而有獄訟者與有地治者聽而斷之其附于刑者歸于士不服教不厭服於十二教含負冒者也爭罪曰獄爭財曰訟有地治者謂鄉州及治都鄙者也附麗也士司寇士師之屬鄭司農云与其地治者聽而

（斷之与其地部界所屬吏共聽斷之士謂上斷刑之官春秋傳曰士榮為大士或謂帰于圜土圜土謂獄也獄城圜）祀五帝，奉牛牲，羞其肆。（牛能任載地類也奉猶進也鄭司農云羞進也肆陳骨體也玄謂進所肆解骨體士喪礼曰肆解去蹄）享先王亦如之。大賓客，令野脩道委積。（令令遺人使為之也少曰委多曰積皆所以給賓客）大喪，帥六鄉之衆庶，屬其六引，而治其政令。（衆庶所致役也鄭司農云六引謂引喪車索也六鄉主六引六遂主六紼）大軍旅，大田役，以旗致萬民，而治其徒庶之政令。（旗畫熊虎者也徵衆刻日樹旗期於其下）若國有大故，則致萬民於王門，令無節者不行於天下。（大故謂王崩及寇兵也節六節有節乃得行防姦私）大荒大札，則令邦國移民、通財、舍禁、弛力、薄征、緩刑。（大荒大凶年也大札大疫病也移民辟灾就賤其有守不可移者則輸之穀春秋定五年夏歸粟於蔡是也）歲終，則令教官正治而致事。（歲終自周季冬也教官其屬六十正治明處其文書致事上其計簿）正歲，令于教官曰：各共爾職，脩乃事，以聽王命。其有不正，則國有常刑。（正歲夏正月朔日）

小司徒之職掌建邦之教灋以稽國中及四郊都鄙之夫家九比之數以辨其貴賤老幼癈疾凡征役之施舍與其祭祀飲食喪紀之禁令 稽猶考也夫家猶言男女也鄭司農云九比謂九夫爲井玄謂九比者冢宰職出九賦者之人數也貴謂爲卿大夫賤謂占會販賣者癈疾謂癃病施當爲弛

乃頒比灋于六鄉之大夫使各登其鄉之衆寡六畜車輦辨其物以歲時入其數以施政教行其徵令 登成也成猶定也衆寡民之多少物家中之財歲時入其數若今四時言事

及三年則大比大比則受邦國之比要 大比謂使天下更簡閱民數及其財物也受邦国之比要則亦受鄉遂矣鄭司農云五家爲比故以比爲名今時八月案比是也要謂其簿

乃會萬民之卒伍而用之五人爲伍五伍爲兩四兩爲卒五卒爲旅五旅爲師五師爲軍以起軍旅以作田役以比追胥以令貢賦 用謂使民事之伍兩卒旅師軍皆衆之名兩二十五人卒百人旅五百人師二千五百人軍万二千五百此皆先王所因農事而定軍令者也欲其恩足相恤義足相救服容相別音声相識作爲也役功力之事追逐寇也春秋莊十八年夏公追戎于濟西胥

伺捕盜賊也貢嬪婦百工之物賦九賦也鄉之田制与遂同 乃均土地以稽其人民而周知其數上地家七人可任也者家三人中地家六人可任也者二家五人下地家五人可任也者家二人 均平也周猶徧也一家男女七人以上則受之以上地所養者衆也男女五人以下則受之以下地所養者寡也正以七人六人五人爲率者有夫有婦然後爲家自二人以至於十爲九等七六五者爲其中可任謂丁強任力役之事者出老者一人其餘男女強弱相半其大數 凡起徒役毋過家一人以其餘爲羨唯田與追胥竭作 鄭司農云羨饒也田謂獵也追追寇賊也竭作盡行 凡用衆庶則掌其政敎與其戒禁聽其辭訟施其賞罰誅其犯命者 命所以誓告之 凡國之大事致民大故致餘子 大事謂戎事也大故謂災寇也鄭司農云国有大事當徵召會聚百姓則小司徒召聚之餘子謂羨也玄謂餘子卿大夫之子當守於王宮者也 乃經土地而井牧其田野九夫爲井四井爲邑四邑爲丘四丘爲甸四甸爲縣四縣爲都以任地事而令貢賦凡稅斂之事 此謂造都鄙也采地制井田異於鄉遂重立国小司徒爲經之立其

五溝五涂之界其制似井之字因取名焉孟子曰夫仁政必自經界始經界不正井田不均貢祿不平是故暴君汙吏必謾其經界經界既正分田制祿可坐而定也鄭司農云井牧者春秋傳所謂井衍沃牧隰皋者也玄謂隰皋之地九夫爲牧二牧而當一井今造都鄙授民田有不易有一易有再易通率二而當一是之謂井牧昔夏少康在虞思有田一成有衆一旅一旅之衆而田一成則井牧之法先古然矣九夫爲井者方一里九夫所治之田也此制小司徒經之匠人爲之溝洫相包乃成耳邑丘之屬相連比以出田稅溝洫爲除水害四井爲邑方二里四邑爲丘方四里四丘爲甸甸之言乘也讀如衷甸之甸甸方八里旁加一里則方十里爲一成積百井九百夫其中六十四井五百七十六夫出田稅三十六井三百二十四夫治洫四甸爲縣方二十里四縣爲都方四十里四都方八十里旁加十里乃得方百里爲一同也積万井九万夫其四千九十六井三万六千八百六十四夫出田稅二千三百四井二万七百三十六夫治洫三千六百井三万二千四百夫治澮井田之法備於一同今止於都者采地食者皆四之一其制三等百里之国凡四都一都之田稅入於王五十里之国凡四縣一縣之田稅入於王二十五里之国凡四甸一甸之田稅入於王地事謂農牧衡虞也貢謂九穀山澤之材也賦謂出車徒給繇役也司馬法曰六尺爲步步百爲畮畮百爲夫夫三爲屋屋三爲井井十爲通通爲匹馬三十家士一人徒二人通十爲成成百井三百家革車一乘士十人徒二十人十成爲終終千井三千家革車十乘士百人徒二百人十終爲同同方百里万井三万家革車百乘士千人徒二千人

乃分地域而辨其守施其職而平其政

分地域謂建邦国造都鄙制鄉遂也辨其守謂衡虞之屬職謂九職也政稅也政當作征故書域爲邦杜子春云當爲域

凡小祭祀奉牛牲羞其

肆小祭祀王玄冕所祭小賓客令野脩道委積小賓客諸侯之使臣大軍旅帥其衆庶帥帥而致於大司徒小軍旅巡役治其政令巡役小力役之事則巡行之大喪帥邦役治其政教喪役正棺引窆復土凡建邦國立其社稷正其畿疆之封畿九畿凡民訟以地比正之鄭司農云以田畔所与比正斷其訟地訟以圖正之地訟爭疆界者圖謂邦国本圖歲終則攷其屬官之治成而誅賞治成治事之計令羣吏正要會而致事正歲則帥其屬而觀教灋之象徇以木鐸曰不用灋者國有常刑令羣吏憲禁令脩灋糾職以待邦治憲表縣之及大比六鄉四郊之吏平教治正政事攷夫屋及其衆寡六畜兵器以待政令四郊之吏吏在四郊之內主民事者夫二爲屋屋三爲井出地貢者三三相任

鄉師之職各掌其所治鄉之教而聽其治聽謂平察之以國比之灋以時稽其夫家衆寡辨其老幼貴賤癈疾馬牛之物辨其可

任者與其施舍者掌其戒令糾禁聽其獄訟施舍謂應復免不給繇役大役則帥民徒而至治其政令既役則受州里之役要以考司空之辟以逆其役事而至至作部曲也既已也役要所遣民徒之數辟功作章程逆猶鉤考也鄭司農云辟法也凡邦事令作秩敘事功力之事秩常也敘猶次也事有常次則不偏匱大祭祀羞牛牲共茅蒩杜子春云蒩當爲菹以茅爲菹若葵菹也鄭大夫讀蒩爲藉謂祭前藉也易曰藉用白茅无咎玄謂蒩士虞礼所謂苴者茅長五寸束之者是也祝設于几東席上命佐食取黍稷祭于苴三取膚祭祭如初此所以承祭既祭蓋束而去之守祧職云既祭藏其隋是与大軍旅會同正治其徒役與其輂輦戮其犯命者輂駕馬輦人輓行所以載任器也止以爲蕃營司馬法曰夏后氏謂輂曰余車殷曰胡奴車周曰輜輦輦一斧一斤一鑿一梩一鋤周輦加二版二築又曰夏后氏二十人而輂殷十八人而輂周十五人而輦故書輦作連鄭司農云連讀爲輦大喪用役則帥其民而至遂治之治謂監督其事及葬執纛以與匠師御匶而治役匠師事官之屬其於司空若鄉師之於司徒也鄉師主役匠師主衆匠共主葬引雜記曰升正柩諸侯執綍五百人四綍皆銜枚司馬執鐸左八人右八人匠人執翿以御柩天子六引礼依此云鄭司農云翿羽葆幢也尔雅曰纛翳也以指麾輓柩之役正其

行列進退及窆執斧以涖匠師匠師主豐碑之事執斧以涖之使戒其事故書涖作立鄭司農云窆謂葬下棺也春秋傳
曰日中而傰礼記所謂封者立讀為涖涖謂臨視也凡四時之田前期出田灋于州里簡其
鼓鐸旗物兵器脩其卒伍田法人徒及所當有及期以司徒之大旗致
衆庶而陳之以旗物辨鄉邑而治其政令刑禁巡其前後
之屯而戮其犯命者斷其爭禽之訟司徒致衆庶者以熊虎之旗此又以之明為司徒致之大
夫致衆當以鳥隼之旟陳之以旗物以表正其行列辨別異也故書巡作述屯或為臀鄭大夫讀屯為課殿杜子春讀為在後曰殿謂前後屯兵也玄謂前後屯車
徒異部也今書多為屯從屯凡四時之徵令有常者以木鐸徇於市朝徵令有常者謂
田狩及正月命脩封疆二月命雷且發声以歲時巡國及野而賙萬民之囏阨以王
命施惠歲時者隨其事之時不必四時也囏阨飢乏也鄭司農云賙讀為周急之周歲終則攷六鄉之治
以詔廢置正歲稽其鄉器比共吉凶二服閭共祭器族共
喪器黨共射器州共賓器鄉共吉凶禮樂之器吉服者祭服也凶服者弔

服也比長主集為之祭器者簠簋鼎俎之屬閭胥主集為之喪器者夷槃素俎揭豆輁軸之屬族師主集為之此三者民所以相共也射器者弓矢楅中之屬黨正主集為之為州長或時射於此黨也賓器者尊俎笙瑟之屬州長主集為之為鄉大夫或時賓賢能於此州也吉器若閭祭器者也凶器若族喪器者也禮樂之器若州黨賓射之器者鄉大夫備集此四者為州黨族閭有故而不共也此鄉器者旁使相共則民無廢事上下相補則禮行而教成若國大比則攷教察辭稽器展事以詔誅賞考教視賢能以知道藝与不察辭視吏言事知其情實不展循整具

鄉大夫之職各掌其鄉之政教禁令鄭司農云万二千五百家為鄉正月之吉受教灋于司徒退而頒之于其鄉吏使各以教其所治以攷其德行察其道藝其鄉吏州長以下以歲時登其夫家之衆寡辨其可任者國中自七尺以及六十野自六尺以及六十有五皆征之其舍者國中貴者賢者能者服公事者老者疾者皆舍以歲時入其書登成也定也国中城郭中也晚賦稅而早免之以其所居復多役少野早賦稅而晚免之

以其復少役多鄭司農云征之者給公上事也舍者謂有復除舍不收役事也貴者謂若今宗室及關內侯皆復也服公事者謂若今吏有服除也老者謂若
今八十九十復羨卒也疾者謂若今癃不可事者復之玄謂入其書者言於大司徒三年則大比攷其德行道藝
而興賢者能者鄉老及鄉大夫帥其吏與其衆寡以禮禮賓
之賢者有德行者能者有道藝者衆寡謂鄉人之善者無多少也鄭司農云興賢者謂若今舉孝廉興能者謂若今舉秀才賓敬也賓所舉賢者能者
玄謂變舉言興者謂合衆而尊寵之以鄉飲酒之礼礼而賓之厥明鄉老及鄉大夫羣吏獻賢能
之書于王王再拜受之登于天府內史貳之厥其也其賓之明日也獻猶進也王
拜受之重得賢者王上其書於天府天府掌祖廟之寶藏者內史副寫其書者當詔王爵祿之時退而以鄉射之禮五
物詢衆庶一曰和二曰容三曰主皮四曰和容五曰興舞以用
也行鄉射之礼而以五物詢於衆民鄭司農云詢謀也問於衆庶寧復有賢能者和謂閨門之內行也容謂容貌也主皮謂善射射所以觀士也故書舞爲無杜子春
讀和容爲和頌謂能爲樂也无讀爲舞謂能爲六舞玄謂和載六德容包六行也庶民無射礼因田獵分禽則有主皮主皮者張皮射之无侯也主皮和容興
舞則六藝之射与礼樂与當射之時民必觀焉因詢之也孔子射於矍相之圃蓋觀者如堵牆射至於司馬使子路執弓矢出誓射者又使公罔之裘序點揚觶而

語詢衆庶之義若是乎此謂使民興賢出使長之使民興能入使治之言是乃所謂使民自舉賢者因出之而使之長民教以德行道藝於外也使民自舉能者因入之而使之治民之貢賦田役之事於內也言為政以順民為本也書曰天聰明自我民聰明天明威自我民明威老子曰聖人無常心以百姓心為心如是則古今未有遺民而可為治歲終則令六鄉之吏皆會政致事會計也致事言其歲盡文書正歲令羣吏攷灋于司徒以退各憲之於其所治國大詢于衆庶則各帥其鄉之衆寡而致於朝大詢者詢國危詢國遷詢立君鄭司農云大詢于衆庶洪範所謂謀及庶民國有大故則令民各守其閭以待政令使民皆聚於閭胥所治處以旌節輔令則達之民雖以徵令行其將之者無節則不得通

州長各掌其州之教治政令之灋鄭司農云二千五百家為州論語曰雖州里行乎哉春秋傳曰鄉取一人焉以歸謂之夏州正月之吉各屬其州之民而讀灋以攷其德行道藝而勸之以糾其過惡而戒之屬猶合也聚也因聚衆而勸戒之者欲其善

若以歲時祭祀州社則屬其民而讀灋亦如之春秋以禮會民而射于州序 序州黨之學也會民而射所以正其志也射義曰射之為言繹也繹者各繹己之志 凡州之大祭祀大喪皆涖其事 大祭祀謂州社稷也大喪鄉老鄉大夫於是卒者也涖臨也 若國作民而師田行役之事則帥而致之掌其戒令與其賞罰 致之於司徒也掌其戒令賞罰則是於軍因為師帥 歲終則會其州之政令正歲則讀教灋如初 雖以正月讀之至正歲猶復讀之因此四時之正重申之 三年大比則大攷州里以贊鄉大夫廢興 廢興所廢退所興進也鄭司農云贊助也

黨正各掌其黨之政令教治 鄭司農云五百家為黨論語曰孔子於鄉黨又曰闕黨童子 及四時之孟月吉日則屬民而讀邦灋以糾戒之 以四孟之月朔日讀法者彌親民者於教亦彌數 春秋祭禜亦如之 禜謂雩禜水旱之神蓋亦為壇位如祭社稷云 國索鬼神而祭祀則以禮屬民而飲酒于序以正齒位壹命齒于鄉里

再命齒于父族三命而不齒（国索鬼神而祭祀謂歲十二月大蜡之時建亥之月也正齒位者鄉飲酒義所謂六十者坐五十者立侍六十者三豆七十者四豆八十者五豆九十者六豆是也必正之者為民三時務農將闕於礼至此農隙而教之尊長養老見孝弟之道也黨正飲酒礼亦以此事屬於鄉飲酒之義微失少矣凡射飲酒此鄉民雖為卿大夫必來觀礼鄉飲酒鄉射記大夫樂作不入士既旅不入是也齒于鄉里者以年与衆賓相次也齒于父族者父族有為賓者以年与之相次異姓雖有老者居於其上不齒者席于尊東所謂遵）凡其黨之祭祀喪紀昏冠飲酒教其禮事掌其戒禁（其黨之民）凡作民而師田行役則以其灋治其政事（亦於軍因為旅師）歲終則會其黨政帥其吏而致事正歲屬民讀灋而書其德行道藝（書記之）以歲時涖校比（涖臨也鄭司農云校比族師職所謂以時屬民而校登其族之夫家衆寡辨其貴賤老幼廢疾可任者及其六畜車輦如今小案比）及大比亦如之

族師各掌其族之戒令政事（政事邦政之事鄭司農云百家為族）月吉則屬民而讀邦灋書其孝弟睦婣有學者（月吉每月朔日也故書上句或無事字杜子春云當為正

月吉書其異或爲戒令政事月吉則屬民而讀邦法春秋祭酺亦如之酺者爲人物烖害之神也故書酺或爲步杜子
春云當爲酺玄謂校人職又有冬祭馬步則未知此世所謂蝝螟之酺与又鬼之步与蓋亦爲壇位如雩禜云族長無飲酒之礼因祭酺而与其民以長
幼相獻酬焉以邦比之灋帥四閭之吏以時屬民而校登其族之
夫家衆寡辨其貴賤老幼廢疾可任者及其六畜車輦
登成也定也五家爲比十家爲聯五人爲伍十人爲聯四閭爲族
八閭爲聯使之相保相受刑罰慶賞相及相共以受邦職以
役國事以相葬埋相共猶相救相賵若作民而師田行役則合其卒
伍簡其兵器以鼓鐸旗物帥而至掌其治令戒禁刑罰亦於
軍因爲卒長歲終則會政致事
閭胥各掌其閭之徵令鄭司農云二十五家爲閭以歲時各數其閭之
衆寡辨其施舍凡春秋之祭祀役政喪紀之數聚衆庶既比

則讀灋書其敬敏任恤者 祭祀謂州社黨禜族酺也役田役也政若州射黨飲酒也喪紀大喪之事也四者及比皆會聚衆民因以讀法以勑戒之故書旣爲暨杜子春讀政爲征暨當爲旣 凡事掌其比觵撻罰之事 觵撻者失礼之罰也觵用酒其爵以兕角爲之撻扑也故書或言觵撻之罰事杜子春云當言觵撻罰之事

比長各掌其比之治五家相受相和親有辠奇衺則相及 衺僃惡也 徙于國中及郊則從而授之 徙謂不便其居也或国中之民出徙郊或郊民入徙国中皆從而付所處之吏明无罪惡 若徙于他則爲之旌節而行之 徙於他謂出居異鄉也授之者有節乃達 若無授無節則唯圜土內之 鄉中無授出鄉無節過所則呵問繫之圜土考辟之也圜土者獄城也獄必圜者規主仁以仁心求其情古之治獄閔於出之

封人掌設王之社壝爲畿封而樹之 壝謂壇及堳埒也畿上有封若今時界爲不言稷者稷社之細也 凡封國設其社稷之壝封其四疆 封国建諸侯立其国之封 造都邑之封域者亦如之令社稷之職 將祭之時令諸有職事於社稷者也郊特牲曰唯爲社事單出里唯爲社

田国人畢作唯爲社丘乘共粢盛所以報本反始也凡祭祀飾其牛牲設其楅衡置其絼共

其水槀飾謂刷治絜清之也鄭司農云楅衡所以楅持牛也絼著牛鼻繩所以牽牛者今時謂之雉与古者名同皆謂夕牲時也杜子春云

楅衡所以持牛令不得抵觸人玄謂楅設於角衡設於鼻如椵狀也水槀給殺時洗薦牲也絼字當以豸爲声歌舞牲及毛炮之

豚謂君牽牲入時隨歌舞之言其肥香以歆神也毛炮豚者閘去其毛而炮之以備八珍鄭司農云封人主歌舞其牲云博碩肥腯凡喪

紀賓客軍旅大盟則飾其牛牲大盟會同之盟

鼓人掌教六鼓四金之音聲以節聲樂以和軍旅以正田役

音声五声合和者教爲鼓而辨其聲用教爲鼓教擊鼓者大小之數又別其声所用之事以雷鼓鼓

神祀雷鼓八面鼓也神祀祀天神也以靈鼓鼓社祭靈鼓六面鼓也社祭祭地祇也以路鼓鼓鬼享路鼓

四面鼓也鬼享享宗廟也以鼖鼓鼓軍事大鼓謂之鼖鼖鼓長八尺以鼛鼓鼓役事鼛鼓長丈二尺

以晉鼓鼓金奏晉鼓長六尺六寸金奏謂樂作擊編鐘以金錞和鼓錞錞于也圜如碓頭大上小下樂作鳴之

与鼓相和以金鐲節鼓鐲鉦也形如小鍾軍行鳴之以爲鼓節司馬職曰軍行鳴鐲以金鐃止鼓鐃如鈴無

舌有秉執而鳴之以止擊鼓嘗司馬職曰鳴鐃且卻 以金鐸通鼓 鐸大鈴也振之以通鼓司馬職曰司馬振鐸 凡祭祀百物之神鼓兵舞帗舞者 兵謂干戚也帗列五采繒爲之有秉皆舞者所執 凡軍旅夜鼓鼜 鼜夜戒守鼓也司馬法曰昏鼓四通爲大鼜夜半三通爲晨戒旦明五通爲發昫 軍動則鼓其衆 動且行 田役亦如之救日月則詔王鼓 救日月食王必親擊鼓者声大異春秋傳曰非日月之眚不言 大喪則詔大僕鼓 始崩及窆時也

舞師掌教兵舞帥而舞山川之祭祀教帗舞帥而舞社稷之祭祀教羽舞帥而舞四方之祭祀教皇舞帥而舞旱暵之事 羽析白羽爲之形如帗也四方之祭祀謂四望也旱暵之事謂雩也暵熱氣也鄭司農云皇舞蒙羽舞書或爲翌或爲義玄謂皇析五采羽爲之亦如帗 凡野舞則皆教之 野舞謂野人欲學舞者 凡小祭祀則不興舞 小祭祀王玄冕所祭者興猶作也

牧人掌牧六牲而阜蕃其物以共祭祀之牲牷 六牲謂牛馬羊豕犬雞鄭司農

云牷純也玄謂牷躰完具凡陽祀用騂牲毛之陰祀用黝牲毛之望祀各以其方之色牲毛之騂牲赤色毛之取純毛也陰祀祭地北郊及社稷也望祀五嶽四鎮四瀆也鄭司農云陽祀春夏也黝讀爲幽幽黑也玄謂陽祀祭天於南郊及宗廟凡時祀之牲必用牷物時祀四時所常祀謂山川以下至四方百物凡外祭毀事用尨可也外祭謂表貉及王行所過山川用事者故書毀爲甈尨作龍杜子春云甈當爲毀龍當爲尨尨謂雜色不純毀謂副辜侯禳毀除殃咎之屬凡祭祀共其犧牲以授充人繫之儀牲毛羽完具也授充人者當殊養之周景王時賓起見雄雞自斷其尾曰雞憚其爲犧凡牲不繫者共奉之謂非時而祭祀者

牛人掌養國之公牛以待國之政令公猶官也凡祭祀共其享牛求牛以授職人而芻之鄭司農云享牛前祭一日之牛也求牛禱於鬼神祈求福之牛也玄謂享獻也獻神之牛謂所以祭者也求終也終事之牛謂所以繹者也宗廟有繹者孝子求神非一處職讀爲樴樴謂之杙可以繫牛樴人者謂牧人充人与芻牲之芻牛人擇於公牛之中而以授養之凡賓客之事共其牢禮積膳之牛牢礼飧饔也積所以給賓

客之用若司儀職曰主国五積者也膳所以間礼賓客若掌客云殷膳大牢饗食賓射共其膳羞之牛羞進也所進賓之膳燕礼小臣請執冪者与羞膳者至獻賓而膳宰設折俎王之膳羞亦猶此軍事共其犒牛鄭司農云犒師之牛喪事共其奠牛謂殷奠遣奠也喪所薦饋曰奠凡會同軍旅行役共其兵車之牛與其牽徬以載公任器牽徬在轅外輓牛也人御之居其前曰牽居其旁曰徬任猶用也凡祭祀共其牛牲之互與其盆簝以待事鄭司農云互謂楅衡之屬盆簝皆器名盆所以盛血簝受肉籠也玄謂互若今屠家縣肉格

充人掌繫祭祀之牲牷祀五帝則繫于牢芻之三月牢閑也必有閑者防禽獸觸齧養牛羊曰芻三月一時節氣成享先王亦如之凡散祭祀之牲繫于國門使養之散祭祀謂司中司命山川之屬国門謂成門司門之官鄭司農云使養之使守門者養之展牲則告牷鄭司農云展具也具牲若今時選牲也充人主以牲牷告展牲者也玄謂展牲若今夕牲也特牲饋食之礼曰宗人視牲告充舉獸尾告備近之碩牲則贊贊助也君牽牲入將致之助持之也春秋傳曰故奉牲以告曰博碩肥腯

周禮卷第三

周禮卷第四

地官司徒下　　鄭氏注

載師掌任土之灋以物地事授地職而待其政令任土者任其力勢所能生育且以制貢賦也物物色之以知其所宜之事而授農牧衡虞使職之以廛里任國中之地以場圃任園地以宅田士田賈田任近郊之地以官田牛田賞田牧田任遠郊之地以公邑之田任甸地以家邑之田任稍地以小都之田任縣地以大都之田任畺地故書廛或作壇郊或為高稍或作削鄭司農云壇讀為廛廛市中空地未有肆城中空地未有宅者民宅曰宅宅田者以備益多也士田者士大夫之子得而耕之田也賈田者吏為縣官賣財與之田官田者公家之所耕田牛田者以養公家之牛賞田者賞賜之田牧田者牧六畜之田司馬法曰王国百里為郊二百里為州三百里為野四百里為縣五百里為都杜子春云蒿讀為郊五十里為近郊百里為遠郊玄謂廛里者若今云邑居里矣廛民居之區域也里居也圃樹果蓏之屬季秋於中為場樊圃謂之園宅田致仕者之家所受田也士相見礼曰宅者在邦則曰市井之臣在野則曰草茅之臣士讀為仕仕者亦受田所謂圭田也孟子曰自卿以下必有圭田圭田五十畮賈田在市賈人其家所受田也官田庶人在官者其家

所受田也牛田牧田畜牧者之家所受田也公邑謂六遂餘地天子使大夫治之自此以外皆然二百里三百里其大夫如州長四百里五百里其下大夫如縣正是以或謂二百里爲州四百里爲縣云遂人亦監焉家邑大夫之采地小都卿之采地大都公之采地王子弟所食邑也畺五百里王畿界也皆言任者地之形實不方平如圖受田邑者遠近不得尽如制其所生育賦貢取正於是耳以廛里任国中而遂人職授民田夫一廛田百畮是廛里不謂民之邑居在都城者與凡王畿内方千里積百同九百万夫之地也有山陵林麓川澤溝瀆城郭宫室涂巷三分去一餘六百万夫又以田不易一易再易上中下相通定受田者三百万家也遠郊之内地居四同三十六万夫之地也三分去一其餘二十四万夫六鄉之民七万五千家通不易一易再易一家受二夫則十五万夫之地其餘九万夫廛里也場圃也宅田也士田也賈田也官田也牛田也賞田也牧田也九者亦通受一夫焉則半農人也定受田十二万家也食貨志云農民戶一人已受田其家衆男爲餘夫亦以口受田如比士工商家受田五口乃當農夫一人今餘夫在遂地之中如此則士工商以事入在官而餘夫以力出耕公邑甸稍縣都合居九十六同八百六十四万夫之地城郭宫室差少涂巷又狹於三分所去六而存一焉以十八分之十三率之則其餘六百二十四万夫之地通上中下六家而受十三夫定受田二百八十八万家也其在甸七万五千家爲六遂餘則公邑

凡任地國宅無征園廛二十而一近郊十一遠郊二十而三甸稍縣都皆無過十二唯其漆林之征二十而五

征稅也言征者以共国政也鄭司農云征地謂任土地以起稅賦也国宅城中宅也无征无稅也故書漆林爲桼林杜子春云當爲漆林玄謂国宅凡官所有

宫室吏所治者也周稅輕近而重遠近者多役也園廛亦輕之者廛无穀園少利也古之宅必樹而畺場有瓜

凡宅不毛者有里布凡田不耕者出屋粟凡民無職事者出夫家之征

鄭司農云宅不毛者謂不樹桑麻也里布者布參印書廣二寸長二尺以為幣貿易物詩云抱布貿絲抱此布也或曰布泉也春秋傳曰買之百兩一布又廛人職掌斂市之次布儳布質布罰布廛布孟子曰廛无夫里之布則天下之民皆說而願為其民矣故曰宅不毛者有里布民无職事出夫家之征欲令宅樹桑麻民就四業則无稅賦以勸之也故孟子曰五畮之宅樹之以桑則五十者可以衣帛不知言布參印書者何見舊時說也玄謂宅不毛者罰以一里二十五家之泉空田者罰以三家之稅粟以共吉凶二服及喪器也民雖有閒无職事者猶出夫稅家稅也夫稅者百畮之稅家稅者出士徒車輦給繇役

以時徵其賦

閭師掌國中及四郊之人民六畜之數以任其力以待其政令以時徵其賦

国中及四郊是所主數六鄉之中自廛里至遠郊也掌六畜數者農事之本也賦謂九賦及九貢

凡任民任農以耕事貢九穀任圃以樹事貢草木任工以飭材事貢器物任商以市事貢貨賄任牧以畜事貢鳥獸任嬪以女事貢布帛任衡以山事貢其物任虞以澤事貢其物

貢草木謂

葵韭果蓏之屬 凡無職者出夫布 獨言無職者掌其九賦 凡庶民不畜者祭無牲不耕者祭無盛不樹者無椁不蠶者不帛不績者不衰 掌罰其家事也盛黍稷也椁周棺也不帛不得衣帛也不衰喪不得衣衰也皆所以恥不勉

縣師掌邦國都鄙稍甸郊里之地域而辨其夫家人民田萊之數及其六畜車輦之稽三年大比則以攷羣吏而以詔廢置 郊里郊所居也自邦国以及四郊之内是所主數周天下也萊休不耕者郊内謂之易郊外謂之萊言近 若將有軍旅會同田役之戒則受灋于司馬以作其衆庶及馬牛車輦會其車人之卒伍使皆備旗鼓兵器以帥而至 受法於司馬者知所當徵衆寡 凡造都邑量其地辨其物而制其域 物謂地所有也名山大澤不以封 以歲時徵野之賦貢 野謂甸稍縣都也所徵賦貢與閭師同

遺人掌邦之委積以待施惠鄉里之委積以恤民之囏阨門

門關之委積以養老孤郊里之委積以待賓客野鄙之委積以待
羇旅縣都之委積以待凶荒委積者廩人倉人計九穀之數足國用以其餘共之所謂餘法用也職內邦之移用
亦如此也皆以餘財共之少曰委多曰積鄉里鄉所居也艱阨猶困也門關以養老孤人所出入易以取饒廩也羇旅過行寄止者待凶荒謂邦国所當通給者也故
書艱阨作墐阨羇作寄杜子春云墐阨當爲艱阨寄當爲羇凡賓客會同師役掌其道路之委積
凡國野之道十里有廬廬有飲食三十里有宿宿有路室路
室有委五十里有市市有候館候館有積廬若今野候徙有庌也宿可止宿若今亭
有室矣候館樓可以觀望者也一市之間有三廬一宿凡委積之事巡而比之以時頒之
均人掌均地政均地守均地職均人民牛馬車輦之力政政讀
爲征地征謂地守地職之稅也地守衡虞之屬也職農圃之屬力征人民則治城郭涂巷溝渠牛馬車輦則轉委積之屬凡均力政以
歲上下豐年則公旬用三日焉中年則公旬用二日焉無年
則公旬用一日焉豐年人食四鬴之歲也人食三鬴爲中歲人食二鬴爲無歲歲無贏儲也公事也旬均也讀如䇠䇠原隰之䇠易坤

考均今書亦有作旬者凶札則無力政無財賦無力政恤其勞也無財賦恤其乏困也財賦九賦也不收地
守地職不均地政不收山澤及地稅亦不平計地稅也非凶札之歲當收稅乃均之耳三年大比則大
均有年無年大平計之若久不脩則數或闕
師氏掌以媺詔王告王以善道也文王世子曰師也者教之以事而諭諸德者也以三德教國子一
曰至德以爲道本二曰敏德以爲行本三曰孝德以知逆惡教
三行一曰孝行以親父母二曰友行以尊賢良三曰順行以事
師長德行内外之稱在心爲德施之爲行至德中和之德覆燾持載含容者也孔子曰中庸之爲德其至矣乎敏德仁義順時者也說命曰敬孫務時敏
厥脩乃來孝德尊祖愛親守其所以生者也孔子曰武王周公其達孝矣乎夫孝者善繼人之志善述人之事者也孝在三德之下三行之上德有廣於孝而行莫尊焉
國子公卿大夫之子弟師氏教之而世子亦齒焉學君臣父子長幼之道居虎門之左司王朝虎門路寢門也王日視朝
於路寢門外畫虎焉以明勇猛於守宜也司猶察也察王之視朝若有善道可行者則當前以詔王掌國中失之事以教國
子弟教之者使識舊事也中中礼者也失失礼者也故書中爲得杜子春云當爲得記君得失若春秋是也凡國之貴遊子

弟學焉貴遊子弟王公之子弟遊無官司者杜子春云遊當爲猶言雖貴猶學凡祭祀賓客會同喪紀軍旅王舉則從舉猶行也故書舉爲與杜子春云當爲与謂王与會同喪紀之事聽治亦如之謂王舉於野外以聽朝使其屬帥四夷之隸各以其兵服守王之門外且蹕兵服旃布弓劍不同也門外中門之外蹕止行人不得迫王宮也故書隸或作肆鄭司農云讀爲隸朝在野外則守內列內列蕃營之在內者也其屬亦帥四夷之隸守之如守王宮

保氏掌諫王惡諫者以禮義正之文王世子曰保也者慎其身以輔翼之而歸諸道者也而養國子以道乃教之六藝一曰五禮二曰六樂三曰五射四曰五馭五曰六書六曰九數乃教之六儀一曰祭祀之容二曰賓客之容三曰朝廷之容四曰喪紀之容五曰軍旅之容六曰車馬之容養國子以道者以師氏之德行審諭之而後教之以藝儀也五禮吉凶賓軍嘉也六樂雲門大咸大韶大夏大濩大武也鄭司農云五射白矢參連剡注襄尺井儀也五馭鳴和鸞逐水曲過君表舞交衢逐禽左六書象形會意轉注處事假借諧聲也九數方田粟米差分少廣商功均輸方程贏不足旁要今有重差夕桀句股也祭祀之容穆穆皇

（皇賓客之容嚴恪矜莊朝廷之容濟濟蹌蹌喪紀之容涕涕翔翔軍旅之容闞闞仰仰車馬之容顛顛堂堂玄謂祭祀之容齊齊皇皇賓客之容穆穆皇皇朝廷之容濟濟翔翔喪紀之容纍纍顛顛軍旅之容暨暨詻詻車馬之容匪匪翼翼）凡祭祀賓客會同喪紀軍旅王舉則從聽治亦如之使其屬守王闈（闈宮中之巷門）

司諫掌糾萬民之德而勸之朋友正其行而強之道藝巡問而觀察之以時書其德行道藝辨其能而可任於國事者（朋友相切磋以善道也強猶勸也斈記曰強而弗抑則易巡問行問民間也可任於國事任吏職）以攷鄉里之治以詔廢置以行赦宥（因巡問勸強万民而考鄉里吏民罪過以告王所當罪不）

司救掌萬民之衺惡過失而誅讓之以禮防禁而救之（衺惡謂侮慢長老語言無忌而未麗於罪者過失亦由衺惡酗醟好訟若抽拔兵器誤以行傷害人麗於罪者誅誅責也古者重刑且責怒之未即罪也）凡民之有衺惡者三讓而罰三罰而士加明刑恥諸加石役諸司空（罰謂撻擊之也加明刑者去其冠飾而書其衺惡之狀著之背也嘉石朝士所掌在外朝之門左使坐焉以恥辱之既而役諸司空使事官作之也坐役

之數存於司寇其有過失者三讓而罰三罰而歸于圜土圜土獄城也過失近罪晝日任之以土而收之夜藏於獄亦加明刑以恥之不使坐嘉石其罪已著未忍刑之凡歲時有天患民病則以節巡國中及郊野而以王命施惠天患謂災害也節旌節也施惠賙恤之

調人掌司萬民之難而諧和之難相與爲仇讎諧猶調也凡過而殺傷人者以民成之過無本意也成平也鄭司農云以民成之謂立證佐成其罪也一說以鄉里之民共和解之春秋傳曰惠伯成之之屬鳥獸亦如之過失殺傷人之畜產者凡和難父之讎辟諸海外兄弟之讎辟諸千里之外從父兄弟之讎不同國君之讎眡父師長之讎眡兄弟主友之讎眡從父兄弟和之使辟於此不得就而仇之九夷八蠻六戎五狄謂之四海主大夫君也春秋傳曰晉荀偃卒而視不可含宣子盥而撫之曰事吳敢不如事主弗辟則與之瑞節而以執之瑞節玉節之剡圭也和之而不肯辟者是不從王命也王以剡圭使調人執之治其罪凡殺人有反殺者使邦國交讎之反復也復殺之者此欲除害弱敵也邦國交讎之明不和諸侯得者即誅之鄭司農云有反殺者謂重殺也凡殺人而義者不同國令勿讎

讎之則死 義宜也謂父母兄弟師長嘗辱焉而殺之者如是爲得其宜雖所殺者人之父兄不得讎也使之不同國而已 凡有鬬怒者成之不可成者則書之先動者誅之 鬬怒辨訟者也不可成不可平也書之記其姓名辯本也鄭司農云成之謂和之也和之猶今二千石以令解仇怨後復相報移徙之此其類也玄謂上言立證佐成其罪似非

媒氏掌萬民之判 判半也得耦爲合主合其半成夫婦也喪服傳曰夫妻判合鄭司農云主万民之判合 凡男女自成名以上皆書年月日名焉 鄭司農云成名謂子生三月父名之 令男三十而娶女二十而嫁 二三者天地相承覆之數也易曰參天兩地而奇數焉 凡娶判妻入子者皆書之 書之者以別未成昏礼者鄭司農云入子者謂嫁女者也玄謂言入子者容媵姪娣不聘之者 中春之月令會男女 中春陰陽交以成昏礼順天時也 於是時也奔者不禁 重天時權許之也 若無故而不用令者罰之 無故謂無喪禍之變也有喪禍者娶得用非中春之月雜記曰已雖小功既卒哭可以冠子娶妻 司男女之無夫家者而會之 司猶察也無夫家謂男女之鰥寡者 凡嫁子娶妻入幣純帛無過五兩 純實緇字也古緇以才爲聲納幣用緇婦人陰也凡於娶礼必用其類五兩十端也必言兩者欲得其配合之名十者象五行十日相成也士大夫乃以一纁束帛天子

加以穀圭諸侯加以大璋雜記曰納幣一束束五兩兩五尋然則每端二丈禁遷葬者與嫁殤者遷葬謂生時非夫婦死既葬遷之使相從也殤十九以下未嫁而死者生不以礼相接死而合之是亦亂人倫者也鄭司農云嫁殤者謂嫁死人也今時娶會是也凡男女之陰訟聽之于勝國之社其附于刑者歸之于士陰訟爭中冓之事以觸法者勝國亡國也亡國之社奄其上而棧其下使無所通就以聽陰訟之情明不當宣露其罪不在赦宥者直歸士而刑之不復以聽士司寇之屬詩云牆有茨不可埽也中冓之言不可道也所可道也言之醜也

司市掌市之治教政刑量度禁令量豆區斗斛之屬度丈尺也以次敘分地而經市次謂吏所治舍思次介次也若今市亭然敘肆行列也經界也以陳肆辨物而平市陳猶列也辨物物異肆也肆異則市平以政令禁物靡而均市物靡者易售而無用禁之則市均鄭司農云靡謂侈靡也以商賈阜貨而行布通物曰商居賣物曰賈阜猶盛也鄭司農云布謂泉也以量度成賈而徵儥徵召也儥買也物有定賈用買者來也以質劑結信而止訟質劑謂兩書一札而別之也若今下手書言保物要還矣鄭司農云質劑月平以賈民禁偽而除詐賈民胥師賈師之屬必以賈民為之者知物之情偽與實詐以刑

罰禁虣而去盜刑罰憲徇扑以泉府同貨而斂賒同共也同者謂民貨不售則為斂而買之民無貨則賒貰而予之大市日昃而市百族為主朝市朝時而市商賈為主夕市夕時而市販夫販婦為主日昃昳中也市雜聚之處言主者謂其多者也百族必容來去商賈家於市城販夫販婦朝資夕賣因其便而分為三時之市所以了物極衆鄭司農云百族百姓也凡市入則胥執鞭度守門市之羣吏平肆展成奠賈上旌于思次以令市市師涖焉而聽大治大訟胥師賈師涖于介次而聽小治小訟凡市入謂三時之市市者入也胥守門察僞詐也必執鞭度以威正人衆也度謂丈也因刻丈尺耳羣吏胥師以下也平肆平賣物者之行列使之正也展之言整也成平也會平成市物者也奠讀為定整勑會者使定物賈防誑豫也上旌者以為衆望也見旌則知當市也思次若今市亭也市師司市也介次市亭之屬別小者也故書涖作立杜子春云奠當為定鄭司農云思辭也次市中候樓也立當為涖涖視也玄謂思當為司字聲之誤字凡萬民之期于市者辟布者量度者刑戮者各於其地之叙期謂欲賣買期決於市也量量度者若今處斗斛及丈尺也故書辟為辭鄭司農云辭布辭訟泉物者也玄謂辟布市之羣吏考實諸泉入及有遺忘凡得貨賄六畜者亦如之三日而舉之得遺物者亦使

胥其地貨賄於貨之肆馬於馬之肆則主求之易也三日而無識認者舉之没入官凡治市之貨賄六畜珍異亡者使有利者使阜害者使亡靡者使微利利於民謂物實厚者害害於民謂物行苦者使有使阜起其賈以徵之也使亡使微者其賈以卻之也侈靡細好使富民好奢微之而已鄭司農云亡者使有無此物則開利其道使之有凡通貨賄以璽節出入之璽節印章如今斗檢封矣使人執之以通商以出貨賄者王之司市也以内貨賄者邦國之司市也國凶荒札喪則市無征而作布有災害物貴市不税為民乏困也金銅無凶年因物貴大鑄泉以饒民凡市僞飾之禁在民者十有二在商者十有二在賈者十有二在工者十有二鄭司農云所以俱十有二者工不得作賈不得粥商不得資民不得畜玄謂王制曰用器不中度不粥於市兵車不中度不粥於市布帛精麤不中數幅廣狹不中量不粥於市姦色亂正色不粥於市五穀不時果實未孰不粥於市木不中伐不粥於市禽獸魚鼈不中殺不粥於市亦其類也於四十八則未聞數十二焉市刑小刑憲罰中刑徇罰大刑扑罰其附于刑者歸于士徇舉以示其地之衆也扑撻也鄭司農云憲罰播其肆也故書附為柎杜子春云當為附國君過市則刑人赦夫人過市罰一幕世子過市罰一帟命夫過市罰一蓋命婦過市

罰一帷謂諸侯及夫人世子過其国之市大夫内子過其都之市也市者人之所交利而行刑之處君子无故不遊觀焉若遊觀則施惠以為説也国君則赦其刑人夫人世子命夫命婦則使之出罰異尊卑也所罰謂憲徇扑也必罰幕帟葢帷市者衆也此四物者在衆之用也此王国之市而謂国君以下過市者諸侯之於其国与王同以其足以互明之凡會同師役市司帥賈師而從治其市政掌其賣價之事市司司市也價買也會同師役必有市者大衆所在來物以備之

質人掌成市之貨賄人民牛馬兵器珍異成平也會者平物賈而來主成其平也人民奴婢也珍異四時食物凡賣價者質劑焉大市以質小市以劑鄭司農云質劑月平賈也質大賈劑小賈玄謂質劑者為之券藏之也大市人民馬牛之屬用長券小市兵器珍異之物用短券掌稽市之書契同其度量壹其淳制巡而攷之犯禁者舉而罰之稽猶考也治也書契取予市物之券也其券之象書兩札刻其側杜子春云湻當為純純謂幅廣制謂匹長也皆當中度量玄謂湻讀如淳尸盥之淳凡治質劑者国中一旬郊二旬野三旬都三月邦国朞期内聽期外不聽謂齎券契者來訟也以期内來則治之後期則不治所以絶民之好訟且息文書也郊遠郊也野甸稍也都小都大都

廛人掌斂市絘布緫布質布罰布廛布而入于泉府布泉也鄭司農云絘布列肆之稅布杜子春云緫當為儳謂无肆立持者之稅也玄謂緫讀如租緫之稯稯布謂守斗斛銓衡者之稅也質布者質人所罰犯質劑者之泉也罰布者犯市令者之泉也廛布者貨賄諸物邸舍之稅凡屠者斂其皮角筋骨入于玉府以當稅給作器物也其无皮角及筋骨不中用亦稅之凡珍異之有滯者斂而入于膳府故書滯或作廛鄭司農云謂滯貨不售者官為居之貨物沈滯於廛中不決民待其直以給喪疾而不可售買賤者也廛謂市中之地未有肆而可居以畜藏貨物者也孟子曰市廛而不征法而不廛則天下之商皆說而願藏於其市矣謂貨物諸藏於市中而不租稅也故曰廛而不征其有貨物久滯於廛而不售者官以法為居取之故曰法而不廛玄謂滯讀如沈滯之滯珍異四時食物也不售而在廛久則將瘦臞腐敗為買之入膳夫之府所以紓民事而官不失實

胥師各掌其次之政令而平其貨賄憲刑禁焉憲表縣之察其詐僞飾行價慝者而誅罰之鄭司農云價賣也慝惡也謂行且賣姦僞惡物者玄謂飾行價慝謂使人行賣惡物於市巧飾之令欺誑買者聽其小治小訟而斷之

賈師各掌其次之貨賄之治辨其物而均平之展其成而

奠其賈然後令市辨別也凡天患禁貴儥者使有恒賈恒常也謂若儲米穀棺木而睹久雨疫病者貴賣之因天災害阸民使之重困四時之珍異亦如之薦宗廟之物凡國之賣儥各帥其屬而嗣掌其月儥買也故書儥為買鄭司農云謂官有所斥賣買帥帥其屬而更相代直月為官賣之均勞逸凡師役會同亦如之

司虣掌憲市之禁令禁其鬭囂者與其虣亂者出入相陵犯者以屬遊飲食于市者囂讙也鄭司農云以屬遊飲食者羣飲食者若不可禁則搏而戮之

司稽掌巡市而察其犯禁者與其不物者而搏之不物衣服視占不与衆同及所操物不如品式掌執市之盜賊以徇且刑之

胥各掌其所治之政執鞭度而巡其前掌其坐作出入之禁令襲其不正者作起也坐起禁令當市而不得空守之屬故書襲為習杜子春云當為襲謂掩捕其不正者凡有罪

者撻戮而罰之（罰之使出布）

肆長各掌其肆之政令陳其貨賄名相近者相遠也實相近者相爾也而平正之（爾亦近也俱是物也使惡者遠善善自相近鄭司農云謂若珠玉之屬俱名為珠俱名為玉而賈或百萬或數万恐農夫愚民見欺故別異令相遠使賈人不得雜亂以欺人）斂其總布掌其戒禁（杜子春云總當為儳）

泉府掌以市之征布斂市之不售貨之滯於民用者以其賈買之物楬而書之以待不時而買者買者各從其抵都鄙從其主国人郊人從其有司然後予之（故書滯為癉杜子春云癉當為滯鄭司農云物楬而書之物物為揃書書其賈楬著其物也不時買者謂急求者也抵故賈也主者別治大夫也然後予之為封符信然後予之玄謂抵實柢字柢本也本謂所屬吏主有司是）凡賖者祭祀無過旬日喪紀無過三月（鄭司農云賖貰也以祭祀喪紀故從官貰買物）凡民之貸者與其有司辨而授之以国服為之息（有司有所屬吏也与之之別其貸民之物定其賈以与之鄭司農云貸者謂從官借本賈也故有息使民弗利以其所賈之国所出為息也假令其国出絲絮則以絲絮償其国出絺葛則以絺葛償玄謂以国服為之

息以其於国服事之稅為息也於国事受園廛之田而貸万泉者則朞 凡国出息五百 王莽時民貸以治產業者但計贏所得受息無過歲什一

之財用取具焉歲終則會其出入而納其餘會計也納入也入餘於職幣

司門掌授管鍵以啓閉国門鄭司農云鍵讀為蹇管謂籥也鍵謂牡幾出入不物

者正其貨賄凡財物犯禁者舉之不物衣服視占不与衆同及所操物不如品式者正讀為征征稅也犯禁

謂商所不資者舉之沒入官以其財養死政之老與其孤財所謂門關之委積也死政之老死国事者之父母

也孤其子祭祀之牛牲繫焉監門養之監門門徒凡歲時之門受其餘

鄭司農云受祭門之餘凡四方之賓客造焉則以告造猶至也告告於王而止客以俟逆

司關掌国貨之節以聯門市貨節謂商本所發司市之璽節也自外来者則案其節而書其貨之多少通之

国門国門通之司市自内出者司市為之璽節通之国門国門通之關關參相聯以檢猾商司貨賄之出入者掌其治

禁與其征廛征廛者貨賄之稅与所止邸舍也關下亦有邸客舍其出布如市之廛凡貨不出於關者

舉其貨罰其人不出於關謂從私道出辟稅者則沒其財而撻其人凡所達貨賄者則以節

傳出之商或取貨於民間元璽節者至關關為之璽節及傳出之其有璽節亦為之傳傳如今移過所文書国凶札則無關門之征猶幾鄭司農云凶謂凶年飢荒也札謂疾疫死亡也越人謂死為札春秋傳曰札瘥夭昏无關門之征者出入關門无租稅猶幾謂無租稅猶苛察不得令姦人出入孟子曰關幾而不征則天下之行旅皆說而願出於其塗凡四方之賓客敂關則為之告謂朝聘者也叩關猶謂關人也鄭司農說以国語曰周之秩官有之曰敵国賓至關尹以告行理以節逆之有外内之送令則以節傳出内之有送令謂奉貢獻及文書以常事往來環人之職所送逆通賓客來至關則為之節与傳以通之

掌節掌守邦節而辨其用以輔王命邦節者珍圭牙璋穀圭琬圭琰圭也王有命則別其節之用以授使者輔王命者執以行為信守邦国者用玉節守都鄙者用角節謂諸侯於其国中公卿大夫王子弟於其采邑有命者亦自有節以輔之王節之制如王為之以命數為小大角用犀角其制未聞凡邦国之使節山国用虎節土国用人節澤国用龍節皆金也以英蕩輔之使節使卿大夫聘於天子諸侯行道所執之信也土平地也山多虎平地多人澤多龍以金為節鑄象焉必自以其国所多者於以相別為信明也今漢有銅虎符杜子春云蕩當為帑謂以函器盛此節或曰英蕩畫函門關用符節貨賄用璽節道路用旌節皆

有期以反節門關司門司關也貨賄者主通貨賄之官謂司市也道路者主治五涂之官謂鄉遂大夫也凡民遠出至於邦国邦国之民若来入由門者司門為之節由關者司關為之節其商則司市為之節其以徵令及家從則鄉遂大夫為之節唯時事而行不出關不用節也變司市言貨賄者璽節主以通貨賄貨賄非必由市或資於民家焉變鄉遂言道路者容公邑及小都大都之吏皆主治五涂亦有民也旌節者如今宫中諸官詔符也璽節者今之印章也旌節今使者所擁節是也將送者執此節以送行者皆以道里日時課如今郵行有程矣以防容姦擅有所通也凡節有法式藏於掌節　凡通達於天下者必有節以傳輔之必有節言遠行无有不得節而出者也輔之以傳者節為信耳傳說所齎操及所適　無節者有幾則不達圜土內之

遂人掌邦之野郊外曰野此野謂甸稍縣都　以土地之圖經田野造縣鄙形體之灋五家為鄰五鄰為里四里為酇五酇為鄙五鄙為縣五縣為遂皆有地域溝樹之使各掌其政令刑禁以歲時稽其人民而授之田野簡其兵器教之稼穡經形體皆謂制分界也鄰里酇鄙縣遂猶郊內比閭族黨州鄉也鄭司農云田野之居其比伍之名与国中異制故五家為鄰玄謂異其名者示相變耳遂之軍法追胥起徒役如六鄉　凡治野以

下劑致甿以田里安甿以樂昏擾甿以土宜教甿稼穡以興耡利甿以時器勸甿以彊予任甿以土均平政　變民言甿異外內也甿猶懵懵无知皃也致猶會也民雖受上田中田下田及會之以下劑為率謂可任者家二人樂昏勸其昏姻如媒氏會男女也擾順也時器鑄作耒耜錢鎛之屬彊予謂民有餘力復予之田若餘夫然政讀為征土均掌均平其稅鄭大夫讀耡為藉杜子春讀耡為助謂起民人令相佐助

辨其野之土上地中地下地以頒田里上地夫一廛田百畮萊五十畮餘夫亦如之中地夫一廛田百畮萊百畮餘夫亦如之下地夫一廛田百畮萊二百畮餘夫亦如之　萊謂休不耕者鄭司農云戶計一夫一婦而賦之田其一戶有數口者餘夫亦受此田也廛居也揚子雲有田一廛謂百畮之居也玄謂廛城邑之居孟子所云五畮之宅樹之以桑麻者也六遂之民奇受一廛雖上地猶有萊皆所以饒遠也王莽時城郭中宅不樹者為不毛出三夫之布

凡治野夫間有遂遂上有徑十夫有溝溝上有畛百夫有洫洫上有涂千夫有澮澮上有道萬夫有川川上有路以達于畿　十夫二鄰之田百夫一酇之田千夫二鄙之田万夫四縣之田遂溝洫澮皆所以通水於川也遂廣深各二尺溝倍之洫倍溝澮廣二尋

深二仞徑畛涂道路皆所以通車徒於国都也徑容牛馬畛容大車涂容乘車一軌道容二軌路容三軌都之野涂与環涂同可也萬夫者方三十三里少半里九而方一同以南畝圖之則遂從溝横洫從澮横九澮而川周其外焉去山陵林麓川澤溝瀆城郭宮室涂巷三分之制其餘如此以至于畿則中雖有都鄙遂人盡主其地

以歲時登其夫家之衆寡及其六畜車輦辨其老幼癈疾與其施舍者以頒職作事以令貢賦以令師田以起政役 登成也猶定也夫家猶言男女也施讀爲弛職謂民九職也分其農牧衡虞之職使民爲其事也載師職云以物地事授地職互言矣貢九貢也賦九賦也政役出士徒役

若起野役則令各帥其所治之民而至以遂之大旗致之其不用命者誅之 役謂師田若有功作也遂之大旗熊虎

凡国祭祀共其野牲令野職 共野牲入於牧人以待事也野職薪芻之屬

凡賓客令脩野道而委積 委積於廬宿市

大喪帥六遂之役而致之掌其政令及葬帥而屬六綍及窆陳役 致役致於司徒給墓上事及窆也綍舉棺索也葬舉棺者謂載与說時也用綍旁六執之者天子其千人与陳役者主陳列之耳匠師帥監之鄉師以斧涖焉大喪之正棺殯啓朝及引六鄉役之載及窆六遂役之亦即遠相終始也鄭司農云窆謂下棺時遂人主陳役也礼記謂之封春秋謂之塴皆葬下棺也聲相似

凡事致野役而師田

作野民帥而至掌其政治禁令

遂師各掌其遂之政令戒禁以時登其夫家之衆寡六畜車輦辨其施舍與其可任者經牧其田野辨其可食者周知其數而任之以徵財征作役事則聽其治訟施讀亦弛也經牧制田界与井也可食謂今年所當耕者也財征賦稅之事巡其稼穡而移用其民以救其時事移用其民使轉相助救時急事也四時耕耨斂艾甚又地之宜晚早不同而有天期地澤風雨之急凡國祭祀審其誓戒共其野牲審亦聽也入野職野賦于玉府民所入貨賄以當九職九賦中玉府之用者賓客則巡其道脩庀其委積巡其道修行治道路也故書庀為比鄭司農云比讀為庀庀具也大喪使帥其屬以幄帟先道野役及窆抱磨共丘籠及蜃車之役使以幄帟先者太宰也其餘司徒也幄帟先所以為葬窆之間先張神坐也道野役帥以至墓也丘籠之役窆復土也其器曰籠蜃車柩路也柩路載柳四輪迫地而行有似於蜃因取名焉行至壙乃說更復載以龍輴蜃礼記或作摶或作輇役謂執綍者鄭司農云抱磨磨下棺也玄謂磨者適歷執綍者名也遂人主陳之而遂師以名行校之軍旅田獵平野民掌其

禁令比敘其事而賞罰 平謂正其行列部伍也鄭司農云比讀為庀

遂大夫各掌其遂之政令以歲時稽其夫家之衆寡六畜田野辨其可任者與其可施舍者以教稼穡以稽功事掌其政令戒禁聽其治訟 施讀亦為弛功事九職之事民所以為功業 令為邑者歲終則會政致事 不言其遂之吏而言為邑者容公邑及鄉大夫王子弟之采邑政令戒禁遂大夫亦施焉 正歲簡稼器脩稼政 簡猶閱也稼器耒耜鎡其之屬稼政孟春之月令所云皆脩封疆審端徑術善相丘陵阪險原隰土地所宜五穀所殖以教道民必躬親之 三歲大比則帥其吏而興甿明其有功者屬其地治者 興甿舉民賢者能者如六鄉之為也興猶舉也屬猶聚也又因舉吏治有功者而聚勑其餘以職事 凡為邑者以四達戒其功事而誅賞廢興之 四達者治民之事大通者有四夫家衆寡也六畜車輦也稼穡耕耨也旗鼓兵革也

縣正各掌其縣之政令徵比以頒田里以分職事掌其治訟趨其稼事而賞罰之 徵徵召也比案比 若將用野民師田行役移執事則

帥而至治其政令 移執事移用其民鄭司農云謂轉相佐助 旣役則稽功會事而誅賞

鄙師各掌其鄙之政令祭祀 祭祀祭禜也 凡作民則掌其戒令 作民謂起役也 以時數其衆庶而察其媺惡而誅賞 時四時也 歲終則會其鄙之政而致事

酇長各掌其酇之政令以時校登其夫家比其衆寡以治其喪紀祭祀之事 校猶數也 若作其民而用之則以旗鼓兵革帥而至若歲時簡器與有司數之 簡器簡稼器也兵器亦存焉有司遂大夫 凡歲時之戒令皆聽之趨其耕耨稽其女功 聽之受而行之也女功絲枲之事

里宰掌比其邑之衆寡與其六畜兵器治其政令 邑猶里也 以歲時合耦于耡以治稼穡趨其耕耨行其秩敘以待有司之政令而徵斂其財賦 考工記曰耜廣五寸二耜爲耦此言兩人相助耦而耕也鄭司農云耡讀爲藉杜子春云耡讀爲助謂相佐助也玄謂耡者里

宰治處也若今街彈之室於此合耦使相佐助因放而為名季冬之月令命農師計耦耕事脩耒耜具田器是其歲時与合人耦則牛耦亦可知也秩敘受耦相佐助之次第

鄰長掌相糾相受相糾相舉察凡邑中之政相贊長短使相補助徙于他邑則從而授之從猶隨也授猶付也

旅師掌聚野之耡粟屋粟閒粟野謂遠郊之外也耡粟民相助作一井之中所出九夫之稅粟也屋粟民有田不耕所罰三夫之稅粟閒粟閒民无職事者所出一夫之征粟而用之以質劑致民平頒其興積施其惠散其利而均其政令而讀為若聲之誤也若用之謂恤民之囏阸委積於野如遺人於鄉里也以質劑致民案入稅者名會而貸之興積所興之積謂三者之粟也平頒之不得偏頗有多少縣官徵聚物曰興今之軍興是也粟縣師徵之旅師斂之而用之以賙衣食曰惠以作事業曰利均其政令者皆以国服為之息凡用粟春頒而秋斂之困時施之饒時收之凡新甿之治皆聽之使無征役以地之𡉫惡為之等新甿新徙來者也治謂有所求乞也使无征役復之也王制曰自諸侯來徙於家期不從政以地美惡為之等十人以上授以上地六口授以中地五口以下授以下地与舊民同旅師掌斂地稅而又施惠散利是以屬用新民焉

稍人掌令丘乘之政令丘乘四丘為甸甸讀与惟禹敶之之敶同其訓曰乘由是改云是掌令都鄙脩治井邑丘甸縣都之溝涂云丘甸者舉中言之溝涂之人名井別邑異則民之家數存焉若有會同師田行役之事則以縣師之灋作其同徒輂輦帥而以至治其政令以聽於司馬有軍旅會同田役之戒縣師受法於司馬邦国都鄙稍甸郊里唯司馬所調以其法作其衆庶及馬牛車輦會其車人之卒伍使皆備旗鼓兵器以帥而至是以書令之耳其所調若在家邑小都大都則稍人用縣師所受司馬之法作之帥之以致於司馬也同徒司馬所調之同凡用役者不必一時皆徧以人數調之使勞逸遞焉大喪帥蜃車與其役以至掌其政令以聽於司徒蜃車及役遂人共之稍人者野監是以帥而致之既夕礼曰既正柩賓出遂匠納車于階間則天子以至于士柩路皆從遂來

委人掌斂野之賦斂薪芻凡疏材木材凡畜聚之物野謂遠郊以外也所斂野之賦謂野之園圃山澤之賦也凡疏材草木有實者也凡畜聚之物瓜瓠葵芋御冬之具也野之農賦旅師斂之工商嬪婦遂師以入王府其牧則遂師又以共野牲以稍聚待賓客以甸聚待羈旅聚凡畜聚之物也故書羈作奇杜子春云當為羈凡其余聚以待頒賜余當為餘聲之誤也餘謂縣都畜聚之物以式灋共祭祀之薪蒸木材賓客

共其芻薪喪紀共其薪蒸木材軍旅共其委積薪芻凡䟽材共野委兵器與其野囿財用式法故事之多少也薪蒸給炊及燎鹿者曰薪細者曰蒸木材給張事委積薪芻者委積之薪芻也軍旅又有䟽材以助禾粟野委謂廬宿上之薪芻也其兵器謂守衛陳兵之器也野囿之財用者苑囿藩羅之材凡軍旅之賓客館焉館舍也必舍此者就牛馬之用

土均掌平土地之政以均地守以均地事以均地貢政讀爲征所平之稅邦国都鄙也地守虞衡之屬地事農圃之職地貢諸侯之九貢以和邦国都鄙之政令刑禁與其施舍禮俗喪紀祭祀皆以地㜸惡爲輕重之灋而行之掌其禁令施讀亦爲弛也礼俗邦国都鄙民之所行先王舊礼也君子行礼不求變俗隨其土地厚薄爲之制豊省之節耳礼器曰礼也者合於天時設於地財順於鬼神合於人心理萬物

○草人掌土化之灋以物地相其宜而爲之種土化之法化之使美若氾勝之術也以物地占其形色爲之種黃白宜以種禾之屬凡糞種騂剛用牛赤緹用羊墳壤用麋渴澤用鹿鹹潟用貆勃壤用狐埴壚用豕彊㯺

用蕡輕爂用犬（凡所以糞種者皆謂煮取汁也赤緹縓色也渴澤故水處也潟鹵也貆貒也勃壤粉解者埴壚黏疏者彊㯺強堅者輕爂輕脆者故書騂為挈墳作盆杜子春挈讀為騂謂地色赤而土剛強也鄭司農云用牛以牛骨汁漬其種也謂之糞種墳壤多分鼠也壤白色蕡麻也玄謂墳壤潤解）

稻人掌稼下地（以水澤之地種穀也謂之稼者有似嫁女相生）以豬畜水以防止水以溝蕩水以遂均水以列舍水以澮寫水以涉揚其芟作田（鄭司農說豬防以春秋傳曰町原防規偃豬以列舍水列者非一道以去水也以涉揚其芟以其水寫故得行其田中舉其芟鉤也杜子春讀蕩為和蕩謂以溝行水也玄謂偃豬者畜流水之陂也防豬旁隄也遂田首受水小溝也列田之畦畛也澮田尾去水大溝作猶治也開遂舍水於列中因涉之揚去前年所芟之草而治田種稻）凡稼澤夏以水殄草而芟荑之（殄病也絕也鄭司農說芟夷以春秋傳曰芟夷蘊崇之今時謂禾下麥為夷下麥言芟刈其禾於下種麥也玄謂將以澤地為稼者必於夏六月之時大雨時行以水病絕草之後生者至秋水涸芟之明年乃稼）澤草所生種之芒種（鄭司農云澤草之所生其地可種芒種芒種稻麥也）旱暵共其雩斂（稻人共雩斂稻急水者也鄭司農云雩事所發斂）喪紀共其葦事（葦以闉壙禦濕之物）

土訓掌道地圖以詔地事（道說也說地圖九州形勢山川所宜告王以施其事也若云荆揚地宜稻幽并地宜麻）道（續）

地慝以辨地物而原其生以詔地求地慝若障蠱然也辨其物者别其所有所無原其生生有時也以此二者告王之求也地所無及物未生則不求也鄭司農云地慝地所生惡物害人者若虺蝮之屬　王巡守則夾王車巡守行視所守也天子以四海爲守

○誦訓掌道方志以詔觀事說四方所識久遠之事以告王觀博古所識若魯有大庭氏之庫殽之二陵　掌道方慝以詔辟忌以知地俗方慝四方言語所惡也不辟其忌則其方以爲苟於言語也知地俗博事也鄭司農云以詔辟忌不違其俗也曲礼曰君子行礼不求變俗　王巡守則夾王車

山虞掌山林之政令物爲之厲而爲之守禁物爲之厲每物有蕃界也爲之守禁爲守者設禁令也守者謂其地之民占伐林木者也鄭司農云厲遮列守之　仲冬斬陽木仲夏斬陰木鄭司農云陽木春夏生者陰木秋冬生者若松柏之屬玄謂陽木生山南者陰木生山北者冬斬陽夏斬陰堅濡調　凡服耜斬季材以時入之季猶穉也服与耜宜用穉材尚柔刃也服牝服車之材　令萬民時斬材有期日時斬材斬材之時也有期日入有日數爲久尽物　凡邦工入山林而掄材不禁掄猶擇也不禁者山林国之有不拘日也　春秋之斬木不入禁非冬夏之時不得入所禁之中斬木也斬四野之木可　凡竊木者有刑罰竊盜也　若

祭山林則為主而脩除且蹕為主主辨護之也脩除治道路場壇若大田獵則萊山田之野及弊田植虞旗于中致禽而珥焉萊除其草萊也弊田田者止也植猶樹也田止樹旗令獲者皆致其禽而校其耳以知獲數也山虞有旗以其主山得畫熊虎其仞數則短也鄭司農云珥者取禽左耳以效功也大司馬職曰獲者取左耳

林衡掌巡林麓之禁令而平其守平其守者平其地之民守林麓之部分以時計林麓而賞罰之計林麓者計其守之功也林麓蕃茂民不盜竊則有賞不則罰之若斬木材則受灋于山虞而掌其政令法萬民入出時日之期

川衡掌巡川澤之禁令而平其守以時舍其守犯禁者執而誅罰之舍其守者時案視守者於其舍申戒之祭祀賓客共川奠川奠籩豆之實魚鱐蜃蛤之屬

澤虞掌國澤之政令為之厲禁使其地之人守其財物以時入之于玉府頒其餘于萬民其地之人占取澤物者因以部分使守之以時入之于王府謂皮角珠貝也入之以當邦賦然後得取其餘以自為也入出亦有時日之期凡祭祀賓客共澤物之奠澤物之奠亦籩豆之實芹

芡菱芡之屬喪紀共其葦蒲之事葦以闉壙蒲以爲席若大田獵則萊澤野

及弊田植虞旌以屬禽屬禽猶致禽而珥焉澤虞有旌以其主澤澤鳥所集故得注析羽

迹人掌邦田之地政爲之厲禁而守之田之地若今苑也凡田獵者受

令焉令謂時与處也禁麛卵者與其毒矢射者爲其夭物且害心多也麛麋麑子

丱人掌金玉錫石之地而爲之厲禁以守之錫鑞也若以時取

之則物其地圖而授之物地占其形色知鹹淡也授之教取者之處巡其禁令行其禁明其令

角人掌以時徵齒角凡骨物於山澤之農以當邦賦之政令山澤

出齒角骨物大者犀象其小者麋鹿以度量受之以共財用骨入漆浣者受之以量其餘以度度所中

羽人掌以時徵羽翮之政于山澤之農以當邦賦之政令翮羽

本凡受羽十羽爲審百羽爲摶十摶爲縛審摶縛羽數束名也尔雅曰一羽謂之箴

十羽爲之縛百羽謂之緷其名音相近也一羽則有名蓋失之矣

掌葛掌以時徵絺綌之材于山農凡葛征徵草貢之材于澤農以當邦賦之政令草貢出澤萯紵之屬可緝績者以權度受之以知輕重長短也故書受或爲授杜子春云當爲受

○掌染草掌以春秋斂染草之物染草茅蒐橐蘆豕首紫茢之屬以權量受之以待時而頒之權量以知輕重多少時染夏之時

掌炭掌灰物炭物之徵令以時入之灰炭皆山澤之農所出也灰給澣練炭之所共多以權量受之以共邦之用凡炭灰之事

掌荼掌以時聚荼以共喪事共喪事者以著物也既夕禮曰茵著用荼徵野疏材之物以待邦事凡畜聚之物荼茅莠疏材之類也因使掌焉徵者徵於山澤入於委人

掌蜃掌斂互物蜃物以共闉壙之蜃互物蚌蛤之屬闉猶塞也將井椁先塞下以蜃禦濕也鄭司農說以春秋傳曰始用蜃炭言僭天子也祭祀共蜃器之蜃飾祭器之屬也鬯人職曰凡四方山川用蜃器春秋定十四年秋天王使石尚來歸蜃蜃之器以蜃飾因名焉鄭司農云蜃可以白器令色白共白盛之蜃盛猶成也謂飾牆使白之蜃也今東萊用蛤謂之叉

灰云○囿人掌囿游之獸禁囿游囿之離宮小苑觀處也養獸以宴樂視之禁者其蕃衛也鄭司農云囿游之獸游牧之獸牧百獸備養衆物也今掖庭有鳥獸自熊虎孔雀至於狐狸鳧鶴備焉祭祀喪紀賔客共其生獸死獸之物　○場人掌國之場圃而樹之果蓏珍異之物以時斂而藏之果棗李之屬蓏瓜瓠之屬珍異蒲桃枇杷之屬凡祭祀賔客共其果蓏享亦如之享納牲　○廩人掌九穀之數以待國之匪頒賙賜稍食匪讀爲分分頒謂委人之職諸委積也賙賜謂王所賜予給好用之式也稍食祿稟以歲之上下數邦用以知足否以詔穀用以治年之凶豐數猶計也凡萬民之食食者人四鬴上也人三鬴中也人二鬴下也此皆謂一月食米也六斗四升曰鬴若食不能人二鬴則令邦移民就穀詔王殺邦用就穀就都鄙之有者殺猶減也凡邦有會同師役之事則治其糧與其食行道曰糧謂糒也止居曰食謂米也大祭祀則共其接盛接讀爲壹扱再祭之扱扱以授舂人舂之大祭祀之穀藉田之收藏於神倉者也不以給小用

舍人掌平宫中之政分其財守以灋掌其出入政謂用穀之政也分其財守者計其用穀之數分送宫正内宰使守而頒之也而行出於廩人其有空缺則計之還入凡祭祀共簠簋實之陳之方曰簠圓曰簋盛黍稷稻粱器賓客亦如之共其禮車米筥米芻禾礼致饔餼之礼喪紀共飯米熬穀飯所以實口不忍虚也君用粱大夫用稷士用粱皆四升實者唯盈熬穀者錯于棺旁所以惑蚍蜉也喪大記曰熬君四種八筐大夫三種六筐士二種四筐加魚腊焉以歲時縣穜稑之種以共王后之春獻種縣之者欲其風氣燥達也鄭司農云春王當耕于藉則后獻其種也后獻其種見内宰職掌米粟之出入辨其物九穀六米別爲書歲終則會計其政政用穀之多少

○倉人掌粟入之藏九穀盡藏焉以粟爲主辨九穀之物以待邦用若穀不足則止餘灋用有餘則藏之以待凶而頒之止猶殺也殺餘法用謂道路之委積所以豐優賓客之屬凡國之大事共道路之穀積食飲之具大事謂喪戎

○司禄闕

司稼掌巡邦野之稼而辨穜稑之種周知其名與其所宜地以

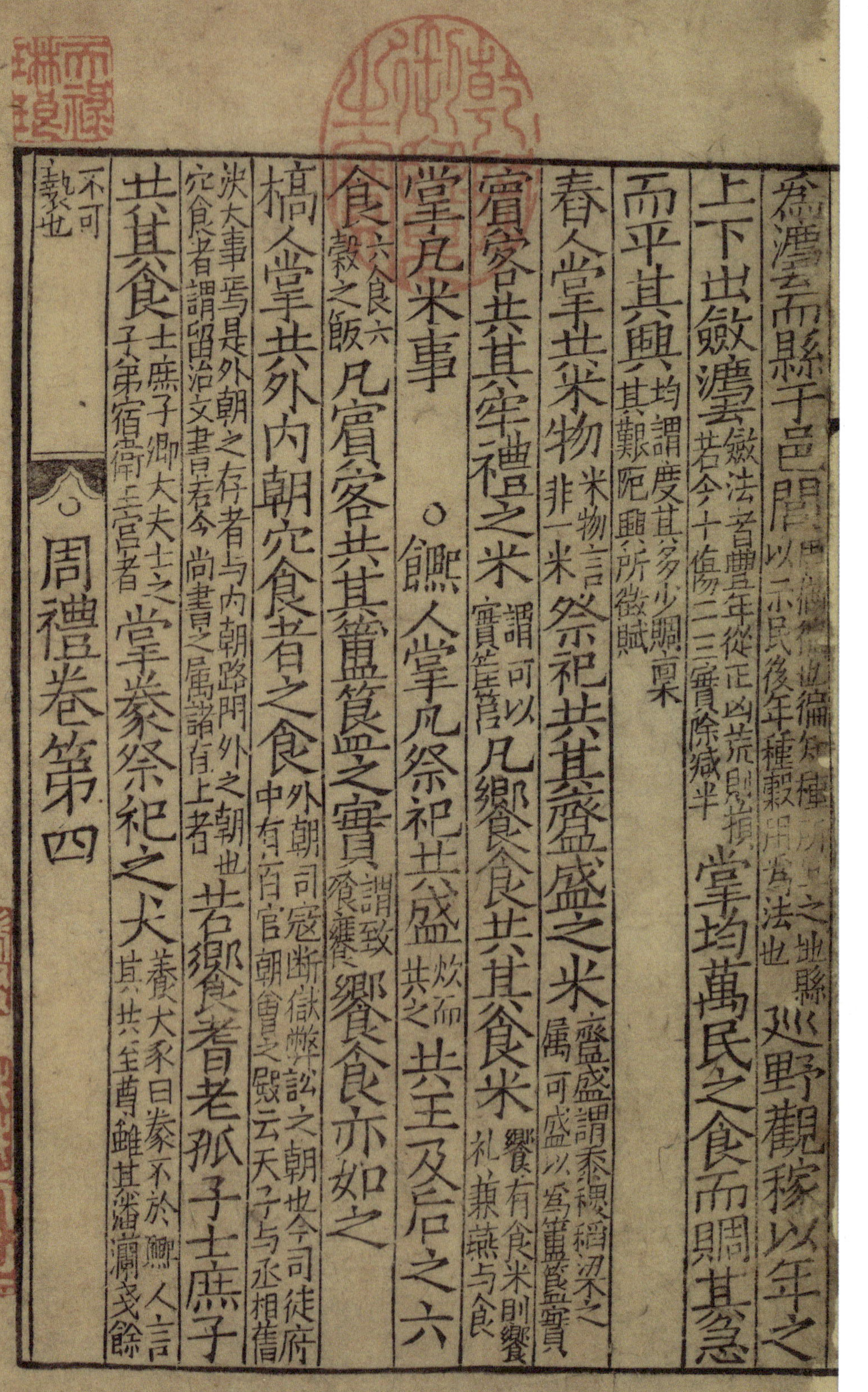

爲灋而縣于邑閭閭[illegible][illegible]也徧知種所宜之地縣〻以示民後年種穀用爲法也巡野觀稼以年之

上下出斂灋斂法者豐年從正凶荒則損若今十傷二三實除減半掌均萬民之食而賙其急

而平其興均謂度其多少賙稟其艱阨興所徵賦

舂人掌共米物米物言非一米祭祀共其齍盛之米齍盛謂黍稷稻粱之屬可盛以爲簠簋實

賓客共其牢禮之米謂可以實筐筥凡饗食共其食米饗食有食米則饗礼兼燕与食

掌凡米事　○饎人掌凡祭祀共盛炊而共之共王及后之六

食六食六穀之飯凡賓客共其簠簋之實謂致饔餼饗食亦如之

槀人掌共外内朝宂食者之食外朝司寇斷獄弊訟之朝也今司徒府中有百官朝會之殿云天子与丞相舊

決大事焉是外朝之存者与内朝路門外之朝也宂食者謂留治文書若今尚書之属諸有上者若饗耆老孤子士庶子

共其食士庶子卿大夫士之子弟宿衛王宫者掌豢祭祀之犬養犬豕曰豢不於饎人言其共至尊雖其潘瀾戔餘

不可褻也

○周禮卷第四

五福五代堂寶

八徵耄念之寶

太上皇帝之寶

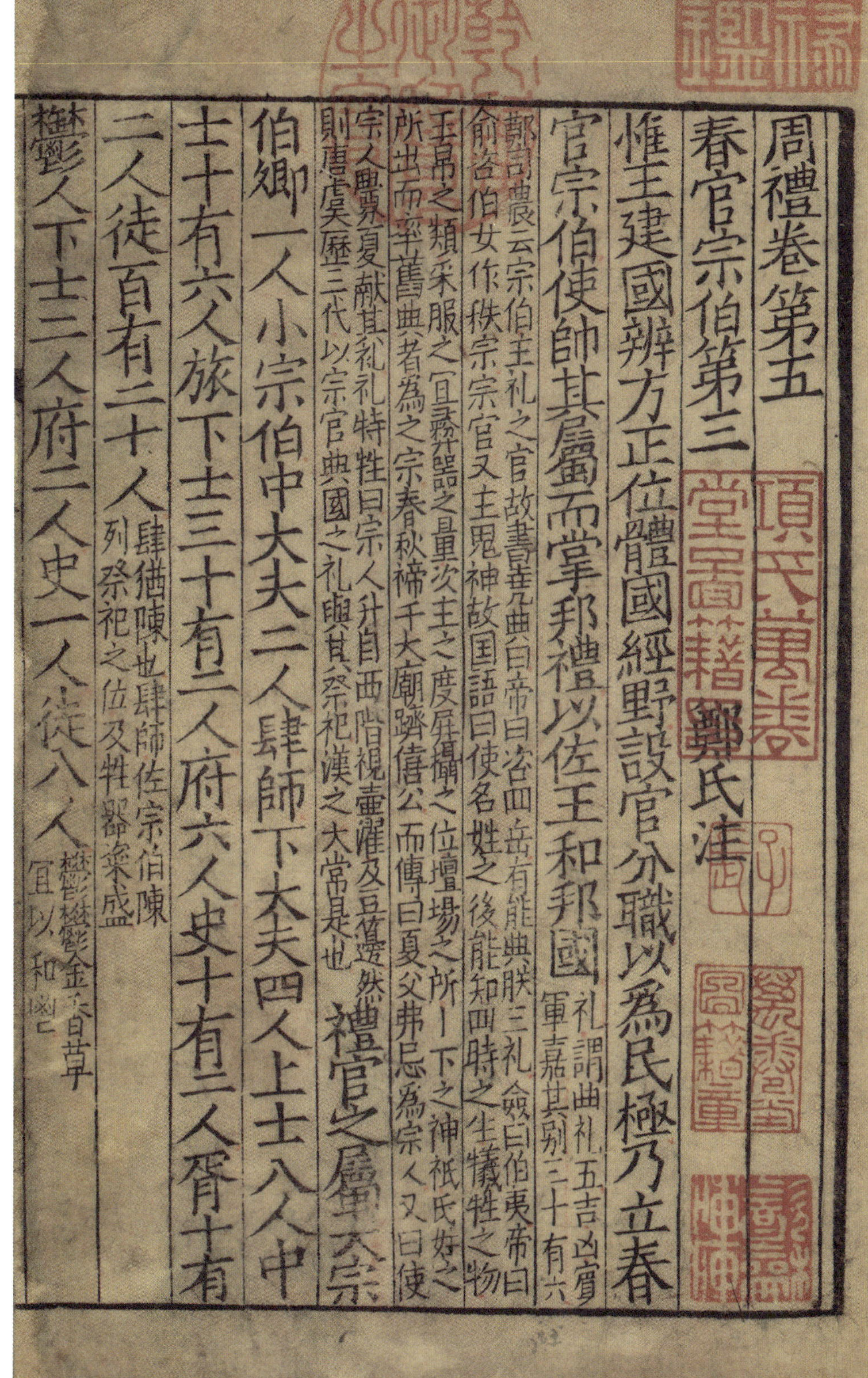

周禮卷第五

春官宗伯第三　鄭氏注

惟王建國辨方正位體國經野設官分職以爲民極乃立春官宗伯使帥其屬而掌邦禮以佐王和邦國禮謂曲禮五吉凶賓軍嘉其別三十有六鄭司農云宗伯主禮之官故書堯典曰帝曰咨四岳有能典朕三禮僉曰伯夷帝曰俞咨伯女作秩宗宗官又主鬼神故國語曰使名姓之後能知四時之生犧牲之物玉帛之類采服之宜彝器之量次主之度屏攝之位壇場之所上下之神祇氏姓之所出而率舊典者爲之宗春秋禘于大廟躋僖公而傳曰夏父弗忌爲宗人又曰使宗人釁夏獻其禮禮特牲曰宗人升自西階視壺濯及豆籩然則唐虞昊歷三代以宗官典國之禮與其祭祀漢之大常是也

禮官之屬大宗伯卿一人小宗伯中大夫二人肆師下大夫四人上士八人中士十有六人旅下士三十有二人府六人史十有二人胥十有二人徒百有二十人肆猶陳也肆師佐宗伯陳列祭祀之位及牲器粢盛

鬱人下士二人府二人史一人徒八人鬱鬱金香草宜以和鬯

鬯人下士二人府一人史一人徒八人鬯釀秬爲酒芬香條暢於上下也秬如黑黍一稃二米

雞人下士一人史一人徒四人

司尊彝下士二人府四人史二人胥二人徒二十人彝亦尊也鬱鬯曰彝彝法也言爲尊之法也

司几筵下士二人府二人史一人徒八人筵亦席也鋪陳曰筵藉之曰席然其言之筵席通矣

天府上士一人中士二人府四人史二人胥二人徒二十人府物所藏言天者尊此所藏若天物然

典瑞中士二人府二人史二人胥一人徒十人瑞節信也典瑞若今符璽郎

典命中士二人府二人史二人胥一人徒十人命謂王遷秩羣臣之書

司服中士二人府二人史一人胥一人徒十人

典祀中士二人下士四人府二人史二人胥四人徒四十人

守祧奄八人女祧每廟二人奚四人遠廟曰祧周爲文王武王廟遷主藏焉奄如今之宦者女祧女奴有才知者天子七廟三昭三穆奚女奴也

世婦每宮卿二人下大夫四人中士八人女府二人女史二人奚十有六人世婦后宮官也王后六宮漢始大長秋詹事中少府大僕亦用士人女府女史女奴有才知者

內宗凡內女之有爵者內女王同姓之女謂之內宗有爵其嫁於大夫及士者凡無常數之言

外宗凡外女之有爵者外女王諸姑姊妹之女謂之外宗

冢人下大夫二人中士四人府二人史四人胥十有二人徒百有二十人冢封土爲丘壟象冢而爲之

墓大夫下大夫二人中士八人府二人史四人胥二十人徒二百人墓冢塋之地孝子所思慕之處

職喪上士二人中士四人下士八人府二人史四人胥四人徒

四十人職主也

大司樂中大夫二人樂師下大夫四人上士八人下士十有六人府四人史八人胥八人徒八十人大司樂樂官之長

大胥中士四人小胥下士八人府二人史四人徒四十人胥有才知之稱禮記文王世子曰小樂正學干大胥佐之

大師下大夫二人小師上士四人瞽矇上瞽四十人中瞽百人下瞽百有六十人眡瞭三百人府四人史八人胥十有二人徒百有二十人凡樂之歌必使瞽矇爲焉命其賢知者以爲大師小師晉杜蒯云曠也大師也眡讀爲虎眡之眡瞭目明者鄭司農云無目眹謂之瞽有目眹而無見謂之矇有目無眸子謂之瞍

典同中士二人府一人史一人胥二人徒二十人同陰律也不以陽律名官者因其先言耳書曰協時月正日同律度量衡大師職曰執同律以聽軍聲

磬師中士四人下士八人府四人史二人胥四人徒四十人

鍾師中士四人下士八人府二人史二人胥六人徒六十人

笙師中士二人下士四人府二人史二人胥一人徒十人

鎛師中士二人下士四人府二人史二人胥二人徒二十人鎛如鍾而大

韎師下士二人府一人史一人舞者十有六人徒四十人鄭司農說以明堂位曰昧東夷之樂讀如味食飲之味杜子春讀韎爲喋荎著之喋玄謂讀如韎韐之韎

旄人下士四人舞者衆寡無數府二人史二人胥二人徒二十人旄旄牛尾舞者所持以指麾

籥師中士四人府二人史二人胥二人徒二十人籥舞者所吹春秋宣八年壬午猶繹万入去籥傳曰去其有聲者廢其無聲者詩云左手執籥右手秉翟

籥章中士二人下士四人府一人史一人胥二人徒二十人

籥章吹籥以爲詩章

鞮鞻氏下士四人府一人史一人胥二人徒二十人鞻讀屨也鞮屨四夷舞者所屝也今時倡蹋鼓沓行者自有屝

典庸器下士四人府四人史二人胥八人徒八十人庸功也鄭司農云庸器有功者鑄器銘其功春秋傳曰以所得於齊之兵作林鍾而銘魯功焉

司干下士二人府二人史二人徒二十人干舞者所持謂盾也春秋傳曰万者何干舞也

大卜下大夫二人卜師上士四人卜人中士八人下士十有六人府二人史二人胥四人徒四十人問龜曰卜大卜卜筮官之長

龜人中士二人府二人史二人工四人胥四人徒四十人工取龜攻龜

菙氏下士二人史一人徒八人燋焌用荆菙之類

占人下士八人府一人史二人徒八人占蓍龜之卦兆吉凶

簭人中士二人府一人史二人徒四人問蓍曰簭其占易

占夢中士二人史二人徒四人

眡祲中士二人史二人徒四人祲陰陽氣相侵漸成祥者魯史梓慎云吾見赤黑之祲

大祝下大夫二人上士四人

小祝中士八人下士十有六人府二人史四人胥四人徒四十人大祝祝官之長

喪祝上士二人中士四人下士八人府二人史二人胥四人徒四十人

甸祝下士二人府一人史一人徒四人甸之言田也田狩之祝

詛祝下士二人府一人史一人徒四人詛謂祝之使沮敗也

司巫中士二人府一人史一人胥一人徒十人司巫巫官之長

男巫無數

女巫無數其師中士四人府二人史四人胥四人徒四十人巫能制神之處位次主者

大史下大夫二人上士四人

小史中士八人下士十有六人府四人史八人胥四人徒四十人大史史官之長

馮相氏中士二人下士四人府二人史四人徒八人馮乘也相視也世登高臺以視天文之次序天文屬大史月令曰乃命大史守典奉法司天日月星辰之行宿離不貸

保章氏中士二人下士四人府二人史四人徒八人保守也世守天文之變

内史中大夫一人下大夫二人上士四人中士八人下士十有六人府四人史八人胥四人徒四十人

外史上士四人中士八人下士十有六人胥二人徒二十人

御史中士八人下士十有六人其史百有二十人府四人胥四人徒四十人御猶侍也進也其史百有二十人以掌贊書人多也

巾車下大夫二人上士四人中士八人下士十有六人府四人史八人工百人胥五人徒五十人巾猶衣也巾車車官之長

典路中士二人下士四人府二人史二人胥二人徒二十人路王之所乘車

車僕中士二人下士四人府二人史二人胥二人徒二十人

司常中士二人下士四人府二人史二人胥四人徒二十人司常主王旌旗

都宗人上士二人中士四人府二人史四人胥四人徒四十

人都謂王子弟所封及公卿所食邑

家宗人如都宗人之數家謂大夫所食采邑

凡以神士者無數以其藝為之貴賤之等以神士者男巫之俊有學問才知者藝謂礼樂射御書數高者為上士次之為中士又次之為下士

大宗伯之職掌建邦之天神人鬼地示之禮以佐王建保邦國建立也立天神地祇人鬼之礼者謂祀之祭之享之礼吉礼是也保安也所以佐王立安邦国者主謂凶礼賓礼軍礼嘉礼也自吉礼於上承以立安邦國者互以相成明尊鬼神重人事

以吉禮事邦國之鬼神示事謂祀之祭之享之故書吉或為告杜子春云書為告礼者非是當為吉礼書亦多為吉礼吉礼之別十有二

以禋祀祀昊天上帝以實柴祀日月星辰以槱燎祀司中司命飌師雨師禋之言煙周人尚臭煙氣之臭聞者槱積也詩曰芃芃棫樸薪之槱之三祀皆積柴實牲體焉或有玉帛燔燎而升煙所以報陽也鄭司農云昊天天也上帝玄天也昊天上帝樂以雲門實柴實牛柴上也故書實柴或為賓柴司中三能三階也司命文昌宮星風師箕也雨師畢也玄謂昊天上帝冬至於圜丘所祀天皇大帝星謂五緯辰謂日月所會十二次司中司命文昌第五第四星或曰中能

上能由祀五帝亦用實柴之禮云　以血祭祭社稷五祀五嶽以貍沈祭山林川澤以疈辜祭四方百物不言祭地此皆地祇祭地可知也陰祀自血起貴氣臭也社稷土穀之神有德者配食焉共工氏之子曰句龍食於社有厲山氏之子曰柱食於稷湯遷之而祀棄故書祀作禩疈為罷鄭司農云禩當為祀書亦或作祀五祀五色之帝於王者宮中曰五祀罷辜披磔牲以祭若今時磔狗祭以止風玄謂此五祀者五官之神在四郊四時迎五行之氣於四郊而祭五德之帝亦食此神焉少昊氏之子曰重為句芒食於木該為蓐收食於金脩及熙為玄冥食於水顓頊氏之子曰黎為祝融后土食於火土五嶽東曰岱宗南曰衡山西曰華山北曰恒山中曰嵩高山不見四竇者四竇五嶽之匹或省文祭山林曰埋川澤曰沈順其性之含藏疈疈牲胷也疈而磔之謂磔攘及蜡祭郊特牲曰八蜡以記四方四方年不順成八蜡不通以謹民財也又曰蜡之祭也主先嗇而祭司嗇也祭百種以報嗇也饗農及郵表畷禽獸仁之至義之盡也　以肆獻祼享先王以饋食享先王以祠春享先王以禴夏享先王以嘗秋享先王以烝冬享先王宗廟之祭有此六享肆獻祼饋食在四時之上則是祫也禘也肆者進所解牲體謂薦孰時也獻獻醴謂薦血腥也祼之言灌灌以鬱鬯謂始獻尸求神時也郊特牲曰魂氣歸于天形魄歸于地故祭所以求諸陰陽之義也殷人先求諸陽周人先求諸陰灌是也祭必先灌乃後薦腥薦孰於祫逆言之者與下共文明六享俱然祫言肆獻祼禘言饋食者著有黍稷互相備也魯禮三年喪畢而祫於大祖明年春禘於羣廟自爾以後五年而再殷祭一祫一禘　以凶禮哀邦國之憂

哀謂救患分裁凶礼之别有五以喪禮哀死亡哀謂親者服焉跡者含襚以荒禮哀凶札荒人物有害也

曲礼曰歲凶年穀不登君膳不祭肺馬不食穀馳道不除祭事不縣大夫不食粱士飲酒不樂札讀為截截謂疫癘以弔禮哀禍烖禍烖

謂遭水火宋大水魯莊公使人弔焉曰天作淫雨害於粢盛如何不弔厩焚孔子拜鄉人為火来者拜之士一大夫再亦相弔之道以禬禮哀圍

敗同盟者合會財貨以更其所喪春秋襄三十年冬會于澶淵宋裁故是其類以恤禮哀寇亂恤憂也鄰國相憂兵作於

外為寇作於内為乱以賓禮親邦國親謂使之相親附賓礼之别有八春見曰朝夏見曰宗

秋見曰覲冬見曰遇時見曰會殷見曰同此六礼者以諸侯見王為文六服之内四方以

時分来或朝春或宗夏或覲秋或遇冬名殊礼異更遞而徧朝猶朝也欲其来之早宗尊也欲其尊王覲之言勤也欲其勤王之事遇偶也欲其若不期而俱至時

見者言无常期諸侯有不順服者王將有征討之事則既朝覲王為壇於国外合諸侯而命事焉春秋傳曰有事而會不協而盟是也殷猶衆也十二歲王如不巡

守則六服盡朝朝礼既畢王亦為壇合諸侯以命政焉所命之政如王巡守殷見四方四時分来終歲則徧時聘曰問殷覜曰視

時聘者亦无常期天子有事乃聘之焉竟外之臣既非朝歲不敢瀆為小礼殷覜謂一服朝之歲以朝者少諸侯乃使卿以大礼衆聘焉一服朝在元年七年十一

年以軍禮同邦國同謂威其不協僭差者軍礼之别有五大師之禮用衆也用其義勇大

均之禮恤衆也均其地政地守地職之賦所以憂民大田之禮簡衆也古者因田習兵閱其車徒之數大役之禮任衆也築宮邑所以事民力強弱大封之禮合衆也正封疆溝塗之固所以合聚其民以嘉禮親萬民嘉善也所以因人心所善者而為之制嘉礼之別有六以飲食之禮親宗族兄弟親者使之相親人君有食宗族飲酒之礼所以親之也文王世子曰族食世降一等大傳曰繫之以姓而弗別綴之以食而弗殊百世而昏姻不通者周道然也以昏冠之禮親成男女親其恩成其性以賓射之禮親故舊朋友射礼雖王亦立賓主也王之故舊朋友為世子時共在學者天子亦有友諸侯之義武王誓曰我友邦冢君是也司寇職有議故之辟議賓之辟以饗燕之禮親四方之賓客賓客謂朝聘者以脤膰之禮親兄弟之國脤膰社稷宗廟之肉以賜同姓之國同福祿也兄弟有共先王者魯定公十四年天王使石尚來歸脤以賀慶之禮親異姓之國異姓王昏姻甥舅以九儀之命正邦國之位每命異儀貴賤之位乃正春秋傳曰名位不同礼亦異數壹命受職始見命為正吏謂列國之士於子男為大夫王之下士亦一命鄭司農云受職治職事再命受服鄭司農云受服受祭衣服為上士玄謂此受玄冕之服列國之大夫再命於子男為卿卿大夫自玄冕而下如孤之服王之中士亦再命則爵弁服三命受位

鄭司農云受下大夫之位玄謂此列国之卿始有列位於王為王之臣也王之上士亦三命　四命受器　鄭司農云受祭器為上大夫玄謂此

公之孤始得有祭器者也礼運曰大夫具官祭器不假聲樂皆具非礼也王之下大夫亦四命　五命賜則　鄭司農云則者法也出為子男玄謂則地

未成国之名王之下大夫四命出封加一等五命賜之以方百里二百里之地者方三百里以上為成国王莽時以二十五成為則方五十里合今俗說子男之地獨劉

子駿等識古有此制焉　六命賜官　鄭司農云子男入為卿治一官也玄謂此王六命之卿賜官者使得自置其臣治家邑如諸侯春秋襄十八年

冬晉侯以諸侯圍齊荀偃為君禱河旣陳齊侯之罪而曰曾臣彪將率諸侯以討焉其官臣偃實先後之　七命賜國　王之卿六命出封加一等

者鄭司農云出就侯伯之國　八命作牧　謂侯伯有功德者加命得專征伐於諸侯鄭司農云一州之牧王之三公亦八命　九命

作伯　上公有功德者加命為二伯得征五侯九伯者鄭司農云長諸侯為方伯　以玉作六瑞以等邦國　等猶

齊等也　王執鎮圭　鎮安也所以安四方鎮圭者蓋以四鎮之山為瑑飾圭長尺有二寸　公執桓圭　公二王之後及王之

上公雙植謂之桓桓宮室之象所以安其上也桓圭蓋亦以桓為瑑飾圭長九寸　侯執信圭伯執躬圭　信當為身聲之

誤也身圭躬圭蓋皆象以人形為瑑飾文有鹿緐耳欲其慎行以保身圭皆長七寸　子執穀璧男執蒲璧　穀所以養人蒲

為席所以安人二玉蓋或以穀為飾或以蒲為瑑飾璧皆徑五寸不執圭者未成國也　以禽作六摯以等諸臣　摯之

言至所執以自致孤執皮帛卿執羔大夫執鴈士執雉庶人執鶩工商執

雞皮帛者束帛而表以皮為之飾皮虎豹皮帛如今璧色繒也羔小羊取其羣而不失其類鴈取其候時而行雉取其守介而死不失其節鶩取其不飛遷雞取

其守時而動曲礼曰飾羔鴈者以繢謂衣之以布而又畫之者自雉以下執之無飾士相見之礼卿大夫飾摯以布不言繢此諸侯之臣與天子之臣異也然則天子之

孤飾摯以虎皮公之孤飾摯以豹皮與此孤卿大夫士之摯皆以爵不以命數凡摯无庭實以玉作六器以禮天地四

方礼謂始告神時薦於神坐書曰周公植璧秉圭是也以蒼璧禮天以黃琮禮地以青圭

禮東方以赤璋禮南方以白琥禮西方以玄璜禮北方此礼天以

冬至謂天皇大帝在北極者也礼地以夏至謂神在崐崘者也礼東方以立春為蒼精之帝而大昊句芒食焉礼南方以立夏謂赤精之帝而炎帝祝融食焉礼西方以

立秋謂白精之帝而少昊蓐收食焉礼北方以立冬謂黒精之帝而顓頊玄冥食焉礼神者必象其類璧圜象天琮八方象地圭銳象春物初生半圭曰璋象夏物半死

琥猛象秋嚴半璧曰璜象冬閉藏地上无物唯天半見也皆有牲幣各放其器之色幣以從爵若人飲酒有酬

幣以天產作陰德以中禮防之以地產作陽德以和樂防

之鄭司農云陰德謂男女之情天性生而自然者過時則奔隨先時則血氣未定聖人為制其中令民三十而娶女二十而嫁以防其淫泆令无失德情性

隱而不露故謂之陰德陽德謂分地利以致富富者之失不驕奢則吝嗇故以和樂防之樂所以滌蕩邪穢道人之正性者也一說地産謂土地之性各異若齊性舒緩楚性急悍則以和樂防其失令无失德樂所以移風易俗者也此皆露見於外故謂之陽德陽德陰德不失其正則民和而物各得其理故曰以諧万民以致百物玄謂天産者動物謂六牲之屬地産者植物謂九穀之屬陰德陰氣在人者陰氣虛純之則劣故食動物作之使動過則傷性制中礼以節之陽德陽氣在人者陽氣盈純之則躁故食殖物作之使靜過則傷性制和樂以節之如是然後陰陽平情性和而能育其類

以禮樂合天地之化百物之産以事鬼神以諧萬民以致百物礼濟虛樂損盈並行則四者乃得其和能生非類曰化生其種曰産

凡祀大神享大鬼祭大示帥執事而卜日宿眡滌濯

涖玉鬯省牲鑊奉玉齍詔大號治其大禮詔相王之大禮執事諸有事於祭者宿申戒也滌濯溉祭器也玉礼神之玉也始涖之祭又奉之鑊亨牲器也大號六號之大者以詔大祝以為祝辭治猶簡習也豫簡習大礼至祭當以詔相王羣臣礼為小礼故書涖作立鄭司農讀為涖涖視也

若王不與祭祀則攝位王有故代行其祭事

凡大祭祀王后不與則攝而薦豆籩徹薦徹豆籩王后之事

大賓客則攝而載果載為也果讀為祼代王祼賓客以鬯君无酌臣之礼言為者攝酌献耳拜送則王也鄭司農云王不親為主

朝覲會同則為

上相大喪亦如之王哭諸侯亦如之相詔王礼也出接賓曰擯入詔礼曰相相者五人卿為上擯大喪王后及世子也哭諸侯者謂薨於国為位而哭之檀弓曰天子之哭諸侯也爵弁経紂衣王命諸侯則儐儐進之也王將出命假祖廟立依前南鄉儐者進當命者延之命使登内史由王右以策命之降再拜稽首登受策以出此其略也諸侯爵禄其臣則於祭焉國有大故則旅上帝及四望故謂凶烖旅陳也陳其祭事以祈焉礼不如祀之備也上帝五帝也鄭司農云四望日月星海玄謂四望五嶽四鎮四瀆王大封則先告后土后土土神也黎所食者乃頒祀于邦國都家鄉邑頒讀為班班其所當祀及其礼都家之鄉邑謂王子弟及公卿大夫所食采地

小宗伯之職掌建國之神位右社稷左宗廟庫門内雉門外之左右故書位作立鄭司農云立讀為位古者立位同字古文春秋經公即位為公即立兆五帝於四郊四望四類亦如之兆為壇之營域五帝蒼曰靈威仰大昊食焉赤曰標怒炎帝食焉黃曰含樞紐黃帝食焉白曰白招拒少昊食焉黑曰汁光紀顓頊食焉黃帝亦於南郊鄭司農云四望道氣出入四類三皇五帝九皇六十四民咸祀之玄謂四望五嶽四鎮四竇四類日月星辰運行無常以氣類為之位兆日於東郊兆月与風師於西郊兆司中司命於南郊兆雨師於北郊兆山川丘陵墳衍各因其方順其所在掌五禮之禁令與

其用等用等牲器尊卑之差鄭司農云五礼吉凶賓軍嘉辨廟祧之昭穆祧遷主所藏之廟自始祖之後父曰昭子曰穆辨吉凶之五服車旗宮室之禁五服王及公卿大夫士之服掌三族之別以辨親踈其正室皆謂之門子掌其政令三族謂父子孫人屬之正名喪服小記曰親親以三為五以五為九正室適子也將代父當門者也政令謂役守之事毛六牲辨其名物而頒之于五官使共奉之毛擇毛也鄭司農云司徒主牛宗伯主雞司馬主馬及羊司寇主犬司空主豕辨六齍之名物與其用使六宮之人共奉之齍讀為粢六粢謂六穀黍稷稻粱麥苽辨六彝之名物以待果將六彝雞彝鳥彝斝彝黃彝虎彝蜼彝果讀為祼辨六尊之名物以待祭祀賓客待者有事則給之鄭司農云六尊獻尊象尊壺尊著尊大尊山尊掌衣服車旗宮室之賞賜王以賞賜有功者書曰車服以庸掌四時祭祀之序事與其禮序事卜日省牲視滌濯饔爨之事次序之時若國大貞則奉玉帛以詔號號神號幣號鄭司農云大貞謂卜立君卜大封大祭祀省牲眡滌濯祭之日逆齍省鑊告時于王告備于王逆齍受饎人之盛以入省鑊視亨腥孰時薦陳

之晚早備謂禩具 凡祭祀賓客以時將瓚果 將送也猶奉也祭祀以時奉而授王賓客以時奉而授宗伯天子圭瓚諸侯璋瓚 詔相祭祀之小禮凡大禮佐大宗伯 小礼羣臣之礼 賜卿大夫士爵則儐 賜猶命也儐之如命諸侯之儀春秋文公元年天王使毛伯來錫公命傳曰錫者何賜也命者何加我服也 小祭祀掌事如大宗伯之禮 大賓客受其將幣之齎 謂所齎來貢獻之財物 若大師則帥有司而立軍社奉主車 有司大祝也王出軍必先有事於社及遷廟而以其主行社主曰軍社遷主曰祖春秋傳曰軍行祓社釁鼓祝奉以從曾子問曰天子巡守以遷廟主行載于齊車言必有尊也書曰用命賞于祖不用命戮于社社主蓋用石為之奉謂將行 若軍將有事則與祭有司將事于四望 軍將有事將与敵合戰也鄭司農云則与祭謂軍祭表禡軍社之屬小宗伯与其祭事玄謂与祭有司謂大祝之屬盡司馬之官實典焉 若大甸則帥有司而饁獸于郊遂頒禽 甸讀曰田有司大司馬之屬饁饋也以禽饋四方之神於郊郊有羣神之兆頒禽謂以予羣臣詩傳曰禽雖多擇取三十焉其餘以予大夫士以習射於澤宮而分之 大烖及執事禱祠于上下神示 執事大祝及男巫女巫也求福曰禱得求曰祠讄曰禱尔于上下神祇鄭司農云小宗伯与執事共禱祠 王崩大肆以秬鬯渳 鄭司農云大肆大浴也杜子春讀渳為泯以秬鬯浴尸玄謂大

肆始陳尸伸之及執事涖大斂小斂帥異族而佐執事大祝之屬涖臨也親斂者盖事官之屬為之喪大記曰小斂衣十九稱君大夫士一也大斂君百稱大夫五十稱士三十稱異族佐斂疏者可以相助縣衰冠之式于路門之外制色宜齊同及執事眡葬獻器遂哭之執事盖梓匠之屬至將葬獻明器之材又獻素獻成皆於殯門外王不親哭有官代之卜葬兆甫竁亦如之兆墓塋域甫始也鄭大夫讀竁皆為穿杜子春讀竁為毳皆謂葬穿壙也今南陽名穿地為竁聲如腐脃之脃既葬詔相喪祭之禮喪祭虞祔也檀弓曰葬日虞弗忍一日離也是日也以虞易奠卒哭曰成事是日也以吉祭易喪祭明日祔于祖父成葬而祭墓為位成葬丘已封也天子之冢蓋不一日而畢位壇位也先祖形體託於此地祀其神以安之冢人職曰大喪既有日請度甫竁遂為之尸凡王之會同軍旅甸役之禱祠肆儀為位肆習也故書肆為肆儀為義杜子春讀肆當為肆義為儀謂若今時肆司徒府也小宗伯主其位國有禍烖則亦如之謂有所禱祈凡天地之大烖類社稷宗廟則為位禱祈礼輕類者依其正礼而為之凡國之大禮佐大宗伯凡小禮掌事如大宗伯之儀○肆師之職掌立國祀之禮以佐大宗伯佐助也立大祀用玉帛牲牷立

次祀用牲幣立小祀用牲（鄭司農云大祀天地次祀日月星辰小祀司命已下玄謂大祀又有宗廟次祀又有社稷五祀五嶽小祀又有司中風師雨師山川百物）以歲時序其祭祀及其祈珥（序第次其先後大小故書祈為幾杜子春讀幾當為祈珥當為餌玄謂祈當為進禨之禨珥當為衈禨衈者釁禮之事雜記曰成廟則釁之雍人舉羊升屋自中中屋南面刲羊血流于前乃降門夾室皆用雞其衈皆於屋下割雞門當門夾室中室然則是禨謂羊血也小子職曰掌珥于社稷祈于五祀是也亦謂其宮兆始成時也春秋僖十九年夏邾人執鄫子用之傳曰用之者何蓋叩其鼻以衈社也）大祭祀展犧牲繫于牢頒于職人（展省閱也職讀為樴樴可以繫牲者此樴人謂充人及監門人）凡祭祀之卜日宿為期詔相其禮眡滌濯亦如之（宿先卜祭之夕）祭之日表齍盛告絜展器陳告備及果築鬻相治小禮誅其慢怠者（粢六穀也在器曰盛陳陳列也果築鬻者所築鬻以祼也故書表為剽剽表皆謂徽識也鄭司農云築者築香草煑以為鬯）掌兆中廟中之禁令（兆壇塋域）凡祭祀禮成則告事畢大賓客涖筵几築鬻（此王所以礼賓客）贊果將（酌鬯授大宗伯載祼）大朝覲佐儐（為承儐）共設匪罋之禮（設於賓客之館公食大夫礼曰若不親食使大夫以侑幣致之豆實實于罋簋實實于筐匪其筐字之誤与礼不

親饗食則以酬幣致之或者匪以致饗饗食授祭授賓祭肺與祝侯禳于畺及郊侯禳小祝職也畺五百里遠郊百里近郊五十里大喪大渳以鬯則築鬻築香草煮以為鬯以浴尸香草鬱也令外內命婦序哭序使相次秩禁外內命男女之衰不中灋者且授之杖外命男六鄉以出也內命男朝廷卿大夫士也其妻為外命女喪服為夫之君齊衰不杖內命女王之三夫人以下不中法違升數与裁制者鄭司農云三日授子杖五日授大夫杖七日授士杖此舊說也喪大記曰君之喪三日子夫人杖五日既殯授大夫世婦杖無七日授士杖文玄謂授杖日數王喪依諸侯与六日授士杖四制云凡師甸用牲于社宗則為位社軍社也宗遷主也尚書傳曰王升舟入水鼓鍾亞觀臺亞將舟亞宗廟亞故書位為涖杜子春云涖當為位書亦或為位宗謂宗廟類造上帝封于大神祭兵于山川亦如之造猶即也為兆以類礼即祭上帝也類礼依郊祀而為之者封謂壇也大神社及方嶽也山川蓋軍之所依止大傳曰牧之野武王之大事也既事而退柴於上帝祈于社設奠於牧室凡師不功則助牽主車助助大司馬也故書功為工鄭司農工讀為功古者工与功同字謂師无功肆師助牽之恐為敵所得凡四時之大甸獵祭表貉則為位貉師祭也貉讀為十百之百於所立表之處為師祭造軍法者禱氣勢之增倍也其神蓋蚩蚘或曰黃帝嘗之日涖卜來歲之芟芟芟草除田也古之

始耕者除田種穀嘗者嘗新穀此芟之功也卜者問後歲宜芟不詩云載芟載柞其耕澤澤獮之日涖卜來歲之戒秋田爲獮始習兵戒不虞也卜者問後歲兵寇之備社之日涖卜來歲之稼社祭土爲取財焉卜者問後歲稼所宜若

國有大故則令國人祭大故謂水旱凶荒所令祭者社及禜酺歲時之祭祀亦如之月令仲春命民社此其一隅凡卿大夫之喪相其禮相其適子凡國之大事治其禮儀

以佐宗伯治謂如今每事者更奏白王礼也故書儀爲義鄭司農義讀爲儀古者書儀但爲義今時所謂義爲誼凡國之小

事治其禮儀而掌其事如宗伯之禮

鬱人掌祼器祼器謂彝及舟与瓚凡祭祀賓客之祼事和鬱鬯以實彝而陳之築鬱金煮之以和鬯酒鄭司農云鬱草名十葉爲貫百二十貫爲築以煮之鐎中停於祭前鬱爲草若蘭凡祼玉濯之

陳之以贊祼事祼玉謂圭瓚璋瓚詔祼將之儀與其節節謂王奉玉送祼早宴之時凡

祼事沃盥大喪之渳共其肆器肆器陳尸之器喪大記曰君設大盤造冰焉大夫設夷盤造冰焉士併瓦盤無冰設牀襢第有枕此之謂肆器天子亦用夷盤及葬共其祼器遂貍之遣奠之彝与瓚也貍之於祖廟階間明奠

終於此大祭祀與量人受舉斝之卒爵而飲之斝受福之嘏聲之誤也王酳尸尸嘏王此
其卒爵也少牢饋食禮主人受嘏詩懷之卒爵執爵以興出宰夫以籩受嗇黍主人嘗之乃還獻祝此鬱人受王之卒爵亦王出房時也必與量人者鬱人贊祼尸
量人制從獻之脯燔事相成

鬯人掌共秬鬯而飾之秬鬯不和鬱者飾之謂設巾凡祭祀社壝用大罍壝謂
委土為墠壇所以祭也大罍瓦罍禜門用瓢齎禜謂營酇所祭門國門也春秋傳曰日月星辰之神則雪霜風雨之不時
於是乎禜之山川之神則水旱癘疫之不時於是乎禜之魯莊二十五年秋大水鼓用牲于門故書瓢作剽鄭司農讀剽為瓢杜子春讀齎為粢瓢謂瓠蠡也粢盛
也玄謂齎讀為齊取甘瓠割去柢以齊為尊廟用脩凡山川四方用蜃凡祼事用概凡
疈事用散祼當為埋字之誤也故書蜃或為謨杜子春云謨當為蜃書亦或為蜃蜃水中蜃也鄭司農云脩模概散皆器名玄謂廟用脩者謂始禘
時自饋食始脩蜃概散皆漆尊也脩讀曰卣卣中尊謂獻象之屬尊者彝為上罍為下蜃畫為蜃形蚌曰合漿尊之象概尊以朱帶者無飾曰散大喪
之大渳設斗共其釁鬯斗所以沃尸也釁尸以鬯酒使之香美者鄭司農云釁讀為徽凡王之齊事
共其秬鬯給淬浴凡王弔臨共介鬯以尊適卑曰臨春秋傳曰照臨敝邑鄭司農云鬯香草王行弔喪被之故

曰介玄謂曲礼曰摯天子鬯王至尊介為執致之以礼於鬼神与檀弓曰臨諸侯畛於鬼神曰有天王某甫此王適四方舍諸侯祖廟祝告其神之辞介於是進鬯

雞人掌共雞牲辨其物 物謂毛色也辨之者陽祀用騂陰祀用黝 大祭祀夜嘑旦以䚬百官 夜夜漏未盡雞鳴時也呼旦以警起百官使夙興 凡國之大賓客會同軍旅喪紀亦如之凡國事為期則告之時 象雞知時也告其有司主事者少牢曰宗人朝服北面曰請祭期主人曰比於子宗人曰旦明行事告時者至此旦明而告之 凡祭祀面禳釁共其雞牲 釁釁廟之屬釁廟以羊門夾室皆用雞鄭司農云面禳四面禳也釁讀為徽

司尊彝掌六尊六彝之位詔其酌辨其用與其實 位所陳之處酌沛之使可酌各異也用四時祭祀所用亦不同實鬱鬯及醴齊之屬 春祠夏禴祼用雞彝鳥彝皆有舟其朝踐用兩獻尊其再獻用兩象尊皆有罍諸臣之所昨也秋嘗冬烝祼用斝彝黄彝皆有舟其朝獻用兩著尊其饋獻用兩壺尊皆有罍諸臣之所昨也凡四時之間祀追享朝

享祼用虎彝蜼彝皆有舟其朝踐用兩大尊其再獻用兩山尊皆有罍諸臣之所昨也

祼謂以圭瓚酌鬱鬯始獻尸也后於是以璋瓚酌亞祼郊特牲曰周人尚臭灌用鬯臭鬱合鬯臭陰達於淵泉灌以圭璋用玉氣也既灌然後迎牲致陰氣也朝踐謂薦血腥酌醴始行祭事后於是薦朝事之豆籩既又酌獻其變朝踐為朝獻者尊相因也朝獻謂尸卒食王酳之再獻者王酳尸之後后酌亞獻諸臣為賓又次后酌盎齊備卒食三獻也於后亞獻內宗薦加豆籩其變再獻為饋獻者亦尊相因饋獻謂薦孰時后於是薦饋食之豆籩此九酌王及后各四諸臣一祭之正也以今祭礼特牲少牢言之二祼為奠而尸飲七矣王可以獻諸臣祭統曰尸飲五君洗玉爵獻卿是其差也明堂位曰灌用玉瓚大圭爵用玉琖加用璧角璧散又鬱人職曰受舉斝之卒爵而飲之則王酳尸以玉爵也王酳尸用玉爵而再獻者用璧角璧散可知也雞彝鳥彝謂刻而畫之為雞鳳皇之形皆有舟皆有罍言春夏秋冬及追享朝享有之同昨讀為酢字之誤也諸臣獻者酌罍以自酢不敢与王之神靈共尊鄭司農云舟尊下臺若今時承槃獻讀為犧犧尊飾以翡翠象尊以象鳳皇或曰以象骨飾尊明堂位曰犧象周尊也春秋傳曰犧象不出門尊以祼神罍臣之所飲也詩曰缾之罄矣維罍之恥斝讀為稼稼彝畫禾稼也黃彝黃目尊也明堂位曰夏后氏以雞彝殷以斝周以黃目尔雅曰彝卣罍器也著尊者著略尊也或曰著尊著地无足明堂位曰著殷尊也壺者以壺為尊春秋傳曰尊以魯壺追享朝享謂禘祫也在四時之間故曰間祀蜼讀為蛇虺之虺或讀為公用射隼之隼大尊大古之瓦尊山尊山罍也明堂位曰泰有虞氏之尊也山罍夏后氏之尊故書踐作餞杜子春云餞當為踐玄謂黃目以黃金為目郊特牲曰黃目鬱氣之上尊也黃者中也目者氣之清明者

此言酌於中而清明於外追享謂追祭迁廟之主以事有所請禱朝享謂朝受政於廟春秋傳曰閏月不告朔猶朝于廟蜼禺屬卯鼻而長尾山罍亦刻而畫之為山雲形之

凡六彝六尊之酌鬱齊獻酌醴齊縮酌盎齊涗酌凡酒脩酌

故書縮為數齊為齏鄭司農云獻讀為儀儀酌有威儀多也涗酌者涗拭勺而酌也脩酌者以水洗勺而酌也齏讀皆為齊和之齊杜子春云數當為縮齊讀皆為粢玄謂礼運曰玄酒在室醴醆在户粢醍在堂澄酒在下以五齊次之則醆酒盎齊也郊特牲曰縮酌用茅明酌也醆酒涗于清汁獻涗于醆酒猶明清与醆酒于舊澤之酒也此言轉相泲成也獻讀為摩莎之莎齊語声之誤也煮鬱和秬鬯以醆酒摩莎泲之出其香汁也醴齊尤濁和以明酌泲之以茅縮去滓也盎齊差清和以清酒泲之而已其餘三齊泛從醴緹沈從盎凡酒謂三酒也脩讀如滌濯之滌滌酌以水和而泲之今齊人命浩酒曰滌明酌酌取事酒之上也澤讀曰醳明酌清酒醆酒泲之皆以舊醳之酒凡此四者祼用鬱齊朝用醴齊饋用盎齊諸臣自酢用凡酒唯大事于大廟備五齊三酒

大喪存奠彝

存省也謂大遣時奠者朝夕乃徹也

大旅亦如之

旅者国有大故之祭也亦有其奠彝則陳之不即徹

司几筵掌五几五席之名物辨其用與其位

五几左右玉彫彤漆素五席莞藻次蒲熊用位所設之席及其处

凡大朝覲大饗射凡封國命諸侯王位設黼依依前南鄉設莞筵紛純加繅席畫純加次席黼純左右玉几

斧謂

之黼其繡白黑米以絳帛為質依其制如斧風然於依前為王設席左右有几優至尊也鄭司農云紛讀為豳又讀為和粉之粉謂白繡也純讀為均服之均純緣也繅讀為藻率之藻次席虎皮為席書顧命曰成王將崩命大保芮伯畢公等被冕服憑玉几玄謂紛如綬有文而狹者繅席削蒲蒻展之編以五采若今合歡矣畫謂雲氣也次席桃枝席有次列成文

祀先王昨席亦如之鄭司農云昨席於主階設席王所坐也玄謂昨讀曰酢謂祭祀及王受酢之席尸卒食王酳之卒爵祝受之又酌授尸尸酢王於是席王於户內后諸臣致爵乃設席

諸侯祭祀席蒲筵繢純加莞席紛純右彫几繢畫文也不莞席加繅者繅柔𥏹不如莞清堅又於鬼神宜

昨席莞筵紛純加繅席畫純筵國賓于牖前亦如之左彤几昨讀亦曰酢鄭司農云礼記国賓老臣也為布筵席於牖前玄謂国賓諸侯來朝孤卿大夫來聘後言几者使不蒙如也朝者彫几聘者彤几

甸役則設熊席右漆几謂王甸有司祭表貉所設席

凡喪事設葦席右素几其柏席用萑黼純諸侯則紛純每敦一几喪事謂凡奠也萑如葦而細者鄭司農云柏席迫地之席葦居其上或曰柏席載黍稷之席玄謂柏椁字磨滅之餘椁席藏中神坐之席也敦讀曰燾燾覆也棺在殯則椁燾既窆則加見皆謂覆之周礼雖合葬及同時在殯皆異几体實不同祭於廟同几精氣合

凡吉事變几凶事仍几故書仍為乃鄭司農云变几变更其質謂有飾也乃讀為仍仍因也因其質謂无飾也尔雅曰儀仍因也書顧命曰翌日乙丑

成王崩癸酉牖間南嚮西序東向東序西向皆仍几玄謂吉事王祭宗廟祼於室饋食於堂繹於祊每事易几神事文示新之也凶事謂凡奠几朝夕相因喪礼略

天府掌祖廟之守藏與其禁令祖廟始祖后稷之廟其寶物世傳守之若魯寶玉大弓者凡國之玉鎮大寶器藏焉若有大祭大喪則出而陳之既事藏之玉鎮大寶器玉瑞玉器之美者禘祫及大喪陳之以華國也故書鎮作瑱鄭司農云瑱讀為鎮書曰顧命曰翌日乙丑王崩丁卯命作冊度越七日癸酉陳寶赤刀大訓弘璧琬琰在西序大玉夷玉天球河圖在東序胤之舞衣大貝鼖鼓在西房兌之戈和之弓垂之竹矢在東房此其行事見於經凡官府鄉州及都鄙之治中受而藏之以詔王察群吏之治察察其當黜陟者鄭司農云治中謂其治職簿書之要上春釁寶鎮及寶器上春孟春也釁謂殺牲以血血之鄭司農云釁讀為徽或曰釁鼓之釁凡吉凶之事祖廟之中沃盥執燭吉事四時祭也凶事后王喪朝于祖廟之奠季冬陳玉以貞來歲之媺惡問事之正曰貞問歲之美惡謂問於龜大卜職大貞之屬陳玉陳礼神之玉凡卜筮實問於鬼神龜筮能出其卦兆之占耳龜有天地四方則玉有六器者與言陳者既事藏之不必埋之也鄭司農云貞問也易曰師貞丈人吉問於丈人國語曰貞於陽卜若遷寶則奉之奉猶送也若祭天之司民司祿而獻民數穀數則受而

藏之司民軒轅角也司祿文昌第六星或曰下能也祿之言穀也年穀登乃後制祿祭此二星者以孟冬既祭之而上民穀之數於天府

典瑞掌玉瑞玉器之藏辨其名物與其用事設其服飾人執以見曰瑞礼神曰器瑞符信也服飾服玉之飾謂繅藉

王晉大圭執鎮圭繅藉五采五就以朝日繅有五采文所以薦玉木為中榦用韋衣而畫之就成也王朝日者示有所尊訓民事君也天子常春分朝日秋分夕月覲礼曰拜日於東門之外故書曰鎮作瑱鄭司農云晉讀為搢紳之搢謂插之於紳帶之間若帶劒也瑱讀為鎮玉人職曰大圭長三尺杼上終葵首天子服之鎮圭尺有二寸天子守之繅讀為藻率之藻五就五帀也一帀為一就

公執桓圭侯執信圭伯執躬圭繅皆三采三就子執穀璧男執蒲璧繅皆二采再就以朝覲宗遇會同于王三采朱白蒼二采朱綠也鄭司農云以圭璧見于王覲礼曰侯氏入門右坐奠圭再拜稽首侯氏見于天子春曰朝夏曰宗秋曰覲冬曰遇時見曰會殷見曰同

諸侯相見亦如之鄭司農云亦執圭璧以用見故邾隱公朝於魯春秋傳曰邾子執玉高其容仰

瑑圭璋璧琮繅皆二采一就以覜聘璋以聘后夫人以琮享之也大夫衆來曰覜寡來曰聘鄭司農云瑑有圻鄂瑑起

四圭有邸以祀天旅上帝鄭司農云於中央為璧圭著其四面一玉俱成爾雅曰邸本也圭本著於璧故四圭有邸圭末四出故也或說四圭有邸有四角也邸讀

為抵欺之抵上帝玄天玄謂祀天夏正郊天也上帝五帝所郊亦猶五帝殊言天者尊異之也大宗伯職曰國有大故則旅上帝及四望兩圭有邸以祀地旅四望兩圭者以象地數二也僢而同邸祀地謂所祀於北郊神州之神祼圭有瓚以肆先王以祼賓客鄭司農云於圭頭為器可以挹鬯祼祭謂之瓚故詩曰卹彼玉瓚黃流在中國語謂之鬯圭以肆先王灌先王祭也玄謂肆解牲躰以祭因以為名爵行曰祼漢禮瓚槃大五升口徑八寸下有槃口徑一尺圭璧以祀日月星辰圭其邸為璧取殺於上帝璋邸射以祀山川以造贈賓客璋有邸而射取殺於四望鄭司農云射剡也土圭以致四時日月封國則以土地以致四時日月者度其景至不至以知其行得失也冬夏以致日春秋以致月土地猶度地也封諸侯以土圭度日景觀分寸長短以制其域所封也鄭司農說以玉人職曰土圭尺有五寸以致日以土地所求地中故謂之土圭珍圭以徵守以恤凶荒杜子春云珍當為鎮書亦或為鎮以徵召守國諸侯若今時徵郡守以竹使符也鎮者國之鎮諸侯亦一國之鎮故以鎮圭徵之也凶荒則民有遠志不安其土故以鎮圭鎮安之玄謂珍圭王使之瑞節制大小當与琬琰相依王使人徵諸侯憂凶荒之國則授之執以往致王命焉如今時使者持節矣恤者闓府庫振救之凡瑞節歸又執以反命牙璋以起軍旅以治兵守鄭司農云牙璋瑑以為牙牙齒兵象故以牙璋發兵若今時以銅虎符發兵玄謂牙璋亦王使之瑞節兵守用兵所守若齊人戍遂諸侯戍周璧羨以起度鄭司農云羨長也此璧徑長尺以起度量

玉人職曰辟羡度尺以為度玄謂羡不圜之貌盖廣徑八寸袤一尺也 駔圭璋璧琮琥璜之渠眉疏璧琮以斂尸 鄭司農云駔外有捷盧也駔讀為駔疾之駔疏讀為沙謂圭璋璧琮琥璜皆為開渠為眉瑑沙除以斂尸令汁得流去也玄謂以斂尸者於大斂焉加之也駔讀為組与組馬同声之誤也渠眉玉飾之溝瑑也以組穿聯六玉溝瑑之中以斂尸圭在左璋在首琥在右璜在足璧在背琮在腹盖取象方明神之也疏璧琮者通於天地 穀圭以和難以聘女 穀圭亦王使之瑞節穀善也其飾若粟文然難仇讎和之者若春秋宣公及齊侯平莒及郯晉侯使瑕嘉平戎于王其聘女則以納徵焉 琬圭以治德以結好 琬圭亦王使之瑞節諸侯有德王命賜之及諸侯使大夫来聘既而為壇會之使大夫執以命事焉大行人職曰時聘以結諸侯之好鄭司農云琬圭无鋒芒故治德以結好 琰圭以易行以除慝 琰圭亦王使之瑞節鄭司農云琰圭有鋒芒傷害征伐誅討之象故以易行除慝易惡行令為善者以此圭責讓喻告之也玄謂除慝亦於諸侯使大夫来覲既而使大夫執而命事於壇大行人職曰殷覜以除邦國之慝 大祭祀大旅凡賓客之事共其玉器而奉之 玉器謂四圭裸圭之屬 大喪共飯玉含玉贈玉 飯玉碎玉以雜米也含玉柱左右顛及在口中者雜記曰含者執璧將命則是璧形而小耳贈玉蓋璧也贈有束帛六幣璧以帛 凡玉器出則共奉之 玉器出謂王所好賜也奉之送以往遠則送於使

典命掌諸侯之五儀諸臣之五等之命五儀公侯伯子男之儀五等謂孤以下四命三命再命一命不命也或言儀或言命互文也故書儀作義鄭司農云義讀為儀上公九命為伯其國家宮室車旗衣服禮儀皆以九為節侯伯七命其國家宮室車旗衣服禮儀皆以七為節子男五命其國家宮室車旗衣服禮儀皆以五為節上公謂王之三公有德者加命為二伯二王之後亦為上公国家国之所居謂城方也公之城蓋方九里宫方九百步侯伯之城蓋方七里宫方七百步子男之城蓋方五里宫方五百步大行人職則有諸侯圭籍冕服建常樊纓貳車介牢礼朝位之數焉王之三公八命其卿六命其大夫四命及其出封皆加一等其國家宮室車旗衣服禮儀亦如之四命中下大夫也出封出畿内封於八州之中加一等襃有德也大夫為子男卿為侯伯其在朝廷則亦如命數耳王之上士三命中士再命下士一命凡諸侯之適子誓於天子攝其君則下其君之禮一等未誓則以皮帛繼子男誓猶命也言誓者明天子既命以為之嗣樹子不易也春秋桓九年曹伯使其世子射姑来朝行国君之礼是也公之子如侯伯而執圭侯伯之子如子男而執璧子男之子与未誓者皆次小国之君執皮帛而朝會焉其賔之皆以上卿之礼焉公

之孤四命以皮帛眡小國之君其卿三命其大夫再命其士壹
命其宮室車旗衣服禮儀各眡其命之數侯伯之卿大夫士
亦如之子男之卿再命其大夫壹命其士不命其宮室車旗
衣服禮儀各眡其命之數視小国之君者列於卿大夫之位而礼如子男
也鄭司農云九命上公得置孤卿一人春秋傳
曰列國之卿當小國之君固周制也玄謂王制曰大国三卿皆命於天子下大夫五
人上士二十七人次国三卿二卿命於天子一卿命於其君下大夫五人上士二十
七人小国二卿皆命於其君
下大夫五人上士二十七人
司服掌王之吉凶衣服辨其名物與其用事用事祭祀視朝甸凶
弔之事衣服各有所
用
王之吉服祀昊天上帝則服大裘而冕祀五帝亦如之享
先王則衮冕享先公饗射則鷩冕祀四望山川則毳冕祭
社稷五祀則希冕祭羣小祀則玄冕六服同冕者首飾尊也先公謂
后稷之後大王之前不窋至諸
盩饗射饗食賓客与諸侯射也羣小祀林澤墳衍四方百物之屬鄭司農云大裘
羔裘也衮卷龍衣也鷩禆衣也毳罽衣也玄謂書曰予欲觀古人之象日月星辰

山龍華蟲作繢宗彝藻火粉米黼黻希繡此古天子冕服十二章舜欲觀焉華蟲五色之蟲繢人職曰鳥獸蛇雜四時五色以章之謂是也希讀爲絺或作黹字之誤也王者相變至周而以日月星辰畫於旌旗所謂三辰旂旗昭其明也而冕服九章登龍於山登火於宗彝尊其神明也九章初一曰龍次二曰山次三曰華蟲次四曰火次五曰宗彝皆畫以爲繢次六曰藻次七曰粉米次八曰黼次九曰黻皆希以爲繡則衮之衣五章裳四章凡九也鷩畫以雉謂華蟲也其衣三章裳四章凡七也毳畫虎蜼謂宗彝也其衣三章裳二章凡五也希刺粉米無畫也其衣一章裳二章凡三也玄者衣无文裳刺黻而已是以謂玄焉凡冕服皆玄衣纁裳

凡兵事韋弁服韋弁以韎韋爲弁又以爲衣裳春秋傳曰晉郤至衣韎韋之跗注是也今時五伯緹衣古兵服之遺色

眡朝則皮弁服視朝視内外朝之事皮弁之服十五升白布衣積素以爲裳王受諸侯朝覲於廟則衮冕

凡甸冠弁服甸田獵也冠弁委貌其服緇布衣亦積素以爲裳諸侯以爲視朝之服詩國風曰緇衣之宜兮謂王服此以田王卒食而居則玄端

凡凶事服弁服服弁喪冠也其服斬衰齊衰

凡弔事弁絰服弁絰者如爵弁而素加環絰論語曰羔裘玄冠不以弔絰大如緦之絰其服錫衰緦衰疑衰諸侯及卿大夫亦以錫衰爲弔服喪服小記曰諸侯弔必皮弁錫衰則變其冠耳喪服舊說以爲士弔服素委貌冠朝服此近庶人弔服而衣猶非也士當事弁絰疑衰變其裳以素耳國君於其臣弁絰他國之臣則皮弁大夫士有朋友之恩亦弁絰故書弁作絣鄭司農絣讀爲弁弁而加環絰環絰即弁絰服

凡喪爲天王斬衰爲王后齊衰王后小君也諸侯爲之不杖期王爲三公六卿錫衰爲諸侯緦衰

爲大夫士疑衰其首服皆弁絰君爲臣服弔服也鄭司農云錫麻之滑易者十五升去其半有事其布無事其縷緦亦十五升去其半有事其縷无事其布疑衰十四升衰玄謂无事其縷哀在内无事其布哀在外疑之言擬也擬於吉大札大荒大烖素服大札疫病也大荒饑饉也大烖水火爲害君臣素服縞冠若晉伯宗哭梁山之崩公之服自袞冕而下如王之服侯伯之服自鷩冕而下如公之服子男之服自毳冕而下如侯伯之服孤之服自希冕而下如子男之服卿大夫之服自玄冕而下如孤之服其凶服加以大功小功士之服自皮弁而下如大夫之服其凶服亦如之其齊服有玄端素端自公之袞冕至卿大夫之玄冕皆其朝聘天子及助祭之服諸侯非二王後其餘皆玄冕而祭於己雜記曰大夫冕而祭於公弁而祭於己士弁而祭於公冠而祭於己大夫爵弁自祭家廟唯孤尔其餘皆玄冠与士同玄冠自祭其廟者其服朝服玄端諸侯之自相朝聘皆皮弁服此天子日視朝之服喪服天子諸侯齊斬而已卿大夫加以大功小功士亦如之又加緦焉士齊有素端者亦爲札荒有所禱請變素服言素端者明異制鄭司農云衣有襦裳者爲端玄謂端者取其正也士之衣袂皆二尺二寸而屬幅是廣袤等也其袪尺二寸大夫已上侈之侈之者蓋半而益一焉半而益一則其袂三尺三寸袪尺八寸凡大祭祀大

賓客共其衣服而奉之 奉猶送也送之於王所 大喪共其復衣服斂衣服奠衣服廞衣服皆掌其陳序 奠衣服今坐上魂衣也故書廞為淫鄭司農云淫讀為廞廞陳也玄謂廞衣服所藏於椁中

典祀掌外祀之兆守皆有域掌其禁令 外祀謂所祀於四郊者域兆表之塋域 若以時祭祀則帥其屬而脩除徵役于司隸而役之 屬其屬胥徒也脩除芟埽之徵召也役之作使之 及祭帥其屬而守其厲禁而蹕之 鄭司農云遮列禁人不得令入

守祧掌守先王先公之廟祧其遺衣服藏焉 廟謂大祖之廟及三昭三穆迁主所藏曰祧先公之迁主藏于后稷之廟先王之迁主藏于文武之廟遺衣服大歛之餘也故書祧作濯鄭司農濯讀為祧此王者之宮而有先公謂大王以前為諸侯 若將祭祀則各以其服授尸 尸當服卒者之上服以象生時 其廟則有司脩除之其祧則守祧黝堊之 廟祭此廟也祧祭迁主有司宗伯也脩除黝堊互言之有司恒主脩除守祧恒主黝堊鄭司農云黝讀為幽幽黑也堊白也尔雅曰地謂之黝墻謂之堊 既祭則藏其隋與其服 鄭司農云隋謂神前所沃灌器名玄謂隋尸所

祭肺脊黍稷之屬藏之以依神

世婦掌女宮之宿戒及祭祀比其具女宮刑女給宮中事者宿戒當給事豫告之齊戒也比次也具所濯溉及粢盛之爨鄭司農比讀為庀庀具也詔王后之禮事薦徹之節帥六宮之人共齍盛帥世婦女御相外内宗之禮事同姓異姓之女有爵佐后者大賓客之饗食亦如之比帥詔相其事同大喪比外内命婦之朝莫哭不敬者而苛罰之苛譴也凡王后有摻事於婦人則詔相鄭司農云謂爵婦人玄謂拜拜謝之也喪大記曰夫人亦拜寄公夫人於堂上凡内事有達於外官者世婦掌之主通之使相共授

内宗掌宗廟之祭祀薦加豆籩加爵之豆籩故書為籩豆鄭司農云謂婦人所薦杜子春云當為豆籩及以樂徹則佐傳豆籩佐傳佐外宗賓客之饗食亦如之王后有事則從大喪序哭者次序外内宗及命婦哭王哭諸侯亦如之凡卿大夫之喪掌其弔臨王后弔臨諸侯而已是以言掌卿大夫云

外宗掌宗廟之祭祀佐王后薦玉豆眡豆籩及以樂徹亦如之視視其實王后以樂羞齍則贊贊佐也凡王后之獻亦如之獻獻酒於尸王后不與則贊宗伯后有故不與祭宗伯攝其事小祭祀掌事賓客之事亦如之小祭祀謂在宮中大喪則敘外內朝莫哭者哭諸侯亦如之內內外宗及外命婦

冢人掌公墓之地辨其兆域而爲之圖先王之葬居中以昭穆爲左右公君也圖謂畫其地形及丘隴所處而藏之先王造塋者昭居左穆居右夾處東西凡諸侯居左右以前卿大夫士居後各以其族子孫各就其所出王以尊卑處其前後而亦併昭穆凡死於兵者不入兆域戰敗无勇投諸塋外以罰之凡有功者居前居王墓之前處昭穆之中央以爵等爲丘封之度與其樹數别尊卑也王公曰丘諸臣曰封漢律曰列侯墳高四尺關內侯以下至庶人各有差大喪既有日請度甫竁遂爲之尸甫始也請量度所始竁之處地爲尸者成葬爲祭墓

地之尸也鄭司農云既有日既有葬日也始窆時祭以告后土冢人為之尸及窆以度為丘隧共喪之窆器隧羨道也度丘與羨道廣袤所至窆之器下棺豐碑之屬喪大記曰凡封用綍去碑負引君封以衡大夫以咸及葬言鸞車象人鸞車巾車所飾遣車也亦設鸞旗鄭司農云象人謂以芻為人言言問其不如法度者玄謂言猶語也語之者告當行若於生存者於是巾車行之孔子謂為芻靈者善謂為俑者不仁非作象人者不殆於用生乎及窆執斧以涖臨下棺也遂入藏凶器凶器明器正墓位蹕墓域守墓禁位謂丘封所居前後也禁所為塋限凡祭墓為尸祭墓為尸或禱祈焉鄭司農云為尸冢人為尸凡諸侯及諸臣葬於墓者授之兆為之蹕均其禁

墓大夫掌凡邦墓之地域為之圖凡邦中之墓地万民所葬地令國民族葬而掌其禁令族葬各從其親正其位掌其度數位謂昭穆也度數爵等之大小使皆有私地域古者万民墓地同處分其地使各有區域得以族葬後相容凡爭墓地者聽其獄訟爭墓地相侵區域帥其屬而巡墓厲居其中之室以守之厲塋限遮列處鄭司農云居其中之室有官寺在墓中

職喪掌諸侯之喪及卿大夫士凡有爵者之喪以國之喪禮涖其禁令序其事國之喪礼喪服士喪既夕士虞今存者其餘則亡事謂小斂大斂葬也凡國有司以王命有事焉則詔贊主人有事謂含襚贈賵之屬詔贊者以告主人佐其受之鄭司農云凡國謂諸侯國有司謂王有司也以王命有事職喪主詔贊主人玄謂凡國有司有司從王國以王命往凡其喪祭詔其號治其禮鄭司農云號謂謚號玄謂告以牲號齍號之屬當以祝之凡公有司之所共職喪令之趣其事令令其當共物者給事之期也有司或言公或言國言國者由其君所來居其官曰公謂王遣使奉命有贈之物各從其官出職喪當催督也

周禮卷第五

周禮卷第六

春官宗伯下

鄭氏注

大司樂掌成均之法以治建國之學政而合國之子弟焉鄭司農云均調也樂師主調其音大司樂主受此成事已調之樂玄謂董仲舒云成均五帝之學成均之法者其遺禮可法者國之子弟公卿大夫之子弟當學者謂之國子文王世子曰於成均以及取爵於上尊然則周人立此學之宮凡有道者有德者使教焉死則以為樂祖祭於瞽宗道多才藝者德能躬行者若舜命夔典樂教胄子是也死則以為樂之祖神而祭之鄭司農云瞽樂人樂人所共宗也或曰祭於瞽宗祭於廟中明堂位曰瞽宗殷學也泮宮周學也以此觀之祭於學宮中以樂德教國子中和祗庸孝友中猶忠也和剛柔適也祗敬庸有常也善父母曰孝善兄弟曰友以樂語教國子興道諷誦言語興者以善物喻善事道讀曰導導者言古以剴今也倍文曰諷以聲節之曰誦發端曰言荅述曰語以樂舞教國子舞雲門大卷大咸大磬大夏大濩大武此周所存六代之樂黃帝曰雲門大卷黃帝能成名萬物以明民共財言其德如雲之所出民得以有族類大咸咸池堯樂也堯能殫均刑法以儀民言其德無所不施大磬舜樂也言其德能紹堯之道也大夏禹樂也禹治水傅土言其德能大中國也

大濩湯樂也湯以寛治民而除其邪言其德能使天下得其所也大武武王樂也武王伐紂以除其害言其德能成武功以六律六同五聲八音六舞大合樂以致鬼神示以和邦國以諧萬民以安賓客以說遠人以作動物六律合陽声者也六同合陰声者也此十二者以銅為管轉而相生黄鍾為首其長九寸各因而三分之上生者益一分下生者去一焉國語曰律所以立均出度也古之神瞽考中声而量之以制度律均鍾言以中声定律以律立鍾之均大合樂者謂徧作六代之樂以冬日至作之致天神人鬼以夏日至作之致地祇物彪動物羽贏之屬虞書云夔曰戞擊鳴球搏拊琴瑟以詠祖考来格虞賓在位羣后德讓下管鼗鼓合止柷敔笙鏞以閒鳥獸牄牄簫韶九成鳳凰来儀夔又曰於予擊石拊石百獸率舞庶尹允諧此其於宗廟九奏效應乃分樂而序之以祭以享以祀分謂各用一代之樂乃奏黄鍾歌大呂舞雲門以祀天神以黄鍾之鍾大呂之声為均者黄鍾陽声之首大呂為之合奏之以祀天神尊之也天神謂五帝及日月星辰也王者又各以夏正月祀其所受命之帝於南郊尊之也孝經説曰祭天南郊就陽位是也乃奏大蔟歌應鍾舞咸池以祭地示大蔟陽声第二應鍾為之合咸池大咸也地祇所祭於北郊謂神州之神及社稷乃奏姑洗歌南呂舞大磬以祀四望姑洗陽声第三南呂為之合四望五嶽四鎮四竇此言祀者司中司命風師雨師或亦用此樂與乃奏蕤賓歌函鍾舞大夏以祭

山川蕤賓陽声第四函鍾爲之合函鍾一名林鍾乃奏夷則歌小呂舞大濩以享先妣夷則
陽声第五小呂爲之合小呂一名中呂先妣姜嫄也姜嫄履大人跡感神靈而生后稷是周之先母也周立廟自后稷為始祖姜嫄无所妃是以特立廟而祭之謂之閟
宮閟神之乃奏無射歌夾鍾舞大武以享先祖無射陽声之下也夾鍾為之合夾鍾一名圜鍾先祖
謂先王先公凡六樂者文之以五聲播之以八音六者言其均皆待五声八音乃成也播之言被也故
書播為藩杜子春云藩當爲播讀如后稷播百穀之播凡六樂者一變而致羽物及川澤之示
再變而致贏物及山林之示三變而致鱗物及丘陵之示四變
而致毛物及墳衍之示五變而致介物及土示六變而致象物
及天神變猶更也樂成則更奏也此謂大蜡索鬼神而致百物六奏樂而礼畢東
方之祭則用大蔟姑洗南方之祭則用蕤賓西方之祭則用夷則无射北方之祭則用黃鍾為均焉每奏有所感致和以来之凡動物敏疾者地祇高下之甚
者易致羽物既飛又走川澤有孔竅者蛤蟹走則遲墳衍孔竅則小矣是其所以舒疾之分土祇原隰及平地之神也象物有象在天所謂四靈者天地之神四靈之知
非德至和則不至礼運曰何謂四靈麟鳳龜龍謂之四靈龍以為畜故魚鮪不淰鳳以為畜故鳥不獝麟以為畜故
獸不狘龜以為畜故人情不失凡樂圜鍾為宮黃鍾為角大蔟為徵

沽洗爲羽靁鼓靁鼗孤竹之管雲和之琴瑟雲門之舞冬日至於地上之圜丘奏之若樂六變則天神皆降可得而禮矣凡樂凾鍾爲宮大蔟爲角姑洗爲徵南吕爲羽靈鼓靈鼗孫竹之管空桑之琴瑟咸池之舞夏日至於澤中之方丘奏之若樂八變則地示皆出可得而禮矣凡樂黄鍾爲宮大吕爲角大蔟爲徵應鍾爲羽路鼓路鼗陰竹之管龍門之琴瑟九德之歌九磬之舞於宗廟之中奏之若樂九變則人鬼可得而禮矣此三者皆禘大祭也天神則主北辰地祇則主崐崘人鬼則主后稷先奏是樂以致其神礼之以玉而祼稷乃後合樂而祭之太傳曰王者必禘其祖之所自出祭法曰周人禘嚳而郊稷謂此祭天圜丘以嚳配之圜鍾夾鍾也夾鍾生於房心之氣房心爲大辰天帝之明堂凾鍾林鍾也林鍾生於未之氣未坤之位或曰天社在東井輿鬼之外天社地神也黄鍾生於虚危之氣虚危爲宗廟以此三者爲宮用声類求之天宮夾鍾陰声其相生從陽數其陽无射上生中吕中吕与地宮同位不用也中吕上生黄鍾黄鍾下生林鍾林鍾地宮又不用林鍾上生大蔟大蔟下生南吕南吕与无射同位又不用南吕上生姑洗地宮林鍾林鍾上生大蔟大

蔟下生南呂南呂上生沽洗之宮黃鍾黃鍾下生林鍾林鍾地宮又辟之林鍾上生大蔟大蔟下生南呂南呂與天宮之陽同位又辟之南呂上生姑洗姑洗南呂之合又辟之姑洗下生應鍾應鍾上生蕤賓蕤賓地宮林鍾之陽也又辟之蕤賓上生大呂凡五声宮之所生濁者為角清者為徵羽此樂无商者祭尚柔商堅剛也鄭司農云雷鼓雷鼗皆謂六面有革可擊者也雲和地名也靈鼓靈鼗四面路鼓路鼗兩面九德之歌春秋傳所謂水火金木土穀謂之六府正德利用厚生謂之三事六府三事謂之九功九功之德皆可歌也謂之九歌也玄謂雷鼓雷鼗八面靈鼓靈鼗六面路鼓路鼗四面孤竹竹特生者孫竹竹枝根之末生者陰竹生於山北者雲和空桑龍門皆山名九磬讀當為韶声字之誤

凡樂事大祭祀宿縣遂以聲展之叩聽其声具陳次之以知完不

王出入則令奏王夏尸出入則令奏肆夏牲出入則令奏昭夏三夏皆樂章名帥國子而舞當用舞者帥以往大饗不入牲其他皆如祭祀大饗饗食賓客也不入牲牲不入亦不奏昭夏也其他謂王出入賓客出入亦奏王夏肆夏大射王出入令奏王夏及射令奏騶虞騶虞樂章名在召南之卒章王射以騶虞為節詔諸侯以弓矢舞舞謂執弓挾矢揖讓進退之義

王大食三宥皆令奏鍾鼓大食朔月月半以樂宥食時也宥猶勸也王師大獻則令奏愷樂大獻獻捷於祖愷樂獻功之樂鄭司農說以春秋晉文公敗楚於城濮傳曰振旅愷以入于晉凡日月食四鎮五嶽

崩大傀異烖諸侯薨令去樂四鎮山之重大者謂揚州之會稽青州之沂山幽州之醫无閭兾州之霍山五嶽岱在兖州衡在荆州華在豫州嶽在雍州恒在并州傀猶怪也大怪異烖謂天地奇變若星辰奔霣及震裂為害者去樂藏之也春秋傳曰壬午猶繹萬入去籥萬言入則去者不入藏之可知大札大凶大烖大臣死凡國之大憂令弛縣札疫癘也凶凶年也烖水火也弛釋下之若今休兵鼓之為凡建國禁其淫聲過聲凶聲慢聲淫声若鄭衛也過声失哀樂之節凶声亡國之声若桑間濮上慢声惰慢不恭大喪涖廞樂器涖臨也廞興也臨笙師鎛師之屬興樂器也興謂行之也及葬藏樂器亦如之

○樂師掌國學之政以教國子小舞謂以年幼少時教之舞內則曰十三舞勺成童舞象二十舞大夏凡舞有帗舞有羽舞有皇舞有旄舞有干舞有人舞故書皇作𦏲鄭司農云帗舞者全羽羽舞者析羽皇舞者以羽冒覆頭上衣飾翡翠之羽旄舞者氂牛之尾干舞者兵舞人舞者手舞社稷以帗宗廟以羽四方以皇辟廱以旄兵事以干星辰以人舞𦏲讀為皇書亦或為皇玄謂帗析五采繒今靈星舞子持之是也皇雜五采羽如鳳皇色持以舞人舞无所執以手袖為威儀四方以羽宗廟以人山川以干旱暵以皇教樂儀行以肆夏趨以采薺車亦如之環拜以鍾鼓為節教樂儀教王以樂出入於大寢朝廷之儀故書趨作跢鄭司農云跢當為趨書亦或為趍肆夏采薺皆樂名或曰皆

逸詩謂人君行步以肆夏為節趨疾於步則以采薺為節若今時行礼於大寢罷出以鼓陔為節環謂旋也拜直拜也玄謂行者謂於大寢之中趨謂於朝廷尔雅曰堂上謂之行門外謂之趨然則王出既服至堂而肆夏作出路門而采薺作其反入至應門路門亦如之此謂步迎賓客王如有車出之事登車於大寢西階之前反降於阼階之前尚書傳曰天子將出撞黃鍾之鍾右五鍾皆應入則撞蕤賓之鍾左右五鍾皆應大師於是奏樂

凡射王以騶虞為節諸侯以貍首為節大夫以采蘋為節士以采蘩為節騶虞采蘋采蘩皆樂章名在国風召南唯貍首在樂記射義曰騶虞者樂官備也貍首者樂會時也采蘋者樂循法也采蘩者樂不失職也是故天子以備官為節諸侯以時會為節卿大夫以循法為節士以不失職為節鄭司農說以大射礼曰樂正命大師曰奏貍首間若一大師不興許諾樂正反位奏貍首以射貍首曾孫

凡樂掌其序事治其樂政序事次序用樂之事

凡國之小事用樂者令奏鍾鼓小事小祭祀之事

凡樂成則告備成謂所奏一竟書曰簫韶九成燕礼曰大師告于樂正曰正歌備

詔來瞽皋舞鄭司農云瞽當為鼓皋當為告呼擊鼓者又告當舞者持鼓与舞俱来也鼓字或作鼓詔来瞽或曰来勑也勑尔瞽率尔衆工奏尔悲誦肅肅雍雍毋怠毋凶玄謂詔来鼓瞽詔視瞭扶瞽者来入也皋之言號告国子當舞者舞

及徹帥斈士而歌徹斈士国子也鄭司農云謂將徹之時自有樂故帥斈士而歌徹玄謂徹者歌雍雍在周頌臣工之什

令相令視瞭扶工鄭司農云告當相瞽師者言當罷也瞽師盲者皆有相道之者故師冕見及階曰階也

及席曰席也皆坐曰某在斯某在斯曰相師之道与饗食諸侯序其樂事令奏鍾鼓令相如祭之儀燕射帥射夫以弓矢舞射夫衆耦也故書壿為舞帥為率射夫為射矢鄭司農云舞當為壿率當為帥射矢書亦或為射夫樂出入令奏鍾鼓樂出入謂笙歌舞者及其器凡軍大獻教愷歌遂倡之故書倡為昌鄭司農云樂師主倡也昌當為倡書亦或為倡凡喪陳樂器則帥樂官帥樂官往陳之及序哭亦如之哭此樂器亦帥之凡樂官掌其政令聽其治訟

大胥掌學士之版以待致諸子鄭司農云學士謂卿大夫諸子學舞者版籍也今時鄉戶籍世謂之戶版大胥主此籍以待當召聚學舞者卿大夫之諸子則案此籍以召之漢大樂律曰卑者之子不得舞宗廟之酎除吏二千石到六百石及關內侯到五大夫子先取適子高七尺已上年十二到年三十顏色和順身體脩治者以為舞人与古用卿大夫子同義春入學舍采合舞春始以學士入學宮而學之合舞等其進退使應節奏鄭司農云舍采謂舞者皆持芬香之采或曰古者士見於君以雉為摯見於師以菜為摯菜直謂疏食菜羹之菜或曰學者皆人君卿大夫之子衣服采飾舍采者減損解釋盛服以下其師也月令仲春之月上丁命樂正習舞釋采仲丁又命樂正入學習樂玄謂舍即釋也采讀為菜始入學必釋菜礼先師也菜蘋蘩之屬秋頒學合聲春使之學秋頒其才藝所為合声亦等其曲折使應節奏以六樂之會

正舞位大同六樂之節奏正其位使相應也言為大合樂習之以序出入舞者以長幼次之使出入不紕錯比樂官比猶校也杜子春云次比樂官也鄭大夫讀比為庀庀具也錄具樂官展樂器展謂陳數之凡祭祀之用樂者以鼓徵學士擊鼓以召之文王世子曰大昕鼓徵所以警衆序宮中之事

小胥掌學士之徵令而比之觵其不敬者比猶校也不敬謂慢期不時至也觵罰爵也詩云兕觵其觩巡舞列而撻其怠慢者撻猶抶也抶以荊朴正樂縣之位王宮縣諸侯軒縣卿大夫判縣士特縣辨其聲樂縣謂鍾磬之屬縣於筍虡者鄭司農云宮縣四面縣軒縣去其一面判縣又去其一面特縣又去其一面四面象宮室四面有牆故謂之宮縣軒縣三面其形曲故春秋傳曰請曲縣繁纓以朝諸侯礼也故曰唯器与名不可以假人玄謂軒縣去南面辟王也判縣左右之合又空北面特縣縣於東方或於階間而已凡縣鍾磬半為堵全為肆鍾磬者編縣之二八十六枚而在一虡謂之堵鍾一堵磬一堵謂之肆半之者謂諸侯之卿大夫士也諸侯之卿大夫半天子之卿大夫西縣鍾東縣磬士亦半天子之士縣磬而已鄭司農云以春秋傳曰歌鍾二肆

〇大師掌六律六同以合陰陽之聲陽聲黃鍾大蔟姑洗蕤賓夷則無射陰聲大呂應鍾南呂函鍾小呂

夾鍾皆文之以五聲宮商角徵羽皆播之以八音金石土革絲木匏竹以合陰陽之声者声之陰陽各有合黃鍾子之氣也十一月建焉而辰在星紀大呂丑之氣也十二月建焉而辰在玄枵大蔟寅之氣也正月建焉而辰在娵訾應鍾亥之氣也十月建焉而辰在析木姑洗辰之氣也三月建焉而辰在大梁南呂酉之氣也八月建焉而辰在壽星蕤賓午之氣也五月建焉而在鶉首林鍾未之氣也六月建焉而辰在鶉火夷則申之氣也七月建焉而辰在鶉尾中呂巳之氣也四月建焉而辰在實沈无射戌之氣也九月建焉而辰在大火夾鍾卯之氣也二月建焉而辰在降婁辰与建交錯貿処如表裏然是其合也其相生則以陰陽六躰為之黃鍾初九也下生林鍾之初六林鍾又上生大蔟之九二大蔟又下生南呂之六二南呂又上生姑洗之九三姑洗又下生應鍾之六三應鍾又上生蕤賓之九四蕤賓又上生大呂之六四大呂又下生夷則之九五夷則又上生夾鍾之六五夾鍾又下生无射之上九无射又上生中呂之上六同位者象夫妻異位者象子母所謂律取妻而呂生子也黃鍾長九寸其實一籥下生者三分去一上生者三分益一五下六上乃一終矣大呂長八寸二百四十三分寸之一百四大蔟長八寸夾鍾長七寸二千一百八十七分寸之千七十五姑洗長七寸九分寸之一中呂長六寸万九千六百八十三分寸之万二千九百七十四蕤賓長六寸八十一分寸之二十六林鍾長六寸夷則長五寸七百二十九分寸之四百五十一南呂長五寸三分寸之一无射長四寸六千五百六十一分寸之六千五百二十四應鍾長四寸二十七分寸之二十文之者以調五声使之相次如錦綉之有文章播猶揚也揚之以八音乃可得而觀之矣金鍾鎛也石磬也土塤也革鼓鼗也絲琴瑟也木柷敔也匏笙也竹管簫也教六詩曰風曰賦曰比曰

興曰雅曰頌教教聲瞽矇也風言賢聖治道之遺化也賦之言鋪直鋪陳今之政教善惡比見今之失不敢斥言取比類以言之興見今之美嫌於媚諛取善事以喻勸之雅正也言今之正者以為後世法頌之言誦也容也誦今之德廣以美之鄭司農云古而自有風雅頌之名故延陵季子觀樂於魯時孔子尚幼未定詩書而曰為之歌邶鄘衛曰是其衛風乎又為之歌小雅大雅又為之歌頌論語曰吾自衛反魯然後樂正雅頌各得其所時礼樂自諸侯出頗有謬乱不正孔子正之曰比曰興比者比方於物也興者託事於物以六德為之本所教詩必有知仁聖義忠和之道乃後可教以樂歌以六律為之音以律視其人為之音知其宜何歌子貢見師乙而問曰賜也聞樂歌各有宜若賜者宜何歌此問人性也本人之性莫善於律大祭祀帥瞽登歌令奏擊拊擊拊瞽乃歌也故書附為付鄭司農云登歌歌者在堂也付字當為拊書亦或為拊樂或當擊或當拊登歌下管貴人声也玄謂拊形如鼓以韋為之著之以糠下管播樂器令奏鼓朄鼓朄管乃作也特言管者貴人氣也鄭司農云下管吹管者在堂下朄小鼓也先擊小鼓乃擊大鼓小鼓為大鼓先引故曰朄朄讀為道引之引玄謂鼓朄猶言擊朄詩云應朄縣鼓大饗亦如之大射帥瞽而歌射節射節王歌騶虞大師執同律以聽軍聲而詔吉凶大師大起軍師兵書曰王者行師出軍之日授將弓矢士卒振旅將張弓大呼大師吹律合音商則戰勝軍士強角則軍擾多变失士心宮則軍和士卒同心徵則將急數怒軍士勞羽則兵弱少威明鄭司農說以師曠曰吾驟歌比風又歌南風南風不競多死声楚必无功大喪帥

瞽而歌作匶謚歌興也興言王之行謂諷誦其治功之詩故書歌為淫鄭司農云淫陳也陳其生時行迹為作謚凡國之瞽矇正焉從大師之政教○小師掌教鼓鞉柷敔塤簫管弦歌教教瞽矇也出音曰鼓鞉鼗如鼓而小持其柄搖之旁耳還自擊塤燒土為之大如鴈卵簫編小竹管如今賣飴餳所吹者弦謂琴瑟也歌依詠詩也鄭司農云柷如漆筩中有椎敔木虎也塤六孔管如篪六孔玄謂管如篴而小併兩而吹之今大予樂官有焉大祭祀登歌擊拊亦自有拊擊之佐大師令奏鄭司農云拊者擊石下管擊應鼓應鼙也應與朄及朔皆小鼓也其所用別未聞徹歌於有司徹而歌雍大饗亦如之大喪與廞從大師凡小祭祀小樂事鼓朄如大師鄭司農云朄小鼓名掌六樂聲音之節與其和和錞于○瞽矇掌播鼗柷敔塤簫管弦歌播謂發揚其音諷誦詩世奠繫鼓琴瑟諷誦詩謂闇讀之不依詠也故書奠或為帝鄭司農云諷誦詩主誦詩以刺君過故国語曰瞍賦矇誦謂詩也杜子春云帝讀為定其字為奠書亦或為奠世奠繫謂帝繫諸侯卿大夫世本之屬是也小史主次序先王之世昭穆之繫述其德行瞽矇主誦詩并誦世繫以戒勸人君也故国語曰教之世而為之昭明德而廢幽昏焉以休懼其動玄謂諷誦詩主謂廞作柩謚也時諷誦王治功之詩以為謚世之而定其繫謂書於世本也雖不歌猶鼓琴瑟以播其音美之掌九德六詩之歌以役大師役為之使

眡瞭掌凡樂事播鼗擊頌磬笙磬視瞭播鼗又擊磬磬在東方曰笙笙生也在西方曰頌頌或作庸庸功也大射礼曰樂人宿縣于阼階東笙磬西面其南笙鍾其南鎛皆南陳又曰西階之西頌磬東面其南鍾其南鎛皆南陳掌大師之縣大師當縣則為之凡樂事相瞽相謂扶工大喪廞樂器大旅亦如之旅非常祭於時乃興造其樂器賓射皆奏其鍾鼓鼓𩏶以奏之其登歌大師自奏之鼜愷獻亦如之愷獻獻功愷樂也杜子春讀鼜為憂戚之戚謂戒守鼓也擊鼓声疾数故曰戚

典同掌六律六同之和以辨天地四方陰陽之聲以為樂器陽声屬天陰声屬地天地之声布於四方為作也故書同作銅鄭司農云陽律以竹為管陰律以銅為管竹陽也銅陰也各順其性凡十二律故大師職曰執同律以聽軍声玄謂律述氣者也同助陽宣氣与之同皆以銅為凡聲高聲䃂正聲緩下聲肆陂聲散險聲斂達聲贏微聲韽回聲衍侈聲筰弇聲鬱薄聲甄厚聲石故書䃂或作硍杜子春讀䃂為鏗鎗之鏗高謂鍾形大上上高也韽讀為闇不明之闇裕讀為行扈唶唶之唶不如磬石之声鄭大夫讀硍為衮冕之衮陂讀為人短罷之罷韽讀為鶉鵪之鵪鄭司農云鐘形下當彈若不同不下鐘形上下正慵玄謂高鐘形太上上大也高則声上藏衮然旋如裏正謂上下一直正則声緩无所動下謂鐘形

大下下大也下則声出去放肆陂讀為險陂之陂陂謂偏侈也陂則声離散也險謂偏弇也險則声歛不越也達謂其形微大也達則声有餘若大放也微謂其形微小也韽讀為飛鉆涅韽之韽韽声小不成也回謂其形微圜也回則其声淫衍无鴻殺也侈謂中央約也侈則声迫笮出去疾也弇謂中央寬也弇則声欝勃不出也甄讀為甄燿之甄甄猶掉也鍾微薄則声掉鍾大厚則如石叩之无声凡為樂器以十有二律為之數度以十有二聲為之齊量數度廣長也齊量侈弇之所容凡和樂亦如之和謂調其故器也

磬師掌教擊磬擊編鍾教教視瞭也磬亦編於鍾言之者鍾有不編不編者鍾師擊之杜子春讀編為編書之編教縵樂燕樂之鍾磬杜子春讀縵為怠慢之慢玄謂縵讀為縵錦之縵謂雜声之和樂者也學記曰不學操縵不能安弦燕樂房中之樂所謂陰声也二樂皆教其鍾磬凡祭祀奏縵樂

鍾師掌金奏金奏擊金以為奏樂之節金謂鍾及鎛凡樂事以鍾鼓奏九夏王夏肆夏昭夏納夏章夏齊夏族夏祴夏驁夏以鍾鼓者先擊鍾次擊鼓以奏九夏夏大也樂之大歌有九故書納作内杜子春云内當為納祴讀為陔鼓之陔王出入奏王夏尸出入奏肆夏牲出入奏昭夏四方賓来奏納夏臣有功奏章夏夫人祭奏齊夏族人侍奏族夏客醉而出奏陔夏公出入奏驁夏肆夏詩也春秋傳曰穆叔如晉晉侯享之金奏肆夏三不拜工歌文王之三又不拜歌鹿鳴之三三拜曰三夏天子所以享

元侯也使臣不敢与聞肆夏与文王鹿鳴俱稱三謂其三章也以此知肆夏詩也国語曰金奏肆夏繁遏渠天子所以享元侯肆夏繁遏渠所謂三夏矣吕叔玉云肆夏繁遏渠皆周頌也肆夏時邁也繁遏執傹也渠思文肆遂也夏大也言遂於大位謂王位也故時邁曰肆于時夏允王保之繁多也遏止也言福禄止於周之多也故執傹曰降福穰穰降福簡簡福禄来反渠大也言以后稷配天王道之大也故思文曰思文后稷克配彼天故国語謂之曰皆昭令德以合好也玄謂以文王鹿鳴言之則九夏皆詩篇名頌之族類也此歌之大者載在樂章樂崩亦從而亡是以頌不能具

凡祭祀饗食奏燕樂以鍾鼓奏之凡射王奏騶虞諸侯奏貍首卿大夫奏采蘋士奏采蘩鄭司農云騶虞聖獸

掌鼓縵樂鼓讀如莊王鼓之鼓玄謂作縵樂擊磬以和之

笙師掌教龡竽笙塤籥簫篪篴管舂牘應雅以教祴樂教教視瞭也鄭司農云竽三十六簧笙十三簧篪七空舂牘以竹大五六寸長七尺短者一二尺其端有兩空髤畫以兩手築地應長六尺五寸其中有椎雅狀如漆筩而弇口大二圍長五尺六寸以羊韋鞔之有兩紐疏畫杜子春讀篴為蕩滌之滌今時所吹五空竹篴玄謂籥如篴三空祴樂祴夏之樂牘應雅教其舂者謂以築地笙師教之則三器在庭可知矣賓醉而出奏祴夏以此三器築地為之行節明不失礼

凡祭祀饗射共其鍾笙之樂鍾笙与鍾声相應之笙燕樂亦如之大喪廞其樂器及葬奉而藏之廞興也興謂作

之奉猶送大旅則陳之陳於饌處而已不縣其縣

鎛師掌金奏之鼓謂主擊晉鼓以奏其鍾鎛也然則擊鎛者亦視瞭凡祭祀鼓其金奏之樂饗食賓射亦如之軍大獻則鼓其愷樂凡軍之夜三鼜皆鼓之守鼜亦如之守鼜備守鼓也鼓之以鼖鼓杜子春云一夜三擊備守鼜也春秋傳所謂賓將趨者音聲相似大喪廞其樂器奉而藏之

韎師掌教韎樂祭祀則帥其屬而舞之舞之以東夷之舞大饗亦如之

旄人掌教舞散樂舞夷樂散樂野人為樂之善者若今黃門倡矣自有舞夷樂四夷之樂亦皆有聲歌及舞凡四方之以舞仕者屬焉凡祭祀賓客舞其燕樂

籥師掌教國子舞羽龡籥文舞有持羽吹籥者所謂籥舞也文王世子曰秋冬學羽籥詩云左手執籥右手秉翟祭祀則鼓羽籥之舞鼓之者恒為之節賓客饗食則亦如之大喪廞其樂器奉而藏之

籥章掌土鼓豳籥杜子春云土鼓以瓦為匡以革為兩面可擊也鄭司農云豳籥豳国之地竹豳詩亦如之玄謂豳籥豳人吹籥之聲章明堂位曰土鼓蒯桴葦籥伊耆氏之樂中春晝擊土鼓龡豳詩以逆暑豳詩豳風七月也吹之者以籥為之聲七月言寒暑之事迎氣歌其類也此風也而言詩詩揔名也迎暑以晝求諸陽中秋夜迎寒亦如之迎寒以夜求諸陰凡國祈年于田祖龡豳雅擊土鼓以樂田畯祈年祈豐年也田祖始耕田者謂神農也豳雅亦七月也七月又有于耜舉趾饁彼南畝之事是亦歌其類謂之雅者以其言男女之正鄭司農云田畯古之先教田者爾雅曰畯田夫也國祭蜡則龡豳頌擊土鼓以息老物故書蜡為蠶杜子春云蠶當為蜡郊特牲曰天子大蜡八伊耆氏始為蜡歲十二月而合聚萬物而索饗之也蜡之祭也主先嗇而祭司嗇也黄衣黄冠而祭息田夫也既蜡而收民息已玄謂十二月建亥之月也求萬物而祭之者萬物助天成歲事至此為其老而勞乃祀而老息之於是國亦養老焉月令孟冬勞農以休息之是也豳頌亦七月也七月又有穫稻作酒躋彼公堂稱彼兕觥万壽無疆之事是亦歌其類也謂之頌者以其言歲終人功之成

鞮鞻氏掌四夷之樂與其聲歌四夷之樂東方曰靺南方曰任西方曰株離北方曰禁詩云以雅以南是也王者必作四夷之樂一天下也言與其聲歌則云樂者主於舞祭祀則龡而歌之燕亦如之吹之以管籥為之声

典庸器掌藏樂器庸器庸器伐國所獲之器若崇鼎貫鼎及以兵物所鑄銘也及祭祀帥其屬而設筍虡陳庸器設筍虡視瞭當以縣樂器焉陳功器以華國也杜子春云筍讀為博選之選橫者為筍從者為鐻饗食賓射亦如之大喪廞筍虡廞興也興謂作之

司干掌舞器舞器羽籥之屬祭祀舞者既陳則授舞器既舞則受之既已也受取藏之賓饗亦如之大喪廞舞器及葬奉而藏之

大卜掌三兆之灋一曰玉兆二曰瓦兆三曰原兆兆者灼龜發於火其形可占者其象似玉瓦原之舋罅是用名之焉上古以來作其法可用者有三原原田也杜子春云玉兆帝顓頊之兆瓦兆帝堯之兆原兆有周之兆其經兆之體皆百有二十其頌皆千有二百頌謂繇也三法體繇之數同其名占異耳百二十每體十繇體有五色又重之以墨坼也五色者洪範所謂曰雨曰濟曰圛曰蟊曰剋掌三易之灋一曰連山二曰歸藏三曰周易易者揲蓍變易之數可占者也名曰連山似山出內氣也歸藏者万物莫不歸而藏於其中杜子春云連山宓戲歸藏黃帝其經卦皆八其別皆六十有四三易卦別之數亦同其名占異也每卦八別者重之數掌三夢之灋一

曰致夢，二曰觭夢，三曰咸陟。夢者人精神所寤可占者。致夢言夢之所至，夏后氏作焉。咸，皆也。陟之言得也，讀如王德翟人之德。言夢之皆得，周人作焉。杜子春云：觭讀為奇偉之奇，其字直當為奇。玄謂觭讀如諸戎掎之掎，掎亦得也，亦言夢之所得，殷人作焉。其經運十，其別九十。運或為緷，當為煇，是視祲所掌十煇也。王者於天日也，夜有夢則晝視日旁之氣，以占其吉凶。凡所占者十煇，每煇九變，此術今亡。以邦事作龜之八命：一曰征，二曰象，三曰與，四曰謀，五曰果，六曰至，七曰雨，八曰瘳。國之大事待蓍龜而決者有八。定作其辭，於將卜以命龜也。鄭司農云：征謂征伐人也。象謂災變雲物，如眾赤鳥之屬有所象似。易曰：天垂象，見吉凶。春秋傳曰：天事恒象。皆是也。與謂予人物也。謀謂謀議也。果謂事成與不也。至謂至不也。雨謂雨不也。瘳謂疾瘳不也。玄謂征亦云行，巡守也。象謂有所造立也，易曰：以制器者尚其象。與謂所與共事也。果謂以勇決為之，若吳伐楚，楚司馬子魚卜戰，令龜曰：鮒也以其屬死之，楚師繼之，尚大克之。吉，是也。以八命者贊三兆、三易、三夢之占，以觀國家之吉凶，以詔救政。鄭司農云：以此八事命卜筮蓍龜，參之以夢，故曰以八命者贊三兆、三易、三夢之占。春秋傳曰：筮襲於夢，武王所用。玄謂贊，佐也。詔，告也。非徒占其事，吉則為，否則止，又佐明其繇之占，演其意，以視國家餘事之吉凶，凶則告王救其政。凡國大貞，卜立君，卜大封，則眡高作龜。卜立君，君無冢適，卜可立者。卜大封，謂竟界侵削，卜以兵征之，若魯昭元年秋叔弓帥師疆鄆田是也。視高，以龜骨高者可灼處示宗伯也大事宗伯涖卜卜用龜之腹骨骨近足者其部高鄭司農云貞問也国有大疑問於蓍龜作龜謂鑿龜令可爇也玄謂貞之為問問於正者必先正之乃從問焉易曰師貞丈人吉作龜謂以火灼之以作其兆也春灼後左夏灼前左秋灼前右冬灼後右士喪礼曰宗人受卜人龜示高涖卜受視反之又曰卜人坐作龜大祭祀則眡高命龜命龜告龜以所卜之事不親作龜者大祭祀輕於大貞也士喪禮曰宗人即席西面命龜凡小事涖卜代宗伯國大遷大師則貞龜正龜於卜位也士喪禮曰卜人抱龜燋先奠龜西首是也又不親命龜亦大遷大師輕於大祭祀凡旅陳龜陳龜於饌處也士喪禮曰卜人先奠龜于西塾上南首是也不親貞龜亦以卜旅祭非常輕於大遷大師凡喪事命龜重喪禮次大祭祀也士喪禮則筮宅卜曰天子卜葬兆凡大事大卜陳龜貞龜命龜視高其他以差降焉

卜師掌開龜之四兆一曰方兆二曰功兆三曰義兆四曰弓兆開開出其占書也經兆百二十體此言四兆者分之為四部若易之二篇書金縢曰開籥見書是謂與其云方功義弓之名未聞凡卜事眡高示涖卜也揚火以作龜致其墨揚猶熾也致其墨者孰灼之明其兆凡卜辨龜之上下左右陰陽以授命龜者而詔相之所卜者當各用其龜也大祭祀喪事大卜命龜則大貞小宗伯命龜其他卜師命龜卜人作龜卜人作龜則亦辨龜以授卜師上仰者也下俯者也左左倪也右右倪也陰後弇也陽前弇也詔相告以其辭及威儀

龜人掌六龜之屬各有名物天龜曰靈屬地龜曰繹屬東龜曰果屬西龜曰靁屬南龜曰獵屬北龜曰若屬各以其方之色與其體辨之 屬言非一也色謂天龜玄地龜黃東龜青西龜白南龜赤北龜黑龜俯者靈仰者繹前弇果後弇獵左倪靁右倪若是其體也東龜南龜長前後在陽象經也西龜北龜長左右在陰象緯也天龜俯地龜仰東龜前南龜卻西龜左北龜右各從其耦也杜子春讀果爲蠃

凡取龜用秋時攻龜用春時各以其物入于龜室 六龜各異室也秋取龜及萬物成也攻治也治龜骨以春是時乾解不發傷也

上春釁龜祭祀先卜 釁者殺牲以血之神之也鄭司農云祭祀先卜者卜其日與其牲玄謂先卜始用卜筮者言祭言祀尊焉天地之也世本作曰巫咸作筮卜未聞其人也是上春者夏正建寅之月月令孟冬云釁祠龜策相互矣秦以十月建亥爲歲首則月令秦世之書亦或欲以歲首釁龜耳

若有祭事則奉龜以往 奉猶送也送之所當於

旅亦如之喪亦如之

華氏掌共燋契以待卜事 杜子春云燋讀爲細目燋之燋或曰如薪樵之樵謂所爇灼龜之木也故謂之樵契謂契龜之鑿也詩云爰始爰謀爰契我龜玄謂士喪禮曰楚焞置于燋在龜東楚焞即契所用灼龜也燋謂炬其存火

凡卜以明火爇燋遂龡其焌契以授卜師遂役之 杜子春云明火以陽燧取火於日焌讀爲英俊之俊書亦或爲俊玄謂焌讀如戈鐏之鐏謂以

契柱燋火而吹之也契既然以
授卜師用作龜也役之使助之

占人掌占龜以八簭占八頌以八卦占簭之八故以眡吉凶占人亦占
簭亦言掌占龜者簭短龜長主於長者以八簭占八頌謂將卜八事先以簭筮之言頌
者同於龜占也以八卦占簭之八故謂八事不卜而徒簭之也其非八事則用九簭
占人亦占焉　凡卜簭君占體大夫占色史占墨卜人占坼體兆象也色兆氣也
墨兆廣也坼兆亹也體有吉凶色有善惡墨有大小坼有微明尊者視兆象而已卑
者以次詳其餘也周公卜武王占之曰體王其无害凡卜象吉色善墨大坼明則逢
吉　凡卜簭既事則繫幣以比其命歲終則計其占之中否
杜子春云計幣者以帛書其占繫之於龜也玄謂既卜筮史必書其命龜之事及兆
於策繫其礼神之幣而合藏焉書曰王与大夫盡弁開金縢之書乃得周公所自以
為功代武王之
說是命龜書　○簭人掌三易以辨九簭之名一曰連山二曰歸
藏三曰周易九簭之名一曰巫更二曰巫咸三曰巫式四曰巫
目五曰巫易六曰巫比七曰巫祠八曰巫參九曰巫環以辨吉
凶此九巫讀皆當為筮字之誤也更謂簭迁都邑　咸猶僉也謂筮衆心歡不也
式謂筮制作法式也目謂事衆筮其要所當也易謂民衆不說筮所改易也比

謂筮與民和比也祠謂筮牲與日也參謂筮御與右也環謂筮可致師不凡國之大事先簭而後卜當用卜者先筮之即事漸也於筮之凶則止不卜上春相簭相謂更選擇其蓍也蓍龜歲易者與凡國事共簭

占夢掌其歲時觀天地之會辨陰陽之氣其歲時今歲四時也天地之會建厭所處之日辰陰陽之氣休王前後以日月星辰占六夢之吉凶日月星辰謂日月之行及合辰所在春秋昭三十一年十二月辛亥朔日有食之是夜也晉趙簡子夢童子倮而轉以歌旦而日食占諸史墨對曰六年及此月也吳其入郢乎終亦弗克入郢必以庚辰日月在辰尾庚午之日日始有謫火勝金故弗克此以日月星辰占夢者其術則今八會其遺象也用占夢則亡一曰正夢无所感動平安自夢二曰噩夢杜子春云噩當為驚愕之愕謂驚愕而夢三曰思夢覺時所思念之而夢四曰寤夢覺時道之而夢五曰喜夢喜說而夢六曰懼夢恐懼而夢季冬聘王夢獻吉夢于王王拜而受之聘問也夢者事之祥吉凶之占在日月星辰季冬日窮于次月窮于紀星迴于天數將幾終於是發幣而問焉若休慶之云爾因獻羣臣之吉夢於王歸美焉詩云牧人乃夢衆維魚矣旐維旟矣此所獻吉夢乃舍萌于四方以贈惡夢杜子春讀萌為明又云其字當為明明謂歐疫也謂歲竟逐疫置四方書亦或為明玄謂舍讀為釋舍萌猶釋采也古書釋采釋奠多作舍字萌菜始生也贈送也欲以

新善去故惡遂令始難毆疫令令方相氏也難謂執兵以有難卻也方相氏蒙能皮黃金四目玄衣朱裳執戈揚盾帥百隸為之毆疫
癘鬼也故書難或為儺杜子春儺讀為難問之難其字當作難月令季春之月命國儺九門磔攘以畢春氣仲秋之月天子乃儺以達秋氣季冬之月命有司大儺旁磔
出土牛以送寒氣○眡祲掌十煇之灋以觀妖祥辨吉凶妖祥善惡之徵
鄭司農云煇謂日光炁也一曰祲二曰象三曰鑴四曰監五曰闇六曰瞢
七曰彌八曰敘九曰隮十曰想故書彌作迷隮作資鄭司農云祲陰陽氣相侵也象者如赤鳥也鑴謂日旁氣
四面反鄉如煇狀也監雲氣臨日也闇日月食也瞢日月瞢瞢無光也弥者白虹弥天也敘者雲有次序也如山在日上也隮者升氣也想者煇光也玄謂鑴讀如童子
佩鑴之鑴謂日旁氣刺日也監冠珥也弥氣貫日也隮虹也詩云朝隮于西想雜氣有似可形想掌安宅敘降宅居也降下也人見
妖祥則不安主安其居處也次序其凶禍所下謂禳移之正歲則行事占夢以季冬贈惡夢此正月而行安宅之事所以順民
歲終則弊其事弊斷也謂計其吉凶然否多少
大祝掌六祝之辭以事鬼神示祈福祥求永貞一曰順祝二曰
年祝三曰吉祝四曰化祝五曰瑞祝六曰筴祝永長也貞正也求多福歷年得正命也鄭

司農云順祝順豐年也年祝求永貞也吉祝祈福祥也化祝弭災兵也瑞祝逆時雨寧風旱也筴祝遠罪疾

掌六祈以同鬼神示一曰類二曰造三曰禬四曰禜五曰攻六曰說

祈嘄也謂為有災變號呼告神以求福天神人鬼地祇不和則六癘作見故以祈礼同之故書造作竈杜子春讀竈為造次之造書亦或為造造祭於祖也鄭司農云類造禬禜攻說皆祭名也類祭于上帝詩曰是類是禡爾雅曰是類是禡師祭也又曰乃立冢土戎醜攸行爾雅曰起大事動大衆必先有事乎社而後出謂之宜故曰大師宜于社造于祖設軍社類上帝司馬法曰將用師乃告于皇天上帝日月星辰以禱于后土四海神祇山川冢社乃造于先王然後冢宰徵師于諸侯曰某国為不道征之以某年某月某日師至某国禜日月星辰山川之祭也春秋傳曰日月星辰之神則雪霜風雨之不時於是乎禜之山川之神則水旱癘疫之災於是乎禜之玄謂類造加誠肅求如志禬禜告之以時有灾變也攻說則以辭責之禜如日食以朱絲禜社攻如其鳴鼓然董仲舒救日食祝曰炤炤大明瀸滅无光奈何以陰侵陽以卑侵尊是之謂說也禬未聞焉造類禬禜皆有牲攻說用幣而已

作六辭以通上下親疏遠近一曰祠二曰命三曰誥四曰會五曰禱六曰誄

鄭司農云祠當為辭謂辭令也命論語所謂為命禪諶草創之誥謂康誥盤庚之誥之屬也盤庚將遷于殷誥其世臣卿大夫道其先祖之善功故曰以通上下親疏遠近會謂王官之伯命事於會胥命于蒲主為其命也禱謂禱於天地社稷宗廟主為其辭也春秋傳曰鐵之戰衛太子禱曰曾孫蒯聵敢昭告皇祖文王烈祖康叔文祖襄公鄭勝乱從晉午在難不能治乱使鞅討之蒯聵不敢自佚備持矛焉敢告无絶筋无破骨无面

夷无作三祖羞大命不敢請佩玉一不敢爱若此之禱誄謂積累生時德行以賜之命
主為其辭也春秋傳曰孔子卒哀公誄之曰閔天不淑不憖遺一老俾屏余一人以
在位嬛嬛予在疚嗚呼哀哉尼父无自律此皆有□雉辭令雒為者也故大祝官主
作六辭或曰誄論語所謂誄曰禱尓于上下神祇□子云日誥當為告書亦或為告
玄謂一曰祠者交接之辭春秋傳曰古者諸侯相見號辭必稱先君以相接辭之辭
也會謂會同盟誓之辭禱賀慶言福祚之辭晉趙文子成室晉大夫發焉張老曰美
哉輪焉美哉奐焉歌於斯哭於斯聚国族於斯文子曰武也得歌於斯哭於斯聚国
族於斯是全要領以從先大夫於九京也北面再拜稽首君子謂之善頌善禱禱是
之辭

辨六號一曰神號二曰鬼號三曰示號四曰牲號五曰齍號六曰幣號

號謂尊其名更為美稱焉神號若云皇天上帝鬼號若云皇祖
伯某祇號若云后土地祇幣號若玉云嘉玉幣云量幣鄭司農
云牲號為犧牲皆有名號曲礼曰牛曰一元大武豕曰剛鬣羊曰柔毛雞曰翰音齍
號謂黍稷皆有名號也曲礼曰黍曰薌合粱曰薌萁稻曰嘉疏少牢饋食礼曰敢用
柔毛剛鬣士虞礼曰
敢用潔牲剛鬣香合

辨九祭一曰命祭二曰衍祭三曰炮祭四曰周祭五曰振祭六曰擩祭七曰絶祭八曰繚祭九曰共祭

杜子春
云命祭
祭有所主命也振祭振讀為慎礼家讀振為祭之振擩祭擩讀為虞芮之芮鄭司農
云衍祭羨之道中如今祭殤无所主命周祭四面為坐也炮祭燔柴也尓雅曰祭天
曰燔柴擩祭以肝肺菹擩塩醢中以祭也繚祭以手從肺本循之至于末乃絶以
祭也絶祭不循其本直絶肺以祭也重肺賤肝故初祭絶肺以祭謂之絶祭至祭之

末礼殺之後但擩肝鹽中振之擬之若祭狀弗祭謂之振祭特牲饋食礼曰取菹擩于醢祭于豆閒鄉射礼曰取肺坐絕祭鄉飲酒礼曰右取肺左卻手執本坐弗繚右絕末以祭少牢曰取肝擩于鹽振祭玄謂九祭皆謂祭食者命祭者玉藻曰君若賜之食而君客之則命之祭然後祭是也衍字當為延炮字當為包声之誤也延祭者曲礼曰客若降等執食興辭主人興辭於客然後客坐主人延客祭是也包猶兼也兼祭者有司曰宰夫贊者取白黑以授尸尸受兼祭于豆祭是也周猶徧也徧祭者曲礼曰殽之序徧祭之是也振祭擩祭本同不食者擩則祭之將食者既擩必振乃祭也絕祭繚祭亦本同礼多者繚之礼略者絕則祭之共猶授也王祭食宰夫授祭孝經說曰共綏執授

辨九𢷎一曰稽首二曰頓首三曰空首四曰振動五曰吉𢷎六曰凶𢷎七曰奇𢷎八曰褒𢷎九曰肅𢷎以享右祭祀

稽首拜頭至地也頓首拜頭叩地也空首拜頭至手所謂拜手也吉拜拜而後稽顙謂齊衰不杖以下者言吉者此殷之凶拜周以其拜与頓首相近故謂之吉拜云凶拜稽顙而後拜謂三年服者杜子春云振讀為振鐸之振動讀為哀動之慟奇讀為奇偶之奇謂先屈一膝今雅拜是也或云奇讀曰倚倚拜謂持節持戟拜身倚之以拜鄭大夫云動讀為董書亦或為董振董以兩手相擊也奇拜謂一拜也褒讀為報報拜再拜是也鄭司農云褒拜今時持節拜是也肅拜但俯下手今時撎是也介者不拜故曰為事故敢肅使者玄謂振動戰栗變動之拜書曰王動色變一拜答臣下拜再拜拜神与尸享獻也謂朝獻饋獻也右讀為侑侑勸尸食而拜

凡大禋祀肆享祭示則執明水火而號祝明水火司烜所共日月之氣以給烝享執之如以六號祝明此

圭絜也禋祀祭大神也肆享祭宗廟也故書祇為禠杜子春云禠當為祇隋釁逆牲逆尸令鍾鼓右亦如之隋釁謂薦血也凡祭血曰釁既隋釁後言逆牲容逆鼎右讀亦當為侑來瞽令皋舞皋讀為卒嘷呼之嘷來嘷者皆謂呼之入相尸禮延其出入詔其坐作既祭令徹大喪始崩以肆鬯渳尸相飯贊斂徹奠肆鬯所為陳尸設鬯也鄭司農云渳尸以鬯浴尸言甸人讀禱付練祥掌國事鄭司農云甸人主設復梯大祝主言問其具梯物玄謂言猶語也禱六辭之屬禱也甸人喪事代王受眚災大祝為禱辭語之使以禱於藉田之神也付當為祔祭於先王以祔後死者掌国士辨護之國有大故天烖彌祀社稷禱祠大故兵寇也天烖疫癘水旱也彌猶徧也徧祀社稷及諸所禱既則祠之以報焉大師宜于社造于祖設軍社類上帝國將有事于四望及軍歸獻于社則前祝鄭司農說設軍社以春秋傳曰所謂君以師行祓社釁鼓祝奉以從者也則前祝大祝自前祝也玄謂前祝者王出也歸也將有事於此神大祝居前先以祝辭告之大會同造于廟宜于社過大山川則用事焉反行舍奠用事亦用祭事告行也玉人職有宗祝以黃金勺前馬之禮是謂過大山川與曾子問曰凡告必用牲幣反亦如之建邦國先告后土用牲幣后土社神也禁督逆祀命者督正也

王之所命諸侯之所祀有逆者則刑罰焉頒祭號于邦國都鄙祭號六號

小祝掌小祭祀將事侯禳禱祠之祝號以祈福祥順豐年逆時雨寧風旱彌烖兵遠辠疾侯之言候也候嘉慶祈福祥之屬禳禳卻凶咎寧風旱之屬順豐年而順為之祝辭逆迎也弥讀曰敉敉安也大祭祀逆齍盛送逆尸沃尸盥贊隋贊徹贊奠隋尸之祭也奠奠爵也祭祀奠先徹後反言之者明所佐大祝非一凡事佐大祝唯大祝所有事大喪贊渳故書渳為攝杜子春云當為渳渳謂浴尸設熬置銘銘今書或作名鄭司農云銘書死者名於旌今謂之柩士喪禮曰為銘各以其物亡則以緇長半幅赬末長終幅廣三寸書名于末曰某氏某之柩竹杠長三尺置于西階上重木置于中庭參分庭一在南[illegible]餘飯盛以二鬲縣于重冪用葦席取銘置于重杜子春云熬謂重也檀弓曰銘明旌也以死者為不可別故以其旗識之愛之斯錄之矣敬之斯盡其道焉爾重主道也殷主綴重焉周主徹重焉奠以素器以主人有哀素之心也玄謂熬者棺既蓋設於其旁所以惑蚍蜉也喪大記曰熬君四種八筐大夫三種六筐士二種四筐加魚腊焉士喪禮曰熬黍稷各二筐有魚腊饌于西坫南又曰設熬旁一筐乃塗及葬設道齎之奠分禱五祀杜子春云齎當為粢道中祭也漢儀每街路輒祭玄謂齎猶送也送道之奠謂遣奠也分其牲體以祭五祀告王去此宮中不復反故興祭祀也王七祀五者司命大厲平生出入不以告

大師掌釁祈號祝鄭司農云大師[illegible]春秋傳曰君以軍行祓社釁鼓祝奉以從有寇戎之事則保郊祀于社故書祀或作禩鄭司農云謂[illegible]及社無令寇侵犯之杜子春讀禩[illegible]書亦或為祀玄謂[illegible]郊社皆守而祀之弥裁兵凡外內小祭祀小喪紀小會同小軍旅掌事焉

喪祝掌大喪勸防之事鄭司農云勸防引柩也杜子春云防當為披玄謂勸猶倡帥前引者防謂執披備傾戲及辟令啓鄭司農云辟謂除菆塗椁也令啓謂喪祝主命役人開之也檀弓曰天子之殯也菆塗龍輴以椁加斧于椁上畢塗屋天子之礼也及朝御匶乃奠鄭司農云朝謂將葬朝於祖考之廟而後行則喪祝為御柩也檀弓曰喪之朝也順死者之孝心也其哀離其室也故至於祖考之廟而後行殷朝而殯於祖周朝而遂葬故春秋傳曰凡夫人不殯于廟不祔于姑則弗致也晉文公卒將殯于曲沃就宗廟晉宗廟在曲沃故曰曲沃君之宗也又曰下午入于曲沃丁未朝于武宮玄謂乃奠朝廟奠及祖飾棺乃載遂御鄭司農云祖謂將葬祖於庭象生時出則祖也故曰事死如事生礼也檀弓曰飯於牖下小斂於戶內大斂於阼殯於客位祖於庭葬於墓所以即遠也祖時喪祝主飾棺乃載遂御之喪祝為柩車御也或謂及祖至祖廟也玄謂祖為行始飾棺設柳池紐之屬其序載而後飾既飾當還車鄉外喪祝御之御之者執纛居前卻行為節度及葬御匶出宮乃代喪祝二人相与更也及壙說載除飾鄭司農云壙謂穿中也說載下棺也除飾去棺飾也四歰之屬令可舉移安錯

之玄謂除飾便其窆爾周人之葬牆置翣 小喪亦如之掌喪祭祝號 喪祭虞也檀弓曰葬日虞不忍一日離也是日也以虞易奠卒哭曰成事是日也以吉祭易喪祭 王弔則與巫前 鄭司農云喪祝与巫以桃厲執戈在王前檀弓曰君臨臣喪以巫祝桃茢執戈惡之也所以異於生也春秋傳曰楚人使公親襚公使巫以桃茢先祓殯楚人弗禁既而悔之君臨臣喪之礼故悔之 掌勝國邑之社稷之祝號以祭祀禱祠焉 勝国邑所誅討者社稷者若亳社是矣存之者重神也蓋奄其上而棧其下為北牖

凡卿大夫之喪掌事而斂飾棺焉

甸祝掌四時之田表貉之祝號 杜子春云貉讀為百爾所思之百書亦或為禡貉兵祭也甸以講武治兵故有兵祭詩曰是類是禡爾雅曰是類是禡師祭也玄謂田者習兵之礼故亦禡祭禱氣埶之十百而多獲 舍奠于祖廟禰亦如之 舍讀為釋釋奠者告將時田若時征伐鄭司農云祢父廟 師甸致禽于虞中乃屬禽及郊饁獸舍奠于祖禰乃斂禽禂牲禂馬皆掌其祝號 即田謂起大衆以田也致禽於虞中使獲者各以其禽來致于所表之処屬禽別其種類饁饋也以所獲獸饋於郊薦于四方羣兆入又以奠于祖祢薦且告反也斂禽謂取三十入腊人也杜子春云禂禱也為馬禱无疾為田禱多獲禽牲詩云既伯既禱尔雅曰既伯既禱馬祭也玄謂禂讀如伏誅之誅今侏大字也為牲祭求肥充為馬祭求肥健

詛祝掌盟詛類造攻說禬禜之祝號八者之辭皆所以告神明也盟詛主於要誓大事曰盟小事曰詛作盟詛之載辭以敘國之信用以質邦國之劑信載辭為辭而載之於策坎用牲加書于其上也国謂王之国邦国諸侯国也質正也成也文王脩德而虞芮質厥成鄭司農云載辭以春秋傳曰使祝為載書

司巫掌羣巫之政令若國大旱則帥巫而舞雩雩旱祭也天子於上帝諸侯於上公之神鄭司農云魯僖公欲焚巫尪以其舞雩不得雨國有大災則帥巫而造巫恒杜子春云司巫帥巫官之屬會聚常處以待命也玄謂恒久也巫久者先巫之故事造之當案視所施為祭祀則共匰主及道布及蒩館杜子春云蒩讀為鉏匰器名主謂木主也道布新布三尺也鉏藉也館神所館止也書或為蒩館或為租飽或曰布者以為席也租飽茅裹肉也玄謂道布者為神所設巾中霤礼曰以功布為道布屬于几也蒩之言藉也祭食有當藉者館所以承蒩謂若今筐也主先匰蒩後館互言之者明共主以匰共蒩以筐大祝取其主蒩陳之器則退也士虞礼曰苴刌茅長五寸實于筐饌于西坫上又曰祝盥取苴降洗之升入設于几東席上東縮凡祭事守瘞瘞謂若祭地祇有埋牲玉者也守之者以祭礼未畢若有事然祭礼畢則去之凡喪事掌巫降之禮降下也巫下神之礼今世或死氣斂就巫下禓其遺礼

男巫掌望祀望衍授號旁招以茅杜子

春云望衍謂衍祭也授號以所祭之名號授之旁招以茅招四方之所望祭者玄謂衍讀爲延声之誤也望祀謂有牲粢盛者延進也謂但用幣致其神二者詛祝所授類造攻說禬禜之神號男巫爲之招冬堂贈無方無筭故書贈爲矰杜子春云矰當爲贈堂贈謂逐疫也无方四方爲可也无筭道里无數遠益善也玄謂冬歲終以礼送不祥及惡夢皆是也其行必由堂始巫与神通言當東則東當西則西可近則近可遠則遠无常数春招弭以除疾病招招福也杜子春讀弭如弥兵之弥玄謂弭讀爲救字之誤也救安也安凶禍也招救皆有祀衍之礼王弔則與祝前巫祝前王也故書前爲先鄭司農云爲先非是也

女巫掌歲時祓除釁浴歲時祓除如今三月上巳如水上之類釁浴謂以香薰草藥沐浴旱暵則舞雩使女巫舞旱祭崇陰也鄭司農云求雨以女巫故檀弓曰歲旱穆公召縣子而問焉曰吾欲暴巫而奚若曰天則不雨而望之愚婦人无乃已踈乎若王后弔則與祝前女巫與祝前后如王礼凡邦之大烖歌哭而請有歌者有哭者冀以悲哀感神靈也

○大史掌建邦之六典以逆邦國之治掌灋以逆官府之治掌則以逆都鄙之治典則亦法也逆迎也六典八法八則冢宰所建以治百官大史又建焉以爲王迎受其治也大史日官也春秋傳曰天子有日官諸侯有日御日官居卿以底日礼也日御不失日以授百官于朝居猶處也言建六典以處六卿之職凡

辨灋者攷焉不信者刑之 謂邦國官府都鄙以法爭訟來正之者 凡邦國都鄙及万民之有約劑者藏焉以貳六官六官之所登 約劑要盟之載辭及券書也貳猶副也藏法與約劑之書以爲六官之副其有後事六官又登焉 若約劑亂則辟灋不信者刑之 謂抵冒盟誓者辟法者考案讀其然不 正歲年以序事頒之于官府及都鄙 中數曰歲朔數曰年中朔大小不齊正之以閏若今時作曆日矣定四時以次序授民時之事春秋傳曰閏以正時時以作事事以厚生生民之道於是乎在 頒告朔于邦國 天子班朔于諸侯諸侯藏之祖廟至朔朝于廟告而受行之鄭司農云頒讀爲班班布也以十二月朔布告天下諸侯故春秋傳曰不書日官失之也 閏月詔王居門終月 門謂路寢門也鄭司農云月令十二月分在青陽明堂總章玄堂左右之位唯閏月無所居居于門故於文王在門謂之閏 大祭祀與執事卜日 執事大小之屬與之者當視墨 戒及宿之日與羣執事讀禮書而協事 協合也合謂習錄所當共之事也故書協作叶杜子春云叶協也書亦或爲協或爲叶 祭之日執書以次位常 謂校呼之教其所當居之處 辨事者攷焉不信者誅之 謂抵冒其識事 大會同朝覲以書協禮事 亦先習錄之也 及將幣之日

執書以詔王將送也詔王告王以礼事大史抱天時與大師同車鄭司農云大出師則大史主抱
式以知天時處吉凶史官主知天道故国語曰吾非瞽史焉知天道春秋傳曰楚有雲如衆赤鳥夾日以飛楚子使問諸周大史大史主天道玄謂瞽即大師瞽官
之長大遷國抱灋以前法司空營国之法也抱之以前當先王至知諸位處大喪執灋以涖
勸防鄭司農云勸防引六紼遣之日讀誄遣謂祖廟之庭大奠將行時也人之道終於此累其行而讀之大師又帥瞽廞
之而作謚瞽史知天道使共其事言王之誄謚成於天道凡喪事攷焉爲有得失小喪賜謚小喪卿大夫也凡
射事飾中舍筭執其禮事舍讀曰釋鄭司農云中所以盛筭也玄謂設筭於中以待射時而取之中則釋
之鄉射礼曰君国中射則皮豎中於郊則閭中於竟則虎中大夫兕中士鹿中天子之中未聞
小史掌邦國之志奠繫世辨昭穆若有事則詔王之忌諱
鄭司農云志謂記也春秋傳所謂周志国語所謂鄭書之屬是也史官主書故韓宣子聘于魯觀書大史氏繫世謂帝繫世本之屬是也小史主定之瞽矇諷
誦之先王死日爲忌名爲諱故書奠爲帝杜子春云帝當爲奠奠讀爲定書帝亦或爲奠玄謂王有事祈祭於其廟大祭祀讀禮
灋史以書敘昭穆之俎簋讀礼法者大史與羣執事史此小史也言讀礼法者小史叙俎簋以爲節故書簋或

爲几鄭司農云几讀爲軌書亦或爲簋古文也大祭祀小史主敘其昭穆以其主定繫世祭祀史主敘其昭穆次其俎簋故書簋或爲几杜子春云几當爲軌

繫世祭祀史主敘其昭穆次其俎簋故齊景公疾欲誅於祝史玄謂俎簋牲與黍稷以書次之校比之大喪大賓客大會同大軍旅佐大史凡國事之用禮灋者掌其小事卿大夫之喪賜謚讀誄其讀誄亦以大史賜謚爲節事相成也

馮相氏掌十有二歲十有二月十有二辰十日二十有八星之位辨其敘事以會天位歲謂大歲歲星與日同次之月斗所建之辰樂說說歲星與日常應大歲月建以見然則今曆大歲非此也歲日月辰星宿之位謂方向所在辨其敘事謂若仲春辨秩東作仲夏辨秩南譌仲秋辨秩西成仲冬辨在朔易會天位者合此歲月日辰星宿五者以爲時事之候若今曆日大歲在某月某日某甲朔日直其也國語曰王合位于三五孝經說曰故勑以天期四時節有晚早趣勉趣時无失天位皆由此術云冬夏致日春秋致月以辯四時之敘冬至日在牽牛景丈三尺夏至日在東井景尺五寸此長短之極以則氣至冬无愆陽夏无伏陰春分日在婁秋分日在角而月弦於牽牛東井亦以其景知氣至不春秋冬夏氣皆至則是四時之敘正矣

保章氏掌天星以志星辰日月之變動以觀天下之遷辨其吉凶志古文識識記也星謂五星辰日月所會五星有贏縮圜角日有薄食暈珥月有虧盈朓側匿之變七者右行列舍天下禍福變移所在

皆見焉

以星土辨九州之地所封封域皆有分星以觀妖祥 星土星所主土也封猶界也鄭司農說星土以春秋傳曰參為晉星商主大火国語曰歲之所在則我有周之分野之屬是也玄謂大界則曰九州州中諸国中之封域於星亦有分焉其書亡矣堪輿雖有郡国所入度非古數也今其存可言者十二次之分也星紀吳越也玄枵齊也娵訾衛也降婁魯也大梁趙也實沈晉也鶉首秦也鶉火周也鶉尾楚也壽星鄭也大火宋也析木燕也此分野之妖祥主用客星彗孛之氣為象

以十有二歲之相觀天下之妖祥 歲謂太歲歲星與日同次之月斗所建之辰也歲星為陽右行於天太歲為陰左行於地十二歲而小周其妖祥之占甘氏歲星經其遺象也鄭司農云太歲所在歲星所居春秋傳曰越得歲而吳伐之必受其凶之屬是也

以五雲之物辨吉凶水旱降豐荒之祲象 物色也視日旁雲氣之色降下也知水旱所下之国鄭司農云以二至二分觀雲色青為蟲白為喪赤為兵荒黑為水黃為豐故春秋傳曰凡分至啓閉必書雲物為備故也故曰凡此五物以詔救政

以十有二風察天地之和命乖別之妖祥 十有二辰皆有風吹其律以知和不其道亡矣春秋襄十八年楚師伐鄭師曠曰吾驟歌北風又歌南風南風不競多死声楚必无功是時楚師多凍其命乖別審矣

凡此五物者以詔救政訪序事 訪謀也見其象則當豫為之備以詔王救其政且謀今歲天時占相所宜次序其事

內史掌王之八枋之灋以詔王治一曰爵二曰祿三曰廢四曰置五曰殺六曰生七曰予八曰奪大宰旣以詔王內史又居中貳之執國灋及國令之貳以攷政事以逆會計國法六典八法八則掌敘事之灋受納訪以詔王聽治敘六敘也納訪納謀於王也六敘六曰以敘聽其情凡命諸侯及孤卿大夫則策命之鄭司農說以春秋傳曰王命內史興父策命晉侯爲侯伯策謂以簡策書王命其文曰王謂叔父敬服王命以綏四國糾逖王慝晉侯三辭從命受策以出凡四方之事書內史讀之若今尚書入省事王制祿則贊爲之以方出之贊爲之爲之辭也鄭司農云以方出之以方版書而出之上農夫食九人其次食八人其次食七人其次食六人下農夫食五人庶人在官者其祿以是爲差諸侯之下士視上農夫祿足以代其耕也中士倍下士上士倍中士下大夫倍上士卿四大夫祿君十卿祿杜子春云方直謂今時牘也玄謂王制曰王之三公視公侯卿視伯大夫視子男元士視附庸賞賜亦如之內史掌書王命遂貳之副寫藏之

○外史掌書外令王令下畿外掌四方之志志記也謂若魯之春秋晉之乘楚之檮杌掌三皇五帝之書楚靈王所謂三墳五典掌達書名于四方謂若

堯典、禹貢，達此名使知之。或曰古曰名，今曰字，使四方知書之文字，得能讀之。若以書使于四方，則書其令。書王令以授使者。

○御史掌邦國都鄙及萬民之治令，以贊冢宰。王所以治之令，冢宰掌王治。凡治者受灋令焉。爲書寫其治之法，令來授則授之。掌贊書。王有命，當以書致之，則贊爲辭，若今尚書作詔文。凡數從政者。自公卿以下至胥徒凡數及其見在空缺者。鄭司農讀言掌贊書數，書數者，經礼三百，曲礼三千，法度皆在。玄以爲不辭，故改之云。

○巾車掌公車之政令，辨其用與其旗物而等敘之，以治其出入。公猶官也。用謂祀賓之屬。旗物，大常以下。等敘之，以封同姓異姓之次敘。王之五路：一曰玉路，錫，樊纓，十有再就，建大常，十有二斿，以祀；王在焉曰路。玉路，以玉飾諸末。錫，馬面當盧，刻金爲之，所謂鏤錫也。樊讀如鞶帶之鞶，謂今馬大帶也。鄭司農云：纓謂當胷。士喪礼下篇曰：馬纓三就。礼家說曰：纓當胷，以削革爲之。三就，三重三帀也。玄謂纓，今馬鞅。王路之樊及纓，皆以五采罽飾之。十二就，就，成也。大常，九旗之畫日月者，正幅爲縿，斿則屬焉。金路，鉤，樊纓九就，建大旂，以賓，同姓以封；金路，以金飾諸末。鉤，婁頷之鉤也。金路无錫有鉤，亦以金爲之。其樊及纓以五采罽飾之而九成。大旂，九旗之畫交龍者。以賓，以金路賓客也。同姓以封，謂王子母弟率以功德出封，雖爲侯伯，其畫服猶如上公，若魯衛之屬其无功德各以親疏食采畿内而已故書鉤為拘杜子春讀為鉤 象路朱樊纓七就建大赤以朝異姓以封 象路以象飾諸末象路无鉤以朱飾勒而已其樊及纓以五采罽飾之而七成大赤九旗之通帛以朝以日視朝異姓王甥舅 革路龍勒條纓五就建大白以即戎以封四衛 革路鞔之以革而漆之無他飾龍駹也以白黑飾韋雜色為勒條讀為條其樊及纓以條絲飾之而五成不言樊字盖脱尔以此言條知玉路金路象路飾樊纓皆不用金玉象矣大白殷之旗猶周大赤盖象正色即戎謂兵事四衛四方諸侯守衛者蛮服以内 木路前樊鵠纓建大麾以田以封蕃國 木路不鞔以革漆之而已前讀為緇翦之翦翦淺黑也木路无龍勒以淺黑飾韋為樊鵠色飾韋為纓不言就數飾與革路同大麾不在九旗中以正色言之則黑夏后氏所建田四時田獵蕃国謂九州之外夷服鎮服蕃服杜子春云鵠或為結 王后之五路重翟鍚面朱總厭翟勒面繢總安車彫面鷖總皆有容蓋 重翟重翟雉之羽也厭翟次其羽使相迫也勒面謂以如玉龍勒之韋為當面飾也雕者畫之不龍其韋安車坐乘車凡婦人車皆坐乘故書朱總為總鷖或作緊鄭司農云鍚馬面鍚總當為總書亦或為總鷖為鳧鷖之鷖鷖總者青黑色以繒為之總著馬勒直兩耳与兩鑣容謂幨車山東謂之常幃或曰幢容玄謂朱總繢總其旗之如鷖總車衡輨亦宜有焉繢畫文也蓋如今小車蓋也皆有容有蓋則重翟厭翟謂蔽也重翟后從王祭祀所乘厭翟后從王賓饗諸侯所乘安車无蔽后朝見於王所乘謂

去飾也詩国風碩人曰翟蔽以朝謂諸侯夫人始來乘翟蔽之車以朝見於君盛之也此翟蔽蓋厭翟也然則王后始來乘重翟乎 翟車貝面組總有握 翟車不重不厭以翟飾車之側爾貝面貝飾勒之當面也有握則此無蓋矣如今軿車是也后所乘以出桑 輦車組輓有翣羽蓋 輦車不言飾后居宮中從容所乘但漆之而已爲輇輪人輓之以行有翣所以御風塵以羽作小蓋爲翳日也故書翣爲䍐杜子春云當爲翣書亦或爲䍐 王之喪車五乘木車蒲蔽犬複尾櫜疏飾小服皆疏 木車不漆者鄭司農云蒲蔽謂藩蔽蘭車以蒲爲蔽天子喪服之車漢儀亦然犬複以犬皮爲覆笭故書疏爲揟杜子春讀揟爲沙玄謂蔽車旁御風塵者犬白犬皮既以皮爲覆笭又以其尾爲戈戟之弢麤布飾二物之側爲之緣若攝服云服讀爲箙小箙刀劒短兵之衣此始遭喪所乘爲君之道尚微備姦臣也書曰以虎賁百人逆子釗亦爲備焉 素車棼蔽犬複素飾小服皆素 素車以白土堊車也棼讀爲薠薠麻以爲蔽其複服以素繒爲緣此卒哭所乘爲君之道益著在車可以去戈戟 藻車藻蔽鹿淺複革飾 故書藻作轎杜子春讀爲華藻之藻直謂華藻也玄謂藻水草蒼色以蒼土堊車以蒼繒爲蔽也鹿淺複以鹿夏皮爲覆笭又以所治去毛者緣之此既練所乘 駹車萑蔽然複髤飾 故書駹作龍髤爲軟杜子春云龍讀爲駹軟讀爲桼垸之桼直謂髤桼也玄謂駹車邊側有漆飾也萑細葦席也以爲蔽者漆則成藩即吉也然果然也髤赤多黑少之色韋也此大祥所乘 漆車藩蔽豻複雀飾

漆車黑車也藩今時小車藩漆席以為之豻胡犬雀黑多赤少之色韋也此禮所乘服車五乘孤乘夏篆卿乘夏縵大夫乘墨車士乘棧車庶人乘役車服車服事者之車故書夏篆為夏緣鄭司農云夏赤也緣緣色或曰夏篆篆讀為圭瑑之瑑夏篆轂有約也玄謂夏縵亦五采畫無瑑尔墨車不畫也棧車不革輓而漆之役車方箱可載任器以共役凡良車散車不在等者其用無常給遊燕及恩惠之賜不在等者謂若今輜車後戶之屬作之有功有沽凡車之出入歲終則會之計其完敗多少凡賜闕之完敗不計毀折入齎于職幣計所傷敗入其直杜子春云齎讀為資資謂財也乘官車毀折者入財以償繕治之直大喪飾遣車遂廞之行之廞興也謂陳駕之行之使人以次牽之以如墓也遣車一曰鸞車及葬執蓋從車持旌從車隨柩路持蓋與旌者王平生時車建旌雨則有蓋今蜃車無蓋執而隨之象生時有也所執者銘旌及墓嘑啓閔陳車閔墓門也車貳車也士喪礼篇曰車至道左北面立東上小喪共匶路與其飾柩路載柩車也飾棺飾也歲時更續共其弊車故書更續為受讀杜子春云受當為更讀當為續更續更受新共其弊車歸其故弊車也玄謂俱受新耳更易其舊續續其不任用共其弊車巾車飭更續之取其弊車共於車人材或有中用之大祭祀鳴鈴以應

雞人雞人主呼旦鳴鈴以和之声且警衆必使鳴鈴者車有和鸞相應和之象故書鈴或作軨杜子春云當爲鈴

典路掌王及后之五路辨其名物與其用說用謂將有朝祀之事而駕之鄭司農云說謂舍車也春秋傳曰雞鳴而駕日中而說用謂所宜用若有大祭祀則出路贊駕說出路王當乘之贊駕說贊僕与趣馬也大喪大賓客亦如之亦出路當陳之鄭司農說以書顧命曰成王崩康王既陳先王寶器又曰大路在賓階面贅路在阼階面先路在左塾之前次路在右塾之前漢朝上計律陳屬車於庭故曰大喪大賓客亦如之凡會同軍旅弔于四方以路從王出於事無常王乘一路典路以其餘路從行亦以華国

車僕掌戎路之萃廣車之萃闕車之萃苹車之萃輕車之萃萃猶副也此五者皆兵車所謂五戎也戎路王在軍所乘也廣車橫陳之車也闕車所用補闕之車也苹猶屏也所用對敵自蔽隱之車也輕車所用馳敵致師之車也春秋傳曰公喪戎路又曰其君之戎分為二廣則諸侯戎路廣車也又曰帥斿闕四十乘孫子八陳有苹車之陳又曰馳車千乘五者之制及萃數未盡聞也書曰武王戎車三百兩故書苹作平杜子春云苹車當為軿車其字當爲萍書亦或為苹凡師共革車各以其萃五戎者共其一以爲王優尊者所乘也而萃各從其元焉會同亦如之巡守及兵車之會則王乘戎路乘車之會王雖乘金

路猶共以從不失備也大喪廞革車言興革車者則遣車不徒戎路廣闕苹輕皆有焉大射共三乏鄭司農云乏讀爲匱乏之乏

○司常掌九旗之物名各有屬以待國事日月爲常交龍爲旂通帛爲旜雜帛爲物熊虎爲旗鳥隼爲旟龜蛇爲旐全羽爲旞析羽爲旌物名者所畫異物則異名也屬謂徽識也大傳謂之徽號今城門僕射所被及亭長著絳衣皆其舊象通帛謂大赤從周正色无飾雜帛者以帛素飾其側白殷之正色全羽析羽皆五采繫之於旞旌之上所謂注旄於干首也凡九旗之帛皆用絳及國之大閱贊司馬頒旗物王建大常諸侯建旂孤卿建旜大夫士建物師都建旗州里建旟縣鄙建旐道車載旞斿車載旌仲冬教大閱司馬主其禮自王以下治民者旗畫成物之象王畫日月象天明也諸侯畫交龍一象其升朝一象其下復也孤卿不畫言奉王之政教而已大夫士雜帛言以先王正道佐職也師都六鄉六遂大夫也謂之師都都民所聚也畫熊虎者鄉遂出軍賦象其守猛莫敢犯也州里縣鄙鄉遂之官互約言之鳥隼象其勇捷也龜蛇象其扞難辟害也道車象路也王以朝夕燕出入斿車木路也王以田以鄙全羽析羽五色象其文德也大閱王乘戎路建大常焉玉路金路不出皆畫其象焉官府各象其事州

皆各象其名家各象其號事名號者徽識所以題別衆臣樹之於位朝各就焉覲禮曰公侯伯子男皆就其旂而立此其類也或謂之事或謂之名或謂之號異外内也三者旌旗之細也士喪禮曰為銘各以其物亡則以緇長半幅赬末長終幅廣三寸書名於末此蓋其制也徽識之書則云某某之事某某之名某甲之號今大閱禮象而為之兵凶事若有死事者亦當以相別也杜子春云畫當為書玄謂畫畫雲氣也異於在國軍事之飾

凡祭祀各建其旗王祭祀之車則玉路會同賓客亦如之置旌門賓客朝覲宗遇王乘金路巡守兵車之會王乘戎路皆建其大常掌舍職曰為帷宮設旌門大喪共銘旌銘旌王則大常也士喪禮曰為銘各以其物建廞車之旌及葬亦如之葬云建之則行廞車解說之凡軍事建旌旗及致民置旗弊之始置旗以致民民至仆之誅後至者甸亦如之凡射共獲旌獲旌獲者所持旌歲時共更旌取舊予新

都宗人掌都祭祀之禮凡都祭祀致福于國都或有山川及因國無主九皇六十四民之祀王子弟則立其祖王之廟其祭祀王皆賜禽焉主其礼者直警戒之糾其戒具其來致福則帥而以造祭僕正都禮與其服禁督其違失者服謂衣服及宮室車旗若有寇戎之事則保羣神之壝壝守山川丘陵墳衍之壇域

國有大故則令禱祠既祭反命于國

令令都之有司也祭謂報塞也反命還白王

家宗人掌家祭祀之禮凡祭祀致福

大夫采地之所祀与都同若先王之子孫亦有祖廟

國有大故則令禱祠反命祭亦如之

以王命令禱祠歸白王於獲福又以王命令祭之還又反命

掌家禮與其衣服宮室車旗之禁令

掌亦正也不言寇戎保羣神之壝則都家自保之都宗人所保者謂王所祀明矣

凡以神仕者掌三辰之灋以猶鬼神示之居辨其名物

猶圖也居謂坐也天者羣神之精日月星辰其著位也以此圖天神人鬼地祇之坐者謂布祭衆寡与其居句孝經說郊祀之礼曰燔燎埽地祭牲繭栗或象天酒旗坐星廚倉具黍稷布席極敬心也言郊之布席象五帝坐礼祭宗廟序昭穆亦又有似虛危則祭天圜丘象北極祭地方澤象后妃及社稷之席皆有明法焉国語曰古者民之精爽不攜貳者而又能齊肅中正其知能上下比義其聖能光遠宣朗其明能光照之其聰能聽徹之如是則神明降之在男曰覡在女曰巫是之使制神之処位次主而為之牲器時服巫既知神如此又能居以天法是以聖人用之今之巫祝既闇其義何明之見何法之行正神不降或於淫厲苟貪食遂誣人神令此道滅痛矣

以冬日至致天神人鬼以夏日至

致地示物彪以禬國之凶荒民之札喪天人陽也地物陰也陽氣升而祭鬼神陰氣升而祭地祇物彪所以順其為人与物也致人鬼於祖廟致物彪於墠壇蓋用祭天地之明日百物之神曰彪春秋傳曰螭彪魍魎杜子春云禬除也玄謂此禬讀如潰癰之潰

周禮卷第六

五福五代堂寶

八徵耄念之寶

太上皇帝之寶

五福五代堂寶

八徵耄念之寶

太上皇帝之寶

周禮卷第七

夏官司馬第四　　周禮　　鄭氏注

惟王建國辨方正位體國經野設官分職以爲民極乃立夏官司馬使帥其屬而掌邦政以佐王平邦國政正也政所以正不正者也孝經說曰政者正也正德名以行道　政官之屬大司馬卿一人小司馬中大夫二人軍司馬下大夫四人輿司馬上士八人行司馬中士十有六人旅下士三十有二人府六人史十有六人胥三十有二人徒三百有二十人輿衆也行謂軍行列晉作六軍而有三行取名於此　凡制軍萬有二千五百人爲軍王六軍大國三軍次國二軍小國一軍軍將皆命卿二千有五百人爲師師帥皆中大夫五百人爲旅旅帥皆下大夫百人爲卒卒長皆上士二十五人爲兩兩司馬皆中士五人爲伍伍皆有

長軍師旅卒兩伍皆衆名也伍一比兩一閭卒一族旅一黨師一州軍一鄉家所出一人將帥長司馬者其師吏也言軍將皆命卿則凡軍帥不特置選於六官六卿之吏自卿以下德任者使兼官焉鄭司農云王六軍大國三軍次國二軍小國一軍故春秋傳有大國次國小國又曰成國不過半天子之軍周為六軍諸侯之大者三軍可也詩大雅常武曰赫赫明明王命卿士南仲大祖大師皇父整我六師以脩我戎既儆既戒惠此南國大雅文王曰周王于邁六師及之此周為六軍之見于經也春秋傳曰王使虢公命曲沃伯以一軍為晉侯此小國一軍之見于傳也百人為卒二十五人為兩故春秋傳曰廣有一卒卒偏之兩

一軍則二府六史胥十人徒百人

司勳上士二人下士四人府二人史四人胥二人徒二十人故書勳作勛鄭司農云勛讀為勳勳功也此官主功賞故曰掌六鄉賞地之法以等其功

馬質中士二人府一人史二人賈四人徒八人質平也主買馬平其大小之賈直

量人下士二人府一人史四人徒八人量猶度也謂以丈尺度地

小子下士二人史一人徒八人小子主祭祀之小事

羊人下士二人史一人賈二人徒八人

司爟下士二人徒六人故書爟為燋杜子春云燋當為爟書亦或為爟爟為私火玄謂爟讀如子若觀火之觀今燕俗名湯熱為觀則爟火謂熱火与

掌固上士二人下士八人府二人史四人胥四人徒四十人固国所依阻者也国曰固野曰險易曰王公設險以守其国

司險中士二人下士四人史二人徒四十人

掌疆中士八人史四人胥十有六人徒百有六十人疆界也

候人上士六人下士十有二人史六人徒百有二十人候候迎賓客之來者

環人下士六人史二人徒十有二人環猶卻也以勇力卻敵

挈壺氏下士六人史二人徒十有二人挈讀如絜髮之絜壺盛水器也世主挈壺水以為漏

射人下大夫二人上士四人下士八人府二人史四人胥二人徒二十人

服不氏下士一人徒四人服不服之獸者

射鳥氏下士一人徒四人

羅氏下士一人徒八人能以羅網搏鳥者郊特牲曰大羅氏天子之掌鳥獸者

掌畜下士二人史二人胥二人徒二十人畜謂斂而養之

司士下大夫二人中士六人下士十有二人府二人史四人胥四人徒四十人

諸子下大夫二人中士四人府二人史二人胥二人徒二十人諸子王公卿大夫士之子者或曰庶子

司右上士二人下士四人府四人史四人胥八人徒八十人右謂有勇力之士充王車右

虎賁氏下大夫二人中士十有二人府二人史八人胥八十人

虎士八百人不言徒曰虎士則虎士徒之選有勇力者

旅賁氏中士二人下士十有六人史二人徒八人

節服氏下士八人徒四人世爲王節所依服

方相氏狂夫四人方相猶言放想可畏怖之貌

大僕下大夫二人小臣上士四人

祭僕中士六人

御僕下士十有二人府二人史四人胥二人徒二十人僕侍御於尊者之名大僕其長也

隸僕下士二人府一人史二人胥四人徒四十人此吏而曰隸以其事褻

弁師下士二人工四人史二人徒四人弁者古冠之大稱委貌緇布曰冠

司甲下大夫二人中士八人府四人史八人胥八人徒八十人

甲今之鎧也司甲兵戈盾官之長

司兵中士四人府二人史四人胥二人徒二十人

司戈盾下士二人府一人史二人徒四人　戈今時句孑戟

司弓矢下大夫二人中士八人府四人史八人胥八人徒八十人　司弓矢弓弩矢箙官之長

繕人上士二人下士四人府一人史二人胥二人徒二十人　繕之言勁也善也

槀人中士四人府二人史四人胥二人徒二十人　鄭司農云槀讀為芻槀之槀箭幹謂之槀此官主弓弩箭矢故謂之槀人

戎右中大夫二人上士二人　右者參乘此充戎路之右田獵亦為之右焉

齊右下大夫二人　充玉路金路之右

道右上士二人充象路之右

大馭中大夫二人馭之最尊

戎僕中大夫二人馭言僕者此亦侍御於車

齊僕下大夫二人古者王將朝覲會同必齊所以敬宗廟及神明

道僕上士十有二人王朝朝莫夕王御王以与諸臣行先王之道

田僕上士十有二人

馭夫中士二十人下士四十人

校人中大夫二人上士四人下士十有六人府四人史八人胥八人徒八十人校之為言校也主馬者必仍校視之校人馬官之長

趣馬下士阜一人徒四人趣馬趣養馬者也鄭司農說以詩曰蹶惟趣馬

巫馬下士二人醫四人府一人史二人賈一人徒二十人巫馬知馬

祖先牧馬社馬步之神者馬疾若有犯焉則知之是以使与毉酉同職

牧師下士四人胥四人徒四十人 主牧放馬而養之

廋人下士閑二人史二人徒二十人 廋之言數

圉師乘一人徒二人圉人良馬匹一人駑馬麗一人 養馬曰圉四馬為乘良善也麗耦也

職方氏中大夫四人下大夫八人中士十有六人府四人史十有六人胥十有六人徒百有六十人 職主也主四方之職貢者職方氏主四方官之長

土方氏上士五人下士十人府二人史五人胥五人徒五十人 土方氏主四方邦国之土地

懷方氏中士八人府四人史四人胥四人徒四十人 懷來也主來四方之民及其物

合方氏中士八人府四人史四人胥四人徒四十人 合方氏主合同四方之事

訓方氏中士四人府四人史四人胥四人徒四十人訓道也主教道四方之民

形方氏中士四人府四人史四人胥四人徒四十人形方氏主制四方邦国之形體

山師中士二人下士四人府二人史四人胥四人徒四十人

川師中士二人下士四人府二人史四人胥四人徒四十人

邍師中士四人下士八人府四人史八人胥八人徒八十人邍地之廣平者

匡人中士四人史四人徒八人匡正也主正諸侯以法則

撢人中士四人史四人徒八人撢人主撢序王意以語天下

都司馬每都上士二人中士四人下士八人府二人史八人胥八人徒八十人都王子弟所封及三公采地也司馬主其軍賦

家司馬各使其臣以正於公司馬家卿大夫采地正猶聽也公司馬国司馬也卿大夫之采地王不特置司馬各自使其家臣為司馬主其地之軍賦往聽政於王之司馬王之司馬其以王命來有事則曰国司馬

大司馬之職掌建邦國之九灋以佐王平邦國平成也正也制畿封國以正邦國封謂立封於疆為界設儀辨位以等邦國儀謂諸侯及諸臣之儀辨別也別尊卑之位進賢興功以作邦國興猶舉也作起也起其勸善樂業之心使不惰廢建牧立監以維邦國牧州牧也監監一國謂君也維猶聯結也制軍詰禁以糾邦國詰猶窮治也糾猶正也施貢分職以任邦國職謂賦稅也任猶事也事以其力之所堪簡稽鄉民以用邦國簡謂比數之稽猶計也均守平則以安邦國諸侯有土地者均之尊者守大卑者守小則法也比小事大以和邦國比猶親使大國親小國小国事大国相合和也易比象曰先王以建萬国親諸侯以九伐之灋正邦國諸侯有違王命則出兵以征伐之所以正之也諸侯之于國如樹木之有根本是以言伐云馮弱犯寡則眚之馮猶乘陵也言不字小而侵侮之眚猶人眚瘦也王霸記曰四面削其地賊賢害民則伐之春秋傳曰粗者曰侵精者曰伐又曰有鍾鼓曰伐則伐者兵入其竟鳴鍾鼓以往所以聲其罪暴内陵外則壇之内謂其国外謂諸侯壇讀如同墠之墠王霸記曰置之空墠之地鄭司農云墠讀從墠之以威之墠書亦或為墠玄謂置之空墠以出其君更立其次賢者野荒民散則削之荒蕪也田不治民不附削其地明其不能有負固

不服則侵之負猶恃也固險可依以固者也不服不事大也侵之者兵加其竟而已用兵淺者詩曰密人不恭敢距大邦賊殺其親則正之正之者執而治其罪王霸記曰正殺之也春秋僖二十八年冬晉人執衛侯歸之于京師坐殺其弟叔武放弒其君則殘之放逐也殘殺也王霸記曰殘滅其為惡犯令陵政則杜之令猶命也王霸記曰犯令者違命也陵政者輕政法不循也杜之者杜塞使不得与鄰国交通外內亂鳥獸行則滅之王霸記曰悖人倫外內無以異于禽獸不可親百姓則誅滅去之也曲礼曰夫唯禽獸無礼故父子聚麀正月之吉始和布政于邦國都鄙乃縣政象之灋于象魏使萬民觀政象挾日而斂之以正月朔日布王政於天下至正歲又縣政法之書挾日十日也乃以九畿之籍施邦國之政職方千里曰國畿其外方五百里曰侯畿又其外方五百里曰甸畿又其外方五百里曰男畿又其外方五百里曰采畿又其外方五百里曰衛畿又其外方五百里曰蠻畿又其外方五百里曰夷畿又其外方五百里曰鎮畿又其外方五百里曰蕃畿畿猶限也自王城以外五千里為界有分限者九藉其礼差之書也政職

所共王政之職謂賦稅也故書畿為近鄭司農云近當言畿春秋傳曰天子一畿列国一同詩邪頌曰邦畿千里維民所止凡令賦以地

與民制之上地食者參之二其民可用者家三人中地食者

半其民可用者二家五人下地食者參之一其民可用者家二

人賦給軍用者也令邦国之賦亦以地之美惡民之衆寡為制如六遂矣鄭司農云地謂肥美田也食者參之二假令一家有三頃歲種二頃休其一頃下地食

者參之一田薄惡者所休多中春教振旅司馬以旗致民平列陳如戰之陳以旗者立

旗期民於其下也兵者守国之備孔子曰以不教民戰是謂棄之兵者凶事不可空設因蒐狩而習之凡師出曰治兵入曰振旅習習戰也四時各教民以其一焉春習

振旅兵入收衆專於農平猶正也辨鼓鐸鐲鐃之用王執路鼓諸侯執賁鼓軍將

執晉鼓師帥執提旅帥執鼙卒長執鐃兩司馬執鐸公司馬執

鐲鼓人職曰以路鼓鼓鬼享以賁鼓鼓軍事以晉鼓鼓金奏以金鐃止鼓以金鐸通鼓以金鐲節鼓鄭司農云辨鼓鐸鐲鐃之用謂鉦鐸之屬鐲讀如濁其源之

濁鐃讀如譊譊之譊提讀如攝提之提謂馬上鼓有曲木提持鼓立馬髦上者故謂之提杜子春云公司馬謂五人為伍伍之司馬也玄謂王不執賁鼓尚之於諸侯也伍

長謂之公司馬者雖卑同其號以教坐作進退疾徐疏數之節習戰法遂以蒐田有

司表貉誓民鼓遂圍禁火弊獻禽以祭社春田為蒐有司大司徒也掌火田役治徒庶之政令表貉立表而貉祭也誓民誓以犯田法之罰也誓曰無干車无自後射立旌遂圍禁旌弊爭禽而不審者罰以假馬禁者虞衡守禽之厲禁也既誓令鼓而圍之遂蒐田火弊火止也春田主用火因焚萊除陳草皆殺而火止獻猶致也屬也田止虞人植旌衆皆獻其所獲禽焉詩云言私其豵獻肩于公春田主祭社者土方施生也鄭司農云貉讀為禡禡謂師祭也書亦或為禡

中夏教茇舍如振旅之陳羣吏撰車徒讀書契辨號名之用帥以門名縣鄙各以其名家以號名鄉以州名野以邑名百官各象其事以辨軍之夜事其他皆如振旅茇讀如萊沛之沛茇舍草止之也軍有草止之法撰讀曰筭筭車徒謂數擇之也讀書契以薄書校錄軍實之凡要號名者徽識所以相別也鄉遂之屬謂之名家之屬謂之號百官之屬謂之事在国以表朝位在軍文象其制而為之被之以備死事帥謂軍將及師帥旅帥至五長也以門名者所被徽識如其在門所樹者也凡此言以也象也皆謂其制同耳軍將皆命卿古者軍將蓋為營治於国門魯有東門襄仲宋有桐門右師皆上卿為軍將者也縣鄙謂縣正鄙師至鄰長也家謂食采地者之臣也鄉以州名亦謂州長至比長也野謂公邑大夫百官以其職從王者此六者皆書其官與名氏焉門則襄仲右師明矣鄉則南鄉甄東鄉為人是也其他象此云某某之名某某之號某某之事而巳未盡聞也鄉遂大夫文錯不見以其素信于民不為軍將或為諸帥是以闕焉夜事戒夜守之事草止者慎於夜於是主別其部職

遂以苗田

如蒐之灋車弊獻禽以享礿夏田為苗擇取不孕任者若治苗去不秀實者云車弊驅獸之車止也夏田主用車示所取物希皆殺而車止王制曰天子殺則下大綏諸侯殺則下小綏大夫殺則止佐車佐車止則百姓田獵礿宗廟之夏祭也冬夏田主于祭宗廟者陰陽始起象神之在內中秋教治兵如振旅之陳辨旗物之用王載大常諸侯載旂軍吏載旗師都載旜鄉遂載物郊野載旐百官載旟各書其事與其號焉其他皆如振旅軍吏諸軍帥也師都遂大夫也鄉遂鄉大夫也或載旜或載物衆屬軍吏无所將也郊謂鄉遂之州長縣正以下也野謂公邑大夫載旐者以其將羨卒也百官卿大夫也載旟者以其屬衞王也凡旌旗有軍衆者畫異物无者帛而已書當為畫事也號也皆畫以雲氣遂以獮田如蒐田之灋羅弊致禽以祀祊秋田為獮獮殺也羅弊罔止也秋田主用罔中殺者多也皆殺而罔止祊當為方声之誤也秋田主祭四方報成万物詩曰以社以方中冬教大閱春辨鼓鐸夏辨號名秋辨旗物至冬大閱簡軍實凡頒旗物以出軍之旗則如秋以尊卑之常則如冬司常佐司馬時也大閱備軍礼而旌旗不如出軍之時空辟實前期羣吏戒衆庶脩戰灋羣吏鄉師以下虞人萊所田之野為表百步則一為三表又五十步為一表田之日司馬建旗于後表之中羣吏以

旗物鼓鐸鐲鐃各帥其民而致質明弊旗誅後至者乃陳車徒如戰之陳皆坐鄭司農云虞人萊所田之野芟除其草萊令車得驅馳詩曰田卒汙萊玄謂萊芟除可陳之處後表之中五十步表之中央表所以識正行列也四表積二百五十步左右之廣當容三軍步數未聞致致之司馬質正也弊仆也皆坐當聽誓羣吏聽誓于陳前斬牲以左右徇陳曰不用命者斬之羣吏諸軍帥也陳前南面鄉表也月令季秋天子教于田獵以習五戎司徒搢扑北面以誓之此大閱禮實正歲之中冬而說季秋之政於周為中冬為月令者失之矣斬牲者小子也凡誓之大畧甘誓湯誓之屬是也中軍以鼙令鼓鼓人皆三鼓司馬振鐸羣吏作旗車徒皆作鼓行鳴鐲車徒皆行及表乃止三鼓摝鐸羣吏弊旗車徒皆坐中軍中軍之將也天子六軍三三而居一偏羣吏既聽誓各復其部曲中軍之將令鼓鼓以作其士衆之氣也鼓人者中軍之將師帥旅帥也司馬兩司馬也振鐸以作衆作起也既起鼓人擊鼓以行之伍長鳴鐲以節之伍長一曰公司馬及表自後表前至第二表也三鼓者鼓人也鄭司農云摝讀如弄玄謂如涿鹿之鹿掩上振之為摝摝者止行息氣也司馬法曰鼓声不過閶鼙聲不過闒鐸聲不過琅又三鼓振鐸作旗車徒皆作鼓進鳴鐲車驟徒趨及表乃止坐作如初趨者赴敵尚疾之漸也春秋傳曰先人有奪人之心及表自弟

二前至第三乃鼓車馳徒走及表乃止及表自第三前至前表鼓戒三闋車三發徒三刺鼓戒戒攻敵鼓壹闋車壹轉徒壹刺三而止象服敵乃鼓退鳴鐃且卻及表乃止坐作如初鐃所以止鼓軍退卒長鳴鐃以和衆鼓人為止之也退自前表至後表鼓鐸則同習戰之礼出入一也異者廢鐲而鳴鐃遂以狩田以旌為左右和之門羣吏各帥其車徒以敘和出左右陳車徒有司平之旗居卒間以分地前後有屯百步有司巡其前後險野人為主易野車為主冬田為狩言守取之无所擇也軍門曰和今謂之壘門立兩旌以為之敘和出用次弟出和門也左右或出而左或出而右有司平之鄉師居門正其出入之行列也旗軍吏所載分地調其部曲跡數前後有屯百步車徒異羣相去之數也車徒畢出和門鄉師又巡其行陳鄭司農云險野人為主人居前易野車為主車居前旣陳乃設驅逆之車有司表貉于陳前驅驅出禽獸使趨田者也逆逆要不得令走設此車者田僕也中軍以鼙令鼓鼓人皆三鼓羣司馬振鐸車徒皆作遂鼓行徒銜枚而進大獸公之小禽私之獲者取左耳羣司馬謂兩司馬也枚如箸銜之有繣結項中軍法止語為相疑或也進行也鄭司農云大獸公之輸之於公小禽私之以自

豣也詩云言私其豵獻肩于公一歲為豵二歲為豝三歲為特四歲為肩五歲為慎此明其獻大者於公自取其小者玄謂慎讀為麎爾雅曰豕生三日豵豕牝曰豝麎

牝曰麎獲得也得禽獸者取左耳當以計功 及所弊鼓皆駴車徒皆譟 鄭司農云及所弊至所所弊之處玄謂至所

弊之處田所當於止也天子諸侯蒐獸有常至其常處吏士鼓譟象攻敵剋勝而喜也疾雷擊鼓曰駴譟讙也書曰前師乃鼓鼖譟亦謂喜也 徒乃弊

致禽饁獸于郊入獻禽以享烝 徒乃弊徒止也冬田主用眾物多眾得取也致禽饁獸于郊聚所獲禽因以祭四方

神於郊月令季秋天子既田命主祠祭禽四方是也入又以禽祭宗廟 及師大合軍以行禁令以救無辜

伐有罪 師所謂王巡守若會同司馬起師合軍以從所以威天下行其政也不言大者未有敵不尚武 若大師則掌其戒

令涖大卜帥執事涖釁主及軍器 大師王出征伐也涖臨也臨大卜卜出兵吉凶也司馬法曰上卜下謀是謂

參之主謂遷廟之主及社主在軍者也軍器鼓鐸之屬凡師既受甲迎主于廟及社主祝奉以從殺牲以血塗主及軍器皆神之 及致建大常

比軍眾誅後至者 比或作庀鄭司農云致謂聚眾也庀具也玄謂致鄉師致民於司馬比校次之也 及戰巡陳

眡事而賞罰 事謂戰功也 若師有功則左執律右秉鉞以先愷樂

獻于社 功勝也律所以聽軍声鉞所以為將威也先猶道也兵樂曰愷獻于社獻功于社也司馬法曰得意則愷樂愷歌示喜也鄭司農云故城濮之戰春

秋傳曰振旅愷以入于晉若師不功則厭而奉主車鄭司農云厭謂厭冠喪服也軍敗則以喪禮故秦伯之敗於殽也春秋傳曰　伯素服郊次鄉師而哭玄謂厭伏冠也奉猶送也送主歸於廟與社王弔勞士庶子則相師敗王親弔士庶子之死者勞其傷者則相王之礼庶子卿大夫之子從軍者或謂之庶士大役與慮事屬其植受其要以待攷而賞誅大役築城邑也鄭司農云国有大役大司馬與謀慮其事也植謂部曲將吏故宋城春秋傳曰華元為植巡功屬謂聚會之也要者簿書也考謂考校其功玄謂慮事者封人也於有役司馬與之植築城楨也屬賦丈尺与其用人數大會同則帥士庶子而掌其政令帥帥以從王若大射則合諸侯之六耦大射王將祭射于射宮以選賢也王射三侯以諸侯為六耦大祭祀饗食羞牲魚授其祭牲魚魚牲也祭謂尸賓所以祭也鄭司農云大司馬主進魚牲大喪平士大夫鄭司農云平一其服也玄謂平者正其職與其位喪祭奉詔馬牲王喪之以馬祭者盖遣奠也奉猶送也送之至墓告而藏之

小司馬之職掌此下字脫滅札爛又闕漢興求之不得遂无識其數者凡小祭祀會同饗射師田喪紀掌其事如大司馬之灋

軍司馬闕

輿司馬闕

行司馬闕

司勳掌六鄉賞地之灋以等其功 賞地賞田也在遠郊之內屬六鄉焉等猶差也以功大小為差 王功曰勳 輔成王業若周公 國功曰功 保全国家若伊尹 民功曰庸 法施於民若后稷 事功曰勞 以勞定国若禹 治功曰力 制法成治若咎繇 戰功曰多 尅敵出奇若韓信陳平司馬法曰上多前虜 凡有功者銘書於王之大常祭於大烝司勳詔之 銘之言名也生則書于王旌以識其人與其功也死則於烝先王祭之詔謂告其神以辭也般庚告其卿大夫曰玆予大享于先王尒祖其從與享之是也今漢祭功臣於廟庭 大功司勳藏其貳 貳猶副也功書藏於天府又副於此者以其主賞 掌賞地之政令 政令謂役賦 凡賞無常輕重眡功 无常者功之大小不可豫 凡頒賞地參之一食 鄭司農云不以美田為采邑玄謂賞地之稅參分計稅王食其一也二全入於臣 唯加田無國正 加田既賞之又加賜以田所以厚恩也鄭司農云正謂稅也祿田亦有給公家之賦貢若今時侯国有司農少府錢穀矣獨加賞之田无正耳

馬質掌質馬馬量三物一曰戎馬二曰田馬三曰駑馬皆有
物賈此三馬買以給官府之使无種也鄭司農曰皆有物賈皆有物色及賈直綱惡馬鄭司農云綱讀為以亢其讎之亢書亦或為亢亢御
也禁也禁去惡馬不畜也玄謂綱以縻索維綱狎習之凡受馬於有司者書其齒毛與其賈馬
死則旬之內更旬之外入馬耳以其物更其外否鄭司農云更謂償也玄謂旬之
內死者償以齒毛與賈受之日淺養之惡也旬之外死入馬耳償以毛色不以
以齒賈任之過其任也其外否者旬之外踰二十日而死不任用非用者罪馬
及行則以任齊其行識其所載輕重及道里齊其勞逸乃復用之若有馬訟則聽之訟謂賣買
之言相負禁原蠶者原再也天文辰為馬蠶書蠶為龍精月直大火則浴其種是蠶與馬同氣物莫能兩大禁再蠶者為傷馬與
量人掌建國之灋以分國為九州營國城郭營后宮量市朝道
巷門渠造都邑亦如之建立也立国有舊法式若匠人職云分国定天下之国分也后君也言君容王與諸侯營軍
之壘舍量其市朝州涂軍社之所里軍壁曰壘鄭司農云量其市朝州涂還市朝而為道也玄謂州一州之衆
二千五百人為師每師一處市也朝也州也皆有道以相之軍社社主在軍者里居也邦國之地與天下之涂數皆書

而藏之書地謂方圜山川之廣狹書涂謂支湊之遠近凡祭祀饗賓制其從獻脯燔之數量鄭司農云從獻者肉殽從酒也玄謂燔從於獻酒之肉炙也數多少也量長短也掌喪祭奠竁之俎實竁亦有俎實謂所包遣奠士喪礼下篇曰藏苞筲於旁凡宰祭與鬱人受斝歷而皆飲之言宰祭者冢宰佐王祭亦容攝祭鄭司農云斝讀如嫁娶之嫁斝器名明堂位曰爵夏后氏以琖殷以斝周以爵玄謂斝讀如嘏尸之嘏宰冢宰

小子掌祭祀羞羊肆羊殽肉豆鄭司農云羞進也羊肆體薦全烝也羊殽體節即折也肉豆者切肉也玄謂肆讀為鬄羊鬄者所謂豚解也而掌珥于社稷祈于五祀故書祀作禩鄭司農云禩讀為祀書亦或為祀珥社稷以牲頭祭也玄謂珥讀為衈祈或為刉刉衈者釁礼之事也毛用牲曰刉羽牲曰衈衈刉社稷五祀謂始成其宮兆時也春官肆師職祈或作畿秋官士師職曰凡刉珥則奉犬牲此刉衈正字與凡沈辜侯禳飾其牲鄭司農云沈謂祭川爾雅曰祭川曰浮沈辜謂磔牲以祭也月令曰九門磔禳以畢春氣侯禳者侯四時惡氣禳去之也釁邦器及軍器邦器謂礼樂之器及祭器之屬雜記曰凡宗廟之器其名者成則釁之以豭豚凡師田斬牲以左右徇陳示犯誓必殺之祭祀贊羞受徹焉

羊人掌羊牲凡祭祀飾羔羔小羊也詩曰四之日其早獻羔祭韭祭祀割牲登其首

（登升也升首報陽也升首于室）凡祈珥共其羊牲（共猶給也）賓客共其灋羊（法羊飧饔食積膳之羊）

凡沈辜侯禳釁積共其羊牲（積故書為眂鄭司農云眂讀為漬謂釁国寶漬軍器也玄謂積積柴禋祀猶燎實柴）若牧人無牲則受布于司馬使其賈買牲而共之（布泉）

司爟掌行火之政令四時變國火以救時疾（行猶用也變猶易也鄭司農說以鄹子曰春取榆柳之火夏取棗杏之火季夏取桑柘之火秋取柞楢之火冬取槐檀之火）季春出火民咸從之季秋內火民亦如之（火所以用陶冶民隨国而為之鄭人鑄刑書火星未出而出火後有災鄭司農云以三月本時昏心星見于辰上使民出火九月本黃昏心星伏在戌上使民內火故春秋傳曰以出內火）時則施火令（焚萊之時）凡祭祀則祭爟（報其為明之功礼如祭爨）凡國失火野焚萊則有刑罰焉（野焚萊民擅放火）

掌固掌脩城郭溝池樹渠之固頒其士庶子及其衆庶之守（樹謂枳棘之屬有刺者也衆庶民遞守固者也鄭司農說樹以国語曰城守之木於是乎用之）設其飾器（兵甲之屬今城郭門之器亦然）分其財用均其稍食（財用国以財所給守吏之用也稍食祿廩）任其萬民用其

材器任謂以其任使之也民之材器其所用塹築及為藩落凡守者受灋焉以通守政有移甲與其役財用唯是得通與國有司帥之以贊其不足者凡守者士庶子及他要害之守吏通守政者兵甲役財難易多少轉移相給也其他非是不得妄離部署國有司掌固也其移之者又與掌固帥致之贊佐也晝三巡之夜亦如之巡行也行守者為衆庶之解惰夜三鼜以號戒杜子春云讀鼜為造次之造謂擊鼓行夜戒守也春秋傳所謂賓將趣者與趣與造音相近故曰終夕與燎玄謂鼜擊鼜警守鼓也三巡之間又三擊鼜若造都邑則治其固與其守灋都邑亦為城郭凡國都之竟有溝樹之固郊亦如之竟界也民皆有職焉職謂守與任若有山川則因之山川若殽皐河漢

司險掌九州之圖以周知其山林川澤之阻而達其道路周猶徧也達道路者山林之阻則開鑿之川澤之阻則橋梁之設國之五溝五涂而樹之林以為阻固皆有守禁而達其道路五溝遂溝洫澮川也五涂徑畛涂道路也樹之林作藩落也國有故則藩塞阻路而止行者以其屬守之唯有節者達之有故喪災及兵也閉絕要害之道備姦寇也

掌疆闕

候人各掌其方之道治與其禁令以設候人道治治道也国語曰候不在竟讒不居其方也禁令備姦寇也以設候人者選士卒以為之詩云彼候人兮何戈與祋若有方治則帥而致于朝及歸送之于竟方治其方來治国事者也春秋傳曰晉欒盈過周王使候人出諸轘轅是其送之

環人掌致師致師者致其必戰之志古者將戰先使勇力之士犯敵焉春秋傳曰楚許伯御樂伯攝叔為右以致晉師許伯曰吾聞致師者御靡旌摩壘而還樂伯曰吾聞致師者左射以菆代御執轡御下兩馬掉鞅而還攝叔曰吾聞致師者右入壘折馘執俘而還皆行其所聞而復之察軍慝慝陰姦也視軍中有為慝者則執之環四方之故卻其以事謀來侵伐者所謂折衝禦侮巡邦國搏諜賊諜賊反間為国賊訟敵國敵国兵來則往之與訟曲直若楚齊国佐如師揚軍旅為之威武以觀敵詩云惟師尚父時惟鷹揚降圍邑圍邑欲降者受而降之春秋傳曰齊人降鄣

挈壺氏掌挈壺以令軍井挈轡以令舍挈畚以令糧鄭司農云挈壺以令軍井謂為軍穿井井成挈壺縣其上令軍中士衆皆望見知此下有井壺所以盛飲故以壺表井挈轡以令舍亦縣轡于所當舍止之處使軍望見知當

舍止于此轝所以駕舍故以轝表舍挈畚以令糧亦縣畚于所當廪假之處令軍望見知當廪假于此下也畚所以盛糧之器故以畚表廪軍中人多車騎雜會讙囂號令不能相聞故各以其物為表省煩趨疾于事便也凡軍事縣壺以序聚欜凡喪縣壺以代哭者皆以水火守之分以日夜鄭司農云縣壺以為漏以序聚欜以次更聚擊欜備守也玄謂擊欜兩水相敲行夜時也代亦更也礼未大斂代哭以水守壺者為沃漏也以火守壺者夜則視刻數也分以日夜者異晝夜漏也漏之箭晝夜共百刻冬夏之間有長短焉大史立成法有四十八箭及冬則以火爨鼎水而沸之而沃之鄭司農云冬水凍漏不下故以火炊水沸以沃之謂沃漏也

射人掌國之三公孤卿大夫之位三公北面孤東面卿大夫西面其摯三公執璧孤執皮帛卿執羔大夫鴈位將射始入見君之位不言士者此與諸侯之賔射士不與也燕禮曰公升即位于席西鄉小臣納卿大夫卿大夫皆入門右北面東上士立於西方東面北上大射亦云則凡朝燕及射臣見于君之礼同諸侯在朝則皆北面詔相其灋謂諸侯來朝而未歸王與之射於朝者皆北面從三公位法其礼儀若有國事則掌其戒令詔相其事謂王有祭祀之事諸侯當助其薦獻者也戒令告以齊與期掌其治達謂諸侯因與王射及助祭而有所治受而達之於王王有命又受而下之以射灋治射儀王以六耦

射三侯三獲三容樂以騶虞九節五正諸侯以四耦射二侯二
獲二容樂以貍首七節三正孤卿大夫以三耦射一侯一獲一
容樂以采蘋五節二正士以三耦射豻侯一獲一容樂以采
蘩五節二正射法王射之礼治射儀謂肆之也鄭司農云三侯虎熊豹也容者
乏也待獲者所蔽也九節析羽九重設於長杠也正所射也詩云
終日射侯不出正兮二侯熊豹也豻侯豻者獸名也獸有貙豻能虎玄謂三侯者五
正三正二正之侯也二侯者三正二正之侯也一侯者二正而已此皆与賓射於朝
之礼也考工梓人職曰張五采之侯則遠国屬遠国謂諸侯來朝者也五采之侯即
五正之侯也正之言正也射者內志正則能中焉畫五正之侯中朱次白次蒼次
黃玄居外三正損玄黃二正去白蒼而畫以朱緑其外之廣皆居侯中參分之一中
二尺今儒家云四尺曰正二尺曰鵠鵠乃用皮其大如正此說失之矣大射礼豻作
干讀如宜豻宜獄之豻豻胡犬也士与士射則以豻皮飾侯下大夫也大夫以上与
賓射飾侯以雲氣用采各如其正九節七節五節者奏樂以為射節之差言節者容
侯道之數也樂記曰明乎其節之
志不失其事則功成而德行立若王大射則以貍步張三侯鄭司農云
貍步謂一
舉足為一步於今為半步玄謂貍善搏者也行則止而擬度焉其發必獲是以量侯
道法之也侯道者各以弓為度九節者九十弓七節者七十弓五節者五十弓弓之
下制長六尺大射礼曰大侯九十參七十干五十是也三侯者司裘所共虎侯熊侯
豹侯也列国之君大射亦張三侯數与天子同大侯熊侯也參讀為糝糝雜也雜者

豻鵠而麋飾下天子大夫王射則令去侯立于後以矢行告卒令取矢鄭司農云射人主令
人去侯所而立于後也以矢行告射人由以矢行高下左右告于王也大射礼曰大射正立于公後以矢行告于公下曰留上曰揚左右曰方杜子春說以矢行告告白
射事于王王則執矢也杜子春說不与礼經合疑非是也卒令取矢謂射卒射人令當取矢者使取矢也玄謂令去侯者命負侯者去侯也鄉射曰司馬命獲者執旌以負侯
祭侯則為位祭侯獻服不服不以祭侯為位為服不受獻之位也大射曰服不侯西北三步北面拜受爵與大史數射
中射中數射者中侯之筭也大射曰司射適階西釋弓去扑襲進由中東立于中南北面視筭佐司馬治射正射正射之法儀
也祭祀則贊射牲相孤卿大夫之灋儀烝嘗之礼有射豕者国語曰禘郊之事天子必自射
其牲今立秋有貙劉云會同朝覲作大夫介凡有爵者作讀如作止爵之作諸侯來至王使公卿有事
焉則作大夫使之介也有爵者命士以上不使賤者大師令有爵者乘王之倅車倅車戎車之副有大
賓客則作卿大夫從作者選使從王見諸侯戒大史及大夫介戒戒其當行者覲礼曰諸公奉
篋服加命書于其上升自西階東面大史氏右大喪與僕人遷尸作卿大夫掌事比其廬不
敬者苛罰之僕人大僕也僕人与射人俱掌王之朝位也王崩小斂大斂遷尸于室堂朝之象也檀弓曰扶君卜人師扶右射人扶左君薨以是

舉苛謂詰問之

服不氏掌養猛獸而教擾之（猛獸虎豹熊羆之屬擾馴也教習使之馴服王者之教无不服）凡祭祀共猛獸（謂中膳羞者獸人冬獻狼春秋傳曰熊蹯不孰）賓客之事則抗皮（鄭司農云謂賓客來朝聘布皮帛者服不氏主舉藏之抗讀為亢其讎之亢玄謂抗者若聘禮曰有司二人舉皮以東）射則贊張侯以旌居乏而待獲（贊佐也大射禮曰命量人巾車張三侯杜子春云待當為持書亦或為持乏讀為匱乏之乏持獲者所蔽玄謂待獲待射者中舉旌以獲）

射鳥氏掌射鳥（鳥謂中膳羞者鳧鴈鴇鴞之屬）祭祀以弓矢敺烏鳶凡賓客會同軍旅亦如之（烏鳶善鈔盜便汙人）射則取矢矢在侯高則以并夾取之（鄭司農云王射則射鳥氏主取其矢矢在侯高者矢著侯高人手不能及則以并夾取之并夾鍼箭具夾讀為甲故司弓矢職曰大射燕射共弓矢并夾）

羅氏掌羅烏鳥（烏謂卑居鵲之屬）蜡則作羅襦（作猶用也鄭司農云蜡謂十二月大祭萬物也郊特牲曰天子大蜡謂歲十二月合聚万物而索饗食之襦細密之羅襦讀為繻有衣袽之繻玄謂蜡建亥之月此時火伏蟄者畢矣豺既祭獸可以羅綱圍取禽也王制曰豺祭獸

然後田又曰昆蟲已蟄可以火田今俗放火張羅其遺教中春羅春鳥獻鳩以養國老行羽物春鳥蟄而始出者若今南郡黃雀之屬是時鷹化爲鳩鳩與春鳥變舊爲新宜以養老助生氣行謂賦賜

掌畜掌養鳥而阜蕃教擾之阜猶盛也蕃蕃息也鳥之可養使盛大蕃息者謂鵝鶩之屬祭祀共卵鳥其卵可薦之鳥歲時貢鳥物鵠鴈之屬以四時來共膳獻鳥雉及鶉鴽之屬

周禮卷第七

周禮卷第八

夏官司馬下

鄭氏注

司士掌羣臣之版以治其政令歲登下其損益之數辨其年歲與其貴賤周知邦國都家縣鄙之數卿大夫士庶子之數損益謂用功過黜陟者縣鄙鄉遂之屬故書版為班鄭司農云班書或為版版名籍以詔王治告王所當進退以德詔爵以功詔祿以能詔事以久奠食德謂賢者食稍食也賢者既爵乃祿之能者事成乃食之王制曰司馬辨論官材論進士之賢者以告於王而定其論論定然後官之任官然後爵之位定然後祿之唯賜無常賜多少由王不如祿食有常品正朝儀之位辨其貴賤之等王南鄉三公北面東上孤東面北上卿大夫西面北上王族故士虎士在路門之右南面東上太僕太右太僕從者在路門之左南面西上此王日視朝事於路門外之位王族故士故為士晚退留宿衛者未嘗仕雖同族不得在王宮大右司右也大僕從者小臣祭僕御僕隷僕司士擯詔王出揖公卿大夫以下朝者孤卿

特揖大夫以其等旅揖士旁三揖王還揖門左揖門右特揖一一揖之
旅衆也大夫爵同者衆揖之公及孤卿大夫始入門右皆北面東上王揖之乃就位羣士及故士大僕之屬發在其位羣士位東面王西南鄉而揖之三揖者士
有上中下王揖之皆逡遁既復位鄭司農云卿大夫士皆君之所揖禮春秋傳所謂三揖在下大僕前前正王視朝之位王入
內朝皆退王入入路門也王入路門內朝朝者退反其官府治處也王之外朝則朝士掌焉玉藻曰朝服以日視朝於內朝朝辨色始入君日出
而視之退適路寢聽政使人視大夫大夫退然後適小寢謂諸侯也王日視朝皮弁服其禮則同掌國中之士治凡其戒
令國中城中掌擯士者膳其摯擯士告見初為士者於王也鄭司農云膳其摯者王食其所執羔鴈之摯玄謂膳者
入於王之膳人凡祭祀掌士之戒令詔相其灋事及賜爵呼昭穆而
進之賜爵神惠及下也此所賜王之子姓兄弟祭統曰凡賜爵昭為一穆為一昭與昭齒穆與穆齒凡羣有司皆以齒此之謂長幼有序
帥其屬而割牲羞俎豆割牲制體也羞進也凡會同作士從賓客亦如之
作士從謂可使從於王者作士適四方使為介士使謂自以王命使也介大夫之介也春秋傳曰天王使石尚來歸脤
大喪作士掌事事謂奠斂之屬作六軍之士執披作謂使之也披柩車行所以披持棺者有紐以

結之謂之戴鄭司農云披者扶持棺險者也天子旁十二諸侯旁八大夫六士四玄謂結披必當棺束於束繫紐天子諸侯載柩三束大夫士二束喪大記曰君纁
披六大夫披四前纁後玄士二披用纁人君礼文欲其數多圍數兩旁言六耳其實旁三凡士之有守者令哭無去
守守官不可空也國有故則致士而頒其守故非喪則兵災凡邦國三歲則稽
士任而進退其爵祿任其所掌治
諸子掌國子之倅掌其戒令與其教治辨其等正其位故書倅為
卒鄭司農云卒讀如物有副倅之倅國子謂諸侯卿大夫士之子也燕義曰古者周天子之官有庶子官與周官諸子職同文玄謂四民之業而士者亦世焉
國子者是公卿大夫士之副貳戒令致於大子之事教治脩德學道也位朝位國有大事則帥國子而致於大
子唯所用之若有兵甲之事則授之車甲合其卒伍置其有
司以軍灋治之司馬弗正軍法百人為卒五人為伍弗不也国子屬大子司馬雖有軍事不賦之凡國
正弗及大祭祀正六牲之體正謂朼體載之凡樂事正舞位授舞器位佾
處大喪正羣子之服位會同賓客作羣子從於王凡國之政事

國子存游倅使之脩德學道春合諸學秋合諸射以攷其藝而進退之游倅倅之未仕者學大學也射射宮也王制曰春秋教以礼樂冬夏教以詩書王大子王子羣后之大子卿大夫元士之適子國之俊選皆造焉

司右掌羣右之政令羣右戎右齊右道右凡軍旅會同合其車之卒伍而比其乘屬其右合比屬謂次第相安習也車亦有卒伍凡國之勇力之士能用五兵者屬焉掌其政令勇力之士屬焉者選右當於中司馬法曰弓矢圍殳矛守戈戟助凡五兵長以衛短短以救長

虎賁氏掌先後王而趨以卒伍王出將虎賁士居前後雖羣行亦有局分軍旅會同亦如之舍則守王閑舍王出所止宿処閑梐枑王在國則守王宮為周衞國有大故則守王門大喪亦如之非常之難要在門及葬從遣車而哭遣車王之魂魄所馮依適四方使則從士大夫虎士從使者若道路不通有徵事則奉書以使於四方不通逢兵寇若泥水奉書徵師役也春秋隱七年冬戎伐凡伯于楚丘以歸

旅賁氏掌執戈盾夾王車而趨左八人右八人車止則持輪〔夾王車者其下士也下士十有六人中士為之帥焉〕凡祭祀會同賓客則服而趨〔服而趨夾王車趨也會同賓客三亦齊服服袞冕則此士之齊服服玄端〕喪紀則衰葛執戈盾〔葛葛絰武士尚輕〕軍旅則介而趨〔介被甲〕

節服氏掌祭祀朝覲衮冕六人維王之大常〔服衮冕者從王服也維維之以縷王旌十二旒兩兩以縷綴連旁三人持之礼天子旌曳地鄭司農云維持之〕諸侯則四人其服亦如之郊祀裘冕二人執戈送逆尸從車〔裘冕者亦從尸服也裘大裘也凡尸服卒者之上服從車從尸車送逆之往来春秋傳曰晉祀夏郊董伯為尸〕

方相氏掌蒙熊皮黃金四目玄衣朱裳執戈揚盾帥百隸而時難以索室毆疫〔蒙冒也冒熊皮者以驚毆疫癘之鬼如今魌頭也時難四時作方相氏以難卻凶惡也月令季冬命国難索廋也〕大喪先匶〔葬使之道〕及墓入壙以戈擊四隅毆方良〔壙穿

地中也方良罔兩也天子之椁柏黄腸爲
裏而表以石焉国語曰木土之怪夔罔兩
大僕掌正王之服位出入王之大命服王舉動所當衣也位立處也出大命王之教也入
大命羣臣所奏行掌諸侯之復逆鄭司農云復謂奏事也逆謂受下奏王眡朝則前正位
而退入亦如之前正位而退道王王既立退居路門左待朝畢建路鼓于大寢之門外
而掌其政大寢路寢也其門外則内朝之中如今宮殿端門下矣政鼓節與早晏以待達窮者與遽
令聞鼓聲則速逆御僕與御庶子鄭司農云窮謂窮冤失職則來擊此鼓以達於王若今時上變
事擊鼓矣遽傳也若今時驛馬軍書當急聞者亦擊此鼓令聞此鼓聲則速逆御僕與御庶子也大僕主令此二官使速逆窮遽者玄謂達窮
者謂司寇之屬朝士掌以肺石達窮民聽其辭以告於王遽令郵驛上下程品御僕御庶子直事鼓所者大僕聞鼓聲則速逆此二官當受其事以
聞祭祀賓客喪紀正王之服位詔灋儀贊王牲事詔告也牲事殺割匕
載之屬劉王出入則自左馭而前驅前驅如今道引也道而居左自馭不參乘辟王也亦有車右焉凡
軍旅田役贊王鼓王通鼓佐擊其餘面救日月亦如之日月食時春秋傳曰非日月之眚不鼓

大喪始崩戒鼓傳達于四方窆亦如之戒鼓擊鼓以警衆也故書戒為駭鄭司農云窆謂葬下棺也春秋傳所謂日中而塴禮記謂之封皆葬下棺也音相似窆讀如慶封氾祭之氾縣喪首服之灋于宮門首服之法謂免髽笄總廣狹長短之數縣其書於宮門示四方掌三公孤卿之弔勞王使往王燕飲則相其灋相左右王射則贊弓矢贊謂授之受之王眡燕朝則正位掌擯相燕朝朝於路寢之庭王圖宗人之嘉事則燕朝王不眡朝則辭於三公及孤卿辭謂以王不視朝之意告之春秋傳曰公有疾不視朝

小臣掌王之小命詔相王之小灋儀小命時事所勑問也小灋儀趨行拱揖之容掌三公及孤卿之復逆正王之燕服位謂燕居時也玉藻曰王卒食玄端而居王之燕出入則前驅燕出入若今游於諸觀苑大祭祀朝覲沃王盥小祭祀賓客饗食賓射掌事如大僕之灋賓射與諸侯來朝者射掌士大夫之弔勞凡大事佐大僕

祭僕掌受命于王以眡祭祀而警戒祭祀有司糾百官之戒

具謂王有故不親祭也祭祀有司有事於祭祀者糾謂校録所當共之牲物既祭帥羣有司而反命以王命勞之誅其不敬者大喪復于小廟小廟高祖以下也始祖曰大廟春秋僖八年秋七月禘于大廟凡祭祀王之所不與則賜之禽都家亦如之鄭司農云王之所不與謂非郊廟尊祭祀則王不與也則賜之禽公卿自祭其先祖則賜之禽也玄謂王所不与同姓有先王之廟凡祭祀致福者展而受之自有祭事必致祭肉於君所謂歸胙也展謂録視其牲體數體數者大牢則以牛左肩臂臑折九个少牢則以羊左肩七个特牲則以豕左肩五个

御僕掌羣吏之逆及庶民之復與其弔勞羣吏府史以下大祭祀相盥而登相盥者謂奉槃授巾与登謂為王登牲體於俎特牲饋食礼主人降盥出舉入乃匕載大喪持翣翣棺飾也持之者夾蜃車掌王之燕令燕居時之令以序守路鼓序更

隸僕掌五寢之埽除糞洒之事五寢五廟之寢也周天子七廟唯祧无寢詩云寢廟繹繹相連皃也前曰廟後曰寢氾埽曰埽埽席前曰拚洒灑也鄭司農云洒當為灑玄謂論語曰子夏之門人當洒埽應對祭祀脩寢於廟祭寢

或有事焉月令凡新物先薦寢廟王行洗乘石鄭司農云乘石王所登上車之石也詩云有扁斯石履之卑兮謂上車所登之石

掌蹕宮中之事宮中有事則蹕鄭司農云蹕謂止行者清道若今時儆蹕大喪復于小寢大寢小寢高祖以下廟之寢也始祖曰大寢

弁師掌王之五冕皆玄冕朱裏延紐冕服有六而言五冕者大裘之冕蓋无旒不聯數也延冕之覆在上是以名焉紐小鼻在武上笄所貫也今時冠卷當簪者廣袤以冠縰其舊象與五采繅十有二就皆五采玉十有二玉笄朱紘繅雜文之名也合五采絲為之繩垂於延之前後各十二所謂邃延也就成也繩之每一帀而貫五采玉十二斿則十二玉也每就間蓋一寸朱紘以朱組為紘也紘一條屬兩端於武繅不言皆有不皆者此為袞衣之冕十二斿則用玉二百八十八鷩衣之冕繅九斿用玉二百一十六毳衣之冕七斿用玉百六十八希衣之冕五斿用玉百二十玄衣之冕三斿用玉七十二

諸侯之繅斿九就瑉玉三采其餘如王之事繅斿皆就玉瑱玉笄侯當為公字之誤也三采朱白蒼也其餘謂延紐皆玄覆朱裏與王同也出此則異繅斿皆就皆三采也每繅九成則九旒也公之冕用玉百六十二玉瑱塞耳者故書瑉作璑鄭司農云繅當為藻繅古字也藻今字也同物同音璑惡玉名

王之皮弁會五采玉璂象邸玉笄故書會作膾鄭司農云讀

如馬會之會謂以五采束髮也士喪禮曰檜用組乃笄檜讀與膾同書之異耳說曰以組束髮乃著笄謂之檜沛國人謂反紒為膾璂讀如綦車轂之綦玄謂會讀如大會之會會縫中也璂讀如薄借綦之綦綦結也皮弁之縫中每貫結五采玉十二以為飾謂之綦詩云會弁如星又曰其弁伊綦是也邸下柢也以象骨為之

王之弁絰弁而加環絰弁絰王弔所服也其弁如爵弁而素所謂素冠也而加環絰環絰者大如緦之麻絰纏而不糾司服職曰凡弔事弁絰服

諸侯及孤卿大夫之冕韋弁皮弁弁絰各以其等為之而掌其禁令各以其等繅斿玉璂如其命數也冕則侯伯繅七就用玉九十八子男繅五就用玉五十繅五皆三采孤繅四就用玉三十二三命之卿繅三就用玉十八再命之大夫藻再就再就用玉八藻玉皆朱綠韋弁皮弁則侯伯璂飾七子男璂飾五玉亦三采孤則璂飾四三命之卿璂飾三再命之大夫璂飾二王亦二采弁絰之弁其辟積如冕繅之就然庶人弔者素委貌一命之大夫冕而无斿士變冕為爵弁其韋弁皮弁之會无結飾弁絰之弁不辟積禁令者不得相僭踰也王藻曰君未有命不敢即乘服不言冠弁冠弁兼於弁韋弁皮弁矣不言服弁服弁自天子以下无飾无等

司甲闕

司兵掌五兵五盾各辨其物與其等以待軍事五盾干櫓之屬其名未盡聞也等謂功沽上下鄭司農云五兵者戈殳戟酋矛夷矛及授兵從司馬之灋以頒之及其受兵輸

亦如之及其用兵亦如之從司馬之法令師旅卒兩人數所用多少也兵輸謂師還有司還兵也用兵謂出給衛守祭祀授舞者兵授以朱干玉戚之屬大喪廞五兵故書廞為淫鄭司農云淫陳也淫讀為廞玄謂廞興作明器之役器五兵也士喪禮下篇有甲冑干笮軍事建車之五兵會同亦如之車之五兵鄭司農所云者是也步卒之五兵則無夷矛而有弓矢

司戈盾掌戈盾之物而頒之頒分与受用祭祀授旅賁殳故士戈盾授舞者兵亦如之亦頒之也故士王族故士也與旅賁當事則衛王也殳如杖長尋有四尺軍旅會同授貳車戈盾建乘車之戈盾授旅賁及虎士戈盾乘車王所乘車也軍旅則革路會同則金路及舍設藩盾行則斂之舍止也藩盾盾可以藩衛者如今之扶蘇與

司弓矢掌六弓四弩八矢之灋辨其名物而掌其守藏與其出入法曲直長短之數中春獻弓弩中秋獻矢箙弓弩成於和矢箙成於堅箙盛矢器也以獸皮為之及其頒之王弓弧弓以授射甲革椹質者夾弓庾弓以授

射豻侯鳥獸者唐弓大弓以授學射者使者勞者王弧夾庾唐大六者弓異體之名也往體寡來體多曰王弧往體多來體寡曰夾庾往體來體若一曰唐大甲革革甲也春秋傳曰蹲甲而射之質正也樹椹以為射正射甲與椹試弓習武也豻侯五十步及射鳥獸皆近射也近射用弱弓則射大侯者用王弧射參侯者用唐大矣斈射者弓用中後習強弱則易也使者勞者弓亦用中遠近可也勞者勤勞王事若晉文侯文公受王弓矢之賜者故書椹為鞎鄭司農云椹字或為鞎非是也圉師職曰射則充椹質又此司弓矢職曰澤共射椹質之弓矢言射椹質自有弓謂王弧弓也以此觀之言鞎質者非其矢箙皆從其弓從弓數也每弓者一箙百矢凡弩夾庾利攻守唐大利車戰野戰攻城壘者與其自守者相迫近弱弩發疾也車戰野戰進退非強則不及弩无王弧王弧恒服弦往體少者使矢不疾凡矢枉矢絜矢利火射用諸守城車戰殺矢鍭矢用諸近射田獵矰矢茀矢用諸弋射恒矢庳矢用諸散射此八矢者弓弩各有四焉枉矢殺矢矰矢恒矢弓所用也絜矢鍭矢茀矢痺矢弩所用也枉矢者取名變星飛行有光今之飛矛是也或謂之兵矢絜矢象焉二者皆可結火以射敵守城車戰前於重後微輕行疾也殺矢言中則死鍭矢象焉鍭之言候也二者皆可以司候射敵之近者及禽獸前尤重中深而不可遠也結繳於矢謂之矰矰高也茀矢象焉茀之言刜也二者皆可以弋飛鳥刜羅之也前於重又微輕行不低也詩云弋鳧與鴈恒矢安居之矢也庳矢象焉二者皆可以散射也謂禮

射及習射也前後訂其行平也凡矢之制枉矢之屬五分二在前三在後殺矢之屬三分一在前二在後矰矢之屬七分三在前四在後恒矢之屬軒輖中所謂志也鄭司農云痺矢讀為人罷短之罷玄謂痺讀如痺病之痺痺之言倫比 天子之弓合九而成規諸侯合七而成規大夫合五而成規士合三而成規句者謂之弊弓 體往來之衰也往體寡來體多則合多往體多來體寡則合少而圜弊猶惡也句者惡則直者善矣 凡祭祀共射牲之弓矢 射牲示親殺也殺牲非尊者所親唯射為可國語曰禘郊之事天子必自射其牲 澤共射椹質之弓矢 鄭司農云澤澤宮也所以習射選士之處也射義曰天子將祭必先習射於澤澤者所以擇士也已射於澤而后射於射宮射中者得與於祭 大射燕射共弓矢如數并夾 如數如當射者之數也每人一弓乘矢并夾矢箙爾也 大喪共明弓矢 弓矢明器之用器也士喪禮下篇曰用器弓矢 凡師役會同頒弓弩各以其物從授兵甲之儀 弓弩矢箙之屬 田弋充籠箙矢共矰矢 籠竹箙也矰矢不在箙者為其相繞亂將用乃共之 凡亡矢者弗用則更 更償也用而棄之則不償

繕人掌王之用弓弩矢箙矰弋抉拾 鄭司農云抉者所以縱弦也拾者所以引弦也詩云

抉拾既次詩家說或謂抉謂引弦彄也拾謂韝扞也弦謂抉挾矢時所以持弦飾也著右手巨指士喪礼曰抉用正王棘若擇棘則天子用象骨韝扞著左臂裹以韋為之 掌詔王射 告王當射之節 贊王弓矢之事 授之受之 凡乘車充其籠箙載其弓弩 充籠箙者以矢 既射則斂之 斂藏之也詩云彤弓弨兮受言藏之 無會計 亡敗多少不計

稾人掌受財于職金以齎其工 齎其工者給市財用之直 弓六物為三等弩四物亦如之 三等者上中下人各有所宜弓人職曰弓長六尺、六寸謂之上制上士服之弓長六尺三寸謂之中制中士服之弓長六尺謂之下制下士服之弩及矢箙長短之制未聞 矢八物皆三等箙亦如之春獻素秋獻成 矢箙春作秋成 書其等以饗工 鄭司農云書工功拙高下之等以制其饗食也玄謂饗食酒肴勞之也上工作上等其饗食厚下工作下等其饗食薄 乘其事試其弓弩 以下上其食而誅賞 鄭司農云乘計也計其事之成功也故書試為考玄謂考之而善則上其食尤善又賞之否者反此 乃入功于司弓矢及繕人 功成 凡齎財與其出入皆在稾人以待會而攷之亡

者闕之皆在稾人者所齎工之財及弓弩矢箙出入其簿書稾人藏之闕猶除也弓弩矢箙棄亡者除之計今見存者

戎右掌戎車之兵革使使謂王使以兵有所誅斬也春秋傳曰戰於殽晉梁弘御戎萊駒為右戰之明日襄公縛秦囚使萊駒以戈斬之詔贊王鼓既告王當鼓之節又助擊之傳王命于陳中為王大言之也會同充革車會同王雖乘金路猶以革路從行也充之者謂居左也曲礼曰乘君之乘車不敢曠左盟則以玉敦辟盟遂役之鄭司農云敦器名也辟法也玄謂將歃血者先執其器為衆陳其載辭使心皆開辟也役之者傳敦血授當歃者贊牛耳桃茢鄭司農云贊牛耳春秋傳所謂執牛耳者故書茢為滅杜子春云滅當為厲玄謂尸盟者割牛耳取血助為之及血在敦中以桃茢拂之又助之也耳者盛以珠盤尸盟者執之桃鬼所畏也茢苕帚所以埽不祥

齊右掌祭祀會同賓客前齊車王乘則持馬行則陪乘齊車金路王自整齊之車也前之者已駕王未乘之時陪乘參乘謂車右也齊右與齊僕同車而有祭祀之事則兼王路之右然則戎右兼田右與凡有牲事則前馬王見牲則拱而式居馬前卻行備驚奔也曲礼曰国君下宗廟式齊牛

道右掌前道車王出入則持馬陪乘如齊車之儀道車象路也王行道

德之車自車上諭命于從車自由詔王之車儀顏式之屬王式則下前
馬王下則以蓋從以蓋從表尊
大馭掌馭王路以祀及犯軷王自左馭馭下祝登受轡犯軷遂
驅之行山曰軷犯之者封土為山象以菩芻棘柏為神主既祭之以車轢之而去喻无險難也春秋傳曰跋涉山川自由也王由左馭禁制馬使不
行也故書軷作罰杜子春云罰當為軷軷讀為別異之別謂祖道轢軷磔犬也詩云載謀載惟取蕭祭脂取羝以軷詩家說曰將出祖道犯軷之祭
也聘礼曰乃舍軷飲酒于其側礼家說亦謂道祭及祭酌僕僕左執轡右祭兩軹祭軓乃飲
故書軓為軒軓為範杜子春云文當如此左不當重重非是書亦或如予春言又云軒當作軹軹謂兩轊也其或言軷亦非是又云軓當為軋軋謂車軾前也
或讀軒為簪笄之笄凡馭路行以肆夏趨以采薺凡馭路謂五路也肆夏采薺樂章也行謂大寢至路門趨
謂路門至應門凡馭路儀以鸞和為節舒疾之法也鸞在衡和在軾皆以金為鈴也
戎僕掌馭戎車戎車革路也師出王乘以自將掌王倅車之政正其服倅副也服
謂衆乘戎車者之衣服犯軷如玉路之儀凡巡守及兵車之會亦如之如在

僕掌凡戎車之儀凡戎車衆之兵車也書序曰武王戎車三百兩

齊僕掌馭金路以賓以待賓客朝覲宗遇饗食皆乘金路其灋儀各以其等爲車送逆之節節謂王乘車迎賓客及送相去遠近之數上公九十步侯伯七十步子男五十步司儀職曰車逆拜辱又曰及出車送

道僕掌馭象路以朝夕燕出入其灋儀如齊車朝夕朝朝莫夕掌貳車之政令貳亦副

田僕掌馭田路以田以鄙田路木路也田田獵也鄙循行縣鄙掌佐車之政佐亦副設驅逆之車驅驅禽使前趨獲逆衙還之使不出圍令獲者植旌以告獲也植樹也及獻比禽田弊獲者各獻其禽比種物相從次數之凡田王提馬而走諸侯晉大夫馳提猶舉也晉猶抑也使人扣而舉之抑之皆止奔也馳放不扣

馭夫掌馭貳車從車使車貳車象路之副也從車戎路田路之副也使車驅逆之車分公馬

而駕治之乘調六種之馬

校人掌王馬之政政謂差擇養乘之数也月令曰班馬政辨六馬之屬種馬一物戎馬一物齊馬一物道馬一物田馬一物駑馬一物種謂上善似母者以次差之玉路駕種馬戎路駕戎馬金路駕齊馬象路駕道馬田路駕田馬駑馬給宮中之役凡頒良馬而養乘之乘馬一師四圉三乘為阜阜一趣馬三阜為繫繫一馭夫六繫為廄廄一僕夫六廄成校校有左右駑馬三良馬之數麗馬一圉八麗一師八師一趣馬八趣馬一馭夫良善也善馬五路之馬鄭司農云四匹為乘養馬為圉故春秋傳曰馬有圉牛有牧玄謂二耦為乘師趣馬馭夫僕夫帥之名也趣馬下士御夫中士則僕夫上士也自乘至廄其數二百一十六匹易乾為馬此應乾之策也至校变為言成者明六馬名一廄而王馬小備也校有左右則良馬一種者四百三十二匹五種合二千一百六十匹駑馬三之則為千二百九十六匹五良一駑凡三千四百五十六匹然後王馬大備詩云騋牝三千此謂王馬之大數與麗耦也駑馬自圉至馭夫凡馬千二十四匹與三良馬之數不相應八皆宜為六字之誤也師十二匹趣馬七十二匹則馭夫四百三十二匹矣然後而三之既三之无僕夫者不

駕於五路畢之也天子十有二閑馬六種邦國六閑馬四種家四閑馬
二種降殺之差每廄為一閑諸侯有齊馬道馬田馬大夫有田馬各一閑其駑馬則皆分為三馬凡馬特居四之一欲其乘之
性相似也物同氣則心一鄭司農云四之一者三牝一牡春祭馬祖執駒馬祖天駟也孝經說曰房為龍馬鄭司農云執駒無令近母猶
攻駒也二歲曰駒三歲曰駣玄謂執猶拘也春通淫之時駒弱血氣未定為其乘匹傷之夏祭先牧頒馬攻特先牧始養馬者其人
未聞夏通淫之後攻其特為其蹄齧不可乘用鄭司農云攻特謂騬之秋祭馬社臧僕馬社始乘馬者世本作曰相土作乘馬鄭
司農云臧僕謂簡練馭者令皆善也玄謂僕馭五路之僕冬祭馬步獻馬講馭夫馬步神為災害馬者獻馬見成馬於王也
馭夫馭二車從車使車者講猶簡習凡大祭祀朝覲會同毛馬而頒之毛馬齊其色也頒授當乘之
飾幣馬執扑而從之鄭司農云校人主飾之也幣馬以馬遺人當幣處者也聘禮曰馬則北面奠幣于其前士喪禮下篇曰薦
馬纓三就入門北面交轡圉人夾牽之馭者執策立于馬後凡賓客受其幣馬賓客之幣馬來朝聘而享王者大喪
飾遣車之馬及葬埋之言埋之則是馬塗車之芻靈田獵則帥驅逆之車帥猶將也
凡將事于四海山川則飾黃駒四海猶四方也王巡守過大山川則有殺駒以祈沈礼与玉人職有宗祝以黃

金勺前馬之礼凡國之使者共其幣馬使者所用私覿凡軍事物馬而頒之物馬
齊其力等馭夫之祿馭夫於趣馬僕夫為中文卒中見上下宮中之稍食師圉府史以下也鄭司農云稍食日稟
趣馬掌贊正良馬而齊其飲食簡其六節贊佐也佐王者謂校人臧僕講馭夫之時簡差
也節猶量也差擇王馬以為六等掌駕說之頒用馬之分弟次辨四時之居治以聽馭夫居謂
牧庌所處治謂執駒攻特之屬
巫馬掌養疾馬而乘治之相醫而藥攻馬疾受財于校人乘謂驅步
以發其疾知所疾處乃治之相助也馬死則使其賈粥之入其布于校人布泉也鄭司農云賈謂其
屬官小吏賈二人粥賣也
牧師掌牧地皆有厲禁而頒之頒馬授圉者所牧處孟春焚牧焚牧地以除
陳生新草也中春通淫中春陰陽交萬物生之時可以合馬之牝牡也月令季春乃合累牛騰馬遊牡于牧秦時書也秦地寒涼萬物
後動掌其政令凡田事贊焚萊焚萊者山澤之虞

廋人掌十有二閑之政教以阜馬佚特教駣攻駒及祭馬祖祭閑之先牧及執駒散馬耳圉馬九者皆有政教焉阜盛壯也詩云四牡孔阜杜子春云佚當為逸鄭司農云馬三歲曰駣二歲曰駒散讀為中散大夫之散謂聒馬耳毋令善驚也玄謂逸者用之不使甚勞安其血氣也教駣始乘習之也攻駒騬其蹄齧者閑之先牧先牧制閑者散馬耳以竹括押其耳頭動搖則括中物後遂串習不復驚正校人員選校人謂師圉也正員選員選擇可以用員者平之馬八尺以上為龍七尺以上為騋六尺以上為馬大小異名爾雅曰驂牝驪牡玄駒褭驂鄭司農說以月令曰駕蒼龍

圉師掌教圉人養馬春除蓐釁廄始牧夏庌馬冬獻馬射則充椹質茨牆則翦闔蓐馬茲也馬既出而除之新釁馬神之也春秋傳曰凡馬日中而出日中而入故字庌為訝鄭司農云當為庌玄謂庌廡也廡所以庇馬涼也充猶居也茨蓋也闔苫也椹質翦闔圉人所習也杜子春讀椹為齊人言鈇椹之椹椹質所射者習射處

圉人掌養馬芻牧之事以役圉師役者圉師使令焉凡賓客喪紀牽馬而入陳賓客之馬王所以賜之者詩云雖無予之路車乘馬喪紀之馬啓後所薦馬廞馬亦如之廞馬遣車之馬人捧

之亦辛而入陳

職方氏掌天下之圖以掌天下之地辨其邦国都鄙四夷八蠻七閩九貉五戎六狄之人民與其財用九穀六畜之數要周知其利害天下之圖如今司空輿地圖也鄭司農云東方曰夷南方曰蠻西方曰戎北方曰貉狄玄謂閩蠻之別也国語曰閩芊蠻矣四八七九五六周之所服国數也財用泉穀貨賄也利金錫竹箭之屬害神姦鑄鼎所象百物也尔雅曰九夷八蠻六戎五狄謂之四海乃辨九州之国使同貫利也貫事東南曰揚州其山鎮曰會稽其澤藪曰具區其川三江其浸五湖其利金錫竹箭其民二男五女其畜宜鳥獸其穀宜稻鎮名山安地德者也會稽在山陰大澤曰藪具區五湖在吳南浸可以為陂灌漑者錫鑞也箭篠也鳥獸孔雀鸞鵁鶄犀象之屬故書箭為晉杜子春曰晉當為箭書亦或為箭正南曰荊州其山鎮曰衡山其澤藪曰雲夢其川江漢其浸潁湛其利丹銀齒革其民一男二女其畜宜鳥獸其穀宜稻衡山在湘南雲夢在華容潁出陽城宜屬豫州在此非也湛未聞齒象齒也革犀兕革也杜子春云湛讀當為人名湛之

湛湛或為淮　河南曰豫州，其山鎮曰華山，其澤藪曰圃田，其川熒雒，其浸波溠，其利林漆絲枲，其民二男三女，其畜宜六擾，其穀宜五種。華山在華陰，圃田在中牟，熒兖水也，出東垣，入于河，泆為熒，熒在熒陽。波讀為播，禹貢曰熒播既都。春秋傳曰楚子除道梁溠，營軍臨隨，則溠宜屬荊州，在此非也。林，竹木也。六擾，馬牛羊豕犬雞。五種，黍稷菽麥稻。正東曰青州，其山鎮曰沂山，其澤藪曰望諸，其川淮泗，其浸沂沭，其利蒲魚，其民二男二女，其畜宜雞狗，其穀宜稻麥。沂山，沂水所出也，在蓋。望諸，明都也，在睢陽。沭出東莞。二男二女，數等似誤也，蓋當與兖州同二男三女。鄭司農云淮或為睢，沭或為洙。河東曰兖州，其山鎮曰岱山，其澤藪曰大野，其川河泲，其浸盧維，其利蒲魚，其民二男三女，其畜宜六擾，其穀宜四種。岱山在博，大野在鉅野。盧維當為雷雍，字之誤也。禹貢曰雷夏既澤，雍沮會同。雷夏在城陽。四種，黍稷稻麥。正西曰雍州，其山鎮曰嶽山，其澤藪曰弦蒲，其川涇汭，其浸渭洛，其利玉石，其民三男二女，其畜宜牛馬，其穀宜黍稷。嶽，吳嶽也，及弦蒲在汧。涇出涇陽，汭在豳地。詩大雅公劉曰汭坝之即洛出壞德鄭司農云弦或為汧蒲或為浦　東北曰幽州其山鎮曰醫無閭其澤藪曰貕養其川河泲其浸菑時其利魚鹽其民一男三女其畜宜四擾其穀宜三種醫无閭在遼東貕養在長廣菑出萊蕪時出般陽四擾馬牛羊豕三種黍稷稻杜子春讀貕為奚河內曰冀州其山鎮曰霍山其澤藪曰楊紆其川漳其浸汾潞其利松栢其民五男三女其畜宜牛羊其穀宜黍稷霍山在彘楊紆所在未聞漳出長子汾出汾陽潞出歸德正北曰并州其山鎮曰恒山其澤藪曰昭餘祁其川虖池嘔夷其浸淶易其利布帛其民二男三女其畜宜五擾其穀宜五種恒山在上曲陽昭餘祁在鄔虖池出鹵城嘔夷祁夷与出平舒淶出廣昌易出故安五擾馬牛羊犬豕五種黍稷菽麥稻也九州及山鎮澤藪言曰者以其非一曰其大者耳此州界楊荊豫兖雍冀与禹貢畧同青州則徐州地也幽并則青冀之北也无徐梁　乃辨九服之邦國方千里曰王畿其外方五百里曰侯服又其外方五百里曰甸服又其外方五百里曰男服又其外方五百里曰采服

又其外方五百里曰衛服又其外方五百里曰蠻服又其外方五百里曰夷服又其外方五百里曰鎮服又其外方五百里曰藩服服服事天子也詩云侯服于周凡邦國千里封公以方五百里則四公方四百里則六侯方三百里則七伯方二百里則二十五子方百里則百男以周知天下以此率徧知四海九州邦國多少之數也方千里者為方百里者百以方三百里之積以九約之得十一有奇云七伯者字之誤也周九州之界方七千里七七四十九方千里者四十九其一為畿內餘四十八八州各有方千里者六周公變殷湯之制雖小國地皆方百里是每事言則者設法也設法者以待有功而大其封一州之中以其千里封公則可四又以其千里封侯則可六又以其千里封伯則可十一又以其千里封子則可二十五又以其千里封男則可百公侯伯子男亦不是過也州二百一十國以男備其數焉其餘以為附庸四海之封黜陟之功亦如之雖有大國爵稱子而已鄭司農云此制亦見大司徒職曰諸公之地方五百里諸侯之地方四百里諸伯之地方三百里諸子之地方二百里諸男之地方百里凡邦國小大相維大國比小國小國事大國各有屬相維聯也王設其牧選諸侯之賢者為牧使牧理之制其職各以其所能牧監參伍之屬用能所任秩次制其貢各以其所有國之地物所有王

將巡守則戒于四方曰各脩平乃守攷乃職事無敢不敬戒國有大刑刑猶安也守謂國竟之內職事所當共具及王之所行先道帥其屬而巡戒令先道先由王所從道居前行其前日所戒之令王殷國亦如之殷猶衆也十二歲王若不巡守則六服盡朝謂之殷國其戒四方諸侯與巡守同

土方氏掌土圭之灋以致日景致日景者夏至景尺有五寸冬至景丈三尺其間則日有長短以土地相宅而建邦國都鄙土地猶度地知東西南北之深而相其可居者宅居也以辨土宜土化之灋而授任地者土宜謂九穀稙穉所宜也土化地之輕重糞種所宜用也任地者載師之屬王巡守則樹王舍為之藩羅

○懷方氏掌來遠方之民致方貢致遠物而送逆之達之以節遠方之民四夷之民也諭德延譽以來之遠物九州之外無貢法而至者達民以旌節達貢物以璽節治其委積館舍飲食續食其往来

○合方氏掌達天下之道路津梁相湊不得陷絕通其財利茂迁其有無同其數器權衡不得有輕重壹其度量尺丈

釜鍾不得有小大除其怨惡怨惡邦國相侵虐同其好善所好所善謂風俗所高尚

訓方氏掌道四方之政事與其上下之志道猶言也為王說之四方諸侯也上下君臣也誦四方之傳道傳道世世所傳說往古之事也為王誦之若今論聖德堯舜之道矣故書傳為傅杜子春云傅當作傳書亦或為傳正歲則布而訓四方布告以教天下使知世所善惡而觀新物四時於新物出則觀之以知民志所好惡志淫行辟則當以政教化正之

形方氏掌制邦國之地域而正其封疆無有華離之地杜子春云離當為雜書亦或為雜玄謂華讀為㼌哨之㼌正之使不㼌邪離絕使小國事大國大國比小國比猶親也易比象曰先王以建萬國親諸侯

山師掌山林之名辨其物與其利害而頒之于邦國使致其珍異之物山林之名与物若岱畎絲枲嶧陽孤桐矣利其中人用者害毒物及螫噬之蟲獸

川師掌川澤之名辨其物與其利害而頒之于邦國使致其

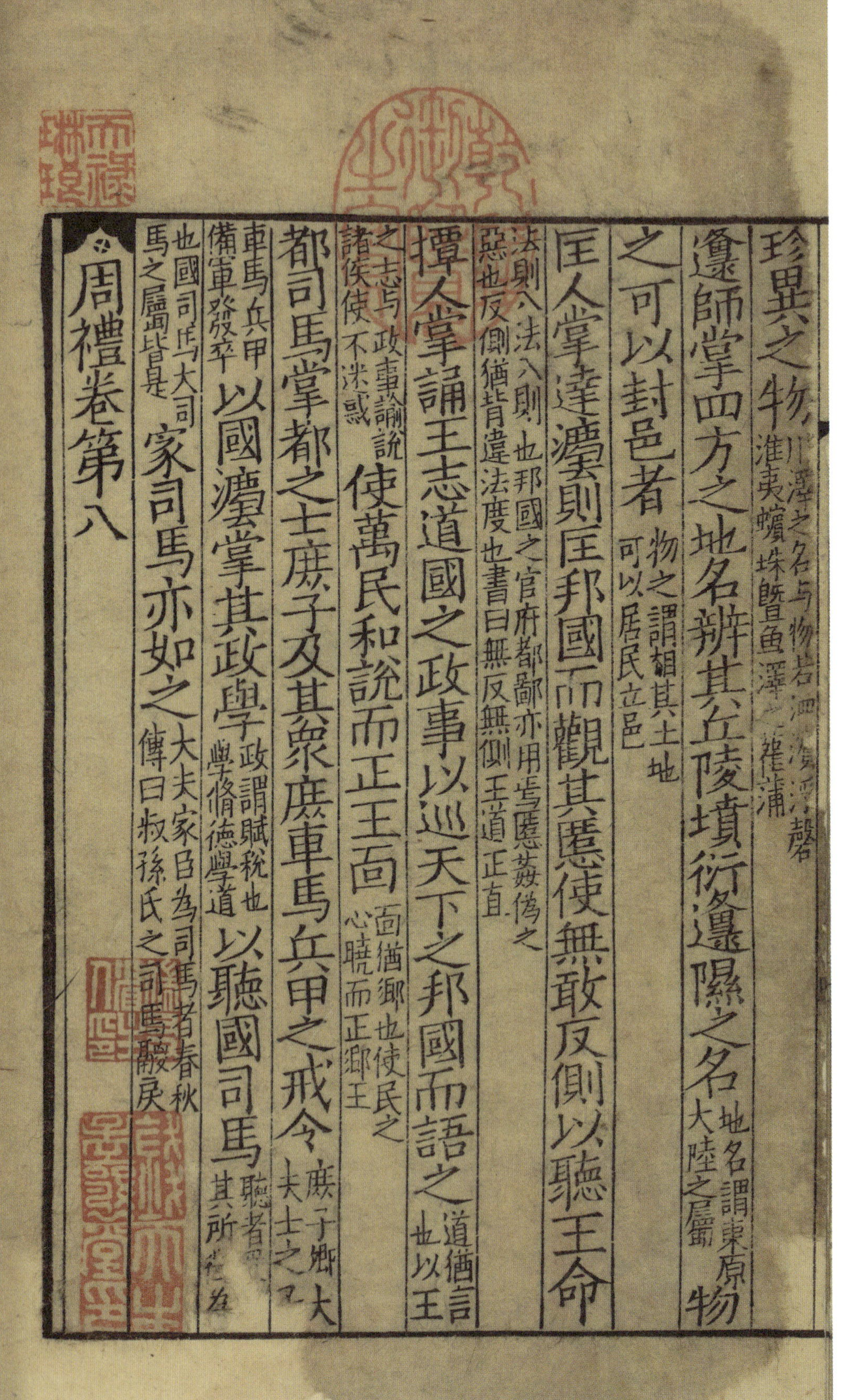

珍異之物 川澤之名與物若泗濱浮磬淮夷蠙珠暨魚澤之萑蒲

邍師掌四方之地名辨其丘陵墳衍邍隰之名 地名謂東原大陸之屬 物之可以封邑者 物之謂相其土地可以居民立邑

匡人掌達灋則匡邦國而觀其慝使無敢反側以聽王命 法則八法八則也邦國之官府都鄙亦用焉慝姦僞之惡也反側猶背違法度也書曰無反無側王道正直

撢人掌誦王志道國之政事以巡天下之邦國而語之 道猶言也以王之志與政事諭說諸侯使不迷惑 使萬民和說而正王面 面猶鄉也使民之心曉而正鄉王

都司馬掌都之士庶子及其衆庶車馬兵甲之戒令 庶子卿大夫士之子車馬兵甲備軍發卒 以國灋掌其政學 政謂賦稅也學脩德學道 以聽國司馬 聽者受其所治爲也國司馬大司馬之屬皆是 家司馬亦如之 大夫家臣爲司馬者春秋傳曰叔孫氏之司馬鬷戾

周禮卷第八

五福五代堂寶

八徵耄念之寶

太上皇帝之寶

五福五代堂寶

八徵耄念之寶

太上皇帝之寶

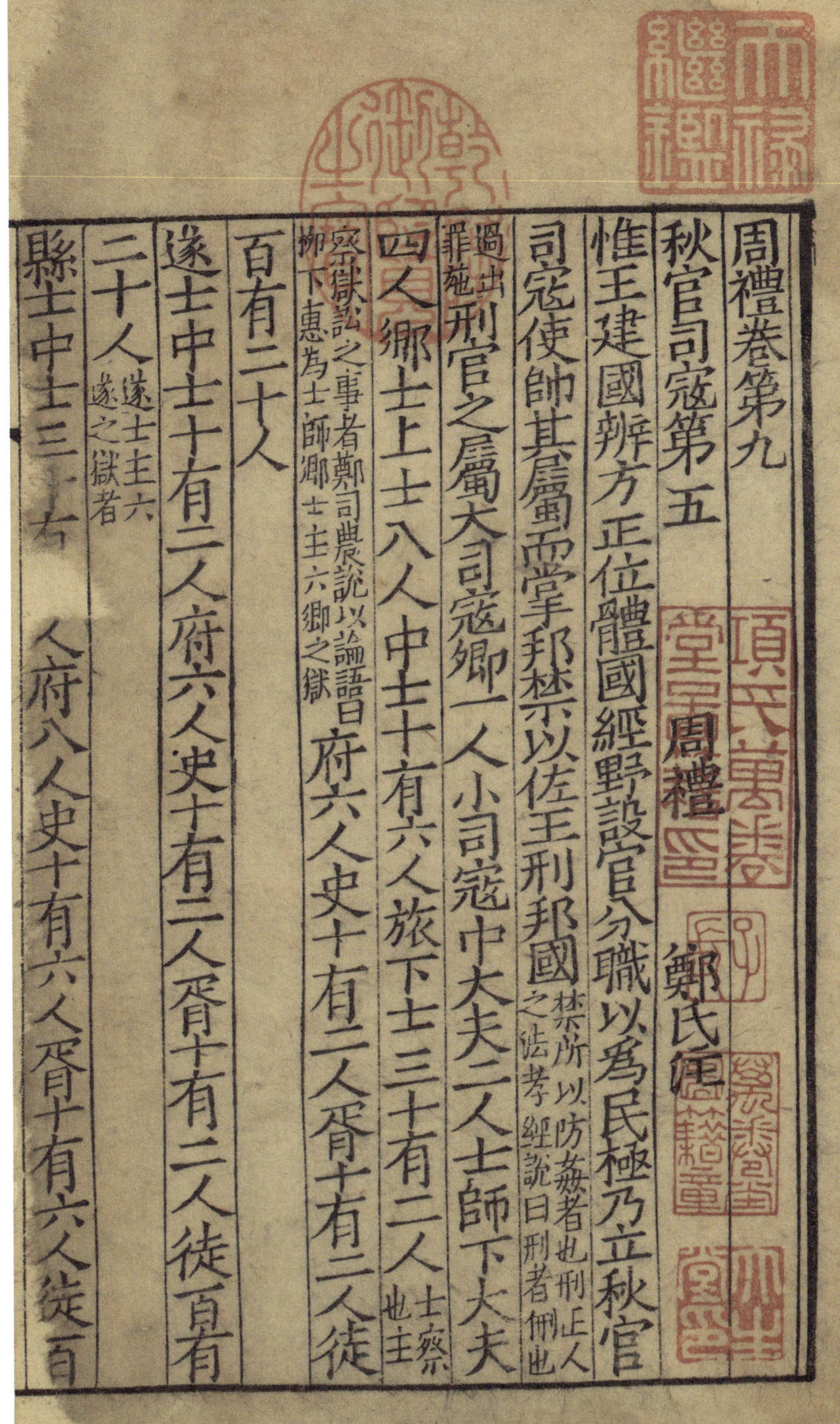

周禮卷第九

秋官司寇第五　周禮　鄭氏注

惟王建國辨方正位體國經野設官分職以爲民極乃立秋官司寇使帥其屬而掌邦禁以佐王刑邦國禁所以防姦者也刑正人之法孝經說曰刑者侀也過出罪施刑官之屬大司寇卿一人小司寇中大夫二人士師下大夫四人鄉士上士八人中士十有六人旅下士三十有二人士察也主察獄訟之事者鄭司農說以論語曰柳下惠為士師鄉士主六鄉之獄府六人史十有二人胥十有二人徒百有二十人

遂士中士十有二人府六人史十有二人胥十有二人徒百有二十人遂士主六遂之獄者

縣士中士三十有二人府八人史十有六人胥十有六人徒一百

有六十人距[illegible]城[illegible]里至四百里曰縣縣士[illegible]縣之獄者

方士中士十有六人府八人史十有六人胥十有六人徒百有六十人方士主四方都家之獄者

訝士中士八人府四人史八人胥八人徒八十人訝迎也士官之迎四方賓客

朝士中士六人府三人史六人胥六人徒六十人朝士主外朝之法

司民中士六人府三人史六人胥三人徒三十人司民主民數

司刑中士二人府一人史二人胥二人徒二十人

司刺下士二人府一人史二人徒四人刺殺也三訊罪定則殺之

司約下士二人府一人史二人徒四人約言語之約束

司盟下士二人府一人史二人徒四人盟以約辭告神殺牲歃血明著其信也曲礼曰涖牲曰盟

職金上士二人下士四人府二人史四人胥八人徒八十人職主也

司厲下士二人史一人徒十有二人犯政為惡曰厲厲主盜賊之兵器及其奴者

犬人下士二人府一人史三人賈四人徒十有六人

司圜中士六人下士十有二人府三人史六人胥十有六人徒百有二十人鄭司農云圜謂圜土也圜土謂獄城也今獄城圜司圜職中言凡圜土之刑人也以此知圜謂圜土也又大司寇職曰以圜土聚教罷民故司圜職曰掌收教罷民

掌囚下士十有二人府六人史十有二人徒百有二十人囚拘也主繫當刑殺之者

掌戮下士二人史一人徒十有二人戮猶辱也既斬殺又辱之

司隸中士二人下士十有二人府五人史十人胥二十人徒二百人隸給勞辱之役者漢始置司隸亦使將徒治道溝渠之役後稍尊之使主官府及近郡

罪隸百有二十人盜賊之家奴者

蠻隷百有二十人征南夷所獲

閩隷百有二十人閩南蠻之別

夷隷百有二十人征東夷所獲

貉隷百有二十人征東北夷所獲凡隷衆矣此其選以為役員其餘謂之隷民

布憲中士二人下士四人府二人史四人胥四人徒四十人憲表也主表刑禁者

禁殺戮下士二人史一人徒十有二人禁殺戮者禁民不得相殺戮

禁暴氏下士六人史三人胥六人徒六十人

野廬氏下士六人胥十有二人徒百有二十人廬寄也客行道所舍

蜡氏下士四人徒四十人蜡骨肉腐臭蠅蟲所蜡也月令曰掩骼埋胔此官之職也蜡讀如狙司之狙

雍氏下士二人徒八人雍謂隄防止水者也

萍氏下士二人徒八人鄭司農云萍讀為蛢或為萍號起雨之萍玄謂今天問萍號作萍爾雅曰萍蓱其大者蘋讀如小子言平之平萍氏主水禁萍之草無根而浮取名於其不沈溺

司寤氏下士二人徒八人寤覺也主夜覺者

司烜氏下士六人徒十有二人烜火也讀如衛侯燬之燬故書燬為烜鄭司農云當為烜

條狼氏下士六人胥六人徒六十人杜子春云條當為滌器之滌玄謂滌除也狼狼扈道上

脩閭氏下士二人史一人徒十有二人閭謂里門

冥氏下士二人徒八人鄭司農云冥讀為冥氏春秋之冥玄謂冥方之冥以繩縻取禽獸之名

庶氏下士一人徒四人庶讀如藥煮之煮驅除毒蠱之言書不作蠱者字從聲

穴氏下士一人徒四人穴搏蟄獸所藏者

翨氏下士二人徒八人翨鳥翮也鄭司農云翨讀為翅翼之翅

柞氏下士八人徒二十人柞除木之名除木者必先校剝之鄭司農云柞讀為音聲唶唶之唶[illegible]笮之笮

薙氏下士二人徒二十人　書薙或作夷鄭司農云掌殺草故春秋傳曰如農夫之務去草芟夷蘊崇之又俗閒謂麥下為夷下言芟夷其麥以其下種禾豆也玄謂薙讀如鬀小兒頭之鬀書或作夷此皆翦草也字從類耳月令曰燒薙行水非謂燒所芟草乃水之

硩蔟氏下士一人徒二人　鄭司農云硩讀為擿蔟讀為爵蔟之蔟謂巢也玄謂硩古字從石折聲

翦氏下士一人徒二人　翦斷滅之言也主除蟲蠹者詩云實始翦商

赤犮氏下士一人徒二人　赤犮猶言捇拔也主除蟲豸自埋者

蟈氏下士一人徒二人　鄭司農云蟈讀為蜮蜮蝦蟆也月令曰螻蟈鳴故曰掌去鼃黽鼃黽蝦蟆屬書或為掌去蝦蟆玄謂蟈今御所食蛙也字從虫国聲也蜮乃短狐與

壺涿氏下士一人徒二人　壺謂瓦鼓涿擊之也故書涿為獨鄭司農云獨讀為濁其源之濁音與涿相近書亦或為濁

庭氏下士一人徒二人　庭氏主射妖鳥令国中絜清如庭者也

銜枚氏下士二人徒八人　銜枚止言語囂讙也枚狀如箸橫銜之為之繣結於項

伊耆氏下士一人徒二人　伊耆古王者號始為蜡以息老物此主王者之齒杖後王識伊耆氏之舊德而以名官與

今姓有伊耆氏

大行人中大夫二人

小行人下大夫四人

司儀上士八人中士十有六人

行夫下士三十有二人府四人史八人胥八人徒八十人行夫主國使之禮

環人中士四人史四人胥四人徒四十人環猶圍也主圍賓客任器爲之守衛

象胥每翟上士一人中士二人下士八人徒二十人通夷狄之言者曰象胥其有才知者也此類之本名東方曰寄南方曰象西方曰狄鞮北方曰譯今揔名曰象者周之德先致南方也

掌客上士二人下士四人府一人史二人胥二人徒二十人

掌訝中士八人府二人史四人胥四人徒四十人訝迎也賓客來主迎之鄭司農云訝讀爲跛者訝跛者之訝

掌交中士八人府　人史四人徒三十有二人主交通結諸侯之好

掌察四方中士八人史四人徒十有六人

掌貨賄下士十有六人史四人徒三十有二人

朝大夫每國上士二人下士四人府一人史二人庶子八人徒二十人此王之士也使主都家之國治而命之朝大夫云

都則中士一人下士二人府一人史二人庶子四人徒八十人都則主都家之八則者也當言每都如朝大夫及都司馬云

都士中士二人下士四人府二人史四人胥四人徒四十人

家士亦如之都家之士主治都家吏民之獄訟以告方士者也亦當言每都

大司寇之職掌建邦之三典以佐王刑邦國詰四方典法也詰謹也書曰王耗荒度作詳刑以詰四方

一曰刑新國用輕典新國者新辟地立君之國用輕法者爲其民未習於教

二曰刑

平国用中典平国承平守成之国也用中典者常行之法三曰刑亂国用重典亂国篡弑叛逆之国用重典者以其化惡伐滅之以五刑糾萬民刑亦法也糾猶察異之一曰野刑上功糾力功農功力勤力二曰軍刑上命糾守命將命也守不失部伍三曰鄉刑上德糾孝德六德也善父母為孝四曰官刑上能糾職能能其事也職職事脩理五曰国刑上愿糾暴愿慤慎也暴當為恭字之誤也以圜土聚教罷民圜土獄城也聚罷民其中困苦以教之為善也民不愍作勞有似於罷凡害人者寘之圜土而施職事焉以明刑恥之害人謂為邪惡已有過失麗於法者以其不故犯法寘之圜土繫教之庶其困悔而能改也寘置也施職事以所能役使之明刑書其罪惡於大方版著其背其能改者反于中国不齒三年反于中国謂舍之還於故鄉里也司圜職曰上罪三年而舍中罪二年而舍下罪一年而舍不齒者不得以年次列於平民其不能改而出圜土者殺出謂逃亡以兩造禁民訟入束矢於朝然後聽之訟謂以財貨相告者造至也使訟者兩至既兩至使入束矢乃治之也不至不入束矢則是自服不直者也必入矢者取其直也詩曰其直如矢古者一弓百矢束矢其百个与以兩劑禁民獄入鈞金三日乃致于朝然後聽之獄謂相告以罪名者劑今券書也使獄者各齎券書既兩券書使入鈞金又三日乃治之重刑也不券書不入金則是亦自服

不直者也必入金者取其堅也三十斤曰鈞 嘉石平罷民 嘉石文石也樹之外朝門左平成也成之使善 凡萬民之有罪過而未麗於灋而害於州里者桎梏而坐諸嘉石役諸司空重罪旬有三日坐朞役其次九日坐九月役其次七日坐七月役其次五日坐五月役其下罪三日坐三月役使州里任之則宥而舍之 有罪過謂邪惡之人所罪過者也麗附也未附於法未著於法也木在足曰桎在手曰梏役諸司空坐日訖使給百工之役也役月訖使其州里之人任之乃赦之宥寬也 以肺石達窮民 肺石赤石也窮民天民之窮而无告者 凡遠近惸獨老幼之欲有復於上而其長弗達者立於肺石三日士聽其辭以告於上而罪其長 无兄弟曰惸无子孫曰獨復猶報也上謂王与六卿也報之者若上書詣公府言事矣長謂諸侯若卿遂大夫 正月之吉始和布刑于邦国都鄙乃縣刑象之灋于象魏使萬民觀刑象挾日而斂之 正月朔日布王刑於天下正歲又縣其書重之 凡邦之大盟約涖其盟書而登之于天府 涖臨也天府祖廟之藏 大史內史司會及六官

皆受其貳而藏之六官六卿之官也貳副也凡諸侯之獄訟以邦典定之邦典六典也以六典待邦国之治凡卿大夫之獄訟以邦灋斷之邦法八法也以八法待官府之治凡庶民之獄訟以邦成弊之邦成八成也以官成待万民之治故書弊為憋鄭司農云憋當為弊邦成謂若今時決事比也弊之斷其獄訟也故春秋傳曰弊獄邢侯大祭祀奉犬牲奉猶進也若禋祀五帝則戒之日涖誓百官戒于百族戒之日卜之日也百族謂府史以下也郊特牲曰卜之日王立于澤親聽誓命受教諫之義也獻命庫門之內戒百官也大廟之內戒百姓也及納亨前王祭之日亦如之納亨致牲奉其明水火明水火所取於日月者凡朝覲會同前王大喪亦如之大喪所前或嗣王大軍旅涖戮于社社謂社主在軍者也鄭司農說以書曰用命賞于祖不用命戮于社凡邦之大事使其屬蹕屬士師以下也故書蹕作避杜子春云避當為辟謂辟除姦人也玄謂蹕止行也

小司寇之職掌外朝之政以致萬民而詢焉一曰詢国危二曰詢国遷三曰詢立君外朝朝在雉門之外者也国危謂有兵寇之難国遷謂徙都改邑也立君謂无冢適選於庶也鄭司農云致万

民衆万民也詢謀也詩曰詢于芻蕘書曰謀及庶人其位王南鄉三公及州長百姓北面羣臣西面
羣吏東面羣臣卿大夫士也羣吏府史也其孤不見者孤從羣臣卿大夫在公後小司寇擯以敘進而問
焉以衆輔志而弊謀擯謂揖之使前也叙更也輔志者尊王賢明也以五刑聽萬民之獄
訟附于刑用情訊之至于旬乃弊之讀書則用灋附猶著也故書附作付訊
言也用情理言之冀有可以出之者十日乃斷之王制曰刑者侀也侀者成也一成而不可變故君子盡心焉鄭司農云讀書則用法如今時讀鞫已乃論之凡
命夫命婦不躬坐獄訟為治獄吏褻尊者也躬身也不身坐者必使其屬若子弟也喪服傳曰命夫者其男子之為大夫者命婦
者其婦人之為大夫之妻者春秋傳曰衛侯与元咺訟甯武子為輔鍼莊子為坐士榮為大理凡王之同族有罪不即市
鄭司農云刑諸甸師氏礼記曰刑于隱者不与国人慮兄弟以五聲聽獄訟求民情一曰辭聽觀其出言
不直則煩二曰色聽觀其顏色不直則赧然三曰氣聽觀其氣息不直則喘四曰耳聽觀其
聽聆不直則惑五曰目聽觀其牟子視不直則眊然以八辟麗邦灋附刑罰辟法也杜子春讀麗
為羅玄謂麗附也易曰日月麗于天故書附作付附猶著也一曰議親之辟鄭司農云若今時宗室有罪先請是也二曰

議故之辟故謂舊知也鄭司農云故舊不遺則民不偷三曰議賢之辟鄭司農云若今時廉吏有罪先請是也玄謂賢有德行者四曰議能之辟能謂有道藝者春秋傳曰夫謀而鮮過惠訓不倦者叔向有焉社稷之固也猶將十世宥之以勸能者今壹不免其身以棄社稷不亦惑乎五曰議功之辟謂有大勳力立功者六曰議貴之辟鄭司農云若今時吏墨綬有罪先請是也七曰議勤之辟謂憔悴以事国八曰議賓之辟謂所不臣者三恪二代之後與以三刺斷庶民獄訟之中中謂罪正所定一曰訊羣臣二曰訊羣吏三曰訊萬民刺殺也三訊罪定則殺之訊言也聽民之所刺宥以施上服下服之刑宥寬也民言殺殺之言寬寬之上服劓墨也下服宮刖也及大比登民數自生齒以上登于天府大比三年大數民之衆寡也人生齒而體備男八月而生齒女七月而生齒內史司會冢宰貳之以制国用人數定而九賦可知国用乃可制耳小祭祀奉犬牲奉猶進也凡禋祀五帝實鑊水納亨亦如之納亨致牲也其時鑊水當以洗解牲體肉大賓客前王而辟鄭司農云小司寇為王道辟除姦人也若今時執金吾下至令尉奉引矣后世子之喪亦如之小師涖戮小師王不自出之師凡国之大事使

其屬蹕 屬士師以下 孟冬祀司民，獻民數於王，王拜受之，以圖国用而進退之 司民星名謂軒轅角也小司寇於祀司民而献民数於王重民也進退猶損益也国用民衆則益民寡則損 歲終則令羣士計獄弊訟，登中于天府 上其所斷獄訟之数 正歲帥其屬而觀刑象，令以木鐸曰：不用灋者，国有常刑。令羣士 羣士遂士以下 乃宣布于四方，憲刑禁 宣徧也憲表也謂縣之也刑禁士師之五禁 乃命其屬入會，乃致事 得其屬之計乃令致之於王

士師之職掌国之五禁之灋，以左右刑罰：一曰宮禁，二曰官禁，三曰国禁，四曰野禁，五曰軍禁，皆以木鐸徇之于朝，書而縣于門閭 左右助也助刑罰者助其禁民為非也宮王宮也官官府也国城中也古之禁書亡矣今宮門有符籍官府有无故擅入城門有離載下帷野有田律軍有囂讙夜行之禁其粹可言者 以五戒先後刑罰，毋使罪麗于民：一曰誓，用之于軍旅；二曰誥，用之于會同；三曰禁，用諸田役；四曰糾，用諸国

中五曰憲用諸都鄙先後猶左右也誓誥於書則甘誓湯誓大誥康誥之屬禁則軍禮曰無干車無自後射比其類也糾憲未有聞焉掌鄉合州黨族閭比之聯與其民人之什伍使之相安相受以比追胥之事以施刑罰慶賞鄉合鄉所合也追追寇也胥讀如宿偦之偦偦謂司搏盜賊也掌官中之政令大司寇之官府中也察獄訟之辭以詔司寇斷獄弊訟致邦令詔司寇若今白聽政法解也致邦令者以法報之掌士之八成鄭司農云八成者行事有八篇若今時決事比一曰邦汋鄭司農云汋讀如酌酒尊中之酌國汋者斟汋盜取國家密事若今時刺探尚書事二曰邦賊為逆亂者三曰邦諜為異國反閒四曰犯邦令干冒王教令者五曰撟邦令為詐以有為者六曰為邦盜竊取國之寶藏者七曰為邦朋朋黨相阿使政不平者故書朋作傰鄭司農云傰讀為朋友之朋八曰為邦誣誣罔君臣使事失實若邦凶荒則以荒辯之法治之鄭司農云辯讀為風別之別救荒之政十有二而士師別受其數條是為荒別之法玄謂辯當爲貶聲之誤也遭飢荒則刑罰國事有所貶損作權時法也朝士職曰若邦凶荒札喪寇戎之故則令邦國都家縣鄙慮刑貶令移民通財糾守緩刑移民就賤救困也通財補不足也糾守備盜賊也緩刑舒民心也凡以財獄訟者正

之以傳別約劑傳別中別手書也約劑各所持券也故書別爲辯鄭司農云傳或爲符辯讀爲風別之別若今時市買爲券書以別之各得其一訟則案券以正之若祭勝國之社稷則爲之尸以刑官爲尸略之也周謂亡國之社爲亳社王燕出入則前驅而辟道王且辟行人祀五帝則沃尸及王盥洎鑊水洎謂增其沃汁凡刉珥則奉犬牲珥讀爲衈刉衈釁禮之事用牲毛者曰刉羽者曰衈諸侯爲賓則帥其屬而蹕于王宮謂諸侯來朝若燕饗時大喪亦如之大師帥其屬而禁逆軍旅者與犯師禁者而戮之逆軍旅反將命也犯師禁干行陳也歲終則令正要會定計簿正歲帥其屬而憲禁令于國及郊野去國百里爲郊郊外謂之野

鄉士掌國中鄭司農云謂國中至百里郊也玄謂其地則距王城百里內也言掌國中此主國中獄也六鄉之獄在國中各掌其鄉之民數而糾戒之鄉士八人言各者四人而分上三鄉聽其獄訟察其辭察審也辯其獄訟異其死刑之罪而要之旬而職聽于朝辯異謂殊其文書也要之爲其罪法之要辭如今劾矣十日乃以職事治之於外朝容其自反覆司寇聽之斷其獄弊其訟于朝羣

士司刑皆在各麗其灋以議獄訟麗附也各附致其法以成議也獄訟成士師受中協日刑殺肆之三日受中謂受獄訟之成也鄭司農云士師受中若今二千石受其獄也中者刑罰之中也故論語曰刑罰不中則民无所措手足協日刑殺協合也和也和合支幹善日若今時望後利日也肆之三日故春秋傳曰三日棄疾請尸論語曰肆諸市朝玄謂士師既受獄訟之成鄉士則擇可刑殺之日至其時而往涖之尸之三日乃反也若欲免之則王會其期免猶赦也期謂鄉士職聽于朝司寇聽之日王欲赦之則用此時親往議之大祭祀大喪紀大軍旅大賓客則各掌其鄉之禁令帥其屬夾道而蹕屬中士以下三公若有邦事則為之前驅而辟其喪亦如之鄭司農云鄉士為三公道也若今時三公出城郡督郵盜賊道也凡国有大事則戮其犯命者

遂士掌四郊鄭司農云謂百里外至三百里也玄謂其地則距王城百里以外至二百里言掌四郊者此主四郊獄也六遂之獄在四郊各掌其遂之民數而糾其戒令遂士十二人言各者二人而分主一遂聽其獄訟察其辭辨其獄訟異其死刑之罪而要之二旬而職聽于朝司寇聽之斷其獄弊其訟于朝群士司刑

皆在各麗其灋以議獄訟獄訟成士師受中恊日就郊而刑殺各於其遂肆之三日就郊而刑殺者遂士也遂士擇刑殺日至其時往涖之如御士爲之矣言各於其遂者四郊六遂遂處不同若欲免之則王令三公會其期令猶命也王欲赦之則用遂士職聽之時命三公往議之若邦有大事聚衆庶則各掌其遂之禁令帥其屬而蹕大事王所親也六鄉若有邦事則爲之前驅而辟其喪亦如之凡郊有大事則戮其犯命者

縣士掌野鄭司農云掌三百里至四百里大夫所食晉韓須爲公族大夫食縣玄謂地距王城二百里以外至三百里曰野三百里以外至四百里曰縣四百里以外至五百里曰都都縣野之地其邑非王子弟公卿大夫之采地則皆公邑也謂之縣縣士掌其獄焉言掌野者郊外曰野大揔言之也獄居近野之縣獄在二百里上縣之縣獄在三百里上都之縣獄在四百里上各掌其縣之民數糾其戒令而聽其獄訟察其辭辨其獄訟異其死刑之罪而要之三旬而職聽于朝司寇聽之斷其獄弊其訟于朝羣士司刑皆在各麗其灋以

議獄訟獄訟成士師受中協日刑殺各就其縣肆之三日刑殺各就其縣者亦謂縣士也若欲免之則王命六卿會其期期亦謂縣士職聽之時若邦有大役聚衆庶則各掌其縣之禁令若大夫有邦事爲之前驅而辟其喪亦如之凡野有大事則戮其犯命者野距王城二百里以外及縣都

方士掌都家鄭司農云掌四百里至五百里公所食魯季氏食於都玄謂都王子弟及公卿之采地家大夫之采地大都在畺地小都在縣地家邑在稍地不言掌其民數民不純屬王聽其獄訟之辭辨其死刑之罪而要之三月而上獄訟于国三月乃上要者又變朝言国以其自有君異之司寇聽其成于朝羣士司刑皆在各麗其灋以議獄訟成平也鄭司農說以春秋傳曰晉邢侯與雍子爭鄐田久而無成獄訟成士師受中書其刑殺之成與其聽獄訟者都家之吏自協日刑殺但書其成与治獄之吏姓名備反覆有失實者凡都家之大事聚衆庶則各掌其方之禁令方士十六人言各掌其方者四人而主一方也其方以王之事動[illegible]則為班禁令焉以時脩其縣灋若歲終則省之

而誅賞焉縣法縣士之職也其職掌邦国都鄙稍甸郊野之地域而辨其夫家人民田萊之數及其六畜車輦之稽旨方士以四時脩此法歲終又省之則與掌民數亦相近凡都家之士所上治則主之都家之士都士家士也所上治者謂獄訟之小事不附罪者也主之告於司寇聽平之

訝士掌四方之獄訟鄭司農云四方諸侯之獄訟諭罪刑于邦国告曉以麗罪及制刑之本意凡四方之有治於士者造焉謂讞疑辨事先來詣乃通之於士也士主謂士師也如今郡国亦時遣主者吏詣延尉議者四方有亂獄則往而成之乱獄謂若君臣宜淫上下相虐者也往而成之若呂步舒使治淮南獄邦有賓客則與行人送逆之入於国則為之前驅而辟野亦如之居館則帥其屬而為之蹕誅戮暴客者客出入則道之有治則贊之送逆謂始來及去也出入謂朝覲於王時也春秋傳曰晉侯受策以出出入三覲入国入野自以時事凡邦之大事聚衆庶則讀其誓禁

朝士掌建邦外朝之灋左九棘孤卿大夫位焉羣士在其後右

九棘公侯伯子男位焉羣吏在其後面三槐三公位焉州長衆庶在其後左嘉石平罷民焉右肺石達窮民焉樹棘以爲位者取其赤心而外刺象以赤心三刺也槐之言懷也懷來人於此欲与之謀羣吏謂府史也州長鄉遂之官鄭司農云王有五門外曰皋門二曰雉門三曰庫門四曰應門五曰路門路門一曰畢門外朝在路門外内朝在路門内左九棘右九棘故易曰係用徽纆寘于叢棘玄謂明堂位說魯公宮曰庫門天子皋門雉門天子應門言魯用天子礼所名曰庫門者如天子皋門所名曰雉門者如天子應門此此名制二兼四則魯無皋門應門矣檀弓曰魯莊公之喪既葬而絰不入庫門言其除喪而反由外來是庫門在雉門外必矣如是王五門雉門爲中門雉門設兩觀与今之宮門同閽人幾出入者窮民蓋不得入也郊特牲譏繹於庫門内言遠當於廟門廟在庫門之内見於此矣小宗伯職曰建國之神位右社稷左宗廟然則外朝在庫門之外皋門之内与今司徒府有天子以下大會殿亦古之外朝哉周天子諸侯皆有三朝外朝一内朝二内朝之在路門内者或謂之燕朝帥其屬而以鞭呼趨且辟趨朝辟行人執難以威之禁慢朝錯立族談者慢朝謂臨朝不肅敬也錯立族談違其位僔語也凡得獲貨賄人民六畜者委于朝告于士旬而舉之大者公之小者庶民私之俘而取之曰未委於朝卜日待來識之者人民謂刑人奴隸逃亡者司隸職曰帥其民而搏盜賊鄭司農云若今時得遺物及放失六畜特詣鄉亭縣廷大者公之大物没入

公家也小者私之小物自畀也玄謂人民之小者未齓七歲巳下凡士之治有期日國中一旬郊二旬野三旬都三月邦國朞期內之治聽期外不聽鄭司農云謂在期內者聽期外者不聽若今時徒論決滿三月不得乞鞫凡有責者有判書以治則聽判半分而合者故書判爲辨鄭司農云謂若今時辭訟有券書者爲治之辨讀爲別謂別券也玄謂古者出責之息亦如國服与凡民同貨財者令以國灋行之犯令者刑罰之鄭司農云同貨財者謂合錢共賈者也以國法行之司市爲節以遣之玄謂同貨財者富人畜積者多時收斂之乏時以國服之法出之雖有騰躍其贏不得過此以利出者與取者過此則罰之若今時加貴取息坐臧凡屬責者以其地傅而聽其辭鄭司農云謂訟地畔界者田地町畔相比屬故謂之屬責以地傅而聽其辭以其比畔爲證也玄謂屬責轉責使人歸之而本主死亡歸受之數相抵冒者也以其地之人相比近能爲證者來乃受其辭爲治之凡盜賊軍鄉邑及家人殺之無罪鄭司農云謂盜賊羣輩若軍共攻盜鄉邑及家人者殺之無罪若今時無故入人室宅廬舍上人車船牽引人欲犯法者其時格殺之無罪凡報仇讎者書於士殺之無罪謂同國不相辟者將報之必先言之於士若邦凶荒札喪寇戎之故則令邦國都家縣

鄙慮刑貶之故書慮為憲貶為窆杜子春云窆當為禁憲謂幡書以明之玄謂慮謀也貶猶減也謂當圖謀緩刑且減國用為民困也所貶視時為多少之法

司民掌登萬民之數自生齒以上皆書於版辨其國中與其都鄙及其郊野異其男女歲登下其死生登上也男八月女七月而生齒版今戶籍也下猶去也每歲更著生去死及三年大比以萬民之數詔司寇司寇及孟冬祀司民之日獻其數于王王拜受之登于天府內史司會冢宰貳之以贊王治鄭司農云文昌宮三能屬軒轅角相与為體近文昌為司命次司中次司祿次司民玄謂司民軒轅角也天府王祖廟之藏者贊佐也三官以貳佐王治者當以民多少黜陟主民之吏

司刑掌五刑之灋以麗萬民之罪墨罪五百劓罪五百宮罪五百刖罪五百殺罪五百墨黥也先刻其面以墨窒之劓截其鼻也今東西夷或以墨劓為俗古刑人亡逃者之世類與宮者丈夫則割其勢女子閉於宮中若今宦男女也則斷足也周改臏作刖殺死刑也書傳曰決關梁踰城郭而略盜者其刑臏男女不以義交者

其刑宮觸易君命革輿服制度姦軌盗攘傷人者其刑劓非事而事之出入不以道義而誦不詳之辭者其刑墨降畔寇賊劫略奪攘撟虔者其刑死此二千五百罪之目略也其刑書則亡夏刑大辟二百臏辟三百宮辟五百劓墨各千周則變焉所謂刑罰世輕世重者也鄭司農云漢孝文帝十三年除肉刑

若司寇斷獄弊訟則以五刑之灋詔刑罰而以辨罪之輕重詔刑罰者處其所應不如今律家所署法矣

司刺掌三刺三宥三赦之灋以贊司寇聽獄訟刺殺也訊而有罪則殺之宥寬也赦舍也壹刺曰訊羣臣再刺曰訊羣吏三刺曰訊萬民訊言壹宥曰不識再宥曰過失三宥曰遺忘鄭司農云不識謂愚民无所識則宥之過失若今律過失殺人不坐死玄謂識審也不審若今仇讎當報甲見乙誠以為甲而殺之者過失若舉刃欲斫伐而軼中人者遺忘若閒帷薄忘有在焉而以兵矢投射之壹赦曰幼弱再赦曰老旄三赦曰惷愚惷愚生而癡騃童昏者鄭司農云幼弱老旄若今律令年未滿八歲八十以上非手殺人他皆不坐以此三灋者求民情斷民中而施上服下服之罪然後刑殺上服殺與墨劓下服宮刖也司約職曰其不信者服墨刑凡行刑必先規識所刑之處乃後行之

司約掌邦国及萬民之約劑治神之約爲上治民之約次之治地之約次之治功之約次之治器之約次之治摯之約次之此六約者諸侯以下至於民皆有焉劑謂券書也治者理其相抵冒上下之差也神約謂命祀郊社羣望及所祖宗也夏子不祀祝融楚人伐之民約謂征稅遷移仇讎旣和若懷宗九姓在晉殷民六族七族在魯衛皆是也地約謂經界所至田萊之比也功約謂王功国功之屬賞爵所及也器約謂礼樂吉凶車服所得用也摯約謂玉帛禽鳥相与往来也凡大約劑書於宗彝小約劑書於丹圖大約劑邦国約也書於宗廟之六彝欲神監焉小約劑万民約也丹圖未聞或有雕器簠簋之屬有圖象者与春秋傳曰斐豹隷也著於丹書今俗語有鐵券丹書豈此舊典之遺言若有訟者則珥而辟藏其不信者服墨刑鄭司農云謂有爭訟罪罰刑書謬誤不正者為之開藏取本刑書以正之當開時先祭之玄謂訟訟約若宋仲幾薛宰者也辟藏開府視約書不信不如約也珥讀曰衈謂殺雞取血釁其户若大亂則六官辟藏其不信者殺大乱謂僭約若吴楚之君晉文公請隧以葬者六官辟藏明罪大也六官初受盟約之貳

司盟掌盟載之灋載盟辭也盟者書其辭於策殺牲取血坎其牲加書於上而埋之謂之載書春秋傳曰宋寺人惠牆伊戾坎開牲加書為世子座与楚客盟凡邦国有疑會同則掌其盟約之載及其禮儀

北面詔明神既盟則貳之 有疑不協也明神神之明察者謂日月山川也覲禮加方明于壇上所以依之也詔之者讀其載書

以告之 貳之者寫副當以授官官 盟萬民之犯命者詛其不信者亦如之 盟詛者欲相與共惡之也犯命犯君教令也不信違約者也春秋傳曰臧紇犯門斬關以出乃盟臧氏又曰鄭伯使卒出豭行出犬雞以詛射潁考叔者 凡民之有約

劑者其貳在司盟 貳之者檢其自相違約 有獄訟者則使之盟詛 不信則不敢聽此盟詛所以省獄訟 凡盟詛各以其地域之衆庶共其牲而致焉既盟則

為司盟共祈酒脯 使其邑閭出牲而來盟已又使出酒脯司盟為之祈明神使不信者必凶

職金掌凡金玉錫石丹青之戒令 青空青也 受其入征者辨其物之

媺惡與其數量楬而璽之入其金錫于為兵器之府入其玉石

丹青于守藏之府 為兵器者攻金之工六也守藏者玉府內府也鄭司農云受其入征者謂主受采金玉錫石丹青于之租稅也楬而璽之者楬書其數量以著其物也璽者印也既楬書揃其數量又以印封之今時之書有所表識謂之楬櫫 入其要 要其數也入之於大

府 掌受士之金罰貨罰入于司兵 給治兵及工直也貨泉貝也罰罰贖也書曰金作贖刑 旅于

上帝則共其金版饗諸侯亦如之鉼金謂之版此版所施未聞凡國有大故而用金石則掌其令主其取之令也用金石者作槍雷椎椁之屬

司厲掌盜賊之任器貨賄辨其物皆有數量賈而楬之入于司兵鄭司農云任器貨賄謂盜賊所用傷人兵器及所盜財物也入于司兵若今時傷殺人所用兵器盜賊贓加責沒入縣官其奴男子入于罪隸女子入于舂稾鄭司農云謂坐為盜賊而為奴者輸於罪隸舂人稾人之官也由是觀之今之為奴婢古之罪人也故書曰予則奴戮女論語曰箕子為之奴罪隸之奴也故春秋傳曰斐豹隸也著於丹書請焚丹書我殺督戎恥為奴欲焚其籍也玄謂奴從坐而沒入縣官者男女同名凡有爵者與七十者與未齔者皆不為奴有爵謂命士以上也齔毀齒也男八歲女七歲而毀齒

犬人掌犬牲凡祭祀共犬牲用牷物伏瘞亦如之鄭司農云牷純也物色也伏謂伏犬以王車轢之瘞謂埋祭也爾雅曰祭地曰瘞埋凡幾珥沈辜用駹可也故書駹作龍鄭司農云幾讀為庪爾雅曰祭山曰庪縣祭川曰浮沈大宗伯職曰以埋沈祭山川林澤以罷辜祭四方百物龍讀為駹謂不純色也玄謂幾讀為刉珥當為衈刉衈者釁禮之事

凡相犬牽犬者屬焉掌其政治相謂視擇知其善惡

司圜掌收教罷民凡害人者弗使冠飾而加明刑焉任之以事而收教之能改者上罪三年而舍中罪二年而舍下罪一年而舍其不能改而出圜土者殺雖出三年不齒弗使冠飾者著黑幪若古之象刑與舍釋之也鄭司農云罷民謂惡人不從化為百姓所患苦而未入五刑者也故曰凡害人者不使冠飾任之以事若今時罰作矣

凡圜土之刑人也不虧體其罰人也不虧財言其刑人但加以明刑罰人但任之以事耳鄭司農云以此知其為民所苦而未入刑者也故大司寇職曰凡萬民之有罪過而未麗於法而害於州里者桎梏而坐諸嘉石役諸司空又曰以嘉石平罷民国語曰罷士無伍罷女無家言為惡無所容入也玄謂圜土所收教者過失害人已麗於法者

掌囚掌守盜賊凡囚者上罪梏拲而桎中罪桎梏下罪梏王之同族拲有爵者桎以待弊罪凡囚者謂非盜賊自以他罪拘者也鄭司農云拲者兩手共一木也桎梏者兩手各一木也玄謂在手曰梏在足曰桎中罪不拲手足各一木耳下罪又去桎王同族及命士以上雖有上罪或拲或桎而已弊猶斷也及刑殺

告刑于王奉而適朝士加明梏以適市而刑殺之告刑于王告王以今日當行刑及所刑姓名也其死罪則曰某之罪在大辟其刑罪則曰某之罪在小辟奉而適朝者重刑為王欲有所赦且當以付士士鄉士也鄉士加明梏者謂書其姓名及其罪於梏而著之也因此雖有無梏者至於刑殺皆設之以適市就衆也庶姓無爵者皆刑殺於市凡有爵者與王之同族奉而適甸師氏以待刑殺適甸師氏亦由朝乃往也待刑殺者掌戮將自市來也文王世子曰雖親不以犯有司正術也所以體異姓也刑于隱者不與國人慮兄弟也

掌戮掌斬殺賊諜而搏之斬以鈇鉞若今要斬也殺以刀刃若今棄市也諜謂姦寇反間者賊與諜罪大者斬之小者殺之搏當為膊諸城上之膊字之誤也膊謂去衣磔之凡殺其親者焚之殺王之親者辜之親緦服以內也焚燒也易曰焚如死如棄如辜之言枯也謂磔之凡殺人者踣諸市肆之三日刑盜于市踣僵尸也肆猶申也陳也凡言刑盜罪惡莫大焉凡罪之麗於灋者亦如之唯王之同族與有爵者殺之于甸師氏罪二千五百條上附下附刑五而已於刑同科者其刑殺之一也凡軍旅田役斬殺刑戮亦如之戮謂膊焚辜肆墨者使守門黥者無妨

於禁御 劓者使守關截鼻亦無妨以貌醜遠之宮者使守內以其人道絕也今世或然刖者使守囿斷足驅衛禽獸無急行髡者使守積鄭司農云髡當作完謂但居作三年不虧體者也玄謂此出五刑之中而髡者必王之同族不宮者宮之為翦其類髡頭而已守積積在隱者宜也

司隸掌五隸之灋辨其物而掌其政令五隸謂罪隸四翟之隸也物衣服兵器之屬帥其民而搏盜賊役国中之辱事為百官積任器凡囚執人之事民五隸之民也鄭司農云百官所當任持之器物此官主為積聚之也玄謂任猶用也邦有祭祀賓客喪紀之事則役其煩辱之事煩猶劇也士喪禮下篇曰隸人涅廁掌帥四翟之隸使之皆服其邦之服執其邦之兵守王宮與野舍之厲禁野舍王行所止舍也厲遮例也

罪隸掌役百官府與凡有守者掌使令之小事役給其小役凡封国若家牛助為牽徬鄭司農云凡封国若家謂建諸侯立大夫家也牛助為牽徬此官主為送致之也玄

謂牛助国以牛助轉徙也罪隸牽傍之在前曰牽在旁曰傍 其守王宮與其厲禁者如蠻隸之事

蠻隸掌役校人養馬其在王宮者執其国之兵以守王宮在野外則守厲禁

閩隸掌役畜養鳥而阜蕃教擾之掌子則取隸焉 杜子春云子當爲祀玄謂掌子者王立世子置臣使掌其家事而以閩隸役之

夷隸掌役牧人養牛馬與鳥言 鄭司農云夷狄之人或曉鳥獸之言故春秋傳曰介葛盧聞牛鳴曰是生三犧皆用矣是以貉隸職掌與獸言 其守王宮者與其守厲禁者如蠻隸之事

貉隸掌役服不氏而養獸而教擾之掌與獸言 不言阜蕃者猛獸不可服又不生乳於圈檻也 其守王宮者與其守厲禁者如蠻隸之事

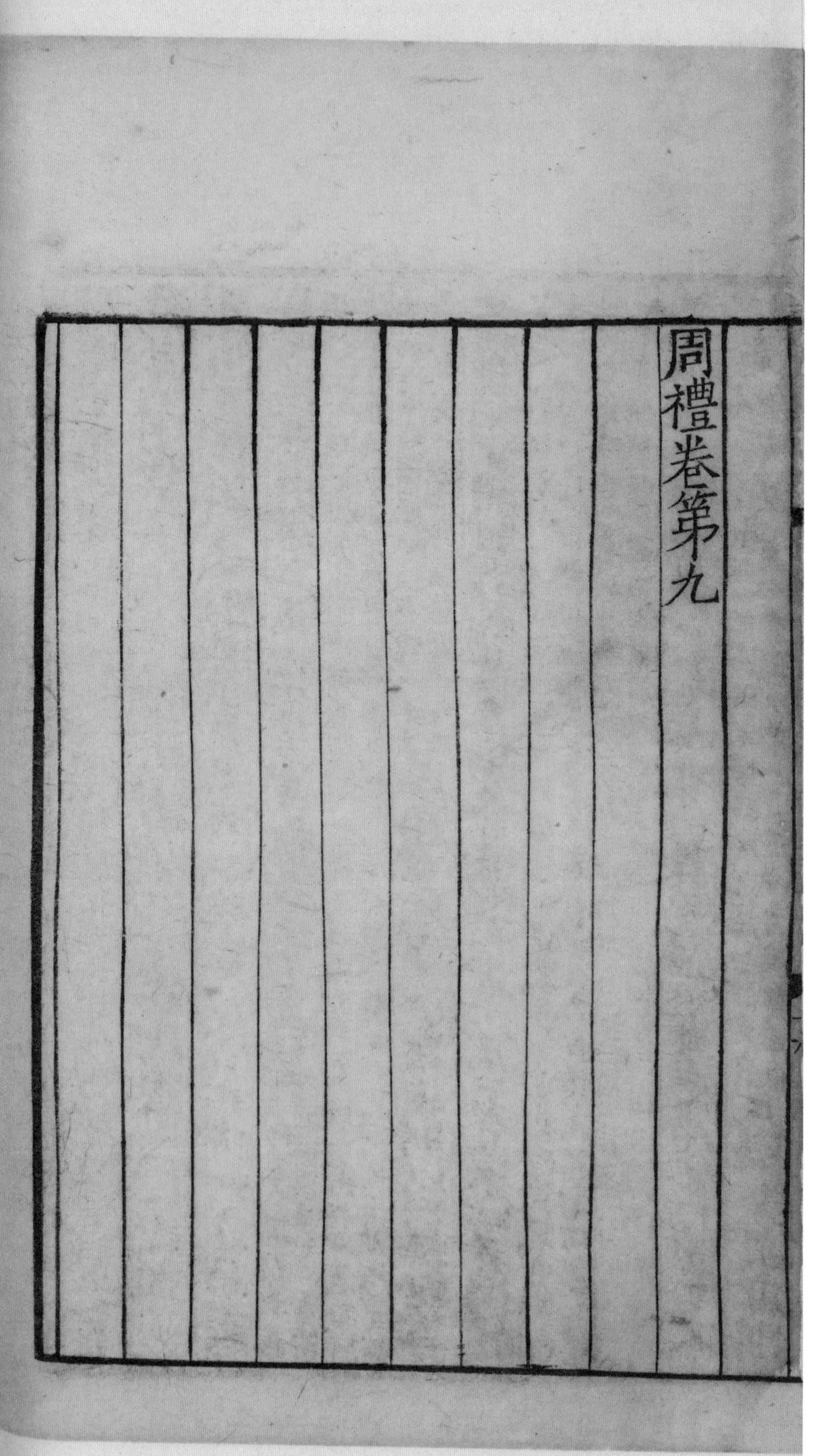

周禮卷第九

周禮卷第十

秋官司寇下　周禮　鄭氏注

布憲掌憲邦之刑禁正月之吉執旌節以宣布于四方而憲邦之刑禁以詰四方邦國及其都鄙達于四海憲表也謂縣之也刑禁者國之五禁所以左右刑罰者司寇正月布刑于天下正歲又縣其書于象魏布憲於司寇布刑則以旌節出宣令之於司寇縣書則亦縣之于門閭及都鄙邦國刑者王政所重故屢丁寧焉詰謹也使四方謹行之爾雅曰九夷八蠻六戎五狄謂之四海凡邦之大事合衆庶則以刑禁號令

禁殺戮掌司斬殺戮者凡傷人見血而不以告者攘獄者遏訟者以告而誅之司猶察也察此四者告於司寇罪之也斬殺戮謂吏民相斬相殺相戮者傷人見血見血乃為傷人耳鄭司農云攘獄者距當獄者也遏訟者遏止欲訟者也玄謂攘猶卻也卻獄者言不受也

禁暴氏掌禁庶民之亂暴力正者撟誣犯禁者作言語而不信者以告而誅之民之好為侵陵稱詐謾誕此三者亦刑所禁也力正以力強得正也凡國聚衆庶則

戮其犯禁者以徇凡奚隸聚而出入者則司牧之戮其犯禁
者奚隸女奴男奴也其聚出入有所使
野廬氏掌達國道路至于四畿達謂巡行通之使不陷絕也去王城五百里曰畿比國郊
及野之道路宿息井樹比猶校也宿息廬之屬賓客所宿及晝止者也井共飲食樹為蕃蔽若有賓
客則令守涂地之人聚欜之有相翔者誅之守涂地之人道所出廬宿旁民也相翔猶
昌翔觀伺者也鄭司農云聚欜之聚擊欜以宿衛之也有姦人相翔於賓客之側則誅之不得令寇盜賓客凡道路之舟車轚
互者叙而行之舟車轚互謂於迫隘處也車有轘轅坻閣舟有砥柱之屬其過之者使以次敘之凡有節者及
有爵者至則為之辟辟辟行人亦使守涂地者禁野之橫行徑踰者皆為防姦也橫行妄
由田中徑踰射邪趨疾越隄渠也凡國之大事比脩除道路者比校治道者名若今次金敘大功掌
凡道禁禁謂若今絕蒙大巾持兵杖之屬邦之大師則令埽道路且以幾禁行
作不時者不物者不時謂不夙則莫者也不物謂衣服操持非此常人也幾禁之者備姦人內賊及反間

蜡氏掌除骴此曲禮四足死者曰漬故書骴作脊鄭司農云脊讀爲漬謂死人骨也月令曰掩骼埋胔骨之尚有肉者也及禽獸之骨皆是凡國之大祭祀令州里除不蠲禁刑者任人及凶服者以及郊野大師大賓客亦如之蠲讀如吉圭惟饎之圭圭絜也刑者黥劓之屬任人司圜所收教罷民也凶服服衰絰也此所禁除者皆爲不欲見人所薉惡也若有死於道路者則令埋而置楬焉書其日月焉縣其衣服任器于有地之官以待其人有地之官主此地之吏也其人其家人也鄭司農云楬欲令其識取之今時楬櫫是也有地之官有部界之吏今時鄉亭是也掌凡國之骴禁禁謂孟春掩骼埋胔之屬

雍氏掌溝瀆澮池之禁凡害於國稼者春令爲阱擭溝瀆之利於民者秋令塞阱杜擭溝瀆澮田間通水者也池謂陂障之水道也害於國稼謂水潦及禽獸也阱穿地爲塹所以禦禽獸其或超踰則陷焉世謂之陷阱擭柞鄂也堅地阱淺則設柞鄂於其中秋而杜塞阱擭收刈之時爲其陷害人也書粊誓曰敜乃擭斂乃阱時秋也伯禽以出師征徐戎禁山之爲苑澤之沈者爲其就禽獸魚鼈自然之居而害之鄭司農云不得擅爲苑囿於山也澤之沈者謂毒魚及水蟲之屬

萍氏掌國之水禁水禁謂水中害人之處及入水捕魚鼈不時幾酒苛察沽買過多及非時者謹酒
使民節用酒也書酒誥曰有政有事無彝酒禁川游者備波洋卒至沈溺也
司寤氏掌夜時夜時謂夜晚早若今甲乙至戊以星分夜以詔夜士夜禁夜士
主行夜徼候者如今都候之屬御晨行者禁宵行者夜遊者備其遭寇害及謀非公事御亦
禁也謂遏止之無刑法也晨先明也宵定昏也書曰宵中星虛春秋傳曰夜中星隕如雨
司烜氏掌以夫遂取明火於日以鑒取明水於月以共祭祀之
明齍明燭共明水夫遂陽遂也鑒鏡屬取水者世謂之方諸取日之火月之水欲得陰陽之絜氣也明燭以照饌陳明水以
為玄酒鄭司農云夫發聲明齍謂以明水滫滌粢盛黍稷凡邦之大事共墳燭庭燎故書墳為蕡鄭司農云蕡
燭麻燭也玄謂墳大也樹於門外曰大燭於門內曰庭燎皆所以照衆為明中春以木鐸脩火禁于國中為季
春將出火也火禁謂用火之處及備風燥軍旅脩火禁邦若屋誅則為明竁焉鄭司農云
屋誅謂夷三族無親屬收葬者故為葬之也三夫為屋一家田為一夫以此知三家也玄謂屋讀如其刑剭之剭剭誅謂所殺不於市而以適甸師氏者也明

竁若今楬頭明書其罪法也司烜掌明竁則罪人夜葬與

條狼氏掌執鞭以趨辟王出入則八人夾道公則六人侯伯則四人子男則二人趨辟趨而辟行人若今卒辟車之為也孔子曰凡富而可求雖執鞭之士吾亦為之言士之賤也誓執鞭以趨於前且命之誓僕右曰殺誓馭曰車轘誓大夫曰敢不關鞭五百誓師曰三百誓邦之大史曰殺誓小史曰墨前謂所誓衆之行前也有司讀誓辭則大言其刑以警所誓也誓者謂出軍及將祭祀時也出軍之誓誓左右及馭則書之甘誓備矣郊特牲說祭祀之誓曰卜之日王立于澤親聽誓命受教諫之義也車轘謂車裂也師樂師也大史小史主禮事者鄭司農云誓大夫曰敢不關謂不關於君也玄謂大夫自受命以出則其餘事莫不復請

脩閭氏掌比國中宿互𣞤者與其國粥而比其追胥者而賞罰之國中城中也粥養也國所游養謂羨卒也追逐寇也胥讀為偦故書互為巨鄭司農云宿謂宿衛也巨當為互謂行馬所以障互禁止人也𣞤謂行夜擊𣞤禁徑踰者與以兵革趨行者與馳騁於國中者皆為其感衆邦

有故則令守其閭互唯執節者不幾令者令其閭內之閭胥里宰之屬

冥氏掌設弧張弧張罿罦之屬所以扃絹禽獸爲阱擭以攻猛獸以霝鼓歐之霝鼓六面鼓歐之使驚趨阱擭若得其獸則獻其皮革齒須備鄭司農云須直謂頤下須備謂搔也

庶氏掌除毒蠱以攻說禬之嘉草攻之毒蠱蟲物而病害人者賊律曰敢蠱人及教令者弃市攻說祈名祈其神求去之也嘉草藥物其狀未聞攻之謂燻之鄭司農云禬除也玄謂此禬讀如潰癰之潰凡敺蠱則令之比之使爲之又校次之

穴氏掌攻蟄獸各以其物火之蟄獸熊羆之屬冬藏者也將攻之必先燒其所食之物於穴外以誘出之乃可得之以時獻其珍異皮革

翨氏掌攻猛鳥各以其物爲媒而掎之猛鳥鷹隼之屬置其所食之物於絹中鳥來下則掎其腳以時獻其羽翮

柞氏掌攻草木及林麓林人所養者山足曰麓夏日至令刊陽木而火之

冬日至令剥陰木而水之刊剥互言耳皆謂斫去次地之皮生山南為陽木生山北為陰木火之水之則使其肄不生若欲其化也則春秋變其水火化猶生也謂時以種穀也變其水火者乃所火則水之所水則火之則其土和美凡攻木者掌其政令餘木有時

薙氏掌殺草春始生而萌之夏日至而夷之秋繩而芟之冬日至而耜之故書萌作甍杜子春云甍當為萌謂耕反其萌牙書亦或為萌玄謂萌之者以茲其斫其生者夷之以鉤鎌迫地芟之也若今取茭矣含實曰繩芟其繩則實不成熟耜之以耜則凍土剗之若欲其化也則以水火變之謂以火燒其所芟萌之草已而水之則其土亦和美矣月令季夏燒薙行水利以殺草如以熱湯是其一時著之掌凡殺草之政令

硩蔟氏掌覆夭鳥之巢覆猶毀也夭鳥惡鳴之鳥若鴞鵩以方書十日之號十有二辰之號十有二月之號十有二歲之號二十有八星之號縣其巢上則去之方版也日謂從甲至癸辰謂從子至亥月謂從娵至荼歲謂從攝提格至赤奮若星謂從角至軫夭鳥見此五者而去其祥未聞

翦氏掌除蠹物以攻禜攻之以莽草熏之蠹物穿食人器物者蟲魚亦是也攻禜祈名莽草藥物殺蟲者以熏之則死故書蠹爲槖杜子春云槖當爲蠹凡庶蠱之事庶除毒蠱者蠱蠹之類或熏以莽草則去

赤犮氏掌除牆屋以蜃炭攻之以灰洒毒之洒灑也除牆屋者除蟲豸藏逃其中者蜃大蛤也擣其炭以坋之則走淳之以灑之則死故書蜃爲晨鄭司農云晨當爲蜃書亦或爲蜃凡隙屋除其貍蟲貍蟲䗪肌蛷之屬

蟈氏掌去鼃黽焚牡蘜以灰洒之則死牡蘜不華者齊魯之閒謂鼃爲蟈黽耿黽也蟈與耿黽尤怒鳴爲聒人耳去之以其煙被之則凡水蟲無聲杜子春云假令風從東方來則於水東面爲煙令煙西行被之水上

壺涿氏掌除水蟲以炮土之鼓敺之以焚石投之水蟲狐蜮之屬故書炮作泡杜子春讀炮爲苞有苦葉之苞玄謂燔之炮之炮炮土之鼓瓦鼓也焚石投之使驚去若欲殺其神則以牡橭午貫象齒而沈之則其神死淵爲陵神謂水神龍罔象故書橭爲梓午爲五杜子春云梓當爲橭橭讀爲枯枯榆不名書或爲樗又云五貫當爲午貫

庭氏掌射國中之夭鳥若不見其鳥獸則以救日之弓與救月

之矢夜射之不見鳥獸謂夜來鳴呼爲怪者獸狐狼之屬鄭司農云救日之弓救月之矢謂日月食所作弓矢玄謂日月之食陰陽相勝之變也於日食則射大陰月食則射大陽與疑若神也則以大陰之弓與枉矢射之神謂非鳥獸之聲若或叫于宋大廟譆譆出出者大陰之弓救月之弓枉矢救日之矢與不言救月之弓與救日之矢者互言之救日用枉矢則救月以指矢可知也

銜枚氏掌司囂察囂讙者爲其聒亂在朝者之言語國之大祭祀令禁無囂令令主祭祀者軍旅田役令銜枚爲其言語以相誤禁嘂呼歎鳴於國中者行歌哭於國中之道者爲其惑衆相感動嗚吟也

伊耆氏掌國之大祭祀共其杖咸咸讀爲函也老臣雖杖於朝事鬼神尚杖去之有司以此函藏之旣事乃授之軍旅授有爵者杖別吏卒且以扶尊者將軍杖鉞共王之齒杖王之所以賜老者之杖鄭司農云謂年七十當以王命受杖者今時亦命之爲王杖玄謂王制曰五十杖於家六十杖於鄉七十杖於国八十杖於朝

大行人掌大賓之禮及大客之儀以親諸侯大賓要服以內諸侯大客謂其孤卿春朝諸侯而圖天下之事秋覲以比邦國之功夏宗以陳天下

之謨冬遇以協諸侯之慮時會以發四方之禁殷同以施天下之政此六事者以王見諸侯為文圖比陳協皆考績之言王者春見諸侯則圖其事之可否秋見諸侯則比其功之高下夏見諸侯則陳其謀之是非冬見諸侯則合其慮之異同六服以其朝歲四時分來更送如此而偏時會即時見也无常期諸侯有不順服者王將有征討之事則旣朝王命為壇於国外合諸侯而發禁命事焉禁謂九伐之法殷同即殷見也王十二歲一巡守若不巡守則殷同殷同者六服盡朝旣朝王亦命為壇於国外合諸侯而命其政政謂邦国之九法殷同四方四時分來歲終則徧矣九伐九法皆在司馬職司馬法曰春以礼朝諸侯國同事夏以礼宗諸侯陳同謀秋以礼覲諸侯比同功冬以礼遇諸侯圖同慮時以礼會諸侯施同政殷以礼宗諸侯發同禁

時聘以結諸侯之好殷覜以除邦國之慝此二事者亦以王見諸侯之臣使來者為文也時聘者亦无常期天子有事諸侯使大夫來聘親以礼見之礼而遣之所以結其恩好也天子无事則巳殷覜謂一服朝之歲也慝猶惡也一服朝之歲五服諸侯皆使卿以聘礼來覜天子天子以礼見之命以政禁之事所以除其惡行

間問以諭諸侯之志歸脤以交諸侯之福賀慶以贊諸侯之喜致禬以補諸侯之烖此四者王使臣於諸侯之礼也間問者間歲一問諸侯謂存省之屬諭諸侯之志者諭言語諭書名其類也交或往或來者也贊助也致禬凶礼之弔礼禬礼也補諸侯烖者若春秋澶淵之會謀歸宋財

以九儀辨諸侯之命等諸臣之爵以同邦國之

禮而待其賓客九儀謂命者五公侯伯子男也爵者四孤卿大夫士也上公之禮執桓圭九寸繅藉九寸冕服九章建常九斿樊纓九就貳車九乘介九人禮九牢其朝位賓主之間九十步立當車軹擯者五人廟中將幣三享王禮再祼而酢饗禮九獻食禮九舉出入五積三問三勞諸侯之禮執信圭七寸繅藉七寸冕服七章建常七斿樊纓七就貳車七乘介七人禮七牢朝位賓主之間七十步立當前疾擯者四人廟中將幣三享王禮壹祼而酢饗禮七獻食禮七舉出入四積再問再勞諸伯執躬圭其他皆如諸侯之禮諸子執穀璧五寸繅藉五寸冕服五章建常五斿樊纓五就貳車五乘介五人禮五牢朝位賓主之間五十步立當車衡擯者三人廟中將幣三享王禮壹祼不酢饗禮五獻食禮五舉出入三積

壹問壹勞諸男執蒲璧其他皆如諸子之禮繅藉以五采韋衣板若奠玉則以藉之冕服著冕所服之衣也九章者自山龍以下七章者自華蟲以下五章者自宗彝以下也常旂旗也斿其屬幓垂者也樊纓馬飾也以罽飾之每一處五采備為一就就成也貳副也介輔已行礼者也礼大礼饔餼也三牲備為一牢朝位謂大門外賓下車及王車出迎所立處也王始立大門内交擯三辭乃乗車而迎之齊僕為之節上公立當軹侯伯立當疾子男立當衡王立當軫與廟受命祖之廟也饗食設盛礼以飲賓也問問不恙也勞謂苦倦之也皆有礼以幣致之故書祼作果鄭司農云車軹軹也三享三獻也祼讀為灌再灌再飲公也而酢報飲王也举文举樂也出入五積謂饋之芻米也前疾謂駟馬車轅前胡下垂柱地者玄謂三享皆束帛加璧庭實惟国所有朝士儀曰奉国地所出重物而獻之明臣職也朝先享不言朝者朝正礼不嫌有等也王礼王以鬱鬯礼賓也鬱人職曰凡祭祀賓客之祼事和鬱鬯以實彝而陳之礼者使宗伯攝酌圭瓚而祼王既拜送爵又攝酌璋瓚而祼后又拜送爵是謂再祼再祼賓乃酢王也礼侯伯一祼而酢者祼賓賓酢王而已后不祼也礼子男一祼不酢者祼賓而已不酢王也不酢之礼聘礼礼賓是与九举举牲體九飯也出入謂從來訖去也每積有牢礼米禾芻薪凡數不同者皆降殺

凡大國之孤執皮帛以繼小國之君出入三積不問壹勞朝位當車前不交擯廟中無相以酒禮之其他皆眡小國之君此以君命來聘者也孤尊既聘享更自以其贄見執束帛而已豹皮表之為飾繼小国之君言次之朝聘之礼每一国畢乃前不交擯者不使介傳辭交于王之擯親自對擯者也

廟中无相介皆入門西上而立不前相礼者聘之介是與以酒礼之酒謂齊酒也和之不用鬱鬯耳其地謂貳車及介牢礼賓主之間擯者將幣祼酢饗食之數凡諸侯之卿其禮各下其君二等以下及其大夫士皆如之此亦以君命來聘者也所下其君者介與朝位賓主之間也其餘則自以其爵時聘義曰上公七介侯伯五介子男三介是謂使卿之聘之數也朝位則上公七十步侯伯五十步子男三十步與邦畿方千里其外方五百里謂之侯服歲壹見其貢祀物又其外方五百里謂之甸服二歲壹見其貢嬪物又其外方五百里謂之男服三歲壹見其貢器物又其外方五百里謂之采服四歲壹見其貢服物又其外方五百里謂之衛服五歲壹見其貢材物又其外方五百里謂之要服六歲壹見其貢貨物要服蠻服也此六服去王城三千五百里相距方七千里公侯伯子男封焉其朝貢之歲四方各四分趨四時而來或朝春或宗夏或覲秋或遇冬祀貢者犧牲之屬故書嬪作頻鄭司農云嬪物婦人所為物也爾雅曰嬪婦也玄謂嬪物絲枲也器物尊彝之屬服物玄纁絺纊也材物八材也貨物龜貝也九州之外謂之蕃國世壹見各以其所貴寶為摯九州之外

夷服鎮服蕃服也曲礼曰其在東夷北狄西戎南蠻雖大曰子春秋傳曰杞伯也以夷礼故曰子然則九州之外其君皆子男也無朝貢之歲父死子立及嗣王即位乃一來耳各以其所貴寶為摯則蕃国之君無執玉瑞者是以謂其君為小賓臣為小客所貴寶見傳者若犬戎獻白狼白鹿是也其餘則周書王會備焉王之所以撫邦國諸侯者歲徧存三歲徧覜五歲徧省七歲屬象胥諭言語協辭命九歲屬瞽史諭書名聽聲音十有一歲達瑞節同度量成牢禮同數器脩灋則十有二歲王巡守殷國撫猶安也存覜省者王使臣於諸侯之礼所謂閒問也歲者巡守之明歲以為始也屬猶聚也自五歲之後遂閒歲徧省也七歲省而召其象胥九歲省而召其瞽史皆聚於天子之宮教習之也故書協辭命作叶詞命鄭司農云象胥譯官也叶當為汁詞當為辭書或為叶辭命玄謂胥讀為諝王制曰五方之民言語不通嗜慾不同達其志通其慾東方曰寄南方曰象西方曰狄鞮北方曰譯此官正為象者周始有越重譯而來獻是因通言語之官為象胥云諝謂象之有才知者也辭命六辭之命也瞽樂師也史太史小史也書名書之字也古曰名聘礼曰百名以上至十一歲又徧省焉度丈尺也量豆區釜也數器銓衡也法八法也則八則也達同成脩皆謂齎其法式行至則齊等之也成平也平其僣踰者也王巡守諸侯會者各以其時之方書曰遂覲東后是也其殷国則四方四時分來如平時凡諸侯之王事辨其位正其等協其禮賓而見之王事以王之事來也詩云莫敢不來王孟子曰諸侯有王若

有大喪則詔相諸侯之禮詔相左右教告之也若有四方之大事則受其幣聽其辭四方之大事謂国有兵寇諸侯來告急者礼動不虛皆有贄幣以崇敬也受之以其事入告王也聘礼曰若有言則以束帛如享礼凡諸侯之邦交歲相問也殷相聘也世相朝也小聘曰問殷中也久無事又於殷朝者及而相聘也父死子立曰世凡君即位大国朝焉小国聘焉比皆所以習礼考義正刑一德以尊天子也必擇有道之国而就脩之鄭司農說殷聘以春秋傳曰孟僖子如齊殷聘禮也

小行人掌邦國賓客之禮籍以待四方之使者礼籍名位尊卑之書使者諸侯之臣使來者也令諸侯春入貢秋獻功王親受之各以其國之籍禮之貢六服所貢也功考績之功也秋獻之若今計文書斷於九月其舊法凡諸侯入王則逆勞于畿鄭司農云入王朝於王也故春秋傳曰宋公不王又曰諸侯有王王有巡守及郊勞眡館將幣為承而擯眡館致館也承猶丞也王使勞賓於郊致館於賓至將幣使宗伯為上擯皆為之丞而擯之凡四方之使者大客則擯小客則受其幣而聽其辭擯者擯而見之王使得親言也受其幣者受之以入告其所為來之事使適四方協九

儀賓客之禮朝覲宗遇會同君之禮也存覜省聘問臣之禮也適之也協合也達天下之六節山國用虎節土國用人節澤國用龍節皆以金為之道路用旌節門關用符節都鄙用管節皆以竹為之此謂邦国之節也達之者使之四方亦皆齎法式以齊等之也諸侯使臣行覜聘則以金節授之以為行道之信也虎人龍者自其国象也道路謂鄉遂大夫也都鄙者公之子弟及卿大夫之采地之吏也凡邦国之民遠出至他邦他邦之民若來入由国門者門人為之節由關者關人為之節其以徵令及家徒鄉遂大夫及采地吏為之節皆使人執節將之以達之亦有期以反節管節如今之竹使符也其有商者通之以符節如門關門關者與市聯事節可同也亦所以異於畿内也凡節有天子法式存於国成六瑞王用瑱圭公用桓圭侯用信圭伯用躬圭子用穀璧男用蒲璧成平也瑞信也皆朝見所執以為信合六幣圭以馬璋以皮璧以帛琮以錦琥以繡璜以黼此六物者以和諸侯之好故合同也六幣所以享也五等諸侯享天子用璧享后用琮其大各如其瑞皆有庭實以馬若皮皮虎豹皮也用圭璋者二王之後也二王後尊故享用圭璋而特之礼器曰圭璋特義亦通於此其於諸侯亦用璧琮耳子男於諸侯則享用琥璜下其瑞也凡二王後諸侯相享之玉大小各降其瑞一等及使卿大夫覜聘亦如之若

國札喪則令賻補之若國凶荒則令賙委之若國師役則令槁禬之若國有福事則令慶賀之若國有禍烖則令哀弔之凡此五物者治其事故故書賻作傅槁為槀鄭司農云賻補之謂賻喪家補助其不足也若今時一室二尸則官與之棺也槀當為槁謂槁師也玄謂師役者國有兵寇以匱病者也使鄰國合會財貨以与之春秋定五年夏歸粟於蔡是也宗伯職曰以禬礼哀圍敗禍災水火及其萬民之利害為一書其禮俗政事教治刑禁之逆順為一書其悖逆暴亂作慝猶犯令者為一書其札喪凶荒厄貧為一書其康樂和親安平為一書凡此五物者每國辨異之以反命于王以周知天下之故慝惡也猶圖也

司儀掌九儀之賓客擯相之禮以詔儀容辭令揖讓之節出接賓曰擯入贊礼曰相以詔者以礼告王將合諸侯則令為壇三成宮旁一門合諸侯謂有事而會也為壇于國外以命事宮謂壝土以為墻處所謂為壇壝宮也天子春帥諸侯拜日於東郊則為壇於國東夏礼日於南郊則為壇於國南秋礼山川丘陵於西郊則為

壇於国西冬礼月四瀆於北郊則為壇於國北既拜礼而還加方明於壇上而祀焉所以教尊尊也覲礼曰諸侯覲於天子為宮方三百步四門壇十有二尋深四尺是也王巡守殷國而同則其為宮亦如此與鄭司農云三成三重也尔雅曰丘一成為敦丘再成為陶丘三成為昆侖丘謂三重**詔王儀南鄉見諸侯土揖庶姓時揖異姓天揖同姓**謂王既祀方明諸侯上介皆奉其君之旂置于宮乃詔王升壇諸侯皆就其旂而立諸公中階之前北面東上諸侯東階之東西面北上諸伯西階之西東面北上諸子門東北面東上諸男門西北面東上王揖之者定其位也庶姓無親者也土揖推手小下之也異姓昏姻也時揖平推手也衞將軍文子曰獨居思仁公言言義其聞詩也一日三復白圭之玷是南宮縚之行也夫子信其仁以為異姓謂妻之也天揖推手小舉之**及其擯之各以其禮公於上等侯伯於中等子男於下等**謂執玉而前見於王也擯之各以其礼者謂擯公者五人侯伯四人子男三人也上等中等下等者謂所奠玉處也壇三成深四尺則一等一尺也壇十有二尋方九十六尺則堂上二丈四尺毋等丈二尺與諸侯各於其等奠玉降拜升成拜明臣礼也既乃升堂授王玉**其將幣亦如之其禮亦如之**將幣享也礼謂以鬱鬯裸之也皆於其等之上**王燕則諸侯毛**謂以須髮坐也朝事尊尊上爵燕則親親上齒鄭司農云謂老者在上也老者二毛故曰毛**凡諸公相為賓**謂相朝也**主國五積三問皆三辭拜受皆旅擯再勞三辭三揖登拜送**賓所停止則積間闕則問行道則勞其礼皆使卿大

夫致之從來至去數如此也三辭辭其以礼來於外也積問不言登受之於庭也鄭司農云旅讀為旅於大山之旅謂九人傳辭相授以上下竟問賔從末上行介還受上傳之玄謂旅讀為鳴臚之臚臚陳之也賔之介九人使者七人皆陳擯位不傳辭也賔之上介出請使者則前對位皆當其末擯馬三揖謂庭中時也拜送送使者

主君郊勞交擯三辭車逆拜辱三揖三辭拜受車送三還再拜主君郊勞備三勞而親之也鄭司農云交擯三辭謂賔主之擯者俱三辭也車逆主人以車迎賔於館也拜辱賔拜謝辱也玄謂交擯者各陳九介使傳辭也車迎拜辱者賔以主君親來乘車出舍門而迎之若欲遠就之然見之則下拜迎謝其自屈辱來也至去又出車若欲遠送然主君三還辭之乃再拜送之也車送迎之節各以其等則諸公九十步立當車軹也三辭車者先辭辭其以礼來於外後辭辭升堂

致館亦如之館舍也使大夫授之君又以礼親致焉

致飧如致積之禮俱使大夫礼同也飧食也小礼曰飧大礼曰饔餼

及將幣交擯三辭車逆拜辱賔車進荅拜三揖三讓每門止一相及廟唯上相入賔三揖三讓登再拜授幣賔拜送幣每事如初賔亦如之及出車送三請三進再拜賔三還三辭告辟鄭司農云交擯擯者交也賔車進荅拜賔上車進主人乃荅其拜也及出車送三請主人三請留賔也三進進隨賔也賔三還三辭告辟賔三還辭謝言已辟去也玄謂既三辭主君則乘車出大門而迎賔見之而下拜其辱賔車乃前下荅拜

也三揖者相去九十步揖之使前也至而三讓讓入門也相謂主君擯者及賓之介
也謂之相者於外傳辭耳入門當以禮詔侑也介紹而傳命者君子於其所尊不敢
質敬之至也每門止一相彌相親也君入門介拂闑大夫中棖與闑之間士介拂棖
此為介鴈行相隨也止之者絕行在後耳賓三揖三讓讓升也登再拜授幣授當為
受主人拜至且受玉也每事如初謂享及有言也賓當為儐謂以鬱鬯禮賓也上於
下曰禮敵者曰儐禮器曰諸侯相朝灌用鬱鬯无籩豆之薦謂此朝禮畢擯賓也三
請三進請賓就車也主君每一請車一進欲遠
送之也三還三辭主君一請者賓亦一還一辭致饔餼還圭饗食致贈
郊送皆如將幣之儀此六禮者惟饗食速賓耳其餘主君親往親往者賓為
主人主人為賓君如有故不親饗食則使大夫以酬幣
侑幣致之鄭司農云還圭歸其玉也故公子重耳受飱反璧玄謂聘以圭璋禮
也享以璧琮財也已聘而還圭璋輕財而重禮贈送以財既贈又送至于郊賓
之拜禮拜饔餼拜饗食鄭司農云賓之拜禮者因言賓所當拜者之禮
也所當拜者拜饔餼拜饗食玄謂賓將去就朝
拜謝此三禮三禮禮之重者也賓既
拜主君乃至館贈之去又送之于郊賓繼主君皆如主國之禮鄭司農云
賓繼主君
復主人之禮費也故曰皆如主國之禮玄謂繼主君者儐主君也儐之者主君郊勞
致館饔餼還圭贈郊送之時也如其禮者謂玉帛皮馬也有饌陳之積者不如也若
饗食主君及
燕亦速焉諸侯諸伯諸子諸男之相為賓也各以其禮相待
也如諸公之儀賓主相待之儀與諸公同也
饔餼饗食之禮則有降殺諸公之臣相為國客謂
相

聘也則三積皆三辭拜受受者受之於庭也侯伯之臣不致積及大夫郊勞旅擯三辭
拜辱三讓登聽命下拜登受賓使者如初之儀及退拜送登聽命賓
登堂也賓當為儐勞用束帛儐用束錦侯伯之臣受勞於庭致館如初之儀如郊勞也不儐耳侯伯之臣致館于庭不言致飧者君於
聘大夫不致飧也聘礼曰飧不致賓不拜及將幣旅擯三辭拜逆客辟三揖每門止一
相及廟唯君相入三讓客登拜客三辟授幣下出每事如初之
儀客辟逡巡不荅拜也唯君相入客臣也相不入矣拜主君拜客至也客三辟三退負序也每事享及有言及禮私面私獻皆
再拜稽首君荅拜礼以醴礼客私面私覿也既覿則或有私獻者鄭司農云說私面以春秋傳曰楚公子弃疾見鄭伯以其良馬私面
出及中門之外問君客再拜對君拜客辟而對君問大夫客
對君勞客客再拜稽首君荅拜客趨辟中門之外即大門之內也問君曰君不恙乎對曰使臣之
來寡君命臣于庭問大夫曰二三子不恙乎對曰寡君命使臣于庭二三子皆在勞客曰道路悠遠客甚勞勞介則曰二三子甚勞問君客再拜對者為敬慎也致
饔餼如勞之禮饗食還圭如將幣之儀饗食亦謂君不親而使大夫以幣致之君

館客客辟介受命遂送客從拜辱于朝 君館客者客將去就省之盡殷勤也遂送君拜以送客 明日客拜禮賜遂行如入之積 禮賜謂乘禽君之加惠也如入之積則三積從來至去 凡侯伯子男之臣以其國之爵相爲客而相禮其儀亦如之 爵卿也大夫也士也 凡四方之賓客禮儀辭命餼牢賜獻以二等從其爵而上下之 上下猶豐殺也 凡賓客送逆同禮 謂郊勞郊送之屬 凡諸侯之交各稱其邦而爲之幣以其幣爲之禮 幣享幣也於大国則豐於小国則殺主国禮之如其豐殺謂賄用束紡禮用玉帛乘皮及贈之屬 凡行人之儀不朝不夕不正其主面亦不背客 謂擯相傳辭時也不正東鄉不正西鄉常視賓主之前却得兩鄉之而已

行夫掌邦國傳遽之小事媺惡而無禮者凡其使也必以旌節雖道有難而不時必達 傳遽若今時乘傳騎驛而使者也美福慶也惡喪荒也此事之小者無禮行夫主使之道 有難謂遭疾病他故不以時至也必達王命不可廢也其大者有禮大小行人使之有故則介傳命不嫌不達 居於其國則掌行人

之勞辱事焉使則介之使謂大小行人也故書曰夷使鄭司農云夷使使於四夷則行夫主為之介玄謂夷發聲

環人掌送逆邦國之通賓客以路節達諸四方通賓客以常事往來者也路節旌節也四方圻上舍則授館令聚欜有任器則令環之令令野廬氏也鄭司農云四方人有任器者則環人主令殉環守之凡門關無幾送逆及疆鄭司農云門關不得苛留環人也玄謂環人送逆之則賓客出入不見幾

象胥掌蠻夷閩貉戎狄之國使掌傳王之言而諭說焉以和親之謂蕃国之臣來覲聘者若以時入賓則協其禮與其辭言傳之以時入賓謂其君以世一見來朝為賓者凡其出入送逆之禮節幣帛辭令而賓相之從來至去皆為擯而詔侑其禮儀凡國之大喪詔相國客之禮儀而正其位客謂諸侯使臣來弔者凡軍旅會同受國客幣而賓禮之謂諸侯以王有軍旅之事使臣奉幣來問凡作事王之大事諸侯次事卿次事大夫次事上士下事庶子作使也鄭司農云王之大事諸侯使諸侯執大事也次事卿使卿執其次事也次事使大夫次事上士下事使庶子

掌客掌四方賓客之牢禮餼獻飲食之等數與其政治政治邦新殺禮之屬王合諸侯而饗禮則具十有二牢庶具百物備諸侯長十有再獻饗食諸侯而用王礼之数者以公侯伯子男盡在是兼饗食之莫敵用也諸侯長九命作伯者也獻公侯以下如其命數王巡守殷國則國君膳以牲犢令百官百牲皆具從者三公眡上公之禮卿眡侯伯之禮大夫眡子男之禮士眡諸侯之卿禮庶子壹眡其大夫之禮国君者王所過之国君也犢繭栗之犢也以膳天子貴誠也牲孕夫子不食也祭帝不用也凡賓客則皆角尺令者掌客令主國也百牲皆具言無有不具備凡諸侯之禮上公五積皆眡飧牽三問皆脩羣介行人宰史皆有牢飧五牢食四十簠十豆四十鉶四十有二壺四十鼎簋十有二牲三十有六皆陳饔餼九牢其死牢如飧之陳牽四牢米百有二十筥醯醢百有二十罋車皆陳車米眡生牢牢十車車秉有五籔車禾眡死牢牢十車車三秅

芻薪倍禾皆陳乘禽日九十雙殷膳大牢以及歸三饗三食三燕若弗酌則以幣致之凡介行人宰史皆有飧饔餼以其爵等爲之牢禮之陳數唯上介有禽獻夫人致禮八壺八豆八籩膳大牢致饗大牢食大牢卿皆見以羔膳大牢侯伯四積皆眡飧牽再問皆脩飧四牢食三十有二簠八豆三十有二鉶二十有八壺三十有二鼎簋十有二腥二十有七皆陳饔餼七牢其死牢如飧之陳牽三牢米百筥醯醢百甕皆陳米三十車禾四十車芻薪倍禾皆陳乘禽日七十雙殷膳大牢三饗再食再燕凡介行人宰史皆有飧饔餼以其爵等爲之禮唯上介有禽獻夫人致禮八壺八豆八籩膳大牢致饗大牢卿皆見以羔膳特牛子男三積皆眡飧牽壹問以脩飧三牢食

二十有四簠簋六豆二十有四鉶十有八壺二十有四鼎簋十有二牲十有八皆陳饔餼五牢其死牢如飧之陳牽二牢米八十筥醯醢八十罋皆陳米二十車禾三十車芻薪倍禾皆陳乘禽日五十雙壹饗壹食壹燕凡介行人宰史皆有飧饔餼以其爵等爲之禮唯上介有禽獻夫人致禮六壺六豆六籩膳眡致饗食親見卿皆膳特牛積皆視飧牽謂所共如飧而牽牲以往不殺也不殺則無鉶鼎簠簋之實其米實于筐豆實實于罋其設筐陳于楹內罋陳于楹外牢陳于門西車米禾芻薪陳于門外壺之有無未聞三問皆脩脩脯也上公三問皆脩下句云羣介行人宰史皆有牢君用脩而臣有牢非禮也蓋著脫字失處且誤耳飧客始至致小禮也公侯伯子男食皆飤一牢其餘牢則腥食者其庶羞美可食者也其設蓋陳于楹外東西不過四列簠簋稻粱器也公十簠簋堂上六西夾東夾各二也侯伯八簠簋堂上四西夾東夾各二子男六簠簋堂上二西夾東夾各二豆植醢器也公四十豆堂上十六西夾東夾各十二侯伯三十二豆堂上十二西夾東夾各十子男二十四豆堂上十二西夾東夾各六禮器曰天子之豆二十有六諸公十有六諸侯十有二上大夫八下大夫六以聘禮差之則堂上之數與此同鉶羹器也公鉶四十二侯伯二十八子男十八非衰差也二十八書或為二十四亦非也其於衰公又當三十於言又為無施禮之大數鉶少

於豆推其衰公鉶四十二豆為三十八蓋近之矣則公鉶堂上十八西夾東夾各十侯伯堂上十二西夾東夾各八子男堂上十西夾東夾各四壺酒器也其設於堂夾如豆之數鼎牲器也簋盛黍稷器也鼎十有二者飪一牢正鼎九與陪鼎三皆設于西階前簋十二者堂上八西夾東夾各二合言鼎簋者牲與黍稷俱食之主也牲當為腥聲之誤也腥謂腥鼎也於侯伯云腥二十有七其故腥字也諸侯禮盛腥鼎有鮮魚鮮腊每牢皆九為列設于阼階前公腥鼎三十六腥四牢也侯伯腥鼎二十七腥三牢也子男腥鼎十八腥二牢也皆陳陳列也飧門內之實備于是矣亦有車米禾芻薪公飧五牢米二十車禾三十車侯伯四牢米禾皆二十車子男三牢米十車禾二十車芻薪皆倍其禾饔餼既相見致大禮也大者既兼飧積有生有腥有孰餘又多也死牢如飧之陳亦飪一牢在西餘腥在東也牽生牢也陳于門西如積也米橫陳于中庭十為列每筥半斛公侯伯子男黍粱稻皆二行公稷六行侯伯稷四行子男二行醯醢夾碑從陳亦十為列醯在碑東醢在碑西皆陳於門內者於公門內之陳也言車者衍字耳車米載米之車也聘禮曰十斗曰斛十六斗曰籔十籔曰秉每車秉有五籔則二十四斛也禾槀實并刈者也聘禮曰四秉曰筥十筥曰稯十稯曰秅每車三秅則三十稯也稯猶束也米禾之秉筥字同數異禾之秉手把耳筥讀為棟梠之梠謂一穧也皆陳橫陳門外者也米在門東禾在門西芻薪雖取數于禾薪從米芻從禾也乘禽乘行羣處之禽謂雉鴈之屬於礼以雙為數殷中也中又致膳示念賓也若弗酌謂君有故不親饔食燕也不饗食則以酬幣致之不食則以侑幣致之凡介行人宰史衆臣從賓者也行人主禮宰主具史主書皆有飧饔餼尊其君以及其臣也以其爵等為之牢礼之數陳爵卿也則飧二牢饔餼五牢大夫也則飧大牢饔餼三牢士也則飧少牢饔餼大牢也此降小礼豐大礼也以命數則參差難等略於臣用爵而已夫人致禮助君養賓也籩豆陳于戶東壺陳于東序凡夫人之礼

皆使下大夫致之於子男云膳視致饗食言夫人致膳於小國君以致饗食之礼則是不復饗食也卿食者壺醩卿皆見者見于賓也既見之又膳之亦所以助君養賓也卿見又膳此聘禮卿大夫勞賓餼賓之類與於子男云親見卿皆膳特牛見讀如卿皆見之見言卿於小國之君有不故造館見者故造館見者乃致膳鄭司農說牽云牲可牽行者也故春秋傳曰餼牽竭矣秏讀為秏稀麻苔之秏 凡諸侯之卿大夫士為國客則如其介之禮以待之言其特來聘問待之礼如其為介時也然則聘礼凡所以礼賓是亦礼介 凡禮賓客國新殺禮凶荒殺禮札喪殺禮禍烖殺禮在野在外殺禮皆為國省用愛費也國新新建國也凶荒无年也禍烖新有兵寇水火也 凡賓客死致禮以喪用死則主人為之具而殯矣喪用者饋奠之物 賓客有喪唯芻稍之受不受饗食饗食加也喪謂父母死也客則又有君焉芻給牛馬稍人廩米也其正礼飧食饔餼主人致之則受 遭主國之喪不受饗食 受牲禮牲亦當為腥聲之誤也有喪不忍前亨正礼飧饔餼當孰者腥致之也

掌訝掌邦國之等籍以待賓客等九儀之差數 若將有國賓客至則戒官脩委積與士逆賓于疆為前驅而入官謂牛人羊人舍人委人之屬士訝士也既戒乃出迎賓 及宿則令聚欜令令野廬氏 及委則致積以王命致于賓其數于宮 至于國賓入館

次于舍門外待事于客 次如今官府門外更衣處待事于客通其所求索 及將幣爲前驅 道之以如朝 至于朝詔其位入復及退亦如之 鄭司農云詔其位告客以其位處也入復客入則掌訝出復其故位也客退復入迎為之前驅至于館也玄謂入復者入告王以客至也退亦如之如其為前驅 凡賓客之治令訝訝治之 賓客之治謂欲正其貢賦理國事也以告訝訝為如朝而理之 凡從者出則使人道之 從者凡介以下也人其屬胥徒也使道賓客之從者營護之 及歸送亦如之 如之者送至於竟如其前驅聚欜待事之屬 凡賓客諸侯有卿訝卿有大夫訝大夫有士訝士皆有訝 此謂朝覲聘問之日王所使迎賓客于館之訝 凡訝者賓客至而往詔相其事而掌其治令

掌交掌以節與幣巡邦國之諸侯及其萬民之所聚者道王之德意志慮使咸知王之好惡辟行之 節以為行信幣以見諸侯也咸皆也辟讀如辟忌之辟使皆知王之所好者而行之知王所惡者辟而不為 使和諸侯之好 有欲相與脩好者則為和合之 達萬民之說 說所喜言也達者達之于王若其國君 掌邦國之通事而結其交好 通事謂朝覲聘問也 以諭九稅之利

九禮之親九牧之維九禁之難九戎之威諭告曉也九税所税民九職也九礼九儀之礼九牧九州之牧九禁九法之禁九戎九伐之戎

掌察闕　掌貨賄闕

朝大夫掌都家之國治都家王子弟公卿及大夫之采地也主其国治者平理其來文書於朝者日朝以聽國事故以告其君長国事故天子之事當施於都家者也告其君長使知而行之也君謂其國君長其卿大夫也國有政令則令其朝大夫使以告其都家之吏凡都家之治於國者必因其朝大夫然後聽之唯大事弗因謂以小事文書來者朝大夫先平理之乃以告有司也大事者非朝大夫所能平理凡都家之治有不及者則誅其朝大夫不及謂有稽殿之在軍旅則誅其有司有司都司馬家司馬

都則闕　都士闕　家士闕

周禮卷第十

周禮卷第十一

冬官考工記第六　周禮　鄭氏注

國有六職百工與居一焉百工司空事官之屬於天地四時之職亦処其一也司空掌營城郭建都邑立社稷宗廟造宮室車服器械監百工者唐虞已上曰共工或坐而論道或作而行之或審曲面埶以飭五材以辨民器或通四方之珍異以資之或飭力以長地財或治絲麻以成之言人德能事業之不同者也論道謂謀慮治国之政令也作起也辨猶具也資取也操也鄭司農云審曲面埶審察五材曲直方面形埶之宜以治之及陰陽之面皆是也春秋傳曰天生五材民並用之謂金木水火土也故書資作齊杜子春云齊當為資讀如冬資絺之資玄謂此五材金木皮玉土坐而論道謂之王公天子諸侯作而行之謂之士大夫親受其職居其官也審曲面埶以飭五材以辨民器謂之百工五材各有工言百工衆言之也通四方之珍異以資之謂之商旅商旅販賣之客也易曰至日商旅不行飭力以長地財謂之農夫三農受夫田也治絲麻以成之謂之婦功布帛婦官之事粤無鎛

燕無函秦無廬胡無弓車此四国者不置是工也鎛田器詩云庤乃錢鎛又曰其鎛斯趙鄭司農云函讀如国君含垢之含函鎧也孟子曰矢人豈不仁於函人哉矢人唯恐不傷人函人唯恐傷人廬讀為纑謂矛戟柄竹欑柲或曰摩鑢之器胡今匈奴粵之無鎛也非無鎛也夫人而能為鎛也燕之無函也非無函也夫人而能為函也秦之無廬也非無廬也夫人而能為廬也胡之無弓車也非無弓車也夫人而能為弓車也言其丈夫人人皆能作是器不須国工粵地塗泥多草薉而山出金錫鑄冶之業田器尤多燕近強胡習作甲冑秦多細木善作矜柲匈奴无屋宅田獵畜牧逐水草而居皆知為弓車知者創物謂始閩端造器物若世本作者是也巧者述之守之世謂之工父子世以相教百工之事皆聖人之作也事无非聖人所為也爍金以為刃凝土以為器作車以行陸作舟以行水此皆聖人之所作也凝堅也故書舟作周鄭司農云周當為舟天有時地有氣材有美工有巧合此四者然後可以為良時寒溫也氣剛柔也良善也材美工巧然而不良則不時不得地氣也不時不得天時橘踰淮而北為枳鸜鵒不踰

濟貉踰汶則死此地氣然也鸜鵒鳥也春秋昭二十五年有鸜鵒來巢傳曰書所无也鄭司農云不踰濟无妨於中国
有之貉或爲㹶謂善緣木之㹶也汶水在魯北鄭之刀宋之斤魯之削吳粤之劒遷乎其
地而弗能爲良地氣然也去此地而作之則不能使良也燕之角荆之幹妢胡之
笴吳粤之金錫此材之美者也荆荆州也幹柘也可以爲弓弩之幹妢胡胡子之国在楚旁笴矢幹也禹貢荆州貢
櫄幹栝柏及箘簵楛故書笴爲笱杜子春云妢讀爲焚咸丘之焚書或爲邠妢胡地名也笱當爲笴笴讀爲稾謂箭稾天有時以生有時
以殺草木有時以生有時以死石有時以泐水有時
以凝有時以澤此天時也言百工之事當審其時也鄭司農云泐讀如再扐而後卦之扐泐謂石解散也夏時盛暑
大熱則然凡攻木之工七攻金之工六攻皮之工五設色之工五刮摩
之工五摶埴之工二攻猶治也摶之言拍也埴黏土也故書七爲十刮作捖鄭司農云十當爲七捖摩之工謂玉工也捖讀爲刮其事亦
是也攻木之工輪輿弓廬匠車梓攻金之工築冶鳧㮚段桃攻
皮之工函鮑韗韋裘設色之工畫繢鍾筐㡃刮摩之工玉楖

雕矢磬摶埴之工陶旊事官之屬六十此識其五材三十工略記其事耳其曰某人者以其事名官也其曰某氏者官有世功若
族有世業以氏名官者也盧矛戟矜秘也国語曰侏儒扶盧桯槇屬也故書雕或為舟鄭司農云輪輿弓盧匠車梓此七者攻木之工官別名也孟子曰梓匠輪輿鮑讀
爲鮑魚之鮑書或爲鞄蒼頡篇有鞄䩏韗讀為歷運之運㡛讀爲芒芒禹迹之芒擳讀如巾櫛之櫛旊讀爲甫始之甫埴書或爲植杜子春云雕或爲舟者非也玄
謂旊讀如放於此乎之放有虞氏上陶夏后氏上匠殷人上梓周人上輿官各
有所尊王者相変也舜至質貴陶器甒大瓦棺是也禹治洪水民降丘宅土卑宮室盡力于溝洫而尊匠湯放桀疾礼樂之壞而尊梓武王誅紂疾上下失其服飾而尊
輿故一器而工聚焉者車為多周所工也車有六等之數車有天地之象人在
其中焉六等之數法易之三材六畫車軫四尺謂之一等戈秘六尺有六寸既建而
迆崇於軫四尺謂之二等人長八尺崇於戈四尺謂之三等殳
長尋有四尺崇於人四尺謂之四等車戟常崇於殳四尺謂
之五等酋矛常有四尺崇於戟四尺謂之六等此所謂兵車也軫輿後橫木崇高也
八尺曰尋倍尋曰常殳長丈二戈殳戟矛皆插車騎鄭司農云迆讀為倚移從風之移謂著戈於車邪倚也酋發声直謂矛車謂之六等之

數甲言數數也凡察車之道必自載於地者始也是故察車自輪始先視輪也自從也凡察車之道欲其樸屬而微至不樸屬無以為完久也不微至無以為戚速也樸屬猶附著堅固貌也齊人有名疾為戚者春秋傳曰蓋以操之為已戚矣速疾也書戚或作𢧵鄭司農云樸讀如子南僕之僕微至謂輪至地者少言其圜甚著地者微耳著地者微則易轉故不微至无以為戚數輪已崇則人不能登也輪已庳則於馬終古登阤也已大也甚也崇高也齊人之言終古猶言常也阤阪也輪庳則難引故兵車之輪六尺有六寸田車之輪六尺有三寸乘車之輪六尺有六寸此以馬大小為節也兵車革路也田車木路也乘車玉路金路象路也兵車乘車駕國馬田車駕田馬六尺有六寸之輪軹崇三尺有三寸也加軫與轐焉四尺也人長八尺登下以為節此車之高者也軫輿也鄭司農云軹轂也轐讀為旃僕之僕謂伏兔也玄謂軹轂末也此軫與轐并七寸田車又宜減焉乘車之軹廣取數於此軹廣八尺旁出輿亦七寸也

輪人為輪斬三材必以其時三材所以為轂輻牙也斬之以時材在陽則中冬斬之在陰則中夏斬之今世轂用雜榆

輻以檀牙以擅也三材既具巧者和之調其鑿内而合之轂也者以爲利轉也輻

也者以爲直指也牙也者以爲固抱也利轉者轂以无有為用也鄭司農云牙讀如跛者訝跛者之訝

謂輪輮也世間或謂之罔書或作輮輪敝三材不失職謂之完敝盡而轂輻牙不動望而眡其輪

欲其幎爾而下迆也進而眡之欲其微至也無所取之取諸圜

輪謂牙也幎均致貌也進猶行也微至至地者少也非有他也圜也使之然也鄭司農云微至書或作危至故書圜或作負當爲圜望其輻欲

其掣爾而纖也進而眡之欲其肉稱也無所取之取諸易直也

掣纖殺小貌也肉稱弘殺好也鄭司農云掣讀爲紛容掣參之掣玄謂如桒螵蛸之蛸望其轂欲其眼也進而眡之

欲其幬之廉也無所取之取諸急也眼出大貌也幬幔轂之革也革急則裹木廉隅見鄭司農云眼讀如

限切之限眡其綆欲其蚤之正也蚤當爲爪謂輻入牙中者也鄭司農云綆讀爲關東言餅之餅謂輪箄也玄謂輪雖箄爪牙必

正也察其菑蚤不齵則輪雖敝不匡菑謂輻入轂中者也菑与爪不相佹乃後輪敝盡不匡刺也鄭司農

云菑讀如雜廁之廁謂建輻也泰山平原所樹立物為菑声如戴博立梟棊亦為菑厓杠也凡斬轂之道必矩其陰陽知謂

刻識之也故書曰矩爲距鄭司農云當作矩謂規矩也陽也者稹理而堅陰也者疏理而柔是故

以火養其陰而齊諸其陽則轂雖敝不藃稹致也火養其陰炙堅之也鄭司農云稹讀爲蘡祭

之蘡藃當作秏玄謂藃藃暴陰柔後必橈減幬革暴起轂小而長則柞大而短則摯鄭司農云柞讀爲迫唶之

唶謂輻間柞狹也摯讀爲槷謂輻危槷也玄謂小而長則菑中弱大而短則末不堅是故六分其輪崇以其一爲

之牙圍六尺六寸之輪牙圍尺一寸參分其牙圍而漆其二不漆其踐地者也漆者七寸三分寸之二不漆

者三寸三分寸之二令牙厚一寸三分寸之二則內外面不漆者各一寸也椁其漆內而中詘之以爲之轂

長以其長爲之圍六尺六寸之輪漆內六尺四寸是爲轂長三尺二寸圍徑一尺三分寸之二也鄭司農云椁者度兩漆之內相距之

尺寸也以其圍之阞捎其藪捎除也阞三分之一也鄭司農云捎讀爲桑螵蛸之蛸藪讀爲蜂藪之藪謂轂空壺中也玄謂此藪

徑三寸九分寸之五壺中當輻菑者也蜂藪者猶言趨也藪者衆輻之所趨也五分其轂之長去一以爲賢去

三以爲軹鄭司農云賢大穿也軹小穿也玄謂此大穿徑八寸十五分寸之八小穿徑四寸十五分寸之四大穿甚大似誤矣大穿實五分轂長去

二也去二則得[illegible]寸五分寸之二九大小穿皆謂金也今大小穿金厚一寸則大穿穿內徑四寸五[illegible]寸之二小穿穿內徑二寸十五分寸之四如是乃與藪相稱也

容轂必直陳篆必正施膠必厚施筋必數幬必負幹鄭司農云讀直容上屬曰軟容玄謂容者治轂爲之形容也篆轂約也幬負幹者革轂相應無贏不足既摩革色青白謂之轂之善謂九漆之軋而以石摩平之革色青白善之徵也參分其轂長二在外一在內以置其輻轂長三尺二寸者令輻廣三寸半則輻內九寸半輻外一尺九寸凡輻量其鑿深以爲輻廣廣深相應則固足相任也輻廣而鑿淺則是以大扤雖有良工莫之能固扤搖動貌鑿深而輻小則是固有餘而強不足也言輻弱不勝轂之所任也故竑其輻廣以爲之弱則雖有重任轂不折言力相稱也弱菑也今人謂蒲本在水中者爲弱是其類也鄭司農云竑讀如紘綖之紘謂度之參分其輻之長而殺其一則雖有深泥亦弗之溓也殺衺小之也鄭司農云溓讀爲黏謂泥不黏著輻也參分其股圍去一以爲骹圍謂殺輻之數也鄭司農云股謂近轂者也骹謂近牙者也方言股以喻其豐故言骹以喻其細人脛近足者細於股謂之骹羊脛細者亦爲骹揉輻必齊平沈必均揉謂以火槁之衆輻之直齊如一也平沈平漸也鄭司農云平沈謂浮之水上無輕重直以指牙牙得則無槷而固

得謂倨句鑿内相應也鄭司農云槷榝也蜀人言榝曰槷玄謂槷讀如涅從木埶省聲不得則有槷必足見也必足見言槷大也然則雖得猶有槷但小耳六尺有六寸之輪綆參分寸之二謂之輪之固輪箄則車行不掉也參分寸之二者出於輻股鑿之數也凡爲輪行澤者欲杼行山者欲侔杼謂削薄其踐地者侔上下等杼以行澤則是刀以割塗也是故塗不附附著也侔以行山則是摶以行石也是故輪雖敝不甐於鑿摶圜厚也鄭司農云不甐於鑿謂不動於鑿中也玄謂甐亦敝也以輪之厚石雖齧之不能敝其鑿旁使之動凡揉牙外不廉而内不挫旁不腫謂之用火之善廉絕也挫折也腫瘣也是故規之以眡其圜也輪中規則圜矣萬之以眡其匡也等爲萬蔞以運輪上輪中萬蔞則不匡刺也故書萬作禹鄭司農云讀爲萬書或作矩縣之以眡其輻之直也輪輻三十上下相直從旁以繩縣之中繩則鑿正輻直矣水之以眡其平沈之均也平漸其輪无輕重則斲材均矣量其藪以黍以眡其同也黍滑而齊以量兩壺无贏不足則同權之以眡其輕重之侔也侔等也稱兩輪鈞石同則等矣輪有輕重則引之有難易故可規可萬可水可縣可量

可樺也謂之國工國之名工

輪人爲蓋達常圍三寸圍三寸徑一寸也鄭司農云達常蓋斗柄下入杠中也桯圍倍之六寸圍六寸徑二寸足以含達常鄭司農云桯蓋杠也讀如丹桓宮楹之楹信其桯圍以爲部廣部廣六寸廣謂徑也鄭司農云部蓋斗也部長二尺謂斗柄達常也桯長倍之四尺者二杜長八尺謂達常以下也加達常二尺則蓋高一丈立乘也十分寸之一謂之枚爲下起數也枚一分故書十与上二合爲二十字杜子春云當爲四尺者二十分寸之一部尊一枚尊高也蓋斗上隆高高一分也弓鑿廣四枚鑿上二枚鑿下四枚弓蓋橑也廣大也是爲部厚一寸鑿深二寸有半下直二枚鑿端一枚鑿深對爲五寸是以不傷達常也下直二枚者鑿空下正而上低二分也其弓菑則撓之平剡其下二分而內之欲令蓋之尊終平不蒙撓也端內題也弓長六尺謂之庇軹五尺謂之庇輪四尺謂之庇軫庇覆也故書庇作秘杜子春云秘當爲庇謂覆幹也玄謂軹轂末也輿廣六尺六寸兩轂并六尺四寸旁減軹內七寸則兩軹之廣凡丈一尺六寸也六尺之弓倍之加部廣凡丈三尺六寸有宇曲之減可覆軹不及幹參分弓長而揉其一參分之持長橈矩矩者近部而平長者爲宇曲也六尺之弓近

部二尺四尺爲宇曲參分其股圍去一以爲蚤圍蚤當爲爪以弓鑿之廣六分股圍則寸六分也爪圍一寸十五分
寸之一參分弓長以其一爲之尊尊高也六尺之弓上近部平者二尺爪末下於部二尺二尺爲句四尺爲弦求
其股股十二除之面三尺幾半也上欲尊而宇欲卑上近部平者也隤下曰宇上尊而宇卑則
吐水疾而霤遠蓋者主爲雨設也乘車无蓋礼所謂潦車謂蓋車与蓋已崇則難爲門也蓋
已卑是蔽目也是故蓋崇十尺十尺其中正也蓋十尺宇二尺而人長八尺甲於此蔽人目良
蓋弗冒弗紘殷畝而馳不隊謂之國工隊落也善蓋者以横馳於龍上无衣若无紘而
弓不落也

輿人爲車輪崇車廣衡長參如一謂之參稱稱猶等也車与也衡亦長容兩服
參分車廣去一以爲隧兵車之隧四尺四寸鄭司農云隧謂車輿深也讀如鑽燧改火之燧玄謂讀如邃宇之邃參
分其隧一在前二在後以揉其式兵車之式深尺四寸三分寸之二以其廣之半
爲之式崇兵車之式高尺三寸以其隧之半爲之較崇較兩輢上出式者兵車自較而下凡五尺

五寸故書軓作軌杜子春云當爲軓六分其廣以一爲之軫圍軫輿後橫者也兵車之軫圍尺一寸參分軫圍去一爲式圍兵車之式圍七寸三分寸之一參分式圍去一以爲較圍兵車之較圍四寸九分寸之八參分較圍去一以爲軹圍兵車之軹圍三寸二十七分寸之七軹輢之植者衡者也與轂末同名參分軹圍去一以爲轛圍兵車之轛圍二寸八十一分寸之十四轛式之植者衡者也鄭司農云轛讀如繫綴之綴謂車輿軫立者也立者爲轛橫者爲軹書轛或作軨玄謂轛者以其鄉人爲名圜者中規方者中矩立者中縣衡者中水直者如生焉繼者如附焉治材居材如此乃善也如生如木從地生如附如附枝之弘殺也凡居材大與小無并大倚小則摧引之則絕并偏邪相就也用力之時其大并於小者小者強不堪則摧也其小并於大者小者力不堪則絕也棧車欲弇爲其无革鞔不堅易坼壞也士乘棧車飾車欲侈飾車謂革鞔輿也大夫以上革鞔輿故書侈作移杜子春云當爲侈

輈人爲輈輈車轅也詩云五楘梁輈輈有三度軸有三理目下事度深淺之數國馬之輈深四尺有七寸国馬謂種馬戎馬齊馬道馬高八尺兵車乘車軹崇三尺有三寸加軫與轐七寸又并此輈深則衡高八尺七

寸也除馬之高則餘七寸爲衡頸之間也鄭司農云深四尺七寸謂轅曲中田馬之輈深四尺田車軹崇三尺三寸半并此輈深而七尺一寸半今田馬七尺衡頸之間亦七寸則軫与轐五寸半則衡高七尺七寸駑馬之輈深三尺有三寸輪軹與軫轐大小之減率寸半也則駑馬之車軹崇三尺加軫与轐四寸又并此輈深則衡高六尺七寸也今駑馬六尺除馬之高則衡頸之間太七寸軸有三理一者以爲微也無節目也二者以爲久也堅刃也三者以爲利也滑密軓前十尺而策半之謂輈軓以前之長也策御者之策也十或作七合七爲弦四尺七寸爲鉤以求其股股則短矣七非也鄭司農云軓謂式前也書或作軋玄謂軓是軓法也謂輿下三面之材輢式之所尌持車正也凡任木目車持任之材任正者十分其輈之長以其一爲之圍衡任者五分其長以其一爲之圍小於度謂之無任任正者謂輿下三面材持車正者也輈軓前十尺与隧四尺四寸凡丈四尺四寸則任正之圍尺四寸五分寸之二衡任者謂兩軛之間也兵車乘車衡圍一尺三寸五分寸之一無任言其不勝任五分其軫間以其一爲之軸圍軸圍亦一尺三寸五分寸之一与衡任相應十分其輈之長以其一爲之當兔之圍輈當伏兔者也亦圍尺四寸五分[illegible]二与任正者[illegible]參分其兔圍去一以爲頸圍頸前持衡者圍九寸十五分寸之九五分

其頸圍去一以爲踵圍踵後承軫者也圍七寸七十五分寸之五十一凡揉輈欲其孫而無
弧深孫順理也杜子春云弧讀爲盡而不汙之汙玄謂弧木弓也凡弓引之中參中參深之極也揉輈之倨句如二可也如三則深傷其力今夫
大車之轅摯其登又難既克其登其覆車也必易此無故唯轅
直且無橈也大車牛車也摯輖也登上阪也克能也是故大車平地既節軒摯之任
及其登阤不伏其轅必縊其牛此無故唯轅直且無橈也阤阪也故書伏
作偪杜子春云偪當作伏故登阤者倍任者也猶能以登及其下阤也不援其
邸必緧其牛後此無故唯轅直且無橈也倍任用力倍也故書緧作鰌鄭司農云鰌讀爲緧關
東謂紂爲緧鰌魚字是故輈欲頎典頎典堅刃貌鄭司農云頎讀爲懇典典讀爲殄駟車之轅率尺所一縛懇典似謂此也輈
深則折淺則負揉之大深傷其力馬倚之則折也揉之淺則馬善負之輈注則利準利準則久
和則安故書準作水鄭司農云注則利水謂轅脊上兩注令水去利也玄謂利水重讀似非也注則利謂輈之揉者形如注星則利也準則久謂輈之在輿
下者平如準則能久也和則安注與準者和人乘之則安輈欲弧而無折經而無絕揉輈大深則折也經亦謂順理也

進則與馬謀退則與人謀 言進退之易與人馬之意相應 終日馳騁左不楗 杜子春云楗讀爲蹇左而不便馬若蹇輈調善則馬不蹇也書楗或作券玄謂券今倦字也輈和則久馳騁載在左者不罷倦尊者在左 行數千里馬不契需 鄭司農云契讀爲爰契我龜之契需讀爲畏需之需謂不傷蹄不需道里 終歲御衣衽不敝 衽謂裳也 此唯輈之和也 和則安是以然也謂進則與馬謀而下 勸登馬力 登上也輈和勸馬用力 馬力旣竭輈猶能一取焉 馬止輈尚能一前取道喻易進 良輈環灂自伏兔不至軓七寸軓中有灂謂之國輈 伏兔至軓蓋如式深五寸兼車式深尺四寸三分寸之二灂不至軓七寸則是半有灂也輈有筋膠之被用力均者則灂遠鄭司農云灂讀爲爵酒之爵環謂漆沂鄂如環 軫之方也以象地也蓋之圜也以象天也輪輻三十以象日月也蓋弓二十有八以象星也 輪象日月者以其運行也日月三十日而合宿 龍旂九斿以象大火也 交龍爲旂諸侯之所建也大火蒼龍宿之心其屬有尾尾九星 鳥旟七斿以象鶉火也 鳥隼爲旟州里之所建鶉火朱鳥宿之柳其屬有星星七星 熊旗六斿以象伐也 熊虎爲旗師都之所建伐屬白虎宿與參連體而六星 龜蛇四斿以象營室也

龜蛇爲旐縣鄙之所建營室玄武宿與東壁連體而四星弧旌枉矢以象弧也覲礼曰侯氏載龍旂弧韣則旌旗之屬皆有弧也弧以張縿之幅有衣謂之韣又爲設矢象弧星有矢也妖星有枉矢者蛇行有毛目此云枉矢蓋畫之

攻金之工築氏執下齊冶氏執上齊鳧氏爲聲㮚氏爲量段氏爲鎛器桃氏爲刃多錫爲下齊大刃削殺矢鑒燧也少錫爲上齊鍾鼎斧斤戈戟也聲鍾鎛于之屬量豆區鬴也鎛器田器錢鎛之屬刃大刃刀劒之屬

金有六齊目和金之品數六分其金而錫居一謂之鍾鼎之齊五分其金而錫居一謂之斧斤之齊四分其金而錫居一謂之戈戟之齊參分其金而錫居一謂之大刃之齊五分其金而錫居二謂之削殺矢之齊金錫半謂之鑒燧之齊鑒燧取水火於日月之器也鑒亦鏡也凡金多錫則刃白且明也

築氏爲削長尺博寸合六而成規今之書刀欲新而無窮謂其利也鄭司農云常如新無窮已敝盡而無惡鄭司農云謂鋒鍔俱盡不偏索也玄謂刃也脊也其金如一雖至敝盡無瑕惡也

冶氏爲殺矢刃長寸圍寸鋌十之重三垸殺矢與戈戟異齊而同其工似補脫誤在此也殺矢

用諸田獵之矢也鋌讀如麥秀鋌之鋌鄭司農云鋌箭足入稾中者也垸量名讀爲丸戈廣二寸内倍之胡三之援
四之戈今句孑戟也或謂之雞鳴或謂之擁頸内謂胡以内接秘者也長四寸胡六寸援八寸鄭司農云援直刃也胡其孑已倨則不
入已句則不決長内則折前短内則不疾戈句兵也主於胡也已倨謂胡微直而邪多也以啄
人則不入已句謂胡曲多也以啄人則創不決胡之曲直鋒本必橫而取圜於磬折前謂援也内長則援短援短則曲於磬折曲於磬折則引之與胡並鉤内短則援長
援長則倨於磬折倨於磬折則引之不疾是故倨句外博博廣也倨之外胡之裏也句之外胡之表也廣其本以除四病而便用也俗謂
之曼胡似此重三鋝鄭司農云鋝量名也讀爲刷玄謂許叔重說文解字云鋝鍰也今東萊稱或以大半兩爲鈞十鈞爲環環重六兩大半兩鍰鋝
似同矣則三鋝爲一斤四兩戟廣寸有半寸内三之胡四之援五之倨句中
矩與刺重三鋝戟今三鋒戟也内長四寸半胡長六寸援長七寸半三鋒者胡直中矩言正方也鄭司農云刺謂援也玄謂刺者著秘直
前如鐏者也戟胡橫貫之胡中矩則援之外句磬折與
桃氏爲劍臘廣二寸有半寸臘謂兩刃兩從半之鄭司農云謂劍脊兩面殺趨鍔以
其臘廣爲之莖圍長倍之鄭司農云莖謂劍夾人所握鐔以上也玄謂莖在夾中者莖長五寸中其

莖設其後鄭司農云謂穿之也玄謂從中以卻稍大之也後大則於把易制參分其臘廣去一以爲

首廣而圍之首圍其徑一寸三分寸之二身長五其莖長重九鋝謂之上制上士

服之身長四其莖長重七鋝謂之中制中士服之身長三其莖

長重五鋝謂之下制下士服之上制長三尺重三斤十二兩中制長二尺五寸重二斤十四兩三分兩之二下制長

二尺重一斤一兩三分兩之一此今之匕首也人各以其形貌大小帶之此士謂國勇力之士能用五兵者也樂記曰武王克商裨冕搢笏而虎賁之士說劒

鳧氏爲鍾兩欒謂之銑故書欒作樂杜子春云當爲欒書亦或爲欒銑鍾口兩角銑間謂之于于

上謂之鼓鼓上謂之鉦鉦上謂之舞此四名者鍾體也鄭司農云于鍾脣之上祛也鼓所擊處舞

上謂之甬甬上謂之衡此二名者鍾柄鍾縣謂之旋旋蟲謂之幹旋屬鍾柄

所以縣之也鄭司農云旋蟲者旋以蟲爲飾也玄謂今時旋有蹲熊盤龍辟邪鍾帶謂之篆篆間謂之枚枚

謂之景帶所以介其名也介在于鼓鉦舞甬衡之間凡四鄭司農云枚鍾乳也玄謂今時鍾乳俠鼓與舞每處有九面三十六于上之

攠謂之隧攠所擊之處攠弊也隧在鼓中窐而生光有似夫隧十分其銑去二以爲鉦以其鉦

為之銑間去二分以為之鼓間以其鼓間為之舞脩去二分以為舞廣此言鉦之徑居銑徑之八而銑間與鉦之徑相應鼓間入居銑徑之六與舞脩相應舞脩舞徑也舞上下促以橫為脩從為廣舞廣四分今亦去徑之二分以為之間則舞間之方恒居銑之四也舞間方四則鼓間六亦其方也鼓六鉦六舞四此鍾口十者其長十六也鍾之大數以律為度廣長與圜徑假設之耳其鑄之則各隨鍾之制為長短大小也凡言間者亦為從篆以介之鉦間亦當六今時鍾或無鉦間以其鉦之長為之甬長并衡數也以其甬長為之圍參分其圍去一以為衡圍衡居甬上又小參分其甬長二在上一在下以設其旋令衡居一分則參分旋亦二在上一在下以旋當甬之中央是其正薄厚之所震動清濁之所由出侈弇之所由興有說說猶意也故書侈作移鄭司農云當為侈鍾已厚則石大厚則聲不發已薄則播大薄則聲散侈則柞柞讀為咋咋然之咋聲大外也弇則鬱聲不舒揚長甬則震鍾掉則聲不正是故大鍾十分其鼓間以其一為之厚小鍾十分其鉦間以其一為之厚言若此則不石不播也鼓鉦之間同方六而今宜異又十分之一猶大厚皆非也若言鼓外鉦外則近之鼓外二鉦外一鍾大而短則其聲疾而短聞淺則躁躁

易竭也鍾小而長則其聲舒而遠聞深則安安難息爲遂六分其厚以其一爲之深而圜之厚鍾厚深爲窐之也其窐圜故書圜或作圍杜子春云當爲圜

㮚氏爲量改煎金錫則不耗消湅之精不復減也㮚古文或作歷玄謂量當與鍾鼎同齊耳異者大器不耗然後權之權謂稱分之也雖異法用金必齊權之然後準之準故書或作水杜子春云當爲水金器有孔者水入孔中則當重也玄謂準擊平正之又當齊大小準之然後量之鑄之於法中也量讀如量人之量量之以爲鬴深尺內方尺而圜其外其實一鬴以其容爲之名也四升曰豆四豆曰區四區曰鬴鬴六斗四升也鬴十則鍾方尺積千寸於今粟米法少二升八十一分升之二十二其數必容鬴此言大方耳圜其外者爲之脣其臀一寸其實一豆故書臀作脣杜子春云當爲臀謂覆之其底深一寸也其耳三寸其實一升耳在旁可舉也重一鈞重三十斤其聲中黃鍾之宮應律之首槩而不稅鄭司農云令百姓得以量而不租稅其銘曰時文思索允臻其極銘刻之也時是也允信也臻至也極中也言是文德之君思求可以爲民立法者而作此量信至於道之中嘉量既成以觀四國以觀示四方使放象之永啓厥後茲器維則永長也厥其也茲此也又

長啓道其子孫使法則此器長用之凡鑄金之狀故書狀作壯杜子春云當爲狀謂鑄金之形狀金與錫黑濁之氣竭黃白次之黃白之氣竭青白次之青白之氣竭青氣次之然後可鑄也消湅金錫精麤之候

段氏闕

函人爲甲犀甲七屬兕甲六屬合甲五屬屬讀如灌注之注謂上旅下旅札續之數也革堅者札長鄭司農云合甲削革裏肉但取其表合以爲甲犀甲壽百年兕甲壽二百年合甲壽三百年革堅者又支久凡爲甲必先爲容服者之形容也鄭司農云容謂象式然後制革裁制札之廣袤權其上旅與其下旅而重若一鄭司農云上旅謂要以上下旅謂要以下以其長爲之圍圍謂札要廣厚凡甲鍛不摯則不堅已敝則橈鄭司農云鍛鍛革也摯謂質也鍛革大孰則革敝無強曲橈也玄謂摯之言致凡察革之道眡其鑽空欲其惌也鄭司農云惌小孔皃惌讀爲宛彼北林之宛眡其裏欲其易也無敗蕨也眡其朕欲其直也鄭司農云朕謂革制櫜之

欲其約也鄭司農云謂卷置櫜中也春秋傳曰櫜甲而見子南舉而眡之欲其豐也豐大衣之欲其無齘也鄭司農云齘謂如齒齘眡其鑽空而惌則革堅也眡其裏而易則材更也眡其朕而直則制善也櫜之而約則周也舉之而豐則明也衣之無齘則變也周密致也明有光耀鄭司農云更善也變隨人身便利

鮑人之事鮑故書或作鞄鄭司農云蒼頡篇有鞄䩱望而眡之欲其荼白也韋革遠視之當如茅秀之色進而握之欲其柔而滑也謂親手煩撋之卷而摶之欲其無迆也鄭司農云卷讀爲可卷而懷之之卷摶讀爲縳一如瑱之縳謂卷縳韋革也迆讀爲既建而迆之之迆無迆謂革不韓眡其著欲其淺也鄭司農云謂鄭韋革之札入韋革淺緣其邊也玄謂韋革調善者鋪著之雖厚如薄然察其線欲其藏也故書線或作綜杜子春云綜當爲系旁泉讀爲絤謂縫革之縷革欲其荼白而疾澣之則堅鄭司農云韋革不欲久居水中欲其柔滑而腥脂之則需故書需作劄鄭司農云腥讀如沾渥之渥劄讀爲柔需之需謂厚脂之韋革柔需引而信之欲其直也信之而直則取材正也信之而枉則是

一方緩一方急也若苟一方緩一方急則及其用之也必自其急者先裂若苟自急者先裂則是以博爲帴也鄭司農云帴讀爲翦謂以廣爲狹也玄謂翦者如俴淺之俴或者讀爲羊豬戔之戔卷而摶之而不迆則厚薄序也序舒也謂其革均也眡其著而淺則革信也信無縮緩察其線而藏則雖敝不甐甐故書或作鄰鄭司農云鄰讀爲磨而不磷之磷謂韋革縫縷沒藏於韋革中則雖敝縷不傷也

韗人爲皐陶鄭司農云韗書或爲鞠皐陶鼓木也玄謂鞠者以皐陶名官也鞠則陶字從革長六尺有六寸左右端廣六寸中尺厚三寸版中廣頭狹爲穹隆也鄭司農云謂鼓木一判者其兩端廣六寸而其中央廣尺也如此乃得有腹穹者三之一鄭司農云穹讀爲志無空邪之空謂鼓木腹穹隆者居鼓三之一也玄謂穹讀如穹蒼之穹穹隆者居鼓面三分之一則其鼓四尺者版穹一尺三寸三分寸之一也倍之爲二尺六寸三分寸之二加鼓四尺穹之徑六尺六寸三分寸之二也此鼓合二十版上三正鄭司農云謂兩頭一平中央一平也玄謂三讀當爲參正直也參直者穹上一直兩端又直各居二尺二寸不弧曲也此鼓兩面以六鼓差之賈侍中云晉鼓大而短近晉鼓也以晉鼓鼓金奏鼓長八尺鼓四尺中圍加三之一謂之鼖鼓中圍加三之一者加

於面之圍以三分之一也面四尺其圍十二尺加以三分一四尺則中圍十六尺徑五尺三寸三分寸之一也今亦合二十版則版穹六寸三分寸之二耳大鼓謂之鼖以鼖鼓鼓軍事鄭司農云鼓四尺謂革所蒙者廣四尺

爲皋鼓長尋有四尺鼓四尺倨句磬折以皋鼓鼓役事磬折中曲之不參正也中圍與鼖鼓同以磬折爲異

凡冒鼓必以啓蟄之日啓蟄孟春之中也蟄蟲始聞雷聲而動鼓所取象也冒蒙鼓以革

良鼓瑕如積環革調急也鼓大而短則其聲疾而短聞鼓小而長則其聲舒而遠聞

韋氏闕

裘氏闕

畫繢之事雜五色東方謂之青南方謂之赤西方謂之白北方謂之黑天謂之玄地謂之黃青與白相次也赤與黑相次也玄與黃相次也此言畫繢六色所象及布采之第次繢以爲衣青與赤謂之文赤與白謂之章白與黑謂之黼黑與青謂之黻五采備謂之繡此言刺繡采所用繡以爲裳土以黃其象方天時變古人之象無天地也爲此記者見時有之耳子家駒曰天子僭天意亦是

也鄭司農云天時變謂畫天隨四時色火以圜鄭司農云爲圜形似火也玄謂形如半環然在裳山以章章讀爲獐獐山物也在衣齊人謂麇爲獐水

以龍龍水物在衣鳥獸蛇所謂華蟲也在衣蟲之毛鱗有文采者雜四時五色之位以章之謂之巧

章明也繢繡皆用五采鮮明之是爲巧凡繪畫之事後素功素白采也後布之爲其易漬汙也不言繡繡以絲也鄭司農說以論語曰繪事後素

鍾氏染羽以朱湛丹秫三月而熾之鄭司農云湛漬也丹秫赤粟玄謂湛讀如漸車帷裳之漸熾炊也羽

所以飾旌旗及王后之車淳而漬之淳沃也以炊下湯沃其熾烝之以漬羽漬猶染也三入爲纁五入爲

緅七入爲緇染纁者三入而成又再染以黑則爲緅緅今禮俗文作爵言如爵頭色也又復再染以黑乃成緇矣鄭司農說以論語曰君子不以

紺緅飾又曰緇衣羔裘爾雅曰一染謂之縓再染謂之竀三染謂之纁詩云緇衣之宜兮玄謂此同色耳染布帛者染人掌之凡玄色者在緅緇之間其六入者與

筐人闕

㡛氏湅絲以涚水漚其絲七日去地尺暴之故書涚作湄鄭司農云湄水溫水也玄謂涚水

以灰所沸水也漚漸也楚人曰漚齊人曰涹晝暴諸日夜宿諸井七日七夜是謂水湅

宿諸井縣井中湅帛以欄爲灰渥淳其帛實諸澤器淫之以蜃渥讀如繒

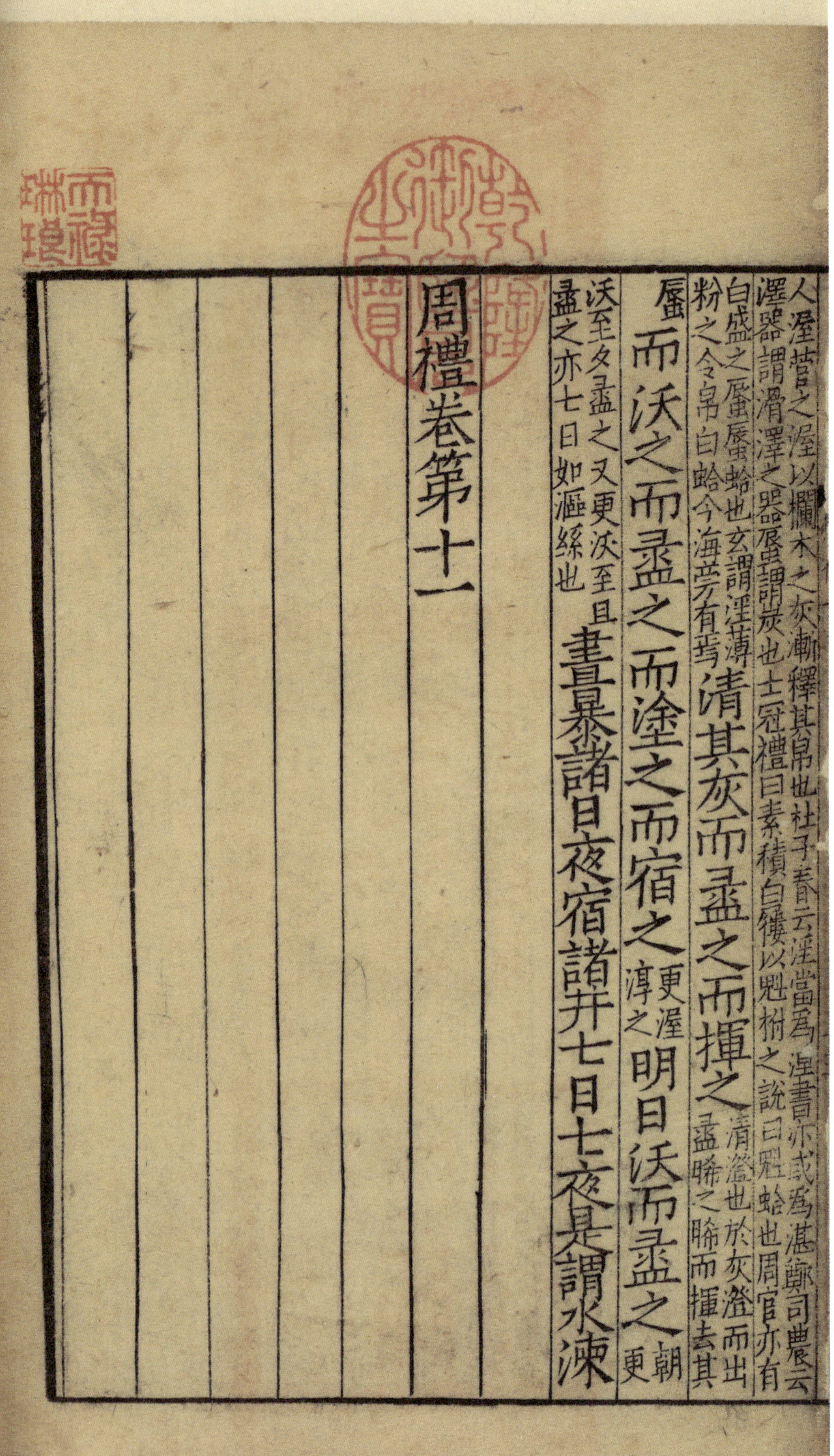

人湼菅之湼以欄木之灰漸釋其帛也杜子春云湼當爲湼書亦或爲湛鄭司農云渥器謂滑澤之器蜃謂炭也士冠禮曰素積白屨以魁柎之說曰魁蛤也周官亦有白盛之蜃蜃蛤也玄謂湼薄粉之令帛白蛤今海旁有焉

清其灰而盝之而揮之清澄也於灰澄而出盝晞之晞而揮去其蜃

而沃之而盝之而塗之而宿之更湼淳之明日沃而盝之朝更沃至夕盝之又更沃至旦盝之亦七日如漚絲也

晝暴諸日夜宿諸井七日七夜是謂水湅

周禮卷第十一

五福五代堂寶

八徵耄念之寶

太上皇帝之寶

五福五代堂寶

八徵耄念之寶

太上皇帝之寶

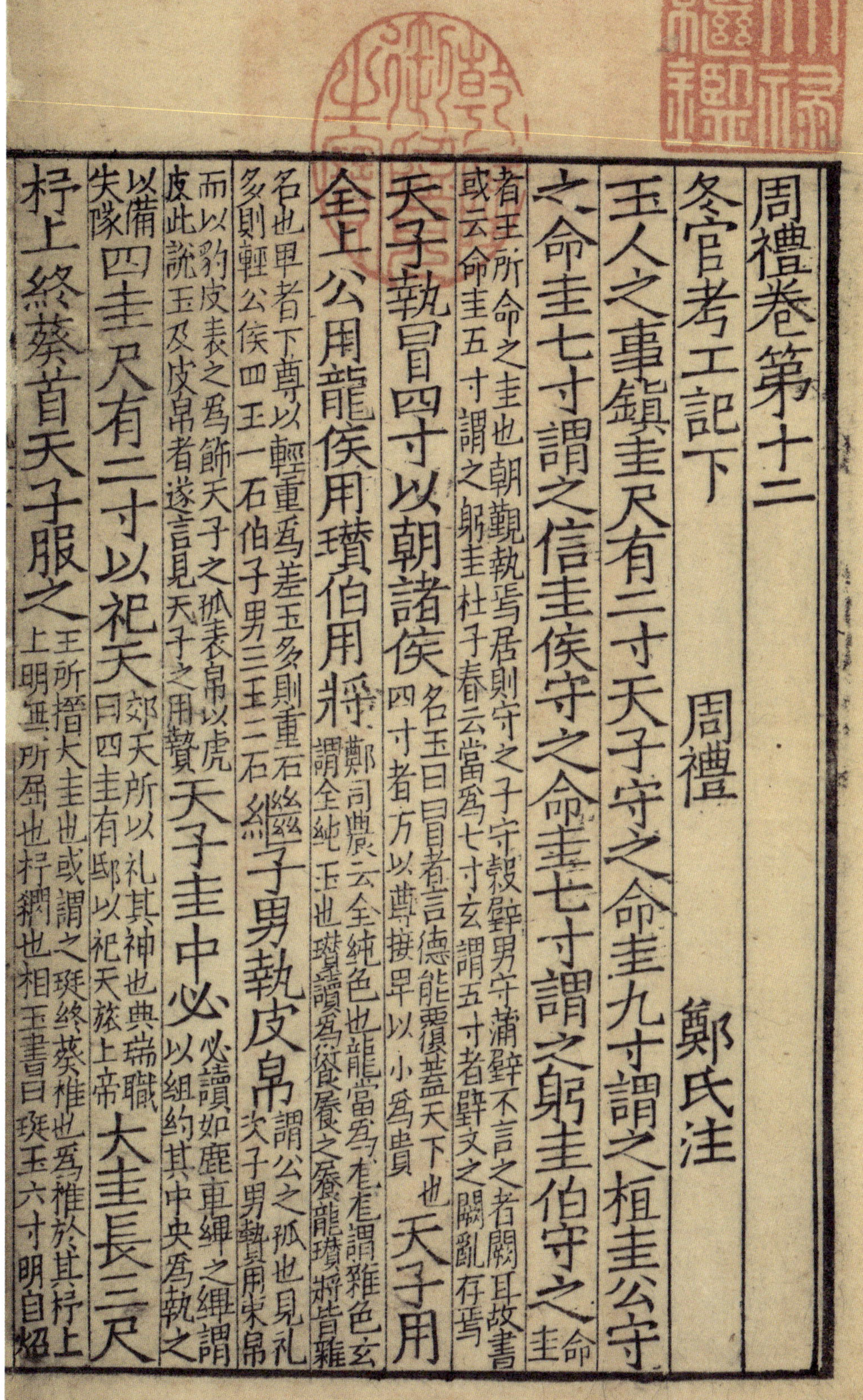

周禮卷第十二

冬官考工記下　　周禮　　鄭氏注

玉人之事鎮圭尺有二寸天子守之命圭九寸謂之桓圭公守之命圭七寸謂之信圭侯守之命圭七寸謂之躬圭伯守之命圭者王所命之圭也朝覲執焉居則守之子守穀璧男守蒲璧不言之者闕耳故書或云命圭五寸謂之躬圭杜子春云當爲七寸玄謂五寸者璧文之闕亂存焉天子執冒四寸以朝諸侯名玉曰冒冒者言德能覆蓋天下也四寸者方以尊接卑以小爲貴天子用全上公用龍侯用瓚伯用將鄭司農云全純色也龍當爲尨尨謂雜色玄謂全純玉也瓚讀爲饡餍之饡龍瓚將皆雜名也卑者下尊以輕重爲差玉多則重石多則輕公侯四玉一石伯子男三玉二石繼子男執皮帛謂公之孤也見禮次子男贄用束帛而以豹皮表之爲飾天子之孤表帛以虎皮此說玉及皮帛者遂言見天子之用贄天子圭中必必讀如鹿車縪之縪謂以組約其中央爲執之以備失隊四圭尺有二寸以祀天郊天所以禮其神也典瑞職曰四圭有邸以祀天旅上帝大圭長三尺杼上終葵首天子服之王所搢大圭也或謂之珽終葵椎也爲椎於其杼上明無所屈也杼閷也相玉書曰珽玉六寸明自炤

土圭尺有五寸以致日以土地致日度景至不夏日至之景尺有五寸冬日至之景丈有三尺土猶度也建邦國以度其地而制其域祼圭尺有二寸有瓚以祀廟祼之言灌也或作淉或作果祼謂始獻酌奠也瓚如盤其柄用圭有流前注琬圭九寸而繅以象德琬猶圜也王使之瑞節也諸侯有德王命賜之使者執琬圭以致命焉繅藉也琰圭九寸判規以除慝以易行凡圭琰上寸半琰圭琰半以上又半爲瑑飾諸侯有爲不義使者征之執以爲瑞節也除慝誅惡逆也易行去煩苛璧羨度尺好三寸以爲度鄭司農云羨徑也好璧孔也爾雅曰肉倍好謂之璧好倍肉謂之瑗肉好若一謂之環玄謂羨猶延其袤一尺而廣狹焉圭璧五寸以祀日月星辰礼其神也圭其邸爲璧取殺於上帝璧琮九寸諸侯以享天子享獻也聘礼享君以璧享夫人以琮穀圭七寸天子以聘女納徵加於束帛大璋中璋九寸邊璋七寸射四寸厚寸黃金勺青金外朱中鼻寸衡四寸有繅天子以巡守宗祝以前馬射琰出者也勺故書或作約杜子春云當爲勺謂酒尊中勺也鄭司農云鼻謂勺龍頭鼻也衡謂勺柄龍頭也玄謂鼻勺流也凡流皆爲龍口也衡古文横假借字也衡謂徑也三璋之勺形如圭瓚天子巡守有事山川則用灌焉於大山川則用大璋加文飾也於中山川用中璋殺文飾也於小山川用邊璋半文

飾也其祈沈以馬宗祝亦執勺以先之礼王過大山川則是祝用事焉將有事於四海山川則校人飾黃駒大璋亦如之諸侯以聘女亦納徵加於束帛也大璋者以大璋之文飾之也亦如之者如邊璋七寸射四寸瑑圭璋八寸璧琮八寸以覜聘瑑文飾也覜視也聘問也衆來曰覜特來曰聘聘礼曰凡四器者唯其所寶以聘可也牙璋中璋七寸射二寸厚寸以起軍旅以治兵守二璋皆有鉏牙之飾於琰側先言牙璋有文飾也駔琮五寸宗后以爲權駔讀爲組以組繫之因名焉鄭司農云以爲稱錘以起量大琮十有二寸射四寸厚寸是謂内鎮宗后守之如王之鎮圭也射其外鉏牙駔琮七寸鼻寸有半寸天子以爲權鄭司農云以爲權故有鼻也兩圭五寸有邸以祀地以旅四望邸謂之柢有邸僢共本也瑑琮八寸諸侯以享夫人獻於所朝聘君之夫人也案十有二寸棗㮚十有二列諸侯純九大夫純五夫人以勞諸侯純猶皆也鄭司農云案玉案也夫人天子夫人玄謂案玉飾案也夫人王后也記時諸侯僭稱王而夫人之號不別是以同王后於夫人也王案十二以爲列王后勞朝諸侯皆九列聘大夫皆五列則十有二列者勞二王之後也棗㮚實於器乃加於案聘礼曰夫人使下大夫勞以二竹簋方玄被纁裏有蓋其實棗蒸㮚擇兼執之以進璋邸射素

功以祀山川以致稍餼（邸射剡而出也致稍餼造賓客納稟食也鄭司農云素功無瑑飾也餼或作氣杜子春云當爲餼）

楖人闕　雕人闕

磬氏爲磬倨句一矩有半（必先度一矩爲句一矩爲股而求其弦既而以一矩有半觸其弦則磬之倨句也磬之制有大小此假矩以定倨句非用其度耳）其博爲一（博謂股博也博廣也）股爲二鼓爲三參分其股博去一以爲鼓博參分其鼓博以其一爲之厚（鄭司農云股磬之上大者鼓其下小者所當擊者也玄謂股外面鼓內面也假令磬股廣四寸半者股長九寸也鼓廣三寸長尺三寸半厚一寸）已上則摩其旁（鄭司農云磬聲大上則摩鑢其旁玄謂大上聲清也薄而廣則濁）已下則摩其耑（大下聲濁也短而厚則清）

矢人爲矢鍭矢參分茀矢參分一在前二在後（參訂之而平者前有鐵重也司弓矢職茀當爲殺鄭司農云一在前謂箭稾中鐵莖居參分殺一以前）兵矢田矢五分二在前三在後（鐵差短小也兵矢謂枉矢絜矢也此二矢亦可以田田矢謂矰矢）殺矢七分三在前四在後（鐵又差短小也司弓矢職殺當爲茀）參分其長而殺其一（矢稾長三尺殺其前一尺令趣鏃也）五分其長而羽其

一羽者六寸以其笴厚爲之羽深笴讀爲稾謂矢幹古文假借字厚之數未聞水之以辨其陰陽辨猶正也陰沈而陽浮夾其陰陽以設其比夾其比以設其羽夾其陰陽者弓矢比在稾兩旁弩矢比在上下設羽於四角鄭司農云比謂括也參分其羽以設其刃刃二寸則雖有疾風亦弗之能憚矣故書憚或作但鄭司農云讀當爲憚之以威之憚謂風不能驚憚箭也刃長寸圍寸鋌十之重三垸刃長寸脫二寸鋌一尺前弱則俛後弱則翔中弱則紆中強則揚羽豐則遲羽殺則趮言幹羽之病使矢行不正俛低也翔迴顧也紆曲也揚飛也豐大也趮旁掉也是故夾而搖之以眡其豐殺之節也今人以指夾矢舞衛是也橈之以眡其鴻殺之稱也橈搦其幹凡相笴欲生而摶同摶欲重同重節欲疏同疏欲㮚相猶擇也生謂無瑕蠹也摶讀如摶黍之摶謂圜也鄭司農云欲㮚欲其色如㮚也

陶人爲甗實二鬴厚半寸脣寸盆實二鬴厚半寸脣寸甑實二鬴厚半寸脣寸七穿量六斗四升曰鬴鄭司農云甗無底甑鬲實五㲉厚半寸

脣寸庾實二觳厚半寸脣寸鄭司農云觳讀爲斛觳受三斗聘礼記有斛玄謂豆實三而成觳則觳受斗二升庾讀如請益与之庾之庾

瓬人爲簋實一觳崇尺厚半寸脣寸豆實三而成觳崇尺崇高也豆實四升凡陶瓬之事髻墾薜暴不入市爲其不任用也鄭司農云髻讀爲刮薜讀爲藥黃蘖之蘖暴讀爲剥玄謂髻讀爲跀墾頓傷也薜破裂也暴墳起不堅致也器中膊豆中縣膊讀如車輇之輇既拊泥而轉其均尊其側以擬度端其器也縣縣繩正豆之柄膊崇四尺方四寸凡器高於此則垺不能相勝厚於此則火氣不交因取式焉

梓人爲筍虡樂器所縣橫曰筍植曰虡鄭司農云筍讀爲竹筍之筍天下之大獸五脂者膏者臝者羽者鱗者脂牛羊屬膏豕屬臝者謂虎豹貔螭爲獸淺毛者之屬羽鳥屬鱗龍蛇之屬宗廟之事脂者膏者以爲牲致美味也臝者羽者鱗者以爲筍虡貴野聲也外骨内骨郤行仄行連行紆行以脰鳴者以注鳴者以旁鳴者以翼鳴者以股鳴者以胷鳴者謂之小蟲之屬以爲雕琢刻畫祭器博庶

物也外骨龜屬内骨鼈屬卻行螾衍之屬仄行蟹屬連行魚屬紆行蛇屬脰鳴鼃黽屬注鳴精列屬旁鳴蜩蜺屬翼鳴發皇屬股鳴蚣蝑動股屬胷鳴榮原屬厚脣弇口出目短耳大胷燿後大體短脰若是者謂之臝屬恒有力而不能走其聲大而宏有力而不能走則於任重宜大聲而宏則於鍾宜若是者以爲鍾虡是故擊其所縣而由其虡鳴燿讀爲哨頎小也鄭司農云宏讀爲紘綖之紘謂声音大也由若也銳喙決吻數目顅脰小體騫腹若是者謂之羽屬恒無力而輕其聲清陽而遠聞無力而輕則於任輕宜其聲清陽而遠聞於磬宜若是者以爲磬虡故擊其所縣而由其虡鳴吻口腃也顅長脰貌故書顅或作牼鄭司農云牼讀爲鬝頭無髮之鬝小首而長摶身而鴻若是者謂之鱗屬以爲筍摶圜也鴻傭也凡攫閷援簭之類必深其爪出其目作其鱗之而謂筍虡之獸也深猶藏也作猶起也之而頰顄也深其爪出其目作其鱗之而則於眡必撥爾而怒苟撥爾而怒則於

任重宜且其匪色必似鳴矣匪采貌也故書撥作廢匪作飛鄭司農云廢讀為撥飛讀為匪以似為發爪不
深目不出鱗之而不作則必穨爾如委矣苟穨爾如委則加任
焉則必如將廢措其匪色必似不鳴矣措猶頓也故書措作厝杜子春云當為措
梓人為飲器勺一升爵一升觚三升獻以爵而酬以觚一獻而
三酬則一豆矣勺尊升也觚豆字声之誤觚當為觶豆當為斗食一豆肉飲一豆酒中人
之食也一豆酒又声之誤當為斗凡試梓飲器鄉衡而實不盡梓師罪之鄭司
農云梓師罪也衡謂麋衡也曲礼執君器齊衡玄謂衡平也平爵鄉口酒不盡則梓人之長罪於梓人焉梓人為侯廣與崇
方參分其廣而鵠居一焉崇高也方猶等也高廣等者謂侯中也天子射礼以九為節侯道九十弓弓二寸以為侯中高
廣等則天子侯中丈八尺諸侯於其國亦然鵠所射也以皮為之各如其侯也居侯中參分之一則此鵠方六尺唯大射以皮飾侯大射者將祭之射也其餘有賓射燕
射上兩个與其身三下兩个半之鄭司農云兩个謂布可以維持侯者也上方兩枚与身三設身廣一丈兩
个各一丈凡為三丈下兩个半之傅地故短也玄謂个讀若齊人搚幹之幹上个下个皆謂舌也身躬也鄉射礼記曰倍中以為躬倍躬以為左右舌下舌半上舌然則

九節之侯身三丈六尺上个七丈二尺下个五丈四尺其制身夾中个夾身在上下各一幅此侯凡用布三十六丈言上个與其身三者明身居一分上个倍之耳亦焉下个半上个出也个或謂之舌者取其出而左右也侯制上廣下狹蓋取象於人也張臂八尺張足六尺是取象率焉上綱與下綱出舌尋縜寸焉綱所以繫侯於植者也上下皆出舌一尋者亦人張手之節也鄭司農云綱連侯繩也縜籠綱者縜讀爲竹中皮之縜舌維特侯者張皮侯而棲鵠則春以功皮侯以皮所飾之侯司裘職曰王大射則共虎侯熊侯豹侯設其鵠謂此侯也春讀爲蠢蠢作也出也天子將祭必與諸侯羣臣射以作其容體出其合於禮樂者與之事鬼神焉張五采之侯則遠國屬五采之侯謂以五采畫正之侯也射人職曰以射法治射儀王以六耦射三侯三獲三容樂以騶虞九節五正下曰若王大射則以貍步張三侯明此五正之侯非大射之侯明矣其職又曰諸侯在朝則皆北面遠國屬者若諸侯朝會王張此侯與之射所謂賓射也正之方外如鵠內二尺五采者內朱白次之蒼次之黃次之黑次之其侯之飾又以五采畫雲氣焉張獸侯則王以息燕獸侯畫獸之侯也鄉射記曰凡侯天子熊侯白質諸侯麋侯赤質大夫布侯畫以虎豹士布侯畫以鹿豕凡畫者丹質是獸侯之差也息者休農息老物也燕謂勞使臣若與羣臣閒暇飲酒而射祭侯之禮以酒脯醢謂司馬實爵而獻獲者于侯薦脯醢折俎獲者執以祭侯其辭曰惟若寧侯若猶女也寧安也謂先有功德其鬼有神毋或若女不寧侯不屬于王所故抗而射女或有也若如也屬猶朝會也抗舉也張也強飲強

食詒女曾孫諸侯百福詒遺也曾孫諸侯謂女後世爲諸侯者
廬人爲廬器戈柲六尺有六寸殳長尋有四尺車戟常酋矛
常有四尺夷矛三尋柲猶柄也八尺曰尋倍尋曰常酋夷長短名酋之言遒也酋近夷長矣凡兵無過三
其身過三其身弗能用也而無已又以害人人長八尺與尋齊進退之度三尋用兵力之極也而無已不徒止耳
故攻國之兵欲短守國之兵欲長攻國之人衆行地遠
食飲飢且涉山林之阻是故兵欲短守國之人寡食飲飽行地
不遠且不涉山林之阻是故兵欲長言罷羸宜短兵壯健宜長兵凡兵句兵欲
無彈刺兵欲無蜎是故句兵椑刺兵摶句兵戈戟屬刺兵矛屬故書彈或作但蜎或作絹鄭司農
云但讀爲彈丸之彈彈謂掉也絹讀爲悁邑之悁悁謂橈也椑讀爲鼓鼙之鼙
玄謂蜎亦掉也謂若井中蟲蜎之蜎齊人謂柯斧柄爲椑則椑隋圜也摶圜也轂
兵同強舉圍欲細細則校刺兵同強舉圍欲重重欲傳人傳人
則密是故侵之改句言轂容殳無刃同強上下同也舉謂手所操鄭司農云校讀爲絞而婉之絞重欲傳人謂矛柄之大者在人手中者侵之

能敵也玄謂校疾也傳近也密審也正也人手操細以擊則疾操重以刺則正然則爲矜句兵堅者在後刺兵堅者在前凡爲殳五分其長以其一爲之被而圍之參分其圍去一以爲晉圍五分其晉圍去一以爲首圍凡爲酋矛參分其長二在前一在後而圍之五分其圍去一以爲晉圍參分其晉圍去一以爲刺圍被把中也圍之圜之也大小未聞凡矜八觚鄭司農云晉謂矛戟下銅鐏也刺謂矛刃胷也玄謂晉讀如王搢大圭之搢矜所捷也首殳上鐏也爲戈戟之矜所圍如殳夷矛如酋矛凡試廬事置而搖之以眂其蜎也灸諸牆以眂其橈之均也橫而搖之以眂其勁也置猶樹也灸猶柱也以柱兩牆之間輓而内之本末勝負可知也正於牆牆盈六建既備車不反覆謂之國工六建五兵與人也反覆猶軒輖

匠人建國立王國若邦國者水地以縣於四角立植而縣以水望其高下高下既定乃爲位而平地置槷以縣眂以景故書槷或作弋杜子春云槷當爲弋讀爲杙玄謂槷古文臬假借字於所平之地中央樹八尺之臬以縣正之眂之以其景將以正四方也爾雅曰在牆者謂之杙在地者謂之臬爲規識日出之景與日入之景日出日入之景其端則東西正也又爲規

以識之者爲其難審也自日出而畫其景端以至日入旣則爲規測景兩端之内規之規之交乃審也度兩交之間中屈之以指臬則南北正晝參諸日中之景夜考之極星以正朝夕日中之景最短者也極星謂北辰

匠人營國方九里旁三門營謂丈尺其大小天子十二門通十二子國中九經九緯經涂九軌國中城内也經緯謂涂也經緯之涂皆容方九軌軌謂轍廣乘車六尺六寸旁加七寸凡八尺是爲轍廣九軌積七十二尺則此涂十二步也旁加七寸者輻内二寸半輻廣三寸半綆三分寸之二金轄之間三分寸之一左祖右社面朝後市王宫所居也祖宗廟面猶御也王宫當中經之涂也市朝一夫方各百步夏后氏世室堂脩二七廣四脩一世室者宗廟也魯廟有世室牲有白牡此用先王之禮脩南北之深也夏度以步令堂脩十四步其廣益以四分脩之一則堂廣十七步半五室三四步四三尺堂上爲五室象　行也三四步室方也四三尺以益廣也木室於東北火室於東南金室於西南水室於西北其方皆三步其廣益之以三尺土室於中央方四步其廣益之以四尺此五室居堂南北六丈東西七丈九階南面三三面各二四旁兩夾窻窻助户爲明每室四户八窻白盛蜃灰也盛之言成也以蜃灰堊牆所以飾成宫室門堂三之二門堂門側之堂取數於正堂令堂如上制則門堂南北九步二尺東西十一步四尺爾雅曰門側之堂謂之塾室三之一兩室與門各居一分殷人重屋堂脩七尋堂

崇三尺四阿重屋重屋者王宮正堂若大寢也其脩七尋五丈六尺放夏周則其廣九尋七丈二尺也五室各二尋崇高也四阿若今四注屋重屋復笮也周人明堂度九尺之筵東西九筵南北七筵堂崇一筵五室凡室二筵明堂者明政教之堂周度以筵亦王者相改周堂高九尺殷三尺則夏一尺矣相參之數禹卑宮室謂此一尺之堂與此三者或舉宗廟或舉王寢或舉明堂互言之以明其同制室中度以几堂上度以筵宮中度以尋野度以步涂度以軌周文者各因物宜為之數室中舉謂四辟之內廟門容大扃七个大扃牛鼎之扃長三尺每扃為一个七个二丈一尺闈門容小扃參个廟中之門曰闈小扃膷鼎之扃長二尺參个六尺路門不容乘車之五个路門者大寢之門乘車廣六尺六寸五个三丈三尺言不容者是兩門乃容之兩門乃容之則此門半之丈六尺五寸應門二徹參个正門謂之應門謂朝門也二徹之內八尺三个二丈四尺內有九室九嬪居之外有九室九卿朝焉內路寢之裏也外路門之表也九室如今朝堂諸曹治事處九嬪掌婦學之法以教九御六卿三孤為九卿九分其國以為九分九卿治之九分其國分國之職也三孤佐三公論道六卿治六官之屬王宮門阿之制五雉宮隅之制七雉城隅之制九雉阿棟也宮隅城隅謂角浮思也雉長三丈高一丈度高以高度廣以

廣經涂九軌環涂七軌野涂五軌廣狹之差也故書環或作轘杜子春云當爲環環涂謂環城之道門阿之制以爲都城之制都四百里外距五百里王子弟所封其城隅高五丈宮隅門阿皆三丈宮隅之制以爲諸侯之城制諸侯畿以外也其城隅制高七丈宮隅門阿皆五丈禮器曰天子諸侯臺門環涂以爲諸侯經涂野涂以爲都經涂經亦謂城中道諸侯環涂五軌其野涂及都環涂野涂皆三軌

匠人爲溝洫主通利田間之水道耜廣五寸二耜爲耦一耦之伐廣尺深尺謂之甽田首倍之廣二尺深二尺謂之遂古者耜一金兩人併發之其壟中曰甽甽上曰伐伐之言發也甽畎也今之耜岐頭兩金象古之耦也田一夫之所佃百畝方百步地遂者夫間小溝遂上亦有徑九夫爲井井間廣四尺深四尺謂之溝方十里爲成成間廣八尺深八尺謂之洫方百里爲同同間廣二尋深二仞謂之澮此畿內采地之制九夫爲井井者方一里九夫所治之田也采地制井田異於鄉遂及公邑三夫爲屋屋具也一井之中三屋九夫三三相具以出賦稅共治溝也方十里爲成成中容一甸甸方八里出田稅緣邊一里治洫方百里爲同同中容四都六十四成方八十里出田稅緣邊十里治澮采地者在三百里四百里五百里之中載師職曰園廛二十而一近郊什一遠郊二十而三甸

稍縣都皆无過十二謂田稅也皆就夫稅之輕近重遠耳滕文公問爲国於孟子孟子曰夏后氏五十而貢殷人七十而助周人百畝而徹其實皆十一徹者徹也助者耤也龍子曰治地莫善於助莫不善於貢貢者校數歲之中以爲常文公又問井田孟子曰請野九一而助国中什一使自賦卿以下必有圭田圭田五十畝餘夫二十五畝死徙無出鄉鄉田同井出入相友守望相助疾病相扶持則百姓親睦方里而井九百畝其中爲公田八家皆私百畝同養公田公事畢然後治私事所以別野人也又曰詩云雨我公田遂及我私惟助爲有公田由此觀之雖周亦助也魯哀公問於有若曰年饑用不足如之何有若對曰盍徹乎曰二吾猶不足如之何其徹也春秋宣十五年秋初稅畝傳曰非禮也穀出不過藉以豐財也此數者世人謂之錯而疑焉以載師職及司馬法論之周制畿內用夏之貢法稅夫無公田以詩春秋論語孟子論之周制邦國用殷之助法制公田不稅夫貢者自治其所受田貢其稅穀助者借民之力以治公田又使收斂焉畿內用貢法者鄉遂及公邑之吏旦夕從民事爲其促之以公使不得恤其私邦国用助法者諸侯專一國之政爲其貪暴稅民無藝周之畿內稅有輕重諸侯謂之徹者通其率以什一爲正孟子云野九夫而稅一國中什一是邦国亦異外内之法耳圭之言珪絜也周謂之士田鄭司農說以春秋傳曰有田一成又一曰列国一同

專達於川各載其名達猶至也謂澮直至於川復無所注入載其名者識水所從出凡天下之地埶兩山之間必有川焉大川之上必有涂焉涌其壅塞凡溝逆地防謂之不行水屬不理孫謂之不行溝謂造溝防謂脉理屬讀爲注孫順也不行謂決溢也禹鑿龍門播九河爲此逆防与不理孫也梢溝三

十里而廣倍 謂不墾地之溝也鄭司農云梢讀爲桑螵蛸之蛸蛸謂水漱齧之溝故三十里而廣倍 凡行奠水磬折
以參伍 磬爲弓輪水行欲紆曲也鄭司農云奠讀爲停謂行停水溝形當如磬直行三折行五以引水者疾焉 欲爲淵則句於
矩 大曲則流轉流轉則其下成淵 凡溝必因水埶防必因地埶善溝者水漱之善
防者水淫之 漱猶齧也鄭司農云淫讀爲厭謂水淤泥土留著助之爲厚玄謂淫讀爲淫液之淫 凡爲防廣與崇
方其閷參分去一 崇高也方猶等也閷者薄其上 大防外閷 又薄其上厚其下 凡溝防必
一日先深之以爲式 程人功也溝防爲溝爲防也 里爲式然後可以傅衆力
里讀爲已聲之誤也 凡任索約大級其版謂之無任 故書汲作没杜子春云當爲汲玄謂約縮也汲引也築防若牆
者以繩縮其版大引之言版橈也版橈築之則鼓土不堅矣詩云其繩則直縮版以載又曰約之格格椓之橐橐 葺屋參分瓦屋四
分 各分其脩以其一爲峻 囷窌倉城逆牆六分 逆猶卻也築此四者六分其高卻一分以爲閷囷圜倉方穿地曰窌 堂
涂十有二分 謂階前若今令甓裓也分其督旁之脩以一分爲峻也爾雅曰堂涂謂之陳 竇其崇三尺 宮中水道
牆厚三尺崇三之 高厚以是爲率足以相勝

車人之事半矩謂之宣矩法也所法者人也人長八尺而大節三頭也腹也脛也以三通率之則矩二尺六寸三分寸之二頭髮
晧落曰宣半矩尺三寸三分寸之一人頭之長也柯欘之木頭名焉易巽爲寡髮一宣有半謂之欘欘斲木柄長二尺爾雅曰句欘
謂之定一欘有半謂之柯伐木之柯柄長三尺詩云伐柯伐柯其則不遠鄭司農云蒼頡篇有柯欘一柯有半
謂之磬折人帶以下四尺五寸磬折立則上俛玉藻曰三分帶下紳居二焉紳長三尺
車人爲耒庛長尺有一寸中直者三尺有三寸上句者二尺
有二寸鄭司農云耒謂耕耒庛讀爲其頿有疵之疵謂耒下岐玄謂庛讀爲棘刺之刺刺耒下前曲接耜自其庛緣其外以
至於首以弦其內六尺有六寸與步相中也緣外六尺有六寸內弦六尺應一步之尺數耕
者以田器爲度宜耜異材不在數中堅地欲直庛柔地欲句庛直庛則利推句庛則
利發倨句磬折謂之中地中地之耒其庛與直者如磬折則調矣調則弦六尺
車人爲車柯長三尺博三寸厚一寸有半五分其長以其一爲
之首首六寸謂今剛關頭斧柯其柄也鄭司農云柯長三尺謂斧柯因以爲度轂長半柯其圍一柯有半大車

轂徑尺五寸輻長一柯有半其博三寸厚三之一輻厚一寸也故書博或作摶杜子春云當爲博渠三柯者三渠二丈七尺謂罔也其徑九尺鄭司農云渠謂車輮所謂牙行澤者欲短轂行山者欲長轂短轂則利長轂則安澤泥苦其大安山險苦其大動行澤者反輮行山者仄輮反輮則易仄輮則完故書反爲側鄭司農云反輮謂輪輮反其木裏需者其外澤地多泥柔也側當爲仄山地剛多沙石玄謂反輮爲泥之黏欲得心在外滑仄輮爲沙石破碎之欲得表裏相依堅刃六分其輪崇以其一爲之牙圍輪高輪徑也牙圍尺五寸柏車轂長一柯其圍二柯其輻一柯其渠二柯者三五分其輪崇以其一爲之牙圍柏車山車輪高六尺牙圍尺二寸大車崇三柯綆寸牝服二柯有參分柯之二大車平地載任之車轂長半柯者也綆輪箄牝服長八尺謂較也鄭司農云牝服謂車箱服讀爲負羊車二柯有參分柯之一鄭司農云羊車謂車羊門也玄謂羊善也善車若今定張車較長七尺柏車二柯較六尺也柏車輪崇六尺其綆大半寸凡爲轅三其輪崇參分其長二在前一在後以鑿其鉤徹廣六尺鬲長六尺鄭司農云鉤鉤心鬲謂轅端厭

牛領者

弓人爲弓，取六材必以其時。[取幹以冬，取角以秋，絲漆以夏，筋膠未聞。]六材既聚，巧者和之。[聚猶具也。]幹也者，以爲遠也；角也者，以爲疾也；筋也者，以爲深也；膠也者，以爲和也；絲也者，以爲固也；漆也者，以爲受霜露也。[六材之力相得而足。]

凡取幹之道七：柘爲上，檍次之，檿桑次之，橘次之，木瓜次之，荆次之，竹爲下。[鄭司農云：檍讀爲億萬之億。爾雅曰：杻，檍。又曰：檿桑，山桑。國語曰：檿弧箕服。]

凡相幹，欲赤黑而陽聲，赤黑則鄉心，陽聲則遠根。[陽猶清也。木之類近根者奴。]

凡析幹，射遠者用埶，射深者用直。[鄭司農云：埶謂形埶。假令木性自曲，則當反其曲以爲弓，故曰審曲面埶。玄謂曲埶則宜薄，薄則力少；直則可厚，厚則力多。]

居幹之道，菑栗不迆，則弓不發。[鄭司農云：菑讀爲不菑而畬之菑。栗讀爲榛栗之栗，謂以鋸副析幹。迆讀爲倚移從風之移，謂邪行絕理者，弓發之所從起。玄謂栗讀爲裂繻之裂。]

凡相角，秋閷者厚，春閷者薄。稺牛之角直而澤，老牛之角紾而昔。[鄭司

農云紾讀爲抮縳之抮昔讀爲交錯之錯謂牛角觕理錯也玄謂昔讀履錯然之錯疢疾險中牛有久病則角裏傷瘠牛之角
無澤少潤氣角欲青白而豐末豐大也夫角之本蹙於𠜝而休
於氣是故柔柔故欲其埶也白也者埶之徵也蹙近也休讀爲煦鄭司農云欲
其形之自曲反以爲弓玄謂色白則埶夫角之中恒當弓之畏畏也者必橈橈故欲
其堅也青也者堅之徵也故書畏或作威杜子春云當爲威威謂弓淵角之中央與淵相當玄謂畏讀如秦師入隈之隈
夫角之末遠於𠜝而不休於氣是故脃脃故欲其柔也豐末
也者柔之徵也末之大者𠜝氣及煦之角長二尺有五寸三色不失理謂
之牛戴牛三色本白中青末豐鄭司農云牛戴牛角直一牛凡相膠欲朱色而昔昔也者
深瑕而澤紾而摶廉摶圜也廉瑕嚴利也鹿膠青白馬膠赤白牛膠火
赤鼠膠黑魚膠餌犀膠黃皆謂煮用其皮或用角餌色如餌凡昵之類不能方
鄭司農云謂膠善戾故書昵或作樴杜子春云樴讀爲不義不昵之昵或爲䵒䵒黏也玄謂樴脂膏膱敗之膱膱亦黏也凡相筋欲小

簡而長大結而澤小簡而長大結而澤則其爲獸必剽以爲弓則豈異於其獸（剽疾也鄭司農云簡讀爲撊然登陴之撊玄謂讀如簡札之簡謂筋條也）筋欲敝之敝（鄭司農云嚌之當孰）漆欲測（鄭司農云測讀爲側隱之側玄謂測讀如測度之測測猶清也）絲欲沈（如在水中時色）得此六材之全然後可以爲良（全无瑕病良善也）凡爲弓冬析幹而春液角夏治筋秋合三材（三材膠絲漆鄭司農云液讀爲醳）寒奠體（奠讀爲定至冬膠堅內之檠中定往來體）冰析灂（大寒中下於檠中復內之）冬析幹則易（理滑致）春液角則合（合讀爲洽）夏治筋則不煩（煩亂）秋合三材則合（合堅密也）寒奠體則張不流（流猶移也）冰析灂則審環（審猶定也）春被弦則一年之事（期歲乃可用）析幹必倫（倫順其理也）析角無邪（亦正之）斲目必荼（鄭司農云荼讀爲舒舒徐也目幹節目）斲目不荼則及其大脩也筋代之受病（脩猶久也）夫目也者必強強者在內而摩其筋夫筋之所由幨恒由此作（摩猶隱也故書筋或作薊鄭司農云當爲筋幨讀爲車幨之幨玄謂幨絕起也）故角三液而

幹再液重醳治之使相稱厚其帤則木堅薄其帤則需需謂不充滿鄭司農云帤讀為襦有衣絮之絮帤謂弓中裨是故厚其液而節其帤厚猶多也節猶適也約之不皆約疏數必侔不皆約纏之繳不相次也皆約則弓如侔猶均也斲摯必中膠之必均摯之言致也中猶均之斲摯不中膠之不均則及其大脩也角代之受病夫懷膠於內而摩其角夫角之所由挫恒由此作幹不均則角蹴折也凡居角長者以次需當弓之隈也長短各稱其幹短者居簫恒角而短是謂逆橈引之則縱釋之則不校鄭司農云恒讀為緊縆之縆玄謂恒讀為揯揯竟也竟其角而短于淵幹引之角縱不用力若欲反橈然校疾也既不用力放之又不疾恒角而達譬如終紲非弓之利也達謂長於淵幹若達於簫頭紲弓韣角過淵接則送矢不疾若見紲於韣矣弓有韣者為發弦時備頓傷詩云竹韣緄縢今夫茭解中有變焉故校鄭司農云茭讀為激發之激茭謂弓檠也交讀為絞而婞之絞玄謂茭讀如齊人名手足擊為骹之骹茭解謂接中也變謂簫臂用力異校疾也於挺臂中有柎焉故剽挺直也柎側骨剽亦疾也鄭司農云剽讀為湖漂絮之漂恒角而達引如終紲非

弓之利重明達角之不利不變辟言引字之誤撟幹欲孰於火而無贏撟角欲孰於火而無燂引筋欲盡而無傷其力鬻膠欲孰而水火相得然則居旱亦不動居濕亦不動贏過孰也燂炙爛也不動者謂弓也故書燂或作朕鄭司農云字從燂苟有賤工必因角幹之濕以為之柔善者在外動者在內雖善於外必動於內雖善亦弗可以為良矣苟偷也濕猶生也凡為弓方其峻而高其柎長其畏而薄其敝宛之無已應宛謂引之也引之不休止常應弦言不罷需也峻謂簫也鄭司農云敝讀為蔽塞之蔽謂弓人所握持者下柎之弓末應將興末猶簫也興猶動也發也弓柎卑簫應弦則柎將動為柎而發必動於閷閷接中弓而羽閷末應將發羽讀為扈〻緩也接中動則緩緩簫應弦則角幹將發弓有六材焉維幹強之張如流水無難易也維體防之引之中參體謂內之於檠中定其體防深淺所止謂射定張之弦居一尺引之又二尺維角定之欲宛而無負弦引之如環釋之無失體如環負弦辟戾也負弦則不如環如環亦謂無難易鄭司農云定讀如掌

距之掌車掌之掌　材美工巧爲之時謂之參均角不勝幹幹不勝筋謂之參均量其力有三均均者三謂之九和　有三讀爲又參量其力又參均者謂若幹勝一石加角而勝二石被筋而勝三石引之中三尺假令弓力勝三石引之中三尺弛其弦以繩緩擐之每加物一石則張一尺故書勝或作稱鄭司農云當言稱謂之不參均玄謂不勝无負也　九和之弓角與幹權筋三侔膠三鋝絲三邸漆三斞上工以有餘下工以不足　權平也侔猶等也角幹旣平筋三而又与角幹等也鋝鍰也邸斞輕重未聞　爲天子之弓合九而成規爲諸侯之弓合七而成規大夫之弓合五而成規士之弓合三而成規　材良則句少也　弓長六尺有六寸謂之上制上士服之弓長六尺有三寸謂之中制中士服之弓長六尺謂之下制下士服之　人各以其形貌大小服此弓　凡爲弓各因其君之躬志慮血氣　又䐈其人之情性　豐肉而短寬緩以荼若是者爲之危弓危弓爲之安矢骨直以立忿埶以奔若是者爲之安弓安弓爲之危矢　言損贏濟

不足危亦猶疾也骨直謂强毅荼古文舒假借字鄭司農云荼讀爲舒　其人安其弓安其矢安則莫能以速中且不深故書速或作數鄭司農云字從速速疾也三舒不能疾而中言矢行短也中又不能深　其人危其弓危其矢危則莫能以愿中愿慤也三疾不能慤而中言矢行長也長謂過去　往體多來體寡謂之夾臾之屬利射侯與弋射遠者用埶夾庾之弓合五而成規侯非必遠顧埶弓者材必薄薄則弱弱則矢不深中侯不落大夫士射侯矢落不獲弋繳射也故書與作其杜子春云當爲與　往體寡來體多謂之王弓之屬利射革與質射深者用直此又直焉於射堅宜也王弓合九而成規弧弓亦然革謂干盾質謂木椹天子射侯亦用此弓大射曰中離維綱揚觸梱復君則釋獲其餘則否　往體來體若一謂之唐弓之屬利射深射深用直唐弓合七而成規大弓亦然春秋傳曰盜竊寶玉大弓　大和無灂其次筋角皆有灂而深其次有灂而疏其次角無灂大和尤良者也深謂灂在中央兩邊無也角無灂謂隈裏　合灂若背手文弓表裏灂合處若人合手背文相應鄭司農云如人手背文理　角環灂牛筋蕡灂麋筋斥蠖灂蕡枲實也斥蠖屈蟲也　和弓轂摩和猶調也轂拂也將用弓必先調之拂之摩之大射禮曰小射正授弓大射正以袂順左右隈上再下一　覆

之而角至謂之句弓句於三辭材嫩惡不用之弓也覆猶察也謂用射而察之至猶善也但角善則矢雖疾而不能遠覆之而幹至謂之侯弓射侯之弓也幹又善則矢疾而遠覆之而筋至謂之深弓射深之弓也筋又善則矢既疾而遠又深

周禮卷第十二

周禮釋音

唐國子博士兼太子中允贈齊州刺史吳縣開國男陸德明撰

天官冢宰第一

雒洛 別也彼列下同 以縣音玄下同 槷魚列下同 召誥上詔 汭人銳 夌力呈 藏才浪 長丁丈 辟

必亦 胥思余 徭遥 諝思叙 膳上戰 庖扶交 賈古 裹果 苴子余 物 賈嫁 饔於容 亨普庚

稱尺政 爲于僞 甸田遍 共恭 𢿘魚 腊昔 和胡卧又如字 齊才計 瘍羊 創初良 奄於檢 凌

力證 醢呼在 盡津忍 醯呼西 冪莫歷 解佳賣 會古外 尚常 少詩照 斷丁亂 閽昏 寺 豎 冠古亂

嬪符眞 枲絲里 縫扶用 染如豔 追丁回 屨紀具 翟狄 緌如誰

太宰 擾而小 詰起一 馴似倫 度待洛 倳側吏 灋法 聯連 弊必世 弛尸氏 比毗志 稽古奚 別

彼列 劑子隨 要於妙 覲僅 辠罪 劓魚異 刖月 馭魚慮 采菜 耼乃甘 奉苻用 柄兵命 行

下孟 亟紀力 鯀古本 毆起俱 毓育 蕃扶元 飭勑 賈古字 閒閑 秫述 鏤豆 爲于僞 傭

容 債廿鳩 苽孤 蓏力果 畜許又 稱尺證 犛力之 圉魚呂 質諸二 疏色居 饉其靳 削所教

與余鄉大夫香虧昌慮好呼報勞力報摯至楛户櫄勑倫篠西了簜大黨袖羊救
繫計行下孟耡助縣玄挾子協監古銜爲去要一遥反洒色洒讀諏子須齊皆則眡視
滌直力歷古濯愛甗彦亯普庚鄉許亮齊才計示祇見賢遍朝直遥酢昨依於豈含户暗
窆彼驗琮才宗守狩後同　○小宰委於偽積子賜鬯勑亮鑊户郭齍資屬燭
糾居黝相息亮與余政征比毗志傅附別彼列會古外卒子忽閱悦貸他代著直略
賈嫁平病解佳賣邪似嗟共恭裸古乱爲于偽稱尺證啐寸對襚遂賙周齎子兮
宰夫治藏才浪別彼列辟譬傳直專辟芳石名畜許又見賢遍委於偽積子賜飲
於鴆食嗣飧孫賻附賵孚仲　宮正柝吐各反莫暮行下孟爲于偽解
佳賣離力智數朔去起吕倅七内別彼列竒羈衺邪觚孤蹕畢
宮伯適丁厯子於徼古弔反候便婢面反　膳夫之食似饔於容盡津忍
淳之純敖五刀淳毋莫胡牂作郎反擣丁老膋了彫齏作西臡奴兮稌杜苽古吳涼京醇
醫於其酏以支陪鼎徐蒲来反刌寸本反村側八爲于偽見賢遍閒古莧

庖人畜許又麇居倫鷃於諫鴿古合麛迷孕以正鱻悉然薧苦老鮺側雅好呼報鮮

戶賈令力呈乘承正腒其居鱐所留臊素刀羶書然和胡卧鱻鮮為于偽

内饔亨普庚肆解託歷齊才細胾側吏膰燔脀職升庮由膔芳表貍莫皆肓

士亮眡視睫接般班螻樓別彼列澌西蛄姑膴呼胖普半牒直輒鉶刑臠

力轉好呼報　○外饔食似帥色類齊才細爨七乱湆去及　○甸師齍資

芧子茜所六滲所鳩焫如悅苴租泲子礼跌大結斷丁乱踐翦　獸人攫俱縛

仆普卜切釐来植直吏珥如志享許丈禴由若祊方馘古獲數色主　䱷人偃於建

空孔鮪位軌　○鼈人萠莫干簎勑角蜃上軫貍莫皆杙义蠯薄佳蠃郎戈

蚳直其螔夷蝓由蚌奉蛾宜綺舍捨蝝悅全　○腊人解肆勑力捶之蘂

豆羞食似覆芳服腍而甚爓徐廉亨普庚　○天官下　○醫瞑

眠見眩玄見瘳勑留疕匹婢瘍羊造七報劀古八　○食醫齊才細和胡卧

飴以之堇謹荁丸娩問槁苦老滫思酒反瀡相藥稌杜稉庚放甫往

疾醫 痟消 痒以掌 疥介 嗽西豆 上時掌 欬苦代 喘昌兖 見賢遍 羸盈 易以豉 藏才浪 竅苦弔 揄羊朱 柎附 少詩照 ○瘍醫 折時設 祝之樹 劀刮 齊才細 創初良 踠於阮 跌待結 去羌呂 埶武 譽豫 氣穀 ○獸醫 畜許六反 為于僞 聚仕救

食似 酒正 沽古 茜在田 秋述 齊才細 湛接棗 饎昌志 釀女亮 盎烏浪 緹躰 醪魯刀 翁烏動 酇在何 差初賣 醫於巳 酏以支 沛子礼 殹烏兮 截昨再 莤糟 醷於紀 為于僞 嗛苦簟 鷩必列 希絺 醆側產 粢才計 醍躰 飲於鴆 度待洛 比必礼 食似

脩 漿人 糗丘酉 柶四 ○凌人 甀直僞 盛成 刷所劣 籩人 麷芳弓 蕡符支 膴火吳 鱐所求 枲思里 䐑章涉 䊧皮逼 乾 穜直龍 腴曳 啗徒覽 薧老 裸古乱 蔆陵 芡儉 㮚栗 重直用 芰其寄 餌而志 為于僞 黏女廉 著直略

醢人 韭久 菹莊魚 醓吐感 臡乃兮 茆卯 麇京倫 莝倉卧 骭戶諫 羸力禾 蠯蒲佳 蜃市軫 拍博 螔移 蝓榆 蛤閤 芹勤 箈治 鴽若 食似 糝素感 衍食之然 糔思柳 溲所柳 臅昌蜀 為于僞 齊子西 䐑直輒 軒獻 膴之涉 辟必亦 稱尺證 醯人 齊子兮

鹽人 湅(練) 齊(才細) 鬻(煮) 冪(莫歷) 與(余) 鬴(甫) ○宮人 朝(直遙) 匽(於建)
蠲(圭淵) 去(起呂) 饎(尺志) 霤(力救) 畜(勑六) 清(才性) 掌舍 梐(步礼) 枑(戶故) 重(直龍)
拒(矩) 褤(袁) 居(居慮) 溜(力救) 涑(色遘) 橐(當路) 藩(方元) 壝(唯季) 埒(劣) 觀(工喚)
幕人 幄(烏學) 帟(亦) ○掌次 邸(當礼) 屏(薄形) 朝(直遙) 為(于僞) 大府 秣(末)
好(呼報) 斥(尺) 王府 蠙(薄因) 含(户暗) 枕(之鴆) 楔(先結) 令(力呈) 第(側吏) 襗(澤) 簀(責)
敦(對) 盛(成) 歃(色合) 織(志) 為(于僞) 遺(唯季) ○外府 復(扶又) 數(朔) 齎(咨)
幾(居豈) 會(古外) 攷(考) ○司書 比(毗志) 見(賢遍) 蠹(都故) 畜(許[illegible]) 職內 種(章勇)
藏(才浪) ○職歲 拼(拯) 楬(其列) ○司裘 中(仲) 氈(毛) 與(余) 麛(迷) 為(于僞)
以與(預) 行(下孟) 比(毗志) 中(丁仲 下同) 射(食亦) 臯(諸允) 著(直略) 參(素感反) 干(五旦) 遠(于万)
鳱(音干) 歛(許金) 還(弃戰) 興(虛應) ○掌皮 縟(辱) 見(賢遍) ○內宰 省(所景) 衺
(似嗟) 紝(女金) 紃(以倫) 祼(古乱) 與(預) 酳(士靳) 齍(咨) 淳(諸允) 純(諸允) [illegible](紙) 與(余) 中(仲)
調(徒弔) 度(待各) 種(直龍) 稑(六) 種(章勇) 畨(煩) 孳(茲) ○內小臣 令(力呈) 相(息亮) 為

于僞好呼報遺唯季見賢遍○閽人觀古喚衰崔識式志杠古江易以豉帥色類

將子匠苛呼何爲于僞闢婢亦埽素報○寺人相息亮臨力鴆內豎朝直遥

爲于僞遺弃戰頪呼內○九嬪婉於阮娩晚見賢遍上時掌放方往敦對

世婦概古愛拭式涖利翣所甲○女祝梗古猛禬古外禳如羊去起呂苦古

賈嫁楬其列別彼列○典絲良苦依於豈盥纊曠于香綦其織

志傳著附○典枲數色主蒯苦迫苦古內司褘暉揄遥展張彥

緣吐亂卷古本朝直遥屈闕襢張彥翬暉見賢遍玼此媛援行下孟稅吐亂

縳絹褎崔上時掌帨稅衺陳乞縫人褚張呂纁許云披彼僞衣於既度宅

接所甲櫝柳翣所甲○染人暴步卜染如琰纁動湛子鴆邸古大鬲直劉反

蹲存放方往追丁回毋追卷古本紞丁敢紘玄綖以然紒計髮皮義鬄大計

見賢遍纚所買縣玄瑱它見鬒之忍鬄大計卷着免衣於既純側具○屨人繶於力句

勅著丁庶與餘絇勅純章允緣悅面礫歷見賢遍著知略紃巡衣於既去起呂

夏采乘繩證綏而誰適丁歷衣於旣卷古本屈闕稹勑貞禬遺維橦直江

地官司徒第二　○鄉師長丁丈左佐比毗志稱尺證爲于僞帥所類知智埴

冒何胡可犉而純遺維季禂俱禹召上照燮魚列賈嫁壥直連賈師古辟必亦校

鄭胡作老管爲去丘甸繩正委烏僞度徒洛麓鹿廿人猛擴礦號猛舊干見象豫

莠酉蛤古荅盛成柷由抒時女饎尺志槁苦報大司徒廣古曠廱於用

壝維癸別彼列會古外阜阜覈核專徒九莢古協蠃力果貂彫貒吐官圜圓

臞其俱貆勑宜芡儉揄俞虢薄報解佳買少詩照反相息亮流音育緹低深

度尺洛遠于萬跌失結率律正征爲于僞丘甸常證奠定舍捨去羌呂幾

去蹄殺所界蕃方袁種章勇抍拯捄救矜古頑癃隆卒子忽嫩羊美掾陟角縣玄

挾子協比毗志足子喻閒閑行下孟媰因思悉吏厭於涉肆記歷上時掌

小司徒比毗志施式氏畜許六別彼列毋無羨錢面甸繩證夫扶少詩照爲于僞

乘繩證澮古外政征肆記歷使所吏行下孟窆彼驗復福斷丁亂　○鄉師復福

辟婢亦偪彼力租子都菹側魚藉慈夜苴子都刌忖去羌呂祧他彫隋吁恚與余
輂九玉輓晚梩里其纛桃報匶舊綍弗翿壽橦直江行戶剛傰補鄧窆彼驗爲
于僞隼雖允別彼列殿都遍囏艱楬苦瞎輁共九勇楅福　鄉大夫復福上時掌
藏才浪復扶又射食亦與余矍俱縛相息亮堵丁古觶支豉　州長屬燭
重直用　黨正數所用禜榮敬蜡仕詐爲于僞隙去逆冠古亂　族師酺步
校戶教蝝悅全螟覓經與余禜榮敬　○閭胥數色主觵古橫扑普木　比長
衺似嗟苛呼向　○封人爲于僞乘成正楅福絼持忍槀古老著直略令力呈
抵丁礼椵加豕直氏燖似塩去起呂腯徒忽　鼓人別彼列鼖扶云鼛圭鎛
淳錞對鐲直角鉦征鐃女交秉柄郤起略鈴零帗拂皮鼜千歷朐休具　舞師
𦏧皇　牧人蕃煩牷全黝於糾尨士江表貉莫霸臬瓦丘例副普逼襃如羊
牛人職音特又餘式反杙餘式積子賜食嗣冪民狄犒苦報遣弃戰徬蒲浪簝老
盛成縣玄　地官下　載師賈古疆居良爲于僞長丁丈監古利盡

津忍 與余呂 去起呂 比方二 率律 桼七 場亦 儳士鑒 說悅 令力呈 衣於旣 閒閑

閭師 畜許六 衺七回 縣師 比毗志 卒子忽 量良 遺人 唯季 施式豉 易以豉

䵻艱 庌雅 政征 上時掌 鬴房甫 鬵均 師氏 媺美 行下孟 知智 稱

尺證 燾徒報 朝直遥 中丁仲 從才用 與預 蹕畢 保氏 行下孟 剡羊冉 襄讓

差初佳 絭的 濟子礼 鬩呼濫 仰五剛 纍律悲 顛田 詻五格 匪芳非 司諫 強其丈

易以豉 衺以嗟 酗況付 醟詠 好呼報 去起呂 著直略 調人 難乃旦 畜許六 辟避

從才用 眡視 重直用 ○媒氏 上時掌 掎於綺 別彼列 冠古喚 純側其 冓古候 棧士板

區烏侯 行戶剛 易以豉 售受又 成賈嫁 儥育又能坐反 劑子隨 月平皮命 下司

賈氏嫁 虣薄報 去起呂 扑普卜 為于偽 貰世 廛側 奠定 行遐孟 苦古部

起略 賈古 粥育 數色主 柎符力 帝亦 觀古喚 質人 淳準 廣光曠 長直亮

中丁仲 淳章純 好呼報 紋次 總讒 儳讒 穊摠 為于偽 畜勑六 說悅 褚知呂

瘦所又 臞其俱 紓舒 胥師 縣玄 行下孟 令力呈 斷丁乱 賈師古 奠定

別(彼列)重(直用)更(庚)爲(于僞)　司虣(虎)嚻(五[illegible])搏(傅)操(七曹)遠(于万)數(色主)

楬(竭)抵(帝)癉(旦)揃(賤)著(直略)貸(特)貸民本賈(嫁)會(古外)

司門鍵(其展)籥(羊略)正(征)轂(計)監(古銜)造(七到)辟(辟)傳(張戀)札(側八)瘥(才何)苛

(呼多)說(悅)敂(叩)爲(于僞)朝(直遥)別(彼列)使(所吏)犛(吐黨)盛(成)鄭(丈)贊(作管)分(扶問)

比(毗志)懵(莫崩)會(古外)率(律)錢(翦)鎛(博)畮(畝)數(色主)奇(居宜)畛(之忍)洫(況域)

澮(古外)乘(成王)去(起呂)盡(津忍)施(式氏)政(征)屬(燭)綍(弗)氂(毛)毳(昌絹)說(始銳)輿(余)封(彼驗)

倗(補鄧)○遂師艾(刈)庀(匹尒)行(下孟)磿(歷)籠(力董)蜃(市軫)爲(于僞)輴(勅倫)槫(市專)

輇(市專)比(匹尒)屬(燭)　里宰街(佳)放(方往)閒(閑)期(基)　稍人乘(成正)輂(居錄)

卒(子忽)調(徒弔)遞(徒礼)聚(俗裕)蘿(羅)　土均政(征)爲(于僞)省(所景)相(息亮)種(之勇)

氾(芳劍)坌(粉運)緹(低)墳(扶粉)渴(其列)潟(昔)貆(呼丸)埴(時力)壚(盧)𪉷(呼覽)蕡(扶云)爂

(芳劣)薙(夷)蘊(紆粉)芓種(章勇)蝮(芳目)行(下孟)視辟忌(避)惡(烏路)　山虞濡(如充)忍(刃)

珥如志 禁 鹿 分扶門 蕃扶袁 鱐所留 蛤古合 當丁浪 爲于僞 芹勤 茆卯 蔆凌 芡

倫 卝人華孟 翩戶華 摶除轉 縛古本 緷古本 蕡苦迴 蒐所留 橐託 刻列 蚌蒲項 覲

古乱 樂洛 場人 枇蒲梨 杷白加 食似 好呼報 數色主 殺所界 糒備 接扱 扱初洽

管姜呂 熬五羔 蚳皐夷 蜉孚 種章勇 縣玄 穜直龍 見賢遍 度徒洛 春人 齍資

食似 饎昌志 飧孫 槁苦報 人 宂如勇 與余 尚常 書 豢患 潘芳袁 瀾魯旦

戔淺

春官宗伯第三

女汝 大泰 隮子兮 父甫 鬱於物 秠孚

鋪普吳 爲于僞 知智 少詩照 塋營 長丁丈 稱尺正 繚了 眹直忍 鑄專 鉥

喋莫拜 芼莫報 莖直結 著直居 鞮丁兮 鞻九具 屝房味 躧所蹤 沓他答 筆時髓 燋哉約 焌俊

著子鴆 謂祝之文 馮憑 相息亮 離力計 貸吐得 衣於既

大宗伯 宗 祇

㮝羊九 飌風 能他來 圜于權 貍莫皆 副孚逼 句古侯 禩祀 磔張格 食似 重直龍 該

古 見賢遍 賓 獨 省所景 攘如羊 蜡仕詐 綴綴 肆他歷 裸古乱 禴餘若 袷戶夾 率律

含戶暗 襚遂 縣玄 爲于僞 禬戶外 更庚 喪息浪 澶善然 朝直遙 遞弟 覜他弔

竟境脤上忍膰煩彪甫休先悉薦瑑直轉愼行下孟鶩木繢胡對衣於既與余

琮才宗琥虎璜黃放方往爲于僞中丁仲令力呈悍戶幹鑊戶郭相息亮溉古愛

亨牲普庚與預果裸儐必刃假格依於豈鄉許亮小宗伯嫖必消紐女九

汁叶卲常遥適丁歷芺孤斝假蜼誄獻素何著直略大泰饎昌志亨普庚齎

子兮祓孚物從才用齊側皆與預甸田讄誄渳亡婢稱尺證縣玄衰七雷脃七歲

○肆師牷全祈巨既珥而志刲苦圭俠古洽監古衛果古亂鷇者相息亮剽芳遥

識式志食似與余中丁仲爲于僞造七報貉莫駕蚳尤柞側百酺蒲

鬱人造七報併薄冷禮章善第側几遣弃戰酳侯鐇煩鬯人遺唯癸鄭

作管剽四召蠡力兮去起呂柢帝脩卣祼灌概古愛合含斗主淬七內爲于僞

與余畛之忍父甫○雞人嘑火吳嘂古弔比毗志泲子禮齊才計獻素何斝

彝嫁大泰琖莊產卣酉射食亦禺遇獻素何涚舒銳脩酌直歷反數朔賣

子兮涚舒銳勺上酌和胡臥醆莊產粢才計緹體澤亦莎素何去起呂浩胡老

司几筵莞官依於豈鄉許亮純章允爲于僞緣悅絹率律馮皮冰蒻弱繢胡內
礝如兖甸目萑丸敦導藏才浪翌翼祊補庚天府守手又傳直專鎮
珍認見賢遍中丁仲盥管與余數婁穀數上所主下所具能他來藏才浪見賢遍藉在夜
朝直遙衣於既插初洽杼除汝信身圻魚斤鄂魚各邸丁禮著直略儐倡絹柢帝衈郎
琵殺色界射食亦造七報剡以冉度待洛守手又使所吏闓開袞哀駔祖令力呈
難乃且郯談瑕遐好呼報行下孟含戶暗樊畔下適丁歷射姑亦○司服鷩必滅
希陟里窋張律盩直留罽居例黹張里刺七亦衣於既跗方符絣弁爲于僞易以豉
去起呂縞古老齊側皆襦儒屬燭廣古曠祛起呂移昌氏廞虛今堊烏路隋許恚
比毗志相息亮莫暮苛胡哥傳直專從才用不與頒併薄冷度待各窆彼驗咸古鹹
語魚據俑勇
宗伯下
冑直又興許應剴古愛大卷音權磬上昭
濩戶故共恭傳孚說悅去起呂度待洛鬄眉冀戛居八夏正征與余竅苦弔
畜許六淰審矞休律狘休越徵張里九磬九音大裸古亂礐若鳥與鬼輿碎

避縣玄城濮卜傀杜迴會古外沂魚依雍於用霣于敏弛式氏歆許金興許應
鎛愽樂師勺章略帗拂翌皇旄毛薺徐私趨倉什撞直江毋無相
息亮晃見賢遍食似酎直救舍釋䟽所居爲于僞紕匹毗數所主昕欣
小胥觵觩巨樛抶勑乙扑普卜犆特簴巨去起呂繁步干辟避大師枵虛驕
娵子揄訾子斯降戶江貿茂取七踰塤虛袁興虛應鋪普吳邶步內知智⿰巾東亂
引之引並音徽將子匠呼火故數所角之行下孟下同小師飴以之餳辝盈簫
動椎直追空孔篪馳篴狄併薄冷令力呈鼙薄西與預和戶卧鎛溥奠
定怵勑律相息亮鼜戚樂洛數朔碮古本陂彼義⿰齒音闇侈昌氏笮側百甄震
硍艱唶側百罷皮買𨅖婢傭勑龍形太泰鉆張林殺色界掉徒弔齊才計廣
古曠長直亮磬師縵莫半齊側皆裓陔鷔五羔使色吏與預傹競穰
如羊好呼報和胡卧龡昌垂空孔髹香牛鞔莫干鼖扶云將趨莊九蒯括對桴
孚中仲樂洛索色白爲于僞勞力報穫稻徒到任壬下同鐻距

大卜兆北釁許靳呼火嫁縣又直重直用圍亦蠡謀拙時設虙服戲羲重

直龍齎夢觭居綺縉胡本煇運祲子鴆菑灾鮒附演以善適丁歷竟境鄆

運令力呈爇人悅燋哉約塾孰　卜師與余倪五計果魯火靈力胃解蟹

垂時髓焞吐敦炬其呂焌俊鐏存悶簭筮毄係比毗志中丁仲簭人巫九巫

皆音筮比毗志說悅相息亮厭於琰王于況倮魯火適直革噩五各覺古孝舍釋

礫陟百眡祲无氣鐫許規瞢亡鄧鄉許亮暈運　○大祝六祝之秀遠

于万造七報禬古外鳴叫爲于僞號戶羔呼火故見賢遍禡莫駕禜營鳥炤章搖

瀸子廉難乃旦閔旻愍觀魚奐喚京原稱尺證其基炮百交擩而泉繚

了共恭殺色界郤去逆食似摎拜䯒奇紀宜褒報撎於至爲于僞事使

所吏煊況阮祊必庚隋許規皋戶高卒子忽呼火故相息亮付附語魚據從才用

舍釋　小祝彌亡爾遠于万綃勑貞杠江重直龍盛成甬歷别彼列識傷志

盡津忍蚍毗志坫丁念遣弃戰禩祀拔彼寄戲虧還旋鄉許亮更庚說吐活

歰所甲錯七故厲例惡烏路棧士產貉莫駕甸田舍釋屬燭裯誅別彼列

爲馬于僞侏誅尪烏黃匰册葅子都鉏子都藉慈夜租緅飽苞爲神于僞刌

忖瘞於例禓傷衍延爲于僞繒曾彌亡氏縣系子玄暴蒲卜爲于僞氐旨

攷考辟婢亦數所主叶協汁執夾古洽先悉薦遣弃戰行下孟舍筭釋盛成

中丁仲竟境校比毗志馮相氏憑相息亮見賢遍南譌五和直值識志

眺他了分扶問參所林娵子須訾子斯降戶江彗似歲孛佩相息亮父甫食似

牘獨外史乘繩證檮徒刀杌五忽數所主錫陽樊步干斿留鞶步干重

直龍幓所銜屬燭頷戶感率律絛他刀翦子踐厭於涉翳烏兮乘繩證緄丘發

繄烏兮著馬直略鑣表驕襜昌廉潼同輨管軿薄經連輦組祖輓晚

翣所甲從七容輇市專爲駹爲葛獵毛竝音日乘繩證禛莫歷羸魯火苓力汀揟思如

弢吐刀緣悅絹箙服棼扶云堊烏路蕡扶文轐揔軟炎桼七垸胡翫豻五旦

禫直感輜側其沽古遣弃戰從才用敝婢世任壬和胡臥軨零

典路說書銳趣倉口贄章銳屬燭從才用萃七內廣古曠苹薄經輕遣政陳直刃

喪息浪乘繩證軿薄經旜之然隼息允旟余旐兆旞遂識式志著丁略閱悅

難乃旦辟避別彼列亡無說吐活仆之護此甸田都宗人之壝唯癸禱

子志塞西代齊側皆知智覡胡歷令力呈髟眉遙禬古對墠善蠣髟剃知

夏官司馬○行戶剛將子匠帥所類卒子忽長丁丈比毗志廣光浪勛香云

賈嫁量亮度待洛燋哉約觀古喚與余環戶關盛水盛射食亦畜許六

賁奔世為于偽放方文稱尺證鎧苦愛盾常允句古侯槀古老齊側皆莫暮

校戶教皁才早趣清須廋所求數色主邍原撢他南語魚據大司馬別也

侯列監古銜鄉向馮皮冰粗麤竟境壇善悖必內夫唯符縣玄挾子協

入分扶問所共恭中仲陳直覲蒐所留鐲直角鐃女交鉦征嘵女交數朔

貉莫駕後射食亦豵子工肩豣施式豉禡莫駕茇蒲末撰車息轉謂數色主識

志比毗志甀直偽礿余若緌而誰各書畫獮息淺祀祊方空辟避人之車

方呈正行戶剛仆也赴鄉許亮表擁鹿涿丁角闡吐剛闡生臘先人悉薦和
胡目爲止于僞分扶問易野以豉逆要於遙箸直慮繢戶卦麈辰獿于工駹胡揩
素報謖付鼓符以從才用比軍必覓庇四見則厭於涉殺戶介植直吏華力化楨
真食似遺弃戰若咎丟以識志般步于從與預國正征少府詩照
馬質物賈嫁無種章勇御魚呂麇京皮肉更庚不任壬直值爲傷
于僞分也扶問肉炙章夜戔側産羊肆他歷珥亦志祈機刉機宁與余以豭
家徇陳辭俊羊人爲職從賜犢羊久其賈古旅子洛見於賢遍枳棘
居氏遽侍礼凡守收又難以易豉離力智巡行下孟爲衆于僞解佳責與預竟
境溢況域何戈胡我祋都外轘袁戶車轅關菆側留搚兩掉弔徒僢孚諜牒降
園戶江鄣章旱奋本爲軍于僞縣玄令軍力呈以盛成省所景檮託次
更庚敲苦交行夜下孟舋七乱射人見君賢遍不與預鄉向朝直遥
相息亮齊側皆射食亦五正征豜五且軀勑誅能中丁仲廣古曠度待各參素感

干五于且史數所三倅七內反從才用比毗志苛何擾而小蹯煩者中丁仲

射鳥氏食亦梟古堯鴇保毆起俱鳶弋專鈔初教著直略鍼其炎襦女俱索

色白禦女居中春付潘燔鶩木鴽如　夏官下　奠定食似論魯頓

任壬大泰告見賢遍相息亮從才用使為色吏脤上軫披方寄弗正征適子

齊丁歷右側皆比毗志乘繩證屬燭先後悉薦將子匠局分扶問梐薄礼枑戶故之

難乃旦從才用馮皮冰　旅賁氏盾常準衰七雷時難乃多䫜其欺先悉薦匶極

壙苦晃方罔良兩遽其據傳張戀乘繩證辟避傰補鄧汜芳劍縣玄免問

髽莊瓜勞力報　小臣觀古喚與預脉有故臑奴報奉槃芳勇為于僞翣所甲

更庚埽素報洒所賣祧勑彫拚方問灑所買扁邊蹕畢儆景

弁師數所主卷起全簪莊林衮甚縰所買象與余繅早璲遂斿留屬

燭鷩必滅希衣張里侯公瑉士貧王無無會古外五基其著張略紘計綦其

薄芳惡柢丁礼辟必亦　司兵卒兩子忽廞虛金興虛應筴側白乘車繩證蘇

與余 司弓守手又 藏才浪 中仲 盛成 射甲食亦 椹張林 庾弓庾 豻干
岸 蹲甲存 參侯素感 易以豉 鞎戶根 矰增 茀扶弗 庳方二 言中丁仲 刜孚物
訂丁亭 輖周 倫比方二 之衰初危 得與頑 乘繩證 篇爾如輒 從才用 爲其于僞
則更庚 抉古穴 彄苦侯 講古侯 著丁略 檡澤 與余 無會古外 勞之力報 試
其考 見在賢遍 使色吏 傅直宣 陳直慎 爲王于僞 敦對 斂所洽 爇烈
苕條 帚之受 齊側皆 右 與余 從車才用 較浦未 祝之又 甚負 轢歷
難乃且 礫陟格 乃舍釋 軹只紙 軓汜 軒雞 當 重直龍 轊衛 薺才移
戎僕 將子匠 倅七內 朝直遥 朝朝下直遥反 莫夕暮 春偕 行下孟 衙 止嫁 植直吏
比毗志 種章勇 數之所主 三乘繩證 趣緅 馬倉走 轂計 八六 與余 殺所界 令力呈
駣肇馬 爲丁僞 騬繒 相士息亮 鶴 見成賢遍 從車才用 遺唯季 貍士皆 沈直金
說始銳 庌雅 馬相息亮 賈嫁 粥育 牧師 中春仲 累力追 散馬
素但 聒古活 毋無 令力呈 押甲 中丁仲 物 圉師 摹辱 苦占傷 鈇方符 所

射食亦捧扶恭　職方氏畜許又芋蠻土氏鑞臘篠素了鵁交鶄精
瞢亡亘湛直減華山胡化滎戶扃溠詐泆逸播波都張魚沂魚圻沭述
明都諸雎綏莞官泲盧上子礼反下音雷維於恭垙弓六貕芳般步干虖
喚胡池徒多鄔於據鹵魯率律亦見賢遍比小毗志女汝竟境共恭
盡朝直遥之深尸鴆稙張力糞種章勇續食嗣湊采豆好呼報爲于僞王之傅
直專惡烏路行下孟辟哨所售螫失撢人而語魚據說戶銳說悅鄉向
其正征騣子公　秋官司寇侀刑約劑於妙賈嫁罷民皮蜡清積
骼更白骴側賜蛢蒲丁荓同上反寤覺教烜火亘毀條狼徒歷蔡士皮庶章預蠱
古摶博翨翅柞側百拔古鮑蘊紆粉鬀他計栝竊力反抹采昔蟈古國穫蜮或狐
與余涿陟角主射食亦絜清才姓繣戶卦才知智鞮丁兮之好呼報大司
寇旄莫報篡初患紩試守狩將子匠暴恭罷皮愍敏著丁略造七報
與余劑子隨尌樹未著直略長丁丈乃縣玄挾子協約於妙之藏才浪會

古求憋芳滅比必利亨普庚蹕畢之難乃旦適丁歷南鄉向長丁丈見賢遍賓必刃

更庚盡津忍鞫九六爲于僞晅況阮鍼其廉嚴子莊赧女板不偷他侯天謀

扶鮮息淺與余大比毗志數所主鑊戶郭而辟婢亦入會古外

士師以左佐縣玄牏倉吾射食亦胥思敘摶傳事比必利汋上灼諜牒干

冒墨報撟矯藏才浪小別崩辯貶風別之別皆彼列反數所主反紓舒傳

附約於妙刉機反將子匠干行戶剛陳也直刃鄉士劾戶代覆芳服汁

日協不中丁仲則爲于僞畺居良鄗許云讞角竭朝士州長丁丈罷

皮纆亡比兩觀古亂見於賢遍與余僔子損俘孚放失逸齓初覲期居其

爲治于僞賈古積子賜出尺遂町徒頂比毗志辟避去起呂著丁略能奴才類

與余斷丁管臏頻忍攘如羊降戶江　司刺志安軼待結中丁仲人射

食亦老旄毛報惷愚勑江癡騃五駭　司約於妙斐非辟藏才浪爲于僞之

隧遂　司盟座才戈義儀詛側慮惡烏路紇恨發卒子忽猳加守藏才浪

以著直略揃戢識音志贖常戌鉼必頂雷誄搏宅耕○司厲賈嫁稾古老
戮女汝毀況偽牷全瘞於例轢歷駹亡江庪九委縣玄罷辜孚遍磔
黑丁略幪莫公刑與余拳姜奉爲王于偽著丁略賊諜牒鈇斧要一遥踣
皮北僵居良御魚據遠于斷丁管髡苦門積子賜爲于偽例也列傍步浪
轉張戀校戶教蕃扶元乳揷植於圜求阮　秋官司寇下　詰起吉縣
玄撟居表好呼報謾武諫巡行下孟櫜託鼜計隘烏賣抵之爾砥音旨射食亦
則莫暮蜡清預骴側賜骼古百罷民皮衰七雷皆爲于偽薉紆廢惡烏路
楬竭縣玄　雍氏阱才性擭胡化陂彼宜漸七鑯柞才各鄂五各桼祕
敷社敜乃協苛何卒寸忽行下孟徼古弔先悉薦隕丁敏爲季于偽毳昌絹
剭屋　條狼氏辟婢亦令卒子忽辟車必亦轘戶串行前戶剛請情
脩閭氏比毗志粥育爲脩息呂冥覓罦孚毆之丘于搔瓜庰章頂蠱古
襘戶內艸草去起呂掎居綺柞側百繩以證甍萌茲其基芟交剗初產覆

芳復夭鳥妖同下縣玄娵子須莽亡蕩凡庾章頭　○赤友氏洒色買

蚡蒲悶淳之之純蠆章夜黽黄幸鞠弓六為聒于僞　壺涿氏蜮或椁

如嗚呼喚故大陰泰陽與余譆許其詘出䟴叫別彼列卒子忽更庚

之好呼報覜通兆弔使來色吏惡行下孟脈上忍致禬會軹之氏食禮嗣積

子賜勞力報信申衣於既著丁略屬章六慘彡齊側皆軫與余以飲於鴆不

恙羊尚柱張矩殺色界相息亮齊酒才計見賢遍傳直戀屬章束韄丁芳才智

賓擯詔相息亮槁苦報禬會康樂洛敦丘頓命力門傳辭直專賓

拜擯下同辟避闕列還主環旋二音費也芳味客從才用乘繩證稱尺證

紡方往東鄉向夫傳張戀其使色吏難乃旦焉夷茍留向　○掌客

敵用丁歷從才用管姦呂饔烏弄耗丁故三食似非衰初危差初佳倍裴

二行户剛下同并刈必政總子公梠穧上呂下才計反參初林差初宜又勞賓老報

造七報秭祖礼皆為于僞愛費芳味耳昔庚為之于僞詩為于僞竟境惡与路

辟行避之說悅之難乃旦鍛都練

冬官考工記上

輿居頃監古銜共工恭面埶勢鎛博燕烟侍直里錢子淺又捆

趙鎧苦代纑盧櫕才官柲祕鐧力庶畜許又牧知智者創初亮闓開

鸜其俱濟子禮妢扶云笱古老橭勑倫邠彼貧泐勒以澤亦扐勒解蟹刮

古八埴時職拍普百黏女廉捖侯管臬栗韗況力㡆莫黄楖側百瓬甫罔侏朱

椱古馬鞄四孝莞如宄放甫罔鮑武畢婢盡津忍迣以氏臾殊酋在由輢

於綺著丁略屬章欲速促作數色角易以豉大也泰阪反乘車繩證軹

只轐卜軎衛牙訝中冬仲橿居良內如銳而合閤輮而久幎莫歷均

致直置削蕭稱尺證易以豉殺色界下同削色交參所林螵匹昭蛸蕭眼魚懇

幬疇慢莫干隅見賢遍限魚懇綆補閔蚤爪箄薄歷牙雅菑側吏齵五溝

佹九委剌洛割菑側吏梟古堯稹理之忍不藃好角藃暴步角撓乃孝笮莊百

槷魚列唶莊百中丁仲詘丘勿度待洛之阞勒捎蕭藪素口轂空孔趨

七住稱尺正必數色角約烏孝反又如字量其良鑿曹報深尸鴆杭王胃竑獲耕而

殺色界反溓力簟骹胡飽揉而九槁苦老漸子兼槷魚列內如稅榝素結足見

賢遍綆方穎參七南不掉徒弔是摶徒丸甐文吝瘣胡罪萬音禹蔞良主縣玄

直值桯盈圜信申為于僞弓鑿在報橑老空孔菑側吏反撓乃教剡

以冉輨管蚤爪幾祈卑婢隤大回郡隱隊直類輿人稱尺正較古學

輢於綺權角植直吏轛對鄉人許亮弘殺色界居據輓干易以豉

輈人張留粲末種章勇馬齊側皆轐卜之咸治斬率類軓犯軝祀

尌樹隧遂孫遜今夫府摯竹二輈周縊一臂偪逼緧秋縷秋

傾苦頃與殄準水重讀直用楗蹇便婢面罷皮契苦結濟子礼沂

鄂魚斤韣獨幓所銜又為于僞齊才細鐏淳匽烏侯鬴輔錢子淺忍刃

鍔五各鋌徒頂垸丸齊才細句古侯橫華孟曼莫干鋝色劣鍰戶關稱尺證著

壴必直聲鐏得問 ○桃氏夾古協鐔徒南易以豉說劒士逢蹲熊存辟必亦

之摦李窐烏似夫府數色主有說始銳大厚泰柞側百掉徒弔聞問

㮚氏湅練咸也洽斬齊才計稱尺證鬴侍門覆芳服聲中丁仲爲民

于僞要於遙鍛丁亂大執泰言致直置空孔惌始阮其易以豉朕直忍謂卷

眷免刃方既齘戶界更庚鞄匹孝煩攌人專摶之直轉縳直轉韗虧著

直略鋪普吳著之直略握於角需人充剸而髓反又同上音信之甲帴踐伐

踐戔徂九韗人况万鞠陶上三七南聞問以圜環獐章麇俱倫

爲其于僞易漬以豉湛子潛秫述漸子潛淳而章均纁許云緅側留之源

倉絹竁粉貞者與余慌荒湅練涗水書銳漚烏豆暴步卜泲子礼涹烏禾

欄練繒似陵渥菅古顏湛子潛冠古亂祔方于粉之方問鹿而揮輝

胡更張遥

冬官考工記下

信身用龍莫江瓚才早衍食

之然餋耿具見禮賢遍必府結縪府結爲執于僞失隊直類邸丁礼之珽他頂

椎也直追繝色界相玉息亮炤照度待洛祼古亂繅早使所吏藉慈夜易

以豉瑑直轉苛何羨以善好呼報肉倍柔瑗于眷琮才宗射食亦衡横天
祝秦校人户敎切鉏衡魚駔祖稱尺證錘直僞柢帝僢昌絹勞力報造
七報楖莊窑磬氏倨據句鉤度待洛去起呂一大上泰鑢慮
耑端矢人茀矢色黠羽于付笴古老比毗志鋌直頂垸丸趮躁橈
乃孝稱尺證搦女角摶徒丸甗魚輦鬲實歷觳斛○旊方往髻刮貇
苦很薜卜輦暴剝爲于僞不任壬䠞月墳扶又堅致丑致中丁仲膞
市專縣玄柎附尌樹儗疑紀㝷芳苻相勝升梓人筍息允虡巨植
亘吏贏力果貔毗螭勑知郤羌略脰豆以注陟又胷鳴鹵蟞必滅螾羊忍[illegible]
昔媧𧎘莫蜩條蜺五兮蚣思容蝑思余燿所少教哨稍頃傾喙況廢吻無憤數
促顅苦顏䦟問腃權㹸苦顏鬜苦顏摶徒丸傭勑龍玃俱縛簭笠頌
口忽觚古豉豆矣斗觚孤鄉許亮長丁文所射食赤兩个古且傳附㩌
幹方荅亦爲于僞率類縝于分植直吏則春出允正征謂勞力報折且設

女女毋無強其丈詒予之遺唯季盧力吳酋道並在由以罷皮羸劣反[illegible]
徒且蜎於全椑蒲兮女摶徒丸掉徒弔悁烏玄橈乃教蜎巨兖隋他果圜圓校
古飽傅附把中霸朝鐏存悶捷初洽輓晚翣所立覆芳六匠人槷
魚列槸其鞼于為度待洛綆方潁轄胡瞎鄉向埊烏路墼毄複福笮側
卑婢堂與余腳鄉香高一古報度長待洛環所關之畎古犬遂隧併步頂
佃田仞刃廛直連劤力助以別彼列兩我丁付與余為其于偽埶魚藝其
率律通雍於勇水屬注理孫遜梢螵婢遙奠水亭歙許金漱
色叔淤於據著直略液亦里巳傅附格格各椓丁角葺七入窌古孝辟蒲歷
裓階竇豆相勝升車人晧胡老欘張玉句劬之定丁甯俛免耒力對
庛七賜疵以反郭作摶徒丸牙五嫁大安泰轃人丸則易以豉而奈者人兖
為泥于偽綆寸方潁牝服步忍簟蒲歷謂較角厭牛甲
弓人既聚似主檍於力檿烏簟杻女丑箙服相息亮鄉許亮遠于万射

食亦 菑側異 栗列 迣羊氏 畲余 鋸據 副普逼 繻須 綱色冊例二 絶又紾

徒展 昔七各 摶並與紾同 牿若 錯七各 瘠在亦 夫扶 角 蹙子六 剮乃老 而休

驹 爲 煦况付 之 畏烏回 胞七歲 昵女乙 樴職 刄女乙 䐈職 剽芳妙 擱下板 髀

姆支 嚼于略 奠定 蘪景 濟子召 則 易以豉 致直致 則 合洽 必 荼 舒 嵢

昌廉 重直龍 稱尺證 如 帑女居 需人兖 襦 有須 衣 絮女居 中 陴符支 數朔 緻

均 挫子卧 蹴子六 之 隈烏回 恒古鄧 校古卯 褻督 緍古鄧 辟 紲息列 斆

柲 爲 發于僞 緄 韏 解古隘 茭古交 讀 激古歷 擊嗚 嗽 殼戶卯 於 拫

勃須 梢 漂匹妙 引 聲 青 橋居兆 爚 灊潛 鸞章呂 愉吐侯 畏烏回 敝必世 不

罷 戈 岸婢 而 羽戶 難 易以豉 堂 定直 辟必亦 不 勝升 有又 三叅 環戶

鋝色劣 剌 鍰環 中 直丁仲 數朔 射 侯食亦 繳諸若 椹張林反 梱苦本

貣吐文 尺 蠖烏郭 覆孚服 猶 善

周禮釋音終

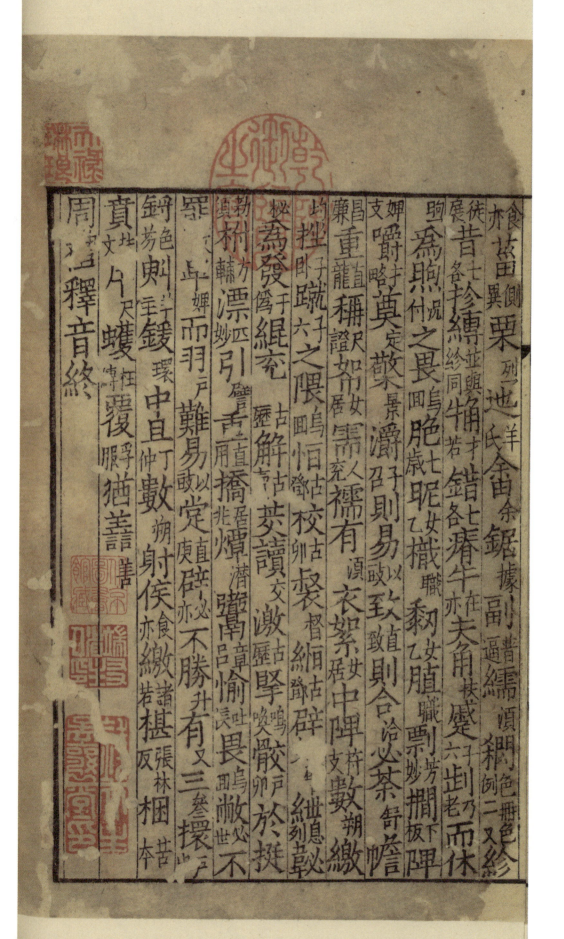

重歸文獻——影印經學要籍善本叢刊

周禮

影印金刻本婺州本

下册

（漢）鄭玄 注

北京大學出版社
PEKING UNIVERSITY PRESS

目録

影印金刻本婺州本周禮（下）

婺州本周禮……一

勞健題識……五

卷一

天官　敘官……九

天官　大宰……一五

天官　小宰……二一

天官　宰夫……二四

天官　宫正……二六

天官　宫伯……二七

天官　膳夫……二八

天官　庖人……二九

天官　内饔……三〇

天官　外饔……三〇

天官　亨人……三一

天官　甸師……三一

天官　獸人……三二

天官　歔人……三二

天官　鼈人……三二

天官　腊人……三三

卷二

天官　醫師……三五

天官　食醫……三五

天官　疾醫……三五

天官　瘍醫……三六

天官　獸醫……三七

天官　酒正……三七

天官　酒人……三九

天官　漿人……三九

天官　凌人……三九

天官　籩人……四〇

天官　醢人……四一

天官　醢人……四一
天官　鹽人……四二
天官　幂人……四二
天官　宫人……四二
天官　掌舍……四三
天官　幕人……四三
天官　掌次……四三
天官　大府……四四
天官　玉府……四五
天官　内府……四五
天官　外府……四六
天官　司會……四六
天官　司書……四七
天官　職内……四七
天官　職歲……四八
天官　職幣……四八
天官　司裘……四八
天官　掌皮……四九
天官　内宰……五〇
天官　内小臣……五一
天官　閽人……五二
天官　寺人……五二
天官　内豎……五三
天官　九嬪……五三
天官　世婦……五三
天官　女御……五三
天官　女祝……五四
天官　女史……五四
天官　典婦功……五四
天官　典絲……五四
天官　典枲……五五
天官　内司服……五五
天官　縫人……五六
天官　染人……五七
天官　追師……五七
天官　屨人……五八

天官　夏采……五八

卷三

地官　敍官……六九
地官　大司徒……七六
地官　小司徒……八三
地官　鄉師……八五
地官　鄉大夫……八七
地官　州長……八九
地官　黨正……九〇
地官　族師……九〇
地官　閭胥……九一
地官　比長……九一
地官　封人……九二
地官　鼓人……九二
地官　舞師……九三
地官　牧人……九三
地官　牛人……九四
地官　充人……九四

卷四

地官　載師……九七
地官　閭師……九九
地官　縣師……九九
地官　遺人……一〇〇
地官　均人……一〇〇
地官　師氏……一〇一
地官　保氏……一〇一
地官　司諫……一〇二
地官　司救……一〇二
地官　調人……一〇三
地官　媒氏……一〇四
地官　司市……一〇四
地官　質人……一〇七
地官　廛人……一〇七
地官　胥師……一〇八
地官　賈師……一〇八
地官　司虣……一〇八

地官　司稽　一〇八
地官　胥　一〇八
地官　肆長　一〇九
地官　泉府　一〇九
地官　司門　一〇九
地官　司關　一一〇
地官　掌節　一一〇
地官　遂人　一一一
地官　遂師　一一三
地官　遂大夫　一一四
地官　縣正　一一五
地官　鄙師　一一五
地官　酇長　一一五
地官　里宰　一一五
地官　鄰長　一一六
地官　旅師　一一六
地官　稍人　一一六
地官　委人　一一七
地官　土均　一一七
地官　草人　一一八
地官　稻人　一一八
地官　土訓　一一八
地官　誦訓　一一九
地官　山虞　一一九
地官　林衡　一二〇
地官　川衡　一二〇
地官　澤虞　一二〇
地官　迹人　一二〇
地官　丱人　一二〇
地官　角人　一二一
地官　羽人　一二一
地官　掌葛　一二一
地官　掌染草　一二一
地官　掌炭　一二一
地官　掌荼　一二一
地官　掌蜃　一二二

地官　囿人……一二二
地官　場人……一二二
地官　廩人……一二二
地官　舍人……一二三
地官　倉人……一二三
地官　（司禄）……一二三
地官　司稼……一二三
地官　舂人……一二四
地官　饎人……一二四
地官　槁人……一二四

卷五

春官　敘官……一三五
春官　大宗伯……一四一
春官　小宗伯……一四七
春官　肆師……一四九
春官　鬱人……一五一
春官　鬯人……一五二
春官　雞人……一五二
春官　司尊彝……一五三
春官　司几筵……一五四
春官　天府……一五五
春官　典瑞……一五六
春官　典命……一五八
春官　司服……一五九
春官　典祀……一六一
春官　守祧……一六二
春官　世婦……一六二
春官　内宗……一六二
春官　外宗……一六三
春官　冢人……一六三
春官　墓大夫……一六四
春官　職喪……一六四

卷六

春官　大司樂……一六五
春官　樂師……一六九
春官　大胥……一七〇

春官　小胥……一七一
春官　大師……一七一
春官　小師……一七三
春官　瞽矇……一七四
春官　眡瞭……一七四
春官　典同……一七四
春官　磬師……一七五
春官　鍾師……一七五
春官　笙師……一七六
春官　鎛師……一七六
春官　韎師……一七六
春官　旄人……一七六
春官　籥師……一七七
春官　籥章……一七七
春官　鞮鞻氏……一七七
春官　典庸器……一七八
春官　司干……一七八
春官　大卜……一七八
春官　卜師……一八〇
春官　龜人……一八〇
春官　華氏……一八一
春官　占人……一八一
春官　簭人……一八一
春官　占夢……一八二
春官　眡祲……一八二
春官　大祝……一八三
春官　小祝……一八六
春官　喪祝……一八七
春官　甸祝……一八八
春官　詛祝……一八八
春官　司巫……一八九
春官　男巫……一八九
春官　女巫……一九〇
春官　大史……一九〇
春官　小史……一九一
春官　馮相氏……一九二

春官　保章氏……一九二
春官　内史……一九三
春官　外史……一九四
春官　御史……一九四
春官　巾車……一九四
春官　典路……一九七
春官　車僕……一九七
春官　司常……一九八
春官　都宗人……一九九
春官　家宗人……一九九
春官　神仕……一九九

卷七

夏官　敍官……二〇九
夏官　大司馬……二一五
夏官　小司馬……二二二
夏官　（軍司馬）……二二二
夏官　（輿司馬）……二二二
夏官　（行司馬）……二二二
夏官　司勳……二二二
夏官　馬質……二二三
夏官　量人……二二三
夏官　小子……二二四
夏官　羊人……二二四
夏官　司爟……二二五
夏官　掌固……二二五
夏官　司險……二二六
夏官　（掌疆）……二二六
夏官　候人……二二六
夏官　環人……二二六
夏官　挈壺氏……二二七
夏官　射人……二二七
夏官　服不氏……二二九
夏官　射鳥氏……二二九
夏官　羅氏……二三〇

夏官　掌畜……二三〇

卷八

夏官　司士……二三一
夏官　諸子……二三二
夏官　司右……二三三
夏官　虎賁氏……二三三
夏官　旅賁氏……二三四
夏官　節服氏……二三四
夏官　方相氏……二三四
夏官　大僕……二三四
夏官　小臣……二三五
夏官　祭僕……二三六
夏官　御僕……二三六
夏官　隸僕……二三六
夏官　弁師……二三七
夏官　（司甲）……二三八
夏官　司兵……二三八
夏官　司戈盾……二三八
夏官　司弓矢……二三八
夏官　繕人……二四〇
夏官　槀人……二四〇
夏官　戎右……二四一
夏官　齊右……二四一
夏官　道右……二四一
夏官　大馭……二四二
夏官　戎僕……二四二
夏官　齊僕……二四二
夏官　道僕……二四二
夏官　田僕……二四二
夏官　馭夫……二四三
夏官　校人……二四三
夏官　趣馬……二四四
夏官　巫馬……二四四
夏官　牧師……二四五
夏官　廋人……二四五
夏官　圉師……二四五

夏官　圉人……二四五
夏官　職方氏……二四五
夏官　土方氏……二四九
夏官　懷方氏……二四九
夏官　合方氏……二四九
夏官　訓方氏……二四九
夏官　形方氏……二四九
夏官　山師……二五〇
夏官　川師……二五〇
夏官　邍師……二五〇
夏官　匡人……二五〇
夏官　撢人……二五〇
夏官　都司馬……二五〇
夏官　家司馬……二五〇

卷九

秋官　敍官……二六三
秋官　大司寇……二六八
秋官　小司寇……二七一
秋官　士師……二七三
秋官　鄉士……二七四
秋官　遂士……二七五
秋官　縣士……二七六
秋官　方士……二七七
秋官　訝士……二七七
秋官　朝士……二七八
秋官　司民……二七九
秋官　司刑……二八〇
秋官　司刺……二八〇
秋官　司約……二八一
秋官　司盟……二八二
秋官　職金……二八二
秋官　司厲……二八三
秋官　犬人……二八三
秋官　司圜……二八三
秋官　掌囚……二八四

秋官　掌戮……二八四
秋官　司隸……二八五
秋官　罪隸……二八五
秋官　蠻隸……二八六
秋官　閩隸……二八六
秋官　夷隸……二八六
秋官　貉隸……二八六

卷十

秋官　布憲……二八七
秋官　禁殺戮……二八七
秋官　禁暴氏……二八七
秋官　野廬氏……二八七
秋官　蜡氏……二八八
秋官　雍氏……二八九
秋官　萍氏……二八九
秋官　司寤氏……二八九
秋官　司烜氏……二八九
秋官　條狼氏……二九〇
秋官　脩閭氏……二九〇
秋官　冥氏……二九〇
秋官　庶氏……二九一
秋官　穴氏……二九一
秋官　翨氏……二九一
秋官　柞氏……二九一
秋官　薙氏……二九一
秋官　硩蔟氏……二九二
秋官　翦氏……二九二
秋官　赤犮氏……二九二
秋官　蟈氏……二九二
秋官　壺涿氏……二九二
秋官　庭氏……二九三
秋官　銜枚氏……二九三
秋官　伊耆氏……二九三
秋官　大行人……二九三
秋官　小行人……二九八
秋官　司儀……二九九

秋官　行夫……三〇三
秋官　環人……三〇四
秋官　象胥……三〇四
秋官　掌客……三〇四
秋官　掌訝……三〇八
秋官　掌交……三〇九
秋官　（掌察）……三〇九
秋官　（掌貨賄）……三〇九
秋官　朝大夫……三〇九
秋官　（都則）……三一〇
秋官　（都士）……三一〇
秋官　（家士）……三一〇

卷十一

冬官考工記　總敘……三一九
冬官考工記　輪人爲輪……三二三
冬官考工記　輪人爲蓋……三二六
冬官考工記　輿人……三二七
冬官考工記　輈人……三二八
冬官考工記　築氏……三三一
冬官考工記　冶氏……三三一
冬官考工記　桃氏……三三一
冬官考工記　鳧氏……三三二
冬官考工記　㮚氏……三三三
冬官考工記　（段氏）……三三四
冬官考工記　函人……三三四
冬官考工記　鮑人之事……三三五
冬官考工記　韗人……三三六
冬官考工記　（韋氏）……三三七
冬官考工記　（裘氏）……三三七
冬官考工記　畫繢之事……三三七
冬官考工記　鍾氏……三三七
冬官考工記　（筐人）……三三八
冬官考工記　㡛氏……三三八

卷十二

冬官考工記　玉人之事……三三九
冬官考工記　（楖人）……三四一

冬官考工記（雕人）……三四一
冬官考工記　磬氏……三四一
冬官考工記　矢人……三四一
冬官考工記　陶人……三四二
冬官考工記　瓬人……三四三
冬官考工記　梓人爲筍虡……三四三
冬官考工記　梓人爲飲器……三四四
冬官考工記　梓人爲侯……三四五
冬官考工記　廬人……三四六
冬官考工記　匠人建國……三四七
冬官考工記　匠人營國……三四七
冬官考工記　匠人爲溝洫……三四九
冬官考工記　車人之事……三五一
冬官考工記　車人爲耒……三五一
冬官考工記　車人爲車……三五二
冬官考工記　弓人……三五三

版本解題彙編……三六五
附録：金刻本周禮商榷——兼論婺州本周禮……三七一

書衣

海源閣楊氏藏宋本四經四史因以名齋此其一也四經之毛詩因殘缺不完儀禮亦實非宋刻惟禮記與此本允稱鴻寶禮記尚有張氏摹刻盛行於世此則鄭氏單注完帙僅傳且為黃顧諸老所未見真希世秘笈矣　叔弢近年所收楊氏宋本甲觀於集部則有陶〻王摩詰子部則有莊子莊子全解新序史部則有晉書今更冠以此經四部菁華萃於一室何啻王侯宜其不惜為之舉債而償重價也此本舊傳北宋刻然書中慎字因缺筆各頁字體刀法間微有剛柔方圓之異蓋北宋刻而南宋補耶第八卷末有闕佚原裝附畫闌空紙三頁　叔弢屬為攟文祿堂新印影宋建本補完約略依本書行款字數寫之適滿一頁卷尾應著周禮卷第八一行本書是否別作一頁或有經注字數有不記皆不可知姑從闕疑今夏文祿堂影印宋建本周禮庾樓作跋嘗屬余代寫庾樓跋中方致歎海源閣婺本全帙今不知誰屬豈意即在眼前相隔不過三月余竟獲親見且為鈔補舊闕眼福墨緣快幸何如甲戌中秋桐鄉勞健篤文識於唐山

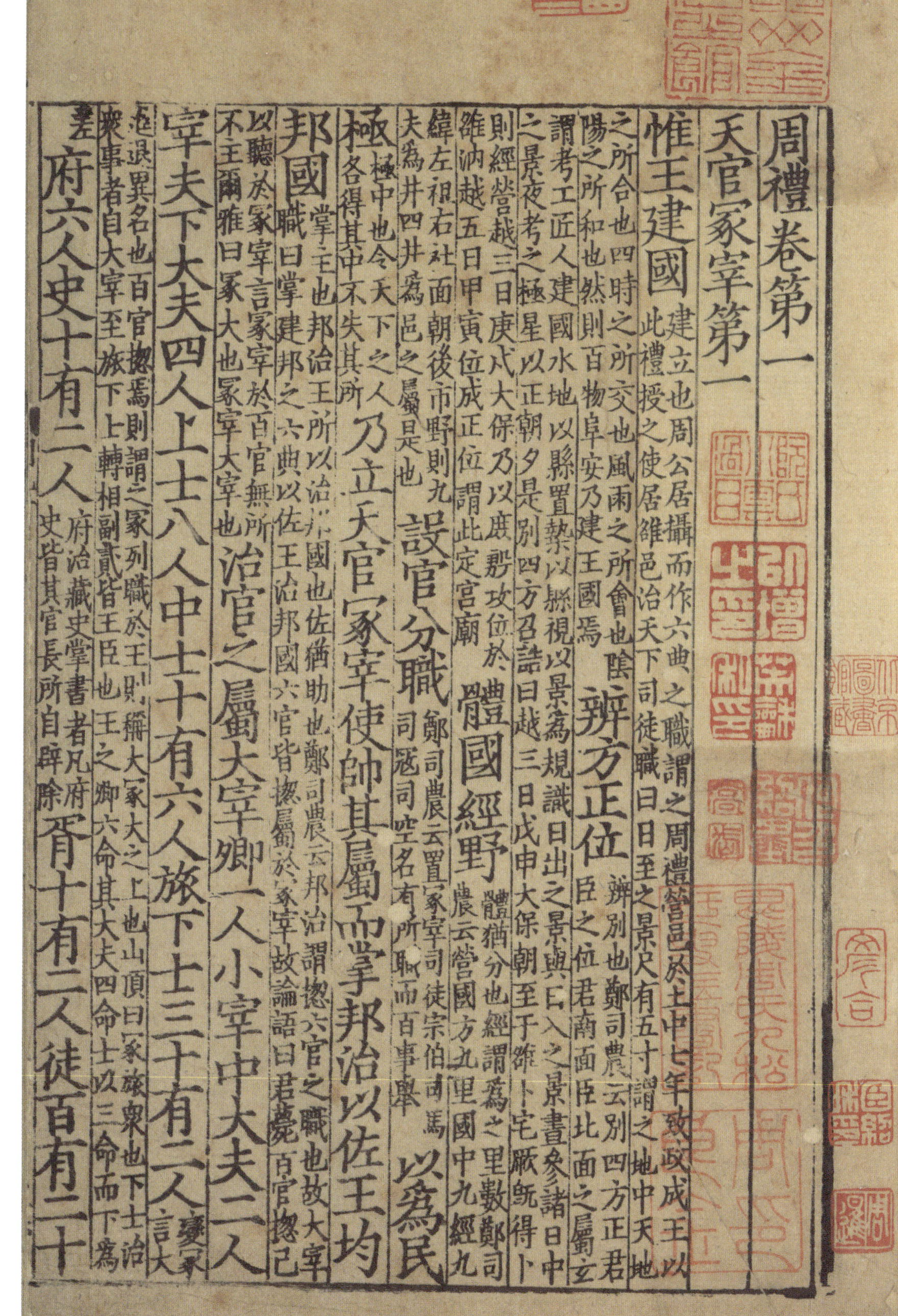

周禮卷第一

天官冢宰第一

惟王建國 建立也周公居攝而作六典之職謂之周禮營邑於土中七年致政成王以此禮授之使居雒邑治天下司徒職曰日至之景尺有五寸謂之地中天地之所合也四時之所交也風雨之所會也陰陽之所和也然則百物阜安乃建王國焉 辨方正位 辨別也鄭司農云別四方正君臣之位君南面臣北面之屬玄謂考工匠人建國水地以縣置槷以縣視以景爲規識日出之景與日入之景晝參諸日中之景夜考之極星以正朝夕是別四方召誥曰越三日戊申大保朝至于雒卜宅厥既得卜則經營越三日庚戌大保乃以庶殷攻位於雒汭越五日甲寅位成正位謂此定宮廟 體國經野 體猶分也經謂爲之里數鄭司農云營國方九里國中九經九緯左祖右社面朝後市野則九夫爲井四井爲邑之屬是也 設官分職 鄭司農云置冢宰司徒宗伯司馬司寇司空各有所職而百事舉 以爲民極 極中也令天下之人各得其中不失其所 乃立天官冢宰使帥其屬而掌邦治以佐王均邦國 掌主也邦治王所以治邦國也佐猶助也鄭司農云邦治謂揔六官之職也故大宰職曰掌建邦之六典以佐王治邦國六官皆揔屬於冢宰故論語曰君薨百官揔己以聽於冢宰言冢宰於百官無所不主爾雅曰冢大也冢宰大宰也 治官之屬大宰卿一人小宰中大夫二人宰夫下大夫四人上士八人中士十有六人旅下士三十有二人 變冢言大進退異名也百官揔焉則謂之冢列職於王則稱大冢大之上也山頂曰冢旅衆也下士治衆事者自大宰至旅下士轉相副貳皆王臣也王之卿六命其大夫四命士以三命而下爲差 府六人史十有二人 府治藏史掌書者凡府史皆其官長所自辟除 胥十有二人徒百有二十

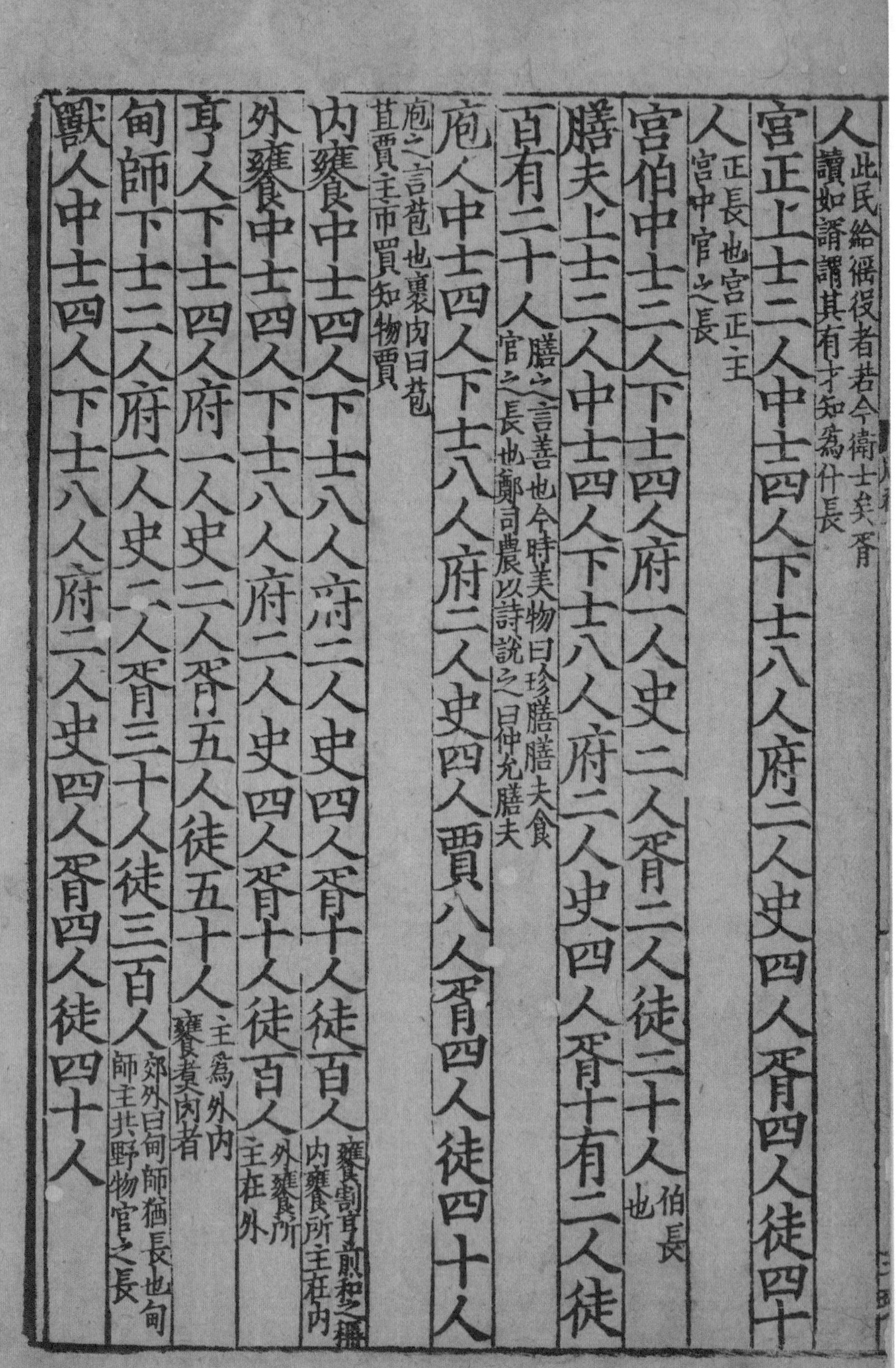

人（此民給徭役者若今衛士矣胥讀如諝謂其有才知爲什長）

宮正上士二人中士四人下士八人府二人史四人胥四人徒四十人（正長也宮正主宮中官之長）

宮伯中士二人下士四人府一人史二人胥二人徒二十人（伯長也）

膳夫上士二人中士四人下士八人府二人史四人胥十有二人徒百有二十人（膳之言善也今時美物曰珍膳膳夫食官之長也鄭司農以詩說之曰仲允膳夫）

庖人中士四人下士八人府二人史四人賈八人胥四人徒四十人（庖之言苞也裹肉曰苞苴賈主市買知物賈）

内饔中士四人下士八人府二人史四人胥十人徒百人（饔割亨煎和之稱内饔所主在内）

外饔中士四人下士八人府二人史四人胥十人徒百人（外饔所主在外）

亨人下士四人府一人史二人胥五人徒五十人（主爲外内饔煑肉者）

甸師下士二人府一人史二人胥三十人徒三百人（郊外曰甸師猶長也甸師主共野物官之長）

獸人中士四人下士八人府二人史四人胥四人徒四十人

𩺰人中士二人下士四人府二人史四人胥三十人徒三百人

鼈人下士四人府二人史二人徒十有六人

腊人下士四人府二人史二人徒二十人　腊之言夕也

醫師上士二人下士四人府二人史二人徒二十人　醫師衆醫之長

食醫中士二人　食有和齊藥之類

疾醫中士八人

瘍醫下士八人　瘍創癰也

獸醫下士四人　獸牛馬之屬

酒正中士四人下士八人府二人史八人胥八人徒八十人　酒正酒官之長

酒人奄十人女酒三十人奚三百人　奄精氣閉藏者今謂之宦人月令仲冬其器閎以奄女酒女奴曉酒者古者從坐男女沒入縣官爲奴其少才知以爲奚今之侍史官婢或曰奚官女

漿人奄五人女漿十有五人奚百有五十人　女漿女奴曉漿者

凌人下士二人府二人史二人胥八人徒八十人　凌冰室也詩云二之日鑿冰沖沖三之日納于凌陰

籩人奄一人女籩十人奚二十人竹曰籩女籩女奴之曉籩者

醢人奄一人女醢二十人奚四十人醢豆實也不謂之豆此主醢豆不盡于醢也女醢女奴曉醢者

醯人奄二人女醯二十人奚四十人女醯女奴曉醯者

鹽人奄二人女鹽二十人奚四十人女鹽女奴曉鹽者

冪人奄一人女冪十人奚二十人以巾覆物曰冪女冪女奴曉冪者

宮人中士四人下士八人府二人史四人胥八人徒八十人

掌舍下士四人府二人史四人徒四十人舍行所解止之處

幕人下士一人府二人史二人徒四十人幕帷覆上者

掌次下士四人府四人史二人徒八十人次自脩正之處

大府下大夫二人上士四人下士八人府四人史八人賈十有六人胥八人徒八十人大府爲王治藏之長若今司農矣

玉府上士二人中士四人府二人史二人工八人賈八人胥四人徒四十有八人工能攻玉者

内府中士二人府一人史二人徒十人（内府主良貨賄藏在内者）

外府中士二人府一人史二人徒十人（外府主泉藏在外者）

司會中大夫二人下大夫四人上士八人中士十有六人府四人史八人胥五人徒五十人（會大計也司會主天下之大計計官之長若今尚書）

司書上士二人中士四人府二人史四人徒八人（司書主計會之簿書）

職内上士二人中士四人府四人史四人徒二十人（職内主入也若今之泉所入謂之少内）

職歲上士四人中士八人府四人史八人徒二十人（主歲計以歲斷）

職幣上士二人中士四人府二人史四人賈四人胥二人徒二十人

司裘中士二人下士四人府二人史四人徒四十人

掌皮下士四人府二人史四人徒四十人

内宰下大夫二人上士四人中士八人府四人史八人胥八人徒八十人（内宰宫中官之長）

内小臣奄上士四人史二人徒八人（奄稱士者異其賢）

閽人王宮每門四人囿游亦如之閽人司昬晨以啓閉者刑人墨者使守門囿御苑也游離宮也

寺人王之正内五人寺之言侍也詩云寺人孟子正内路寢

内豎倍寺人之數豎未冠者之官名

九嬪嬪婦也昬義曰古者天子后立六宮三夫人九嬪二十七世婦八十一御妻以聽天下之内治以明章婦順故天下内和而家理也不列夫人于此官者夫人之於后猶三公之於王坐而論婦禮無官職

世婦不言數者君子不苟於色有婦德者充之無則闕

女御昬義所謂御妻御猶進也侍也

女祝四人奚八人女祝女奴曉祝事者

女史八人奚十有六人女史女奴曉書者

典婦功中士二人下士四人府二人史四人工四人賈四人徒二十人

典絲下士二人府二人史二人賈四人徒十有二人典主也典婦功者主婦人絲枲功官之長

典枲下士二人府二人史二人徒二十人

内司服奄一人女御二人奚八人內司服主宫中裁縫官之長有女御者以衣服進或當於王廣其禮使無色過

縫人奄二人女御八人女工八十人奚三十人女工女奴曉裁縫者

染人下士二人府二人史二人徒二十人

追師下士二人府一人史二人工二人徒四人追治玉石之名

屨人下士二人府一人史一人工八人徒四人

夏采下士四人史一人徒四人夏采夏翟羽色禹貢徐州貢夏翟之羽有虞氏以爲緌後世或無故染鳥羽象而用之謂之夏采

大宰之職掌建邦之六典以佐王治邦國一曰治典以經邦國以治官府以紀萬民二曰教典以安邦國以教官府以擾萬民三曰禮典以和邦國以統百官以諧萬民四曰政典以平邦國以正百官以均萬民五曰刑典以詰邦國以刑百官以糾萬民六曰事典以富邦國以任百官以生萬民大曰邦小曰國邦之所居亦曰國典常也經也法也王謂之禮經常所秉以治天下也邦國官府謂之禮法常所守以爲法式也常者其上下通名擾猶馴也統猶合也詰猶禁也書曰度作詳刑以詰四方任猶倳也生猶養也鄭司農云治典冢宰之職故立其官曰使帥其屬而掌邦治以佐王均邦國教典司徒之職故立其官曰使帥其屬而掌邦教以佐王安擾邦國禮典宗伯之職故立其官曰使帥其屬而掌邦禮以佐王和邦國政典司馬之職故立其官曰使帥其屬而掌邦政以佐王平邦

國刑典司寇之職故立其官曰使帥其屬而掌邦禁以佐王刑邦國此三時皆有官唯冬無官又無司空以三隅反之則事典司空之職也司空之篇亡小宰職曰六曰冬官其屬六十掌邦事

以八灋治官府一曰官屬以舉邦治二曰官職以辨邦治三曰官聯以會官治四曰官常以聽官治五曰官成以經邦治六曰官灋以正邦治七曰官刑以糾邦治八曰官計以弊邦治百官所居曰府弊斷也鄭司農云官屬謂六官其屬各六十若今博士大史大宰大祝大樂屬大常也小宰職曰以官府之六屬舉邦治一曰天官其屬六十是也官職謂六官之職小宰職曰以官府之六職辨邦治一曰治職二曰教職三曰禮職四曰政職五曰刑職六曰事職官聯謂國有大事一官不能獨共則六官共舉之聯讀爲連古書連作聯聯謂連事通職相佐助也小宰職曰以官府之六聯合邦治一曰祭祀之聯事二曰賓客之聯事三曰喪荒之聯事四曰軍旅之聯事五曰田役之聯事六曰歛弛之聯事官常謂各自領其官之常職非連事通職所共也官成謂官府之成事品式也小宰職曰以官府之八成經邦治一曰聽政役以比居二曰聽師田以簡稽三曰聽閭里以版圖四曰聽稱責以傅別五曰聽祿位以禮命六曰聽取予以書契七曰聽賣買以質劑八曰聽出入以要會官法謂職所主之法度官職主祭祀朝覲會同賓客者則皆自有其法度小宰職曰以法掌祭祀朝覲會同賓客之戒具官刑謂司刑所掌墨辠劓辠宫辠刖辠殺辠也官計謂三年則大計群吏之治而誅賞之玄謂官刑司寇之職五刑其四曰官刑上能糾職官計謂小宰之六計所以斷群吏之治

以八則治都鄙一曰祭祀以馭其神二曰灋則以馭其官三曰廢置以馭其吏四曰祿位以馭其士五曰賦貢以馭其用六曰禮俗以馭其民七曰刑賞以馭其威八曰田役以馭其衆都之所居曰鄙則亦法也典法則所用異異其名也都鄙公卿大夫之采邑王子弟所食邑周召毛聃畢原之屬在畿內

者祭祀其先君社稷五祀法則其官之制度廢猶退也退其不能者舉賢而置之祿若今月奉也位爵次也賦口率出泉也貢功也九職之功所税也禮俗昏姻喪紀舊所行也鄭司農云士謂學士

以八柄詔王馭群臣一曰爵以馭其貴二曰祿以馭其富三曰予以馭其幸四曰置以馭其行五曰生以馭其福六曰奪以馭其貧七曰廢以馭其罪八曰誅以馭其過柄所秉執以起事者也詔告也助也爵謂公侯伯子男卿大夫士也詩云誨爾序爵言教王以賢否之第次也班祿所以富臣下書曰凡厥正人既富方穀幸謂言行偶合於善則有以賜予之以勸後也生猶養也賢臣之老者王有以養之成王封伯禽於魯曰生以養周公死以爲周公後是也五福一曰壽奪謂臣有大罪沒入家財者六極四曰貧廢猶放也舜殛鯀于羽山是也誅責讓也曲禮曰齒路馬有誅凡言馭者所以敺之内之於善

以八統詔王馭萬民一曰親親二曰敬故三曰進賢四曰使能五曰保庸六曰尊貴七曰達吏八曰禮賓統所以合牽以等物也親親若堯親九族也敬故不慢舊也晏平仲久而敬之賢有善行也能多才藝者保庸安有功者尊貴尊天下之貴者孟子曰天下之達尊者三曰爵也德也齒也祭義曰先王之所以治天下者五貴有德貴貴貴老敬長慈幼達吏察舉勤勞之小吏也禮賓賓客諸侯所以示民親仁善鄰

以九職任萬民一曰三農生九穀二曰園圃毓草木三曰虞衡作山澤之材四曰藪牧養蕃鳥獸五曰百工飭化八材六曰商賈阜通貨賄七曰嬪婦化治絲枲八曰臣妾聚斂疏材九曰閒民無常職轉移執事任猶傳也鄭司農云三農平地山澤也九穀黍稷秫稻麻大小豆大小麥八材珠曰切象曰瑳玉曰琢石曰磨木曰

刻金曰鏤革曰剥羽曰析閒民謂無事業者轉移爲人執事若今傭賃也玄謂三農原隰及平地九穀無秫大麥而有粱苽樹果蓏曰圃園其樊也虞衡掌山澤之官主山澤之民者澤無水曰藪牧牧田在遠郊皆畜牧之地行曰商處曰賈阜盛也金玉曰貨布帛曰賄嬪婦人之美稱也堯典曰釐降二女嬪于虞臣妾男女貧賤之稱晉惠公卜懷公之生曰將生一男一女男爲人臣女爲人妾生而名其男曰圉女曰妾及懷公質於秦妾爲宦女焉疏材百草根實可食者疏不熟曰饉

以九賦斂財賄一曰邦中之賦二曰四郊之賦三曰邦甸之賦四曰家削之賦五曰邦縣之賦六曰邦都之賦七曰關市之賦八曰山澤之賦九曰幣餘之賦財泉穀也鄭司農云邦中之賦二十而稅一各有差也幣餘百工之餘玄謂賦口率出泉也今之筭泉民或謂之賦此其舊名與鄉大夫以歲時登其夫家之衆寡辨其可任者國中自七尺以及六十野自六尺以及六十有五皆征之遂師之職亦云以徵其財征皆謂此賦也邦中在城郭者四郊去國百里邦甸二百里家削三百里邦縣四百里邦都五百里此平民也關市山澤謂占會百物幣餘謂占賣國中之斥幣皆末作當增賦者若今賈人倍筭矣自邦中以至幣餘各入其所有穀物以當賦泉之數每處爲一書所待異也

以九式均節財用一曰祭祀之式二曰賓客之式三曰喪荒之式四曰羞服之式五曰工事之式六曰幣帛之式七曰芻秣之式八曰匪頒之式九曰好用之式式謂用財之節度荒凶年也羞飲食之物也工作器物者幣帛所以贈勞賓客者芻秣養牛馬禾穀也鄭司農云匪分也頒讀爲班布之班謂班賜也玄謂王所分賜群臣也好用燕好所賜予

以九貢致邦國之用一曰祀貢二曰嬪貢三曰器貢四曰幣貢五曰材貢六曰貨貢七曰服貢八曰斿貢九曰

物貢嬪故書作賓鄭司農云祀貢犧牲包茅之屬賓貢皮帛之屬器貢宗廟之器幣貢繡帛材貢木材也貨貢珠貝自然之物也服貢祭服斿貢羽毛物貢九州之外各以其所貴爲摯肅慎氏貢楛矢之屬是也玄謂嬪貢絲枲器貢銀鐵石磬丹漆也幣貢玉馬皮帛也材貢櫄榦栝柏篠簜也貨貢金玉龜貝也服貢絺紵也斿讀如圉游之游斿貢燕好珠璣琅玕也物貢雜物魚鹽橘柚

以九兩繫邦國之民一曰牧以地得民二曰長以貴得民三曰師以賢得民四曰儒以道得民五曰宗以族得民六曰主以利得民七曰吏以治得民八曰友以任得民九曰藪以富得民兩猶耦也所以協耦萬民繫聯綴也牧州長也九州各有封域以居民也長諸侯也一邦之貴民所仰也師諸侯師氏有德行以教民者儒諸侯保氏有六藝以教民者宗繼別爲大宗收族者鄭司農云主謂公卿大夫世世食采不絕民稅薄利之玄謂利讀如上思利民之利謂以政教利之吏小吏在鄉邑者友謂同井相合耦耡作者孟子曰鄉田同井出入相友守望相助疾病相扶則百姓親睦藪亦有虞掌其政令爲之厲禁使其地之民守其材物以時入于玉府頒其餘於萬民富謂藪中材物

正月之吉始和布治于邦國都鄙乃縣治象之灋于象魏使萬民觀治象挾日而斂之正月周之正月吉謂朔日大宰以正月朔日布王治之事於天下至正歲又書而縣于象魏振木鐸以徇之使萬民觀焉小宰亦帥其屬而往皆所以重治法新王事也凡治有故言始和者若改造云尒鄭司農云象魏闕也故魯災季桓子御公立于象魏之外命藏象魏曰舊章不可忘從甲至甲謂之挾日凡十日

乃施典于邦國而建其牧立其監設其參傅其伍陳其殷置其輔乃者更申勑之以侯伯有功德者加命作州長謂之牧所謂八命作牧者監謂公侯伯子男各監一國書曰王啓監厥乱爲民參謂卿三人伍謂大夫五人鄭司農云殷治律輔爲民之平也玄謂殷衆也謂衆士也王制諸侯上士二十七人其中士

下士各居其上之三分輔府史庶人在官者乃施則于都鄙而建其長立其兩設其伍陳其殷置其輔長謂公卿大夫王子弟食采邑者兩謂兩卿不言三卿者不足于諸侯鄭司農云兩謂兩丞乃施灋于官府而建其正立其貳設其攷陳其殷置其輔正謂冢宰司徒宗伯司馬司寇司空也貳謂小宰小司徒小宗伯小司馬小司寇小司空也考成也佐成事者謂宰夫鄉師肆師軍司馬士師也司空亡未聞其考凡治以典待邦國之治以則待都鄙之治以灋待官府之治以官成待萬民之治以禮待賓客之治成八成賓禮也祀五帝則掌百官之誓戒與其具脩祀五帝謂四郊及明堂誓戒要之以刑重失禮也明堂位所謂各揚其職百官廢職服大刑是其辭之略也具所當共脩埽除糞洒前期十日帥執事而卜日遂戒前期前所諏之日也十日容散齊七日致齊三日執事宗伯大卜之屬既卜又戒百官以始齊及執事眡滌濯執事初爲祭事前祭日之夕滌濯謂溉祭器及甑甗之屬及納亨贊王牲事納亨納牲將告殺謂鄉祭之晨既殺以授亨人凡大祭祀君親牽牲大夫贊之及祀之日贊玉幣爵之事日旦明也玉幣所以禮神玉與幣各如其方之色爵所以獻齊酒不用玉爵尚質也三者執以從王至而授之祀大神示亦如之大神祇謂天地享先王亦如之贊玉几玉爵玉几所以依神天子左右玉几宗廟獻用玉爵大朝覲會同贊玉幣玉獻玉几玉爵助王受此四者時見曰會殷見曰同大會同或於春朝或於秋覲舉春秋則冬夏可知玉幣諸侯享幣也其合亦如小行人所合六幣云玉獻獻國珍異亦執玉以致之玉几所依也立而設几優尊者玉爵王禮諸侯之王朝諸侯立依前南面其禮之於阼階上大喪贊贈玉含玉助王爲之也贈玉既窆所以送先王

含玉死者口實天子以玉雜記曰含者執璧將命曰寡君使某含則諸侯含以璧鄭司農云含玉璧琮作大事則戒于百官贊王命助王為教令春秋傳曰國之大事在祀與戎王眡治朝則贊聽治治朝在路門外羣臣治事之朝王視之則助王平斷眡四方之聽朝亦如之謂王巡守在外時凡邦之小治則冢宰聽之待四方之賓客之小治大事決於王小事冢宰專平歲終則令百官府各正其治受其會正正處也會大計也聽其致事而詔王廢置平其事來至者之功狀而奏白王三歲則大計群吏之治而誅賞之事久則聽之大無功不徒廢必罪之大有功不徒置必賞之鄭司農云三載考績

小宰之職掌建邦之宮刑以治王宮之政令凡宮之糾禁杜子春云宮皆當為官玄謂宮刑在王宮中者之刑建明布告之糾猶割也察也若今御史中丞掌邦之六典八灋八則之貳以逆邦國都鄙官府之治逆迎受之鄭司農云貳副也執邦之九貢九賦九式之貳以均財節邦用以官府之六敘正群吏一曰以敘正其位二曰以敘進其治三曰以敘作其事四曰以敘制其食五曰以敘受其會六曰以敘聽其情敘秩次也謂先尊後卑也治功狀也食祿之多少情爭訟之辭以官府之六屬舉邦治一曰天官其屬六十掌邦治大事則從其長小事則專達二曰地官其屬六十掌邦教大事

則從其長小事則專達三曰春官其屬六十掌邦禮大事則從其長小事則專達四曰夏官其屬六十掌邦政大事則從其長小事則專達五曰秋官其屬六十掌邦刑大事則從其長小事則專達六曰冬官其屬六十掌邦事大事則從其長小事則專達［大事從其長若庖人內外饔與膳夫共王之食小事專達若宮人掌舍各爲一官六官之屬三百六十象天地四時日月星辰之度數天道備焉前此者成王作周官其志有述天授位之義故周公設官分職以法之］

以官府之六職辨邦治一曰治職以平邦國以均萬民以節財用二曰教職以安邦國以寧萬民以懷賓客三曰禮職以和邦國以諧萬民以事鬼神四曰政職以服邦國以正萬民以聚百物五曰刑職以詰邦國以糾萬民以除盜賊六曰事職以富邦國以養萬民以生百物［懷亦安也賓客來共其委積所以安之聚百物者司馬主九畿職方制其貢各以其所有］

以官府之六聯合邦治一曰祭祀之聯事二曰賓客之聯事三曰喪荒之聯事四曰軍旅之聯事五曰田役之聯事六曰斂弛之聯事凡小事皆有聯［鄭司農云大祭祀大宰贊玉幣司徒奉牛牲宗伯視滌濯涖玉鬯省牲鑊奉玉齍司馬羞魚牲奉馬牲司寇奉明水火大喪大宰贊贈玉含玉司徒帥六鄉之衆庶屬其六引宗伯爲上相司馬平士大夫司寇前王此所謂官聯杜子春弛讀爲施玄謂荒政弛力役及國中貴者賢］

皆服公事者老者疾者皆舍不以力役之事奉牲者其司空奉豕與以官府之八成經邦治一曰聽政役以比居二曰聽師田以簡稽三曰聽閭里以版圖四曰聽稱責以傅別五曰聽祿位以禮命六曰聽取予以書契七曰聽賣買以質劑八曰聽出入以要會鄭司農云政謂軍政也役謂發兵起徒役也比居謂伍籍也比地為伍因內政寄軍令以伍籍發軍起役者平而無遺脫也簡稽士卒兵器簿書簡猶閱也稽猶計也合也合計其士之卒伍閱其兵器為之要簿也故遂人職曰稽其人民簡其兵器國語曰黃池之會吳陳其兵皆官師擁鐸拱稽版戶籍圖地圖也聽人訟地者以版圖決之司書職曰邦中之版土地之圖稱責謂貸子傅別謂券書也聽訟責者以券書決之傅傅著約束於文書別別為兩兩家各得一也禮命謂九賜也書契符書也質劑謂市中平賈今時月平是也要會謂計最之簿書月計曰要歲計曰會故宰夫職曰歲終則令群吏正歲會月終則令正月要傅別故書作傅辨鄭大夫讀為符別杜子春讀為傅別玄謂政謂賦也凡其字或作政或作正或作征以多言之宜從征如孟子交征利云傅別謂為大手書於一札中字別之書契謂出予受入之凡要凡簿書之最目獄訟之要辭皆曰契春秋傳曰王叔氏不能舉其契質劑謂兩書一札同而別之長曰質短曰劑傅別質劑皆今之券書也事異異其名耳禮命禮之九命之差等以聽官府之六計弊群吏之治一曰廉善二曰廉能三曰廉敬四曰廉正五曰廉灋六曰廉辨聽平治也平治官府之計有六事弊斷也既斷以六事又以廉為本善善其事有辭譽也能政令行也敬不解于位也正行無傾邪也法守法不失也辨辨然不疑惑也杜子春云廉辨或為廉端以灋掌祭祀朝覲會同賓客之戒具軍旅田役喪荒亦如之法謂其禮法也戒具戒官有事者所當共七事者令百官府共其財用治其施舍聽其治訟七事謂先

四如之者三也施舍不給役者七事故書為小事杜子春云當為七事書亦為七事凡祭祀贊玉幣爵之事祼將之事又從大宰助王也將送也祼送送祼謂贊王酌鬱鬯以獻尸謂之祼祼之言灌也明不為飲主以祭祀唯人道宗廟有祼天地大神至尊不祼莫稱焉凡鬱鬯受祭之啐之奠之凡賓客贊祼凡受爵之事凡受幣之事唯祼助宗伯其餘皆助大宰王不酌賓客而有受酢大宗伯職曰大賓客則攝而載祼喪荒受其含襚幣玉之事春秋傳曰口實曰含衣服曰襚凶荒有幣玉者賓客所賵委之禮月終則以官府之敘受群吏之要王每月之小計贊冢宰受歲會歲終則令群吏致事使齎歲盡文書來至若今上計正歲帥治官之屬而觀治象之灋徇以木鐸曰不用灋者國有常刑正歲謂夏之正月得四時之正以出教令者審也古者將有新令必奮木鐸以警衆使明聽也木鐸木舌也文事奮木鐸武事奮金鐸乃退以宮刑憲禁于王宮憲謂表縣之若今新有法令云令于百官府曰各脩乃職攷乃灋待乃事以聽王命其有不共則國有大刑乃猶女也

宰夫之職掌治朝之灋以正王及三公六卿大夫群吏之位掌其禁令治朝在路門之外其位司士掌焉宰夫察其不如儀敘群吏之治以待賓客之令諸臣之復萬民之逆恒次敘諸吏之職事三者之來則應使辨理之鄭司農云復請也逆迎受王命者宰夫主諸臣萬民之復逆故詩人重之曰家伯維宰玄謂復之言報也反也反報於王謂於朝廷奏事自下而上曰逆逆謂上書掌百官府之徵令辨其八職一曰正掌官灋以治

要二曰師掌官成以治凡三曰司掌官灋以治目四曰旅掌官常以治數五曰府掌官契以治藏六曰史掌官書以贊治七曰胥掌官敘以治敘八曰徒掌官令以徵令別異諸官之八職以備王之徵召所爲正辟於治官則冢宰也治要若歲計也師辟小宰宰夫也治凡若月計也司辟上士中士治目若今日計也旅辟下士也治數每事多少異也治藏藏文書及器物贊治若今起文書草也治敘次序官中如今侍曹伍伯傳吏朝也徵令趨走給召呼

掌治灋以考百官府羣都縣鄙之治乘其財用之出入凡失財用物辟名者以官刑詔冢宰而誅之其足用長財善物者賞之羣都諸采邑也六遂五百家爲鄙五鄙爲縣言縣鄙而六鄉州黨亦存焉乘猶計也財泉穀也用貨賄也物畜獸也辟名詐爲書以空作見文書與實不相應也官刑在司寇五刑第四者

以式灋掌祭祀之戒具與其薦羞從大宰而眡滌濯薦脯醢也羞庶羞内羞

凡禮事贊小宰比官府之具比校次之

凡朝覲會同賓客以牢禮之灋掌其牢禮委積膳獻飲食賓賜之飧牽與其陳數牢禮之法多少之差及其時也三牲牛羊豕具爲一牢委積謂牢米薪芻給賓客道用也膳獻禽羞俶獻也飲食燕饗也鄭司農云飧夕食也春秋傳曰飧有陪鼎牽牲牢可牽而行者春秋傳曰餼牽竭矣玄謂飧客始至所致禮凡此禮陳數存可見者唯有行人掌客及聘禮公食大夫

凡邦之弔事掌其戒令與其幣器財用凡所共者弔事弔諸侯諸臣幣所用賻也器所致明器也凡喪始死弔而含襚葬而賵賻其間加恩厚則有賻焉春秋譏武氏子來求賻

大喪小喪掌小官之戒令帥

執事而治之大喪王后世子也小喪夫人以下小官士也其大官則冢宰掌其戒令治謂共辦三公六卿之喪與職喪
帥官有司而治之凡諸大夫之喪使其旅帥有司而治之旅冢宰下士歲
終則令群吏正歲會月終則令正月要旬終則令正日成而以考其
治治不以時舉者以告而誅之歲終自周季冬正猶定也旬十日也治不時舉者謂違時令失期會正歲則以
灋警戒群吏令脩宮中之職事警勑戒之言鄭司農云正歲之正月以法戒勑群吏書其能者與
其良者而以告于上良猶善也上謂小宰大宰也鄭司農云若今時舉孝廉賢良方正茂才異等
宮正掌王宮之戒令糾禁糾猶割也察也以時比宮中之官府次舍之衆寡
時四時比校次其人之在否官府之在宮中者若膳夫玉府內宰內史之屬次諸吏直宿若今部署諸廬者舍其所居寺為之版以待鄭司農云為官府次舍之版圖也待待比也玄謂版其人之名籍待待戒令及比夕擊柝而比之夕莫也莫行夜以比直宿者為其有解惰離部署鄭司農云柝戒守者所擊也易曰重門擊柝以待暴客春秋傳曰魯擊柝聞於邾國有故則令宿其比亦如之鄭司農云故謂禍災令宿宿衛王宮春秋傳曰忘守必危況有災乎玄謂故凡非常也文王世子曰公有出疆之政庶子以公族之無事者守於公宮正室守大廟諸父守貴宮貴室諸子諸孫守下宮下室此謂諸侯也王之庶子職掌國子之倅國有大事則帥國子而致於大子唯所用之者令宿之事蓋亦存焉辨外內而時禁鄭司農云分別外人內人禁其非時出入稽其功
緒糾其德行稽猶考也計也功吏職也緒其志業幾其出入均其稍食鄭司農云幾其出入若今時宮中有罪禁止不得出

亦不得入及無引籍不得入宮司馬殿門也玄謂幾荷其衣服持操及疏數者稍食祿稟去其淫怠與其奇衺之民民宮中吏之家人也淫放濫也怠解慢也奇衺譎觚非常會其什伍而教之道藝五人為伍二伍為什會之者使之輩作輩學相勸帥且寄宿衛之令鄭司農云道謂先王所以教道民者藝謂禮樂射御書數月終則會其稍食歲終則會其行事行事吏職也凡邦之大事令于王宮之官府次舍無去守而聽政令使居其處待所為春秋以木鐸脩火禁火星以春出以秋入因天時而以戒凡邦之事蹕宮中廟中則執燭鄭司農讀火絕之云禁凡國之事蹕國有事王當出則宮正主禁絕行者若今時衛士填街蹕也宮中廟中則執燭宮正主為王於宮中廟中執燭玄謂事祭事也邦之祭社稷七祀於宮中祭先公先王於廟中隸僕掌蹕止行者宮正則執燭以為明春秋傳曰有大事於大廟又曰有事於武宮大喪則授廬舍辨其親疏貴賤之居廬倚廬也舍堊室也親者貴者居倚廬疏者賤者居堊室雜記曰大夫居廬士居堊室

宮伯掌王宮之士庶子凡在版者鄭司農云庶子宿衛之官版名籍也以版為之今時鄉戶籍謂之戶版玄謂王宮之士謂王宮中諸吏之適子也庶子其支庶也掌其政令行其秩敘作其徒役之事秩祿稟也敘才等也作徒役之事大子所用授八次八舍之職事衛王宮者必居四角四中於徼候便也鄭司農云庶子衛王宮在內為次在外為舍玄謂次其宿衛所在舍其休沐之處若邦有大事作宮衆則令之謂王宮之士庶子於邦有大事或選當行月終則均秩歲終則均敘以時頒其衣裘掌其誅賞頒讀為班班布也衣裘若今賦冬夏衣

膳夫掌王之食飲膳羞以養王及后世子食飯也飲酒漿也膳牲肉也羞有滋味者凡養之具大略有四凡王之饋食用六穀膳用六牲飲用六清羞用百有二十品珍用八物醬用百有二十甕進物於尊者曰饋此饋之盛者王舉之饌也六牲馬牛羊豕犬雞也羞出於牲及禽獸以備滋味謂之庶羞公食大夫禮內則下大夫十六上大夫二十其物數備焉天子諸侯有其數而物未得盡聞珍謂淳熬淳母炮豚炮牂擣珍漬熬肝膋也醬謂醯醢也王舉則醢人共醢六十甕以五齏七醢七菹三臡實之醯人共齊菹醯物六十甕鄭司農云羞進也六穀稌黍稷粱麥苽苽彫胡也六清水漿醴涼醫酏王日一舉鼎十有二物皆有俎殺牲盛饌曰舉王日一舉以朝食也后與王同庖鼎十有二牢鼎九陪鼎三物謂牢鼎之實亦九俎以樂侑食膳夫授祭品嘗食王乃食侑猶勸也祭謂刌肺脊也禮飲食必祭示有所先品者每物皆嘗之道尊者也卒食以樂徹于造造作也鄭司農云造謂食之故所居處也已食徹置故處王齊日三舉鄭司農云齊必變食大喪則不舉大荒則不舉大札則不舉天地有烖則不舉邦有大故則不舉大荒凶年大札疫癘也天烖日月晦食地烖崩動也大故寇戎之事鄭司農云大故刑殺也春秋傳曰司寇行戮君為之不舉王燕食則奉膳贊祭燕食謂日中與夕食奉膳奉朝之餘膳所祭者牢肉凡王祭祀賓客食則徹王之胙俎膳夫親徹胙俎胙俎最尊也其餘則其屬徹之賓客食而王有胙俎王與賓客禮食主人飲食之俎皆為胙俎見於此矣凡王之稍事設薦脯醢鄭司農云稍事謂非日中大舉時而間食謂之稍事膳夫主設薦脯醢玄謂稍事有小事而飲酒王燕飲酒則為獻主鄭司農云主人當獻賓則膳夫代王為主君不敵臣也燕義曰使宰夫為獻主臣莫敢與君亢禮掌后及世

子之膳羞亦主其饌之數不饋之耳凡肉脩之頒賜皆掌之鄭司農云脩脯也凡祭祀之致福者受而膳之致福謂諸臣祭祀進其餘肉歸胙于王鄭司農云膳夫受之以給王膳以摯見者亦如之鄭司農云以羔鴈雉爲摯見者亦受以給王膳歲終則會唯王及后世子之膳不會不會計多少優尊者其頒賜諸臣則計之

庖人掌共六畜六獸六禽辨其名物六畜六牲也始養之曰畜將用之曰牲春秋傳曰卜日曰牲鄭司農云六獸麋鹿熊麕野豕兔六禽鴈鶉鷃雉鳩鴿玄謂獸人冬獻狼夏獻麋又內則無熊則六獸當有狼而熊不屬六禽於禽獻及六摯宜爲羔豚犢麛雉鴈凡鳥獸未孕曰禽司馬職曰大獸公之小禽私之凡其死生鱻薨之物以共王之膳與其薦羞之物及后世子之膳羞凡計數之薦亦進也備品物曰薦致滋味乃爲羞王言薦者味以不褻爲尊鄭司農云鮮謂生肉薨謂乾肉共祭祀之好羞謂四時所爲膳食若荆州之鱃魚青州之蟹胥雖非常物進之孝也共喪紀之庶羞賓客之禽獻喪紀喪事之祭謂虞祔也禽獻獻禽於賓客獻古文爲獸杜子春云當爲獻凡令禽獻以灋授之其出入亦如之令令獸人也禽獸不可久處賓客至將獻之庖人乃令獸人取之必書所當獻之數與之及其來致禽亦以此書校數之至于獻賓客又以此書付使者展而行之掌客乘禽於諸侯各如其命之數聘禮乘禽於客日如其饔餼之數士中日則二雙凡用禽獻春行羔豚膳膏香夏行腒鱐膳膏臊秋行犢麛膳膏腥冬行鱻羽膳膏羶用禽獻謂煎和之以獻王鄭司農云膏香牛脂也以牛脂和之腒乾雉鱐乾魚膏臊豕膏也以豕膏和之杜子春云膏臊犬膏膏腥豕膏也鮮魚也羽鴈也膏羶羊脂也玄謂膏腥雞膏也羔豚物生而肥犢與麛物成而充腒鱐熱而乾魚鴈水涸而性定此八物者得四時之氣尤盛爲人食之弗勝是以用休廢之

脂膏煎和膳之牛屬司徒土也雞屬宗伯木也犬屬司寇金也羊屬司馬火也

歲終則會唯王及后之膳禽不會（膳禽四時所膳禽獻加世子可以會之）

內饔掌王及后世子膳羞之割亨煎和之事辨體名肉物辨百品味之物割肆解肉也亨煑也煎和齊以五味躰名脊脅肩臂臑之屬肉物胾燔之屬百品味庶羞之屬言百舉成數王舉則陳其鼎俎以牲體實之取於鑊以實鼎取於鼎以實俎實鼎曰脀實俎曰載選百羞醬物珍物以俟饋先進食之時恒選擇其中御者共后及世子之膳羞膳夫掌之是乃共之辨腥臊羶香之不可食者牛夜鳴則庮羊泠毛而毳羶犬赤股而躁臊鳥皫色而沙鳴貍豕盲眡而交睫腥馬黑脊而般臂螻腥臊羶香可食者是別其不可食者則所謂者皆臭味也泠毛毛長總結也皫失色不澤美也沙澌也交睫腥腥當為星声之誤也肉有如米者似星般臂臂毛有文鄭司農云庮朽木臭也螻螻蛄臭也杜子春云盲眡當為望視凡宗廟之祭祀掌割亨之事凡燕飲食亦如之凡掌共羞脩刑膴胖骨鱐以待共膳掌共共當為具羞庶羞也脩鍛脯也胖如脯而腥者鄭司農云刑膴謂夾脊肉或曰膺肉也骨鱐謂骨有肉者玄謂刑鉶羹也膴牒肉大臠所以祭者骨牲躰也鱐乾魚凡王之好賜肉脩則饔人共之好賜王所善而賜也

外饔掌外祭祀之割亨共其脯脩刑膴陳其鼎俎實之牲體魚

腊。凡賓客之飧饔、饗食之事，亦如之。飧客始至之禮，饔既將幣之禮。致禮於客，莫盛於饔。邦饗耆老、孤子，則掌其割亨之事。饗士庶子，亦如之。孤子者，死王事者之子也。士庶子，衛王宮者，若今時之饗衛士矣。王制曰：周人養國老於東膠，養庶老於虞庠。師役，則掌共其獻賜脯肉之事。獻謂酌其長帥。凡小喪紀，陳其鼎俎而實之。謂喪事之奠祭。

亨人掌共鼎鑊，以給水火之齊。鑊，所以煑肉及魚腊之器。既孰，乃脀于鼎。齊，多少之量。職外内饔之爨亨煑，辨膳羞之物。職，主也。爨，今之竈。主於其竈煑物。祭祀，共大羹、鉶羹。賓客亦如之。大羹，肉湆。鄭司農云：大羹，不致五味也。鉶羹，加鹽菜矣。

甸師掌帥其屬而耕耨王藉，以時入之，以共齍盛。其屬，府史胥徒也。耨，芸芓也。王以孟春躬耕帝藉，天子三推，三公五推，卿諸侯九推，庶人終於千畝。庶人謂徒三百人。藉之言借也。王一耕之，而使庶人芸芓終之。齍盛，祭祀所用穀也。粢，稷也。穀者稷爲長，是以名云。在器曰盛。祭祀，共蕭茅。鄭大夫云：蕭字或爲莤，莤讀爲縮。束茅立之祭前，沃酒其上，酒滲下去，若神飲之，故謂之縮。縮，浚也。故齊桓公責楚不貢包茅，王祭不共，無以縮酒。杜子春讀爲蕭。蕭，香蒿也。玄謂詩所云取蕭祭脂。郊特牲云：蕭合黍稷，臭陽達於牆屋。故既薦然後焫蕭合馨香。合馨香者，是蕭之謂也。茅以共祭之苴，亦以縮酒。苴以藉祭。縮酒，泲酒也。醴齊縮酌。共野果蓏之薦。甸在遠郊之外，郊外曰野。果，桃李之屬。蓏，瓜瓞之屬。喪事，代王受眚烖。粢盛者，祭祀之主也。今國遭大喪，若云此黍稷不馨，使鬼神不逞于王。既殯，大祝作禱辭，授甸人，使以禱藉田之神，受眚烖，弭後殃。王之同姓有辠，則死刑焉鄭司農云王同姓有罪當刑者斷其獄於甸師之官也文王世子曰公族有死罪則磬於甸人又曰公族無宮刑獄成致刑于甸人又曰公族無宮刑不踐其類也刑于隱者不與國人慮兄弟帥其徒以薪蒸役外内饔之事役爲給役也木大曰薪小曰蒸

獸人掌罟田獸辨其名物罟罔也以罔搏所當田之獸冬獻狼夏獻麋春秋獻獸物狼膏聚麋膏散聚則温散則涼以救時之苦也獸物凡獸皆可獻也及狐狸時田則守罟備獸觸攫及弊田令禽注于虞中弊仆也仆而田止鄭司農云弊田謂春火弊夏車弊秋羅弊冬徒弊虞中謂虞人釐所田之野及弊田植虞旗於其中致禽而珥焉獸人主令田衆得禽者置虞人所立虞旗之中當以給四時社廟之祭故曰春獻禽以祭社夏獻禽以享礿秋獻禽以祀祊冬獻禽以享烝又曰大獸公之小禽私之公之謂輸之於虞中珥焉者取左耳以致功若斬首折馘故春秋傳曰以數軍實凡祭祀喪紀賓客共其死獸生獸共其完者凡獸入于腊人當乾之皮毛筋角入于玉府給作器物凡田獸者掌其政令

𩾍人掌以時𩾍爲梁月令季冬命漁師爲梁鄭司農云梁水偃也偃水爲關空以笱承其空詩曰敝笱在梁春獻王鮪王鮪鮪之大者月令季春薦鮪于寢廟辨魚物爲鱻薨以共王膳羞鱻生也薨乾也凡祭祀賓客喪紀共其魚之鱻薨凡𩾍者掌其政令凡𩾍征入于玉府鄭司農云漁征漁者之租稅漁人主收之入于玉府

鼈人掌取互物鄭司農云互物謂有甲𦨾胡龜鼈之屬以時簎魚鼈龜蜃凡貍物蜃大蛤鄭司農

云籍謂以杈刺泥中搏取之貍物龜鼈之屬自貍藏伏於泥中者玄謂貍物亦謂蠏刀含漿之屬**春獻鼈蜃秋獻龜魚**此其出在淺處可得之時魚亦謂自貍藏**祭祀共蠯蠃蚳以授醢人**蠃螔蝓鄭司農云蠯蛤也杜子春云蠯蜯也蚳蛾子國語曰蟲舍蚳蝝**掌凡邦之籍事**

腊人掌乾肉凡田獸之脯腊膴胖之事大物解肆乾之謂之乾肉若今凉州烏翅矣薄析曰脯捶之而施薑桂曰鍛脩腊小物全乾**凡祭祀共豆脯薦脯膴胖凡腊物**脯非豆實豆當爲羞聲之誤也鄭司農云膴膺肉鄭大夫云胖讀爲判杜子春讀胖爲版又云膴胖皆謂夾脊肉又云禮家以胖爲半體玄謂公食大夫禮曰庶羞皆有大有司曰主人亦一魚加膴祭于其上內則曰麋鹿田豕麕皆有胖足相參正也大者胾之大臠膴者魚之反覆膴又詁曰大二者同矣則是膴亦牒肉大臠胖宜爲脯而腥胖之言片也析肉意也禮固有腥脸爓雖其有爲孰之皆先制乃亨**賓客喪紀共其脯腊凡乾肉之事**

周禮卷第一

經四千二百五十九字
注八千五百一十二字

周禮卷第二

天官冢宰下　周禮　鄭氏注

醫師掌醫之政令聚毒藥以共醫事（毒藥藥之辛苦者藥之物恒多毒孟子曰藥不瞑眩厥疾無瘳）凡邦之有疾病者疕瘍者造焉則使醫分而治之（疕頭瘍亦謂禿也身傷曰瘍分之者醫各有能）歲終則稽其醫事以制其食十全爲上十失一次之十失二次之十失三次之十失四爲下（食祿也全猶愈也以失四爲下者五則半矣或不治自愈）

食醫掌和王之六食六飲六膳百羞百醬八珍之齊（和調也）凡食齊眡春時（飯宜溫）羹齊眡夏時（羹宜熱）醬齊眡秋時（醬宜涼）飲齊眡冬時（飲宜寒）凡和春多酸夏多苦秋多辛冬多鹹調以滑甘（各尚其時味而甘以成之猶水火金木之載於土內則曰棗栗飴蜜以甘之堇荁枌榆娩槁滫瀡以滑之）凡會膳食之宜牛宜稌羊宜黍豕宜稷犬宜粱鴈宜麥魚宜苽（會成也謂其味相成鄭司農云稌粳也爾雅曰稌稻苽彫胡也）凡君子之食恒放焉（放猶依也）

疾醫掌養萬民之疾病四時皆有癘疾春時有痟首疾夏時有痒疥疾秋時有瘧寒疾冬時有嗽上氣疾（癘疾氣不和之疾痟酸削也首疾頭痛也嗽欬也上氣逆喘也五行傳曰

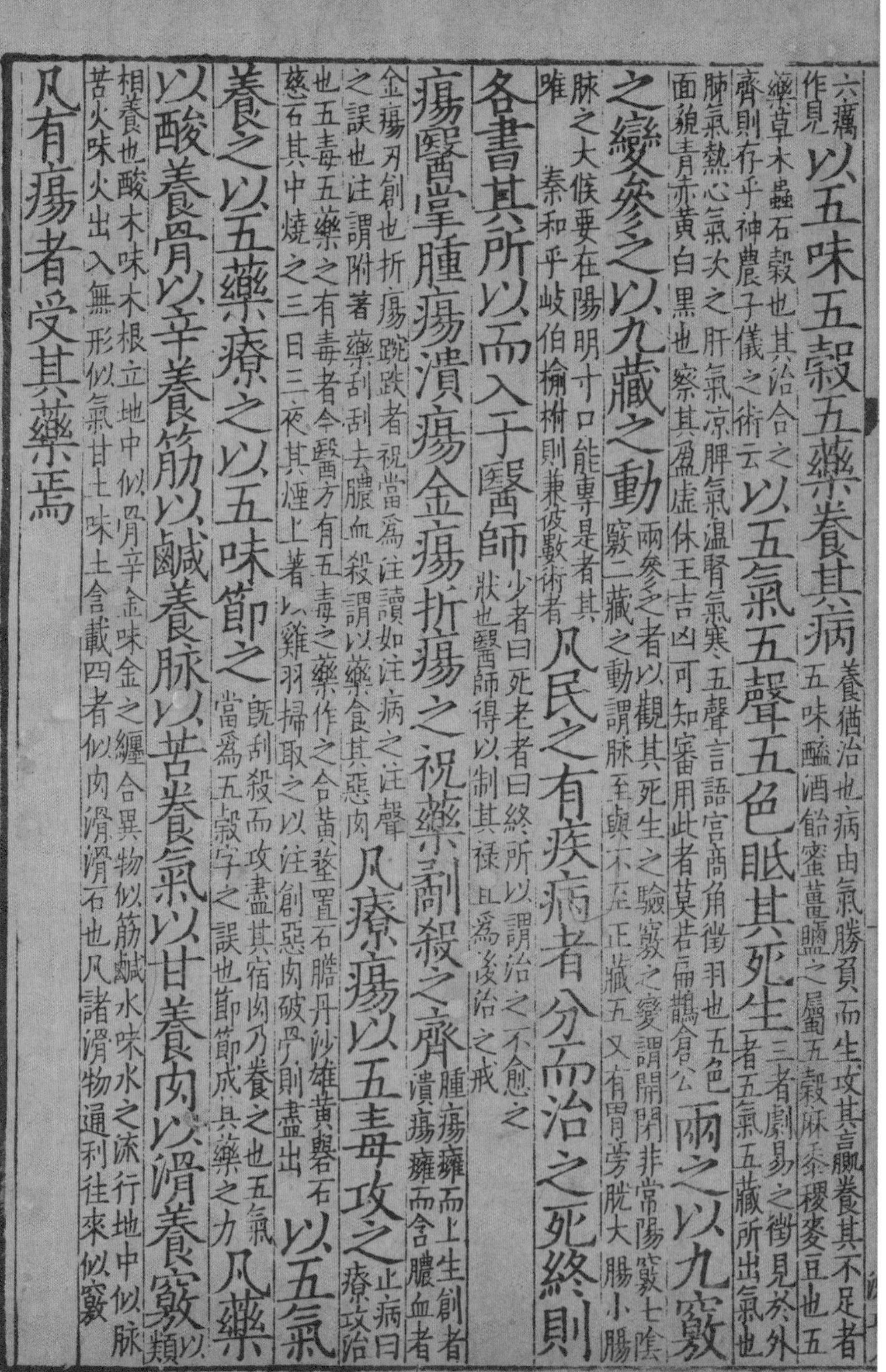

六癘作見以五味五穀五藥養其病養猶治也病由氣勝負而生攻其贏養其不足者五味醯酒飴蜜薑鹽之屬五穀麻黍稷麥豆也五藥草木蟲石穀也其治合之齊則存乎神農子儀之術云以五氣五聲五色眡其死生三者劇易之徵見於外者五氣五藏所出氣也肺氣熱心氣次之肝氣涼脾氣溫腎氣寒五聲言語宮商角徵羽也五色面貌青赤黃白黑也察其盈虛休王吉凶可知審用此者莫若扁鵲倉公兩之以九竅之變參之以九藏之動兩參之者以觀其死生之驗竅之變謂開閉非常陽竅七陰竅二藏之動謂脈至與不至正藏五又有胃膀胱大腸小腸脈之大候要在陽明寸口能專是者其唯秦和乎岐伯榆柎則兼彼數術者凡民之有疾病者分而治之死終則各書其所以而入于醫師少者曰死老者曰終所以謂治之不愈之狀也醫師得以制其祿且為後治之戒

瘍醫掌腫瘍潰瘍金瘍折瘍之祝藥劀殺之齊腫瘍癰而上生創者潰瘍癰而含膿血者金瘍刃創也折瘍踠跌者祝當為注讀如注病之注聲之誤也注謂附著藥刮刮去膿血殺謂以藥食其惡肉凡療瘍以五毒攻之止病曰療攻治也五毒五藥之有毒者今醫方有五毒之藥作之合黃堥置石膽丹沙雄黃礜石慈石其中燒之三日三夜其煙上著以雞羽掃取之以注創惡肉破骨則盡出以五氣養之以五藥療之以五味節之既刮殺而攻盡其宿肉乃養之也五氣當為五穀字之誤也節節成其藥之力凡藥以酸養骨以辛養筋以鹹養脈以苦養氣以甘養肉以滑養竅以類相養也酸木味木根立地中似骨辛金味金之纏合異物似筋鹹水味水之流行地中似脈苦火味火出入無形似氣甘土味土含載四者似肉滑滑石也凡諸滑物通利往來似竅凡有瘍者受其藥焉

獸醫掌療獸病療獸瘍（畜獸之疾病及瘍瘍療同醫）凡療獸病灌而行之以節之以動其氣觀其所發而養之（療畜獸必灌行之者爲其病狀難知灌以緩之且強其氣也節趨聚之節也氣謂脈氣既行之乃以脈視之以知所病）凡療獸瘍灌而劀之以發其惡然後藥之養之食之（亦先攻之而後養之）凡獸之有病者有瘍者使療之死則計其數以進退之

酒正掌酒之政令以式灋授酒材（式法作酒之法式作酒既有米麴之數又有功沽之巧月令曰乃命大酋秫稻必齊麴糵必時湛饎必絜水泉必香陶器必良火齊必得鄭司農云授酒材授酒人以其材）凡爲公酒者亦如之（謂鄉射飲酒以公事作酒者亦以式法授酒材授之使自釀之）辨五齊之名一曰泛齊二曰醴齊三曰盎齊四曰緹齊五曰沈齊（泛者成而滓浮泛泛然如今宜成醪矣醴猶體也成而汁滓相將如今恬酒矣盎猶翁也成而翁翁然葱白色如今酇白矣緹者成而紅赤如今下酒矣沈者成而滓沈如今造清矣自醴以上尤濁縮酌者盎以下差清其象類則然古之法式未可盡聞杜子春讀齊皆爲粢又禮器曰緹酒之用玄酒之尚玄謂齊者每有祭祀以度量節作之）辨三酒之物一曰事酒二曰昔酒三曰清酒（鄭司農云事酒有事而飲也昔酒無事而飲也清酒祭祀之酒玄謂事酒酌有事者之酒其酒則今之醳酒也昔酒今之酋久白酒所謂舊醳者也清酒今中山冬釀接夏而成）辨四飲之物一曰清二曰醫三曰漿四曰酏（清謂醴之泲者醫內則所謂或以酏爲醴凡醴濁釀酏爲之則少清矣醫之字從殹從酉省也漿今之截漿也酏今之粥內則有黍酏酏飲粥稀者之清也鄭司農說以內則曰飲重醴稻醴清莤黍醴清莤粱醴清莤或以酏爲醴漿水醷后致飲于賓客之禮有醫酏糟糟音聲與莤相似醫與醷亦相似文字不同記之者各異

耳此皆一物 掌其厚薄之齊以共王之四飲三酒之饌及后世子之飲與其酒 后世子不言饌其饋食不必具設之五齊正用醴為飲者取醴恬與酒味異也其餘四齊味皆似酒 凡祭祀以灋共五齊三酒以實八尊大祭三貳中祭再貳小祭壹貳皆有酌數唯齊酒不貳皆有器量 酌器所用注尊中者數量之多少未聞鄭司農云三貳三益副之也大祭天地中祭宗廟小祭五祀齊酒不貳為尊者質不敢副益也杜子春云齊酒不貳謂五齊以祭不益也其三酒人所飲者益也弟子職曰周旋而貳唯嗛之視玄謂大祭者王服大裘衮冕所祭也中祭者王服鷩冕毳冕所祭也小祭者王服希冕玄冕所祭也三貳再貳一貳者謂就三酒之尊而益之也禮運曰玄酒在室醴醆在戶粢醍在堂澄酒在下澄酒是三酒也益之者以飲諸臣若今常滿尊也祭祀必用五齊者至敬不尚味而貴多品 共賓客之禮酒共后之致飲于賓客之禮醫酏糟皆使其士奉之 禮酒王所致酒也王致酒后致飲夫婦之義糟醫酏不泲者泲曰清不泲曰糟后致飲無醴醫酏不清者與王同體屈也亦因以少為貴士謂酒人漿人奄士 凡王之燕飲酒共其計酒正奉之 共其計者獻酬多少度當足也故書酒正無酒字鄭司農云正奉之酒正奉之也 凡饗士庶子饗耆老孤子皆共其酒無酌數 要以醉為度 掌酒之賜頒皆有灋以行之 法尊卑之差 凡有秩酒者以書契授之 鄭司農云有秩酒者給事中子之酒秩常也常受酒者國語曰至于今秩之玄謂所秩者謂老臣王制曰七十不俟朝八十月告存九十日有秩 酒正之出日入其成月入其要小宰聽之 出謂授酒材及用酒之多少也受用酒者日言其計於酒正酒正月盡言於小宰 歲終則會唯王及后之飲酒不

會以酒式誅賞（誅賞作酒之善惡者）

酒人掌爲五齊三酒祭祀則共奉之以役世婦（世婦謂宮卿之官掌女宮之宿戒及祭祀比其具酒人共酒因留與其奚爲世婦役亦官聯）共賓客之禮酒飲酒而奉之（酒正使之也禮酒饗燕之酒飲酒食之酒此謂給賓客之稍王不親饗燕不親食而使人各以其爵以酬幣侑幣致之則從而以酒往）凡事共酒而入于酒府（入于酒正之府者是王燕飮之酒酒正當奉之）凡祭祀共酒以往（不言奉小祭祀）賓客之陳酒亦如之（謂若歸饔餼之酒亦自有奉之者以酒從往）

漿人掌共王之六飲水漿醴涼醫酏入于酒府（王之六飲亦酒正當奉之醴醫清也鄭司農云涼以水和酒也玄謂涼今寒粥若糗飯雜水也酒正不辨水涼者無厚薄之齊）共賓客之稍禮（稍禮非饔餼之禮留閒王稍所給賓客者漿人所給亦六飲而巳）共夫人致飲于賓客之禮清醴醫酏糟而奉之（亦酒正使之三物有清有糟夫人不體王得備之禮飲醴用柶者糟也不用柶者清也）凡飲共之（謂非食時）

凌人掌冰正歲十有二月令斬冰三其凌（正歲季冬火星中大寒冰方盛之時春秋傳曰火星中而寒暑退凌冰室也三之者爲消釋度也故書正爲政鄭司農云掌冰政主藏冰之政也杜子春讀掌冰爲主冰也政當爲正正謂夏正三其凌三倍其冰）春始治鑑（鑑如甀大口以盛冰置食物于中以禦溫氣春而始治之爲二月將獻羔而啓冰）凡外内饔之膳羞鑑焉凡酒漿之酒醴亦如之（酒醴見溫氣亦失味酒漿酒人漿人也）祭祀共冰鑑賓客共冰（不以鑑往嫌使停膳羞）大喪共

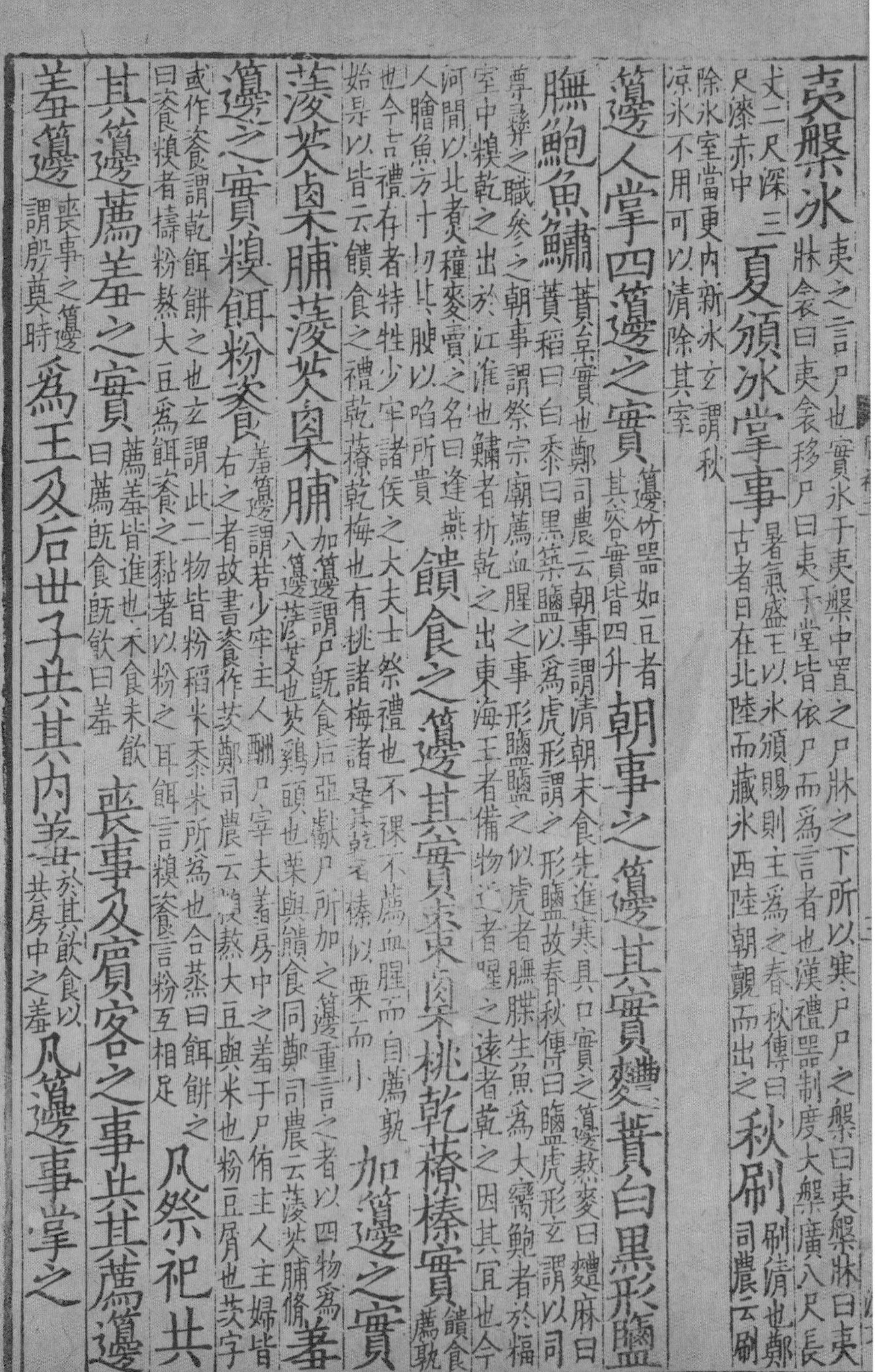

夷槃冰 夷之言尸也實冰于夷槃中置之尸牀之下所以寒尸尸之槃曰夷槃牀曰夷牀衾曰夷衾移尸曰夷于堂皆依尸而爲言者也漢禮器制度大槃廣八尺長丈二尺深三尺漆赤中 夏頒冰掌事 暑氣盛王以冰頒賜則主爲之春秋傳曰古者日在北陸而藏冰西陸朝覿而出之 秋刷 刷清也鄭司農云刷除冰室當更內新冰玄謂秋凉冰不用可以清除其室

籩人掌四籩之實 籩竹器如豆者其容實皆四升 朝事之籩其實麷蕡白黑形鹽膴鮑魚鱐 麷熬麥也鄭司農云朝事謂清朝未食先進寒具口實之籩熬麥曰麷麻曰蕡稻曰白黍曰黑築鹽以爲虎形謂之形鹽故春秋傳曰鹽虎形玄謂以司尊彝之職參之朝事謂祭宗廟薦血腥之事形鹽鹽之似虎者膴牒生魚爲大臠鮑者於楅室中糗乾之出於江淮也鱐者析乾之出東海王者備物近者腥之遠者乾之因其宜也今河間以北煑穜麥賣之名曰逢燕人膾魚方寸切其腴以啗所貴 饋食之籩其實棗㮚桃乾藤榛實 饋食薦孰也今吉禮存者特牲少牢諸侯之大夫士祭禮也不祼不薦血腥而自薦孰始是以皆云饋食之禮乾藤乾梅也有桃諸梅諸是其乾者榛似栗而小 加籩之實菱芡㮚脯菱芡㮚脯 加籩謂尸既食后亞獻尸所加之籩重言之者以四物爲八籩菱芰也芡雞頭也㮚與饋食同鄭司農云菱芡脯脩 羞籩之實糗餌粉餈 羞籩謂若少牢主人酬尸宰夫羞房中之羞于尸侑主人主婦皆右之者故書餈作茨鄭司農云糗熬大豆與米也粉豆屑也茨字或作餈謂乾餌餅之也玄謂此二物皆粉稻米黍米所爲也合蒸曰餌餅之曰餈糗者擣粉熬大豆爲餌餈之黏著以粉之耳餌言糗餈言粉互相足 凡祭祀共其籩薦羞之實 薦羞皆進也未食未飲曰薦既食既飲曰羞 喪事及賓客之事共其薦籩羞籩 喪事之籩謂殷奠時 爲王及后世子共其內羞 於其飲食以共房中之羞 凡籩事掌之

醢人掌四豆之實朝事之豆其實韭菹醓醢昌本麋臡菁菹鹿臡茆菹麇臡醓肉汁也昌本昌蒲根切之四寸爲菹三臡亦醢也作醢及臡者必先膊乾其肉乃後莝之雜以粱麴及鹽漬以美酒塗置甀中百日則成矣鄭司農云麋臡麋骭髓醢或曰麋臡醬也有骨爲臡無骨爲醢菁菹韭菹鄭大夫讀茆爲茅茅菹茅初生或曰茆水草杜子春讀茆爲卯玄謂菁蔓菁也茆鳧葵也凡菹醢皆以氣味相成其狀未聞

饋食之豆其實葵菹蠃醢脾析蠯醢蜃蚳醢豚拍魚醢蠃螔蝓蜃大蛤蚳蛾子鄭司農云脾析牛百葉也蠯蛤也鄭大夫杜子春皆以拍爲膊謂脅也或曰豚拍肩也今河間名豚脅聲如鍛鎛加豆之實芹菹兔醢深蒲醓醢箈菹鴈醢筍菹魚醢芹楚葵也鄭司農云深蒲蒲蒻入水深故曰深蒲或曰深蒲桑耳醓醢肉醬也箈水中魚衣故書鴈或爲鶉杜子春云當爲鴈玄謂深蒲蒲始生水中子箈箭萌筍竹萌羞豆之實酏食糝食鄭司農云酏食以酒酏爲餅糝食菜餗蒸玄謂酏餰也内則曰取稻米舉糔溲之小切狼臅膏以與稻米爲餰又曰糝取牛羊豕之肉三如一小切之與稻米稻米二肉一合以爲餌煎之凡祭祀共薦羞之豆實賓客喪紀亦如之爲王及后世子共其内羞王舉則共醢六十罋以五齊七醢七菹三臡實之齊當爲齏五齏昌本脾析蜃豚拍深蒲也七醢醓蠃蠯蚳魚兔鴈醢七菹韭菁茆葵芹箈筍菹三臡麋鹿麇臡也凡醯醬所和細切爲齏全物若牒爲菹少儀曰麋鹿爲菹野豕爲軒皆牒而不切麇爲辟雞兔爲宛脾皆牒而切之切葱若薤實之醯以柔之由此言之則齏菹之稱菜肉通賓客之禮共醢五十罋致饔餼時凡事共醢

醯人掌共五齊七菹凡醯物以共祭祀之齊菹凡醯醬之物賓客

亦如之齊菹醬屬醯人者皆須醯成味王舉則共齊菹醯物六十罋共后及世子之醬齊菹醯賓客之禮共醯五十罋凡事共醯

鹽人掌鹽之政令以共百事之鹽政令謂受入教所處置求者所當得祭祀共其苦鹽散鹽杜子春讀苦爲盬謂出鹽直用不湅治鄭司農云散鹽湅治者玄謂散鹽鬻水爲鹽賓客共其形鹽散鹽形鹽鹽之似虎形王之膳羞共飴鹽后及世子亦如之飴鹽鹽之恬者今戎鹽有焉凡齊事鬻盬以待戒令齊事和五味之事鬻盬湅治之

冪人掌共巾冪共巾可以覆物祭祀以疏布巾冪八尊以疏布者天地之神尚質以畫布巾冪六彝宗廟可以文畫者畫其雲氣與凡王巾皆黼四飲三酒皆畫黼周尚武其用文德則黻可

宮人掌王之六寢之脩六寢者路寢一小寢五玉藻曰朝辨色始入君日出而視朝退適路寢聽政使人視大夫大夫退然後適小寢釋服是路寢以治事小寢以時燕息焉春秋書魯莊公薨于路寢僖公薨于小寢是則人君非一寢明矣爲其井匽除其不蠲去其惡臭井漏井所以受水潦蠲猶絜也詩云吉蠲爲饎鄭司農云匽路廁也玄謂匽豬謂霤下之池受畜水而流之者共王之沐浴沐浴所以自絜清凡寢中之事埽除執燭共爐炭凡勞事勞事勞褻之事四方之舍事亦如之從王適四方及會同所舍

掌舍掌王之會同之舍設梐枑再重故書枑爲拒鄭司農云梐擭也拒受居溜水涑橐者也杜子春讀爲梐枑梐枑謂行馬玄謂行馬再重者以周衛有外內列設車宮轅門謂王行止宿阻險之處備非常次車以爲藩則仰車以其轅表門爲壇壝宮棘門謂王行止宿平地築壇又委壝土起堳埒以爲宮鄭司農云棘門以戟爲門杜子春云棘門或爲材門爲帷宮設旌門謂王行晝止有所展肆若食息張帷爲宮則樹旌以表門無宮則共人門謂王行有所逢遇若住遊觀陳列周衛則立長大之人以表門凡舍事則掌之王行所舍止

幕人掌帷幕幄帟綬之事王出宮則有是事在旁曰帷在上曰幕幕或在地展陳于上帷幕皆以布爲之四合象宮室曰幄王所居之帳也鄭司農云帟平帳也綬組綬所以繫帷也玄謂帟王在幕若幄中坐上承塵幄帟皆以繒爲之凡四物者以綬連繫焉凡朝覲會同軍旅田役祭祀共其帷幕幄帟綬共之者掌次當以張大喪共帷幕帟綬爲賓客飾也帷以帷堂或與幕張之於庭帟在柩上三公及卿大夫之喪共其帟唯士無帟士有惠則賜之檀弓曰君於士有賜帟

掌次掌王次之灋以待張事法大小丈尺王大旅上帝則張氈案設皇邸大旅上帝祭天於圓丘國有故而祭亦曰旅此以旅見祀也張氈案以氈爲牀於幄中鄭司農云皇羽覆上邸後版也玄謂後版屏風與染羽象鳳皇羽色以爲之朝日祀五帝則張大次小次設重帟重案合諸侯亦如之朝日春分拜日於東門之外祀五帝於四郊次謂幄也大幄初往所止居也小幄既接祭退俟之處祭義曰周人祭日以朝及闇雖有強力孰能支之是以退俟與諸臣代有事焉合諸侯於壇王亦以時休息重帟複帟重案牀重席也鄭司農云五帝五色之帝師田則張幕設重帟重案不張幄者於是臨誓衆王或迴顧占察諸侯朝覲會同

則張大次小次 大次亦初往所止居小次即宮待事之處 師田則張幕設案 鄭司農云師田謂諸侯相與師田玄謂此掌次張之諸侯從王而師田者 孤卿有邦事則張幕設案 有邦事謂以事從王若以王命出也孤王之孤三人副三公論道者不言公公如諸侯禮從王祭祀合諸侯張大次小次師田亦張幕設案 凡喪王則張帟三重諸侯再重孤卿大夫不重 張帟柩上承塵 凡祭祀張其旅幕張尸次 旅衆也公卿以下即位所祭祀之門外以待事爲之張大幕尸則有幄鄭司農云尸次祭祀之尸所居更衣帳 射則張耦次 耦俱升射者次在洗東大射曰遂命三耦取弓矢于次 掌凡邦之張事

大府掌九貢九賦九功之貳以受其貨賄之入頒其貨于受藏之府頒其賄于受用之府 九功謂九職也受藏之府若內府也受用之府若職內也凡貨賄皆藏以給用耳良者以給王之用其餘以給國之用或言受藏或言受用又雜言貨賄皆互文 凡官府都鄙之吏及執事者受財用焉凡頒財以式灋授之關市之賦以待王之膳服邦中之賦以待賓客四郊之賦以待稍秣家削之賦以待匪頒邦甸之賦以待工事邦縣之賦以待幣帛邦都之賦以待祭祀山澤之賦以待喪紀幣餘之賦以待賜予 待猶給也此九賦之財給九式者膳服即羞服也稍秣即芻秣也謂之稍稍用之物也喪紀即喪荒也賜予即好用也鄭司農云幣餘使者有餘來還也玄謂幣餘占賣國之斥幣 凡邦國之貢以待弔用 此九貢之財所給也給弔用給凶禮之五事 凡萬民之貢以充府庫 此九職之財充猶足 凡式

貢之餘財以共玩好之用（謂先給九式及弔用足府庫而有餘財乃可以共玩好明玩好非治國之用言式言貢互文）凡邦之賦用取具焉（賦用用賦）歲終則以貨賄之入出會之

玉府掌王之金玉玩好兵器凡良貨賄之藏（良善也此物皆式貢之餘財所作其不良又有受而藏之者）共王之服玉佩玉珠玉（佩玉者王之所帶者玉藻曰君子於玉比德焉天子佩白玉而玄組綬詩傳曰佩玉上有葱衡下有雙璜衝牙蠙珠以納其間鄭司農云服玉冠飾十二玉）王齊則共食玉（玉是陽精之純者食之以禦水氣鄭司農云王齊當食玉屑）大喪共含玉復衣裳角枕角柶（角枕以枕尸鄭司農云復招魂也衣裳生時服招魂復魄于大廟至四郊角柶角匕也以楔齒士喪禮曰楔齒用角柶楔齒者令可飯含玄謂復於四郊以綏）掌王之燕衣服衽席牀笫凡褻器（燕衣服者巾絮寢衣袍襗之屬皆良貨賄所成第簀也鄭司農云衽席單席也褻器清器虎子之屬）若合諸侯則共珠槃玉敦（敦槃類珠玉以為飾古者以槃盛血以敦盛食合諸侯者必割牛耳取其血歃之以盟珠槃以盛牛耳尸盟者執之故書珠為夷鄭司農云夷槃或為珠槃玉敦歃血玉器）凡王之獻金玉兵器文織良貨賄之物受而藏之（謂百工為王所作可以獻遺諸侯古者致物於人尊之則曰獻通行曰饋春秋曰齊侯來獻戎捷尊魯也文織畫及繡錦）凡王之好賜共其貨賄

內府掌受九貢九賦九功之貨賄良兵良器以待邦之大用（大用朝覲之班賜）凡四方之幣獻之金玉齒革兵器凡良貨賄入焉（諸侯朝聘所獻國珍）凡適四方

使者共其所受之物而奉之王所以遺諸侯者凡王及冢宰之好賜予則共之冢宰待四方賓客之小治或有所善亦賜予之

外府掌邦布之入出以共百物而待邦之用凡有灋者布泉也布讀爲宣布之布其藏曰泉其行曰布取名於水泉其流行無不徧入出謂受之復出之共百物者或作之或買之待猶給也有法百官之公用也泉始蓋一品周景王鑄大泉而有二品後數變易不復識本制至漢唯有五銖久行王莽改貨而異作泉布多至十品今存於民間多者有貨布大泉貨泉貨布長二寸五分廣寸首長八分有奇廣八分其圜好徑二分半足枝長八分其右文曰貨左文曰布重二十五銖直貨泉二十五大泉徑一寸二分重十二銖文曰大泉直十五貨泉貨泉徑一寸重五銖右文曰貨左文曰泉直一也共王及后世子之衣服之用凡祭祀賓客喪紀會同軍旅共其財用之幣齎賜予之財用齎行道之財用也聘禮曰問幾月之齎鄭司農云齎或爲資今禮家定齎作資玄謂齎資同耳其字以齊次爲聲從貝變易古字亦多或凡邦之小用皆受焉皆來受歲終則會唯王及后之服不會

司會掌邦之六典八灋八則之貳以逆邦國都鄙官府之治逆受而鈎考之以九貢之灋致邦國之財用以九賦之灋令田野之財用以九功之灋令民職之財用以九式之灋均節邦之財用掌國之官府郊野縣都之百物財用凡在書契版圖者之貳以逆群吏之治而聽其會計

郊四郊去國百里野甸稍也甸去國二百里稍三百里縣四百里都五百里書謂簿書契其最凡也版户籍也圖土地形象田地廣狹以參互攷日成以月要攷月成以歲會攷歲成參互謂司書之要貳與職內之入職歲之出故書互爲巨杜子春讀爲參互以周知四國之治以詔王及冢宰廢置周猶徧也言四國者本逆邦國之治亦鉤考以告

司書掌邦之六典八灋八則九職九正九事邦中之版土地之圖以周知入出百物以敘其財受其幣使入于職幣九正謂九賦九貢正稅也九事謂九式變言之者重其職明本而掌之非徒相副貳也敘猶比次也謂鉤考其財幣所給及其餘見爲之簿書故書受爲授鄭司農云授當爲受謂受財幣之簿書也玄謂亦受錄其餘幣而爲之簿書使之入于職幣幣物當以時用之久藏將朽蠹凡上之用財用必攷于司會上謂王與冢宰王雖不會亦當知多少而關之司會以九式均節邦之財用三歲則大計群吏之治以知民之財器械之數以知田野夫家六畜之數以知山林川澤之數以逆群吏之徵令械猶兵也逆受而鉤考之山林川澤童枯則不稅凡稅斂掌事者受灋焉及事成則入要貳焉法猶數也應當稅者之數成猶畢也凡邦治攷焉考其法於司書

職內掌邦之賦入辨其財用之物而執其總以貳官府都鄙之財入之數以逆邦國之賦用辨財用之物處之使種類相從總謂簿書之種別與大凡官府之有財入若關市之屬凡受財者受其貳令而書之受財受於職內以給公用者貳令者謂若今御史所寫下本奏王所可者書之若言某月某日某甲詔書出某物若干給某官某事及

會以逆職歲與官府財用之出亦參互鉤考之而敘其財以待邦之移用亦鉤考今藏中餘見爲之簿移用謂轉運給他

職歲掌邦之賦出以貳官府都鄙之財出賜之數以待會計而攷之以貳者亦如職内書其貳令而編存之凡官府都鄙群吏之出財用受式灋于職歲百官之公用式法多少職歲掌出之舊用事存焉凡上之賜予以敘與職幣授之敘受賜者之尊卑及會以式灋贊逆會助司會鉤考群吏之計

職幣掌式灋以斂官府都鄙與凡用邦財者之幣幣謂給公用之餘凡用邦財者謂軍旅振掌事者之餘財振猶抍也掌事謂以王命有所作爲先言斂幣後言振財互之皆辨其物而奠其録以書楬之以詔上之小用賜予奠定也故書録爲禄杜子春云禄當爲録定其録籍鄭司農云楬之若今時爲書以著其幣歲終則會其出凡邦之會事以式灋贊之

司裘掌爲大裘以共王祀天之服鄭司農云大裘黑羔裘服以祀天示質中秋獻良裘王乃行羽物良善也中秋鳥獸毨因其良時而用之鄭司農云良裘王所服也行羽物以羽物飛鳥賜群吏玄謂良裘玉藻所謂黼裘與此羽物小鳥鶉雀之屬鷹所擊者中秋鳩化爲鷹中春鷹化爲鳩順其始殺與其將止而大班羽物季秋獻功裘以待頒賜功裘人功微麤謂狐青麛裘之屬鄭司農云功裘卿

大夫所服王大射則共虎侯熊侯豹侯設其鵠諸侯則共熊侯豹侯卿大夫則共麋侯皆設其鵠大射者爲祭祀射王將有郊廟之事以射擇諸侯及群臣與邦國所貢之士可以與祭者射者可以觀德行其容體比於禮其節比於樂而中多者得與於祭諸侯謂三公及王子弟封於畿內者卿大夫亦皆有采地焉其將祀其先祖亦與群臣射以擇之凡大射各於其射宮侯者其所射也以虎熊豹麋之皮飾其側又方制之以爲辜謂之鵠著于侯中所謂皮侯王之大射虎侯王所自射也熊侯諸侯所射豹侯卿大夫以下所射諸侯之大射熊侯諸侯所自射豹侯群臣所射卿大夫之大射麋侯君臣共射焉凡此侯道虎九十弓熊七十弓豹麋五十弓列國之諸侯大射大侯亦九十參七十干五十遠尊得伸可同耳所射正謂之侯者天子中之則能服諸侯諸侯以下中之則得爲諸侯鄭司農云鵠鵠毛也方十尺曰侯四尺曰鵠二尺曰正四寸曰質玄謂侯中之大小取數於侯道鄉射記曰弓二寸以爲侯中則九十弓者侯中廣丈八尺七十弓者侯中廣丈四尺五十弓者侯中廣一丈尊卑異等此數明矣考工記曰梓人爲侯廣與崇方參分其廣而鵠居一焉然則侯中丈八尺者鵠方六尺侯中丈四尺者鵠方四尺六寸大半寸侯中一丈者鵠方三尺三寸少半寸謂之鵠者取名於鳱鵠鳱鵠小鳥而難中是以中之爲儁亦取鵠之言較較者直也射所以直己志用虎熊豹麋之皮示服猛討迷惑者射者大禮故取義衆也士不大射士无臣祭无所擇故書諸侯則共熊侯虎侯杜子春云虎當爲豹大喪廞裘飾皮車皮車遣車之革路故書廞爲淫鄭司農云淫裘陳裘也玄謂廞興也若詩之興謂象似而作之凡爲神之偶衣物必沽而小耳凡邦之皮事掌之歲終則會唯王之裘與其皮事不會

掌皮掌秋斂皮冬斂革春獻之皮革踰歲乾久乃可用獻之獻其良者於王以入司裘給王用遂以式灋頒皮革于百工式法作物所用多少故事共其毳毛爲氈以待邦事毳毛毛細縟者當用氈則共之歲終則會

其財齎財斂財本數及餘見者齎所給予人以物曰齎今時詔書或曰齎計吏鄭司農云齎或為資

內宰掌書版圖之灋以治王內之政令均其稍食分其人民以居之版謂宮中閽寺之屬及其子弟録籍也圖王及后世子之宮中吏官府之形象政令謂施閽寺者稍食吏禄稟也人民吏子弟分之使衆者就寡均宿衛也以陰禮教六宮鄭司農云陰禮婦人之禮六宮後五前一王之妃百二十人后一人夫人三人嬪九人世婦二十七人女御八十一人玄謂六宮謂后也婦人稱寢曰宮宮隱蔽之言后象王立六宮而居之亦正寢一燕寢五教者不敢斥言之謂之六宮若今稱皇后為中宮矣昏禮毋戒女曰夙夜毋違宮事以陰禮教九嬪教以婦人之禮不言教夫人世婦者舉中省文以婦職之灋教九御使各有屬以作二事正其服禁其奇衺展其功緒婦職謂織紝組紃縫線之事九御女御也九九而御于王因以號焉使之九九為屬同時御又同事也正其服止踰侈奇衺若今媚道展猶録也緒業也故書二為三杜子春云當為二二事謂絲枲之事大祭祀后祼獻則贊瑤爵亦如之謂祭宗廟王既祼而出迎牲后乃從後祼也祭統曰君執圭瓚祼尸大宗執璋瓚亞祼此大宗亞祼謂夫人不與而攝耳正獻謂王薦腥薦孰后亦從後獻也瑤爵謂尸卒食王既酳尸后亞獻之其爵以瑤為飾正后之服位而詔其禮樂之儀薦徹之禮當與樂相應位謂房中戶內及阼所立處贊九嬪之禮事助九嬪贊后之事九嬪者贊后薦玉齍薦徹豆籩凡賓客之祼獻瑤爵皆贊謂王同姓及二王之後來朝覲為賓客者祼之禮亞王而禮賓獻謂王饗燕亞王獻賓也瑤爵所以亞王酬賓也坊記曰陽侯殺繆侯而竊其夫人故大饗廢夫人之禮致后之賓客之禮謂諸侯來朝覲及其賓客凡喪事佐后使治外內命婦正其服位使使其屬之上士內命婦謂九嬪世婦女御鄭司農云外命婦卿大夫之

妻于命其夫后命其婦玄謂士妻亦爲命婦

凡建國佐后立市設其次置其敘正其肆陳其貨賄出其度量淳制祭之以陰禮市朝者君所以建國也建國者必面朝後市王立朝而后立市陰陽相成之義次思次也敘介次也陳猶處也度丈尺也量豆區之屬鄭司農云佐后立市者始立市后立之也祭之以陰禮者市中之社先后所立社也故書淳爲敦杜子春讀敦爲純純謂幅廣也制謂匹長玄謂純制天子巡守禮所云制幣丈八尺純四秖與陰禮婦人之祭禮中春詔后帥外內命婦始蠶于北郊以爲祭服蠶于北郊婦人以純陰爲尊郊必有公桑蠶室焉歲終則會內人之稍食稽其功事內人主謂九御佐后而受獻功者比其小大與其麤良而賞罰之獻功者九御之屬鄭司農云枲而獻功玄謂典婦功曰及秋獻功

會內宮之財用計夫人以下所用財正歲均其稍食施其功事憲禁令于王之北宮而糾其守均猶調度也施猶賦也北宮后之六宮謂之北宮者繫于王言之明用王之禁令令之守宿衛者上春詔王后帥六宮之人而生穜稑之種而獻之于王六宮之人夫人以下分居后之六宮者古者使后宮藏種以其有傳類蕃孳之祥必生而獻之示能育之使不傷敗且以佐王耕事共禘郊也鄭司農云先種後孰謂之穜後種先孰謂之稑王當以耕種于藉田玄謂詩云黍稷穜稑是也夫人以下分居后之六宮者每宮九嬪一人世婦三人女御九人其餘九嬪三人世婦九人女御二十七人從后唯其所燕息焉從后者五日而沐浴其次又上十五日而徧云夫人如三公從容論婦禮

內小臣掌王后之命正其服位命謂使令所爲或言王后或言后通耳后出入則前驅道之若有祭祀賓客喪紀則擯詔后之禮事相九嬪之禮事正內人之禮

事徹后之俎（擯爲后傳辭有所求爲詔相正者異尊卑也俎謂后受尸之爵飲于房中之俎）后有好事于四方則使往有好令於卿大夫則亦如之（后於其族親所善者使往問遺之）掌王之陰事陰令（陰事群妃御見之事若今掖庭令晝漏不盡八刻白録所記推當御見者陰令王所求爲於北宮）

閽人掌守王宮之中門之禁（中門於外内爲中若今宮闕門鄭司農云王有五門外曰皋門二曰庫門三曰雉門四曰應門五曰路門路門一曰畢門玄謂雉門三門也春秋傳曰雉門灾及兩觀）喪服凶器不入宮潛服賊器不入宮奇服怪民不入宮（喪服衰絰也凶器明器也潛服若衷甲者賊器盜賊之任器兵物皆有刻識奇服衣非常春秋傳曰尨奇无常怪民狂易）凡内人公器賓客無帥則幾其出入（三者之出入當須使者符節乃行鄭司農云公器將持公家器出入者幾謂无將帥引之者則苛其出入）以時啓閉（時漏盡）凡外内命夫命婦出入則爲之闢（辟行人使無干也内命夫卿大夫士之在宮中者）掌埽門庭（門庭門相當之地）大祭祀喪紀之事設門燎蹕宮門廟門（燎地燭也蹕止行者廟在中門之外）凡賓客亦如之

寺人掌王之内人及女宮之戒令相道其出入之事而糾之（内人女御也女宮刑女之在宮中者糾猶割察也）若有喪紀賓客祭祀之事則帥女宮而致於有司（有司謂宮卿世婦）佐世婦治禮事（世婦二十七世婦）掌内人之禁令凡内人弔臨于外則帥而

往立于其前而詔相之從世婦所弔若哭其族親立其前者賤也賤而必詔相之者出入於王宮不可以闕於禮

内豎掌内外之通令凡小事内后六宮外卿大夫也使童豎通王之内外之命給小事者以其无與爲禮出入便疾内外以大事聞王則俟朝而自復若有祭祀賓客喪紀之事則爲内人蹕内人從世婦有事於廟者内豎爲六宮蹕者以其掌内小事王后之喪遷于宮中則前蹕及葬執褻器以從遣車喪遷者將葬朝于廟褻器振飾頮沐之器

九嬪掌婦學之灋以教九御婦德婦言婦容婦功各帥其屬而以時御叙于王所婦德謂貞順婦言謂辭令婦容謂婉娩婦功謂絲枲自九嬪以下九九而御於王所九嬪者既習於四事又備於從人之道是以教女御也教各帥其屬者使亦九九相與從於王所息之燕寢御猶進也勸也進勸王息亦相次叙凡群妃御見之法月與后妃其象也卑者宜先尊者宜後女御八十一人當九夕世婦二十七人當三夕九嬪九人當一夕三夫人當一夕后當一夕亦十五日而徧云自望後反之孔子云日者天之明月者地之理陰契制故月上屬爲天使婦從夫放月紀凡祭祀贊玉齍贊后薦徹豆籩玉齍玉敦受黍稷器后進之而不徹故書玉爲王杜子春讀爲王若有賓客則從后當贊后事大喪帥叙哭者亦如之亦從后帥猶道也后哭衆之次叙者乃哭

世婦掌祭祀賓客喪紀之事帥女宮而濯摡爲齍盛摡拭也爲猶差擇及祭之日涖陳女宮之具凡内羞之物涖臨也内羞房中之羞掌弔臨于卿大夫之喪王使往弔

女御掌御叙于王之燕寢言掌御叙防上之專妬者于王之燕寢則王不就后宮息以歲時獻功事絲枲

成功之事凡祭祀贊世婦助其帥涖女宮大喪掌沐浴王及后之喪后之喪持翣翣棺飾也持而從柩車

從世婦而弔于卿大夫之喪從之數蓋如使者之介云

女祝掌王后之內祭祀凡內禱祠之事內祭祀六宮之中竈門戶禱疾病求瘳也祠報福掌以時招梗禬禳之事以除疾殃鄭大夫讀梗爲亢謂招善而亢惡去之杜子春讀梗爲更玄謂梗禦未至也除災害曰禬禬猶刮去也卻變異曰禳禳攘也四禮唯禳其遺象今存

女史掌王后之禮職掌內治之貳以詔后治內政內治之法本在內宰書而貳之逆內宮鉤考六宮之計書內令后之令凡后之事以禮從亦如大史之從於王

典婦功掌婦式之灋以授嬪婦及內人女功之事齎婦式婦人事之模範法其用財舊數嬪婦九嬪世婦言及以殊之者容國中婦人賢善工於事者事齎謂以女功之事來取絲枲故書齎爲資杜子春讀爲資鄭司農云內人謂女御女功事資謂女功絲枲之事凡授嬪婦功及秋獻功辨其苦良比其小大而賈之物書而楬之授當爲受聲之誤也以國中嬪婦所作成即送之不須獻功時賈之者物不正齊當以泉計通功鄭司農云苦讀爲盬謂分別其縑帛與布紵之麤細皆比方其大小書其賈數而著其物若今時題署物共王及后之用頒之于內府

典絲掌絲入而辨其物以其賈楬之絲入謂九職之嬪婦所貢絲掌其藏與其出以

待與功之時絲之貢少藏之出之可同官也時者若温煖宜縑帛清凉宜文繡頒絲于外内工皆以物授之外工外嬪婦也内工女御凡上之賜予亦如之王以絲物賜人及獻功則受良功而藏之辨其物而書其數以待有司之政令上之賜予良當為苦字之誤受其麤盬之功以給有司之公用其良功者典婦功受之以共王及后之用鄭司農云良功絲功縑帛凡祭祀共黼畫組就之物以給衣服冕旒及依盟巾之屬白與黑謂之黼采色一成曰就喪紀共其絲纊組文之物以給線縷著盱口綦握之屬青與赤謂之文凡飾邦器者受文織絲組焉謂茵席屏風之屬歲終則各以其物會之種別為計鄭司農云各以其所飾之物計會傳著之

典枲掌布緦縷紵之麻草之物以待時頒功而授齎緦十五升布抽其半者白而細疏曰紵雜言此數物者以著其類衆多草葛蕡之屬故書齎作資及獻功受苦功以其賈楬而藏之以待時頒其良功亦入於典婦功以共王及后之用鄭司農云苦功謂麻功布紵頒衣服授之賜予亦如之授之授受班者枲言待有司之政令布言班衣服互文歲終則各以其物會之

内司服掌王后之六服褘衣揄狄闕狄鞠衣展衣緣衣素沙鄭司農云褘衣畫衣也祭統曰君卷冕立于阼夫人副褘立于東房揄狄闕狄畫羽飾展衣白衣也喪大記曰復者朝服君以卷夫人以屈狄世婦以襢衣屈者音聲與闕相似襢與展相似皆婦人之服鞠衣黄衣也素沙赤衣也玄謂狄當為翟翟雉名伊雒而南素質五色皆備成章曰翬江淮而南青質五色皆備成章曰摇王后之服刻繒為之形而采畫之綴於衣以為文章褘衣

畫翬者揄翟畫搖者闕翟刻而不畫此三者皆祭服從王祭先王則服褘衣祭先公則服揄翟祭群小祀則服闕翟今世有圭衣者蓋三翟之遺俗鞠衣黃桑服也色如鞠塵象桑葉始生月令三月薦鞠衣于上帝告桑事展衣以禮見王及賓客之服字當為襢襢之言亶亶誠也詩國風曰玼兮玼兮其之翟也下云胡然而天也胡然而帝也言其德當神明又曰瑳兮瑳兮其之展也下云展如之人兮邦之媛也言其行配君子二者之義與禮合矣雜記曰夫人復税衣揄狄又喪大記曰士妻以禒衣言禒者甚衆字或作税此緣衣者實作禒衣也禒衣御于王之服亦以燕居男子之禒衣黑則是亦黑也六服備於此矣褘揄狄展聲相近緣字之誤也以下推次其色則闕狄赤揄狄青褘衣玄婦人尚專一德無所兼連衣裳不異其色素沙者今之白縳也六服皆袍制以白縳為裏使之張顯今世有沙縠者名出于此

辨外內命婦之服鞠衣展衣緣衣素沙內命婦之服鞠衣九嬪也展衣世婦也緣衣女御也外命婦者其夫孤也則服鞠衣其夫卿大夫也則服展衣其夫士也則服緣衣三夫人及公之妻其闕狄以下乎侯伯之夫人揄狄子男之夫人亦闕狄唯二王後褘衣

凡祭祀賓客共后之衣服及九嬪世婦凡命婦共其衣服共喪衰亦如之凡者凡女御與外命婦也言及言凡殊貴賤也春秋之義王人雖微者猶序乎諸侯之上所以尊尊也臣之命者再命以上受服則下士之妻不共也外命婦唯王祭祀賓客以禮佐后得服此上服自於其家則降焉

后之喪共其衣服凡內具之物內具紛帨線纊鞶褑之屬

縫人掌王宮之縫線之事以役女御以縫王及后之衣服女御裁縫王及后之衣服則為役助之宮中餘裁縫事則專為焉鄭司農云線縷

喪縫棺飾焉孝子既啓見棺猶見親之身既載飾而以行遂以葬若存時居于帷幕而加文繡喪大記曰飾棺君龍帷三池振容黼荒火三列黻三列素錦褚加僞荒纁紐六齊五采五貝黼翣二黻翣二畫翣二皆戴圭魚躍拂池君纁戴六纁披六此諸侯禮也禮器曰天子八翣諸侯六

翣大夫四翣漢禮器制度飾棺天子龍火黼黻皆五列又有龍翣二其戴皆加璧故書焉爲馬杜子春云當爲焉衣翣柳之材必先纏衣其木乃以張飾也柳之言聚諸飾之所聚書曰分命和仲度西曰柳穀故書翣柳作接櫝鄭司農云接讀爲歰櫝讀爲柳皆棺飾檀弓曰周人牆置歰春秋傳曰四歰不蹕掌凡內之縫事

染人掌染絲帛凡染春暴練夏纁玄秋染夏冬獻功暴練練其素而暴之故書纁作䵣鄭司農云䵣讀當爲纁纁謂絳也夏大也秋方大染玄謂纁玄者謂始可以染此色者玄纁者天地之色以爲祭服石染當及盛暑熱潤始湛研之三月而后可用考工記鍾氏則染纁術也染玄則史傳闕矣染夏者染五色謂之夏者其色以夏狄爲飾禹貢曰羽畎夏狄是其揔名其類有六曰翬曰搖曰鶅曰甾曰希曰蹲其毛羽五色皆備成章染者擬以爲深淺之度是以放而取名焉掌凡染事

追師掌王后之首服爲副編次追衡笄爲九嬪及外內命婦之首服以待祭祀賓客鄭司農云追冠名士冠禮記曰委貌周道也章甫殷道也牟追夏后氏之道也追師掌冠冕之官故并主王后之首服副者婦人之首服祭統曰君卷冕立于阼夫人副褘立于東房衡維持冠者春秋傳曰衡紞紘綖玄謂副之言覆所以覆首爲之飾其遺象若今步繇矣服之以從王祭祀編編列髮爲之其遺象若今假紒矣服之以桑也次次第髮長短爲之所謂髲髢服之以見王王后之燕居亦纚笄總而已追猶治也詩云追琢其章王后之衡笄皆以玉爲之唯祭服有衡垂于副之兩旁當耳其下以紞縣瑱詩云玼兮玼兮其之翟也鬒髮如雲不屑髢也玉之瑱也是之謂也笄卷髮者外內命婦衣鞠衣襢衣者服編衣褖衣者服次外內命婦非王祭祀賓客佐后之禮自於其家則亦降焉少牢饋食禮曰主婦髲鬄衣移袂特牲饋食禮曰主婦纚笄宵衣是也昏禮女次純衣攝盛服耳主人爵弁以迎移袂褖衣之袂凡諸侯夫人於其國衣服與王后同喪紀

共弁經亦如之

屨人掌王及后之服屨爲赤舄黑舄赤繶黃繶青句素屨葛屨屨自明矣必連言服者著服各有屨也複下曰舄襌下曰屨古人言屨以通於複今世言屨以通於襌俗易語反與舄屨有絇有繶有純者飾也鄭司農云赤繶黃繶以赤黃之絲爲下緣士喪禮曰夏葛屨冬皮屨皆繶緇純禮家說繶亦謂以采絲礫其下玄謂凡屨舄各象其裳之色士冠禮曰玄端黑屨青絇繶純素積白屨緇絇繶純爵弁纁屨黑絇繶純是也王吉服有九舄有三等赤舄爲上冕服之舄詩云王賜韓侯玄衮赤舄則諸侯與王同下有白舄黑舄王后吉服六唯祭服有舄玄舄爲上褘衣之舄也下有青舄赤舄鞠衣以下皆屨耳句當爲絇聲之誤也絇繶純者同色今云赤繶黃繶青絇雜互言之明舄屨衆多反覆以見之凡舄之飾如繢之次赤繶者王黑舄之飾黃繶者王后玄舄之飾青絇者王白舄之飾言繶必有絇純言絇亦有繶純三者相將王及后之赤舄皆黑飾后之青舄白飾凡屨之飾如繡次也黃屨白飾白屨黑飾黑屨青飾絇謂之拘著舄屨之頭以爲行戒繶縫中紃純緣也天子諸侯吉事皆舄其餘唯服冕衣翟著舄耳士爵弁纁屨黑絇繶純尊祭服之屨飾從繢也素屨者非純吉有凶去飾者言葛屨明有用皮時

辨外内命夫命婦之命屨功屨散屨命夫之命屨纁屨命婦之命屨黃屨以下功屨次命屨於孤卿大夫則白屨黑屨九嬪內子亦然世婦命婦以黑屨爲功屨女御士妻命屨而已士及士妻謂再命受服者散屨亦謂去飾

凡四時之祭祀以宜服之祭祀而有素屨散屨者唯大祥時

夏采掌大喪以冕服復于大祖以乘車建綏復于四郊求之王平生常所有事之處乘車王路於大廟以冕服不出宮也四郊以綏出國門此行道也鄭司農云復謂始死招魂復魄士喪禮曰士死于適室復者一人以爵弁服升自東榮中屋北面招以衣曰皐某復三降衣于前受用篋升自阼階以衣尸喪大記曰復男子稱名婦人稱字唯哭先復言死而哭哭而復冀其復反故檀弓曰復盡愛之道也望反諸幽求諸鬼神之道也北面求諸幽之義也

檀弓又曰君復於小寢大寢小祖大祖庫門四郊喪大記又曰復者朝服君以卷夫人以屈狄大夫以玄赬世婦以禮衣士以爵弁士妻以稅衣雜記曰諸侯行而死於館則其復如於其國如於道則升其乘車之左轂以其綏復大夫死於館則其復如於家死於道則升其乘車之左轂以其綏復喪大記又曰爲賓則公館復私館不復夏采天子之官故以冕服復于大祖以乘車建綏復于四郊天子之禮也大祖始祖廟也故書綏爲禮杜子春云當爲綏禮非是也玄謂明堂位曰凡四代之服器魯兼用之有虞氏之旂夏后氏之綏則旌旂有是綏者當作緌字之誤也緌以旄牛尾爲之綴於橦上所謂注旄於干首者王祀四郊乘玉路建大常今以之復去其旒異之於生亦因先王有徒緌者士冠禮及玉藻冠緌之字故書亦多作綏者今禮家定作蕤

周禮卷第二

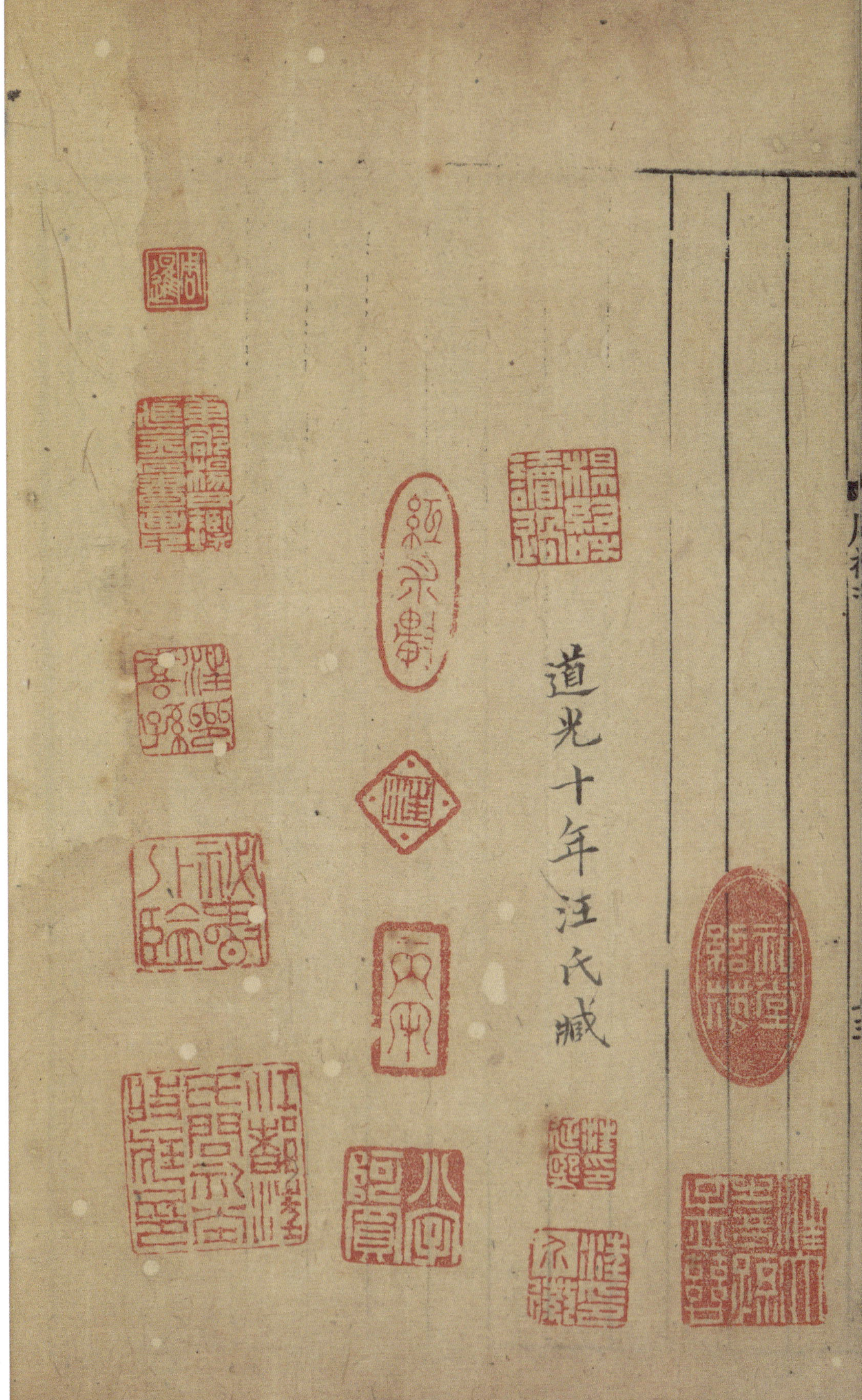
道光十年汪氏臧

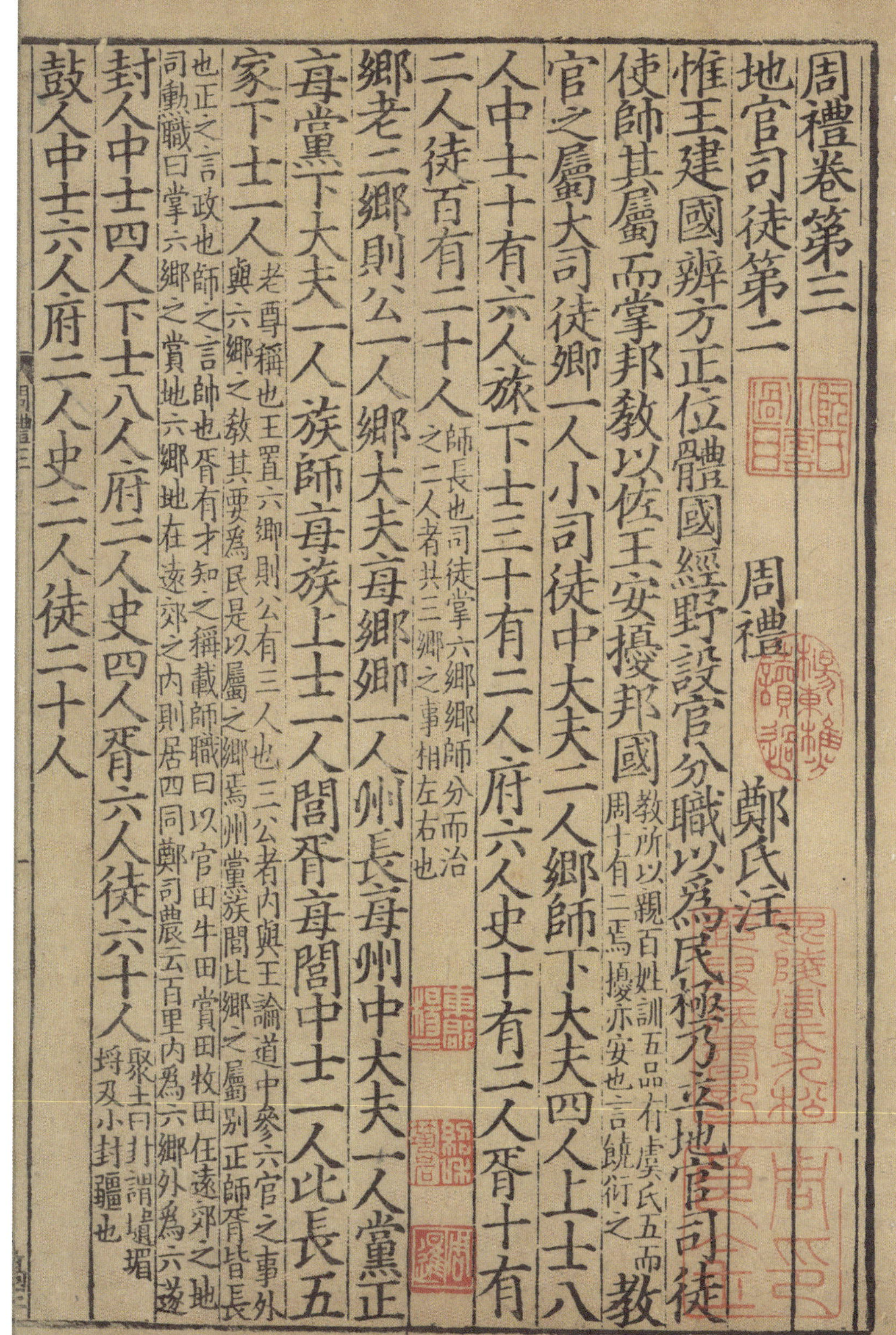

周禮卷第三

地官司徒第二　　周禮　　鄭氏注

惟王建國辨方正位體國經野設官分職以爲民極乃立地官司徒使帥其屬而掌邦教以佐王安擾邦國教所以親百姓訓五品有虞氏五而周十有二焉擾亦安也言饒衍之教官之屬大司徒卿一人小司徒中大夫二人鄉師下大夫四人上士八人中士十有六人旅下士三十有二人府六人史十有二人胥十有二人徒百有二十人師長也司徒掌六鄉鄉師分而治之二人者共三鄉之事相左右也

鄉老二鄉則公一人鄉大夫每鄉卿一人州長每州中大夫一人黨正每黨下大夫一人族師每族上士一人閭胥每閭中士一人比長五家下士一人老尊稱也王置六卿則公有三人也三公者内與王論道中參六官之事外與六鄉之教其要爲民是以屬之鄉焉州黨族閭比鄉之屬别正師胥皆長也正之言政也師之言帥也胥有才知之稱載師職曰以官田牛田賞田牧田任遠郊之地司勳職曰掌六鄉之賞地六鄉地在遠郊之内則居四同鄭司農云百里内爲六鄉外爲六遂

封人中士四人下士八人府二人史四人胥六人徒六十人聚土曰封謂壝埒及小封疆也

鼓人中士六人府二人史二人徒二十人

舞師下士二人胥四人舞徒四十人舞徒給繇役能舞者以為之

牧人下士六人府一人史二人徒六十人牧人養牲於野田者詩云爾牧來思何蓑何笠或負其餱三十維物爾牲則具

牛人中士二人下士四人府二人史四人胥二十人徒二百人主牧公家之牛者詩云誰謂爾無牛九十其犉犉者九十其餘多矣

充人下士二人史二人胥四人徒四十人充猶肥也養繫牲而肥之

載師上士二人中士四人府二人史四人胥六人徒六十人載之言事也事民而稅之禹貢曰冀州既載載師者閭師縣師遺人均人官之長

閭師中士二人史二人徒二十人主徵六鄉賦貢之稅者鄉官有州黨族閭比正言閭者徵民之稅宜督其親民者凡其賦貢入大府穀入倉人

縣師上士二人中士四人府二人史四人胥八人徒八十人主天下土地人民已下之數徵野賦貢也名曰縣師者自六鄉以至邦國縣居中焉鄭司農云四百里曰縣

遺人中士二人下士四人府二人史四人胥四人徒四十人鄭司農云遺讀如詩曰棄予如遺之遺玄謂以物有所饋遺

均人中士二人下士四人府二人史四人胥四人徒四十人均猶平也主平土地之力政者

師氏中大夫一人上士二人府二人史二人胥十有二人徒百有二十人師教人以道者之稱也保氏司諫司救官之長鄭司農云詩云㮚維師氏

保氏下大夫一人中士二人府二人史二人胥六人徒六十人保安也以道安人者也書敘曰周公爲師召公爲保相成王爲左右聖賢兼此官也

司諫中士二人史二人徒二十人諫猶正也以道正人行

司救中士二人史二人徒二十人救猶禁也以禮防禁人之過者也

調人下士二人史二人徒十人調猶和合也

媒氏下士二人史二人徒十人媒之言謀也謀合異類使和成者今齊人名麴麩曰媒

司市下大夫二人上士四人中士八人下士十有六人府四人史八人胥十有二人徒百有二十人司市市官之長

質人中士二人下士四人府二人史四人胥二人徒二十人質平也主平定物賈者

廛人中士二人下士四人府二人史四人胥二人徒二十人故書廛爲壇杜子春讀壇爲廛說云市中空地玄謂廛民居區域之稱

胥師二十肆則一人皆二史賈師二十肆則一人皆

二史司虣十肆則一人司稽五肆則一人胥二肆則一人肆長每肆則一人自胥師以及司稽皆市司所自辟除也胥及肆長市中給繇役者胥師領群賈師定物賈司暴禁暴亂司稽察留連不時去者

泉府上士四人中士八人下士十有六人府四人史八人賈八人徒八十人鄭司農云故書泉或作錢

司門下大夫二人上士四人中士八人下士十有六人府二人史四人胥四人徒四十人每門下士二人府一人史二人徒四人司門若今城門校尉主王城十二門

司關上士二人中士四人府二人史四人胥八人徒八十人每關下士二人府一人史二人徒四人關界上之門

掌節上士二人中士四人府二人史四人胥二人徒二十人節猶信也行者所執之信

遂人中大夫二人○遂師下大夫四人上士八人中士十有六人旅下士三十有二人府四人史十有二人胥十有二人徒百有二十人遂人主六遂若司徒之六鄉也六遂之地自遠郊以達于畿中有公邑家邑小都大都焉鄭司農云遂謂王國百里外○遂大夫每遂中大夫一人

縣正每縣下大夫一人

鄙師每鄙上士一人

酇長每酇中士一人

里宰每里下士一人

鄰長五家則一人縣鄙酇里鄰遂之屬別也

旅師中士四人下士八人府二人史四人胥八人徒八十人主斂縣師所徵野之賦穀者也旅猶處也六遂之官里宰之師也正用里宰者亦斂民之稅宜督其親民

稍人下士四人史二人徒十有二人主為縣師令都鄙丘甸之政也距王城三百里曰稍家邑小都大都在自稍以出焉

委人中士二人下士四人府二人史四人徒四十人主斂甸稍芻薪之賦以共委積者也

土均上士二人中士四人下士八人府二人史四人胥四人徒四十人均猶平也主平土地之政令者也

草人下士四人史二人徒十有二人草除草

稻人上士二人中士四人下士八人府二人史四人胥十人徒百人

土訓中士二人下士四人史二人徒八人鄭司農云訓讀為馴謂以遠方土地所生異物告道王也爾雅云訓道也玄謂能訓說土地善惡之勢

誦訓中士二人下士四人史二人徒八人 能訓說四方所誦習及人所作為久時事

山虞每大山中士四人下士八人府二人史四人胥八人徒八十人中山下士六人史二人胥六人徒六十人小山下士二人史一人徒二十人 虞度也度知山之大小及所生者

林衡每大林麓下士十有二人史四人胥十有二人徒百有二十人中林麓如中山之虞小林麓如小山之虞 衡平也平林麓之大小及所生者竹木生平地曰林山足曰麓

川衡每大川下士十有二人史四人胥十有二人徒百有二十人中川下士六人史二人胥六人徒六十人小川下士二人史一人徒二十人 川流水也禹貢曰九川滌源

澤虞每大澤大藪中士四人下士八人府二人史四人胥八人徒八十人中澤中藪如中川之衡小澤小藪如小川之衡 澤水所鍾也水希曰藪禹貢曰九澤既陂爾雅有八藪

迹人中士四人下士八人史二人徒四十人 迹之言跡知禽獸處

丱人中士二人下士四人府二人史二人胥四人徒四十人 丱之言礦也金玉未成器曰礦

角人下士二人府一人徒八人

羽人下士二人府一人徒八人

掌葛下士二人府一人史一人胥二人徒二十人

掌染草下士二人府一人史二人徒八人 染草藍蒨象斗之屬

掌炭下士二人史二人徒二十人

掌荼下士二人府一人史一人徒二十人 荼茅莠

掌蜃下士二人府一人史一人徒八人 蜃大蛤月令孟冬雉入大水為蜃

囿人中士四人下士八人府二人胥八人徒八十人 囿今之苑

場人每場下士二人府一人史一人徒二十人 場築地為墠季秋除圃中為之詩云九月築場圃十月納禾稼

廩人下大夫二人上士四人中士八人下士十有六人府八人史十有六人胥三十人徒三百人 藏米曰廩廩人舍人倉人司祿官之長

舍人上士二人中士四人府二人史四人胥四人徒四十人 舍猶宮也王平宮中用穀者也

倉人中士四人下士八人府二人史四人胥四人徒四十人

司祿中士四人下士八人府二人史四人徒四十人 主班祿

司稼下士八人史四人徒四十人 種穀曰稼如嫁女以有所生

舂人奄二人女舂抌二人奚五人女舂抌女奴能舂與抌者抌抒臼也詩云或舂或抌

饎人奄二人女饎八人奚四十人鄭司農云饎人主炊官也特牲饋食禮曰主婦視饎爨故書饎作𩝐

槀人奄八人女槀每奄二人奚五人鄭司農云槀讀為犒師之犒主冗食者故謂之犒

大司徒之職掌建邦之土地之圖與其人民之數以佐王安擾邦國土地之圖若今司空郡國輿地圖以天下土地之圖周知九州之地域廣輪之數辨其山林川澤丘陵墳衍原隰之名物周猶徧也九州揚荆豫青兖雍冀幽并也輪從也積石曰山竹木曰林注瀆曰川水鍾曰澤土高曰丘大阜曰陵水崖曰墳下平曰衍高平曰原下濕曰隰名物者十等之名與所生之物而辨其邦國都鄙之數制其畿疆而溝封之設其社稷之壝而樹之田主各以其野之所宜木遂以名其社與其野千里曰畿疆猶界也溝穿地為阻固也封起土界也社稷后土及田正之神壝壇與堳埒也田主田神后土田正之所依也詩人謂之田祖所宜木謂若松柏栗也若以松為社者則名松社之野以別方面以土會之灋辨五地之物生一曰山林其動物宜毛物其植物宜皁物其民毛而方二曰川澤其動物宜鱗物其植物宜膏物其民黑而津三曰丘陵其動物宜羽物其植物宜覈物其民專而長四曰墳衍其動物宜介物其植物宜莢物其民

皙而瘠五曰原隰其動物宜羸物其植物宜叢物其民豐肉而庳會計也以土計貢稅之法因別此五者也毛物貂狐貒貉之屬縟毛者也鱗物魚龍之屬津潤也羽物翟雉之屬核物李梅之屬專圜也介物龜鼈之屬水居陸生者莢物薺莢王棘之屬皙白也瘠臞也羸物虎豹貔貅之屬淺毛者叢物萑葦之屬豐猶厚也庳猶短也杜子春讀生為性鄭司農云植物根生之屬皁物柞栗之屬今世間謂柞實為皁斗膏物謂楊柳之屬理致且白如膏玄謂膏當為櫜字之誤也蓮芡之實有櫜韜因此五物者民之常而施十有二教焉一曰以祀禮教敬則民不苟二曰以陽禮教讓則民不爭三曰以陰禮教親則民不怨四曰以樂禮教和則民不乖五曰以儀辨等則民不越六曰以俗教安則民不偷七曰以刑教中則民不虣八曰以誓教恤則民不怠九曰以度教節則民知足十曰以世事教能則民不失職十有一曰以賢制爵則民慎德十有二曰以庸制祿則民興功陽禮謂鄉射飲酒之禮也陰禮謂男女之禮昏姻以時則男不曠女不怨儀謂君南面臣北面父坐子伏之屬俗謂土地所生習也偷謂朝不謀夕恤謂災危相憂民有凶患憂之則民不解怠度謂宮室車服之制世事謂士農工商之事少而習焉其心安焉因教以能不易其業慎德謂矜其善德勸為善也庸功也爵以顯賢祿以賞功故書儀或為義杜子春讀為儀謂九儀以土宜之灋辨十有二土之名物以相民宅而知其利害以阜人民以蕃鳥獸以毓草木以任土事十二土分野十二邦上繫十二次各有所宜也相占視也阜猶盛也蕃蕃息也育生也任謂就地所生因

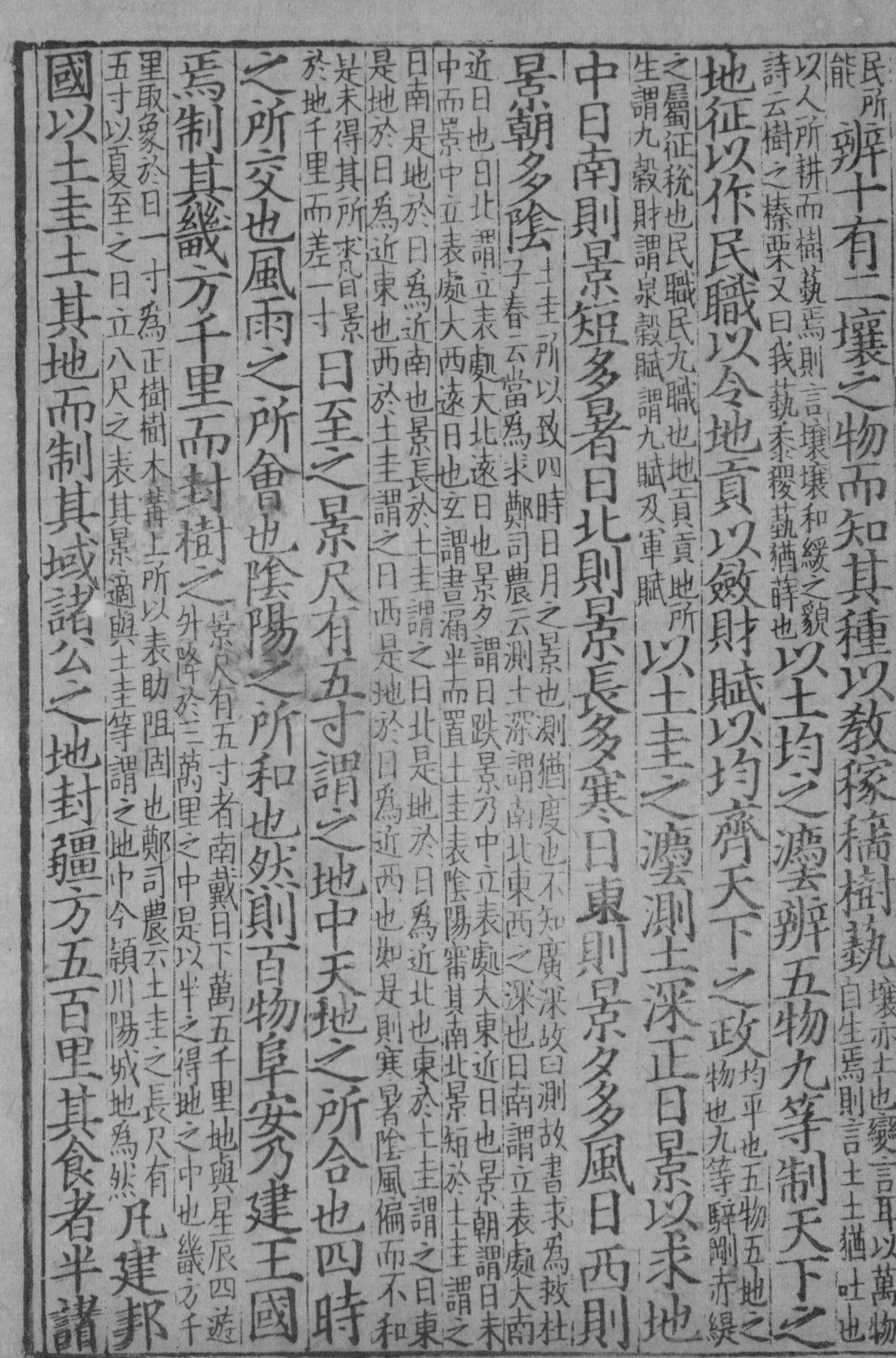

民所能辨十有二壤之物而知其種以教稼穡樹蓺壤亦土也變言耳以萬物自生焉則言土土猶吐也以人所耕而樹蓺焉則言壤壤和緩之貌詩云樹之榛栗又曰我蓺黍稷蓺猶蒔也以土均之灋辨五物九等制天下之地征以作民職以令地貢以斂財賦以均齊天下之政均平也五物五地之物也九等騂剛赤緹之屬征稅也民職民九職也地貢貢地所生謂九穀財謂泉穀賦謂九賦及軍賦以土圭之灋測土深正日景以求地中日南則景短多暑日北則景長多寒日東則景夕多風日西則景朝多陰土圭所以致四時日月之景也測猶度也不知廣深故曰測故書求為救杜子春云當為求鄭司農云測土深謂南北東西之深也日南謂立表處大南近日也日北謂立表處大北遠日也景夕謂日跌景乃中立表處大東近日也景朝謂日未中而景中立表處大西遠日也玄謂晝漏半而置土圭表陰陽審其南北景短於土圭謂之日南是地於日為近南也景長於土圭謂之日北是地於日為近北也東於土圭謂之日東是地於日為近東也西於土圭謂之日西是地於日為近西也如是則寒暑陰風偏而不和是未得其所求凡日景於地千里而差一寸日至之景尺有五寸謂之地中天地之所合也四時之所交也風雨之所會也陰陽之所和也然則百物阜安乃建王國焉制其畿方千里而封樹之景尺有五寸者南戴日下萬五千里地與星辰四遊外降於三萬里之中是以半之得地之中也畿方千里取象於日一寸為正樹樹木溝上所以表助阻固也鄭司農云土圭之長尺有五寸以夏至之日立八尺之表其景適與土圭等謂之地中今潁川陽城地為然凡建邦國以土圭土其地而制其域諸公之地封疆方五百里其食者半諸

侯之地封疆方四百里其食者參之一諸伯之地封疆方三百里其食者參之一諸子之地封疆方二百里其食者四之一諸男之地封疆方百里其食者四之一土其地猶言度其地鄭司農云土其地但爲正四方耳其食者半公所食租稅得其半耳其半皆附庸小國也屬天子參之一者亦然故魯頌曰錫之山川土田附庸奄有龜蒙遂荒大東至于海邦論語曰季氏將伐顓臾孔子曰先王以爲東蒙主且在邦域之中是社稷之臣此非七十里所能容然則方五百里四百里合於魯頌論語之言諸男食者四之一適方五十里獨此與今五經家說合耳玄謂其食者半參之一四之一者土均邦國地貢輕重之等其率之也公之地以一易侯伯之地以再易子男之地以三易必足其國禮俗喪紀祭祀之用乃貢其餘若今度支經用餘爲司農穀矣大國貢重正之也小國貢輕字之也凡諸侯爲牧正帥長及有德者乃有附庸爲其有祿者當取焉公無附庸侯附庸九同伯附庸七同子附庸五同男附庸三同進則取焉退則歸焉魯於周法不得有附庸故言錫之也地方七百里者包附庸以大言之也附庸二十四言得兼此四等矣

凡造都鄙制其地域而封溝之以其室數制之不易之地家百畮一易之地家二百畮再易之地家三百畮都鄙王子弟公卿大夫采地其界曰都鄙所居也王制曰天子之縣內方百里之國九七十里之國二十有一五十里之國六十有三此蓋夏時采地之數周未聞矣春秋傳曰遷鄭焉而鄙留城郭之宅曰室詩云嗟我婦子曰爲改歲入此室處以其室數制之謂制丘甸之屬王制曰凡居民量地以制邑度地以居民地邑民居必參相得鄭司農云不易之地歲種之地美故家百畮一易之地休一歲乃復種地薄故家二百畮再易之地休二歲乃復種故家三百畮

乃分地職奠地守制地貢而頒職事焉以爲地灋而待政令分地職分其九職所宜也定地守謂衡麓虞候之屬制地貢謂九職所稅也頒職事者分命使各爲其所職之事

以荒政

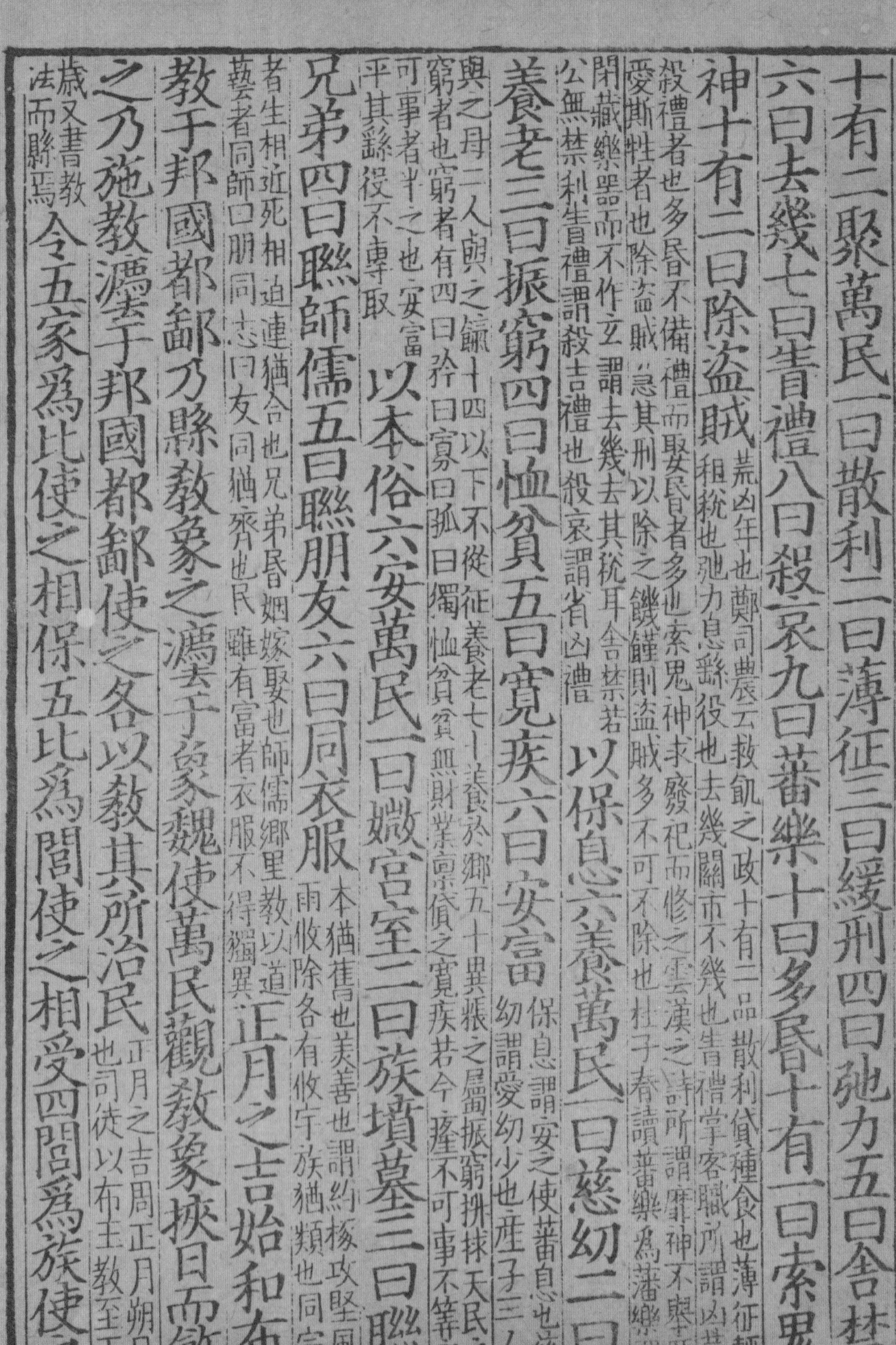

十有二聚萬民一曰散利二曰薄征三曰緩刑四曰弛力五曰舍禁六曰去幾七曰眚禮八曰殺哀九曰蕃樂十曰多昏十有一曰索鬼神十有二曰除盜賊荒凶年也鄭司農云救飢之政十有二品散利貸種食也薄征輕租稅也弛力息繇役也去幾關市不幾也眚禮掌客職所謂凶荒殺禮者也多昏不備禮而娶昏者多也索鬼神求廢祀而修之雲漢之詩所謂靡神不舉靡愛斯牲者也除盜賊急其刑以除之饑饉則盜賊多不可不除也杜子春讀蕃樂爲藩樂謂閉藏樂器而不作玄謂去幾去其稅耳舍禁若公無禁利眚禮謂殺吉禮也殺哀謂省凶禮以保息六養萬民一曰慈幼二曰養老三曰振窮四曰恤貧五曰寬疾六曰安富保息謂安之使蕃息也慈幼謂愛幼少也産子三人與之母二人與之餼十四以下不從征養老七十養於鄉五十異粻之屬振窮拯救天民之窮者也窮者有四曰矜曰寡曰孤曰獨恤貧貧無財業稟貸之寬疾若今癃不可事不筭卒可事者半之也安富平其繇役不專取以本俗六安萬民一曰媺宮室二曰族墳墓三曰聯兄弟四曰聯師儒五曰聯朋友六曰同衣服本猶舊也美善也謂約椽攻堅風雨攸除各有攸宇族猶類也同宗者生相近死相迫連猶合也兄弟昏姻嫁娶也師儒鄉里教以道藝者同師曰朋同志曰友同猶齊也民雖有富者衣服不得獨異正月之吉始和布教于邦國都鄙乃縣教象之灋于象魏使萬民觀教象挾日而斂之乃施教灋于邦國都鄙使之各以教其所治民正月之吉周正月朔日也司徒以布王教至正歲又書教法而縣焉令五家爲比使之相保五比爲閭使之相受四閭爲族使之

相葬五族爲黨使之相救五黨爲州使之相賙五州爲鄉使之相賓

此所以勸民者也使之者皆謂立其長而教令使之保猶任也救救凶災也賓賓客其賢者故書受爲授杜子春云當爲受謂民移徙所到則受之所去則出之又云賙當爲糾謂糾其惡玄謂受者宅舍有故相受寄託也賙者謂禮物不備相給足也閭二十五家族百家黨五百家州二千五百家鄉萬二千五百家

頒職事十有二于邦國都鄙使以登萬民一曰稼穡二曰樹蓺三曰作材四曰阜蕃五曰飭材六曰通財七曰化材八曰斂材九曰生材十曰學藝十有一曰世事十有二曰服事

鄭司農云稼穡謂三農生九穀也樹蓺謂園圃育草木作材謂虞衡作山澤之材阜蕃謂藪牧養蕃鳥獸飭材謂百工飭化八材通財謂商賈阜通貨賄化材謂嬪婦化治絲枲斂材謂臣妾聚斂疏材生材謂閒民無常職轉移執事學藝謂學道藝世事謂以世事教能則民不失職服事謂爲公家服事者玄謂生材養竹木者

以鄉三物教萬民而賓興之一曰六德知仁聖義忠和二曰六行孝友睦婣任恤三曰六藝禮樂射御書數

物猶事也興猶舉也民三事教成鄉大夫舉其賢者能者以飲酒之禮賓客之既則獻其書於王矣知明於事仁愛人以及物聖通而先識義能斷時宜忠言以中心和不剛不柔善於父母爲孝善於兄弟爲友睦親於九族婣親於外親任信於友道恤振憂貧者禮五禮之義樂六樂之歌舞射五射之法御五御之節書六書之品數九數之計

以鄉八刑糾萬民一曰不孝之刑二曰不睦之刑三曰不婣之刑四曰不弟之刑五曰不任之刑六曰不恤之刑七曰造言之刑八曰亂民之刑

糾猶割察也不弟不敬師長造言訛言惑衆亂民亂名改作執左道以亂政也

鄭司農云任謂朋友相任恤謂相憂以五禮防萬民之僞而敎之中禮所以節止民之侈僞使其行得中鄭司農云五禮謂吉凶賓軍嘉以六樂防萬民之情而敎之和樂所以蕩正民之情思使其心應和也鄭司農云六樂謂雲門咸池大韶大夏大濩大武凡萬民之不服教而有獄訟者與有地治者聽而斷之其附于刑者歸于士不服教不厭服於十二教負冒者也爭罪曰獄爭財曰訟有地治者謂鄉州及治都鄙者也附麗也士司寇士師之屬鄭司農云與有地治者聽而斷之與其地部界所屬吏共聽斷之士謂主斷刑之官春秋傳曰士榮爲大士或謂歸于圜土圜土謂獄也獄城圜祀五帝奉牛牲羞其肆牛能任載地類也奉猶進也鄭司農云羞進也肆陳骨體也玄謂進所肆解骨體士喪禮曰肆解去蹄享先王亦如之大賓客令野脩道委積令令遺人使爲之也少曰委多曰積皆所以給賓客大喪帥六鄉之衆庶屬其六引而治其政令衆庶所致役也鄭司農云六引謂引喪車索也六鄉主六引六遂主六紼大軍旅大田役以旗致萬民而治其徒庶之政令旗畫熊虎者也徵衆刻日樹旗期於其下若國有大故則致萬民於王門令無節者不行於天下大故謂王崩及寇兵也節六節有節乃得行防姦私大荒大札則令邦國移民通財舍禁弛力薄征緩刑大荒大凶年也大札大疫病也移民辟災就賤其有守不可移者則輸之穀春秋定五年夏歸粟於蔡是也歲終則令敎官正治而致事歲終自周季冬也敎官其屬六十正治明處其文書致事上其計簿正歲令于敎官曰各共爾職脩乃事以聽王命其有不正則國有常刑正歲夏之正月朔日

小司徒之職掌建邦之教灋以稽國中及四郊都鄙之夫家九比之數以辨其貴賤老幼廢疾凡征役之施舍與其祭祀飲食喪紀之禁令稽猶考也夫家猶言男女也鄭司農云九比謂九夫爲井玄謂九比者冢宰職出九賦者之人數也貴謂爲卿大夫賤謂占會販賣者廢疾謂癃病也施當爲弛乃頒比灋于六鄉之大夫使各登其鄉之衆寡六畜車輦辨其物以歲時入其數以施政教行徵令登成也成猶定也衆寡民之多少物家中之財歲時入其數若今四時言事及三年則大比大比則受邦國之比要大比謂使天下更簡閱民數及其財物也受邦國之比要則亦受鄉遂矣鄭司農云五家爲比故以比爲名今時八月案比是也要謂其簿乃會萬民之卒伍而用之五人爲伍五伍爲兩四兩爲卒五卒爲旅五旅爲師五師爲軍以起軍旅以作田役以比追胥以令貢賦用謂使民事之伍兩卒旅師軍皆衆之名兩二十五人卒百人旅五百人師二千五百人軍萬二千五百人此皆先王所因農事而定軍令者也欲其恩足相恤義足相救服容相別音聲相識作爲也役功力之事追逐寇也春秋莊十八年夏公追戎于濟西胥伺捕盜賊也貢嬪婦百工之物賦九賦也鄉之田制與遂同乃均土地以稽其人民而周知其數上地家七人可任也者家三人中地家六人可任也者二家五人下地家五人可任也者家二人均平也周猶徧也一家男女七人以上則授之以上地所養者衆也男女五人以下則授之以下地所養者寡也正以七人六人五人爲率者有夫有婦然後爲家自二人以至於十爲九等七六五者爲其中可任謂丁強任力役之事者出老

者一人其餘男女強弱相半其大數凡起徒役毋過家一人以其餘爲羨唯田與追胥竭作鄭司農云羨饒也田謂獵也追追寇賊也竭作盡行凡用衆庶則掌其政教與其戒禁聽其辭訟施其賞罰誅其犯命者命所以誓告之凡國之大事致民大故致餘子大事謂戎事也大故謂災寇也鄭司農云國有大事當徵召會聚百姓則小司徒召聚之餘子謂羨也玄謂餘子卿大夫之子當守於王宮者也乃經土地而井牧其田野九夫爲井四井爲邑四邑爲丘四丘爲甸四甸爲縣四縣爲都以任地事而令貢賦凡稅斂之事此謂造都鄙也采地制井田異於鄉遂重立國小司徒爲經之立其五溝五塗之界其制似井之字因取名焉孟子曰夫仁政必自經界始經界不正井田不均貢祿不平是故暴君姦吏必慢其經界經界既正分田制祿可坐而定也鄭司農云井牧者春秋傳所謂井衍沃牧隰皋者也玄謂隰皋之地九夫爲牧二牧而當一井今造都鄙授民田有不易有一易有再易通率二而當一是之謂井牧昔夏少康在虞思有田一成有衆一旅一旅之衆而田一成則井牧之法先古然矣九夫爲井者方一里九夫所治之田也此制小司徒經之匠人爲之溝洫相包乃成耳邑丘之屬相連比以出田稅溝洫爲除水害四井爲邑方二里四邑爲丘方四里四丘爲甸甸之言乘也讀如衷甸之甸甸方八里旁加一里則方十里爲一成積百井九百夫其中六十四井五百七十六夫出田稅三十六井三百二十四夫治洫四甸爲縣方二十里四縣爲都方四十里四都方八十里旁加十里乃得方百里爲一同也積万井九万夫其四千九十六井三万六千八百六十四夫出田稅二千三百四井二万七百三十六夫治洫三千六百井三万二千四百夫治澮井田之法備於一同今止於都者采地食者皆四之一其制三等百里之國凡四都一都之田稅入於王五十里之國凡四縣一縣之田稅入於王二十五里之國凡四甸一甸之田稅入於王地事謂農牧衡虞也貢謂九穀山澤之材也賦謂出車徒給繇役也司馬法曰六尺爲步步百爲畮畮百爲夫夫三爲屋屋三

爲井井十爲通通爲匹馬三十家士一人徒二人通十爲成成百井三百家革車一乘士十人徒二十人十成爲終終千井三千家革車十乘士百人徒二百人十終爲同同方百里萬井三萬家革車百乘士千人徒二千人乃分地域而辨其守施其職而平其政分地域謂建邦國造都鄙制鄉遂也辨其守謂衡虞之屬職謂九職也政稅也政當作征故書域爲邦杜子春云當爲域凡小祭祀奉牛牲羞其肆小祭祀王玄冕所祭小賓客令野脩道委積小賓客諸侯之使臣大軍旅帥其衆庶帥師而致於大司徒小軍旅巡役治其政令巡役小力役之事則巡行之大喪帥邦役治其政教喪役正棺引窆復土凡建邦國立其社稷正其畿疆之封畿九畿凡民訟以地比正之鄭司農云以田畔所與比正斷其訟地訟以圖正之地訟爭疆界者圖謂邦國本圖歲終則攷其屬官之治成而誅賞治成治事之計令群吏正要會而致事正歲則帥其屬而觀教灋之象徇以木鐸曰不用灋者國有常刑令群吏憲禁令脩灋糾職以待邦治憲表縣之及大比六鄉四郊之吏平教治正政事攷夫屋及其衆寡六畜兵器以待政令四郊之吏吏在四郊之內主民事者夫三爲屋屋三爲井出地貢者三三相任

鄉師之職各掌其所治鄉之教而聽其治聽謂平察之以國比之灋以時稽其夫家衆寡辨其老幼貴賤癈疾馬牛之物辨其可任者與其施舍

者掌其戒令糾禁聽其獄訟施舍謂應復免不給繇役大役則帥民徒而至治其政令既役則受州里之役要以攷司空之辟以逆其役事而至至作部曲也既已也役要所遣民徒之數辟功作章程逆猶鉤考也鄭司農云辟法也凡邦事令作秩叙事功力之事秩常也叙猶次也事有常次則不偏匱大祭祀羞牛牲共茅蒩杜子春云蒩當爲菹以茅爲菹若葵菹也鄭大夫讀蒩爲藉謂祭前藉也易曰藉用白茅无咎玄謂蒩士虞禮所謂苴刌茅長五寸束之者是也祝設于几東席上命佐食取黍稷祭于苴三取膚祭祭如初此所以承祭既祭蓋束而去之守祧職云既祭藏其隋是與大軍旅會同正治其徒役與其輂輦戮其犯命者輂駕馬輦人輓行所以載任器也止以爲藩營司馬法曰夏后氏謂輂曰余車殷曰胡奴車周曰輜輦輦一斧一斤一鑿一梩一鋤周輦加二版二築又曰夏后氏二十人而輦殷十八人而輦周十五人而輦故書輦作連鄭司農云連讀爲輦大喪用役則帥其民而至遂治之治謂監督其事及葬執纛以與匠師御匶而治役匠師事官之屬其於司空若鄉師之於司徒也鄉師主役匠師主衆匠共主葬引雜記曰升正柩諸侯執綍五百人四綍皆銜枚司馬執鐸左八人右八人匠人執翿以御柩天子六引禮依此云鄭司農云翿羽葆幢也爾雅曰纛翳也以指麾輓柩之役正其行列進退及窆執斧以涖匠師匠師主豐碑之事執斧以涖之使戒其事故書涖作立鄭司農云窆謂葬下棺也春秋傳曰日中而堋禮記所謂封者立讀爲涖涖謂臨視也凡四時之田前期出田灋于州里簡其鼓鐸旗物兵器脩其卒伍田法人徒及所當有及期以司徒之大旗致衆庶而陳之以旗物辨鄉邑而治其政令刑禁巡其前後之屯而戮其犯命者斷

其爭禽之訟公司徒致衆庶者以熊虎之旗此又以之明爲司徒致之大夫致衆當以鳥隼之旟陳之以旗物以表正其行列辨别異也故書殿作述也或爲臀鄭大夫讀屯爲課殿杜子春讀爲在後曰殿謂前後屯兵也玄謂前後屯車徒異部也今書多爲屯從屯 凡四時之徵令有常者以木鐸徇於市朝徵令有常者謂田狩及正月命脩封疆二月命雷且發聲 以歲時巡國及野而賙萬民之囏阸以王命施惠歲時者隨其事之時不必四時也囏阸飢乏之也鄭司農云賙讀爲周急之周 歲終則攷六鄉之治以詔廢置正歲稽其鄉器比共吉凶二服閭共祭器族共喪器黨共射器州共賓器鄉共吉凶禮樂之器吉服者祭服也凶服者弔服也比長主集爲之祭器者簠簋鼎俎之屬閭胥主集爲之喪器者夷槃素俎褐豆輁軸之屬族師主集爲之此三者民所以相共也射器者弓矢楅中之屬黨正主集爲之賓器者尊俎笙瑟之屬州長主集爲之鄉大夫或時賓賢能於此州也吉器若閭祭器者也凶器若族喪器者也禮樂之器若州黨賓射之器者鄉大夫備集此四者爲州黨族閭有故而不共也此鄉器者旁使相共則民无廢事上下相補則禮行而教成 若國大比則攷教察辭稽器展事以詔誅賞考教視賢能以知道藝與不察辭覆吏言事知其情實不展猶整具

鄉大夫之職各掌其鄉之政教禁令鄭司農云萬二千五百家爲鄉 正月之吉受教灋于司徒退而頒之于其鄉吏使各以教其所治以攷其德行察其道藝其鄉吏州長以下 以歲時登其夫家之衆寡辨其可任者國中自七尺以及

六十野自六尺以及六十有五皆征之其舍者國中貴者賢者能者服公事者老者疾者皆舍以歲時入其書登成也定也國中城郭中也晚賦稅而早免之以其所居復多役少野早賦稅而晚免之以其復少役多鄭司農云征之者給公上事也舍者謂有復除舍不收役事也貴者謂若今宗室及關內侯皆復也服公事者謂若今吏有復除也老者謂若今八十九十復羨卒也疾者謂若今癃不可事者復之玄謂入其書者言於大司徒三年則大比攷其德行道藝而興賢者能者鄉老及鄉大夫帥其吏與其衆寡以禮禮賓之賢者有德行者能者有道藝者衆寡謂鄉人之善者无多少也鄭司農云興賢者謂若今舉孝廉與能者謂若今舉茂才賓敬也賓所舉賢者能者玄謂變舉言與者謂合衆而尊寵之以鄉飲酒之禮禮而賓之厥明鄉老及鄉大夫群吏獻賢能之書于王王再拜受之登于天府內史貳之厥其也其賓之明日也獻猶進也王拜受之重得賢者王上其書於天府天府掌祖廟之寶藏者內史副寫其書者當詔王爵祿之時退而以鄉射之禮五物詢衆庶一曰和二曰容三曰主皮四曰和容五曰興舞以用也行鄉射之禮而以五物詢於衆民鄭司農云詢謀也問於衆庶寧復有賢能者和謂閨門之內行也容謂容貌也主皮謂善射射所以觀士也故書舞為無杜子春讀和容為和頌謂能為樂也無讀為舞謂能為六舞玄謂和載六德容包六行也庶民無射禮因田獵分禽則有主皮主皮者張皮射之无侯也主皮和容興舞則六藝之射與禮樂與當射之時民必觀焉因詢之也孔子射於矍相之圃蓋觀者如堵牆射至於司馬使子路執弓矢出誓射者又使公罔之裘序點揚觶而語詢衆庶之儀若是乎此謂使民興賢出使長之使民興能入使治之言是乃所謂使民自舉賢者因出之而使之長民教以德行道藝於外也使民自舉能者因入之而

使之治民之貢賦田役之事於内也言為政以順民為本也書曰天聰明自我民聰明天明威自我民明威老子曰聖人无常心以百姓心為心如是則古今未有遺民而可為治

歲終則令六鄉之吏皆會政致事會計也致事言其歲盡文書正歲令群吏攷灋于司徒以退各憲之於其所治國大詢于衆庶則各帥其鄉之衆寡而致於朝大詢者詢國危詢國遷詢立君鄭司農云大詢于衆庶洪範所謂謀及庶民國有大故則令民各守其閭以待政令使民皆聚於閭胥所治處以旌節輔令則達之民雖以徵令行其將之者无節則不得通

州長各掌其州之教治政令之灋鄭司農云二千五百家為州論語曰雖州里行乎哉春秋傳曰鄉取一人焉以歸謂之夏州正月之吉各屬其州之民而讀灋以攷其德行道藝而勸之以糾其過惡而戒之屬猶合也聚也因聚衆而勸戒之者欲其善若以歲時祭祀州社則屬其民而讀灋亦如之春秋以禮會民而射于州序序州黨之學也會民而射所以正其志也射義曰射之為言者繹也繹者各繹己之志凡州之大祭祀大喪皆涖其事大祭祀謂州社稷也大喪鄉老鄉大夫於是卒者也涖臨也若國作民而師田行役之事則帥而致之掌其戒令與其賞罰致之致之於司徒也掌其戒令賞罰則是於軍因為師帥歲終則會其州之政令正歲則讀教灋如初雖以正月讀之至正歲猶復讀之因此四時之正重申之三年大比則大攷州里以贊鄉大夫廢興廢興所廢退所興進也鄭司農云贊助也

黨正各掌其黨之政令教治（鄭司農云五百家爲黨論語曰孔子於鄉黨又曰闕黨童子）及四時之孟月吉日則屬民而讀邦灋以糾戒之（以四孟之月朔日讀法者彌親民者於教亦彌數）春秋祭禜亦如之（禜謂雩禜水旱之神蓋亦爲壇位如祭社稷云）國索鬼神而祭祀則以禮屬民而飲酒于序以正齒位壹命齒于鄉里再命齒于父族三命而不齒（國索鬼神而祭祀謂歲十二月大蜡之時建亥之月也正齒位者鄉飲酒義所謂六十者坐五十者立侍六十者三豆七十者四豆八十者五豆九十者六豆是也必正之者爲民三時務農將闕於禮至此農隙而教之尊長養老見孝弟之道也黨正飲酒禮亡以此事屬於鄉飲酒之義微失少矣凡射飲酒此鄉民雖爲卿大夫必來觀禮鄉飲酒鄉射記大夫樂作不入士既旅不入是也齒于鄉里者以年與衆賓相次也齒于父族者父族有爲賓者以年與之相次異姓雖有老者居於其上不齒者席于尊東所謂遵）凡其黨之祭祀喪紀昏冠飲酒教其禮事掌其戒禁（其黨之民）凡作民而師田行役則以其灋治其政事（亦於軍因爲旅師）歲終則會其黨政帥其吏而致事正歲屬民讀灋而書其德行道藝（書記之）以歲時涖校比（涖臨也鄭司農云校比族師職所謂以時屬民而校登其族之夫家衆寡辨其貴賤老幼廢疾可任者及其六畜車輦如今小案比）及大比亦如之

族師各掌其族之戒令政事（政事邦政之事鄭司農云百家爲族）月吉則屬民而讀邦灋書其孝弟睦婣有學者（月吉每月朔日也故書上句或无事字杜子春云當爲正月吉書亦或爲戒令政事月吉則屬民而讀邦法）春秋

祭酺亦如之酺者爲人物裁害之神也故書酺或爲步杜子春云當爲酺玄謂校人職又有冬祭馬步則未知此世所云蝝螟之酺與人鬼之步與蓋亦爲壇位如雩祭云族長无飲酒之禮因祭酺而與其民以長幼相獻酬焉　以邦比之灋帥四閭之吏以時屬民而校登其族之夫家衆寡辨其貴賤老幼廢疾可任者及其六畜車輦登成也定也五家爲比十家爲聯五人爲伍十人爲聯四閭爲族八閭爲聯使之相保相受刑罰慶賞相及相共以受邦職以役國事以相葬埋相共猶相救相賙若作民而師田行役則合其卒伍簡其兵器以鼓鐸旗物帥而至掌其治令戒禁刑罰亦於軍因爲卒長　歲終則會政致事

閭胥各掌其閭之徵令鄭司農云二十五家爲閭　以歲時各數其閭之衆寡辨其施舍凡春秋之祭祀役政喪紀之數聚衆庶既比則讀灋書其敬敏任恤者祭祀謂州社黨禜族酺也役田役也政若州射黨飲酒也喪紀大喪之事也四者及比皆會聚衆民因以讀法以勑戒之故書既爲暨杜子春讀政爲征暨爲既　凡事掌其比觵撻罰之事觵撻者失禮之罰也觵用酒其爵以兕角爲之撻扑也故書或言觵撻之罰事杜子春云當言觵撻罰之事

比長各掌其比之治五家相受相和親有辠奇衺則相及衺猶惡也　徙于國中及郊則從而授之徙謂不便其居也或國中之民出徙郊或郊民入徙國中皆從而付所處之吏明无罪惡　若徙于他

則爲之旌節而行之徙於他謂出居異鄉也授之者有節乃達若無授無節則唯圜土内之鄉中无授出鄉无節過所則呵問繫之圜土考辟之也圜土者獄城也獄必圜者規主仁以仁心求其情古之治獄閔於出之

封人掌設王之社壝爲畿封而樹之壝謂壇及堳埒也畿上有封若今時界矣不言稷者稷社之細也凡封國設其社稷之壝封其四疆封國建諸侯立其國之封造都邑之封域者亦如之令社稷之職將祭之時令諸有職事於社稷者也郊特牲曰唯爲社事單出里唯爲社田國人畢作唯爲社丘乘共粢盛所以報本反始也凡祭祀飾其牛牲設其楅衡置其絼共其水槀飾謂刷治絜清之也鄭司農云楅衡所以楅持牛也絼著牛鼻繩所以牽牛者今時謂之雉與古者名同皆謂夕牲時也杜子春云楅衡所以持牛令不得抵觸人玄謂楅設於角衡設於鼻如椵狀也水槀給殺時洗薦牲也絼字當以豸爲聲歌舞牲及毛炮之豚謂君牽牲入時隨歌舞之言其肥香以歆神也毛炮豚者爓去其毛而炮之以備八珍鄭司農云封人主歌舞其牲云博碩肥腯凡喪紀賓客軍旅大盟則飾其牛牲大盟會同之盟

鼓人掌教六鼓四金之音聲以節聲樂以和軍旅以正田役音聲五聲合和者教爲鼓而辨其聲用教爲鼓教擊鼓者大小之數又別其聲所用之事以雷鼓鼓神祀雷鼓八面鼓也神祀祀天神也以靈鼓鼓社祭靈鼓六面鼓也社祭祭地祇也以路鼓鼓鬼享路鼓四面鼓也鬼享享宗廟以鼖鼓鼓軍事大鼓謂之鼖鼖鼓長八尺以鼛鼓鼓役事鼛鼓長丈二尺以晉鼓鼓金奏晉鼓長六尺六寸金奏謂樂作擊編鍾以

金錞和鼓錞錞于也圜如碓頭大上小下樂作鳴之與鼓相和以金鐲節鼓鐲鉦也形如小鍾軍行鳴之以為鼓節司馬職曰軍行鳴鐲以金鐃止鼓鐃如鈴无舌有秉執而鳴之以止擊鼓司馬職曰鳴鐃且郤以金鐸通鼓鐸大鈴也振之以通鼓司馬職曰司馬振鐸凡祭祀百物之神鼓兵舞帗舞者兵謂干戚也帗列五采繒為之有秉皆舞者所執凡軍旅夜鼓鼜鼜夜戒守鼓也司馬法曰昏鼓四通為大鼜夜半三通為晨戒旦明五通為發昫軍動則鼓其衆動且行田役亦如之救日月則詔王鼓救日月食王必親擊鼓者聲大異春秋傳曰非日月之眚不鼓大喪則詔大僕鼓始崩及窆時也

舞師掌教兵舞帥而舞山川之祭祀教帗舞帥而舞社稷之祭祀教羽舞帥而舞四方之祭祀教皇舞帥而舞旱暵之事羽析白羽為之形如帗也四方之祭祀謂四望也旱暵之事謂雩也暵熱氣也鄭司農云皇舞蒙羽舞書或為䍿或為義玄謂皇析五采羽為之亦如帗凡野舞則皆教之野舞謂野人欲學舞者凡小祭祀則不興舞小祭祀王玄冕所祭者興猶作也

牧人掌牧六牲而阜蕃其物以共祭祀之牲牷六牲謂牛馬羊豕犬雞鄭司農云牷純也玄謂牷體完具凡陽祀用騂牲毛之陰祀用黝牲毛之望祀各以其方之色牲毛之騂牲赤色毛之取純毛也陰祀祭地北郊及社稷也望祀五嶽四鎮四瀆也鄭司農云陽祀春夏也黝讀為幽幽黑也玄謂陽祀祭天於南郊及宗廟凡時祀之牲必用牷物時祀四時所常祀謂山川以下至四方百物凡外祭毀事用尨可也外祭謂表貉及王行所過山川用事者故

書毀爲甈毛作龍杜子春云甈當爲毀龍當爲尨尨謂雜色不純毀謂副辜侯禳毀除殃咎之屬凡祭祀共其犧牲以授充人繫之犧牲毛羽完具也授充人者當殊養之周景王時賓起見雄雞自斷其尾曰雞憚其爲犧凡牲不繫者共奉之謂非時而祭祀者

牛人掌養國之公牛以待國之政令公猶官也凡祭祀共其享牛求牛以授職人而芻之鄭司農云享牛前祭一日之牛也求牛禱於鬼神祈求福之牛也玄謂享獻也獻神之牛謂所以祭者也求終也終事之牛謂所以繹者也宗廟有繹者孝子求神非一處職讀爲樴樴謂之杙可以繫牛樴人者謂牧人充人與芻牲之芻牛人擇於公牛之中而以授養之凡賓客之事共其牢禮積膳之牛牢禮飧饔也積所以給賓客之用若司儀職曰主國五積者也膳所以間禮賓客若掌客云殷膳大牢饗食賓射共其膳羞之牛羞進也所進賓之膳燕禮小臣謂執羃者與羞膳者至獻賓而膳宰設折俎王之膳羞亦猶此軍事共其犒牛鄭司農云犒師之牛喪事共其奠牛謂殷奠遣奠也喪所薦饋曰奠凡會同軍旅行役共其兵車之牛與其牽徬以載公任器牽徬在轅外輓牛也人御之居其前曰牽居其旁曰徬任猶用也凡祭祀共其牛牲之互與其盆簝以待事鄭司農云互謂楅衡之屬盆簝皆器名盆所以盛血簝受肉籠也玄謂互若今屠家縣肉格

充人掌繫祭祀之牲牷祀五帝則繫于牢芻之三月牢閑也必有閑者防禽獸觸齧養牛羊曰芻三月一時節氣成享先王亦如之凡散祭祀之牲繫于國門使養之散祭祀謂司中司命山川之屬國門謂城門司門之官鄭司農云使養之使守門者養之展牲則告牷鄭司農云展具也具牲若今時選牲也充人主以牲牷告展牲者也玄謂

展牲若今夕牲也特牲饋食之禮曰宗人視牲告充舉獸尾告備近之

碩牲則贊贊助也君牽牲入將致之助持之也春秋傳曰故奉牲以告曰博碩肥腯

周禮卷第三

婺州市門巷唐宅刊

周禮卷第四

地官司徒下　　周禮　　鄭氏注

載師掌任土之灋以物地事授地職而待其政令任土者任其力勢所能生育且以制貢賦也物物色之以知其所宜之事而授農牧衡虞使職之

以廛里任國中之地以場圃任園地以宅田士田賈田任近郊之地以官田牛田賞田牧田任遠郊之地以公邑之田任甸地以家邑之田任稍地以小都之田任縣地以大都之田任畺地故書廛或作壇郊或爲蒿稍或作削鄭司農云壇讀爲廛廛市中空地未有肆城中空地未有宅者民宅曰宅宅田者以備益多也士田者士大夫之子得而耕之田也賈田者吏爲縣官賣財與之田官田者公家之所耕田牛田者以養公家之牛賞田者賞賜之田牧田者牧六畜之田司馬法曰王國百里爲郊二百里爲州三百里爲野四百里爲縣五百里爲都杜子春云蒿讀爲郊五十里爲近郊百里爲遠郊玄謂廛里者若今云邑居里矣廛民居之區域也里居也圃樹果蓏之屬季秋於中爲場樊圃謂之園宅田致仕者之家所受田也士相見禮曰宅者在邦則曰市井之臣在野則曰草茅之臣士讀爲仕仕者亦受田所謂圭田也孟子曰自卿以下必有圭田圭田五十畮賈田在市賈人其家所受田也官田庶人在官者其家所受田也牛田牧田畜牧者之家所受田也公邑謂六遂餘地天子使大夫治之自此以外皆然二百里三百里其大夫如州長四百里五百里其大夫如縣正是以或謂二百里爲州四百里爲縣云遂人亦監焉家邑大夫之采地小都卿之采地大都公之采地王子弟所食邑也畺五百里王畿界也皆言任者地之形實不方平如圖受田邑者遠近不得盡如制其所生育賦貢取正於是耳以廛里任國中而遂人職授民田夫一廛田百畮是廛里不謂民之邑居在都城者與凡王畿內方千里積百同九百萬夫之地也有山陵林麓川澤溝瀆

城郭宮室涂巷三分去一餘六百萬夫又以田不易一易再易上中下相通定受田者三百萬家也遂郊之內地居四同三十六萬夫之地也三分去一其餘二十四萬夫六鄉之民七萬五千家通不易一易再易一家受二夫則十五萬夫之地其餘九萬夫廛里也場圃也宅田也士田也賈田也官田也牛田也賞田也牧田也九者亦通受一夫焉則半農人也定受田十二萬家也食貨志云農民戶一人已受田其家衆男爲餘夫亦以口受田如比士工商家受田五口乃當農夫一人今餘夫在遂地之中如此則士工商以事入在官而餘夫以力出耕公邑甸稍縣都合居九十六同八百六十四萬夫之地城郭宮室差少涂巷又狹於三分所去六而存一焉以十八分之十三率之則其餘六百二十四萬夫之地通上中下六家而受十三夫定受田二百八十八萬家也其在甸七萬五千家爲六遂餘則公邑

凡任地國宅無征園廛二十而一近郊十一遠郊二十而三甸稍縣都皆無過十二唯其漆林之征二十而五

征稅也言征者以共國政也鄭司農云任地謂任土地以起稅賦也國宅城中宅也無征無稅也故書漆林爲桼林杜子春云當爲漆林玄謂國宅凡官所有宮室吏所治者也周稅輕近而重遠近者多役也園廛亦輕之者廛無穀園少利也古之宅必樹而畺場有瓜

凡宅不毛者有里布凡田不耕者出屋粟凡民無職事者出夫家之征

鄭司農云宅不毛者謂不樹桑麻也里布者布參印書廣二寸長二尺以爲幣貿易物詩云抱布貿絲抱此布也或曰布泉也春秋傳曰買之百兩一布又廛人職掌斂市之次布儳布質布罰布廛布孟子曰廛無夫里之布則天下之民皆說而願爲其民矣故曰宅不毛者有里布民無職事出夫家之征欲令宅樹桑麻民就四業則無稅賦以勸之也故孟子曰五畝之宅樹之以桑則五十者可以衣帛不知言布參印書者何見舊時說也玄謂宅不毛者罰以一里二十五家之泉空田者罰以三家之稅粟以共吉凶二服及喪器也民雖有閒無職事者猶出夫稅家稅也夫稅者百畝之稅家稅者出士徒車輦給繇役

以時徵其賦

閭師掌國中及四郊之人民六畜之數以任其力以待其政令以時徵其賦國中及四郊是所王數六鄉之中自廛里至遠郊也掌六畜數者農事之本也賦謂九賦及九貢凡任民任農以耕事貢九穀任圃以樹事貢草木任工以飭材事貢器物任商以市事貢貨賄任牧以畜事貢鳥獸任嬪以女事貢布帛任衡以山事貢其物任虞以澤事貢其物貢草木謂葵韭果蓏之屬凡無職者出夫布衡言無職者掌其九賦凡庶民不畜者祭無牲不耕者祭無盛不樹者無椁不蠶者不帛不績者不衰掌罰其家事也盛黍稷也椁周棺也不帛不得衣帛也不衰喪不得衣衰也皆所以恥不勉

縣師掌邦國都鄙稍甸郊里之地域而辨其夫家人民田萊之數及其六畜車輦之稽三年大比則以攷群吏而以詔廢置郊里郊所居也自邦國以及四郊之內是所王數周天下也萊休不耕者郊內謂之易郊外謂之萊善言近若將有軍旅會同田役之戒則受灋于司馬以作其衆庶及馬牛車輦會其車人之卒伍使皆備旗鼓兵器以帥而至受法於司馬者知所當徵衆寡凡造都邑量其地辨其物而制其域物謂地所有也名山大澤不以封以歲時徵野之賦貢野謂甸稍縣都也所徵賦貢與閭師同

遺人掌邦之委積以待施惠鄉里之委積以恤民之囏阨門關之委積以養老孤郊里之委積以待賓客野鄙之委積以待羇旅縣都之委積以待凶荒委積者廩人倉人計九穀之數足國用以其餘共之所謂餘法用也職內邦之移用亦如此也皆以餘財共之少曰委多曰積鄉里鄉所居也囏阨猶困乏也門關以養老孤人所出入易以取饒廣也羇旅過行寄止者待凶荒謂邦國所當通給者也故書囏阨作槿阨羇作寄杜子春云槿阨當為囏阨寄當為羇凡賓客會同師役掌其道路之委積凡國野之道十里有廬廬有飲食三十里有宿宿有路室路室有委五十里有市市有候館候館有積廬若今野候徒有房也宿可止宿若今亭有室矣候館樓可以觀望者也一市之間有三廬一宿凡委積之事巡而比之以時頒之

均人掌均地政均地守均地職均人民牛馬車輦之力政政讀為征地征謂地守地職之稅也地守衡虞之屬地職農圃之屬力征人民則治城郭涂巷溝渠牛馬車輦則轉委積之屬凡均力政以歲上下豐年則公旬用三日焉中年則公旬用二日焉無年則公旬用一日焉豐年人食四鬴之歲也人食三鬴為中歲人食二鬴為無歲歲無贏儲也公事也旬均也讀如㽕㽕原隰之㽕易坤為均今書亦有作旬者凶札則無力政無財賦無力政恤其勞也無財賦恤其乏困也財賦九賦也不收地守地職不均地政不收山澤及地稅亦不平計地稅也非凶札之歲當收稅乃均之耳

三年大比則大均有年無年大平計之若久不脩則數或闕

師氏掌以媺詔王告王以善道也文王世子曰師也者教之以事而諭諸德者也以三德教國[illegible]以爲道本二曰敏德以爲行本三曰孝德以知逆惡教三[illegible]孝行以親父母二曰友行以尊賢良三曰順行以事師長[illegible]施之爲行至德中和之德覆燾持載含容者也孔子曰中庸之爲德其至矣乎[illegible]時者也說命曰敬孫務時敏厥脩乃來孝德尊祖愛親守其所以生者也孔子曰武[illegible]其達孝矣乎夫孝者善繼人之志善述人之事者也孝在三德之下三行之上德有[illegible]孝而行莫尊焉國子公卿大夫之子弟師氏教之而世子亦齒焉學君臣父子長幼之[illegible]

虎門之左司王朝虎門路寢門也王日視朝於路寢門外畫虎焉以明勇猛[illegible]宜也司猶察也察王之視朝若有善道可行者則當前以詔[illegible]國中失之事以教國子弟教之者使識舊事也中中禮者也失失禮者也故書[illegible]爲得杜子春云當爲得記君得失若春秋是[illegible]凡國之貴遊子弟學焉貴遊子弟王公之子弟遊無官司者杜子春云遊當爲猶言雖貴猶學凡祭祀賓[illegible]同喪紀軍旅王舉則從舉猶行也故書舉爲與杜子春云當爲與謂王與會同喪紀之事聽治亦如之以聽朝使其屬帥四夷之隸各以其兵服守王之門外且蹕兵服鞠不同外中門之外蹕止行人不得迫王宮也故書隸或作肆鄭司農云讀爲隸朝在野外則守內列內列蕃營之在內者也師四夷之隸守之如守王

保氏掌諫王惡諫者以禮義正之文王世子曰保也者慎其身以輔翼之而歸諸道者也而養國子以道乃教

六藝一曰五禮二曰六樂三曰五射四曰五馭五曰六書六曰九數

教之六儀一曰祭祀之容二曰賓客之容三曰朝廷之容四曰喪紀

之容五曰軍旅之容六曰車馬之容養國子以道者以師氏之德行審諭之而後教之以藝儀也五禮吉凶賓軍嘉也六樂雲門大咸大韶大夏大濩大武也鄭司農云五射白矢參連剡注襄尺井儀也五馭鳴和鸞逐水曲過君表舞交衢逐禽左六書象形會意轉注處事假借諧聲也九數方田粟米差分少廣商功均輸方程贏不足旁要今有重差夕桀句股也祭祀之容穆穆皇皇賓客之容嚴恪矜莊朝廷之容濟濟蹌蹌喪紀之容涕涕翔翔軍旅之容闞闞仰仰車馬之容顛顛堂堂玄謂祭祀之容齊齊皇皇賓客之容穆穆皇皇朝廷之容濟濟翔翔喪紀之容纍纍顛顛軍旅之容暨暨詻詻車馬之容匪匪翼翼凡祭祀賓客

同喪紀軍旅王舉則從聽治亦如之使其屬守王闈闈宮中之巷門

司諫掌糾萬民之德而勸之朋友正其行而強之道藝巡問而觀察之以時書其德行道藝辨其能而可任於國事者朋友相切磋以善道也強猶勸也學記曰強而弗抑則易巡問行問民間也可任於國事任吏職

以攷鄉里之治以詔廢置以行赦宥因巡問勸強萬民而考鄉里吏民罪過以告王所當罪不

司救掌萬民之衺惡過失而誅讓之以禮防禁而救之衺惡謂侮慢長老語言無忌而未麗於罪者過失亦由衺惡酗醟好訟若抽拔兵器誤以行傷害人麗於罪者誅誅責也古者重刑且責怒之未即罪也凡民之有衺惡者三

讓而罰，三罰而士加明刑，恥諸嘉石，役諸司空。罰謂撻擊之也。加明刑者，去其冠飾而書其衺惡之狀，著之背也。嘉石，朝士所掌，在外朝之門左，使坐焉以恥辱之。既而役諸司空，使事官作之也。坐役之數存於司寇。其有過失者，三讓而罰，三罰而歸於圜土。圜土，獄城也。過失近罪，晝日任之以事而收之，夜藏於獄，亦加明刑以恥之，不使坐嘉石。其罪已著，未忍刑之。凡歲時有天患民病，則以節巡國中及郊野，而以王命施惠。天患謂烖害也。節，旌節也。施惠，賙恤之。

調人掌司萬民之難而諧和之。難，相與爲仇讎。諧猶調也。凡過而殺傷人者，以民成之。過，無本意也。成，平也。鄭司農云：以民成之，謂立證佐成其罪也。一說以鄉里之民共和解之。春秋傳曰惠伯成之之屬。鳥獸亦如之。過失殺傷人之畜産者。凡和難，父之讎辟諸海外，兄弟之讎辟諸千里之外，從父兄弟之讎不同國，君之讎眡父，師長之讎眡兄弟，主友之讎眡從父兄弟。和之使辟於此，得就而仇之。九夷、八蠻、六戎、五狄謂之四海。主，大夫君也。春秋傳曰：晉荀偃卒而視，不可含。宣子盥而撫之曰：事吳敢不如事主。弗辟，則與之瑞節而執之。瑞節，玉節之剡圭也。和之而不肯辟者，是不從王命也。王以剡圭使調人執之，治其罪。凡殺人有反殺者，使邦國交讎之。反，復也。復殺之者，此欲除害弱敵也。邦國交讎之，明不和，諸侯得者即誅之。鄭司農云：有反殺者，謂重殺也。凡殺人而義者，不同國，令勿讎，讎之則死。義，宜也。謂父母兄弟師長嘗辱焉而殺之者，如是爲得其宜。雖所殺者人之父兄，不得讎也，使之不同國而已。凡有鬬怒者，成之；不可成者，則書之，先動者誅之。鬬怒，辯訟者也。不可成，不可平也。書之，記其姓名，辯本也。鄭司農云：成

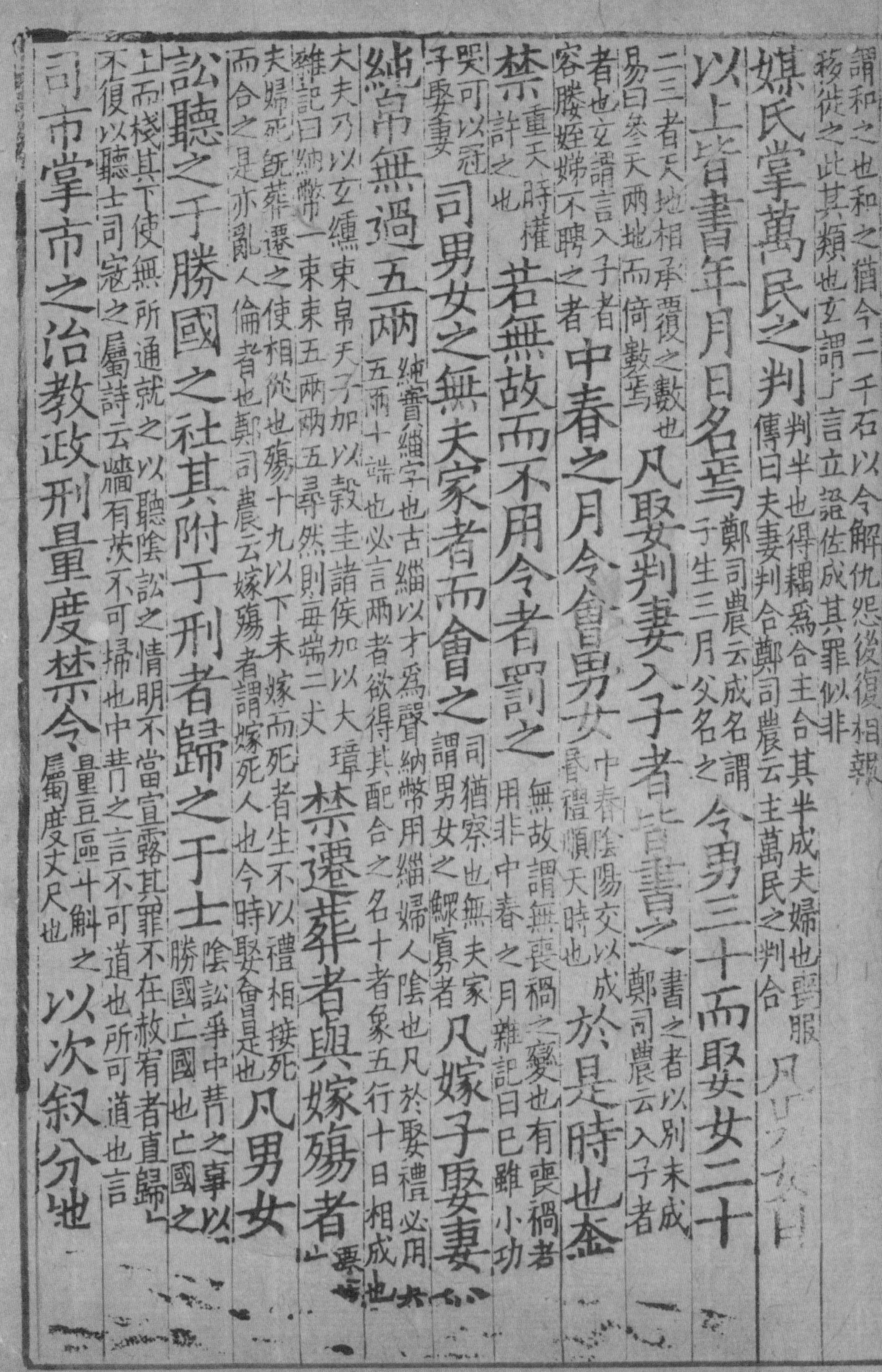

謂和之也和之猶今二千石以令解仇怨後復相報移徙之此其類也玄謂[illegible]言立證佐成其罪似非

媒氏掌萬民之判　判半也得耦爲合主合其半成夫婦也喪服傳曰夫妻判合鄭司農云主萬民之判合

以上皆書年月日名焉　鄭司農云成名謂子生三月父名之

凡娶判妻入子者皆書之　書之者以別未成鄭司農云入子者

令男三十而娶女二十　二三者天地相承覆之數也易曰叅天兩地而倚數焉

者也玄謂言入子者容媵姪娣不聘之者

中春之月令會男女　中春陰陽交以成昏禮順天時也

於是時也奔者不禁　重天時權許之也

若無故而不用令者罰之　無故謂無喪禍之變也有喪禍者用非中春之月雜記曰巳雖小功哭可以冠子娶妻

司男女之無夫家者而會之　司猶察也無夫家謂男女之鰥寡者

凡嫁子娶妻入幣純帛無過五兩　純實緇字也古緇以才爲聲納幣用緇婦人陰也凡於娶禮必用其類五兩十端也必言兩者欲得其配合之名十者象五行十日相成也士大夫乃以玄纁束帛天子加以穀圭諸侯加以大璋雜記曰納幣一束束五兩兩五尋然則每端二丈

禁遷葬者與嫁殤者　[illegible]夫婦死既葬遷之使相從也殤十九以下未嫁而死者生不以禮相接死而合之是亦亂人倫者也鄭司農云嫁殤者謂嫁死人也今時娶會是也

凡男女之陰訟聽之于勝國之社其附于刑者歸之于士　陰訟爭中冓之事以勝國亡國也亡國之上而棧其下使無所通就之以聽陰訟之情明不當宣露其罪不在赦宥者直歸不復以聽士司寇之屬詩云牆有茨不可埽也中冓之言不可道也所可道也言

司市掌市之治教政刑量度禁令　量豆區斗斛之屬度丈尺也

以次敘分地

市次謂吏所治舍思次介次也若今市亭然敘肆行列也經界也以陳肆辨物而平市陳猶列也辨物物異肆也肆異則市平以政令禁物靡而均市物靡者易售而無用禁之則市均鄭司農云靡謂侈靡也以商賈阜貨而行布通物曰賣賈阜猶盛也鄭司農云布謂泉也以量度成賈而徵儥徵召也儥買也物有定賈則買者來也以質劑結信而止訟質劑謂兩書一札而別之也若今下手書言保物要還矣鄭司農云質劑月平以賈民禁偽而除詐賈民胥師賈師之屬必以賈民為之者知物之情偽與實詐以刑罰禁虣而去盜刑罰憲徇扑以泉府同貨而斂賒同共也同者謂民貨之不售則為斂而買之民無貨則賒貰而予之大市日昃而市百族為主朝市朝時而市商賈為主夕市夕時而市販夫販婦為主日昃昳中也市雜聚之處言主者謂其多者也百族必容來去商賈家於市城販夫販婦朝資夕賣因其便而分為三時之市所以了物極眾鄭司農云百族百姓也凡市入則胥執鞭度守門市之群吏平肆展成奠賈上旌于思次以令市市師涖焉而聽大治大訟胥師賈師涖于介次而聽小治小訟凡市入謂三時之市市者入也胥守門察偽詐也必執鞭度以威正人眾也度謂丈也因刻丈尺耳群吏胥師以下也平肆平賣物者之行列使之正也展之言整也成平也會平成市物者也奠讀為定整勑會者使定物賈防誑豫也上旌者以為眾望也見旌則知當市也思次若今市亭也市師司市也介次市亭之屬別小者也故書涖作立杜子春云奠當為定鄭司農云思辭也次市中候樓也立當為涖涖視也玄謂思當為司字聲之誤也凡萬民之期于市者辟布者量度者刑戮者各於其地之敘期謂欲賣買期決於市也量度者若今處斗斛及丈尺也故書

辟爲辭鄭司農云辭布辭訟泉物者也玄謂辟布市之羣吏考實諸泉入及有遺忘凡得貨賄六畜者亦如之三日而舉之得遺物者亦使置其地貨於貨之肆馬於馬之肆則主求之易也三日而无識認者舉之没入官凡治市之貨賄六畜珍異亡者使有利者使阜害者使亡靡者使微利利於民謂物實厚者害害於民謂物行苦者使有使阜起其賈以徵之也使亡使微抑其賈以却之也侈靡細好使富民好奢微之而已鄭司農云亡者使有无此物則開利其道使之有凡通貨賄以璽節出入之璽節印章如今斗檢封矣使人執之以通商以出貨賄者王之司市也以內貨賄者邦國之司市也國凶荒札喪則市無征而作布有災害物貴市不稅爲民乏困也金銅无凶年因物貴大鑄泉以饒民凡市僞飾之禁在民者十有二在商者十有二在賈者十有二在工者十有二鄭司農云所以俱十有二者工不得作賈不得粥商不得資民不得畜玄謂王制曰用器不中度不粥於市兵車不中度不粥於市布帛精麤不中數幅廣狹不中量不粥於市姦色亂正色不粥於市五穀不時果實未孰不粥於市木不中伐不粥於市禽獸魚鼈不中殺不粥於市亦其類也於四十八則未聞數十二焉市刑小刑憲罰中刑徇罰大刑扑罰其附于刑者歸于士徇舉以示其地之衆也扑撻也鄭司農云憲罰播其肆也故書附爲柎杜子春云當爲附國君過市則刑人赦夫人過市罰一幕世子過市罰一帟命夫過市罰一蓋命婦過市罰一帷謂諸侯及夫人世子過其國之市大夫內子過其都之市也市者人之所交利而行刑之處君子无故不遊觀焉若遊觀則施惠以爲說也國君則赦其刑人夫人世子命夫命婦則使之出罰異尊卑也所罰謂憲徇扑也必罰幕帟蓋帷市者衆也此四物者在衆之用也此王國之市而說國君以下過市者諸侯之於其國與王同以其足以互明之凡會

同師役市司帥賈師而從治其市政掌其賣儥之事市司司市會同師役少

大衆所在來物以備之

質人掌成市之貨賄人民牛馬兵器珍異成平也會者平四時人民奴婢

凡賣儥者質劑焉大市以質小市以劑鄭司農云質劑月平一玄謂質劑者爲之券

之藏用長券小市兵器珍異之物用短券

掌稽市之書契同其度量壹其淳

者舉而罰之稽猶考也治也書契取予市物之券也其券之象書兩札刻春云淳當爲純純謂幅廣制謂匹長也皆當中度量玄謂淳

之凡治質劑者國中一旬郊二旬野三旬都三月邦國期

期內聽期外不聽謂賚券契者來訟也以期內來則治之後期則不治所以絕民之好訟且息文書也郊遠郊也野甸稍也都小都大都

廛人掌斂市絘布總布質布罰布廛布而入于泉府布泉也布列

春云總當爲儳謂無肆立持者之稅也玄謂總讀如租穟之穟穟布謂守斗斛也質布者質人所罰犯質劑者之泉也罰布者犯市令者之泉也廛布者貨賄

凡屠者斂其皮角筋骨入于玉府以當稅給作器物也其無皮角及筋骨不中用亦稅之

有滯者斂而入于膳府故書滯或作廛鄭司農云謂滯貨不售者官爲滯於廛中不決民待其直以給喪疾而不可[illegible]

謂市中之地未有肆而可居以畜藏貨物者也孟子曰市廛而不征法而不廛皆說而願藏於其市矣謂貨物諸藏于市中而不租稅也故曰廛而不征其有貨

廛而不售者官以法爲居取之故曰法而不廛玄謂滯讀如沈滯之滯珍異四時食物也不售而在廛久則將瘦臞腐敗爲買之入膳夫之府所以紓民事而官不失實

胥師各掌其次之政令而平其貨賄憲刑禁焉憲表縣之察其詐僞飾行價慝者而誅罰之鄭司農云價賣也慝惡也謂行且賣姦僞惡物者玄謂飾行價慝謂使人行賣惡物於市巧飾之令欺誑買者聽其小治小訟而斷之

賈師各掌其次之貨賄之治辨其物而均平之展其成而奠其後令市辨別也凡天患禁貴價者使有恒賈恒常也謂若儲米穀棺木而睹雨疫病者貴賣之因天災害阨民使之重困四時之珍異亦如之薦宗廟之物凡國之賣價各帥其屬而嗣掌其月價買也故書賣爲買鄭司農云謂官有所斥賣賈師帥其屬而更相代直月爲官賣之均勞逸凡師役會同亦如之

司虣掌憲市之禁令禁其鬬囂者與其虣亂者出入相陵犯者以屬遊飲食于市者囂讙也鄭司農云以屬遊飲食群飲食者若不可禁則搏而戮之

司稽掌巡市而察其犯禁者與其不物者而搏之不物衣服視占不與衆同及所操物不如品式掌執市之盜賊以徇且刑之

胥各掌其所治之政執鞭度而巡其前掌其坐作出入之禁令襲其

不正者作起也坐[illegible]禁令當市而不得空守之屬故書襲為習杜子春云當為襲謂掩捕其不正者凡有罪者撻戮而罰之罰之使出布

肆長各掌其肆之政令陳其貨賄名相近者相遠也實相近者相爾也而平正之爾亦近也俱是物也使惡者遠善善自相近鄭司農云謂若珠玉之屬俱名為珠俱名為玉而賈或百萬或數萬恐農夫愚民見欺故別異令相遠使賈人不得雜亂以欺人斂其總布掌其戒禁杜子春云總當為儳

泉府掌以市之征布斂市之不售貨之滯於民用者以其賈買之物楬而書之以待不時而買者買者各從其抵都鄙從其主國人郊人從其有司然後予之故書滯為癉杜子春云癉當為滯鄭司農云物楬而書之物物為揃書書其賈楬著其物也不時買者謂急求者也抵故賈也主者別治大夫也然後予之為封符信然後予之玄謂抵實柢字柢本也本謂所屬吏主有司是凡賒者祭祀無過旬日喪紀無過三月鄭司農云賒貰也以祭祀喪紀故從官貰買物凡民之貸者與其有司辨而授之以國服為之息有司其所屬吏也與之別其貸民之物定其賈以與之鄭司農云貸者謂從官借本賈也故有息使民弗利以其所賈之國所出為息也假令其國出絲絮則以絲絮償其國出絺葛則以絺葛償玄謂以國服為之息以其於國服事之稅為息也於國事受園廛之田而貸萬泉者則朞出息五百王莽時民貸以治產業者但計贏所得受息无過歲什一凡國事之財用取具焉歲終則會其出入而納其餘會計也納入也入餘於職幣

司門掌授管鍵以啓閉國門鄭司農云鍵讀為蹇管謂籥也鍵謂牡幾出入不物者正其貨

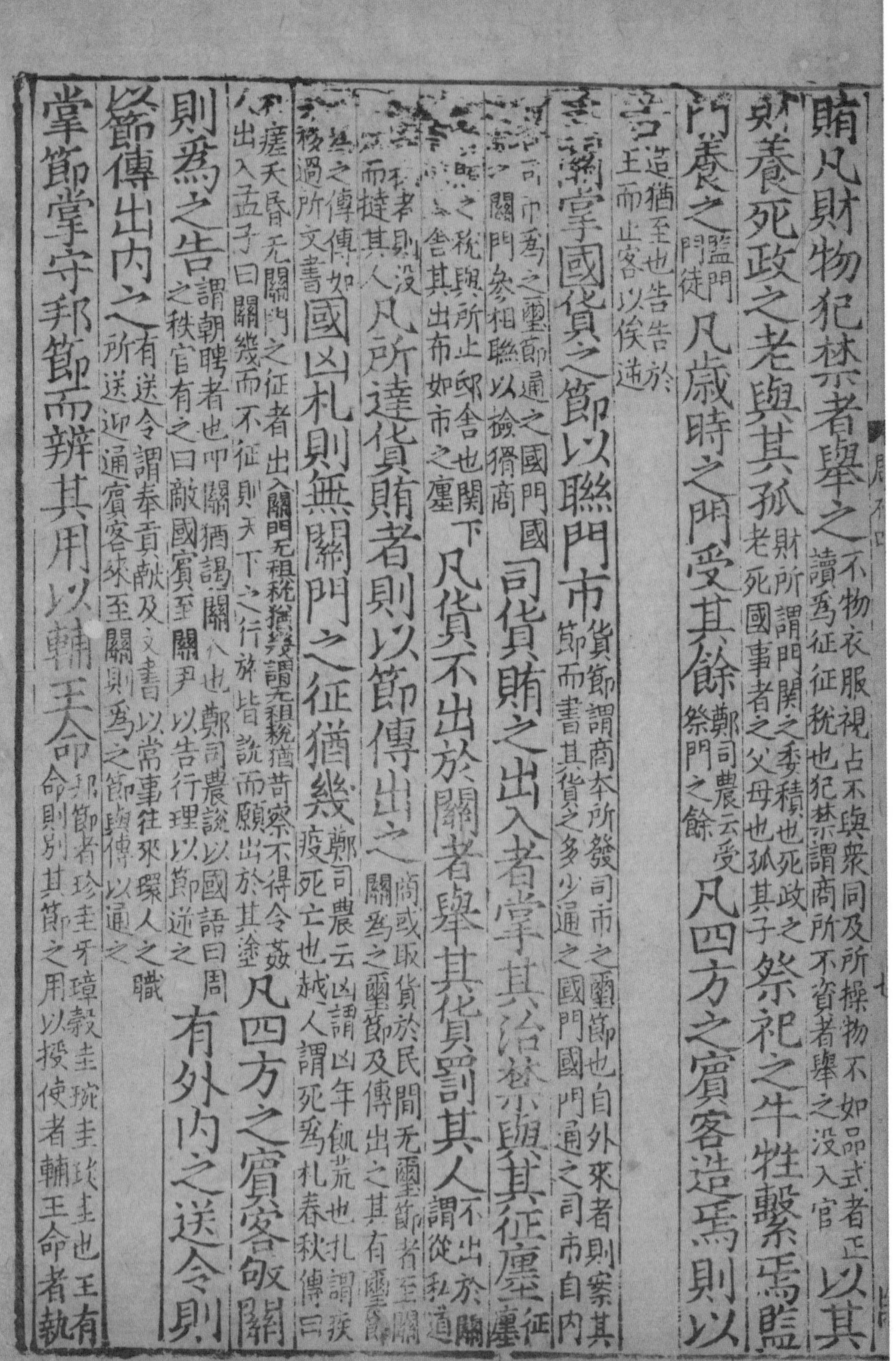

賄凡財物犯禁者舉之不物衣服視占不與衆同及所操物不如品式者正讀爲征征稅也犯禁謂商所不資者舉之沒入官以其財養死政之老與其孤財所謂門關之委積也死政之老死國事者之父母也孤其子祭祀之牛牲繫焉監門養之監門門徒凡歲時之門受其餘鄭司農云受祭門之餘凡四方之賓客造焉則以告造猶至也告告於王而止客以俟逆

司關掌國貨之節以聯門市貨節謂商本所發司市之璽節也自外來者則案其節而書其貨之多少通之國門國門通之司市自內[illegible]司市爲之璽節通之國門國門通之[illegible]關門參相聯以檢猾商司貨賄之出入者掌其治禁與其征廛征廛[illegible]之稅與所止邸舍也關下[illegible]舍其出布如市之廛凡貨不出於關者舉其貨罰其人不出於關謂從私道[illegible]者則沒[illegible]而撻其人凡所達貨賄者則以節傳出之商或取貨於民間无璽節者至關關爲之璽節及傳出之其有璽節[illegible]之傳傳如[illegible]移過所文書國凶札則無關門之征猶幾鄭司農云凶謂凶年飢荒也札謂疾疫死亡也越人謂死爲札春秋傳曰不瘥夭昏无關門之征者出入關門无租稅猶幾謂无租稅猶苛察不得令姦人出入孟子曰關幾而不征則天下之行旅皆說而願出於其塗凡四方之賓客敂關則爲之告謂朝聘者也叩關猶謁關人也鄭司農說以國語曰周之秩官有之曰敵國賓至關尹以告行理以節逆之有外內之送令則以節傳出內之有送令謂奉貢獻及文書以常事往來環人之職所送迎通賓客來至關則爲之節與傳以通之

掌節掌守邦節而辨其用以輔王命邦節者珍圭牙璋穀圭琬圭琰圭也王有命則別其節之用以授使者輔王命者執

以行爲信守邦國者用玉節守都鄙者用角節謂諸侯於其國中公卿大夫王子弟於其采邑有命者亦自有節以輔之玉節之制如王爲之以命數爲小大角用犀角其制未聞凡邦國之使節山國用虎節土國用人節澤國用龍節皆金也以英蕩輔之使節使卿大夫聘於天子諸侯行道所執之信也土平地也山多虎平地多人澤多龍以金爲節鑄象焉必自以其國所多者於以相別爲信明也今漢有銅虎符杜子春云蕩當爲帑謂以函器盛此節或曰英蕩畫函門關用符節貨賄用璽節道路用旌節皆有期以反節門關司門司關也貨賄者主通貨賄之官謂司市也道路者主治五涂之官謂鄉遂大夫也凡民遠出至於邦國邦國之民若來入由門者司門爲之節由關者司關爲之節其商則司市爲之節其以徵令及家徒則鄉遂大夫爲之節唯時事而行不出關不用節也變司市言貨賄者璽節主以通貨賄貨賄非必由市或資於民家焉變鄉遂言道路者容公邑及小都大都之節皆主治五涂亦有民也符節者如今宮中諸官詔符也璽節者今之印章也旌節今使者所擁節是也將送者執此節以送行者皆以道里日時課如今郵行有程矣以防容姦擅有所通也凡節有法式藏於掌節凡通達於天下者必有節以傳輔之必有節言遠行无有不得節而出者也輔之以傳者節爲信耳傳說所齎操及所適無節者有幾則不達國土門之

遂人掌邦之野郊外曰野此野謂甸稍縣都以土地之圖經田野造縣鄙形體之灋五家爲鄰五鄰爲里四里爲酇五酇爲鄙五鄙爲縣五縣爲遂皆有地域溝樹之使各掌其政令刑禁以歲時稽其人民而授之田野簡其

兵器教之稼穡經形體皆謂制分界也鄰里酇鄙縣遂猶郊內比閭族黨州鄉也鄭司農云田野之居其比伍之名與國中異制故五家爲鄰玄謂異其名者示相變耳遂之軍法追胥起徒役如六鄉凡治野以下劑致甿以田里安甿以樂昏擾甿以土宜教甿稼穡以興耡利甿以時器勸甿以彊予任甿以土均平政變民言甿異外內也甿猶懵懵無知皃也致猶會也民雖受上田中田下田及會之以下劑爲率謂可任者家二人樂昏勸其昏姻如媒氏會男女也擾順也時器鑄作耒耜錢鎛之屬彊予謂民有餘力復予之田若餘夫然政讀爲征土均掌均平其稅鄭大夫讀耡爲藉杜子春讀耡爲助謂起民人令相佐助辨其野之土上地中地下地以頒田里上地夫一廛田百畮萊五十畮餘夫亦如之中地夫一廛田百畮萊百畮餘夫亦如之下地夫一廛田百畮萊二百畮餘夫亦如之萊謂休不耕者鄭司農云戶計一夫一婦而賦之田其一戶有數口者餘夫亦受此田也廛居也揚子雲有田一廛謂百畮之居也玄謂廛城邑之居孟子所云五畮之宅樹之以桑麻者也六遂之民奇受一廛雖上也猶有萊皆所以饒遠也王莽時城郭中宅不樹者爲不毛出三夫之布凡治野夫間有遂遂上有徑十夫有溝溝上有畛百夫有洫洫上有涂千夫有澮澮上有道萬夫有川川上有路以達于畿十夫二鄰之田百夫一酇之田千夫二鄙之田萬夫四縣之田遂溝洫澮皆所以通水於川也遂廣深各二尺溝倍之洫倍溝澮廣二尋深二仞徑畛涂道路皆所以通車徒於國都也徑容牛馬畛容大車涂容乘車一軌道容二軌路容三軌都之野涂與環涂同可也萬夫者方三十三里少半里九而方一同以南畮圖之則遂從溝橫洫從澮橫九澮而川周其外焉去山陵林麓川澤溝瀆城郭宮室涂巷三分之制其餘如此以至于畿則中雖有都鄙遂人盡

主其地

以歲時登其夫家之衆寡及其六畜車輦，辨其老幼癈疾，與其施舍者，以頒職作事，以令貢賦，以令師田，以起政役。登成也猶定也夫家猶言男女也施讀爲弛職謂民九職也分其農牧衡虞之職使民爲其事也載師職云以物地事授地職互言矣貢九貢也賦九賦也政役出士徒役

若起野役，則令各帥其所治之民而至，以遂之大旗致之，其不用命者誅之。役謂師田若有功作也遂之大旗熊虎

凡國祭祀，共野牲，令野職。共野牲入於牧人以待事也野職薪炭之屬

凡賓客，令脩野道而委積。委積於廬宿市

大喪，帥六遂之役而致之，掌其政令；及葬，帥而屬六綍；及窆，陳役。致役致於司徒給墓上事及窆也綍舉棺索也葬舉棺者謂載與說時也用綍旁[illegible]者天子其千人與陳役者主陳列之耳匠師帥監之鄉師以斧涖焉大喪之二棺[illegible]朝及引六鄉役之載及窆六遂役之亦即遠相終始也鄭司農云窆之謂棺時遂人主陳役也禮記謂之封春秋謂之堋皆葬下棺也聲相似

凡事致野役[illegible]

師田，作野民，帥而至，掌其政治禁令。

遂師各掌其遂之政令戒禁，以時登其夫家之衆寡、六畜、車輦，[illegible]施舍與其可任者，經牧其田野，辨其可食者，周知其數而任之，以[illegible]財征，作役事則聽其治訟。施讀亦弛也經牧制田界與井也可食謂今年所當耕者也財征賦稅之事

巡其稼[illegible]移用其民，以救其時事。移用其民使轉相助救時急事也四時耕耨斂艾芟地之宜晚早不同而有天期地澤風雨之急

凡國[illegible]

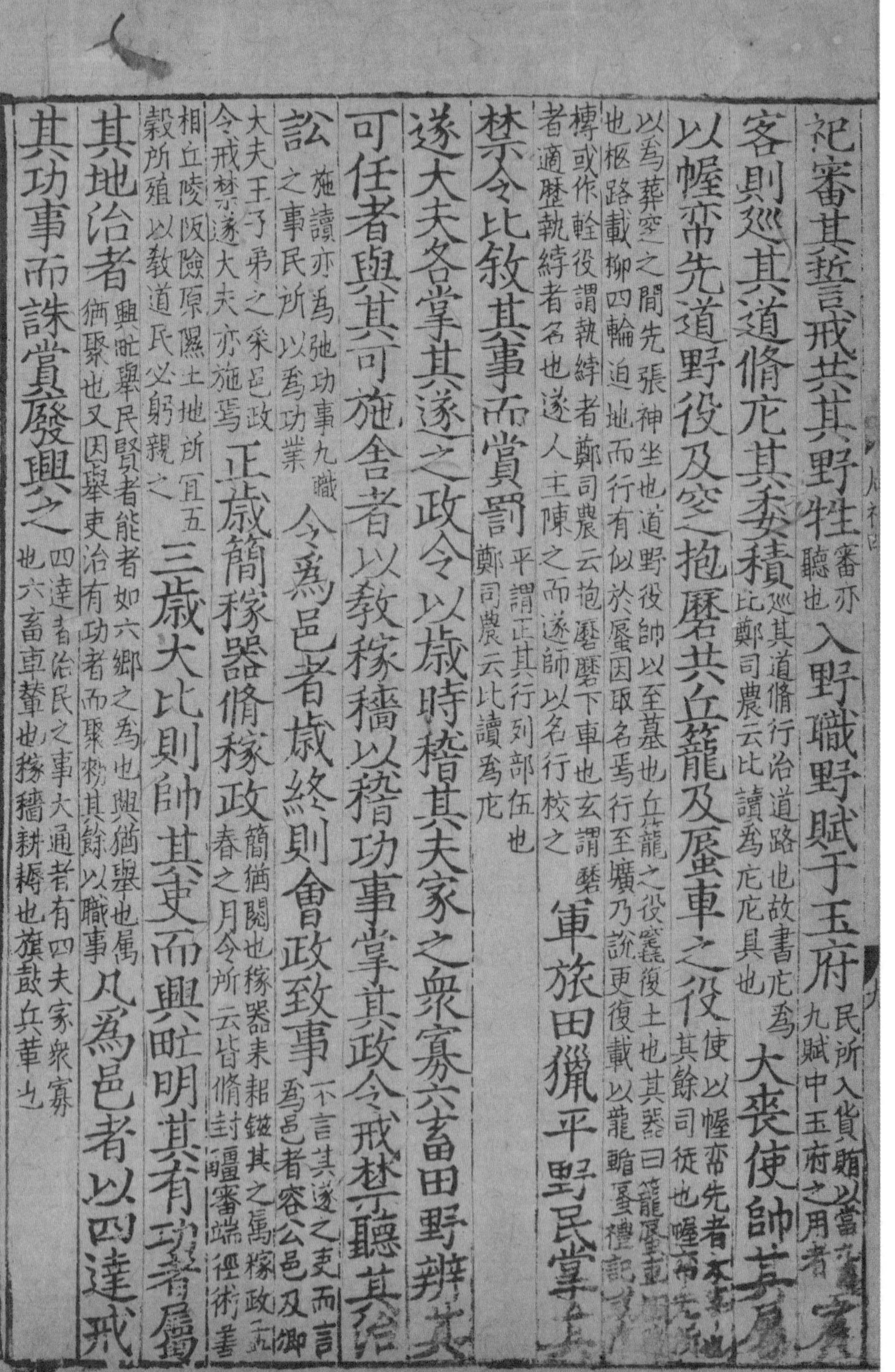

祀，審其誓戒，共其野牲。審亦聽也 入野職、野賦于玉府。民所入貨賄以當[illegible]九賦中玉府之用者 賓

客，則巡其道脩，庀其委積。巡其道脩，行治道路也。故書庀為比，鄭司農云：比讀為庀，庀具也 大喪，使帥其屬

以幄帟先，道野役，及窆，抱磨，共丘籠及蜃車之役。使以幄帟先者，[illegible]其餘司徒也，幄帟先[illegible]

以為葬窆之間先張神坐也。道野役，帥以至墓也。丘籠之役，窆覆土也。其器曰籠。蜃車[illegible]也，柩路載柳，四輪迫地而行，有似於蜃，因取名焉。行至壙乃說，更復載以龍輴。蜃禮記[illegible]

摶或作輇。役，謂執綍者。鄭司農云：抱磨，磨下車也。玄謂磿者，適壙執綍者名也。遂人主陳之，而遂師以名行校之 軍旅田獵，平野民，掌其

禁令，比敘其事而賞罰。平謂正其行列部伍也。鄭司農云：比讀為庀

遂大夫各掌其遂之政令。以歲時稽其夫家之眾寡、六畜、田野，辨其

可任者與其可施舍者，以教稼穡，以稽功事。掌其政令戒禁，聽其治

訟。施讀亦為弛。功事，九職之事，民所以為功業 令為邑者，歲終則會政致事。不言其遂之吏而言為邑者，容公邑及御大夫王子弟之采邑，政令戒禁，遂大夫亦施焉 正歲，簡稼器，脩稼政。簡猶閱也。稼器，耒耜鎡其之屬。稼政，孟春之月令所云皆脩封疆，審端徑術，善相丘陵阪險原隰，土地所宜，五穀所殖，以教道民，必躬親之 三歲大比，則帥其吏而興甿，明其有功者，屬

其地治者。興甿，舉民賢者能者，如六鄉之為也。興猶舉也。屬猶聚也。又因舉吏治有功者，而聚勑其餘以職事 凡為邑者，以四達戒

其功事，而誅賞廢興之。四達者，治民之事大通者有四：夫家眾寡也，六畜車輦也，稼穡耕耨也，旗鼓兵革也

縣正各掌其縣之政令徵比以頒田里以分職事掌其治訟趨其稼事而賞罰之（徵徵召也比案比）若將用野民師田行役移執事則帥而至治其政令（移執事移用其民鄭司農云謂轉相佐助）既役則稽功會事而誅賞

鄙師各掌其鄙之政令祭祀（祭祀祭禜也）凡作民則掌其戒令（作民謂起役也）以時數其衆庶而察其媺惡而誅賞（時四時也）歲終則會其鄙之政而致事

酇長各掌其酇之政令以時校登其夫家比其衆寡以治其喪紀祭祀之事（校猶數也）若作其民而用之則以旗鼓兵革帥而至若歲時簡器與有司數之（簡器簡稼器也兵器亦存焉有司遂大夫）凡歲時之戒令皆聽之趨其耕耨稽其女功（聽之受而行之也女功絲枲之事）

里宰掌比其邑之衆寡與其六畜兵器治其政令（邑猶里也）以歲時合耦于耡以治稼穡趨其耕耨行其秩敘以待有司之政令而徵斂其財賦（考工記曰耜廣五寸二耜爲耦此言兩人相助耦而耕也鄭司農云耡讀爲藉杜子春云耡讀爲助謂相佐助也玄謂耡者里宰治處也若今街彈之室於此合耦使相佐助因放而爲名季冬之月令命農師計耦耕事脩耒耜具田器是其歲時與合人耦則牛耦亦可知也秩敘受耦相佐助之次第）

鄰長掌相糾相受相糾相舉察凡邑中之政相贊長短使相補助徙于他邑則從而授之從猶隨也授猶付也

旅師掌聚野之耡粟屋粟間粟野謂遠郊之外也耡粟民相助作一井之中所出九夫之稅粟也屋粟民有田不耕所罰三夫之稅粟間粟間民無職事者所出一夫之征粟而用之以質劑致民平頒其興積施其惠散其利而均其政令而讀爲若聲之誤也若用之謂恤民之艱阨委積亦賢知遺人於鄉里也質劑致民案入稅者名會而貸之興積所興之積謂三者之粟也平頒之不得偏頗有多少縣官徵聚物曰興今云軍興是也是粟縣師徵之旅師斂之而用之以賙衣食曰惠以作事業曰利均其政令者皆以國服爲之息凡用粟春頒而秋斂之困時施之饒時收之凡新甿之治皆聽之使無征役以地之媺惡爲之等新甿新徙來者也治謂有所求乞也使無政役復之也王制曰自諸侯來徙於家期不從政以地美惡爲之等七人以上授以上地六口授以中地五口以下授以下地與舊民同旅師掌斂地稅而又施惠散利是以屬用新民焉

稍人掌令丘乘之政令丘乘四丘爲甸甸讀與惟禹敶之之敶同其訓曰乘由是改云是掌令都鄙脩治井邑丘甸縣都之溝涂云丘甸者舉中言之溝涂之人名井別邑異則民之家數存焉若有會同師田行役之事則以縣師之灋作其同徒輂輦帥而以至治其政令以聽於司馬有軍旅會同田役之戒縣師受法於司馬邦國都鄙稍甸郊里之地唯司馬所調以其法作其衆庶及馬牛車輦皆其車人之卒伍使皆備辦其兵器以帥而至是以書令之耳其所調若在家邑小都大都則稍人用縣師所受司馬之法作之帥之以致

於司馬也同徒司馬所調之同凡用役者不必一時皆徧以人數調之使勞逸遞焉大喪帥蜃車與其役以至掌其政令以聽於司徒蜃車及役遂人共之稍人者野監是以帥而致之旣夕禮曰旣正柩賓出遂匠納車于階間則天子以至于士柩路皆從遂來

委人掌斂野之賦斂薪芻凡疏材木材凡畜聚之物野謂遠郊以外也所斂野之賦謂野之園圃山澤之賦也凡疏材草木有實者也凡畜聚之物瓜瓠葵芋御冬之具也野之農賦旅師斂之工商嬪婦遂師以入玉府其敀則遂師又以共野牲以稍聚待賓客以甸聚待羈旅聚凡畜聚之物也故書羈作奇杜子春云當爲羈凡其余聚以待頒賜余當爲餘聲之誤也餘謂縣都畜聚之物以式灋共祭祀之薪蒸木材賓客共其芻薪喪紀共其薪蒸木材軍旅共其委積薪芻凡疏材共野委兵器與其野囿財用式法故事之多少也薪蒸給炊及燎麤者曰薪細者曰蒸木材給張事委積薪芻者委積之薪芻也軍旅又有疏材以助禾粟野委謂廬宿止之薪芻也其兵器謂守衛陳兵之器也野囿之財用者苑囿藩羅之材凡軍旅之賓客館焉館舍也必舍此者就牛馬之用

土均掌平土地之政以均地守以均地事以均地貢政讀爲征所平之稅邦國都鄙也地守虞衡之屬地事農圃之職地貢諸侯之九貢以和邦國都鄙之政令刑禁與其施舍禮俗喪紀祭祀皆以地媺惡爲輕重之灋而行之掌其禁令施讀亦爲弛也禮俗邦國都鄙民之所行先王舊禮也君子行禮不求變俗隨其土地厚薄爲之制豐省之節耳禮器曰禮也者合於天時設於地財順於鬼神合於人心理萬物

草人掌土化之灋以物地相其宜而爲之種土化之法化之使美若氾勝之術也以物地占其形色爲之種黃白宜以種禾之屬凡糞種騂剛用牛赤緹用羊墳壤用麋渴澤用鹿鹹潟用貆勃壤用狐埴壚用豕彊檃用蕡輕爂用犬凡所以糞種者皆謂煑取汁也赤緹縓色也渴澤故水處也潟鹵也貆貒也勃壤粉解者埴壚黏疏者彊檃彊堅者輕爂輕脆者故書騂爲挈墳作盆杜子春挈讀爲騂謂地色赤而土剛強也鄭司農云用牛以牛骨汁漬其種也謂之糞種墳壤多盆鼠也壤白色蕡麻也玄謂墳壤潤解

稻人掌稼下地以水澤之地種穀也謂之稼者有似嫁女相生以豬畜水以防止水以溝蕩水以遂均水以列舍水以澮寫水以涉揚其芟作田鄭司農說豬防以春秋傳曰町原防規偃豬以列舍水列者非一道以去水也以涉揚其芟以其水寫故得行其田中舉其芟鉤也杜子春讀蕩爲和蕩謂以溝行水也玄謂偃豬者畜流水之陂也防豬旁隄也遂田首受水小溝也列田之畦畛也澮田尾去水大溝作猶治也開遂舍水於列中因涉之揚去前年所芟之草而治田種稻凡稼澤夏以水殄草而芟夷之殄病也絕也鄭司農說芟夷以春秋傳曰芟夷蘊崇之今時謂禾下麥爲荑下麥言芟刈其禾於下種麥也玄謂將以澤地爲稼者必於夏六月之時大雨時行以水病絕草之後生者至秋水涸芟之明年乃稼澤草所生種之芒種鄭司農云澤草之所生其地可種芒種芒種稻麥也旱暵共其雩斂稻人共雩斂稻急水者也鄭司農云雩事所發斂喪紀共其葦事葦以闉壙御溼之物

土訓掌道地圖以詔地事道說也說地圖九州形勢山川所宜告王以施其事也若云荆揚地宜稻幽并地宜麻以道地慝

以辨地物而原其生以詔地求地慝若障蠱然也辨其物者別其所有所無原其生生有時也以此二者告王之求也地所無及物未生則不求也鄭司農云地慝地所生惡物害人者若虺蝮之屬王巡守則夾王車巡狩行視所守也天子以四海爲守

誦訓掌道方志以詔觀事說四方所識久遠之事以告王觀博古所識若魯有大庭氏之庫殽之二陵掌道方慝以詔辟忌以知地俗方慝四方言語所惡也不辟其忌則其方以爲苟於言語也知地俗博事也鄭司農云以詔辟忌不違其俗也曲禮曰君子行禮不求變俗王巡守則夾王車

山虞掌山林之政令物爲之厲而爲之守禁物爲之厲每物有蕃界也爲之守禁爲守者設禁令也守者謂其地之民占伐林木者也鄭司農云厲遮列守之仲冬斬陽木仲夏斬陰木鄭司農云陽木春夏生者陰木秋冬生者若松柏之屬玄謂陽木生山南者陰木生山北者冬斬陽夏斬陰堅濡調凡服耜斬季材以時入之季猶穉也服與耜宜用穉材尚柔刃也服牝服車之材令萬民時斬材有期日時斬材斬材之時也有期日入出有日數爲久盡物凡邦工入山林而掄材不禁掄猶擇也不禁者山林國之有不拘日也春秋之斬木不入禁非冬夏之時不得入所禁之中斬木也斬四野之木可凡竊木者有刑罰竊盜也若祭山林則爲主而脩除且蹕爲主主辨護之也脩除治道路場壇若大田獵則萊山田之野及弊田植虞旗于中致禽而珥焉萊除其草萊也弊田田者止也植猶樹也田止樹旗令獲者皆致其禽而校其耳以知獲數也山虞有旗以其主山得畫熊虎其仞數則短也鄭司農云珥者取禽左耳以效功也大司馬職曰獲者取左耳

林衡掌巡林麓之禁令而平其守平其守者平其地之民守林麓之部分以時計林麓而賞罰之計林麓者計其守之功也林麓蕃茂民不盜竊則有賞不則罰之若斬木材則受灋于山虞而掌其政令法萬民入出時日之期

川衡掌巡川澤之禁令而平其守以時舍其守犯禁者執而誅罰之舍其守者時案視守者於其舍申戒之祭祀賓客共川奠川奠籩豆之實魚鱐蜃蛤之屬

澤虞掌國澤之政令爲之厲禁使其地之人守其財物以時入之于玉府頒其餘于萬民其地之人占取澤物者因以部分使守之以時入之于玉府謂皮角珠貝也入之以當邦賦然後得取其餘以自爲也入出亦有時日之期凡祭祀賓客共澤物之奠澤物之奠亦籩豆之實芹茆菱芡之屬喪紀共其葦蒲之事葦以闉壙蒲以爲席若大田獵則萊澤野及弊田植虞旌以屬禽屬禽猶致禽而珥焉澤虞有旌以其主澤澤鳥所集故得注析羽

迹人掌邦田之地政爲之厲禁而守之田之地若今苑也凡田獵者受令焉謂令時與禁禁麛卵者與其毒矢射者爲其夭物且害心多也麛麋鹿子

丱人掌金玉錫石之地而爲之厲禁以守之錫鉛也若以時取之則物其

地圖而授之物地占其形色知鹹淡也授之教取者之處巡其禁令行其禁明其令

角人掌以時徵齒角凡骨物於山澤之農以當邦賦之政令山澤出齒角骨物大者犀象其小者麋鹿以度量受之以共財用骨入漆浣者受之以量其餘以度度所中

羽人掌以時徵羽翮之政于山澤之農以當邦賦之政令翮羽本凡受羽十羽爲審百羽爲摶十摶爲縛審摶縛羽數束名也爾雅曰一羽謂之箴十羽謂之縛百羽謂之緷其名音相近也一羽則有名蓋失之矣

掌葛掌以時徵絺綌之材于山農凡葛征徵草貢之材于澤農以當邦賦之政令草貢出澤萯紵之屬可緝績者以權度受之以知輕重長短也故書受爲授杜子春云當爲受

掌染草掌以春秋斂染草之物染草茅蒐橐蘆豕首紫茢之屬以權量受之以待時而頒之權量以知輕重多少時染夏之時

掌炭掌灰物炭物之徵令以時入之灰炭皆山澤之農所出也灰給澣練炭之所共多以權量受之以共邦之用凡炭灰之事

掌荼掌以時聚荼以共喪事共喪事者以著物也既夕禮曰茵著用荼徵野疏材之物以待

邦事凡畜聚之物荼茅薥疏材之類也因使掌焉徵者徵於山澤入於委人

掌蜃掌斂互物蜃物以共闉壙之蜃互物蚌蛤之屬闉猶塞也將井椁先塞下以蜃禦濕也鄭司農說以春秋傳曰始用蜃炭言僭天子也祭祀共蜃器之蜃飾祭器之屬也鬯人職曰凡四方山川用蜃器春秋定十四年秋天王使石尚來歸蜃蜃之器以蜃飾因名焉鄭司農云蜃可以白器令色白共白盛之蜃盛猶成也謂飾牆使白之蜃也今東萊用蛤謂之叉灰云

囿人掌囿游之獸禁囿游囿之離宮小苑觀處也養獸以宴樂視之禁者其蕃衛也鄭司農云囿游之獸游牧之獸牧百獸備養衆物也今掖庭有鳥獸自熊虎孔雀至於狐狸鳧鶴備焉祭祀喪紀賓客共其生獸死獸之物

場人掌國之場圃而樹之果蓏珍異之物以時斂而藏之果棗李之屬蓏瓜瓠之屬珍異蒲桃枇杷之屬凡祭祀賓客共其果蓏享亦如之享納牲

廩人掌九穀之數以待國之匪頒賙賜稍食匪讀為分分頒謂委人之職諸委積也賙賜謂王所賜予給好用之式也稍食祿廩以歲之上下數邦用以知足否以詔穀用以治年之凶豐數猶計也凡萬民之食食者人四鬴上也人三鬴中也人二鬴下也此皆謂一月食米也六斗四升曰鬴若食不能人二鬴則令邦移民就穀詔王殺邦用就穀就都鄙之有者殺猶減也凡邦有會同師役之事則治其糧與其食行道曰糧謂糒也止居曰食謂米也大祭祀則

共其接盛 接讀爲壹扱再祭之扱扱以授舂人舂之大祭祀之穀藉田之收藏於神倉者也不以給小用

舍人掌平宮中之政分其財守以灋掌其出入 政謂用穀之政也分其財守者計其用穀之數分送宮正內宰使守而頒之也而行出於廩人其有空缺則計之還入 凡祭祀共簠簋實之陳之 方曰簠圓曰簋盛黍稷稻粱器 賓客亦如之共其禮車米筥米芻禾 禮致饔餼之禮 喪紀共飯米熬穀 飯所以實口不忍虛也君用粱大夫用稷士用粱皆四升實者唯盈熬穀者錯于棺旁所以惑蚍蜉也喪大記曰熬君四種八筐大夫三種六筐士二種四筐加魚腊焉 以歲時縣穜稑之種以共王后之春獻種 縣之者欲其風氣燥達也鄭司農云春王當耕于藉則后獻其種也后獻其種見內宰職 掌米粟之出入辨其物 九穀六米別爲書 歲終則會計其政 政用穀之多少

倉人掌粟入之藏 九穀盡藏焉以粟爲主 辨九穀之物以待邦用若穀不足則止餘灋用有餘則藏之以待凶而頒之 止猶殺也殺餘法用謂道路之委積所以豐優賓客之屬 凡國之大事共道路之穀積食飲之具 大事謂喪戎

司祿 闕

司稼掌巡邦野之稼而辨穜稑之種周知其名與其所宜地以爲灋而縣于邑閭 周猶徧也徧知穜所宜之地縣以示民後年種穀用爲法也 巡野觀稼以年之上下出斂灋

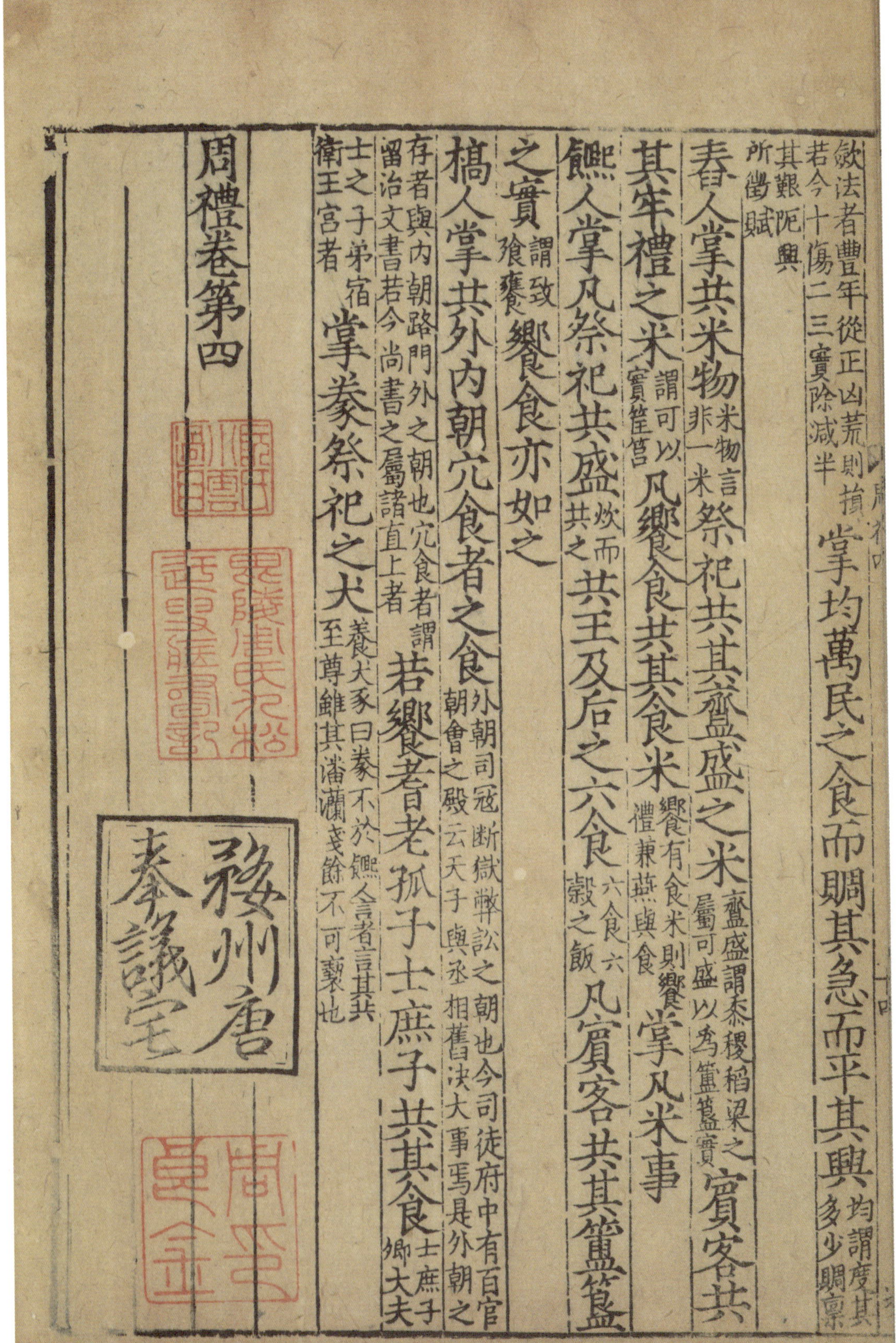

斂法者豐年從正凶荒則損若今十傷二三實除減半　掌均萬民之食而賙其急而平其興　均謂度其多少賙稟其艱阨與所當賦

舂人掌共米物　米物言非一米　祭祀共其齍盛之米　齍盛謂黍稷稻粱之屬可盛以為簠簋實　賓客共其牢禮之米　謂可以實筐筥　凡饗食共其食米　饗有食米則饗禮兼燕與食　掌凡米事

饎人掌凡祭祀共盛　炊而共之　共王及后之六食　六食六穀之飯　凡賓客共其簠簋之實　謂致饔餼　饗食亦如之

槁人掌共外內朝宂食者之食　外朝司寇斷獄弊訟之朝也今司徒府中有百官朝會之殿云天子與丞相舊決大事焉是外朝之存者與內朝路門外之朝也宂食者謂留治文書若今尚書之屬諸直上者　若饗耆老孤子士庶子共其食　士庶子卿大夫士之子弟宿衛王宮者　掌豢祭祀之犬　養犬豕曰豢不於饎人言其共至尊雖其潘瀾戔餘不可褻也

周禮卷第四

周禮卷第五

春官宗伯第三　　周禮　　鄭氏注

惟王建國辨方正位體國經野設官分職以爲民極乃立春官宗伯使帥其屬而掌邦禮以佐王和邦國禮謂曲禮五吉凶賔軍嘉其別三十有六鄭司農云宗伯主禮之官故書堯典曰帝曰咨四岳有能典朕三禮僉曰伯夷帝曰俞咨伯女作秩宗宗官又主鬼神故國語曰使名姓之後能知四時之生犧牲之物玉帛之類采服之宜彝器之量次主之度屏攝之位壇場之所上下之神祇氏姓之所出而率舊典者爲之宗春秋禘于大廟躋僖公而傳曰夏父弗忌爲宗人又曰使宗人釁夏獻其禮郊特牲曰宗人升自西階視壺濯及豆籩然則唐虞歷三代以宗官典國之禮與其祭祀漢之大常是也

禮官之屬大宗伯卿一人小宗伯中大夫二人

肆師下大夫四人上士八人中士十有六人旅下士三十有二人府六人史十有二人胥十有二人徒百有二十人肆猶陳也肆師佐宗伯陳列祭祀之位及牲器粢盛

鬱人下士二人府二人史一人徒八人鬱鬱金香草宜以和鬯

鬯人下士二人府一人史一人徒八人鬯釀秬爲酒芬香條暢於上下也秬如黑黍一稃二米

雞人下士一人史一人徒四人

司尊彝下士二人府四人史二人胥二人徒二十人彝亦尊也鬱鬯曰彝彝法也言爲尊之法

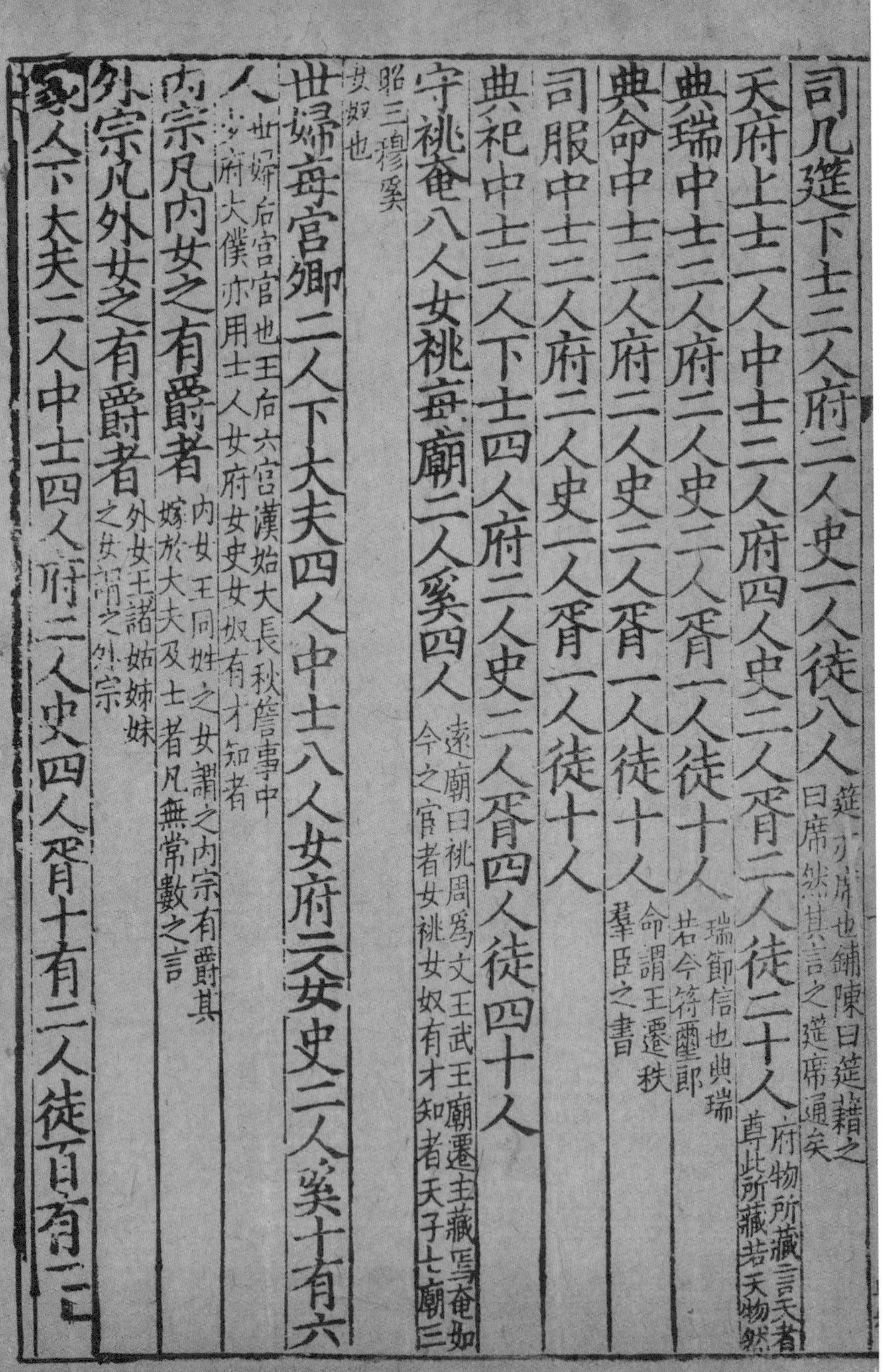

司几筵下士二人府二人史一人徒八人 筵亦席也鋪陳曰筵藉之曰席然其言之筵席通矣

天府上士一人中士二人府四人史二人胥二人徒二十人 府物所藏言天者尊此所藏若天物然

典瑞中士二人府二人史二人胥一人徒十人 瑞節信也典瑞若今符璽郎

典命中士二人府二人史二人胥一人徒十人 命謂王遷秩羣臣之書

司服中士二人府二人史一人胥一人徒十人

典祀中士二人下士四人府二人史二人胥四人徒四十人

守祧奄八人女祧每廟二人奚四人 遠廟曰祧周爲文王武王廟遷主藏焉奄如今之宦者女祧女奴有才知者天子七廟三昭三穆奚女奴也

世婦每宮卿二人下大夫四人中士八人女府二人女史二人奚十有六人 世婦后宮官也王后六宮漢始大長秋詹事中少府大僕亦用士人女府女史女奴有才知者

内宗凡内女之有爵者 内女王同姓之女謂之内宗有爵其嫁於大夫及士者凡無常數之言

外宗凡外女之有爵者 外女王諸姑姊妹之女謂之外宗

冢人下大夫二人中士四人府二人史四人胥十有二人徒百有二

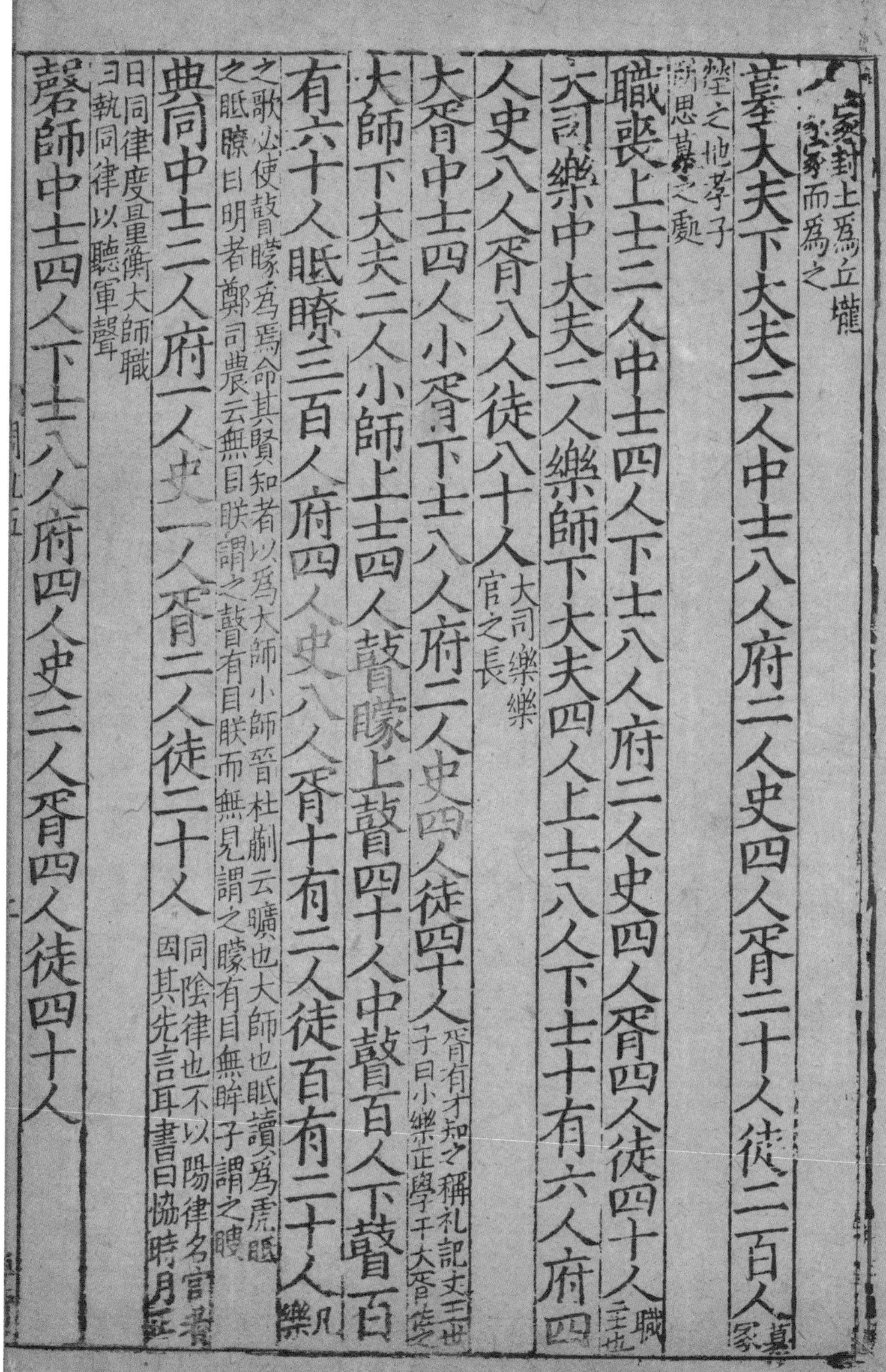

冢封土爲丘壠象冢而爲之

墓大夫下大夫二人中士八人府二人史四人胥二十人徒二百人墓冢塋之地孝子所思慕之處

職喪上士二人中士四人下士八人府二人史四人胥四人徒四十人職主也

大司樂中大夫二人樂師下大夫四人上士八人下士十有六人府四人史八人胥八人徒八十人大司樂樂官之長

大胥中士四人小胥下士八人府二人史四人徒四十人胥有才知之稱禮記文王世子曰小樂正學干大胥贊之

大師下大夫二人小師上士四人瞽矇上瞽四十人中瞽百人下瞽百有六十人眂瞭三百人府四人史八人胥十有二人徒百有二十人凡樂之歌必使瞽矇爲焉命其賢知者以爲大師小師晉杜蒯云曠也大師也眂讀爲虎眂之眂瞭目明者鄭司農云無目眹謂之瞽有目眹而無見謂之矇有目無眸子謂之瞍

典同中士二人府一人史一人胥二人徒二十人同陰律也不以陽律名官者因其先言耳書曰協時月正日同律度量衡大師職曰執同律以聽軍聲

磬師中士四人下士八人府四人史二人胥四人徒四十人

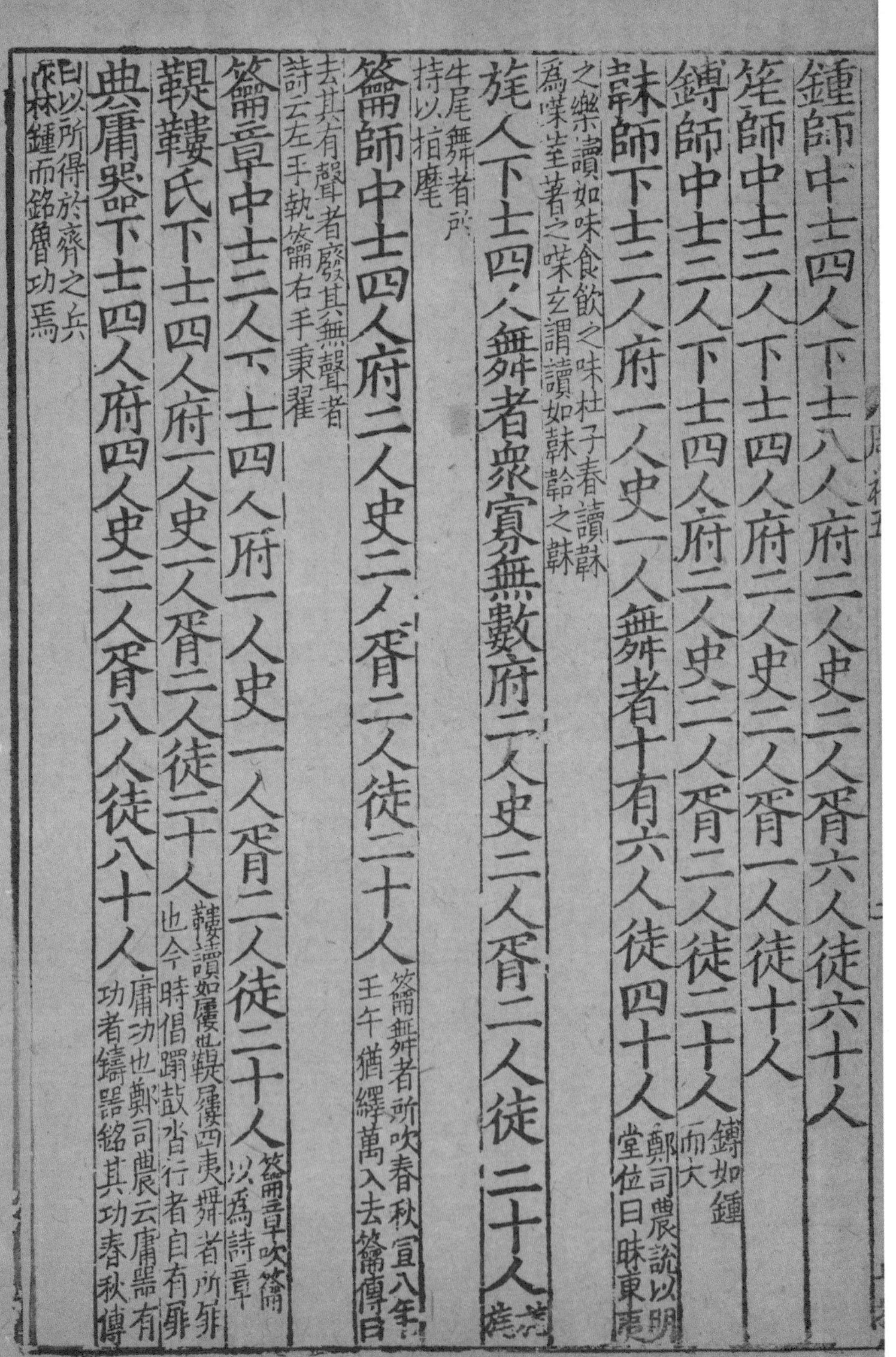

鍾師中士四人下士八人府二人史二人胥六人徒六十人

笙師中士二人下士四人府二人史二人胥一人徒十人

鎛師中士二人下士四人府二人史二人胥二人徒二十人鎛如鍾而大

韎師下士二人府一人史一人舞者十有六人徒四十人鄭司農說以明堂位曰昧東夷之樂讀如味食飲之味杜子春讀韎爲菋荎著之菋玄謂讀如韎韐之韎

旄人下士四人舞者衆寡無數府二人史二人胥二人徒二十人旄旄牛尾舞者所持以指麾

籥師中士四人府二人史二人胥二人徒二十人籥舞者所吹春秋宣八年壬午猶繹萬入去籥傳曰去其有聲者廢其無聲者詩云左手執籥右手秉翟

籥章中士二人下士四人府一人史一人胥二人徒二十人籥章吹籥以爲詩章

鞮鞻氏下士四人府一人史一人胥二人徒二十人鞻讀如屨也鞮屨四夷舞者所扉也今時倡蹋鼓沓行者自有扉

典庸器下士四人府四人史二人胥八人徒八十人庸功也鄭司農云庸器有功者鑄器銘其功春秋傳曰以所得於齊之兵作林鍾而銘魯功焉

司干下士二人府二人史二人徒二十人干舞者所持謂盾也春秋傳曰萬者何干舞也

大卜下大夫二人卜師上士四人卜人中士八人下士十有六人府二人史二人胥四人徒四十人問龜曰卜大卜卜筮官之長

龜人中士二人府二人史二人工四人胥四人徒四十人工取龜攻龜

菙氏下士二人史一人徒八人燋焌用荊菙之類

占人下士八人府一人史二人徒八人占蓍龜之卦兆吉凶

簭人中士二人府一人史二人徒四人問蓍曰筮其占易

占夢中士二人史二人徒四人

眡祲中士二人史二人徒四人祲陰陽氣相侵漸成祥者魯史梓慎云吾見赤黒之祲

大祝下大夫二人上士四人

小祝中士八人下士十有六人府二人史四人胥四人徒四十人大祝祝官之長

喪祝上士二人中士四人下士八人府二人史二人胥四人徒四十人

甸祝下士二人府一人史一人徒四人甸之言田也田狩之祝

詛祝下士二人府一人史一人徒四人詛謂祝之使沮敗也

司巫中士二人府一人史一人胥一人徒十人司巫巫官之長男巫無數

女巫無數其師中士四人府二人史四人胥四人徒四十人巫能制神之處位次主者

大史下大夫二人上士四人

小史中士八人下士十有六人府四人史八人胥四人徒四十人大史史官之長

馮相氏中士二人下士四人府二人史四人徒八人馮乘也相視也世登高臺以視天文之次序天文屬大史月令曰乃命大史守典奉法司天日月星辰之行宿離不貸

保章氏中士二人下士四人府二人史四人徒八人保守也世守天文之變

內史中大夫一人下大夫二人上士四人中士八人下士十有六人府四人史八人胥四人徒四十人

外史上士四人中士八人下士十有六人胥二人徒二十人

御史中士八人下士十有六人其史百有二十人府四人胥四人徒四十人御猶侍也進也其史百有二十人以掌贊書人多也

巾車下大夫二人上士四人中士八人下士十有六人府四人史八人工百人胥五人徒五十人巾猶衣也巾車車官之長

典路中士二人下士四人府二人史二人胥二人徒二十人路王之所乘車

車僕中士二人下士四人府二人史二人胥二人徒二十人

司常中士二人下士四人府二人史二人胥四人徒四十人司常主王旌旗

都宗人上士二人中士四人府二人史四人胥四人徒四十人都謂王子弟所封及公卿所食邑

家宗人如都宗人之數家謂大夫所食采邑

凡以神士者無數以其藝爲之貴賤之等以神士者男巫之俊有學問才知者藝謂禮樂射御書數高者爲上士次之爲中士又次之爲下士

大宗伯之職掌建邦之天神人鬼地示之禮以佐王建保邦國建立也立天神地祇人鬼之禮者謂祀之祭之享之禮吉禮是也保安也所以佐王立安邦國者主謂以禮賓禮軍禮嘉禮也目吉禮於上承以立安邦國者互以相成明尊鬼神重人事以吉禮事邦國之鬼神示事謂祀之祭之享之故書吉或爲告杜子春云書爲告禮者非是當爲吉禮書亦多爲吉禮吉禮之別十有二以禋祀祀昊天上帝以實柴祀日月星辰以槱燎祀司中司命飌師雨師

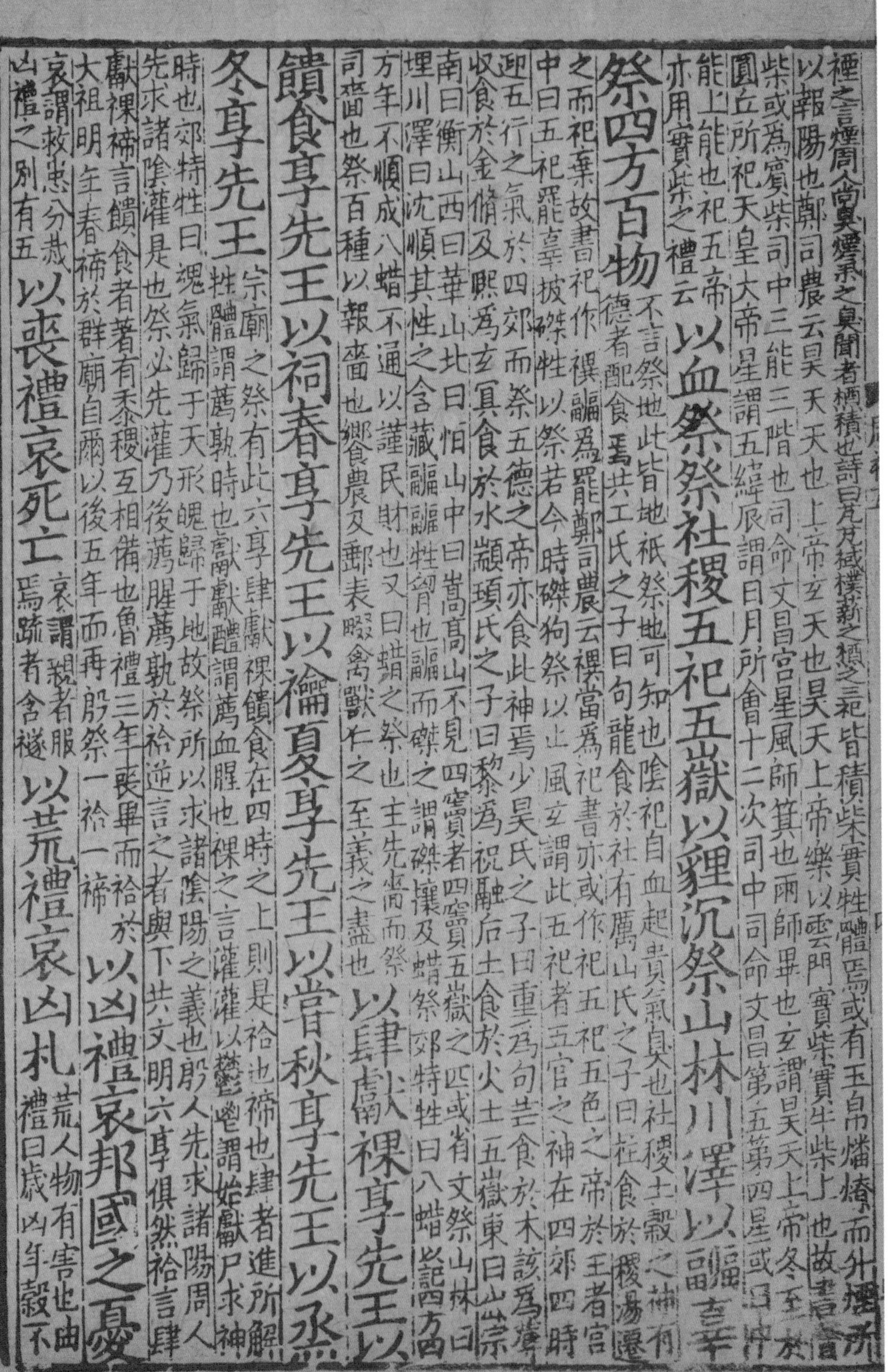

禋之言煙周人尚臭煙氣之臭聞者槱積也詩曰芃芃棫樸薪之槱之三祀皆積柴實牲體焉或有玉帛燔燎而升煙所以報陽也鄭司農云昊天天也上帝玄天也昊天上帝樂以雲門實柴實牛柴上也故書實柴或爲賓柴司中三能三階也司命文昌宮星風師箕也雨師畢也玄謂昊天上帝冬至於圓丘所祀天皇大帝星謂五緯辰謂日月所會十二次司中司命文昌第五第四星或曰中能上能也祀五帝亦用實柴之禮云

以血祭祭社稷五祀五嶽以貍沈祭山林川澤以疈辜祭四方百物不言祭地此皆地祇祭地可知也陰祀自血起貴氣臭也社稷土穀之神有德者配食焉共工氏之子曰句龍食於社有厲山氏之子曰柱食於稷湯遷之而祀棄故書祀作禩疈爲罷鄭司農云禩當爲祀書亦或作祀五祀五色之帝於王者宮中曰五祀罷辜披磔牲以祭若今時磔狗祭以止風玄謂此五祀者五官之神在四郊四時迎五行之氣於四郊而祭五德之帝亦食此神焉少昊氏之子曰重爲句芒食於木該爲蓐收食於金脩及熙爲玄冥食於水顓頊氏之子曰黎爲祝融后土食於火土五嶽東曰岱宗南曰衡山西曰華山北曰恒山中曰嵩高山不見四竇者四竇五嶽之匹或省文祭山林曰埋川澤曰沈順其性之含藏疈疈牲胷也疈而磔之謂磔禳及蜡祭郊特牲曰八蜡以記四方四方年不順成八蜡不通以謹民財也又曰蜡之祭也主先嗇而祭司嗇也祭百種以報嗇也饗農及郵表畷禽獸仁之至義之盡也

以肆獻祼享先王以饋食享先王以祠春享先王以禴夏享先王以嘗秋享先王以烝冬享先王宗廟之祭有此六享肆獻祼饋食在四時之上則是祫也禘也肆者進所解牲體謂薦孰時也獻獻醴謂薦血腥也祼之言灌灌以鬱鬯謂始獻尸求神時也郊特牲曰魂氣歸于天形魄歸于地故祭所以求諸陰陽之義也殷人先求諸陽周人先求諸陰灌是也祭必先灌乃後薦腥薦孰於祫逆言之者與下共文明六享俱然祫言肆獻祼禘言饋食者著有黍稷互相備也魯禮三年喪畢而祫於大祖明年春禘於群廟自爾以後五年而再殷祭一祫一禘

以凶禮哀邦國之憂哀謂救患分烖凶禮之別有五

以喪禮哀死亡哀謂親者服焉疏者含襚

以荒禮哀凶札荒人物有害也曲禮曰歲凶年穀不

君膳不祭肺馬不食穀馳道不除祭事不縣大夫不食粱士飲酒不樂札讀為截截謂疫厲

以弔禮哀禍烖禍烖謂遭水火宋大水魯莊公使人弔焉曰天作淫雨害於粢盛如何不弔廄焚孔子拜鄉人為火來者拜之士一大夫再亦相弔之道

以禬禮哀圍敗同盟者合會財貨以更其所喪春秋襄三十年冬會于澶淵宋災故是其類

以恤禮哀寇亂恤憂也鄰國相憂兵作於外為寇作於內為亂

以賓禮親邦國親謂使之相親附賓禮之別有八

春見曰朝夏見曰宗秋見曰覲冬見曰遇時見曰會殷見曰同此六禮者以諸侯見王為文六服之內四方以時分來或朝春或宗夏或覲秋或遇冬名殊禮異更遞而徧朝猶朝也欲其來之早宗尊也欲其尊王覲之言勤也欲其勤王之事遇偶也欲其若不期而俱至時見者言無常期諸侯有不順服者王將有征討之事則既朝覲王為壇於國外合諸侯而命事焉春秋傳曰有事而會不協而盟是也殷猶眾也十二歲王如不巡守則六服盡朝朝禮既畢王亦為壇合諸侯以命政焉所命之政如王巡守殷見四方四時分來終歲則徧

時聘曰問殷覜曰視時聘者亦無常期天子有事乃聘之焉竟外之臣既非朝歲不敢瀆為小禮殷覜謂一服朝之歲以朝者少諸侯乃使卿以大禮眾聘焉一服朝在元年七年十一年

以軍禮同邦國同謂威其不協僭差者軍禮之別有五

大師之禮用眾也用其義勇

大均之禮恤眾也均其地政地守地職之賦所以憂民

大田之禮簡眾也古者因田習兵閱其車徒之數

大役之禮任眾也築宮邑所以事民力強弱

大封之禮合眾也正封疆溝塗之固所以合聚其民

以嘉禮親萬民嘉善也所以因人心所善者而為之制嘉禮之別有六

以飲食之禮親宗族兄弟親者使之相親人君有食宗族飲酒之禮所以親之也文王世子曰族食世降一等大傳曰繫之以姓而弗別綴之以食而弗殊百世而昏姻不通者周道然也

以昏冠之禮親成男女親其恩成其性

以賓射之禮親故舊朋友

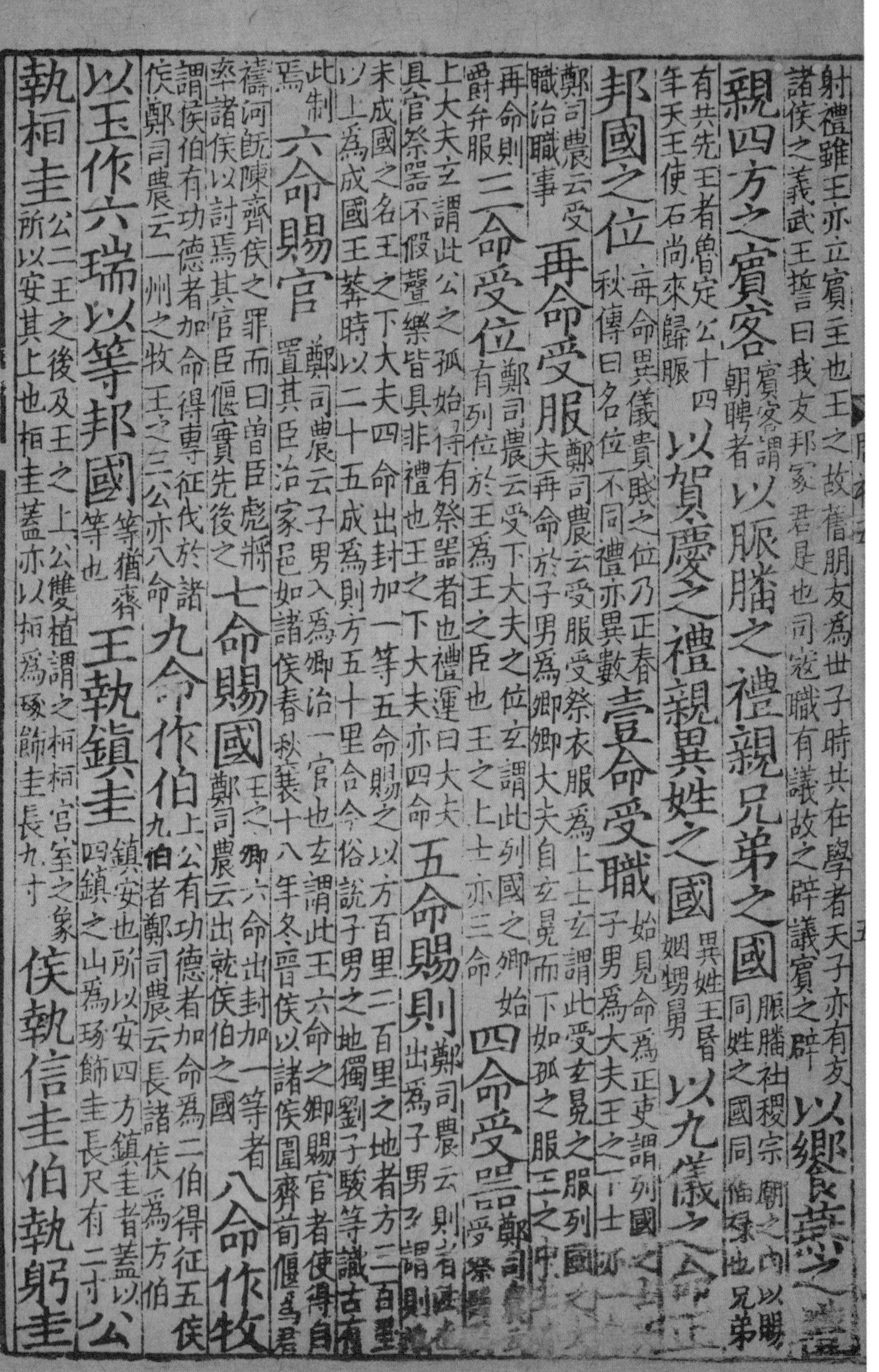

射禮雖王亦立賓主也王之故舊朋友爲世子時共在學者天子亦有友諸侯之義武王誓曰我友邦冢君是也司寇職有議故之辟議賓之辟**以饗燕之禮**親四方之賓客賓客謂朝聘者**以脤膰之禮親兄弟之國**脤膰社稷宗廟之肉以賜同姓之國同福祿也兄弟有共先王者魯定公十四年天王使石尚來歸脤**以賀慶之禮親異姓之國**異姓王昏姻甥舅**以九儀之命正邦國之位**壹命異儀貴賤之位乃正春秋傳曰名位不同禮亦異數**壹命受職**始見命爲正吏謂列國之士於子男爲大夫王之下士亦一命鄭司農云受職治職事**再命受服**鄭司農云受服受祭衣服爲上士玄謂此受玄冕之服列國之大夫再命於子男爲卿卿大夫自玄冕而下如孤之服王之中士再命爵弁服**三命受位**鄭司農云受下大夫之位玄謂此列國之卿始有列位於王爲王之臣也王之上士亦三命**四命受器**鄭司農云受祭器爲上大夫玄謂此公之孤始得有祭器者也禮運曰大夫具官祭器不假聲樂皆具非禮也王之下大夫亦四命**五命賜則**鄭司農云則者法也出爲子男玄謂則地未成國之名王之下大夫四命出封加一等五命賜之以方百里二百里之地者方三百里以上爲成國王莽時以二十五成爲則方五十里合今俗說子男之地獨劉子駿等識古有此制焉**六命賜官**鄭司農云子男入爲卿治一官也玄謂此王六命之卿賜官者使得自置其臣治家邑如諸侯春秋襄十八年冬晉侯以諸侯圍齊荀偃爲君禱河旣陳齊侯之罪而曰曾臣彪將率諸侯以討焉其官臣偃實先後之**七命賜國**王之卿六命出封加一等者鄭司農云出就侯伯之國**八命作牧**謂侯伯有功德者加命得專征伐於諸侯鄭司農云一州之牧王之三公亦八命**九命作伯**上公有功德者加命爲二伯得征五侯九伯者鄭司農云長諸侯爲方伯**以玉作六瑞以等邦國**等猶齊等也**王執鎮圭**鎮安也所以安四方鎮圭者蓋以四鎮之山爲瑑飾圭長尺有二寸**公執桓圭**公二王之後及王之上公雙植謂之桓桓宮室之象所以安其上也桓圭蓋亦以桓爲瑑飾圭長九寸**侯執信圭伯執躬圭**

信當爲身聲之誤也身圭躬圭蓋皆象以人形爲瑑飾文有麤縟耳欲其愼行以保身圭皆長七寸子執穀璧男執蒲璧穀所以養人蒲爲席所以安人二玉蓋或以穀爲飾或以蒲爲瑑飾璧皆徑五寸不執圭者未成國也以禽作六摯以等諸臣摯之言至所執以自致孤執皮帛卿執羔大夫執鴈士執雉庶人執鶩工商執雞皮帛者束帛而表以皮爲之飾皮虎豹皮帛如今璧色繒也羔小羊取其羣而不失其類鴈取其候時而行雉取其守介而死不失其節鶩取其不飛遷雞取其守時而動曲禮曰飾羔鴈者以繢謂衣之以布而又畫之者自雉以下執之無飾士相見之禮卿大夫飾摯以布不言繢此諸侯之臣與天子之臣異也然則天子之孤飾摯以虎皮公之孤飾摯以豹皮與此孤卿大夫士之摯皆以爵不以命數凡摯無庭實以玉作六器以禮天地四方禮謂始告神時薦於神坐書曰周公植璧秉圭是也以蒼璧禮天以黃琮禮地以青圭禮東方以赤璋禮南方以白琥禮西方以玄璜禮北方此禮天以冬至謂天皇大帝在北極者也禮地以夏至謂神在崐崘者也禮東方以立春謂蒼精之帝而大昊句芒食焉禮南方以立夏謂赤精之帝而炎帝祝融食焉禮西方以立秋謂白精之帝而少昊蓐收食焉禮北方以立冬謂黑精之帝而顓頊玄冥食焉禮神者必象其類璧圜象天琮八方象地圭銳象春物初生半圭曰璋象夏物半死琥猛象秋嚴半璧曰璜象冬閉藏地上無物唯天半見皆有牲幣各放其器之色幣以從爵若人飲酒有酬幣以天產作陰德以中禮防之以地產作陽德以和樂防之鄭司農云陰德謂男女之情天性生而自然者過時則奔隨生時則血氣未定聖人爲制其中令民三十而娶女二十而嫁以防其淫泆令無失德情性隱而不路故謂之陰德陽德謂分地利以致富富者之失不驕奢則吝嗇故以和樂防之樂所以滌蕩邪穢道人之正性者也一說地產謂土地之性各異若齊性舒緩楚性急悍則以和樂防其失令無失德樂所以移風易俗者也此皆露見於外故謂之陽德陽德陰德不失其正則民和

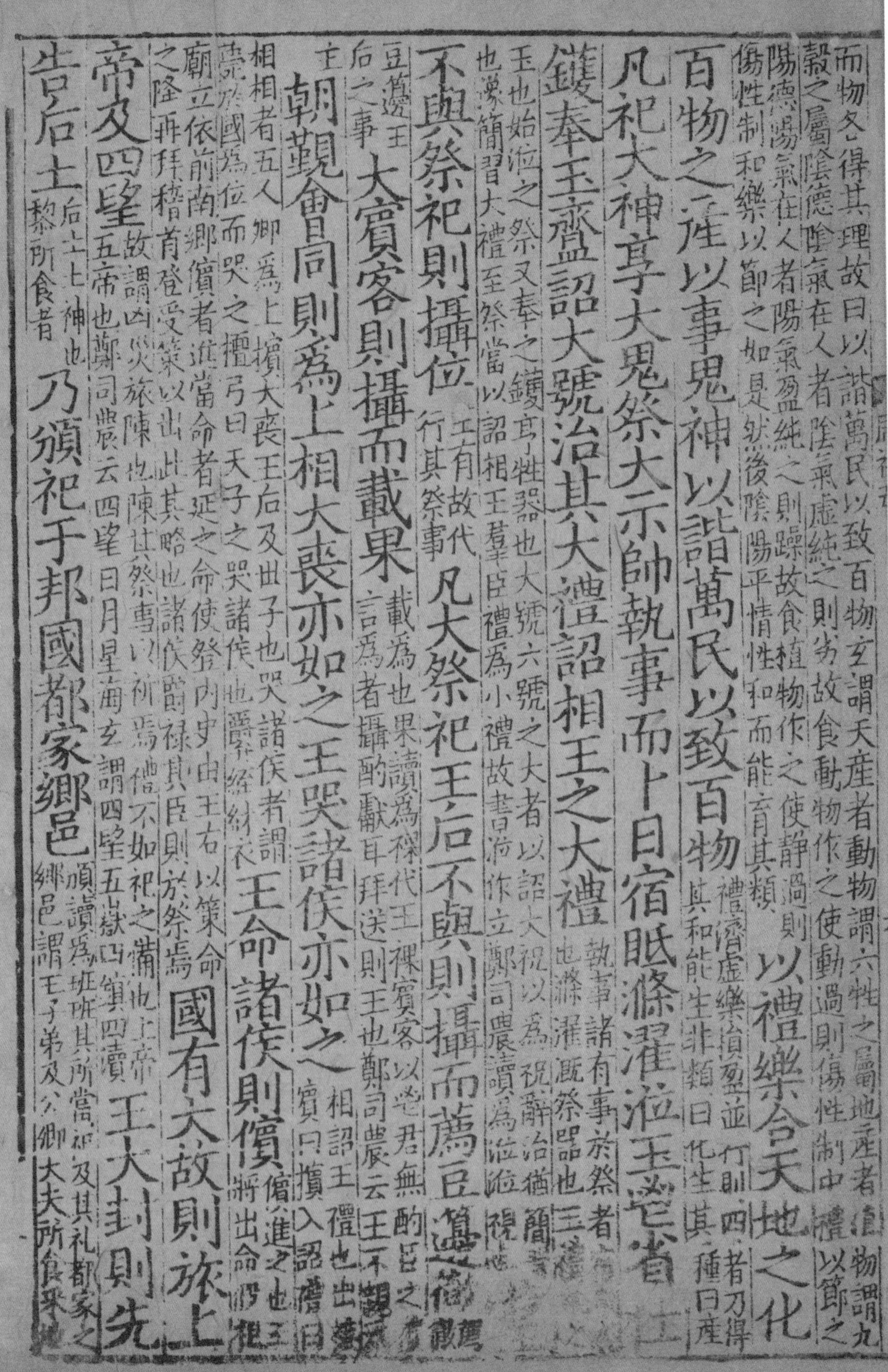
而物各得其理故曰以諧萬民以致百物玄謂天產者動物謂六牲之屬地產者植物謂九穀之屬陰德陰氣在人者陰氣虛純之則劣故食動物作之使動過則傷性制中禮以節之陽德陽氣在人者陽氣盈純之則躁故食植物作之使靜過則傷性制和樂以節之如是然後陰陽平情性和而能育其類以禮樂合天地之化百物之產以事鬼神以諧萬民以致百物禮濟虛樂損盈並行則四者乃得其和能生非類曰化生其種曰產凡祀大神享大鬼祭大示帥執事而卜日宿眡滌濯涖玉鬯省鑊奉玉齍詔大號治其大禮詔相王之大禮執事諸有事於祭者也滌濯溉祭器也玉也始涖之祭又奉之鑊亨牲器也大號六號之大者以詔大祝以為祝辭治猶簡習也豫簡習大禮至祭當以詔相王群臣禮為小禮故書涖作立鄭司農讀為涖涖視也不與祭祀則攝位王有故代行其祭事凡大祭祀王后不與則攝而薦豆籩徹薦徹豆籩王后之事大賓客則攝而載果載為也果讀為祼代王祼賓客以鬯君無酌臣之禮言為者攝酌獻耳拜送則王也鄭司農云王不親為主朝覲會同則為上相大喪亦如之王哭諸侯亦如之相詔王禮也出接賓曰擯入詔禮曰相相者五人卿為上擯大喪王后及世子也哭諸侯者謂薨於國為位而哭之檀弓曰天子之哭諸侯也爵弁絰紂衣王命諸侯則儐儐進之也王將出命假祖廟立依前南鄉儐者進當命者延之命使登內史由王右以策命之降再拜稽首登受策以出此其略也諸侯爵祿其臣則於祭焉國有大故則旅上帝及四望故謂凶災旅陳也陳其祭事以祈焉禮不如祀之備也上帝五帝也鄭司農云四望日月星海玄謂四望五嶽四鎮四瀆王大封則先告后土后土土神也黎所食者乃頒祀于邦國都家鄉邑頒讀為班班其所當祀及其礼都家之鄉邑謂王子弟及公卿大夫所食采地

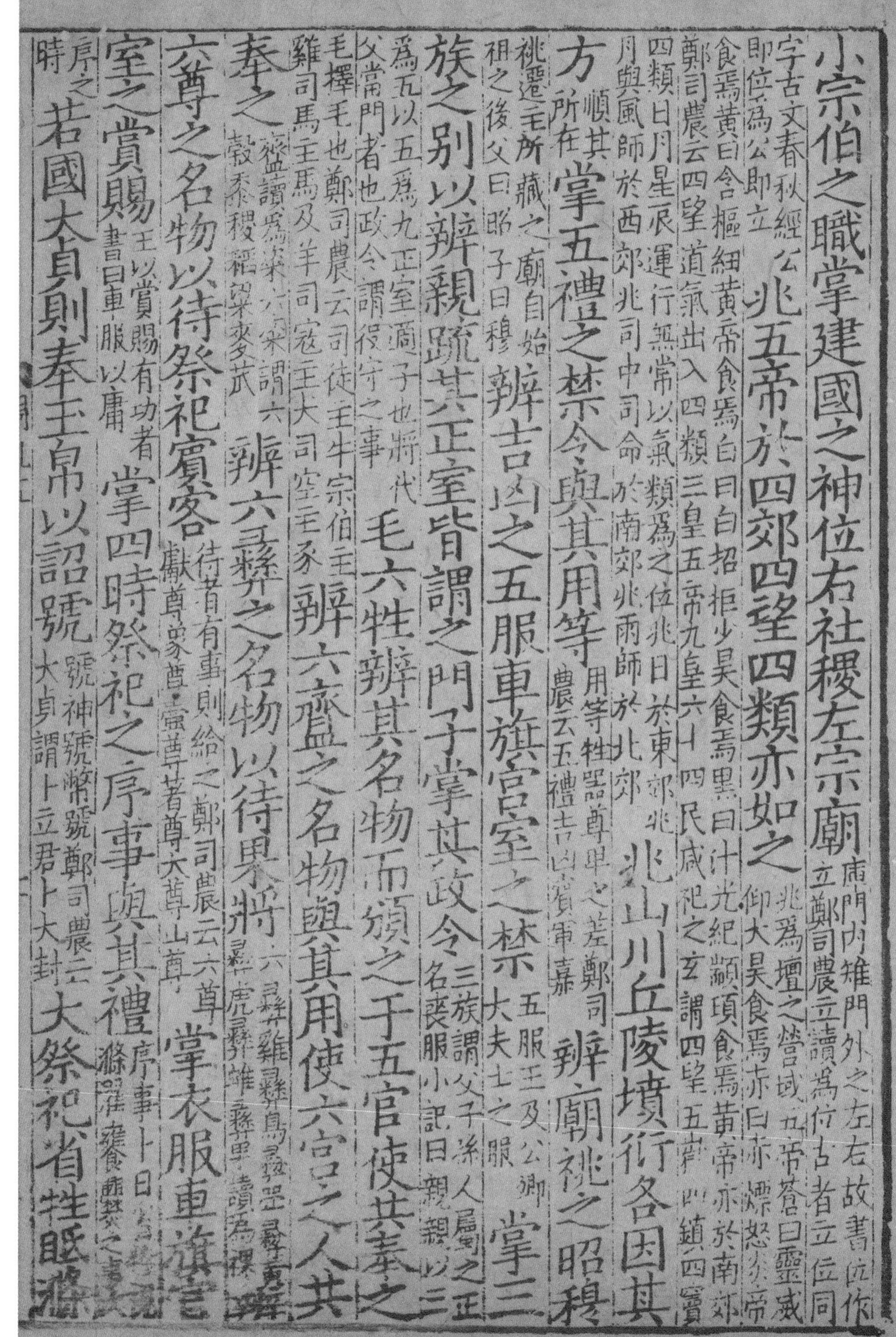

小宗伯之職掌建國之神位右社稷左宗廟庫門內雉門外之左右故書位作立鄭司農云立讀爲位古者立位同字古文春秋經公即位爲公即立兆五帝於四郊四望四類亦如之兆爲壇之營域五帝蒼曰靈威仰大昊食焉赤曰赤熛怒炎帝食焉黃曰含樞紐黃帝食焉白曰白招拒少昊食焉黑曰汁光紀顓頊食焉黃帝亦於南郊鄭司農云四望道氣出入四類三皇五帝九皇六十四民咸祀之玄謂四望五嶽四鎮四竇四類日月星辰運行無常以氣類爲之位兆日於東郊兆月與風師於西郊兆司中司命於南郊兆雨師於北郊兆山川丘陵墳衍各因其方所在掌五禮之禁令與其用等用等牲器尊卑之差鄭司農云五禮吉凶賓軍嘉辨廟祧之昭穆祧遷主所藏之廟自始祖之後父曰昭子曰穆辨吉凶之五服車旗宮室之禁五服王及公卿大夫士之服掌三族之別以辨親疏其正室皆謂之門子掌其政令三族謂父子孫人屬之正名喪服小記曰親親以三爲五以五爲九正室適子也將代父當門者也政令謂役守之事毛六牲辨其名物而頒之于五官使共奉之毛擇毛也鄭司農云司徒主牛宗伯主雞司馬主馬及羊司寇主犬司空主豕辨六齍之名物與其用使六宮之人共奉之齍讀爲粢六粢謂六穀黍稷稻粱麥苽辨六彝之名物以待果將六彝雞彝鳥彝斝彝黃彝虎彝蜼彝果讀爲祼辨六尊之名物以待祭祀賓客待者有事則給之鄭司農云六尊獻尊象尊壺尊著尊大尊山尊掌衣服車旗宮室之賞賜王以賞賜有功者書曰車服以庸掌四時祭祀之序事與其禮序事卜日省牲視滌濯饔爨之事次序之時若國大貞則奉玉帛以詔號號神號幣號鄭司農云大貞謂卜立君卜大封大祭祀省牲眡滌

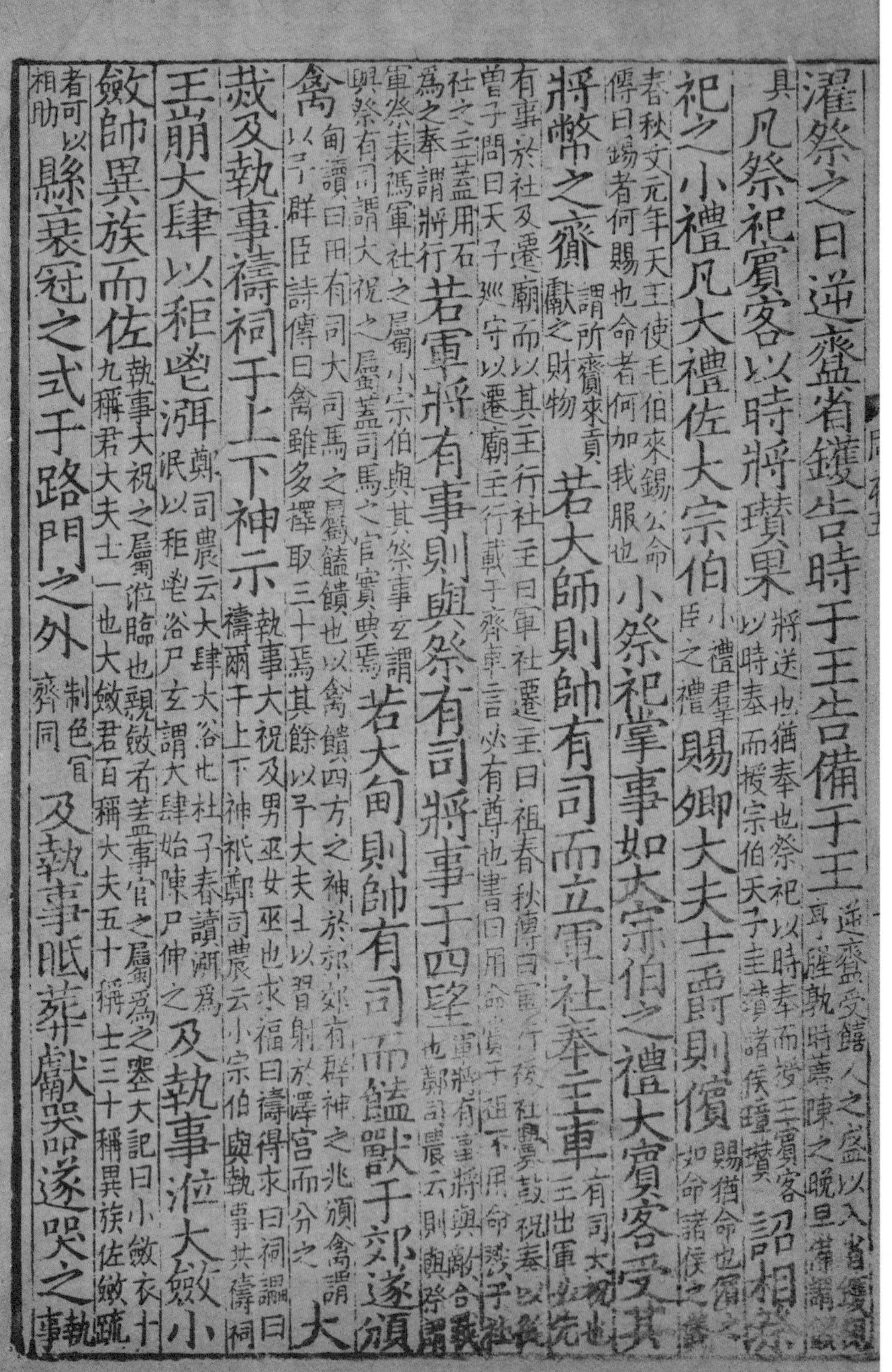
濯祭之日逆齍省鑊告時于王告備于王 逆齍受饎人之盛以入省鑊視烹腥孰時薦陳之晚早備謂饌
具 凡祭祀賓客以時將瓚果 將送也猶奉也祭祀以時奉而授王賓客以時奉而授宗伯天子圭瓚諸侯璋瓚 詔相祭
祀之小禮凡大禮佐大宗伯 小禮君羣臣之禮 賜卿大夫士爵則儐 賜猶命也儐之如命諸侯之儀
春秋文元年天王使毛伯來錫公命傳曰錫者何賜也命者何加我服也 小祭祀掌事如大宗伯之禮大賓客受其
將幣之齎 謂所齎來貢獻之財物 若大師則帥有司而立軍社奉主車 有司大祝也王出軍必先
有事於社及遷廟而以其主行社主曰軍社遷主曰祖春秋傳曰軍行祓社釁鼓祝奉以從曾子問曰天子巡守以遷廟主行載于齊車言必有尊也書曰用命賞于祖不用命戮于
社之主蓋用石為之奉謂將行 若軍將有事則與祭有司將事于四望 軍將有事將與敵合戰也鄭司農云則與祭謂
軍祭表禡軍社之屬小宗伯與其祭事玄謂與祭有司謂大祝之屬蓋司馬之官實典焉 若大甸則帥有司而饁獸于郊遂頒
禽 甸讀曰田有司大司馬之屬饁饋也以禽饋四方之神於郊郊有群神之兆頒禽謂以予群臣詩傳曰禽雖多擇取三十焉其餘以予大夫士以習射於澤宮而分之 大
烖及執事禱祠于上下神示 執事大祝及男巫女巫也求福曰禱得求曰祠讄曰禱爾于上下神祇鄭司農云小宗伯與執事共禱祠
王崩大肆以秬鬯渳 鄭司農云大肆大浴也杜子春讀渳為泯以秬鬯浴尸玄謂大肆始陳尸伸之 及執事涖大斂小
斂帥異族而佐 執事大祝之屬涖臨也親斂者蓋事官之屬為之喪大記曰小斂衣十九稱君大夫士一也大斂君百稱大夫五十稱士三十稱異族佐斂疏
者可以相助 縣衰冠之式于路門之外 制色宜齊同 及執事眡葬獻器遂哭之 執事

蓋存匠之屬至將葬獻明器之材又獻素獻成皆於殯門外王不親哭有官代之 卜葬兆甫窆亦如之 兆墓塋域甫始也鄭大夫讀窆皆爲穿杜子春讀窆爲毳皆謂葬穿壙也今南陽名穿地爲窆聲如腐脆之脆 既葬詔相喪祭之禮 喪祭虞祔也檀弓曰葬日虞弗忍一日離也是日也以虞易奠卒哭曰成事是日也以吉祭易喪祭明日祔于祖父 成葬而祭墓爲位 成葬丘已封也天子之冢蓋不一日而畢位壇位也先祖形體託於此地祀其神以安之冢人職曰大喪既有日請度甫窆遂爲之尸 凡王之會同軍旅甸役之禱祠肄儀爲位 肄習也故書肄爲肆儀爲義杜子春讀肆當爲肄義爲儀謂若今時肄司徒府也小宗伯主其位 國有禍烖則亦如之 謂有所禱祈 凡天地之大烖類社稷宗廟則爲位 禱祈禮輕類者依其正禮而爲之 凡國之大禮佐大宗伯凡小禮掌事如大宗伯之儀

肆師之職掌立國祀之禮以佐大宗伯 佐助也 立大祀用玉帛牲牷立次祀用牲幣立小祀用牲 鄭司農云大祀天地次祀日月星辰小祀司命已下玄謂大祀又有宗廟次祀又有社稷五祀五嶽小祀又有司中風師雨師山川百物 以歲時序其祭祀及其祈珥 序第次其先後大小故書祈爲幾杜子春讀幾當爲祈珥當爲餌玄謂祈當爲進禨之禨珥當爲衈禨衈者釁禮之事雜記曰成廟則釁之雍人舉羊升屋自中中屋南面刲羊血流于前乃降門夾室皆用雞其衈皆於屋下割雞門當門夾室中室然則是禨謂羋血也小子職曰掌珥于社稷祈于五祀是也亦謂其宮兆始成時也春秋僖十九年夏邾人執鄫子用之傳曰用之者何蓋叩其鼻以衈社也 大祭祀展犧牲繫于牢頒于職人 展省閱也職讀爲樴樴可以繫牲者此樴人謂充人及監門人 凡祭祀之卜日宿爲期詔相其

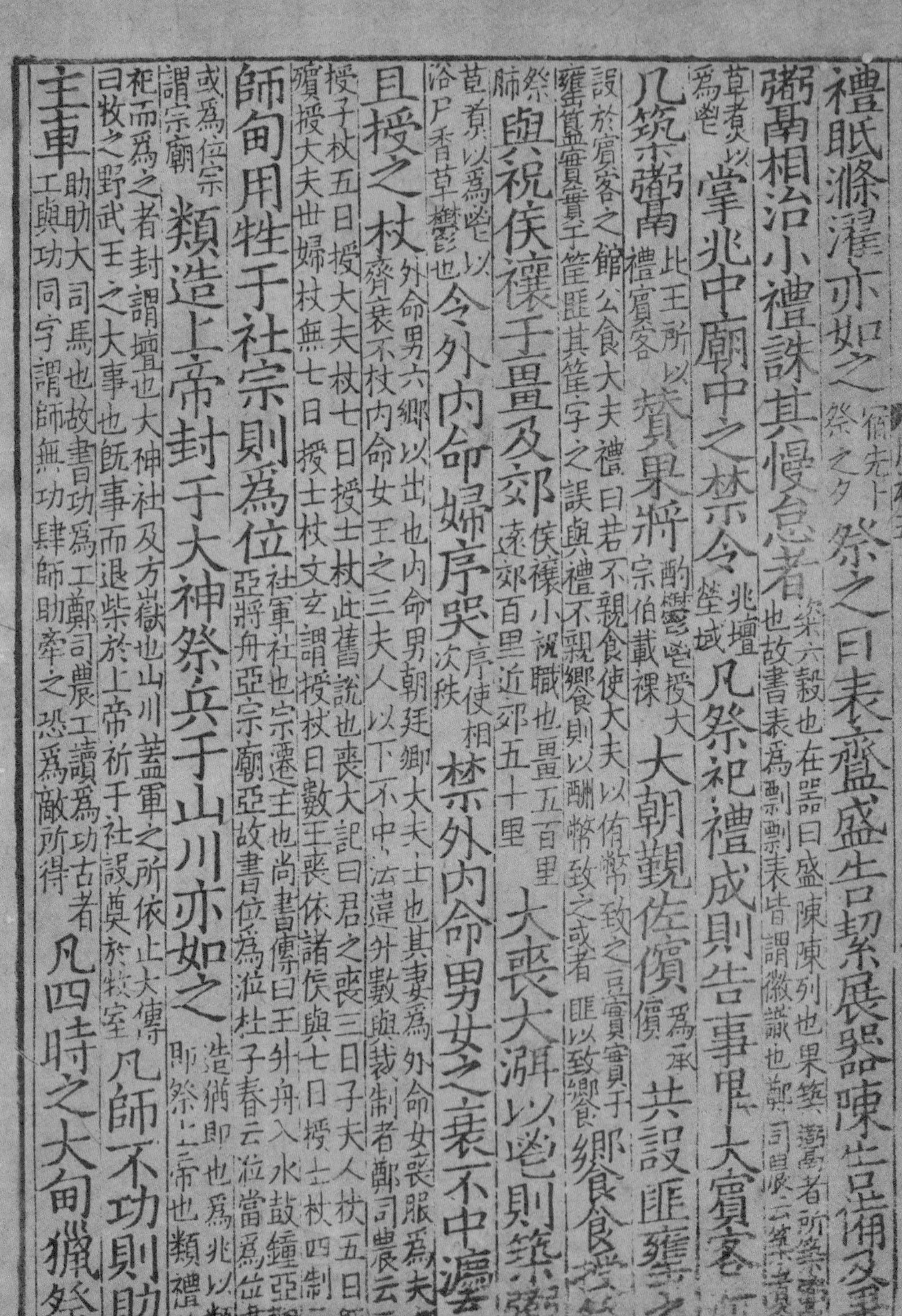

禮眡滌濯亦如之 宿先卜祭之夕 祭之日表齍盛告絜展器陳告備及果築

鬯萬相治小禮誅其慢怠者 粢六穀也在器曰盛陳陳列也果築鬯萬者所築鬯當爲裸也故書表爲剽剽表皆謂徽識也鄭司農云築香者鬱香

草者以爲鬯 掌兆中廟中之禁令 兆壇塋域 凡祭祀禮成則告事畢大賓客

凡築鬯萬 此王所以禮賓客 贊果將 酌鬱鬯授大宗伯載裸 大朝覲佐儐 爲承儐 共設匪甕之禮

設於賓客之館公食大夫禮曰若不親食使大夫以侑幣致之豆實實于甕簋實實于筐匪其筐字之誤與禮不親饗則以酬幣致之或者匪以致饗食

祭師 與祝侯禳于畺及郊 侯禳小祝職也畺五百里遠郊百里近郊五十里 大喪大渳以鬯則築鬯

苴煮以爲鬯以浴尸香草鬱也 令外內命婦序哭 序使相次秩 禁外內命男女之衰不中灋者

且授之杖 外命男六鄉以出也內命男朝廷卿大夫士也其妻爲外命女喪服爲夫之君齊衰不杖內命女王之三夫人以下不中法違升數與裁制者鄭司農云三日

授子杖五日授大夫杖七日授士杖此舊說也喪大記曰君之喪三日子夫人杖五日既殯授大夫世婦杖無七日授士杖文互謂授杖日數王喪依諸侯與七日授士杖四制云三 凡

師甸用牲于社宗則爲位 社軍社也宗遷主也尚書傳曰王升舟入水鼓鍾亞觀臺亞將舟亞宗廟亞故書位爲涖杜子春云涖當爲位書亦

或爲位宗謂宗廟 類造上帝封于大神祭兵于山川亦如之 造猶即也爲兆以類禮即祭上帝也類禮依郊

祀而爲之者封謂壇也大神社及方嶽也山川蓋軍之所依止大傳曰牧之野武王之大事也既事而退柴於上帝祈于社設奠於牧室 凡師不功則助牽

主車 助助大司馬也故書功爲工鄭司農工讀爲功古者工與功同字謂師無功肆師助牽之恐爲敵所得 凡四時之大甸獵祭表

貉則爲位貉師祭也貉讀爲十百之百於所立表之處爲師祭造軍法者禱氣勢之增倍也其神蓋蚩蚘或曰黄帝甞之日涖卜來歲

之芟芟芟草除田也古之始耕者除田種穀甞者甞新穀此芟之功也卜者問後歲宜芟不詩云載芟載柞其耕澤澤獮之日涖卜來歲

之戒秋田爲獮始習兵戒不虞也卜者問後歲兵寇之備社之日涖卜來歲之稼社祭土爲取財焉卜者問後歲稼所宜若

國有大故則令國人祭大故謂水旱凶荒所令祭者社及禜酺歲時之祭祀亦如之月令仲春命民社此

其一隅凡卿大夫之喪相其禮相其適子凡國之大事治其禮儀以佐宗伯治謂

如今每事者更奏白王禮也故書儀爲義鄭司農義讀爲儀古者書儀但爲義今時所謂義爲誼凡國之小事治其禮儀而掌

其事如宗伯之禮

鬱人掌祼器祼器謂彝及舟與瓚凡祭祀賓客之祼事和鬱鬯以實彝而陳之

築鬱金煮之以和鬯酒鄭司農云鬱草名十葉爲貫百二十貫爲築以煮之鐎中停於祭前鬱爲草若蘭凡祼玉濯之陳之以贊祼事

祼玉謂圭瓚璋瓚詔祼將之儀與其節節謂王奉玉送祼早晏之時凡祼事沃盥大喪之渳共

其肆器肆器陳尸之器喪大記曰君設大盤造冰焉大夫設夷盤造冰焉士併瓦盤無冰設牀襢第有枕此之謂肆器天子亦用夷盤及葬共其

祼器遂貍之遣奠之彝與瓚也貍之於祖廟階間明奠終於此大祭祀與量人受舉斝之卒爵而

飲之斝受福之嘏聲之誤也王酳尸尸嘏王此其卒爵也少牢饋食禮主人受嘏詩懷之卒爵執爵以興出宰夫以籩受嗇黍主人嘗之乃還獻祝此鬱人受王之卒爵亦王

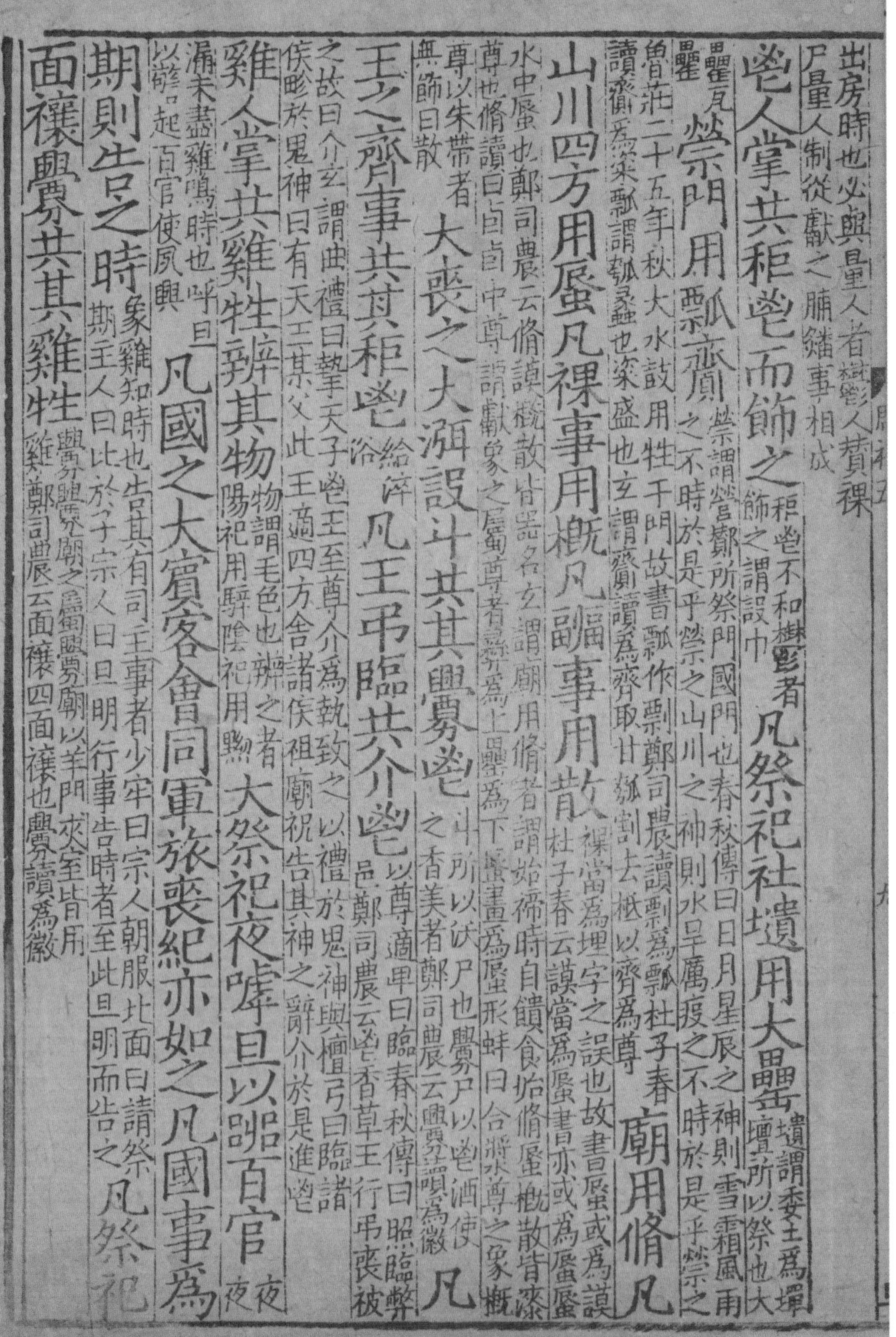

出房時也必與量人者鬱人贊祼尸量人制從獻之脯燔事相成

鬯人掌共秬鬯而飾之秬鬯不和鬱者飾之謂設巾凡祭祀社壝用大罍壝謂委土爲墠壇所以祭也大罍瓦罍禜門用瓢齎禜謂營酇所祭門國門也春秋傳曰日月星辰之神則雪霜風雨之不時於是乎禜之山川之神則水旱癘疫之不時於是乎禜之魯莊二十五年秋大水鼓用牲于門故書瓢作剽鄭司農讀剽爲瓢杜子春讀齎爲粢瓢謂瓠蠡也粢盛也玄謂齎讀爲齊取甘瓠割去柢以齊爲尊廟用脩凡山川四方用蜃凡祼事用概凡疈事用散祼當爲埋字之誤也故書蜃或爲謨杜子春云謨當爲蜃書亦或爲蜃蜃水中蜃也鄭司農云脩謨概散皆器名玄謂廟用脩者謂始禘時自饋食始脩蜃概散皆漆尊也脩讀曰卣卣中尊謂獻象之屬尊者彝爲上罍爲下蜃畫爲蜃形蚌曰合漿尊之象概尊以朱帶者無飾曰散大喪之大渳設斗共其釁鬯斗所以沃尸也釁尸以鬯酒使之香美者鄭司農云釁讀爲徽凡王弔臨共介鬯以尊適卑曰臨春秋傳曰照臨敝邑鄭司農云鬯香草王行弔喪被之故曰介玄謂曲禮曰摯天子鬯王至尊介爲執致之以禮於鬼神與檀弓曰臨諸侯畛於鬼神曰有天王某父此王適四方舍諸侯祖廟祝告其神之辭介於是進鬯

雞人掌共雞牲辨其物物謂毛色也辨之者陽祀用騂陰祀用黝大祭祀夜嘑旦以嘂百官夜夜漏未盡雞鳴時也呼旦以警起百官使夙興凡國之大賓客會同軍旅喪紀亦如之凡國事爲期則告之時象雞知時也告其有司主事者少牢曰宗人朝服北面曰請祭期主人曰比於子宗人曰旦明行事告時者至此旦明而告之凡祭祀面禳釁共其雞牲釁釁廟之屬釁廟以羊門夾室皆用雞鄭司農云面禳四面禳也釁讀爲徽

司尊彝掌六尊六彝之位詔其酌辨其用與其實位所陳之處酌泲之使可酌各異也用四時祭祀所用亦不同實鬱鬯及醴齊之屬春祠夏禴祼用雞彝鳥彝皆有舟其朝踐用兩獻尊其再獻用兩象尊皆有罍諸臣之所昨也秋嘗冬烝祼用斝彝黃彝皆有舟其朝獻用兩著尊其饋獻用兩壺尊皆有罍諸臣之所昨也凡四時之閒祀追享朝享祼用虎彝蜼彝皆有舟其朝踐用兩大尊其再獻用兩山尊皆有罍諸臣之所昨也祼謂以圭瓚酌鬱鬯始獻尸也后於是以璋瓚酌亞祼郊特牲曰周人尚臭灌用鬯臭鬱合鬯臭陰達於淵泉灌以圭璋用玉氣也既灌然後迎牲致陰氣也朝踐謂薦血腥酌醴始行祭事后於是薦朝事之豆籩既又酌獻其變朝踐爲朝獻者尊相因也朝獻謂尸卒食王酳之再獻者王酳尸之後后酌亞獻諸臣爲賓又次后酌盎齊備卒食三獻也於后亞獻內宗薦加豆籩其變再獻爲饋獻者亦尊相因饋獻謂薦孰時后於是薦饋食之豆籩此凡九酌王及后各四諸臣一祭之正也以今祭禮特牲少牢言之二祼爲奠而尸飲七矣王可以獻諸臣祭統曰尸飲五君洗玉爵獻卿是其差也明堂位曰灌用玉瓚大圭爵用玉琖加用璧角璧散又鬱人職曰受舉斝之卒爵而飲之則王酳尸以玉爵也王酳尸用玉爵而再獻者用璧角璧散可知也雞彝鳥彝謂刻而畫之爲雞鳳皇之形皆有舟皆有罍言春夏秋冬及追享朝享有之同昨讀爲酢字之誤也諸臣獻者酌罍以自酢不敢與王之神靈共尊鄭司農云舟尊下臺若今時承槃獻讀爲犧犧尊飾以翡翠象尊以象鳳皇或曰以象骨飾尊明堂位曰犧象周尊也春秋傳曰犧象不出門尊以祼神罍臣之所飲也詩曰缾之罄矣維罍之恥斝讀爲稼稼彝畫禾稼也黃彝黃目尊也明堂位曰夏后氏以雞彝殷以斝周以黃目爾雅曰彝卣罍器也著尊者著略尊也或曰著尊著地無足明堂位曰著殷尊也壺者以壺爲尊春秋傳曰尊以魯壺追享朝享謂

禘祫也在四時之間故曰間祀蜼讀爲蛇虺之虺或讀爲公用射隼之隼大尊大古之瓦尊山尊山罍也明堂位曰泰有虞氏之尊也山罍夏后氏之尊故書踐作餞杜子春云餞當爲踐玄謂黄目以黄金爲目郊特牲曰黄目鬱氣之上尊也黄者中也目者氣之清明者也言酌於中而清明於外追享謂追祭遷廟之主以事有所請禱朝享謂朝受政於廟春秋傳曰閏月不告朔猶朝于廟蜼禺屬卬鼻而長尾山罍亦刻而畫之爲山雲之形

凡六彝六尊之酌鬱齊獻酌醴齊縮酌盎齊涚酌凡酒脩酌故書縮爲數齊爲齎鄭司農云獻讀爲儀儀酌有威儀多也涚酌者涚拭勺而酌也脩酌者以水洗勺而酌也齎讀皆爲齊和之齊杜子春云數當爲縮齊讀皆爲粢玄謂禮運曰玄酒在室醴醆在戶粢醍在堂澄酒在下以五齊次之則醆酒盎齊也郊特牲曰縮酌用茅明酌也醆酒涚于清汁獻涚于醆酒猶明清與醆酒于舊澤之酒也此言轉相泲成也獻讀爲摩莎之莎齊語聲之誤也煮鬱和秬鬯以醆酒摩莎泲之出其香汁也醴齊尤濁和以明酌泲之以茅縮去滓也盎齊差清和以清酒泲之而已其餘三齊泛從醴緹沈從盎凡酒謂三酒也脩讀如滌濯之滌滌酌以水和而泲之今齊人命浩酒曰滌明酌酌取事酒之上也澤讀曰醳明酌清酒醆酒泲之皆以舊醳之酒凡此四者祼用鬱齊朝用醴齊饋用盎齊諸臣自酢用凡酒唯大事于大廟備五齊三酒

大喪存奠彝存省也謂大遣時奠者朝夕乃徹也

大旅亦如之旅者國有大故之祭也亦存其奠彝則陳之不即徹

司几筵掌五几五席之名物辨其用與其位五几左右玉彫彤漆素五席莞藻次蒲熊用位所設之席及其處

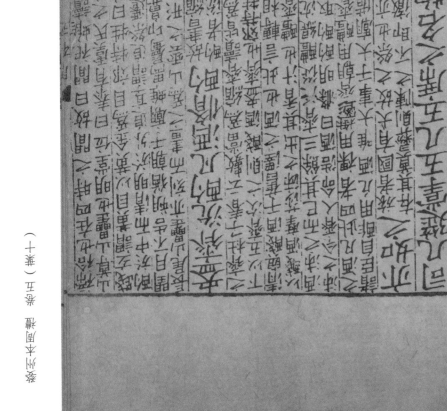

凡大朝覲大饗射凡封國命諸侯王位設黼依依前南鄉設莞筵紛純加繅席畫純加次席黼純左右玉几斧謂之黼其繡白黑采以絳帛爲質依其制如屏風然於依前爲王設席左右有几優至尊也鄭司農云紛讀爲豳又讀爲和粉之粉謂白繡也純讀爲均服之均純緣也繅讀爲藻率之藻次席虎皮爲席書顧命曰成王將崩命大保芮伯畢公等被冕服憑玉几玄謂

紛如綬有文而狹者繅席削蒲蒻展之編以五采若今合歡矣畫謂雲氣也次席桃枝席有次列成文

祀先王昨席亦如之 鄭司農云昨席於主階設席王所坐也玄謂昨讀曰酢謂祭祀及王受酢之席尸卒食王酳之卒爵祝受之又酌授尸尸酢王於是席王於戶內后諸臣致爵乃設席

諸侯祭祀席蒲筵繢純加莞席紛純右彫几 繢畫文也不莞席加繅者繅柔𥜥不如莞清堅又於鬼神宜

昨席莞筵紛純加繅席畫純筵國賓于牖前亦如之左彤几 昨讀亦曰酢鄭司農云禮記國賓老臣也爲布筵席於牖前玄謂國賓諸侯來朝孤卿大夫來聘後言几者使不蒙如也朝者彫几聘者彤几

甸役則設熊席右漆几 謂王甸有司祭表貉所設席

凡喪事設葦席右素几其柏席用萑黼純諸侯則紛純每敦一几 喪事謂凡奠也萑如葦而細者鄭司農云柏席迫地之席葦居其上或曰柏席載黍稷之席玄謂柏槨字磨滅之餘槨席藏中神坐之席也敦讀曰燾燾覆也棺在殯則槨燾既窆則加見皆謂覆之周禮雖合葬及同時在殯皆異几體實不同祭於廟同几精氣合

凡吉事變几凶事仍几 故書仍爲乃鄭司農云變几變更其質謂有飾也乃讀爲仍仍因也因其質謂無飾也爾雅曰儴仍因也書顧命曰翌日乙丑成王崩癸酉牖間南嚮西序東嚮東序西嚮皆仍几玄謂吉事王祭宗廟祼於室饋食於堂繹於祊每事易几神事文示新之也凶事謂凡奠几朝夕相因喪禮略

天府掌祖廟之守藏與其禁令 祖廟始祖后稷之廟其寶物世傳守之若魯寶玉大弓者

凡國之玉鎮大寶器藏焉若有大祭大喪則出而陳之既事藏之 玉鎮大寶器玉瑞玉器之美者禘祫及大喪陳之以華國也故書鎮作瑱鄭司農云瑱讀爲鎮書顧命曰翌日乙丑王崩丁卯命作冊度越七日癸酉陳寶赤刀大訓弘璧琬琰在西序大玉夷玉天球河圖在東序胤之舞衣大貝鼖鼓在

西旁兌之戈和之弓垂之竹矢在東房此其行事見於經凡官府鄉州及都鄙之治中受而藏之以詔王察群吏之治察察其當黜陟者鄭司農云治中謂其治職簿書之要上春釁寶鎮及寶器上春孟春也釁謂殺牲以血血之鄭司農云釁讀爲徽或曰釁鼓之釁凡吉凶之事祖廟之中沃盥執燭吉事四時祭也凶事后王喪朝于祖廟之奠季冬陳玉以貞來歲之媺惡問事之正曰貞問歲之美惡謂問於龜大卜職大貞之屬陳玉陳禮神之玉凡卜筮實問於鬼神龜筮能出其卦兆之占耳龜有天地四方則玉有六器者與言陳者既事藏之不必貍之也鄭司農云貞問也易曰師貞丈人吉問於丈人國語曰貞於陽卜若遷寶則奉之奉猶送也若祭天之司民司祿而獻民數穀數則受而藏之司民軒轅角也司祿文昌第六星或曰下能也祿之言穀也年穀登乃後制祿祭此二星者以孟冬既祭之而上民穀之數於天府

典瑞掌玉瑞玉器之藏辨其名物與其用事設其服飾人執以見曰瑞禮神曰器瑞符信也服飾服玉之飾謂繅藉王晉大圭執鎮圭繅藉五采五就以朝日繅有五采文所以薦玉木爲中幹用韋衣而畫之就成也王朝日者示有所尊訓民事君也天子常春分朝日秋分夕月覲禮曰拜日於東門之外故書鎮作瑱鄭司農云晉讀爲搢紳之搢謂插之於紳帶之間若帶劒也瑱讀爲鎮玉人職曰大圭長三尺杼上終葵首天子服之鎮圭尺有二寸天子守之繅讀爲藻率之藻五就五帀也一帀爲一就公執桓圭侯執信圭伯執躬圭繅皆三采三就子執穀璧男執蒲璧繅皆二采再就以朝覲宗遇會同于王三采朱白蒼二采朱綠也鄭司農云以圭璧見于王覲禮曰侯氏入門右坐奠圭再拜稽首侯氏見于天子春曰朝夏曰宗秋曰覲冬曰遇時見曰

會殷見曰同諸侯相見亦如之鄭司農云亦執圭璧以相見故邾隱公朝於魯春秋傳曰邾子執玉高其容仰瑑圭璋璧琮繅皆二采一就以覜聘璋以聘后夫人以琮享之也大夫衆來曰覜寡來曰聘鄭司農云瑑有沂鄂瑑起四圭有邸以祀天旅上帝鄭司農云於中央爲璧圭著其四面一玉俱成爾雅曰邸本也圭本著於璧故四圭有邸圭末四出故也或說四圭有邸有四角也邸讀爲抵欺之抵上帝玄天玄謂祀天夏正郊天也上帝五帝所郊亦猶五帝殊言天者尊異之也大宗伯職曰國有大故則旅上帝及四望兩圭有邸以祀地旅四望兩圭者以象地數二也僢而同邸祀地謂所祀於北郊神州之神祼圭有瓚以肆先王以祼賓客鄭司農云於圭頭爲器可以挹鬯祼祭謂之瓚故詩曰卹彼玉瓚黃流在中國語謂之鬯圭以肆先王灌先王祭也玄謂肆解牲體以祭因以爲名爵行曰祼漢禮瓚槃大五升口徑八寸下有槃口徑一尺圭璧以祀日月星辰圭其邸爲璧取殺於上帝璋邸射以祀山川以造贈賓客璋有邸而射取殺於四望鄭司農云射剡也土圭以致四時日月封國則以土地以致四時日月者度其景至不至以知其行得失也冬夏以致日春秋以致月土地猶度地也封諸侯以土圭度日景觀分寸長短以制其域所封也鄭司農說以玉人職曰土圭尺有五寸以致日以土地所求地中故謂之土圭珍圭以徵守以恤凶荒杜子春云珍當爲鎭書亦或爲鎭以徵守者以徵召守國諸侯若今時徵郡守以竹使符也鎭者國之鎭諸侯亦一國之鎭故以鎭圭徵之也凶荒則民有遠志不安其土故以鎭圭鎭安之玄謂珍圭王使之瑞節制大小當與琬琰相依王使人徵諸侯憂凶荒之國則授之執以往致王命焉如今時使者持節矣恤者闓府庫振救之凡瑞節歸又執以反命牙璋以起軍旅以治兵守鄭司農云牙璋瑑以爲牙牙齒兵象故以牙璋發兵若今時以銅虎符發兵玄謂牙璋亦王使之瑞節兵守用兵所守若齊人戍遂諸侯戍周璧羨以起度鄭司農云羨長也此璧徑長尺以起度量玉人職曰璧羨

度尺以爲度玄謂羨不圜之貌蓋廣徑八寸袤一尺也駔圭璋璧琮琥璜之渠眉疏璧琮以斂尸鄭司農云駔外
有捷盧也駔讀爲駔疾之駔疏讀爲沙謂圭璋璧琮琥璜皆爲開渠爲眉瑑沙除以斂尸令汁得流去也玄謂以斂尸者於大斂焉加之也駔讀爲組與組馬同聲之誤也渠眉玉飾之溝
瑑也以組穿聯六玉溝瑑之中以斂尸圭在左璋在首琥在右璜在足璧在背琮在腹蓋取象方明神之也疏璧琮者通於天地穀圭以和難以聘
女穀圭亦王使之瑞節穀善也其飾若粟文然難仇讎和之者若春秋宣公及齊侯平莒及郯晉侯使瑕嘉平戎于王其聘女則以納徵焉琬圭以治德以
結好琬圭亦王使之瑞節諸侯有德王命賜之及諸侯使大夫來聘既而爲壇會之使大夫執以命事焉大行人職曰時聘以結諸侯之好鄭司農云琬圭無鋒芒故治德以
結好琰圭以易行以除慝琰圭亦王使之瑞節鄭司農云琰圭有鋒芒傷害征伐誅討之象故以易行除慝易惡行令爲善者以此圭責讓喻告之
也玄謂除慝亦於諸侯使大夫來覜既而使大夫執而命事於壇大行人職曰殷覜以除邦國之慝大祭祀大旅凡賓客之事共其
玉器而奉之玉器謂四圭裸圭之屬大喪共飯玉含玉贈玉飯玉碎玉以雜米也含玉柱左右顛及在口中者雜記曰
含者執璧將命則是璧形而小耳贈玉蓋璧也贈有束帛六幣璧以帛凡玉器出則共奉之玉器出謂王所好賜也奉之送以往遠則送於使者
典命掌諸侯之五儀諸臣之五等之命五儀公侯伯子男之儀五等謂孤以下四命三命再命一命不命也或言
儀或言命互文也故書儀作義鄭司農義讀爲儀上公九命爲伯其國家宮室車旗衣服禮儀皆以
九爲節侯伯七命其國家宮室車旗衣服禮儀皆以七爲節子男五
命其國家宮室車旗衣服禮儀皆以五爲節上公謂王之三公有德者加命爲二伯二王之後亦爲上公國

家國之所居謂城方也公之城蓋方九里宫方九百步侯伯之城蓋方七里宫方七百步子男之城蓋方五里宫方五百步大行人職則有諸侯圭藉冕服建常樊纓貳車介牢禮朝位之數焉王之三公八命其卿六命其大夫四命及其出封皆加一等其國家宫室車旗衣服禮儀亦如之四命中下大夫也出封出畿内封於八州之中加一等褒有德也大夫爲子男卿爲侯伯其在朝廷則亦如命數耳王之上士三命中士再命下士一命凡諸侯之適子誓於天子攝其君則下其君之禮一等未誓則以皮帛繼子男誓猶命也言誓者明天子既命以爲之嗣樹子不易也春秋桓九年曹伯使其世子射姑來朝行國君之禮是也公之子如侯伯而執圭侯伯之子如子男而執璧子男之子與未誓者皆次小國之君執皮帛而朝會焉其賓之皆以上卿之禮焉公之孤四命以皮帛眡小國之君其卿三命其大夫再命其士壹命其宫室車旗衣服禮儀各眡其命之數侯伯之卿大夫士亦如之子男之卿再命其大夫壹命其士不命其宫室車旗衣服禮儀各眡其命之數視小國之君者列於卿大夫之位而禮如子男也鄭司農云九命上公得置孤卿一人春秋傳曰列國之卿當國之君固周制也玄謂王制曰大國三卿皆命於天子下大夫五人上士二十七人次國三卿二卿命於天子一卿命於其君下大夫五人上士二十七人小國二卿皆命於其君下大夫五人上士二十七人

司服掌王之吉凶衣服辨其名物與其用事用事祭祀視朝甸凶弔之事衣服各有所用三之吉服祀昊天上帝則服大裘而冕祀五帝亦如之享先王則衮冕享

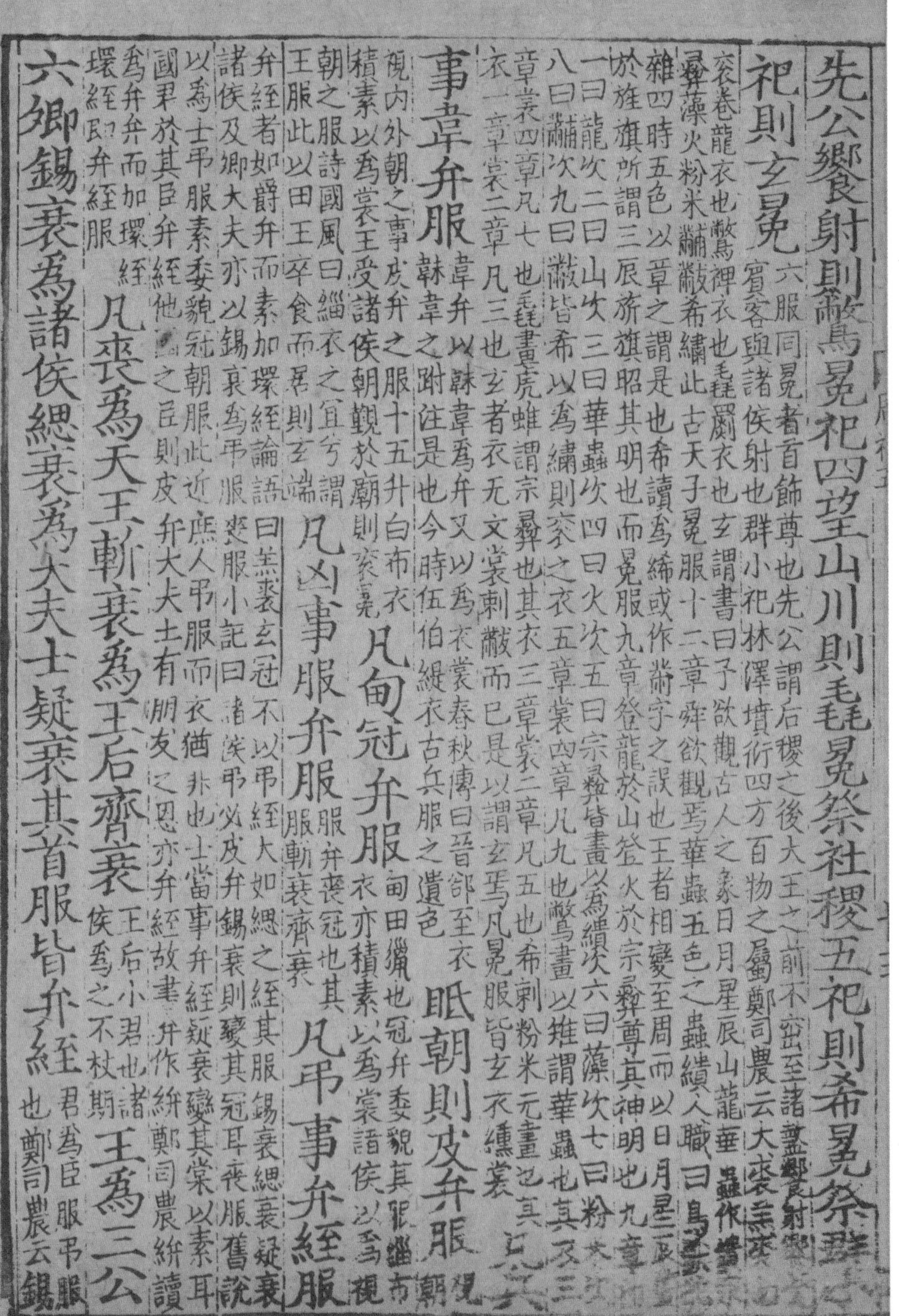

先公饗射則鷩冕祀四望山川則毳冕祭社稷五祀則希冕祭群

祀則玄冕六服同冕者首飾尊也先公謂后稷之後大王之前不窋至諸盩饗射饗賓客與諸侯射也群小祀林澤墳衍四方百物之屬鄭司農云大裘羔裘

袞卷龍衣也鷩禅衣也毳罽衣也玄謂書曰予欲觀古人之象日月星辰山龍華蟲作繢彝藻火粉米黼黻希繡此古天子冕服十二章舜欲觀焉華蟲五色之蟲繢人職曰鳥獸

雜四時五色以章之謂是也希讀為絺或作黹字之誤也王者相變至周而以日月星辰於旌旗所謂三辰旂旗昭其明也而冕服九章登龍於山登火於宗彝尊其神明也九章

一曰龍次二曰山次三曰華蟲次四曰火次五曰宗彝皆畫以為繢次六曰藻次七曰粉八曰黼次九曰黻皆希以為繡則袞之衣五章裳四章凡九也鷩畫以雉謂華蟲也其衣三

章裳四章凡七也毳畫虎蜼謂宗彝也其衣三章裳二章凡五也希刺粉米无畫也其衣一章裳二章凡三也玄者衣无文裳刺黻而已是以謂玄焉凡冕服皆玄衣纁裳

事韋弁服韋弁以韎韋為弁又以為衣裳春秋傳曰晉郤至衣韎韋之跗注是也今時伍伯緹衣古兵服之遺色眡朝則皮弁服視朝

視內外朝之事皮弁之服十五升白布衣積素以為裳王受諸侯朝覲於廟則袞冕凡甸冠弁服甸田獵也冠弁委貌其服緇布衣亦積素以為裳諸侯以為視

朝之服詩國風曰緇衣之宜兮謂王服此以田王卒食而居則玄端凡凶事服弁服服弁喪冠也其服斬衰齊衰凡弔事弁絰服

弁絰者如爵弁而素加環絰論語曰羔裘玄冠不以弔絰大如緦之絰其服錫衰緦衰疑衰諸侯及卿大夫亦以錫衰為弔服喪服小記曰諸侯弔必皮弁錫衰則變其冠耳喪服舊說

以為士弔服素委貌冠朝服此近庶人弔服而衣猶非也士當事弁絰疑衰變其裳以素耳國君於其臣弁絰他國之臣則皮弁大夫士有朋友之恩亦弁絰故書弁作絣鄭司農絣讀

為弁弁而加環絰環絰即弁絰服凡喪為天王斬衰為王后齊衰王后小君也諸侯為之不杖期王為三公

六卿錫衰為諸侯緦衰為大夫士疑衰其首服皆弁絰君為臣服弔服也鄭司農云錫

麻之滑易者十五升去其半有事其布無事其縷緦亦十五升去其半有事其縷無事其布疑衰十四升衰玄謂無事其縷哀在内無事其布哀在外疑之言擬也擬於吉大
札大荒大烖素服大札疫病也大荒饑饉也大烖水火爲害君臣素服縞冠若晉伯宗哭梁山之崩公之服自衮冕而
下如王之服侯伯之服自鷩冕而下如公之服子男之服自毳冕而
下如侯伯之服孤之服自希冕而下如子男之服卿大夫之服自玄
冕而下如孤之服其凶服加以大功小功士之服自皮弁而下如大
夫之服其凶服亦如之其齊服有玄端素端自公之衮冕至卿大夫之玄冕皆其朝聘天子及助祭之服諸侯非二王後其餘皆玄冕而祭於已雜記曰大夫冕而祭於公弁而祭於已士弁而祭於公冠而祭於已大夫爵弁自祭家廟唯孤爾其餘皆玄冠與士同玄冠自祭其廟者其服朝服玄端諸侯之自相朝聘皆皮弁服此天子日視朝之服喪服天子諸侯齊斬而已卿大夫加以大功小功士亦如之又加緦焉士齊有素端者亦爲札荒有所禱請變素服言素端者明異制鄭司農云衣有襦裳者爲端玄謂端者取其正也士之衣袂皆二尺二寸而屬幅是廣袤等也其袪尺二寸大夫已上侈之侈之者蓋半而益一焉半而益一則其袂三尺三寸袪尺八寸
凡大祭祀大賓客共其衣服而奉之奉猶送也送之於王所大喪共其復衣服斂
衣服奠衣服廞衣服皆掌其陳序奠衣服今坐上魂衣也故書廞爲淫鄭司農云淫讀爲廞廞陳也玄謂廞衣服所藏於[illegible]
典祀掌外祀之兆守皆有域掌其禁令外祀謂所祀於四郊者域兆表之塋域若以時祭
祀則帥其屬而脩除徵役于司隸而役之屬其屬胥徒也脩除芟埽之徵召也役之作使之及祭

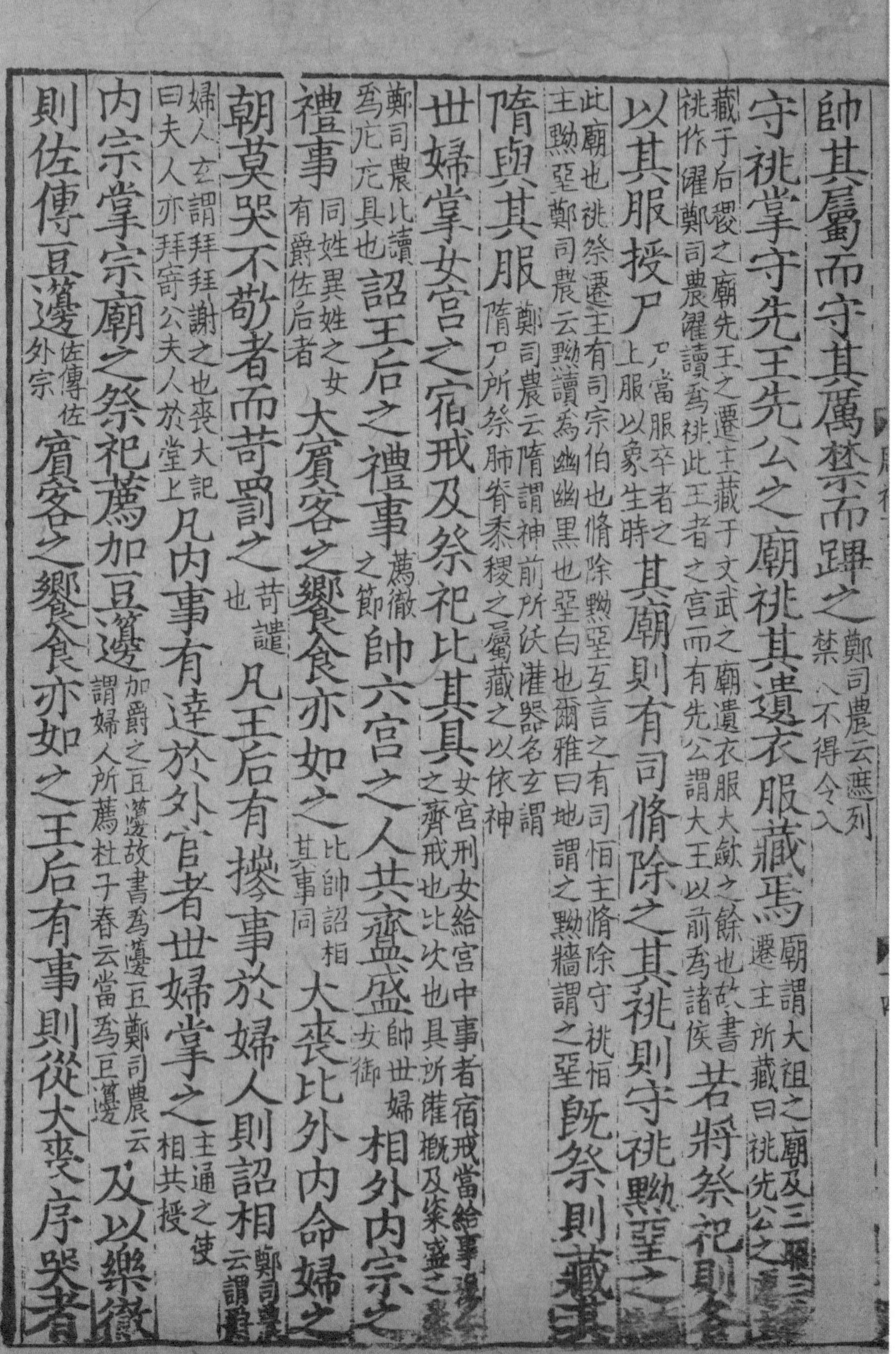

帥其屬而守其厲禁而蹕之鄭司農云厲遮列禁不得令入

守祧掌守先王先公之廟祧其遺衣服藏焉廟謂大祖之廟及三昭三穆遷主所藏曰祧先公之遷主藏于后稷之廟先王之遷主藏于文武之廟遺衣服大斂之餘也故書祧作濯鄭司農濯讀爲祧此王者之宮而有先公謂大王以前爲諸侯若將祭祀則各[illegible]以其服授尸尸當服卒者之上服以象生時其廟則有司脩除之其祧則守祧黝堊之此廟也祧祭遷主有司宗伯也脩除黝堊互言之有司恒主脩除守祧恒主黝堊鄭司農云黝讀爲幽幽黑也堊白也爾雅曰地謂之黝牆謂之堊既祭則藏其隋與其服鄭司農云隋謂神前所沃灌器名玄謂隋尸所祭肺脊黍稷之屬藏之以依神

世婦掌女宮之宿戒及祭祀比其具女宮刑女給宮中事者宿戒當給事豫之齊戒也比次也具所濯概及粢盛之[illegible]鄭司農比讀爲庀庀具也詔王后之禮事薦徹之節帥六宮之人共齍盛帥世婦女御相外內宗之禮事同姓異姓之女有爵佐后者大賓客之饗食亦如之比帥詔相其事同大喪比外內命婦之朝莫哭不敬者而苛罰之苛譴也凡王后有操事於婦人則詔相鄭司農云謂[illegible]婦人玄謂拜拜謝之也喪大記曰夫人亦拜寄公夫人於堂上凡內事有達於外官者世婦掌之主通之使相共授

內宗掌宗廟之祭祀薦加豆籩加爵之豆籩故書爲籩豆鄭司農云謂婦人所薦杜子春云當爲豆籩及以樂徹則佐傳豆籩佐傳佐外宗賓客之饗食亦如之王后有事則從大喪序哭者

次序外內宗及命婦哭王哭諸侯亦如之凡卿大夫之喪掌其弔臨王后弔臨諸侯而已是以言掌卿大夫云

外宗掌宗廟之祭祀佐王后薦玉豆眡豆籩及以樂徹亦如之[illegible]其實王后以樂羞齍則贊贊猶佐也凡王后之獻亦如之獻獻酒於尸王后不與則贊宗伯后有故不與祭宗伯攝其事小祭祀掌事賓客之事亦如之小祭祀謂在宮中大喪則敘外內朝莫哭者哭諸侯亦如之內內外宗及外命婦

冢人掌公墓之地辨其兆域而爲之圖先王之葬居中以昭穆爲左右公君也圖謂畫其地形及丘壟所處而藏之先王造塋者昭居左穆居右夾處東西凡諸侯居左右以前卿大夫士居後各以其族子孫各就其所出王以尊卑處其前後而亦併昭穆凡死於兵者不入兆域戰敗無勇投諸塋外以罰之凡有功者居前居王墓之前處昭穆之中央以爵等爲丘封之度與其樹數別尊卑也王公曰丘諸臣曰封漢律曰列侯墳高四丈關內侯以下至庶人各有差大喪既有日請度甫竁遂爲之尸甫始也請量度所始竁之處地爲尸者[illegible]葬爲祭墓地之尸也鄭司農云既有日既有葬日也始竁時祭以告后土冢人爲之尸及竁以度爲丘隧共喪之窆器[illegible]道也度丘與羨道廣袤所至窆器下棺豐碑之屬喪大記曰凡封用綍去碑負引君封以衡大夫以咸及葬言鸞車象人鸞車巾車[illegible]所飾遣車[illegible]也亦設鸞旗鄭司農云象人謂以芻爲人言言問其不如法度者玄謂言猶語也語之者告當行若於生存者於是巾車行之孔子謂爲芻靈者善謂爲俑者不仁非作象人者不[illegible]

用生乎 及窆執斧以涖 臨下棺也 遂入藏凶器 凶器明器 正墓位蹕墓域守墓禁 位謂丘封所居前後也禁所爲塋限 凡祭墓爲尸 祭墓爲尸或禱祈焉鄭司農云爲尸冢人爲尸 凡諸侯及諸臣葬於墓者授之兆爲之蹕均其禁

墓大夫掌凡邦墓之地域爲之圖 凡邦中之墓地萬民所葬地 令國民族葬而掌其禁令 族葬各從其親 正其位掌其度數 位謂昭穆也度數爵等之大小 使皆有私地域 古者萬民墓地同處分其地使各有區域得以族葬後相容 凡爭墓地者聽其獄訟 爭墓地相侵區域 帥其屬而巡墓厲居其中之室以守之 厲塋限遮列處鄭司農云居其中之室有官寺在墓中

職喪掌諸侯之喪及卿大夫士凡有爵者之喪以國之喪禮涖其禁令序其事 國之喪禮喪服士喪既夕士虞今存者其餘則亡事謂小斂大斂葬也 凡國有司以王命有事焉則詔贊主人 有事謂含襚贈賵之屬詔贊者以告主人佐其受之鄭司農云凡國謂諸侯國有司謂王有司也以王命有事職喪主詔贊主人玄謂凡國有司有司從王國以王命往 凡其喪祭詔其號治其禮 鄭司農云號謂諡號玄謂告以牲號齍號之屬當以祝之 凡公有司之所共職喪令之趣其事 令令其當共物者給事之期也有司或言公或言國言國者由其君所來居其官曰公謂王遣使奉命有贈之物各從其官出職喪當催督也

周禮卷第五

周禮卷第六

春官宗伯下

周禮　鄭氏注

大司樂掌成均之灋以治建國之學政而合國之子弟焉鄭司農云均調也樂師主調其音大司樂主受此成事已調之樂玄謂董仲舒云成均五帝之學成均之法者其遺禮可法者國之子弟公卿大夫之子弟當學者謂之國子文王世子曰於成均以及取爵於上尊然則周人立此學之宮凡有道者有德者使教焉死則以爲樂祖祭於瞽宗道多才藝者德能躬行者若舜命夔典樂教胄子是也死則以爲樂之祖神而祭之鄭司農云瞽樂人樂人所共宗也或曰祭於瞽宗祭於廟中明堂位曰瞽宗殷學也泮宮周學也以此觀之祭於學宮中以樂德教國子中和祗庸孝友中猶忠也和剛柔適也祗敬庸有常也善父母曰孝善兄弟曰友以樂語教國子興道諷誦言語興者以善物喻善事道讀曰導導者言古以剴今也倍文曰諷以聲節之曰誦發端曰言答述曰語以樂舞教國子舞雲門大卷大咸大磬大夏大濩大武此周所存六代之樂黃帝曰雲門大卷黃帝能成名萬物以明民共財言其德如雲之所出民得以有族類大咸咸池堯樂也堯能殫均刑法以儀民言其德無所不施大磬舜樂也言其德能紹堯之道也大夏禹樂也禹治水傅土言其德能大中國也大濩湯樂也湯以寬治民而除其邪言其德能使天下得其所也大武武王樂也武王伐紂以除其害言其德能成武功以六律六同五聲八音六舞大合樂以致鬼神示以和邦國以諧萬民以安賓客以説遠人以作動物六律合陽聲者也六同合陰聲者也此十二者以銅爲管轉而相生黃鍾爲首其長九寸各因而三分之上生者益一分下生者去一焉國語曰律所以立均出度也古之神瞽考中聲而量之以制度律均鍾言以中聲定律以律立鍾之均大合

樂者謂徧作六代之樂以冬日至作之致天神人鬼以夏日至作之致地祇物魅動物羽贏之屬虞書云夔曰戛擊鳴球搏拊琴瑟以詠祖考來格虞賓在位羣后德讓下管鼗鼓合止柷敔笙鏞以閒鳥獸蹌蹌簫韶九成鳳皇來儀夔又曰於予擊石拊石百獸率舞庶尹允諧此其於宗廟九奏效應

乃分樂而序之以祭以享以祀分謂各用一代之樂

乃奏黃鍾歌大呂舞雲門以祀天神以黃鍾之鍾大呂之聲爲均者黃鍾陽聲之首大呂爲之合奏之以祀天神尊之也天神謂五帝及日月星辰也王者又各以夏正月祀其所受命之帝於南郊尊之也孝經說曰祭天南郊就陽位是也

乃奏大蔟歌應鍾舞咸池以祭地示大蔟陽聲第二應鍾爲之合咸池大咸也地祇所祭於北郊謂神州之神及社稷

乃奏姑洗歌南呂舞大磬以祀四望姑洗陽聲第三南呂爲之合四望五嶽四鎮四竇此言祀者司中司命風師雨師或亦用此樂與

乃奏蕤賓歌函鍾舞大夏以祭山川蕤賓陽聲第四函鍾爲之合函鍾一名林鍾

乃奏夷則歌小呂舞大濩以享先妣夷則陽聲第五小呂爲之合小呂一名中呂先妣姜嫄也姜嫄履大人跡感神靈而生后稷是周之先母也周立廟自后稷爲始祖姜嫄無所妃是以特立廟而祭之謂之閟宮閟神之

乃奏無射歌夾鍾舞大武以享先祖無射陽聲之下也夾鍾爲之合夾鍾一名圜鍾先祖謂先王先公

凡六樂者文之以五聲播之以八音六者言其均皆待五聲八音乃成也播之言被也故書播爲藩杜子春云藩當爲播讀如后稷播百穀之播

凡六樂者一變而致羽物及川澤之示再變而致蠃物及山林之示三變而致鱗物及丘陵之示四變而致毛物及墳衍之示五變而致介物及土示六變而致象物及天神變猶更也樂成則更奏也此謂大蜡索鬼

神而致百物。六奏樂而禮畢。東方之祭則用大蔟姑洗，南方之祭則用蕤賓，西方之祭則用夷則無射，北方之祭則用黃鍾爲均焉。每奏有所感，致和以來之。凡動物敏疾者，地祇高下之甚者易致，羽物既飛又走，川澤有孔竅者，蛤蟹走則遲，墳衍孔竅則小矣，是其所以舒疾之分。土祇，原隰及平地之神也。象物，有象在天，所謂四靈者。天地之神，四靈之知，非德至和則不至。禮運曰：何謂四靈？麟鳳龜龍謂之四靈。龍以爲畜，故魚鮪不淰；鳳以爲畜，故鳥不獝；麟以爲畜，故獸不狘；龜以爲畜，故人情不失。

凡樂，圜鍾爲宮，黃鍾爲角，大蔟爲徵，姑洗爲羽，靁鼓靁鼗，孤竹之管，雲和之琴瑟，雲門之舞，冬日至，於地上之圜丘奏之，若樂六變，則天神皆降，可得而禮矣。凡樂，函鍾爲宮，大蔟爲角，姑洗爲徵，南呂爲羽，靈鼓靈鼗，孫竹之管，空桑之琴瑟，咸池之舞，夏日至，於澤中之方丘奏之，若樂八變，則地示皆出，可得而禮矣。凡樂，黃鍾爲宮，大呂爲角，大蔟爲徵，應鍾爲羽，路鼓路鼗，陰竹之管，龍門之琴瑟，九德之歌，九磬之舞，於宗廟之中奏之，若樂九變，則人鬼可得而禮矣。

此三者皆禘大祭也。天神則主北辰，地祇則主崐崘，人鬼則主后稷，先奏是樂以致其神，禮之以玉而祼焉，乃後合樂而祭之。大傳曰：王者必禘其祖之所自出。祭法曰：周人禘嚳而郊稷。謂此祭天圜丘，以嚳配之。圜鍾，夾鍾也。夾鍾生於房心之氣，房心爲大辰，天帝之明堂。函鍾，林鍾也。林鍾生於未之氣，未，坤之位，或曰天社在東井輿鬼之外。天社，地神也。黃鍾生於虛危之氣，虛危爲宗廟。以此三者爲宮，用聲類求之。天宮夾鍾，陰聲，其相生從陽數，其陽無射，無射上生中呂，中呂與地宮同位，不用也。中呂上生黃鍾，黃鍾下生林鍾，林鍾地宮，又不用。林鍾上生大蔟，大蔟下生南呂，南呂與無射同位，又不用。南呂上生姑洗。地宮林鍾林鍾上生大蔟大蔟下生南呂南呂上生姑洗人宮黄鍾黄鍾下生林鍾林鍾地宮又辟之林鍾上生大蔟大蔟下生南呂南呂與天宮之陽同位又辟之南呂上生姑洗姑洗南呂之合又辟之姑洗下生應鍾應鍾上生蕤賓蕤賓地宮林鍾之陽也又辟之蕤賓上生大呂凡五聲宮之所生濁者爲角清者爲徵羽此樂无商者祭尚柔商堅剛也鄭司農云雷鼓雷鼗皆謂六面有革可擊者也雲和地名也靈鼓靈鼗四面路鼓路鼗皆兩面九德之歌春秋傳所謂水火金木土穀謂之六府正德利用厚生謂之三事六府三事謂之九功九功之德皆可歌也謂之九歌也玄謂雷鼓雷鼗八面靈鼓靈鼗六面路鼓路鼗四面孤竹竹特生者孫竹竹枝根之末生者陰竹生於山北者雲和空桑龍門皆山名九磬讀當爲大韶字之誤

凡樂事大祭祀宿縣遂以聲展之叩聽其聲具陳次之以知完不王出入則令奏王夏尸出入則令奏肆夏牲出入則令奏昭夏三夏皆樂章名帥國子而舞當用舞者帥以往大饗不入牲其他皆如祭祀大饗饗賓客也不入牲牲不入亦不奏昭夏也其他謂王出入賓客出入亦奏王夏肆夏大射王出入令奏王夏及射令奏騶虞騶虞樂章名在召南之卒章王射以騶虞爲節詔諸侯以弓矢舞舞謂執弓挾矢揖讓進退之儀王大食三宥皆令奏鍾鼓大食朔月月半以樂宥食時也宥猶勸也王師大獻則令奏愷樂大獻獻捷於祖愷樂獻功之樂鄭司農說以春秋晉文公敗楚於城濮傳曰振旅愷以入于晉凡日月食四鎮五嶽崩大傀異烖諸侯薨令去樂四鎮山之重大者謂揚州之會稽青州之沂山幽州之醫无閭冀州之霍山五嶽岱在兖州衡在荆州華在豫州嶽在雍州恒在并州傀猶怪也大怪異烖謂天地奇變若星辰奔霣及震裂爲害者去樂藏之也春秋傳曰壬午猶繹萬入去籥萬言入則去者不入藏之可知大札大凶大烖大臣死凡國之大憂令弛縣札疫癘也凶凶年也烖水火也弛釋下之

若今休兵鼓之爲凡建國禁其淫聲過聲凶聲慢聲淫聲若鄭衛也過聲失哀樂之節凶聲亡國之聲若桑間濮上慢聲惰慢不恭大喪涖廞樂器涖臨也廞興也臨笙師鎛師之屬興樂器也興謂作之也及葬藏樂器亦如之

樂師掌國學之政以教國子小舞謂以年幼少時教之舞內則曰十三舞勺成童舞象二十舞大夏凡舞有帗舞有羽舞有皇舞有旄舞有干舞有人舞故書皇作翌鄭司農云帗舞者全羽羽舞者析羽皇舞者以羽冒覆頭上衣飾翡翠之羽旄舞者氂牛之尾干舞者兵舞人舞者手舞社稷以帗宗廟以羽四方以皇辟廱以旄兵事以干星辰以人舞翌讀爲皇書亦或爲皇玄謂帗析五采繒今靈星舞子持之是也皇雜五采羽如鳳皇色持以舞人舞無所執以手袖爲威儀四方以羽宗廟以人山川以干旱暵以皇教樂儀行以肆夏趨以采薺車亦如之環拜以鍾鼓爲節教樂儀教王以樂出入於大寢朝廷之儀故書趨作跢鄭司農云跢當爲趨書亦或爲趨肆夏采薺皆樂名或曰皆逸詩謂人君行步以肆夏爲節趨疾於步則以采薺爲節若今時行禮於大學罷出以鼓陔爲節環謂旋也拜直拜也玄謂行者謂於大寢之中趨謂於朝廷爾雅曰堂上謂之行門外謂之趨然則王出既服至堂而肆夏作出路門而采薺作其反入至應門路門亦如之此謂步迎賓客王如有車出之事登車於大寢西階之前反降於阼階之前尚書傳曰天子將出撞黃鍾之鍾右五鍾皆應入則撞蕤賓之鍾左五鍾皆應大師於是奏樂凡射王以騶虞爲節諸侯以貍首爲節大夫以采蘋爲節士以采蘩爲節騶虞采蘋采蘩皆樂章名在國風召南唯貍首在樂記射義曰騶虞者樂官備也貍首者樂會時也采蘋者樂循法也采蘩者樂不失職也是故天子以備官爲節諸侯以時會爲節卿大夫以循法爲節士以不失職爲節鄭司農說以大射禮曰樂正命大師曰奏貍首間若一大師不興許諾樂正反位奏貍首以射貍首曾孫凡樂掌其序事治其樂政序事次序用樂之事凡國

之小事用樂者令奏鍾鼓小事小祭祀之事凡樂成則告備成謂所奏一竟書曰簫韶九成燕禮曰大師告于樂正曰正歌備詔來瞽皐舞鄭司農云瞽當為鼓皐當為告呼擊鼓者又告當舞者持鼓與舞俱來也鼓字或作瞽詔來瞽或曰來敕也敕尔瞽率尔衆工奏尔悲誦肅肅雍雍毋怠毋凶玄謂詔來瞽詔視瞭扶瞽者來入也皐之言號告國子當舞者舞及徹帥學士而歌徹學士國子也鄭司農云謂將徹之時自有樂故帥學士而歌徹玄謂徹者歌雍雍在周頌臣工之什令相令視瞭扶工鄭司農云告當相瞽師者言當罷也瞽師盲者皆有相道之者故師冕見及階曰階也及席曰席也皆坐曰某在斯某在斯曰相師之道與饗食諸侯序其樂事令奏鍾鼓令相如祭之儀燕射帥射夫以弓矢舞射夫衆耦也故書燕為舞帥為率射夫為射矢鄭司農云舞當為燕率當為帥射矢書亦或為射夫樂出入令奏鍾鼓樂出入謂笙歌舞者及其器凡軍大獻教愷歌遂倡之故書倡為昌鄭司農云樂師主倡也昌當為倡書亦或為倡凡喪陳樂器則帥樂官帥樂官往陳之及序哭亦如之哭此樂器亦帥之

凡樂官掌其政令聽其治訟

大胥掌學士之版以待致諸子鄭司農云學士謂卿大夫諸子學舞者版籍也今時鄉戶籍世謂之戶版大胥主此籍以待當召聚學舞者卿大夫之諸子則案此籍以召之漢大樂律曰卑者之子不得舞宗廟之酎除吏二千石到六百石及關內侯到五大夫子先取適子高七尺已上年十二到年三十顏色和順身躰脩治者以為舞人與古用卿大夫子同義春入學舍采合舞春始以學士入學宮而學之合舞等其進退使應節奏鄭司農云舍采謂舞者皆持芬香之采或曰古者士見於君以雉為摯見於師以菜為摯菜直謂疏食菜羹之菜或曰學者皆人君卿大夫之子衣服采飾舍采者減損解釋盛服以下其師也月令仲春之月

上丁命樂正習舞釋采仲丁又命樂正入學習樂玄謂舍即釋也采讀爲菜始入學必釋菜禮先師也菜蘋蘩之屬**秋頒學合聲**春使之學秋頒其才藝所爲合聲亦等其曲折使應節奏**以六樂之會正舞位**大同六樂之節奏正其位使相應也言爲大合樂習之**以序出入舞者**以長幼次之使出入不紕錯**比樂官**比猶校也杜子春云次比樂官也鄭大夫讀比爲庀庀具也具樂官**展樂器**展謂陳數之**凡祭祀之用樂者以鼓徵學士**鼙鼓以召之文王世子曰大昕鼓徵所以警衆**序宮中之事**

小胥掌學士之徵令而比之觵其不敬者比猶校也不敬謂慢期不時至也觵罰爵也詩云兕觵其觩**巡舞列而撻其怠慢者**撻猶抶也抶以荊扑**正樂縣之位王宮縣諸侯軒縣卿大夫判縣士特縣辨其聲**樂縣謂鍾磬之屬縣於筍虡者鄭司農云宮縣四面縣軒縣去其一面判縣又去其一面特縣又去其一面四面象宮室四面有牆故謂之宮縣軒縣三面其形曲故春秋傳曰請曲縣繁纓以朝諸侯之禮也故曰唯器與名不可以假人玄謂軒縣去南面辟王也判縣左右之合又空北面特縣縣於東方或於階間而已**凡縣鍾磬半爲堵全爲肆**鍾磬者編縣之二八十六枚而在一虡謂之堵鍾一堵磬一堵謂之肆半之者謂諸侯之卿大夫士也諸侯之卿大夫半天子之卿大夫西縣鍾東縣磬士亦半天子之士縣磬而已鄭司農云以春秋傳曰歌鍾二肆

大師掌六律六同以合陰陽之聲陽聲黃鍾大蔟姑洗蕤賓夷則無射陰聲大呂應鍾南呂函鍾小呂夾鍾皆文之以五聲宮商角徵羽皆播之以八音金石土革絲木匏竹以合陰陽之聲者声之陰陽各有合黃鍾子之氣也十一月建焉而辰在星紀

大吕丑之氣也十二月建焉而辰在玄枵大蔟寅之氣也正月建焉而辰在娵訾應鍾亥之氣也十月建焉而辰在析木姑洗辰之氣也三月建焉而辰在大梁南吕酉之氣也八月建焉而辰在壽星蕤賓午之氣也五月建焉而辰在鶉首林鍾未之氣也六月建焉而辰在鶉火夷則申之氣也七月建焉而辰在鶉尾中吕巳之氣也四月建焉而辰在實沈无射戌之氣也九月建焉而辰在大火夾鍾卯之氣也二月建焉而辰在降婁辰與建交錯貿處如表裏然是其合也其相生則以陰陽六體爲之黄鍾初九也下生林鍾之初六林鍾又上生大蔟之九二大蔟又下生南吕之六二南吕又上生姑洗之九三姑洗又下生應鍾之六三應鍾又上生蕤賓之九四蕤賓又上生大吕之六四大吕又下生夷則之九五夷則又上生夾鍾之六五夾鍾又下生無射之上九無射又上生中吕之上六同位者象夫妻異位者象子母所謂律取妻而吕生子也黄鍾長九寸其實一籥下生者三分去一上生者三分益一五下六上乃一終矣大吕長八寸二百四十三分寸之一百四大蔟長八寸夾鍾長七寸二千一百八十七分寸之千七十五姑洗長七寸九分寸之一中吕長六寸萬九千六百八十三分寸之萬二千九百七十四蕤賓長六寸八十一分寸之二十六林鍾長六寸夷則長五寸七百二十九分寸之四百五十一南吕長五寸三分寸之一無射長四寸六千五百六十一分寸之六千五百二十四應鍾長四寸二十七分寸之二十文之者以調五聲使之相次如錦繡之有文章播猶揚也揚之以八音乃可得而觀之矣金鍾鎛也石磬也土塤也革鼓鼗也匏笙也竹管簫也絲琴瑟也木柷敔也

教六詩曰風曰賦曰比曰興曰雅曰頌

教教瞽矇也風言賢聖治道之遺化也賦之言鋪直鋪陳今之政教善惡比見今之失不敢斥言取比類以言之興見今之美嫌於媚諛取善事以喻勸之雅正也言今之正者以爲後世法頌之言誦也容也誦今之德廣以美之鄭司農云古而自有風雅頌之名故延陵季子觀樂於魯時孔子尚幼未定詩書而曰爲之歌邶鄘衛曰是其衛風乎又爲之歌小雅大雅又爲之歌頌論語曰吾自衛反魯然後樂正雅頌各得其所時禮樂自諸侯出頗有謬乱不正孔子正之曰比曰興比者比方於物也興者託事於物

以六德爲之本

所教詩必有知仁聖義忠和之道乃後可

教以樂歌以六律爲之音以律視其人爲之音知其宜何歌子貢見師乙而問曰賜也聞樂歌各有宜若賜者宜何歌此問人性也本人之性莫善於律大祭祀帥瞽登歌令奏擊拊擊拊瞽乃歌也故書拊爲付鄭司農云登歌歌者在堂也付字當爲拊書亦或爲拊樂或當擊或當拊登歌下管貴人聲也玄謂拊形如鼓以韋爲之著之以糠下管播樂器令奏鼓朄鼓朄管乃作也特言管者貴人氣也鄭司農云下管吹管者在堂下朄小鼓也先擊小鼓乃擊大鼓小鼓爲大鼓先引故曰朄朄讀爲道引之引玄謂鼓朄猶言擊朄詩云應朄縣鼓大饗亦如之大射帥瞽而歌射節射節王歌騶虞大師執同律以聽軍聲而詔吉凶大師大起軍師兵書曰王者行師出軍之日授將弓矢士卒振旅將張弓大呼大師吹律合音商則戰勝軍士強角則軍擾多變失士心宮則軍和士卒同心徵則將急數怒軍士勞羽則兵弱少威明鄭司農說以師曠曰吾驟歌北風又歌南風南風不競多死聲楚必無功大喪帥瞽而廞作匶謚廞興也興言王之行謂諷誦其治功之詩故書廞爲淫鄭司農云淫陳也陳其生時行迹爲作謚凡國之瞽矇正焉從大師之政教

小師掌教鼓鼗柷敔塤簫管弦歌教教瞽矇也出音曰鼓鼗如鼓而小持其柄搖之旁耳還自擊塤燒土爲之大如鴈卵簫編小竹管如今賣飴餳所吹者弦謂琴瑟也歌依詠詩也鄭司農云柷如漆筩中有椎敔木虎也塤六孔管如篪六孔玄謂管如篴而小併兩而吹之今大予樂官有焉大祭祀登歌擊拊亦自有拊擊之佐大師令奏鄭司農云拊者擊石下管擊應鼓應鼙也應與朄及朔皆小鼓也其所用別未聞徹歌於有司徹而歌雍大饗亦如之大喪與廞從大師凡小祭祀小樂事鼓朄如大師鄭司農云朄小鼓名掌六樂聲音之節與其和和錞于

瞽矇掌播鼗柷敔塤簫管弦歌播謂發揚其音諷誦詩世奠繫鼓琴瑟諷誦詩謂闇讀之不依詠也故書奠或爲帝鄭司農云諷誦詩主誦詩以刺君過故國語曰瞍賦矇誦謂詩也杜子春云帝讀爲定其字爲奠書亦或爲奠世奠繫謂帝繫諸侯卿大夫世本之屬是也小史主次序先王之世昭穆之繫述其德行瞽矇主誦詩并誦世繫以戒勸人君也故國語曰教之世而爲之昭明德而廢幽昏焉以怵懼其動玄謂諷誦詩主謂厥作柩謚時也諷誦王治功之詩以爲謚世之而定其繫謂書於世本也雖不歌猶鼓琴瑟以播其音美之掌九德六詩之歌以役大師役爲之使

眡瞭掌凡樂事播鼗擊頌磬笙磬視瞭播鼗又擊磬磬在東方曰笙笙生也在西方曰頌頌或作庸庸功也大射禮曰樂人宿縣于阼階東笙磬西面其南笙鍾其南鑮皆南陳又曰西階之西頌磬東面其南鍾其南鑮皆南陳掌大師之縣大師當縣則爲之凡樂事相瞽相謂扶工大喪廞樂器大旅亦如之旅非常祭於時乃興造其樂器賓射皆奏其鍾鼓擊朄以奏之其登歌大師自奏之鼜愷獻亦如之愷獻獻功愷樂也杜子春讀鼜爲憂戚之戚謂戒守鼓也擊鼓聲疾數故曰戚

典同掌六律六同之和以辨天地四方陰陽之聲以爲樂器陽聲屬天陰聲屬地天地之聲布於四方爲作也故書同作銅鄭司農云陽律以竹爲管陰律以銅爲管竹陽也銅陰也各順其性凡十二律故大師職曰執同律以聽軍聲玄謂律述氣者也同助陽宣氣與之同皆以銅爲凡聲高聲碮正聲緩下聲肆陂聲散險聲斂達聲贏微聲韽回聲衍侈聲筰弇聲鬱薄聲甄厚聲石故書碮或爲硍杜子春讀硍爲鏗鎗之鏗高謂鍾形容高也韽讀爲闇不明之闇筰讀爲行扈唶唶之唶石如磬石之聲鄭大夫讀碮爲袞冕之袞陂讀爲人短罷之罷韽讀爲鶉鴿之鴿鄭司農云鍾形下當踔正者不高不下鍾形上下正傭玄謂高鍾形大

上上大也高則聲上藏衺然旋如裏正謂上下直正則聲緩無所動下謂鍾形大下下大也下則聲出去放肆陂讀爲險陂之陂陂謂偏侈陂則聲離散也險謂偏弇也險則聲斂不越也達謂其形微大也達則聲有餘若大放也微謂其形微小也韽讀爲飛鉆涅韽之韽韽聲小不成也回謂其形微圜也回則其聲淫衍無鴻殺也侈謂中央約也侈則聲迫筰出去疾也弇謂中央寬也弇則聲鬱勃不出也甄讀爲甄燿之甄甄猶掉也鍾微薄則聲掉鍾大厚則如石叩之無聲

凡爲樂器以十有二律爲之數度以十有二聲爲之齊量數度廣長也齊量侈弇之所容

凡和樂亦如之和謂調其故器也

磬師掌教擊磬擊編鍾教教視瞭也磬亦編於鍾言之者鍾有不編不編者鍾師擊之杜子春讀編爲編書之編

教縵樂燕樂之鍾磬杜子春讀縵爲怠慢之慢玄謂縵讀爲縵錦之縵謂雜聲之和樂者也學記曰不學操縵不能安弦燕樂房中之樂所謂陰聲也二樂皆教其鍾磬

凡祭祀奏縵樂

鍾師掌金奏金奏擊金以爲奏樂之節金謂鍾及鎛

凡樂事以鍾鼓奏九夏王夏肆夏昭夏納夏章夏齊夏族夏祴夏驁夏以鍾鼓者先擊鍾次擊鼓以奏九夏夏大也樂之大歌有九故書納作內杜子春云內當爲納祴讀爲陔鼓之陔王出入奏王夏尸出入奏肆夏牲出入奏昭夏四方賓來奏納夏臣有功奏章夏夫人祭奏齊夏族人侍奏族夏客醉而出奏陔夏公出入奏驁夏肆夏詩也春秋傳曰穆叔如晉晉侯享之金奏肆夏三不拜工歌文王之三又不拜歌鹿鳴之三三拜曰三夏天子所以享元侯也使臣不敢與聞肆夏與文王鹿鳴俱稱三謂其三章也以此知肆夏詩也國語曰金奏肆夏繁遏渠天子所以享元侯肆夏繁遏渠所謂三夏矣吕叔玉云肆夏繁遏渠皆周頌也肆夏時邁也繁遏執競也渠思文肆遂也夏大也言遂於大位謂王位也故時邁曰肆于時夏允王保之繁多也遏止也言福祿止於周之多也故執競曰降福穰穰降福簡簡福祿來反渠大也言以后稷配天王道之大也故思文曰思文后稷克配彼天故國

語謂之曰皆昭令德以合好也玄謂以文王鹿鳴言之則九夏皆詩篇名頌之族類也此歌之大者載在樂章樂崩亦從而亡是以頌不能具 凡祭祀饗食奏燕樂 以鍾鼓奏之 凡射王奏騶虞諸侯奏貍首卿大夫奏采蘋士奏采蘩 鄭司農云騶虞聖獸 掌鼙鼓縵樂 鼓讀如莊王鼓之鼓玄謂作縵樂擊鼙以和之

笙師掌教龡竽笙塤籥簫篪篴管舂牘應雅以教祴樂 教教視瞭也鄭司農云竽三十六簧笙十三簧篪七空舂牘以竹大五六寸長七尺短者一二尺其端有兩空髤畫以兩手築地應長六尺五寸其中有椎雅狀如漆筩而弇口大二圍長五尺六寸以羊韋鞔之有兩紐疏畫杜子春讀篴爲蕩滌之滌今時所推五空竹篴玄謂籥如篴三空祴樂祴夏之樂牘應雅教其舂者謂以築地笙師教之則三器在庭可知矣賓醉而出奏祴夏以此三器築地爲之行節明不失禮 凡祭祀饗射共其鍾笙之樂 鍾笙與鍾聲相應之笙 燕樂亦如之 大喪廞其樂器及葬奉而藏之 廞興也興謂作之奉猶送 大旅則陳之 陳於饌處而已不涖其縣

鎛師掌金奏之鼓 謂主擊晉鼓以奏其鍾鎛也然則擊鎛者亦視瞭 凡祭祀鼓其金奏之樂饗食賓射亦如之軍大獻則鼓其愷樂凡軍之夜三鼜皆鼓之守鼜亦如之 守鼜備守鼓也鼓之以鼖鼓杜子春云一夜三擊備守鼜也春秋傳所謂賓將趨者音聲相似 大喪廞其樂器奉而藏之

韎師掌教韎樂祭祀則帥其屬而舞之 舞之以東夷之舞 大饗亦如之

旄人掌教舞散樂舞夷樂 散樂野人爲樂之善者若今黃門倡矣自有舞夷樂四夷之樂亦皆有聲歌及舞 凡四方之

以舞仕者屬焉凡祭祀賓客舞其燕樂

籥師掌教國子舞羽龡籥文舞有持羽吹籥者所謂籥舞也文王世子曰秋冬學羽籥詩云左手執籥右手秉翟祭祀則鼓羽籥之舞鼓之者恒為之節賓客饗食則亦如之大喪廞其樂器奉而藏之

籥章掌土鼓豳籥杜子春云土鼓以瓦為匡以革為兩面可擊也鄭司農云豳籥豳國之地竹豳詩亦如之玄謂豳籥豳人吹籥之聲章明堂位曰土鼓蒯桴葦籥伊耆氏之樂中春晝擊土鼓龡豳詩以逆暑豳詩豳風七月也吹之者以籥為之聲七月言寒暑之事迎氣歌其類也此風也而言詩詩總名也迎暑以晝求諸陽中秋夜迎寒亦如之迎寒以夜求諸陰凡國祈年于田祖龡豳雅擊土鼓以樂田畯祈年祈豐年也田祖始耕田者謂神農也豳雅亦七月也七月又有于耜舉趾饁彼南畝之事是亦歌其類謂之雅者以其言男女之正鄭司農云田畯古之先教田者爾雅曰畯農夫也國祭蜡則龡豳頌擊土鼓以息老物故書蜡為䄍杜子春云䄍當為蜡郊特牲曰天子大蜡八伊耆氏始為蜡歲十二月而合聚万物而索饗之也蜡之祭也主先嗇而祭司嗇也黃衣黃冠而祭息田夫也既蜡而收民息已玄謂十二月建亥之月也求万物而祭之者万物助天成歲事至此為其老而勞乃祀而老息之於是國亦養老焉月令孟冬勞農以休息之是也豳頌亦七月也七月又有穫稻作酒躋彼公堂稱彼兕觥万壽无疆之事是亦歌其類也謂之頌者以其言歲終人功之成

鞮鞻氏掌四夷之樂與其聲歌四夷之樂東方曰韎南方曰任西方曰株離北方曰禁詩云以雅以南是也王者必作四夷之樂

（一天下也言與其聲歌則云樂者主於舞）祭祀則龡而歌之燕亦如之（吹之以管籥為之聲）

典庸器掌藏樂器庸器（庸器伐國所獲之器若崇鼎貫鼎及以其兵物所鑄銘也）及祭祀帥其屬而設筍虡陳庸器（設筍虡視瞭當以縣樂器焉陳功器以華國也杜子春云筍讀為博選之選橫者為筍從者為鐻）饗食賓射亦如之大喪廞筍虡（廞興也興謂作之）

司干掌舞器（舞器羽籥之屬）祭祀舞者既陳則授舞器既舞則受之（既已也受取藏之）賓饗亦如之大喪廞舞器及葬奉而藏之

大卜掌三兆之灋一曰玉兆二曰瓦兆三曰原兆（兆者灼龜發於火其形可占者其象似玉瓦原之璺罅是用名之焉上古以來作其法可用者有三原原田也杜子春云王兆帝顓頊之兆瓦兆帝堯之兆原兆有周之兆）其經兆之體皆百有二十其頌皆千有二百（頌謂繇也三法體繇之數同其名占異耳百二十每體十繇體有五色又重之以墨坼也五色者洪範所謂曰雨曰濟曰圛曰蟊曰剋）掌三易之灋一曰連山二曰歸藏三曰周易（易者揲蓍變易之數可占者也名曰連山似山出內氣也歸藏者万物莫不歸而藏於其中杜子春云連山宓戲歸藏黃帝）其經卦皆八其別皆六十有四（三易卦別之數亦同其名占異也每卦八別者重之數）掌三夢之灋一曰致夢二曰觭夢三曰咸陟（夢者人精神所寤可占者致夢言夢之所至夏后氏作焉咸皆也陟之言得也讀如王德翟人之德言夢之皆得周人作焉杜子春云觭讀為奇偉之奇其字直當

爲奇玄謂觭讀如諸戎掎之掎掎亦得也亦言夢之所得觭人作焉 其經運十其別九十 運或爲緷當爲煇是視祲所掌十煇也王者於天日也夜有夢則晝視日旁之氣以占其吉凶凡所占者十煇每煇九變此術今亡 以邦事作龜之八命一曰征二曰象三曰與四曰謀五曰果六曰至七曰雨八曰瘳 國之大事待蓍龜而決者有八定作其辭於將卜以命龜也鄭司農云征謂征伐人也象謂災變雲物如衆赤鳥之屬有所象似易曰天垂象見吉凶春秋傳曰天事恒象皆是也與謂予人物也謀謂謀議也果謂事成與不也至謂至不也雨謂雨不也瘳謂疾瘳不也玄謂征亦云行巡守也象謂有所造立也易曰以制器者尚其象與謂所與共事也果謂以勇決爲之若吴伐楚楚司馬子魚卜戰令龜曰鮒也以其屬死之楚師繼之尚大克之吉是也 以八命者贊三兆三易三夢之占以觀國家之吉凶以詔救政 鄭司農云以此八事命卜筮蓍龜參之以夢故曰以八命者贊三兆三易三夢之占春秋傳曰筮襲於夢武王所用玄謂贊佐也詔告也非徒占其事吉則爲否則止又佐明其繇之占演其意以視國家餘事之吉凶凶則告王救其政 凡國大貞卜立君卜大封則眡高作龜 卜立君君無冢適卜可立者卜大封謂竟界侵削卜以兵征之若魯昭元年秋叔弓帥師疆鄆田是也視高以龜骨高者可灼處示宗伯也大事宗伯涖卜卜用龜之腹骨骨近足者其部高鄭司農云貞問也國有大疑問於蓍龜作龜謂鑿龜令可爇也玄謂貞之爲問問於正者必先正之乃從問焉易曰師貞丈人吉作龜謂以火灼之以作其兆也春灼後左夏灼前左秋灼前右冬灼後右士喪禮曰宗人受卜人龜示高涖卜受視反之又曰卜人坐作龜 大祭祀則眡高命龜 命龜告龜以所卜之事不親作龜者大祭祀輕於大貞也士喪禮曰宗人即席西面坐命龜 凡小事涖卜 代宗伯 國大遷大師則貞龜 正龜於卜位也士喪禮曰卜人抱龜燋先奠龜西面是也又不親命龜亦大遷大師輕於大祭祀 凡旅陳龜 陳龜於饌處也士喪禮曰卜人先奠龜于西塾上南首是也不親貞

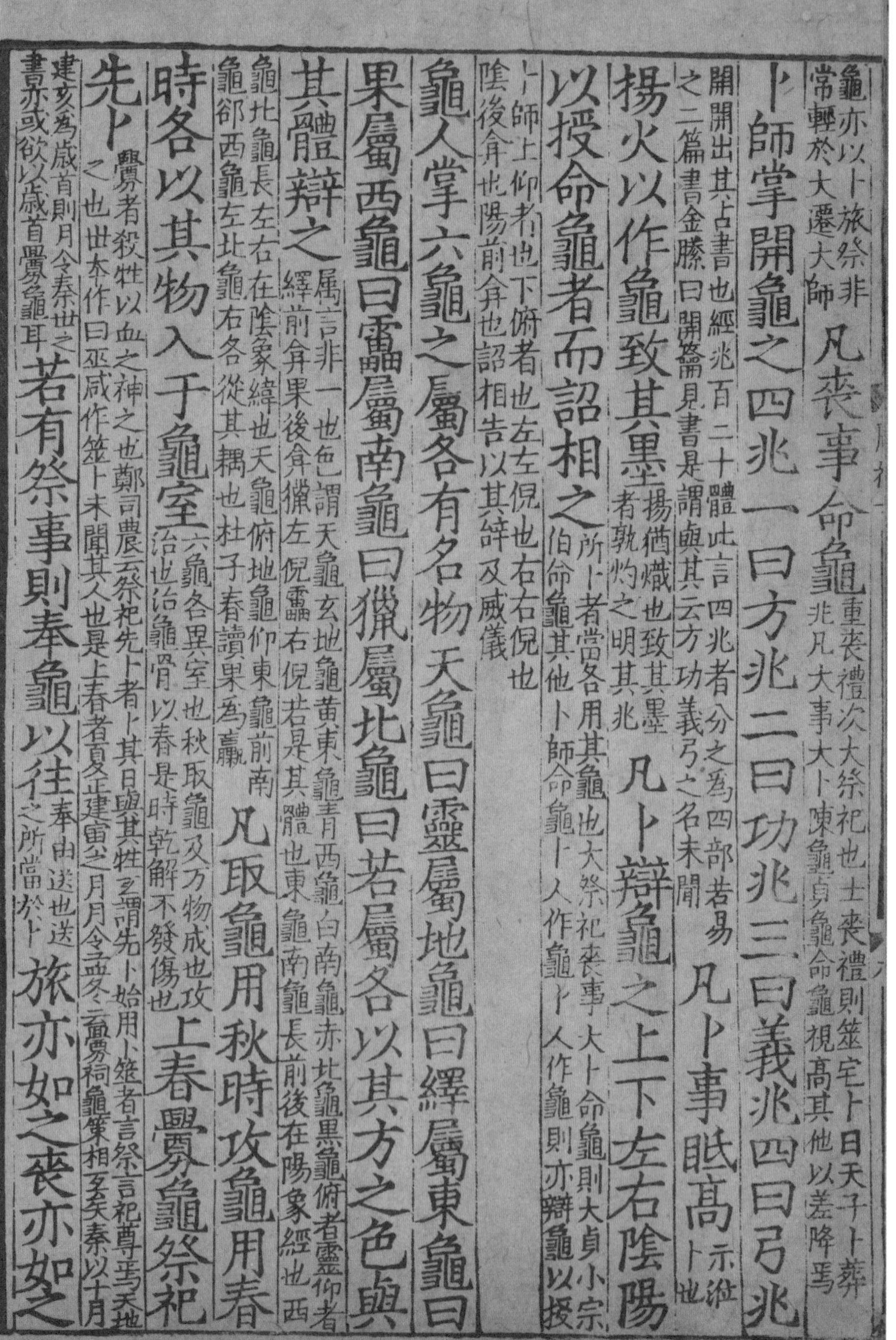

龜亦以卜旅祭非常輕於大遷大師凡喪事命龜重喪禮次大祭祀也士喪禮則筮宅卜日天子卜葬兆凡大事大卜陳龜貞龜命龜視高其他以差降焉

卜師掌開龜之四兆一曰方兆二曰功兆三曰義兆四曰弓兆開開出其占書也經兆百二十體此言四兆者分之爲四部若易之二篇書金縢曰開籥見書是謂與其云方功義弓之名未聞凡卜事眡高示涖卜也揚火以作龜致其墨揚猶熾也致其墨者孰灼之明其兆凡卜辯龜之上下左右陰陽以授命龜者而詔相之所卜者當各用其龜也大祭祀喪事大卜命龜則大貞小宗伯命龜其他卜師命龜卜人作龜卜人作龜則亦辯龜以授卜師上仰者也下俯者也左左倪也右右倪也陰後弇也陽前弇也詔相告以其辭及威儀

龜人掌六龜之屬各有名物天龜曰靈屬地龜曰繹屬東龜曰果屬西龜曰靁屬南龜曰獵屬北龜曰若屬各以其方之色與其體辯之屬言非一也色謂天龜玄地龜黃東龜青西龜白南龜赤北龜黑龜俯者靈仰者繹前弇果後弇獵左倪靁右倪若是其體也東龜南龜長前後在陽象經也西龜北龜長左右在陰象緯也天龜俯地龜仰東龜前南龜卻西龜左北龜右各從其耦也杜子春讀果爲蠃凡取龜用秋時攻龜用春時各以其物入于龜室六龜各異室也秋取龜及万物成也攻治也治龜骨以春是時乾解不發傷也上春釁龜祭祀先卜釁者殺牲以血之神之也鄭司農云祭祀先卜者卜其日與其牲玄謂先卜始用卜筮者言祭言祀尊焉天地之也世本作曰巫咸作筮卜未聞其人也是上春者夏正建寅之月月令孟冬云釁祠龜策相互矣秦以十月建亥爲歲首則月令秦世之書亦或欲以歲首釁龜耳若有祭事則奉龜以往奉由送也送之所當於卜旅亦如之喪亦如之

華氏掌共燋契以待卜事杜子春云燋讀爲細目燋之燋或曰如薪樵之樵謂爇灼龜之木也故謂之燋契謂契龜之鑿也詩云爰始爰謀爰契我龜玄謂士喪禮曰楚焞置于燋在龜東楚焞即契所用灼龜也燋謂炬其存火凡卜以明火爇燋遂龡其焌契以授卜師遂役之杜子春云明火以陽燧取火於日焌讀爲英俊之俊書亦或爲俊玄謂焌讀如戈鐏之鐏謂以契柱燋火而吹之也契既然以授卜師用作龜也役之使助之

占人掌占龜以八簭占八頌以八卦占簭之八故以眡吉凶占人亦占簭言掌占龜者筮短龜長主於長者以八筮占八頌謂將卜八事先以筮筮之言頌者同於龜占也以八卦占筮之八故謂八事不卜而徒筮之也其非八事則用九筮占人亦占焉凡卜簭君占體大夫占色史占墨卜人占坼體兆象也色兆氣也墨兆廣也坼兆釁也體有吉凶色有善惡墨有大小坼有微明尊者視兆象而已卑者以次詳其餘也周公卜武王占之曰體王其無害凡卜象吉色善墨大坼明則逢吉凡卜簭既事則繫幣以比其命歲終則計其占之中否杜子春云繫幣者以帛書其占繫之於龜也玄謂既卜筮史必書其命龜之事及兆於策繫其禮神之幣而合藏焉書曰王與大夫盡弁開金縢之書乃得周公所自以爲功代武王之說是命龜書

簭人掌三易以辨九簭之名一曰連山二曰歸藏三曰周易九簭之名一曰巫更二曰巫咸三曰巫式四曰巫目五曰巫易六曰巫比七曰巫祠八曰巫參九曰巫環以辨吉凶此九巫讀皆當爲筮字之誤也更謂筮遷都邑也咸猶僉也謂筮衆心歡不也式謂筮制作法式也目謂事衆筮其要所當也易謂民衆不說筮所改易也比謂筮與民和比也祠謂筮牲與日也參謂筮御與右也環謂筮可致師不凡國之大事

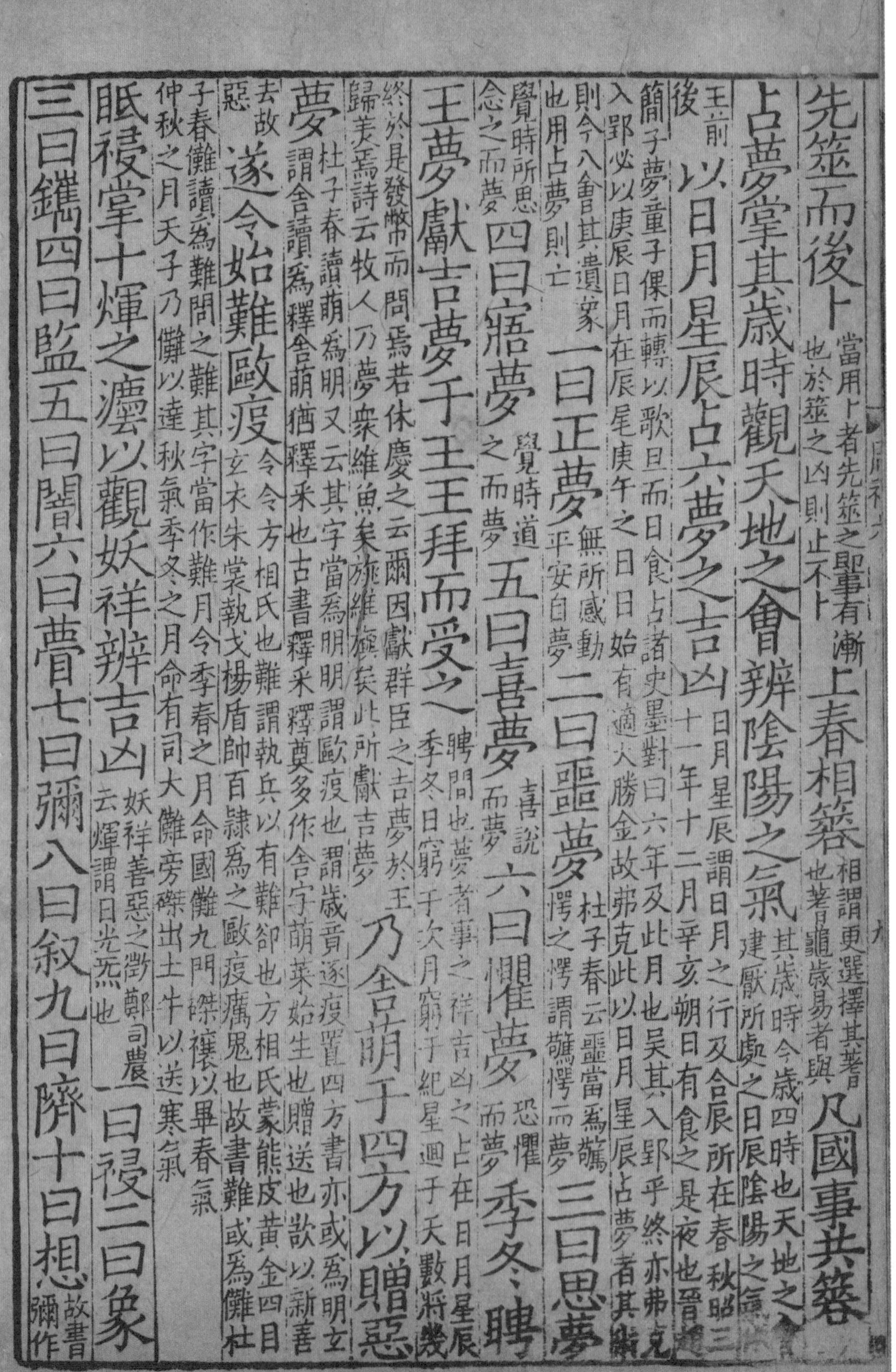

先筮而後卜當用卜者先筮之卽事有漸也於筮之凶則止不卜上春相簭相謂更選擇其蓍也蓍龜歲易者與凡國事共簭

占夢掌其歲時觀天地之會辨陰陽之氣其歲時今歲四時也天地之會建厭所處之日辰陰陽之氣休王前後以日月星辰占六夢之吉凶日月星辰謂日月之行及合辰所在春秋昭三十一年十二月辛亥朔日有食之是夜也晉趙簡子夢童子倮而轉以歌旦而日食占諸史墨對曰六年及此月也吳其入郢乎終亦弗克入郢必以庚辰日月在辰尾庚午之日日始有適火勝金故弗克此以日月星辰占夢者其術則今八會其遺象也用占夢則亡一曰正夢無所感動平安自夢二曰噩夢杜子春云噩當爲驚愕之愕謂驚愕而夢三曰思夢覺時所思念之而夢四曰寤夢覺時道之而夢五曰喜夢喜說而夢六曰懼夢恐懼而夢季冬聘王夢獻吉夢于王王拜而受之聘問也夢者事之祥吉凶之占在日月星辰季冬日窮于次月窮于紀星迴于天數將幾終於是發幣而問焉若休慶之云爾因獻群臣之吉夢於王歸美焉詩云牧人乃夢衆維魚矣旐維旟矣此所獻吉夢乃舍萌于四方以贈惡夢杜子春讀萌爲明又云其字當爲明明謂歐疫也謂歲竟逐疫置四方書亦或爲明玄謂舍讀爲釋舍萌猶釋采也古書釋采釋奠多作舍字萌菜始生也贈送也欲以新善去故惡遂令始難歐疫令令方相氏也難謂執兵以有難卻也方相氏蒙熊皮黃金四目玄衣朱裳執戈揚盾帥百隷爲之歐疫癘鬼也故書難或爲儺杜子春儺讀爲難問之難其字當作難月令季春之月命國難九門磔禳以畢春氣仲秋之月天子乃儺以達秋氣季冬之月命有司大儺旁磔出土牛以送寒氣

眡祲掌十煇之灋以觀妖祥辨吉凶妖祥善惡之徵鄭司農云煇謂日光炁也一曰祲二曰象三曰鑴四曰監五曰闇六曰瞢七曰彌八曰敘九曰隮十曰想故書彌作

迷隮作資鄭司農云祲陰陽氣相侵也象者如赤烏也鐫謂日旁氣四面反鄉如煇狀也監雲氣臨日也闇日月食也瞢日月瞢瞢無光也彌者白虹彌天也敘者雲有次序如山在日上也隮者升氣也想者煇光也玄謂鐫讀如童子佩鐫之鐫謂日旁氣刺日也監冠珥也彌氣貫日也隮虹也詩云朝隮于西想雜氣有似可形想

掌安宅敘降宅居也降下也人見妖祥則不安主安其居處也次序其凶禍所下謂禳移之

正歲則行事占夢以季冬贈惡夢此正月而行安宅之事所以順民

歲終則弊其事弊斷也謂計其吉凶然否多少

大祝掌六祝之辭以事鬼神示祈福祥求永貞一曰順祝二曰年祝三曰吉祝四曰化祝五曰瑞祝六曰筴祝永長也貞正也求多福歷年得正命也鄭司農云順祝順豐年也年祝求永貞也吉祝祈福祥也化祝弭災兵也瑞祝逆時雨寧風旱也筴祝遠罪疾

掌六祈以同鬼神示一曰類二曰造三曰禬四曰禜五曰攻六曰說祈嘄也謂為有災變號呼告神以求福天神人鬼地祇不和則六癘作見故以祈禮同之故書造作竈杜子春讀竈為造次之造書亦或為造造祭於祖也鄭司農云類造禬禜攻說皆祭名也類祭于上帝詩曰是類是禡爾雅曰是類是禡師祭也又曰乃立冢土戎醜攸行爾雅曰起大事動大衆必先有事乎社而後出謂之宜故曰太師宜于社造于祖設軍社類上帝司馬法曰將用師乃告于皇天上帝日月星辰以禱于后土四海神祇山川冢社乃造于先王然後冢宰徵師于諸侯曰某國為不道征之以某年某月某日師至某國禜日月星辰山川之祭也春秋傳曰日月星辰之神則雪霜風雨之不時於是乎禜之山川之神則水旱癘疫之災於是乎禜之玄謂類造加誠肅求如志禬禜告之以時有災變也攻說則以辭責之禜如日食以朱絲縈社攻如其鳴鼓然董仲舒救日食祝曰炤炤大明瀸滅無光奈何以陰侵陽以卑侵尊是之謂說也禬未聞焉造類禬禜皆有牲攻說用幣而已

作六辭以通上下親疏遠近一曰祠二曰命三曰

誥四曰會五曰禱六曰誄鄭司農云祠當爲辭謂辭令也命論語所謂爲命裨諶草創之誥謂康誥盤庚之誥之屬也盤庚將遷于殷誥
其世臣卿大夫道其先祖之善功故曰以通上下親疏遠近會謂王官之伯命事於會胥命
于蒲主爲其命也禱謂禱於天地社稷宗廟主爲其辭也春秋傳曰鐵之戰衛大子禱曰曾
孫蒯聵敢昭告皇祖文王烈祖康叔文祖襄公鄭勝亂從晉午在難不能治亂使鞅討
聵不敢自佚備持矛焉敢告無絕筋無破骨無面夷無作三祖羞大命不敢請佩玉不敢[illegible]
若此之屬誄謂積累生時德行以賜之命主爲其辭也春秋傳曰孔子卒哀公誄之曰
不淑不慭遺一老俾屏余一人以在位嬛嬛予在疚嗚呼哀哉尼父無自律此皆有文[illegible]
令難爲者也故大祝官主作六辭或曰誄論語所謂誄曰禱爾于上下神祇杜子春云[illegible]
爲告書亦或爲告玄謂一曰祠者交接之辭春秋傳曰古者諸侯相見號辭必稱先君以
接辭之辭也會謂會同盟誓之辭禱賀慶言福祚之辭晉趙文子成室晉大夫發焉張老[illegible]
美哉輪焉美哉奐焉歌於斯哭於斯聚國族於斯文子曰武也得歌於斯哭於斯聚國族[illegible]
斯是全要領以從先大夫於九京也北面
再拜稽首君子謂之善頌善禱禱是之辭辨六號一曰神號二曰鬼號三曰示號
四曰牲號五曰齍號六曰幣號號謂尊其名更爲美稱焉神號若云皇天上帝鬼號若云皇祖伯某祇號若云后土地祇幣號若玉
云嘉玉幣云量幣鄭司農云牲號爲犧牲皆有名號曲禮曰牛曰一元大武豕曰剛鬣羊曰
柔毛雞曰翰音粢號謂黍稷皆有名號也曲禮曰黍曰香合粱曰香萁稻曰嘉蔬少牢饋食
禮曰敢用柔毛剛鬣士虞禮曰敢用絜牲剛鬣香合辨九祭一曰命祭二曰衍祭三曰炮祭四曰周祭
五曰振祭六曰擩祭七曰絕祭八曰繚祭九曰共祭杜子春云命祭祭有所主命也振祭振讀
爲慎禮家讀振爲振旅之振擩祭擩讀爲虞芮之芮鄭司農云衍祭羨之道中如今祭殤無
所主命周祭四面爲坐也炮祭燔柴也爾雅曰祭天曰燔柴擩祭以肝肺菹擩鹽醢中以
祭也繚祭以手從肺本循之至于末乃絕以祭也絕祭不循其本直絕肺以祭也重肺賤肝
故初祭絕肺以祭謂之絕祭至祭之末禮殺之後但擩肝鹽中振之擬之若祭狀弗祭謂之

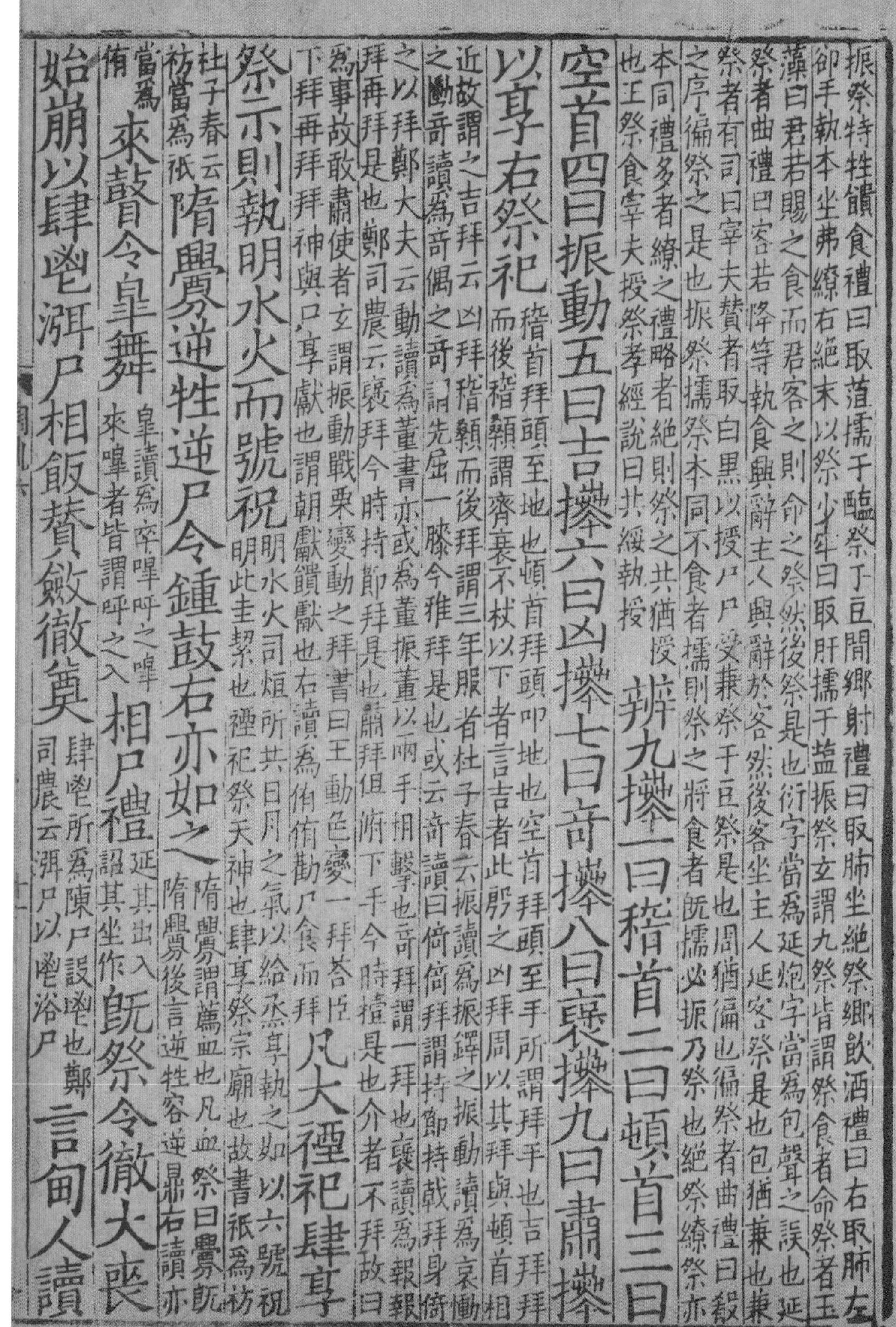

振祭特牲饋食禮曰取菹擩于醢祭于豆間鄉射禮曰取肺坐絕祭鄉飲酒禮曰右取肺左卻手執本坐弗繚右絕末以祭少牢曰取肝擩于鹽振祭玄謂九祭皆謂祭食者命祭者玉藻曰君若賜之食而君客之則命之祭然後祭是也衍字當爲延炮字當爲包聲之誤也延祭者曲禮曰客若降等執食興辭主人興辭於客然後客坐主人延客祭是也包猶兼也兼祭者有司曰宰夫贊者取白黑以授尸尸受兼祭于豆祭是也周猶徧也徧祭者曲禮曰殽之序徧祭之是也振祭擩祭本同不食者擩則祭之將食者既擩必振乃祭也絕祭繚祭亦本同禮多者繚之禮略者絕則祭之共猶授也王祭食宰夫授祭孝經說曰共綏執授

辨九𢷎一曰稽首二曰頓首三曰空首四曰振動五曰吉𢷎六曰凶𢷎七曰奇𢷎八曰褒𢷎九曰肅𢷎以享右祭祀

稽首拜頭至地也頓首拜頭叩地也空首拜頭至手所謂拜手也吉拜拜而後稽顙謂齊衰不杖以下者言吉者此殷之凶拜周以其拜與頓首相近故謂之吉拜云凶拜稽顙而後拜謂三年服者杜子春云振讀爲振鐸之振動讀爲哀慟之慟奇讀爲奇偶之奇謂先屈一膝今雅拜是也或云奇讀曰倚倚拜謂持節持戟拜身倚之以拜鄭大夫云動讀爲董書亦或爲董振董以兩手相擊也奇拜謂一拜也褒讀爲報報拜再拜是也鄭司農云褒拜今時持節拜是也肅拜但俯下手今時撎是也介者不拜故曰爲事故敢肅使者玄謂振動戰栗變動之拜書曰王動色變一拜荅臣下拜再拜拜神與尸享獻也謂朝獻饋獻也右讀爲侑侑勸尸食而拜

凡大禋祀肆享祭示則執明水火而號祝

明水火司烜所共日月之氣以給烝享執之如以六號祝明此圭絜也禋祀祭天神也肆享祭宗廟也故書祇爲祊杜子春云祊當爲祇

隋釁逆牲逆尸令鐘鼓右亦如之

隋釁謂薦血也凡血祭曰釁既隋釁後言逆牲容逆鼎右讀亦當爲侑

來瞽令臯舞

臯讀爲卒嗥呼之嗥來嗥者皆謂呼之入

相尸禮

延其出入詔其坐作

既祭令徹大喪始崩以肆鬯渳尸相飯贊斂徹奠

肆鬯所爲陳尸設鬯也鄭司農云渳尸以鬯浴尸

言甸人讀

禱付練祥掌國事鄭司農云甸人主設復梯大祝主言問其具梯物玄謂言猶語也禱六辭之屬禱也甸人喪事代王受眚災大祝爲禱辭語之使以禱於藉田之神也付當爲祔祭於先王以祔後死者掌國事辨護之國有大故天裁彌祀社稷禱祠大故兵寇也天裁疫癘水旱也彌猶徧也徧祀社稷及諸所禱旣則祠之以報焉大師宜于社造于祖設軍社類上帝國將有事于四望及軍歸獻于社則前祝鄭司農説設軍社以春秋傳曰所謂君以師行祓社釁鼓祝奉以從者也則前祝大祝自前祝也玄謂前祝者王出也歸也將有事於此神大祝居前先以祝辭告之大會同造于廟宜于社過大山川則用事焉反行舍奠用事亦用祭事告行也玉人職有宗祝以黃金勺前馬之禮是謂過大山川與曾子問曰凡告必用牲幣反亦如之建邦國先告后土用牲幣后土社神也禁督逆祀命者督正也正王之所命諸侯之所祀有逆者則刑罰焉頒祭號于邦國都鄙祭號六號

小祝掌小祭祀將事侯禳禱祠之祝號以祈福祥順豐年逆時雨寧風旱彌裁兵遠辠疾侯之言候也候嘉慶祈福祥之屬禳禳卻凶咎寧風旱之屬順豐年而順爲之祝辭逆迎也彌讀曰敉敉安也大祭祀逆齍盛送逆尸沃尸盥贊隋贊徹贊奠隋尸之祭也奠奠爵也祭祀奠先徹後反言之者明所佐大祝非一凡事佐大祝唯大祝所有事大喪贊渳故書渳爲攝杜子春云當爲渳渳謂浴尸設熬置銘銘今書或作名鄭司農云銘書死者名於旌今謂之柩士喪禮曰爲銘各以其物亡則以緇長半幅赬末長終幅廣三寸書名于末曰某氏某之柩竹杠長三尺置于西階上重木置于中庭參分庭一

在南粥餘飯盛以二鬲縣于重冪用葦席取銘置于重杜子春云敽謂重也檀弓曰銘明旌也以死者爲不可別故以其旗識之愛之斯錄之矣敬之斯盡其道焉爾重主道也殷主綴重焉周主徹重焉奠以素器以主人有哀素之心也玄謂敽者棺既蓋設於其旁所以惑蚍蜉也喪大記曰敽君四種八筐大夫三種六筐士二種四筐加魚腊焉士喪禮曰敽黍稷各二筐有魚腊饌于西坫南又曰設敽旁一筐乃塗**及葬設道齎之奠分禱五祀**杜子春云齎當爲粢道中祭也漢儀每街路輒祭玄謂齎猶送也送道之奠謂遣奠也分其牲體以祭五祀告王去此宮中不復反故與祭祀也王七祀祀五者司命大厲平生出入不以告**大師掌釁祈號祝**鄭司農云釁謂釁鼓也春秋傳曰君以軍行祓社釁鼓祝奉以從**有寇戎之事則保郊祀于社**故書祀或作禩鄭司農云謂保守郊祭諸祀及社無令寇侵犯之杜子春讀禩爲祀書亦或爲祀玄謂保祀互文郊社皆守而祀之彌烖兵**凡外內小祭祀小喪紀小會同小軍旅掌事焉**

喪祝掌大喪勸防之事鄭司農云勸防引柩也杜子春云防當爲披玄謂勸猶倡帥前引者防謂執披備傾戲**及辟令啓**鄭司農云辟謂除菆塗椁也令啓謂喪祝主命役人開之也檀弓曰天子之殯也菆塗龍輴以椁加斧于椁上畢塗屋天子之禮也**及朝御匶乃奠**鄭司農云朝謂將葬朝於祖考之廟而後行則喪祝爲御柩也檀弓曰喪之朝也順死者之孝心也其哀離其室也故至於祖考之廟而後行殷朝而殯於祖周朝而遂葬故春秋傳曰凡夫人不殯于廟不祔于姑則弗致也晉文公卒將殯于曲沃就宗廟晉宗廟在曲沃故曰曲沃君之宗也又曰丙午入于曲沃丁未朝于武宮玄謂乃奠朝廟奠**及祖飾棺乃載遂御**鄭司農云祖謂將葬祖於庭象生時出則祖也故曰事死如事生禮也檀弓曰飯於牖下小斂於戶內大斂於阼殯於客位祖於庭葬於墓所以即遠也祖時喪祝主飾棺乃載遂御之喪祝爲柩車御也或謂及祖至祖廟也玄謂祖爲行始飾棺設柳池紐之屬其序載而後飾既飾當還車鄉外喪祝御之御之者執翿居前卻行爲

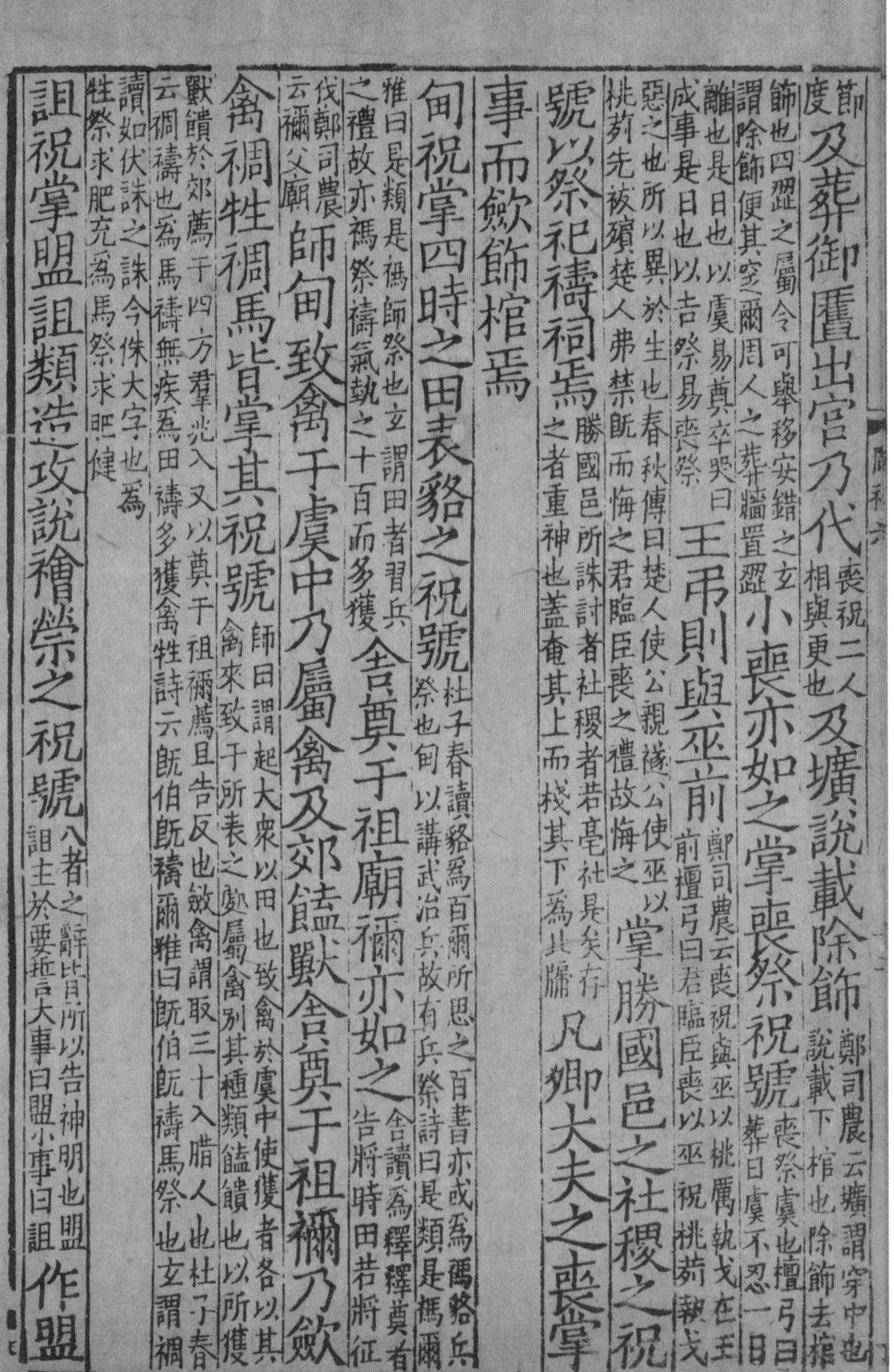

節度及葬御匶出宮乃代喪祝二人相與更也及壙說載除飾鄭司農云壙謂穿中也說載下棺也除飾去棺飾也四翣之屬令可舉移安錯之玄謂除飾便其窆爾周人之葬牆置翣小喪亦如之掌喪祭祝號喪祭虞也檀弓曰葬日虞不忍一日離也是日也以虞易奠卒哭曰成事是日也以吉祭易喪祭王弔則與巫前鄭司農云喪祝與巫以桃厲執戈在王前檀弓曰君臨臣喪以巫祝桃茢執戈惡之也所以異於生也春秋傳曰楚人使公親襚公使巫以桃茢先祓殯楚人弗禁既而悔之君臨臣喪之禮故悔之掌勝國邑之社稷之祝號以祭祀禱祠焉勝國邑所誅討者社稷者若亳社是矣存之者重神也蓋奄其上而棧其下為北牖凡卿大夫之喪掌事而斂飾棺焉

甸祝掌四時之田表貉之祝號杜子春讀貉為百爾所思之百書亦或為禡貉兵祭也甸以講武治兵故有兵祭詩曰是類是禡爾雅曰是類是禡師祭也玄謂田者習兵之禮故亦禡祭禱氣埶之十百而多獲舍奠于祖廟禰亦如之舍讀為釋釋奠者告將時田若將征伐鄭司農云禰父廟師甸致禽于虞中乃屬禽及郊饁獸舍奠于祖禰乃斂禽師田謂起大衆以田也致禽於虞中使獲者各以其禽來致于所表之處屬禽別其種類饁饋也以所獲獸饋於郊薦于四方羣兆入又以奠于祖禰薦且告反也斂禽謂取三十入腊人也禂牲禂馬皆掌其祝號杜子春云禂禱也為馬禱無疾為田禱多獲禽牲詩云既伯既禱爾雅曰既伯既禱馬祭也玄謂禂讀如伏誅之誅今侏大字也為牲祭求肥充為馬祭求肥健

詛祝掌盟詛類造攻說禬禜之祝號八者之辭皆所以告神明也盟詛主於要誓大事曰盟小事曰詛作盟

詛之載辭以敘國之信用以質邦國之劑信載辭爲辭而載之於策坎用牲加書于其上也國謂王之國邦國諸侯國也質正也成也文王脩德而虞芮質厥成鄭司農云載辭以春秋傳曰使祝爲載書

司巫掌群巫之政令若國大旱則帥巫而舞雩雩旱祭也天子於上帝諸侯於上公之神鄭司農云魯僖公欲焚巫尫以其舞雩不得雨國有大烖則帥巫而造巫恒杜子春云司巫帥巫官之屬會聚常處以待命也玄謂恒久也巫久者先巫之故事造之當案視所施爲祭祀則共匰主及道布及蒩館杜子春云蒩讀爲鉏匰器名主謂木主也道布新布三尺也鉏藉也館神所館止也書或爲蒩館或爲租飽或曰布者以爲席也租飽茅裹肉也玄謂道布者爲神所設巾中霤禮曰以功布爲道布屬于几也蒩之言藉也祭食有當藉者館所以承蒩謂若今筐也主先匰蒩後館互言之者明共主以匰共蒩以筐大祝取其主蒩陳之器則退也士虞禮曰苴刌茅長五寸實于筐饌于西坫上又曰祝盥取苴降洗之升入設于几東席上東縮凡祭事守瘞瘞謂若祭地祇有埋牲玉者也守之者以祭禮未畢若有事然祭禮畢則去之凡喪事掌巫降之禮降下也巫下神之禮今世或死既斂就巫下禓其遺禮

男巫掌望祀望衍授號旁招以茅杜子春云望衍謂衍祭也授號以所祭之名號授之旁招以茅招四方之所望祭者玄謂衍讀爲延聲之誤也望祀謂有牲粢盛者延進也謂但用幣致其神二者詛祝所授類造攻說禬禜之神號男巫爲之招冬堂贈無方無筭故書贈爲增杜子春云增當爲贈堂贈謂逐疫也無方四方爲可也無筭道里無數遠益善也玄謂冬歲終以禮送不祥及惡夢皆是也其行必由堂始巫與神通言當東則東當西則西可近則近可遠則遠無常數春招弭以除疾病招招福也杜子春讀弭如彌兵之彌玄謂弭讀爲敉字之誤也敉安也安凶禍也招敉皆有祀衍之禮

王弔則與祝前巫祝前王也故書前爲先鄭司農云爲先非是也

女巫掌歲時祓除釁浴歲時祓除如今三月上巳如水上之類釁浴謂以香薰草藥沐浴旱暵則舞雩使女巫舞旱祭崇陰也鄭司農云求雨以女巫故檀弓曰歲旱繆公召縣子而問焉曰吾欲暴巫而奚若曰天則不雨而望之愚婦人無乃已疏乎若王后弔則與祝前女巫與祝前后如王禮凡邦之大災歌哭而請有歌者有哭者冀以悲哀感神靈也

大史掌建邦之六典以逆邦國之治掌灋以逆官府之治掌則以逆都鄙之治典則亦法也逆迎也六典八法八則冢宰所建以治百官大史又建焉以爲王迎受其治也大史日官也春秋傳曰天子有日官諸侯有日御日官居卿以底日禮也日御不失日以授百官于朝居猶處也言建六典以處六卿之職凡辨灋者攷焉不信者刑之謂邦國官府都鄙以法爭訟來正之者凡邦國都鄙及萬民之有約劑者藏焉以貳六官六官之所登約劑要盟之載辭及券書也貳猶副也藏法與約劑之書以爲六官之副其有後事六官又登焉若約劑亂則辟灋不信者刑之謂抵冒盟誓者辟法者考案讀其然不正歲年以序事頒之于官府及都鄙中數曰歲朔數曰年中朔大小不齊正之以閏若今時作曆日矣定四時以次序授民時之事春秋傳曰閏以正時時以作事事以厚生生民之本於是乎在頒告朔于邦國天子頒朔于諸侯諸侯藏之祖廟至朔朝于廟告而受行之鄭司農云頒讀爲班班布也以十二月朔布告天下諸侯故春秋傳曰不書日官失之也閏月詔王居門終月門謂路寢門也鄭司農云月令十二月分在青陽明堂總章玄堂左右之位唯閏月無所居居于門故於文王在門謂之閏大祭祀與執

事卜日執事大卜之屬戒及宿之日與群執事讀禮書而協事協合也合謂習録所當共之事也故書協作叶杜子春云叶協也書亦或爲協或爲汁祭之日執書以次位常謂校呼之教其所當居之處辨事者攷焉不信者誅之謂抵冒其職事大會同朝覲以書協禮事亦先習録之也及將幣之日執書以詔王將送也詔王告王以禮事大師抱天時與大師同車鄭司農云大出師則大史主抱式以知天時處吉凶史官主知天道故國語曰吾非瞽史焉知天道春秋傳曰楚有雲如衆赤鳥夾日以飛楚子使問諸周大史大史主天道玄謂瞽即大師大師瞽官之長大遷國抱灋以前法司空營國之法也抱之以前當先王至知諸位處大喪執灋以涖勸防鄭司農云勸防引六紼遣之日讀誄遣謂祖廟之庭大奠將行時也人之道終於此累其行而讀之大師又帥瞽廞之而作謚瞽史知天道使共其事言王之誄謚成於天道凡喪事攷焉爲有得失小喪賜謚小喪卿大夫也凡射事飾中舍筭執其禮事鄭司農云舍讀曰釋中所以盛筭也玄謂設筭於中以待射時而取之中則釋之鄉射禮曰君國中射則皮豎中於郊則閭中於竟則虎中大夫兕中士鹿中天子之中未聞

小史掌邦國之志奠繫世辨昭穆若有事則詔王之忌諱鄭司農云志謂記也春秋傳所謂周志國語所謂鄭書之屬是也史官主書故韓宣子聘于魯觀書大史氏繫世謂帝繫世本之屬是也小史主定之瞽矇諷誦之先王死日爲忌名爲諱故書奠爲帝杜子春云帝當爲奠奠讀爲定書帝亦或爲奠玄謂王有事祈祭於其廟大祭祀讀禮灋史以書敘昭穆之俎簋讀禮法者大史與群執事史此小史也言讀禮法者小史敘俎簋以爲節故書簋或爲几鄭司農云几讀爲軌書亦或爲簋古文也大祭祀小史主敘其昭穆以其主定繫世祭祀史主敘其昭穆次其

組簋故齊景公疾欲誅於祝史玄謂組簋牲與黍稷以書次之校比之大喪大賓客大會同大軍旅佐大史凡國事之用禮灋者掌其小事卿大夫之喪賜謚讀誄其讀誄亦以大史之賜謚爲節事相成

馮相氏掌十有二歲十有二月十有二辰十日二十有八星之位辨其敘事以會天位歲謂大歲歲星與日同次之月斗所建之辰樂說說歲星與日常應大歲月建以見然則今曆大歲非此也歲日月辰星宿之位謂方面所在辯其敘事謂若仲春辯秩東作仲夏辯秩南譌仲秋辯秩西成仲冬辯在朔易會天位者合此歲月日辰星宿五者以爲時事之候若今曆日大歲在某月某日某甲朔日直某也國語曰王合位于三五孝經說曰故勑以天期四時節有晚早趣勉趣時無失天位皆由此術云冬夏致日春秋致月以辯四時之敘冬至日在牽牛景丈三尺夏至日在東井景尺五寸此長短之極極則氣至冬無愆陽夏無伏陰春分日在婁秋分日在角而月弦於牽牛東井亦以其景知氣至不春秋冬夏氣皆至則是四時之敘正矣

保章氏掌天星以志星辰日月之變動以觀天下之遷辨其吉凶志古文識識記也星謂五星辰日月所會五星有贏縮圜角日有薄食暈珥月有虧盈朓側匿之變七者右行列舍天下禍福變移所在皆見焉以星土辨九州之地所封封域皆有分星以觀妖祥星土星所主土也封猶界也鄭司農說星土以春秋傳曰參爲晉星商主大火國語曰歲之所在則我有周之分野之屬是也玄謂大界則曰九州州中諸國中之封域於星亦有分焉其書亡矣堪輿雖有郡國所入度非古數也今其存可言者十二次之分也星紀吳越也玄枵齊也娵訾衛也降婁魯也大梁趙也實沈晉也鶉首秦也鶉火周也鶉尾楚也壽星鄭也大火宋也析木燕也此分野之妖祥主用客星彗孛之氣爲象以十

有二歲之相觀天下之妖祥歲謂大歲歲星與日同次之月斗所建之辰也歲星陽右行於天大歲爲陰左行於地十二歲而小周其妖祥之占甘氏歲星經其遺象也鄭司農云大歲所在歲星所居春秋傳曰越得歲而吳伐之必受其凶之屬是也以五雲之物辨吉凶水旱降豐荒之祲象物色也視日旁雲氣之色降下也知水旱所下之國鄭司農云以二至二分觀雲色青爲蟲白爲喪赤爲兵荒黑爲水黃爲豐故春秋傳曰凡分至啓閉必書雲物爲備故也故曰凡此五物以詔救政以十有二風察天地之和命乖別之妖祥十有二辰皆有風吹其律以知和不其道亡矣春秋襄十八年楚師伐鄭師曠曰吾驟歌北風又歌南風南風不競多死聲楚必無功是時楚師多凍其命乖別審矣凡此五物者以詔救政訪序事訪謀也見其象則當豫爲之備以詔王救其政且謀今歲天時占相所宜次序其事

內史掌王之八枋之灋以詔王治一曰爵二曰祿三曰廢四曰置五曰殺六曰生七曰予八曰奪大宰既以詔王內史又居中貳之執國灋及國令之貳以攷政事以逆會計國法六典八法八則掌敘事之灋受納訪以詔王聽治敘六敘也納訪納謀於王也六敘六曰以敘聽其情凡命諸侯及孤卿大夫則策命之鄭司農說以春秋傳曰王命內史興父策命晉侯爲侯伯策謂以簡策書王命其文曰王謂叔父敬服王命以綏四國糾逖王慝晉侯三辭從命受策以出凡四方之事書內史讀之若今尚書入省事王制祿則贊爲之以方出之贊爲之爲之辭也鄭司農云以方出之以方版書而出之上農夫食九人其次食八人其次食七人其次食六人下農夫食五人庶人在官者其祿以是爲差諸侯之下士視上農夫祿足以代其耕也中士倍下士上士倍中士下大夫倍上士卿四大夫祿君十卿祿

子春云方直謂令時牘也玄謂王制曰王之三公視公侯卿視伯大夫視子男元士視附庸賞賜亦如之內史掌書王命遂貳之副寫藏之外史掌書外令王令下畿外掌四方之志志記也謂若魯之春秋晉之乘楚之檮杌掌三皇五帝之書楚靈王所謂三墳五典掌達書名于四方謂若堯典禹貢達此名使知之或曰古曰名今曰字使四方知書之文字得能讀之若以書使于四方則書其令書王令以授使者御史掌邦國都鄙及萬民之治令以贊冢宰王所以治之令冢宰掌王治凡治者受灋令焉為書寫其治之法令來受則授之掌贊書王有命當以書致之則贊為辭若今尚書作詔文凡數從政者自公卿以下至胥徒凡數及其見在空缺者鄭司農讀言掌贊書數書數者經禮三百曲禮三千法度皆在玄以為不辭故改之云巾車掌公車之政令辨其用與其旗物而等敘之以治其出入公猶官也用謂祀賓之屬旗物大常以下等敘之以封同姓異姓之次敘王之五路一曰玉路錫樊纓十有再就建大常十有二斿以祀王在焉曰路玉路以玉飾諸末錫馬面當盧刻金為之所謂鏤錫也樊讀如鞶帶之鞶謂今馬大帶也鄭司農云纓謂當胷士喪禮下篇曰馬纓三就禮家說曰纓當胷以削革為之三就三重三帀也玄謂纓今馬鞅玉路之樊及纓皆以五采罽飾之十二就就成也大常九旗之畫日月者正幅為縿斿則屬焉金路鉤樊纓九就建大旂以賓同姓以封金路以金飾諸末鉤婁頷之鉤也金路無錫有鉤亦以金為之其樊及纓以五采罽飾之

而九斿大旂九旗之畫交龍者以賓以會賓客同姓以封謂王子母弟率以功德出封雖爲侯伯其畫服猶如上公若魯衛之屬其無功德各以親疏食采畿内而已故書鉤爲拘杜子春讀爲鉤

象路朱樊纓七就建大赤以朝異姓以封 象路以象飾諸末象路無鉤以朱飾勒而已其樊及纓以五采罽飾之而七成大赤九旗之通帛以朝以日視朝異姓王甥舅

革路龍勒條纓五就建大白以即戎以封四衛 革路鞔之以革而漆之無他飾龍駹也以白黑飾韋雜色爲勒條讀爲絛其樊及纓以絛絲飾之而五成不言樊字蓋脫爾以此言絛知玉路金路象路飾樊纓皆不用金玉象矣大白殷之旗猶周大赤蓋象正色即戎謂兵事四衛四方諸侯守衛者蠻服以内

木路前樊鵠纓建大麾以田以封蕃國 木路不鞔以革漆之而已前讀爲緇翦之翦翦淺黑也木路無龍勒以淺黑飾韋爲樊鵠色飾韋爲纓不言就數飾與革路同大麾不在九旗中以正色言之則黑夏后氏所建田四時田獵蕃國謂九州之外夷服鎮服蕃服杜子春云鵠或爲結

王后之五路重翟鍚面朱總厭翟勒面繢總安車彫面鷖總皆有容蓋 重翟重翟雉之羽也厭翟次其羽使相迫也勒面謂以如王龍勒之韋爲當面飾也彫者畫之不龍其韋安車坐乘車凡婦人車皆坐乘故書朱總爲繶鷖或作繄鄭司農云鍚馬面鍚當爲總書亦或爲總鷖讀爲鳧鷖之鷖鷖總者青黑色以繒爲之總著馬勒直兩耳與兩鑣容謂幨車山東謂之裳幃或曰潼容玄謂朱總繢總其施之如鷖總車衡輨亦宜有焉繢畫文也蓋如今小車蓋也皆有容有蓋則重翟厭翟謂蔽也重翟后從王祭祀所乘厭翟后從王賓饗諸侯所乘安車無蔽后朝見於王所乘謂去飾也詩國風碩人曰翟蔽以朝謂諸侯夫人始來乘翟蔽之車以朝見於君盛之也此翟蔽蓋厭翟也然則王后始來乘重翟乎

翟車貝面組總有握 翟車不重不厭以翟飾車之側爾貝面貝飾勒之當面也有握則此無蓋矣如今輧車是也后所乘以出桑

輦車組輓有翣羽蓋 輦車不言飾后居宮中從容所乘但漆之而已爲輇輪人輓之以行有翣所以禦風塵以羽作小蓋爲翳日也故書翣爲駐杜子春云當

爲䰍書亦或爲髭 王之喪車五乘木車蒲蔽犬𧝝尾櫜疏飾小服皆疏 木車不漆者鄭司農云蒲蔽謂藺蘭車以蒲爲蔽天子喪服之車漢儀亦然犬𧝝以犬皮爲覆笭故書疏爲揟杜子春讀揟爲沙玄謂蔽車旁禦風塵者犬白犬皮既以皮爲覆笭又以其尾爲戈戟之弢麤布飾二物之側爲之緣若攝服云服讀爲箙小箙刀劍短兵之衣此始遭喪所乘爲君之道尚微備姦臣也書曰以虎賁百人逆子釗亦爲備焉 素車棼蔽犬𧝝素飾小服皆素 素車以白土堊車也棼讀爲薠薠麻以爲蔽其𧝝服以素繒爲緣此卒哭所乘爲君之道益著在車可以去戈戟 藻車藻蔽鹿淺𧝝革飾 故書藻作䡊杜子春云䡊讀爲華藻之藻直謂華藻也玄謂藻水草蒼色以蒼土堊車以蒼繒爲蔽也鹿淺𧝝以鹿夏皮爲覆笭又以所治去毛者緣之此既練所乘 駹車雚蔽然𧝝髤飾 故書駹作龍髤爲軟杜子春云龍讀爲駹軟讀爲桼垸之桼直謂髤桼也玄謂駹車邊側有漆飾也雚細葦席也以爲蔽者漆則成藩即吉也然果然也髤赤多黑少之色韋也此大祥所乘 漆車藩蔽豻𧝝雀飾 漆車黑車也藩今時小車藩漆席以爲之豻胡犬雀黑多赤少之色韋也此禫所乘 服車五乘孤乘夏篆卿乘夏縵大夫乘墨車士乘棧車庶人乘役車 服車服事者之車故書夏篆爲夏緣鄭司農云夏赤也緣緣色或曰夏篆篆讀爲圭瑑之瑑夏篆轂有約也玄謂夏篆五采畫轂約也夏縵亦五采畫無瑑爾墨車不畫也棧車不革鞔而漆之役車方箱可載任器以共役 凡良車散車不在等者其用無常 給遊燕及恩惠之賜不在等者謂若今輜車後戶之屬作之有功有沽 凡車之出入歲終則會之 計其完敗多少 凡賜闕之 完敗不計 毀折入齎于職幣 計所傷敗入其直杜子春云齎讀爲資資謂財也乘官車毀折者入財以償繕治之直 大喪飾遣車遂廞之行之 廞興也謂陳駕之行之使人以次舉之以如墓也遣車一曰鸞車 及葬執蓋從車持旌 從車

隋柩路持蓋與旌者王平生時車建旌雨則有蓋
今蜃車无蓋執而隨之象生時有也所執者銘旌及墓嘑啓關陳車關墓門也車貳車也士喪
禮下篇曰車至道左北面立東上小喪共匶路與其飾柩路載柩車也飾棺飾也歲時更續共其弊車
故書更續爲受讀杜子春云受當爲更讀當爲續更續更受新共其弊車歸其故弊車也玄謂俱受新耳更易其舊續續其不任用共其弊車巾車既更續之取其弊車共於車人材或
有中用之大祭祀鳴鈴以應雞人雞人主呼旦鳴鈴以和之聲且警衆必使鳴鈴者車有和鸞相應和之象故書鈴或作軨杜子春云當爲鈴
典路掌王及后之五路辨其名物與其用說用謂將有朝祀之事而駕之鄭司農云說謂舍車也春秋傳曰雞鳴而駕
日中而說謂所宜用若有大祭祀則出路贊駕說出路王當乘之贊駕說贊僕與趣馬也大喪大賓客
亦如之亦出路當陳之鄭司農說以書顧命曰成王崩康王既陳先王寶器又曰大路在賓階面贅路在阼階面先路在左塾之前次路在右塾之前漢朝上計律陳屬車
於庭故曰大喪大賓客亦如之凡會同軍旅弔于四方以路從王出於事無常王乘一路典路以其餘路從行亦以華國
車僕掌戎路之萃廣車之萃闕車之萃苹車之萃輕車之萃萃猶副也此五者皆
兵車所謂五戎也戎路王在軍所乘也廣車橫陳之車也闕車所用補闕之車也苹猶屏也所用對敵自蔽隱之車也輕車所用馳敵致師之車也春秋傳曰公喪戎路又曰其君之戎
分爲二廣則諸侯戎路廣車也又曰帥斿闕四十乘孫子八陳有苹車之陳又曰馳車千乘五者之制及萃數未盡聞也書曰武王戎車三百兩故書苹作平杜子春云苹車當爲駢車其
字當爲萃書亦或爲萃凡師共革車各以其萃五戎者共其一以爲王優尊者所乘也而萃各從其元焉會同亦如之
巡守及兵車之會則王乘戎路乘車之會王雖乘金路猶共以從不失備也大喪廞革車言興革車則遣車不徙戎路廣闕苹輕皆有焉大射共

三之鄭司農云乏讀爲匱乏之乏

司常掌九旗之物名各有屬以待國事日月爲常交龍爲旂通帛爲旜雜帛爲物熊虎爲旗鳥隼爲旟龜蛇爲旐全羽爲旞析羽爲旌物名者所畫異物則異名也屬謂徽識也大傳謂之徽號今城門僕射所被及亭長著絳衣皆其舊象通帛謂大赤從周正色无飾雜帛者以帛素飾其側白殷之正色全羽析羽皆五釆繫之於旞旌之上所謂注旄於干首也凡九旗之帛皆用絳及國之大閱贊司馬頒旗物王建大常諸侯建旂孤卿建旜大夫士建物師都建旗州里建旟縣鄙建旐道車載旞斿車載旌仲冬教大閱司馬主其禮自王以下治民者旗畫成物之象王畫日月象天明也諸侯畫交龍一象其升朝一象其下復也孤卿不畫言奉王之政教而已大夫士雜帛言以先王正道佐職也師都六鄉六遂大夫也謂之師都都民所聚也畫熊虎者鄉遂出軍賦象其守猛莫敢犯也州里縣鄙鄉遂之官互約言之鳥隼象其勇捷也龜蛇象其扞難辟害也道車象路也王以朝夕燕出入斿車木路也王以田以鄙全羽析羽五色象其文德也大閱王乘戎路建大常焉王路金路不出皆畫其象焉官府各象其事州里各象其名家各象其號事名號者徽識所以題別衆臣樹之於位朝各就焉覲禮曰公侯伯子男皆就其旂而立此其類也或謂之事或謂之名或謂之號異外內也三者旌旗之細也士喪禮曰爲銘各以其物亡則以緇長半幅赬末長終幅廣三寸書名於末此蓋其制也徽識之書則云某某之事某某之名某某之號今大閱禮象而爲之兵凶事若有死事者亦當以相別也杜子春云畫當爲書玄謂畫畫雲氣也異於在國軍事之飾凡祭祀各建其旗王祭祀之車則王路會同賓客亦如之置旌門賓客朝覲宗遇王乘金路巡守兵車之會王乘戎路

皆建其大常掌舍職曰爲帷宮設旌門大喪共銘旌銘旌王則大常也士喪禮曰爲銘各以其物建廞車之旌及葬亦如之葬云建之則行廞車解説之凡軍事建旌旗及致民置旗弊之始置旗以致民民至仆之誅後至者甸亦如之凡射共獲旌獲旌獲者所持旌歲時共更旌取舊予新

都宗人掌都祭祀之禮凡都祭祀致福于國都或有山川及因國无主九皇六十四民之祀王子弟則立其祖王之廟其祭祀王皆賜禽焉主其禮者警戒之糾其戒具其來致福則帥而以造祭僕正都禮與其服禁督其違失者服謂衣服及宮室車旗若有寇戎之事則保羣神之壝守山川丘陵墳衍之壇域國有大故則令禱祠既祭反命于國令令都之有司也祭謂報塞也反命還白王

家宗人掌家祭祀之禮凡祭祀致福大夫采地之所祀與都同若先王之子孫亦有祖廟國有大故則令禱祠反命祭亦如之以王命令禱祠歸白王於獲福又以王命令祭之還又反命掌家禮與其衣服宮室車旗之禁令掌亦正也不言寇戎保羣神之壝則都家自保之都宗人所保者謂王所祀明矣

凡以神仕者掌三辰之灋以猶鬼神示之居辨其名物猶圖也居謂坐也天者羣神之精日月星辰其著位也以此圖天神人鬼地祇之坐者謂布祭衆寡與其居句孝經説郊祀之禮曰燔燎埽地祭牲繭栗或象天酒旗坐星廚倉具黍稷布席極敬心也言郊之布席象五帝坐禮祭宗廟序昭穆亦又有似虚危則祭天圜丘象北極祭地方澤象后妃及社稷之席皆有明法焉國語曰古者民之精爽不攜貳者而又能齊肅中正其知能上下比義其聖

能光遠宣朗其明能光照之其聰能聽徹之如是則神明降之在男曰覡在女曰巫此之使制神之處位次主而爲之牲器時服巫既知神如此又能居以天法是以聖人用之今之巫祝既闇其義何明之見何法之行正神不降或於淫厲苟貪貨食遂誣人神令此道滅痛矣**以冬日至致天神人鬼以夏日至致地示物鬽以禬國之凶荒民之札喪**天人陽也地物陰也陽氣升而祭鬼神陰氣升而祭地祇物鬽所以順其爲人與物也致人鬼於祖廟致物鬽於墠壇蓋用祭天地之明日百物之神曰鬽春秋傳曰螭鬽魍魎杜子春云禬除也玄謂此禬讀如潰癰之潰

周禮卷第六

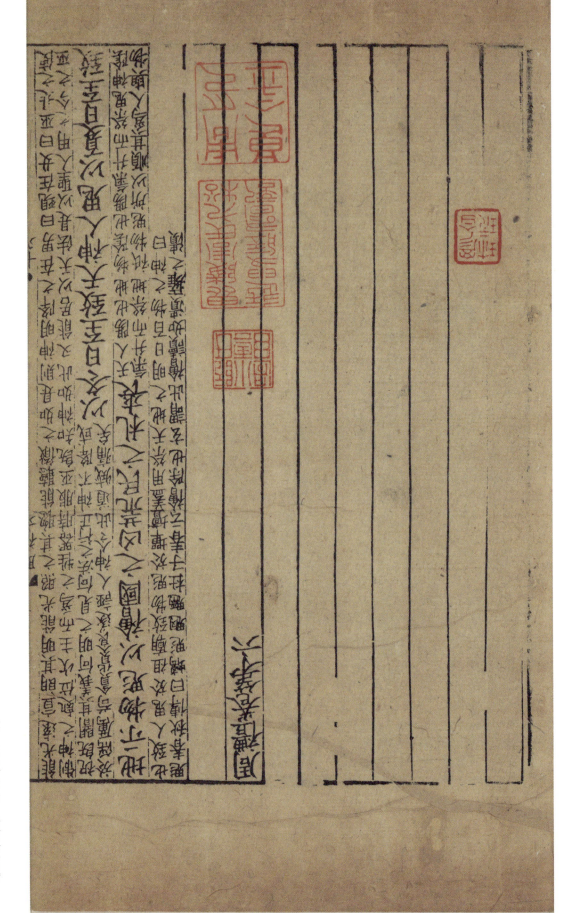

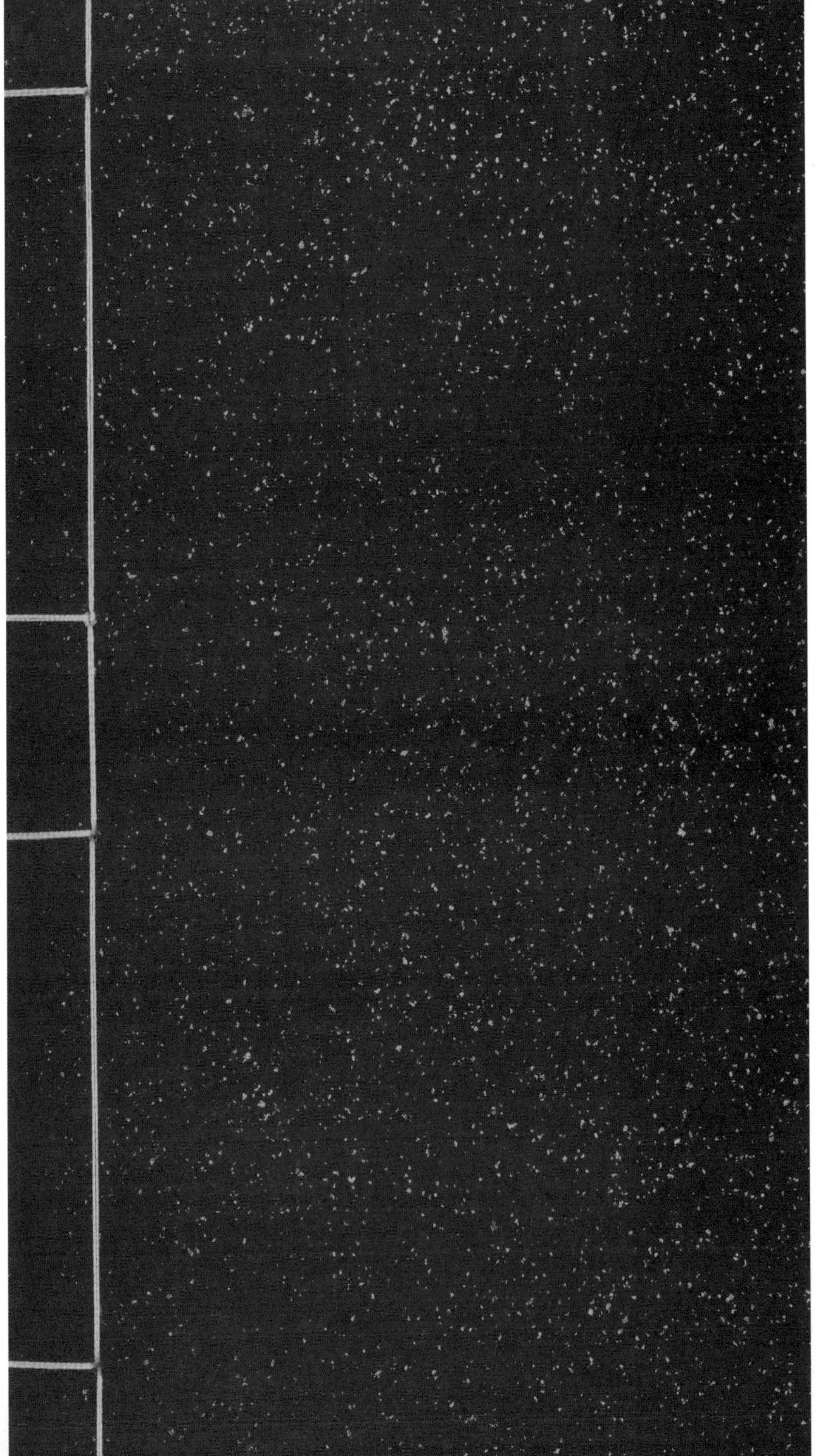

周禮卷第七

夏官司馬第四　周禮　鄭氏注

惟王建國辨方正位體國經野設官分職以爲民極乃立夏官司馬使帥其屬而掌邦政以佐王平邦國政正也政所以正不正者也孝經說曰政者正也正德名以行道政官之屬大司馬卿一人小司馬中大夫二人軍司馬下大夫四人輿司馬上士八人行司馬中士十有六人旅下士三十有二人府六人史十有六人胥三十有二人徒三百有二十人輿衆也行謂軍行列晉作六軍而有三行取名於此凡制軍萬有二千五百人爲軍王六軍大國三軍次國二軍小國一軍軍將皆命卿二千有五百人爲師師帥皆中大夫五百人爲旅旅帥皆下大夫百人爲卒卒長皆上士二十五人爲兩兩司馬皆中士五人爲伍伍皆有長軍師旅卒兩伍皆衆名也伍一比兩一閭卒一族旅一黨師一州軍一鄉家所出一人將帥長司馬者其師吏也言軍將皆命卿則凡軍帥不特置選於六官六鄉之吏自鄉以下德任者使兼官焉鄭司農云王六軍大國三軍次國二軍小國一軍故春秋傳有大國次國小國又曰成國不過半天子之軍周爲六軍諸侯之大者三軍可也詩大雅常武曰赫赫明明王命卿士南仲大祖大師皇父整我六師以脩我戎既儆既戒惠此南國大雅文王曰周王于邁六師及之此周爲六軍之見于經也春秋傳曰王使虢公命曲沃伯以一軍爲

晉侯此小國一軍之見于傳也百人爲卒二十五人爲兩故春秋傳曰廣有一卒卒偏之兩一軍則二府六史胥十人徒百人

司勳上士二人下士四人府二人史四人胥二人徒二十人故書勳作勛鄭司農云勛讀爲勳勳功也此官主功賞故曰掌六鄉賞地之法以等其功

馬質中士二人府一人史二人賈四人徒八人質平也主買馬平其大小之賈直

量人下士二人府一人史四人徒八人量猶度也謂以丈尺度地

小子下士二人史一人徒八人小子主祭祀之小事

羊人下士二人史一人賈二人徒八人

司爟下士二人徒六人故書爟爲燋杜子春云燋當爲爟書亦或爲爟爟爲私火玄謂爟讀如予若觀火之觀今燕俗名湯熱爲觀則爟火謂熱火與

掌固上士二人下士八人府二人史四人胥四人徒四十人固國所依阻者也國曰固野曰險易曰王公設險以守其國

司險中士二人下士四人史二人徒四十人

掌疆中士八人史四人胥十有六人徒百有六十人疆界也

候人上士六人下士十有二人史六人徒百有二十人候候迎賓客之來者

環人下士六人史二人徒十有二人環猶卻也以勇力卻敵

挈壺氏下士六人史二人徒十有二人挈讀如絜髮之絜壺盛水器也世主挈壺水以爲漏

射人下大夫二人上士四人下士八人府二人史四人胥二人徒二十人

服不氏下士一人徒四人服不服不服之獸者

射鳥氏下士一人徒四人

羅氏下士一人徒八人能以羅罔捕鳥者郊特牲曰大羅氏天子之掌鳥獸者

掌畜下士二人史二人胥二人徒二十人畜謂斂而養之

司士下大夫二人中士六人下士十有二人府二人史四人胥四人徒四十人

諸子下大夫二人中士四人府二人史二人胥二人徒二十人諸子主公卿大夫士之子者或曰庶子

司右上士二人下士四人府四人史四人胥八人徒八十人右謂有勇力之士充王車右

虎賁氏下大夫二人中士十有二人府二人史八人胥八十人虎士八百人不言徒曰虎士則虎士徒之選有勇力者

旅賁氏中士二人下士十有六人史二人徒八人

節服氏下士八人徒四人世爲王節所衣服

方相氏狂夫四人 方相猶言放想可畏怖之皃

大僕下大夫二人小臣上士四人

祭僕中士六人

御僕下士十有二人府二人史四人胥二人徒二十人 僕侍御於尊者之名大僕其長也

隸僕下士二人府一人史二人胥四人徒四十人 此吏而曰隸以其事褻

弁師下士二人工四人史二人徒四人 弁者古冠之大稱委皃緇布曰冠

司甲下大夫二人中士八人府四人史八人胥八人徒八十人 甲今之鎧也司甲兵戈盾官之長

司兵中士四人府二人史四人胥二人徒二十人

司戈盾下士二人府一人史二人徒四人 戈今時句孑戟

司弓矢下大夫二人中士八人府四人史八人胥八人徒八十人 司弓矢弓弩矢箙官之長

繕人上士二人下士四人府一人史二人胥二人徒二十人 繕之言勁也善也

槀人中士四人府二人史四人胥二人徒二十人 鄭司農云槀讀爲芻槀之槀箭幹謂之槀此官主弓弩箭矢故謂之槀人

戎右中大夫二人上士二人 古者參乘此充戎路之右田獵亦爲之右焉

齊右下大夫二人充玉路金路之右

道右上士二人充象路之右

大馭中大夫二人馭之最尊

戎僕中大夫二人馭言僕者此亦侍御於車

齊僕下大夫二人古者王將朝覲會同必齊所以敬宗廟及神明

道僕上士十有二人王朝朝莫夕王御王以與諸臣行先王之道

田僕上士十有二人

馭夫中士二十人下士四十人

校人中大夫二人上士四人下士十有六人府四人史八人胥八人徒八十人校之爲言校也主馬者必仍校視之校人馬官之長

趣馬下士皁一人徒四人趣馬趣養馬者也鄭司農說以詩曰蹶惟趣馬

巫馬下士二人醫四人府一人史二人賈二人徒二十人巫馬知馬祖先牧馬社馬步之神者馬疾若有犯焉則知之是以使與醫同職

牧師下士四人胥四人徒四十人主牧放馬而養之

廋人下士閑二人史二人徒二十人廋之言數

圉師乘一人徒二人圉人良馬匹一人駑馬麗一人養馬曰圉四馬爲乘良善也麗耦也

職方氏中大夫四人下大夫八人中士十有六人府四人史十有六人胥十有六人徒百有六十人職主也主四方之職貢者職方氏主四方官之長

土方氏上士五人下士十人府二人史五人胥五人徒五十人土方氏主四方邦國之土地

懷方氏中士八人府四人史四人胥四人徒四十人懷來也主來四方之民及其物

合方氏中士八人府四人史四人胥四人徒四十人合方氏主合同四方之事

訓方氏中士四人府四人史四人胥四人徒四十人訓道也主教道四方之民

形方氏中士四人府四人史四人胥四人徒四十人形方氏主制四方邦國之形體

山師中士二人下士四人府二人史四人胥四人徒四十人

川師中士二人下士四人府二人史四人胥四人徒四十人

邍師中士四人下士八人府四人史八人胥八人徒八十人邍地之廣平者

匡人中士四人史四人徒八人匡正也主正諸侯以法則

撢人中士四人史四人徒八人撢人主撢序王意以語天下

都司馬每都上士二人中士四人下士八人府二人史八人胥八人徒八十人都王子弟所封及三公采地也司馬主其軍賦

家司馬各使其臣以正於公司馬家卿大夫采地正猶聽也公司馬國司馬也卿大夫之采地王不特置司馬各自使其家臣爲司馬主其地之軍賦往聽政於王之司馬王之司馬其以王命來有事則曰國司馬

大司馬之職掌建邦國之九灋以佐王平邦國平成也正也制畿封國以正邦國封謂立封於疆爲界設儀辨位以等邦國儀謂諸侯及諸臣之儀辨別也別尊卑之位進賢興功以作邦國興猶舉也作起也起其勸善樂業之心使不惰廢建牧立監以維邦國牧州牧也監監一國謂君也維猶聯結也制軍詰禁以糾邦國詰猶窮治也糾猶正也施貢分職以任邦國職謂賦稅也任猶事也事以其力之所堪簡稽鄉民以用邦國簡謂比數之稽猶計也均守平則以安邦國諸侯有土地者均之尊者守大卑者守小則法也比小事大以和邦國比猶親使大國親小國小國事大國相合和也易比象曰先王以建萬國親諸侯以九伐之灋正邦國諸侯有違王命則出兵以征伐之所以正之也諸侯之於國如樹木之有根本是以言伐云馮弱犯寡則眚之馮猶乘陵也言不字

小而侵侮之眚猶人眚瘦也王霸記曰四面削其地賊賢害民則伐之春秋傳曰粗者曰侵精者曰伐又曰有鍾鼓曰伐則伐者兵入其竟鳴鍾鼓以往所以聲其罪暴内陵外則壇之内謂其國外謂諸侯壇讀如同墠之墠王霸記曰置之空墠之地鄭司農云壇讀從墠之以威之墠書亦或爲墠玄謂置之空墠以出其君更立其次賢者野荒民散則削之荒蕪也田不治民不附削其地明其不能有負固不服則侵之負猶恃也固險可依以固者也不服不事大也侵之者兵加其竟而已用兵淺者詩曰密人不恭敢距大邦賊殺其親則正之正之者執而治其罪王霸記曰正殺之也春秋僖二十八年冬晉人執衛侯歸之于京師坐殺其弟叔武放弒其君則殘之放逐也殘殺也王霸記曰殘滅其爲惡犯令陵政則杜之令猶命也王霸記曰犯令者違命也陵政者輕政法不循也杜之者杜塞使不得與鄰國交通外内亂鳥獸行則滅之王霸記曰悖人倫外内無以異于禽獸不可親百姓則誅滅去之也曲禮曰夫唯禽獸無禮故父子聚麀正月之吉始和布政于邦國都鄙乃縣政象之灋于象魏使萬民觀政象挾日而斂之以正月朔日布王政於天下至正歲又縣政法之書挾日十日也乃以九畿之籍施邦國之政職方千里曰國畿其外方五百里曰侯畿又其外方五百里曰甸畿又其外方五百里曰男畿又其外方五百里曰采畿又其外方五百里曰衛畿又其外方五百里曰蠻畿又其外方五百里曰夷畿又其外方五百里曰鎮畿又其外方五百里曰蕃畿畿猶限也自王城以外五千里爲界有分限者九籍其禮差之書也政職所共王政之職謂賦稅也故書

畿爲近鄭司農云近當言畿春秋傳曰天子一畿列國一同詩殷頌曰邦畿千里維民所止凡令賦以地與民制之上地食者參之二其民可用者家三人中地食者半其民可用者二家五人下地食者參之一其民可用者家二人賦給軍用者也令邦國之賦亦以地之美惡民之衆寡爲制如六遂矣鄭司農云上地謂肥美田也食者參之二假令一家有三頃歲種二頃休其一頃下地食者參之一田薄惡者所休多中春教振旅司馬以旗致民平列陳如戰之陳以旗者立旗期民於其下也兵者守國之備孔子曰以不教民戰是謂棄之兵者凶事不可空設因蒐狩而習之凡師出曰治兵入曰振旅皆習戰也四時各教民以其一焉春習振旅兵入收衆專於農平猶正也辨鼓鐸鐲鐃之用王執路鼓諸侯執賁鼓軍將執晉鼓師帥執提旅帥執鼙卒長執鐃兩司馬執鐸公司馬執鐲鼓人職曰以路鼓鼓鬼享以賁鼓鼓軍事以晉鼓鼓金奏以金鐃止鼓以金鐲節鼓鄭司農云辨鼓鐸鐲鐃之用謂鉦鐸之屬鐲讀如濁其源之濁鐃讀如讙曉之曉提讀如攝提之提謂馬上鼓有曲木提持鼓立馬髦上者故謂之提杜子春云公司馬謂五人爲伍伍之司馬也玄謂王不執賁鼓尚之於諸侯也伍長謂之公司馬者雖卑同其號以教坐作進退疾徐疏數之節習戰法遂以蒐田有司表貉誓民鼓遂圍禁火弊獻禽以祭社春田爲蒐有司大司徒也掌大田役治徒庶之政令表貉立表而貉祭也誓民誓以犯田法之罰也誓曰無干車無自後射立旌遂圍禁旌弊爭禽而不審者罰以假馬禁者虞衡守禽之厲禁也既誓令鼓而圍之遂蒐田火弊火止也春田主用火因焚萊除陳草皆殺而火止獻猶致也屬也田止虞人植旌衆皆獻其所獲禽焉詩云言私其豵獻豜于公春田主祭社者土方施生也鄭司農云貉讀爲禡禡謂師祭也書亦或爲禡中夏教茇

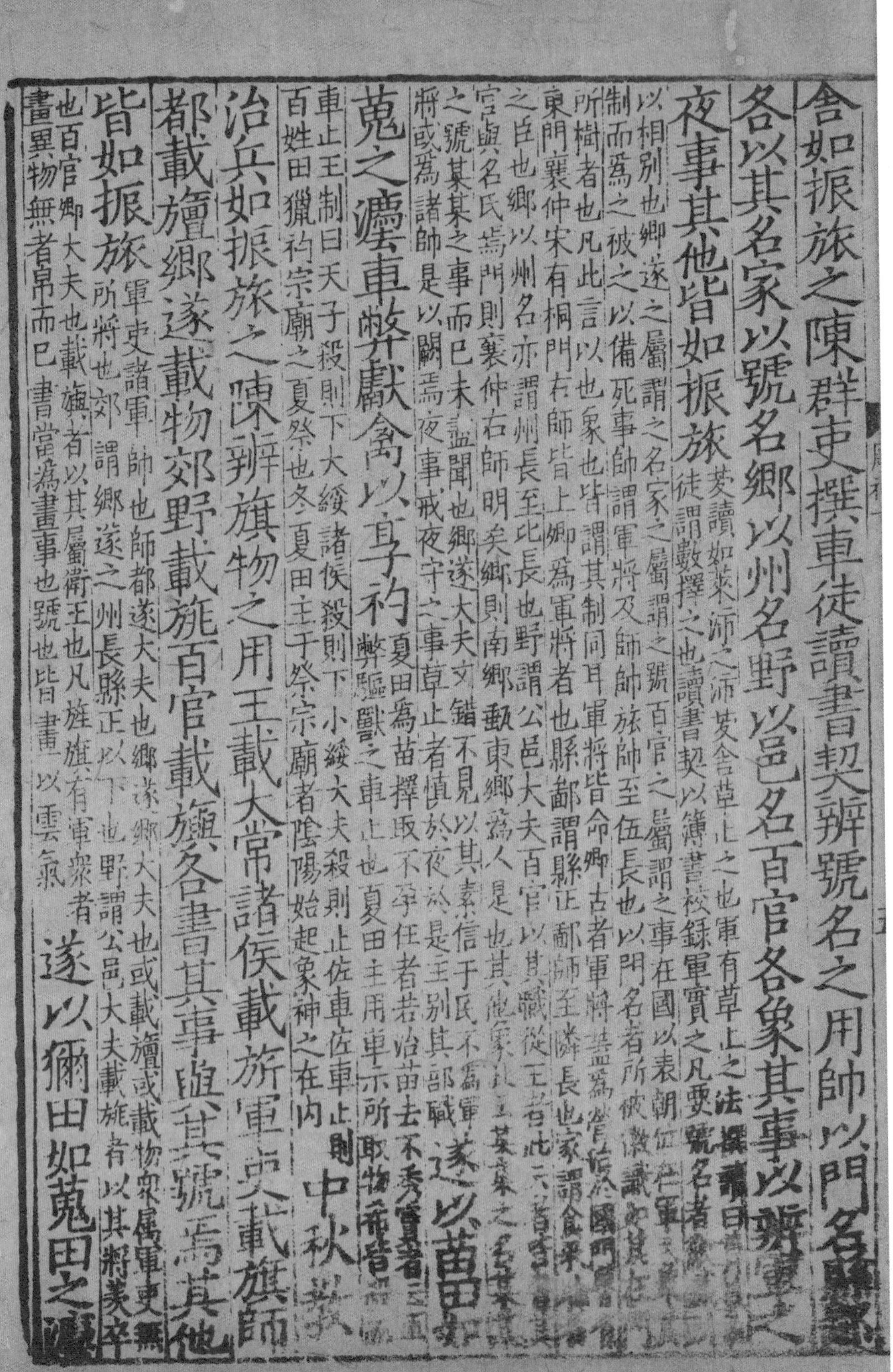

舍如振旅之陳群吏撰車徒讀書契辨號名之用帥以門名縣鄙[illegible]各以其名家以號名鄉以州名野以邑名百官各象其事以辨軍之夜事其他皆如振旅茇讀如萊沛之沛茇舍草止之也軍有草止之法撰讀曰[illegible]徒謂數擇之也讀書契以簿書校錄軍實之凡要號名者[illegible]以相別也鄉遂之屬謂之名家之屬謂之號百官之屬謂之事在國以表朝位在軍[illegible]制而爲之被之以備死事帥謂軍將及師帥旅帥至伍長也以門名者所被徽識如其在[illegible]所樹者也凡此言以也象也皆謂其制同耳軍將皆命卿古者軍將蓋爲營治於國門[illegible]東門襄仲宋有桐門右師皆上卿爲軍將者也縣鄙謂縣正鄙師至鄰長也家謂食采[illegible]之臣也鄉以州名亦謂州長至比長也野謂公邑大夫百官以其職從王者此六者[illegible]官與名氏焉門則襄仲右師明矣鄉則南鄉甄東鄉爲人是也其他象[illegible]之號某某之事而已未盡聞也鄉遂大夫文錯不見以其素信于民不爲軍[illegible]將或爲諸帥是以闕焉夜事戒夜守之事草止者慎於夜於是主別其部職遂以苗田如蒐之灋車弊獻禽以享礿夏田爲苗擇取不孕任者若治苗去不秀實者云[illegible]車弊驅獸之車止也夏田主用車示所取物希皆[illegible]車止王制曰天子殺則下大綏諸侯殺則下小綏大夫殺則止佐車佐車止則百姓田獵礿宗廟之夏祭也冬夏田主于祭宗廟者陰陽始起象神之在內中秋教治兵如振旅之陳辨旗物之用王載大常諸侯載旂軍吏載旗師都載旜鄉遂載物郊野載旐百官載旟各書其事與其號焉其他皆如振旅軍吏諸軍帥也師都遂大夫也鄉遂鄉大夫也或載旜或載物衆屬軍吏無所將也郊謂鄉遂之州長縣正以下也野謂公邑大夫載旐者以其將羨卒也百官卿大夫也載旟者以其屬衛王也凡旌旗有軍衆者畫異物無者帛而已書當爲畫事也號也皆畫以雲氣遂以獮田如蒐田之灋

羅弊致禽以祀祊秋田爲獮獮殺也羅弊罔止也秋田主用罔中殺者多也皆殺而罔止祊當爲方聲之誤也秋田主祭四方報成萬物詩曰以社以方中冬教大閱春辨鼓鐸夏辨號名秋辨旗物至冬大閱簡軍實凡頒旗物以出軍之旗則如秋以尊卑之常則如冬司常佐司馬時也大閱備軍禮而旌旗不如出軍之時空辟實前期群吏戒衆庶脩戰灋羣吏鄉師以下虞人萊所田之野爲表百步則一爲三表又五十步爲一表田之日司馬建旗于後表之中群吏以旗物鼓鐸鐲鐃各帥其民而致質明弊旗誅後至者乃陳車徒如戰之陳皆坐鄭司農云虞人萊所田之野芟除其草萊令車得驅馳詩曰田卒汚萊玄謂萊芟除可陳之處後表之中五十步表之中央表所以識正行列也四表積二百五十步左右之廣當容三軍步數未聞致致之司馬質正也弊仆也皆坐當聽誓群吏聽誓于陳前斬牲以左右徇陳曰不用命者斬之群吏諸軍帥也陳前南面鄉表也月令季秋天子教于田獵以習五戎司徒搢扑北面以誓之此大閱禮實正歲之中冬而說季秋之政於周爲中冬爲月令者失之矣斬牲者小子也凡誓之大畧甘誓湯誓之屬是也中軍以鼙令鼓鼓人皆三鼓司馬振鐸群吏作旗車徒皆作鼓行鳴鐲車徒皆行及表乃止三鼓摝鐸群吏弊旗車徒皆坐中軍中軍之將也天子六軍三三而居一偏羣吏旣聽誓各復其部曲中軍之將令鼓鼓以作其士衆之氣也鼓人者中軍之將師帥旅帥也司馬兩司馬也振鐸以作衆作起也旣起鼓人擊鼓以行之伍長鳴鐲以節之伍長一曰公司馬及表自後表前至第二表也三鼓者鼓人也鄭司農云摝讀如弄玄謂如涿鹿之鹿掩上振之爲摝摝者止行息氣也司馬法曰鼓聲不過閶鼙聲不過闒鐸聲不過琅又三鼓振鐸作

旗車徒皆作鼓進鳴鐲車驟徒趨及表乃止坐作如初趨者赴敵尚疾之漸也春秋傳曰先人有奪人之心表自第二前至第三乃鼓車馳徒走及表乃止及表自第三前至前表鼓戒三闋車三發徒三刺鼓戒戒攻敵鼓壹闋車壹轉徒壹刺三而止象服敵乃鼓退鳴鐃且卻及表乃止坐作如初鐃所以止鼓軍退卒長鳴鐃以和衆鼓人爲止之也退自前表至後表鼓鐸則同習戰之禮出入一也異者廢鐲而鳴鐃遂以狩田以旌爲左右和之門群吏各帥其車徒以敘和出左右陳車徒有司平之旗居卒間以分地前後有屯百步有司巡其前後險野人爲主易野車爲主夕田爲狩言守取之無所擇也軍門曰和今謂之壘門立兩旌以爲之敘和出用次第出和門也左右或出而左或出而右有司平之鄉師居門正其出入之行列也旗軍吏所載分地調其部曲疏數前後有屯百步車徒異群相去之數也車徒畢出和門鄉師又巡其行陳鄭司農云險野人爲主人居前易野車爲主車居前旣陳乃設驅逆之車有司表貉于陳前驅驅出禽獸使趨田者也逆逆要不得令走設此車者田僕也中軍以鼙令鼓鼓人皆三鼓群司馬振鐸車徒皆作遂鼓行徒銜枚而進大獸公之小禽私之獲者取左耳群司馬謂兩司馬也枚如箸銜之有繣結項中軍法止語爲相疑惑也進行也鄭司農云大獸公之輸之於公小禽私之以自畀也詩云言私其豵獻肩于公一歲爲豵二歲爲豝三歲爲特四歲爲肩五歲爲慎此明其獻大者於公自取其小者玄謂慎讀爲麎爾雅曰豕生三曰豵豕牝曰豝麋牝曰麎獲得也得禽獸者取左耳當以計功及所弊鼓皆駴車徒皆譟鄭司農云及所弊至所弊

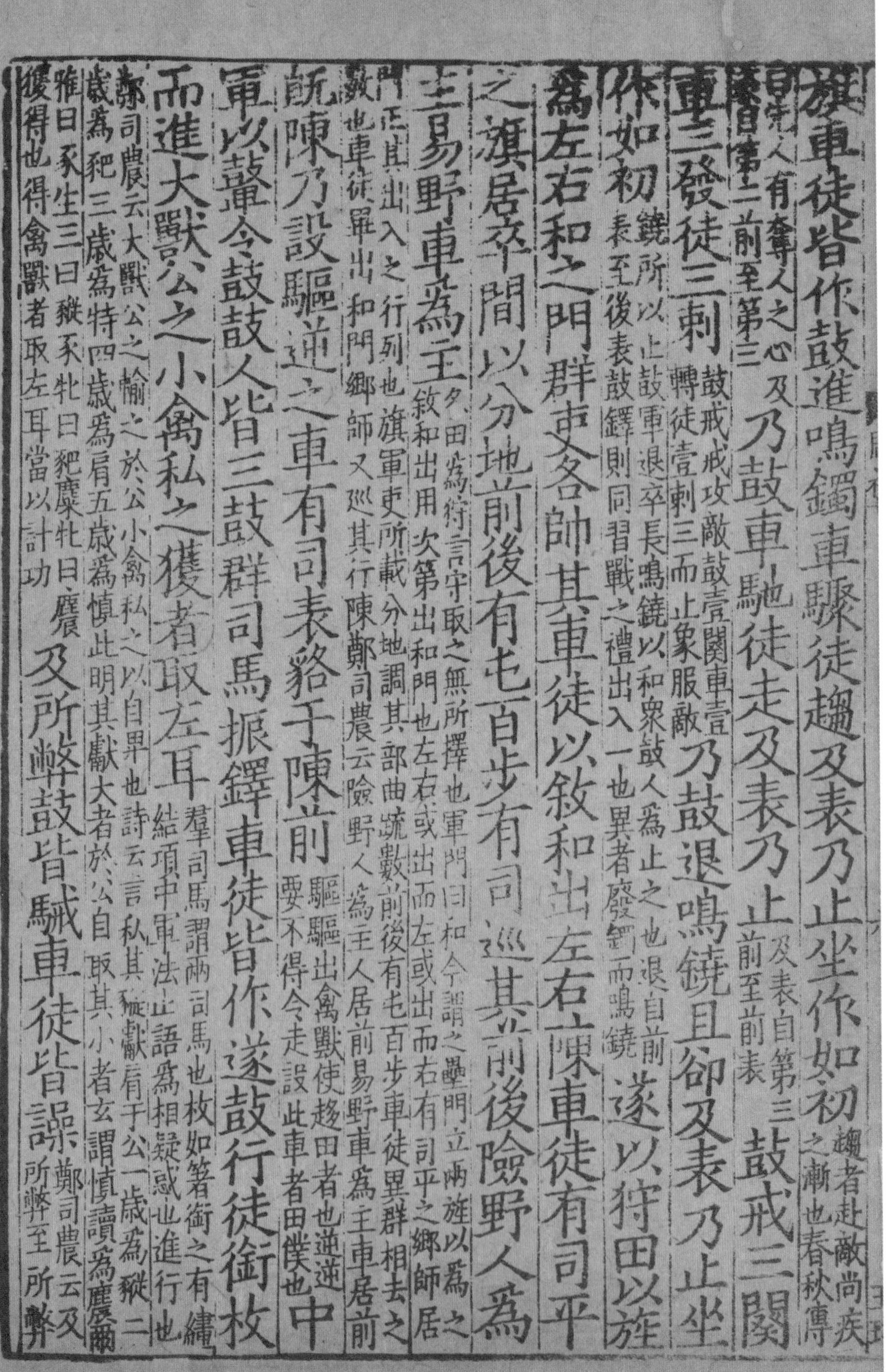

之處玄謂至所弊之處田所當於止也天子諸侯蒐狩有常至其常處吏士鼓譟象攻敵剋勝而喜也疾雷擊鼓曰䡞譟讙也書曰前師乃鼓䡞譟亦謂喜也徒乃弊致禽饁獸于郊入獻禽以享烝徒乃弊徒止也冬田主用眾物多眾得取也致禽饁獸于郊聚所獲禽因以祭四方神於郊月令季秋天子既田命主祠祭禽四方是也入又以禽祭宗廟及師大合軍以行禁令以救無辜伐有罪師所謂巡守若會同司馬起師合軍以從所以威天下行其攻也不言大者未有敵不尚武若大師則掌其戒令涖大卜帥執事涖釁主及軍器大師王出征伐也涖臨也臨大卜卜出兵吉凶也司馬法曰上卜下謀是謂參之主謂遷廟之主及社主在軍者也軍器鼓鐸之屬凡師既受甲迎主于廟及社主祝奉以從殺牲以血塗主及軍器皆神之及致建大常比軍眾誅後至者比或作庀鄭司農云致謂聚眾也庀具也玄謂致鄉師致民於司馬比校次之也及戰巡陳眡事而賞罰事謂戰功也若師有功則左執律右秉鉞以先愷樂獻于社功勝也律所以聽軍聲鉞所以爲將威也先猶道也兵樂曰愷獻于社獻功于社也司馬法曰得意則愷樂愷歌示喜也鄭司農云故城濮之戰春秋傳曰振旅愷以入于晉若師不功則厭而奉主車鄭司農云厭謂厭冠喪服也軍敗則以喪禮故秦伯之敗於殽也春秋傳曰秦伯素服郊次鄉師而哭玄謂厭伏冠也奉猶送也送主歸于廟與社王弔勞士庶子則相師敗王[illegible]弔之[illegible]之死者勞其傷者則相王之禮庶子卿大夫之子從軍者或謂之庶士大役與慮事屬其植受其要以待考而賞誅大役築城邑也鄭司農云國有大役大司馬與謀慮其事也植謂部曲將吏故春秋傳曰華元爲植巡功屬謂聚眾會之也要者簿書也考謂考校其功玄謂慮[illegible]封人也於有役司馬與之植築城楨也屬賦丈尺與其用人數大會同則帥士庶子而掌其政令帥帥以從王若大

射則合諸侯之六耦大射王將祭射于射宮以選賢也王射三侯以諸侯爲六耦大祭祀饗食羞牲魚授其祭牲魚魚牲也祭謂尸賓所以祭也鄭司農云大司馬主進魚牲大喪平士大夫鄭司農云平一其服也玄謂平者正其職與其位喪祭奉詔馬牲王喪之以馬祭者蓋遣奠也奉猶送也送之至墓告而藏之

小司馬之職掌此下字脫滅札爛又闕漢興求之不得遂無識其數者凡小祭祀會同饗射師田喪紀掌其事如大司馬之灋

軍司馬　闕

輿司馬　闕

行司馬　闕

司勳掌六鄉賞地之灋以等其功賞地賞田也在遠郊之內屬六鄉焉等猶差也以功大小爲差王功曰勳輔成王業若周公國功曰功保全國家若伊尹民功曰庸法施於民若后稷事功曰勞以勞定國若禹治功曰力制法成治若咎繇戰功曰多剋敵出奇若韓信陳平司馬法曰上多前虜凡有功者銘書於王之大常祭於大烝司勳詔之銘之言名也生則書于王旌以識其人與其功也死則於烝先王祭之詔謂告其神以辭也般庚告其卿大夫曰兹予大享于先王爾祖其從與享之是也今漢祭功臣於廟庭大功司勳藏其貳貳猶副也功書藏於天府又副於此者以其主賞掌賞

地之政令政令謂役賦凡賞無常輕重眡功無常者功之大小不可豫凡頒賞地參之一食鄭司農云不以美田爲采邑玄謂賞地之稅參分計稅王食其一也二全入於臣唯加田無國正加田既賞之又加賜以田所以厚恩也鄭司農云正謂稅也祿田亦有給公家之賦貢若今時侯國有司農少府錢穀矣獨加賞之田無正耳

馬質掌質馬馬量三物一曰戎馬二曰田馬三曰駑馬皆有物賈此三馬買以給官府之使無種也鄭司農曰皆有物賈皆有物色及賈直綱惡馬鄭司農云綱讀爲以元其緌之元書亦或爲元元御也禁也禁去惡馬不畜也玄謂綱以摩索維綱押習之凡受馬於有司者書其齒毛與其賈馬死則旬之內更旬之外入馬耳以其物更其外否鄭司農云更謂償也玄謂旬之內死者償以齒毛與賈受之日淺養之惡也旬之外死入馬耳償以毛色不以齒賈任之過其任也其外否者旬之外踰二十日而死不任用非用者罪馬及行則以任齊其行識其所載輕重及道里齊其勞逸乃復用之若有馬訟則聽之訟謂賣買之言相負禁原蠶者原再也天文辰爲馬蠶書蠶爲龍精月直大火則浴其種是蠶與馬同氣物莫能兩大禁再蠶者爲傷馬與

量人掌建國之灋以分國爲九州營國城郭營后宮量市朝道巷門渠造都邑亦如之建立也立國有舊法式若匠人職云分國定天下之國分也后君也言君容王與諸侯營軍之壘舍量其市朝州涂軍社之所里軍壁曰壘鄭司農云量其市朝州涂還市朝而爲道也玄謂州一州之衆二千五百人爲師每師一處市

也朝也州也皆有道以相之軍社社主在軍者里居也邦國之地與天下之涂數皆書而藏之書地謂方圜山川之廣狹書涂謂支湊之遠近凡祭祀饗食賓制其從獻脯燔之數量鄭司農云從獻者肉殽從酒也玄謂燔從於獻酒之肉炙也數多少也量長短也掌喪祭奠竁之俎實竁亦有俎實謂所包遣奠士喪禮下篇曰藏苞筲於旁凡宰祭與鬱人受斝歷而皆飲之言宰祭者冢宰佐王祭亦容攝祭鄭司農云斝讀如嫁娶之嫁斝器名明堂位曰爵夏后氏以琖殷以斝周以爵玄謂斝讀如嘏尸之嘏宰家宰

小子掌祭祀羞羊肆羊殽肉豆鄭司農云羞進也羊肆體薦全烝也羊殽體解節折也肉豆者切肉也玄謂肆讀爲鬄羊鬄者所謂豚解也而掌珥于社稷祈于五祀故書祀作禩鄭司農云禩讀爲祀書亦或爲祀珥社稷以牲頭祭也玄謂珥讀爲衈祈或爲刉刉衈者釁禮之事也用毛牲曰刉羽牲曰衈衈刉社稷五祀謂始成其宮兆時也春官肆師職祈或作畿秋官士師職曰凡刉珥則奉犬牲此刉衈正字與凡沈辜侯禳飾其牲鄭司農云沈謂祭川爾雅曰祭川曰浮沈辜謂磔牲以祭也月令曰九門磔禳以畢春氣侯禳者候四時惡氣禳去之也釁邦器及軍器邦器謂禮樂之器及祭器之屬雜記曰凡宗廟之器其名者成則釁之以豭豚凡師田斬牲以左右徇陳示犯誓必殺之祭祀贊羞受徹焉

羊人掌羊牲凡祭祀飾羔羔小羊也詩曰四之日其蚤獻羔祭韭祭祀割羊牲登其首登升也升首報陽也升首于室凡祈珥共其羊牲共猶給也賓客共其灋羊灋羊饔餼積膳之羊凡沈辜侯禳釁積共其羊牲積故書爲眦鄭司農云眦讀爲漬謂釁國寶漬軍器也玄謂積積柴禋祀槱燎實柴若牧人無牲則受布于司馬使其賈買牲而共之布泉

司爟掌行火之政令四時變國火以救時疾行猶用也變猶易也鄭司農說以鄹子曰春取榆柳之火夏取棗杏之火季夏取桑柘之火秋取柞楢之火冬取槐檀之火季春出火民咸從之季秋內火民亦如之火所以用陶冶民隨國而爲之鄭人鑄刑書火星未出而出火後有災鄭司農云以三月本時昏心星見于辰上使民出火九月本黃昏心星伏在戌上使民內火故春秋傳曰以出內火時則施火令焚萊之時凡祭祀則祭爟報其爲明之功禮如祭爨凡國失火野焚萊則有刑罰焉野焚萊民擅放火

掌固掌脩城郭溝池樹渠之固頒其士庶子及其衆庶之守樹謂枳棘之屬有刺者也衆庶民遞守固者也鄭司農說樹以國語曰城守之木於是乎用之設其飾器兵甲之屬令城郭門之器亦然分其財用均其稍食財用國以財所給守吏之用也稍食祿稟任其萬民用其材器任謂以其任使之也民之材器其所用塹築及爲藩落凡守者受灋焉以通守政有移甲與其役財用唯是得通與國有司帥之以贊其不足者凡守者士庶子及他要害之守吏通守政者兵甲役財難易多少轉移相給也其他非是不得妄離部署國有司掌固也其移之者又與掌固帥致之贊佐也晝三巡之夜亦如之巡行也行守者爲衆庶之解惰夜三鼜以號戒杜子春云讀鼜爲造次之造謂擊鼓行夜戒守也春秋傳所謂賓將趣者與趣與造音相近故曰淡淡夕與燎玄謂鼓鼜擊鼓鼜警守鼓也三巡之間又三擊鼜若造都邑則治其固與其守灋都邑亦爲城郭凡國都之竟有溝樹之固郊亦如之也竟界民皆有

職焉（職謂守與任）若有山川則因之（山川若殽阜河漢）

司險掌九州之圖以周知其山林川澤之阻而達其道路（周猶徧也達道路者山林之阻則開鑿之川澤之阻則橋梁之）設國之五溝五涂而樹之林以爲阻固皆有守禁而達其道路（五溝遂溝洫澮川也五涂徑畛涂道路也樹之林作藩落也）國有故則藩塞阻路而止行者以其屬守之唯有節者達之（有故喪災及兵也閉絶要害之道備姦寇也）

掌疆　闕

候人各掌其方之道治與其禁令以設候人（道治治道也國語曰候不在竟譏不居其方也禁令備姦寇也以設候人者選士卒以爲之詩云彼候人兮何戈與祋）若有方治則帥而致于朝及歸送之于竟（方治其方來治國事者也春秋傳曰晉欒盈過周王使候人出諸轘轅是其送之）

環人掌致師（致師者致其必戰之志古者將戰先使勇力之士犯敵焉春秋傳曰楚許伯御樂伯攝叔爲右以致晉師許伯曰吾聞致師者御靡旌摩壘而還樂伯曰吾聞致師者左射以菆代御執轡御下㧕馬掉鞅而還攝叔曰吾聞致師者右入壘折馘執俘而還皆行其所聞而復之）察軍慝（慝陰姦也視軍中有爲慝者則執之）環四方之故（卻其以事謀來侵伐者所謂折衝禦侮）巡邦國搏諜賊（諜賊反間爲國賊）訟敵國（敵國兵來則往之與訟曲直若齊國佐如師）揚軍旅（爲之威武以觀敵詩云維師尚父時維鷹揚）降圍邑（圍邑欲降者受而降之春秋傳曰齊人降鄣）

挈壺氏掌挈壺以令軍井挈轡以令舍挈畚以令糧鄭司農云挈壺以令軍井謂爲軍穿井井成挈壺縣其上令軍中士衆皆望見知此下有井壺所以盛飲故以壺表井挈轡以令舍亦縣轡于所當舍止之處使軍望見知當舍止于此轡所以駕舍故以轡表舍挈畚以令糧亦縣畚于所當稟假之處令軍望見知當稟假于此下也畚所以盛糧之器故以畚表稟軍中人多車騎雜會讙嚻號令不能相聞故各以其物爲表省煩趨疾于事便也凡軍事縣壺以序聚欜凡喪縣壺以代哭者皆以水火守之分以日夜鄭司農云縣壺以爲漏以序聚欜以次更聚擊欜備守也玄謂擊欜兩木相敲行夜時也代亦更也禮未大斂代哭以水守壺者爲沃漏也以火守壺者夜則視刻數也分以日夜者異晝夜漏也漏之箭晝夜共百刻冬夏之間有長短焉大史立成法有四十八箭及冬則以火爨鼎水而沸之而沃之鄭司農云冬水凍漏不下故以火炊水沸以沃之謂沃漏也

射人掌國之三公孤卿大夫之位三公北面孤東面卿大夫西面其摯三公執璧孤執皮帛卿執羔大夫鴈位將射始入見君之位不言士者此與諸侯之賓射士不與也燕禮曰公升即位于席西鄉小臣納卿大夫卿大夫皆入門右北面東上士立於西方東面北上大射亦云則凡朝燕及射臣見于君之禮同諸侯在朝則皆北面詔相其灋謂諸侯來朝而未歸王與之射於朝者皆北面從三公位法其禮儀若有國事則掌其戒令詔相其事謂王有祭祀之事諸侯當助其薦獻者也戒令告以齊與期掌其治達謂諸侯因與王射及助祭而有所治受而達之於王王有命又受而下之以射灋治射儀王以六耦射三侯三獲三容樂以騶虞九節五正

諸侯以四耦射二侯二獲二容樂以貍首七節三正孤卿大夫以三耦射一侯一獲一容樂以采蘋五節二正士以三耦射豻侯一獲一容樂以采蘩五節二正射法王射之禮治射儀謂肆之也鄭司農云三侯虎熊豹也容者乏也待獲者所蔽也九節折羽九重設於長杠也正所射也詩云終日射侯不出正兮二侯熊豹也豻侯豻者獸名也獸有貙豻能虎玄謂三侯者五正三正二正之侯也二侯者三正二正之侯也一侯者一正而已此皆與賓射於朝之禮也考工梓人職曰張五采之侯則遠國屬遠國謂諸侯來朝者也五采之侯即五正之侯也正之言正也射者內志正則能中焉畫五正之侯中朱次白次蒼次黃玄居外三正損玄黃二正去白蒼而畫以朱綠其外之廣皆居侯中參分之一中二尺今儒家云四尺曰正二尺曰鵠鵠乃用皮其大如正此說失之矣大射禮豻作干讀如宜豻宜獄之豻豻胡犬也士與士射則以豻皮飾侯下大夫也大夫以上與賓射飾侯以雲氣用采各如其正九節七節五節者奏樂以為射節之差言節者容侯道之數也樂記曰明乎其節之志不失其事則功成而德行立

若王大射則以貍步張三侯鄭司農云貍步謂一舉足為一步於今為半步玄謂貍善搏者也行則止而擬度焉其發必獲是以量侯道法之也侯道者各以弓為度九節者九十弓七節者七十弓五節者五十弓弓之下制長六尺大射禮曰大侯九十參七十干五十是也三侯者司裘所共虎侯熊侯豹侯也列國之君大射亦張三侯數與天子同大侯熊侯也參讀為糝糝雜也雜者豹鵠而麋飾下天子大夫

王射則令去侯立于後以矢行告卒令取矢鄭司農云射人主令人去侯所而立于後也以矢行告射人主以矢行高下左右告于王也大射禮曰大射正立于公後以矢行告于公下曰留上曰揚左右曰方杜子春說以矢行告告白射事于王王則執矢也杜子春說不與禮經合疑非是也卒令取矢謂射卒射人令當取矢者使取矢也玄謂令去侯者命負侯者去侯也鄉射曰司馬命獲者執旌以負侯

祭侯則為位祭侯獻服不服不以祭侯為位為服不受獻之位也大射曰服不侯西北三步北面拜受爵

與大史數

射中射中數射者中侯之筭也大射曰司射適階西釋弓去扑襲進由中東立于中南北面視筭佐司馬治射正射正射之法儀也祭祀則贊射牲相孤卿大夫之灋儀烝嘗之禮有射豕者國語曰禘郊之事天子必自射其牲今立秋有貙劉云會同朝覲作大夫介凡有爵者作讀如作止爵之作諸侯來至王使公卿有事焉則作大夫使之介也有爵者命士以上不使賤者大師令有爵者乘王之倅車倅車戎車之副有大賓客則作卿大夫從作者選使從王見諸侯戒大史及大夫介戒戒其當行者覲禮曰諸公奉篋服加命書于其上升自西階東面大史氏右大喪與僕人遷尸作卿大夫掌事比其廬不敬者苛罰之僕人大僕也僕人與射人俱掌王之朝位也王崩小斂大斂遷尸于室堂朝之象也檀弓曰扶君卜人師扶右射人扶左君薨以是舉奇謂詰問之

服不氏掌養猛獸而教擾之猛獸虎豹熊羆之屬擾馴也教習使之馴服王者之教無不服凡祭祀共猛獸謂中膳羞者獸人冬獻狼春秋傳曰熊蹯不孰賓客之事則抗皮鄭司農云謂賓客來朝聘布皮帛者服不氏主舉藏之抗讀爲亢其讎之亢玄謂抗者若聘禮曰有司二人舉皮以東射則贊張侯以旌居乏而待獲贊佐也大射禮曰命量人巾車張三侯杜子春云待當爲持書亦或爲持乏讀爲匱乏之乏持獲者所蔽玄謂待獲待射者中舉旌以獲

射鳥氏掌射鳥鳥謂中膳羞者鳧鴈鴇鴞之屬祭祀以弓矢敺烏鳶凡賓客會同軍旅亦如之烏鳶善鈔盜便汙人射則取矢矢在侯高則以并夾取之鄭司農云王射則射鳥氏主取其矢矢在

侯高若矢著侯高人手不能及則以并夾取之并夾鍼箭具夾讀爲甲故司弓矢職曰大射燕射共弓矢并夾

羅氏掌羅烏鳥烏謂卑居鵲之屬蜡則作羅襦作猶用也鄭司農云蜡謂十二月大祭萬物也郊特牲曰天子大蜡謂歲十二月合聚萬物而索饗之襦細密之羅襦讀爲繻有衣袽之繻玄謂蜡建亥之月此時火伏蟄者畢矣豺既祭獸可以羅罔圍取禽也王制曰豺祭獸然後田又曰昆蟲已蟄可以火田今俗放火張羅其遺教中春羅春鳥獻鳩以養國老行羽物春鳥蟄而始出者若今南郡黄雀之屬是時鷹化爲鳩鳩與春鳥變舊爲新宜以養老助生氣行謂賦賜

掌畜掌養鳥而阜蕃教擾之阜猶盛也蕃蕃息也鳥之可養使盛大蕃息者謂鵝鶩之屬祭祀共卵鳥其卵可薦之鳥歲時貢鳥物鶉鳫之屬以四時來共膳獻之鳥雉及鶉鴽之屬

周禮卷第七

經三千六百一十五字

注七千四百三十二字

周禮卷第八　　周禮　　鄭氏注

夏官司馬下

司士掌群臣之版以治其政令歲登下其損益之數辨其年歲與其貴賤周知邦國都家縣鄙之數卿大夫士庶子之數損益謂用功過黜陟者縣鄙鄉遂之屬故書版爲班鄭司農云班書或爲版版名籍以詔王治告王所當進退以德詔爵以功詔祿以能詔事以久奠食德謂賢者食稍食也賢者既爵乃祿之能者事成乃食之王制曰司馬辨論官材論進士之賢者以告於王而定其論論定然後官之任官然後爵之位定然後祿之唯賜無常賜多少由王不如祿食有常品正朝儀之位辨其貴賤之等王南鄉三公北面東上孤東面北上卿大夫西面北上王族故士虎士在路門之右南面東上大僕大右大僕從者在路門之左南面西上此王日視朝事於路門外之位王族故士故爲士晚退留宿衛者未嘗仕雖同族不得在王宮大右司右也大僕從者小臣祭僕御僕隸僕司士擯詔王出揖公卿大夫以下朝者孤卿特揖大夫以其等旅揖士旁三揖王還揖門左揖門右特揖一揖之旅眾也大夫爵同者眾揖之公及孤卿大夫始入門右皆北面東上王揖之乃就位羣士及故士大僕之屬發在其位羣士位東面王西南鄉而揖之三揖者士有上中下王揖之皆逡遁既復位鄭司農云卿大夫士皆君之所揖禮春秋傳所謂三揖在下大僕前前正王視朝之位王入內朝皆退王入入路門也王入路門內朝朝者皆退反其官府治處

（也王之外朝則朝士掌焉玉藻曰朝服以日視朝於內朝朝辨色始入君日出而視之退適路寢聽政使人視大夫大夫退然後適小寢謂諸侯也王日視朝皮弁服其禮亦同）掌國中之士治凡其戒令（國中城中）掌擯士者膳其摯（擯士告見初爲士者於王也鄭司農云膳其摯者王食其所執羔鴈之摯玄謂膳者入於王之膳人）凡祭祀掌士之戒令詔相其灋事及賜爵呼昭穆而進之（賜爵神惠及下也此所賜王之子姓兄弟祭統曰凡賜爵昭爲一穆爲一昭與昭齒穆與穆齒凡群有司皆以齒此之謂長幼有序）帥其屬而割牲羞俎豆（割牲制體也羞進也）凡會同作士從賓客亦如之（作士從謂可使從於王者）作士適四方使爲介（士使謂自以王命使也介大夫之介也春秋傳曰天王使石尚來歸脤）大喪作士掌事（事謂奠斂之屬）作六軍之士執披（作謂使之也披柩車行所以披持棺者有紐以結之謂之戴鄭司農云披者扶持棺險者也天子旁十二諸侯旁八大夫六士四玄謂結披必當棺束於束繫紐天子諸侯載柩三束大夫士二束喪大記曰君纁披六大夫披四前纁後玄士二披用纁人君禮文欲其數多圍數兩旁言六耳其實旁三）凡士之有守者令哭無去守（守官不可空也）國有故則致士而頒其守（故非喪則兵災）凡邦國三歲則稽士任而進退其爵祿（任其所掌治）

諸子掌國子之倅掌其戒令與其教治辨其等正其位（故書倅爲卒鄭司農云卒讀如物有副倅之倅國子謂諸侯卿大夫士之子也燕義曰古者周天子之官有庶子官與周官諸子職同玄謂四民之業而士者亦世焉國子者是公卿大夫士之副貳戒令致於大子之事教治修德學道也位朝位）國有大事則帥國子而致於大子唯所用之若有兵甲

之事則授之車甲合其卒伍置其有司以軍灋治之司馬弗正（軍法百人爲卒五人爲伍弗不也國子屬大子司馬雖有軍事不賦之）凡國正弗及大祭祀正六牲之體（正謂朼載之）凡樂事正舞位授舞器（位佾處）大喪正群子之服位會同賓客作群子從（從王）凡國之政事國子存遊倅使之脩德學道春合諸學秋合諸射以攷其藝而進退之（遊倅倅之未仕者學大學也射射宮也王制曰春秋教以禮樂冬夏教以詩書王大子王子羣后之大子卿大夫元士之適子國之俊選皆造焉）

司右掌群右之政令（羣右戎右齊右道右）凡軍旅會同合其車之卒伍而比其乘屬其右（合比屬謂次第相安習也車亦有卒伍）凡國之勇力之士能用五兵者屬焉掌其政令（勇力之士屬焉者選右當於中司馬法曰弓矢圍殳矛守戈戟助凡五兵長以衛短短以救長）

虎賁氏掌先後王而趨以卒伍（王出將虎賁士居前後雖羣行亦有局分）軍旅會同亦如之舍則守王閑（舍王出所止宿處閑梐枑）王在國則守王宮（爲周衛）國有大故則守王門大喪亦如之（非常之難要在門）及葬從遣車而哭（遣車王之魂魄所馮依）適四方使則從士大夫（虎士從使者）若道路不通有徵事則奉書以使於四方（不通逢兵寇若泥水奉書徵師役也春秋隱七年冬戎伐凡伯于楚丘以歸）

旅賁氏掌執戈盾夾王車而趨左八人右八人車止則持輪夾王車者其下士也下士十有六人中士爲之帥焉凡祭祀會同賓客則服而趨服而趨夾王車趨也會同賓客王亦齊服服袞冕則此士之齊服玄端喪紀則衰葛執戈盾葛葛絰武士尚輕軍旅則介而趨介被甲

節服氏掌祭祀朝覲袞冕六人維王之大常服袞冕者從王服也維維之以縷王旌十二旒兩兩以縷綴連旁三人持之禮天子旌曳地鄭司農云維持之諸侯則四人其服亦如之郊祀裘冕二人執戈送逆尸從車裘冕者亦從尸服也裘大裘也凡尸服卒者之上服從車從尸車送逆之往來春秋傳曰晉祀夏郊董伯爲尸

方相氏掌蒙熊皮黃金四目玄衣朱裳執戈揚盾帥百隸而時難以索室歐疫蒙冒也冒熊皮者以驚歐疫厲之鬼如今魌頭也時難四時作方相氏以難卻凶惡也月令季冬命國難索廋也大喪先匶葬使之道及墓入壙以戈擊四隅歐方良壙穿地中也方良罔兩也天子之椁柏黃腸爲裏而表以石焉國語曰木石之怪夔罔兩

大僕掌正王之服位出入王之大命服王舉動所當衣也位立處也出大命王之教也入大命羣臣所奏行掌諸侯之復逆鄭司農云復謂奏事也逆謂受下奏王眡朝則前正位而退入亦如之前正位而退道王王既立退居路門左待朝畢建路鼓于大寢之門外而掌其政大寢路寢也其門外則內朝之中如今宮殿端門下矣政鼓節與早晏以待達窮者與遽令聞鼓聲則速逆御僕與御庶子鄭司農云窮謂窮冤失職則來擊此

鼓以達於王若今時上變事擊鼓矣遽傳也若今時驛馬軍書當急聞者亦擊此鼓令聞此鼓聲則速逆御僕與御庶子也大僕主令此二官使速逆窮遽者玄謂達窮者謂司寇之屬
朝士掌以肺石達窮民聽其辭以告於王遽令郵驛上下程品御僕庶子直事鼓所者大僕聞鼓聲則速逆此二官當受其事以聞　祭祀賓客喪紀
正王之服位詔灋儀贊王牲事詔告也牲事殺割匕載之屬　王出入則自左馭而前
驅前驅如今道引也道而居左自馬馭不參乘辟王也亦有車右焉　凡軍旅田役贊王鼓王通鼓佐擊其餘面　救日月亦如之
日月食時春秋傳曰非日月之眚不鼓　大喪始崩戒鼓傳達于四方窆亦如之戒鼓擊鼓以警衆也故書戒為駭鄭
司農云窆謂葬下棺也春秋傳所謂日中而崩禮記謂之封皆葬下棺也音相似窆讀如慶封氾祭之氾　縣喪首服之灋于宮門首服之灋謂免
髽笄總廣狹長短之數縣其書於宮門示四方　掌三公孤卿之弔勞王使往　王燕飲則相其灋相左右　王射
則贊弓矢贊謂授之受之　王眡燕朝則正位掌擯相燕朝朝於路寢之庭王圖宗人之嘉事則燕朝　王不
眡朝則辭於三公及孤卿辭謂以王不視朝之意告之春秋傳曰公有疾不視朝
小臣掌王之小命詔相王之小灋儀小命時事所勑問也小法儀趨行拱揖之容　掌三公及孤卿
之復逆正王之燕服位謂燕居時也玉藻曰王卒食玄端而居　王之燕出入則前驅燕出入若今游於諸觀苑
大祭祀朝覲沃王盥小祭祀賓客饗食賓射掌事如大僕之灋賓射與諸
侯來朝者射　掌士大夫之弔勞凡大事佐大僕

祭僕掌受命于王以眡祭祀而警戒祭祀有司糾百官之戒具謂王有故不親祭也祭祀有司有事於祭祀者糾謂校録所當共之牲物既祭帥群有司而反命以王命勞之誅其不敬者大喪復于小廟小廟高祖以下也始祖曰大廟春秋僖八年秋七月禘于大廟凡祭祀王之所不與則賜之禽都家亦如之鄭司農云王之所不與謂非郊廟尊祭祀則王不與也則賜之禽公卿自祭其先祖則賜之禽也玄謂王所不與同姓有先王之廟凡祭祀致福者展而受之臣有祭事必致祭肉於君所謂歸胙也展謂録視其牲體數體數者大牢則以牛左肩臂臑折九个少牢則以羊左肩七个特牲則以豕左肩五个

御僕掌群吏之逆及庶民之復與其弔勞群吏府史以下大祭祀相盥而登相盥者謂奉槃授巾與登謂為王登牲體於俎特牲饋食禮主人降盥出舉入乃匕載大喪持翣翣棺飾也持之者夾蜃車掌王之燕令燕居時之令以序守路鼓序更

隷僕掌五寢之埽除糞洒之事五寢五廟之寢也周天子七廟唯祧無寢詩云寢廟繹繹相連皃也前曰廟後曰寢汜埽曰埽埽席前曰拚洒灑也鄭司農云洒當為灑玄謂論語曰子夏之門人當洒埽應對祭祀脩寢於廟祭寢或有事焉月令凡新物先薦寢廟王行洗乘石鄭司農云乘石王所登上車之石也詩云有扁斯石履之卑兮謂上車所登之石掌蹕宮中之事宮中有事則蹕鄭司農云蹕謂止行者清道若今時儆蹕大喪復于小寢大寢小寢高祖以下廟之寢也始祖曰大寢

弁師掌王之五冕皆玄冕朱裏延紐冕服有六而言五冕者大裘之冕蓋無旒不聯數也延冕之覆在上是以名焉紐小鼻在武上笄所貫也今時冠卷當簮者廣袤以冠縱其舊象與五采繅十有二就皆五采玉十有二玉笄朱紘繅雜文之名也合五采絲爲之繩垂於延之前後各十二所謂邃延也就成也繩之每一帀而貫五采玉十二斿則十二玉也每就閒蓋一寸朱紘以朱組爲紘也紘一條屬兩端於武繅不言皆有不皆者此爲袞衣之冕十二斿則用玉二百八十八鷩衣之冕繅九斿用玉二百一十六毳衣之冕七斿用玉百六十八希衣之冕五斿用玉百二十玄衣之冕三斿用玉七十二

諸侯之繅斿九就瑉玉三采其餘如王之事繅斿皆就玉瑱玉笄侯當爲公字之誤也三采朱白蒼也其餘謂延紐皆玄覆朱裏與王同也出此則異繅斿皆就皆三采也每繅九成則九旒也公之冕用玉百六十二玉瑱塞耳者故書瑉作璑鄭司農云繅當爲藻繅古字也藻今字也同物同音璑惡玉名

王之皮弁會五采玉璂象邸玉笄故書會作膾鄭司農云讀如馬會之會謂以五采束髮也士喪禮曰檜用組乃笄檜讀與膾同書之異耳說曰以組束髮乃著笄謂之檜沛國人謂反紒爲膾璂讀如綦車轂之綦玄謂會讀如大會之會會縫中也璂讀如薄借綦之綦綦結也皮弁之縫中每貫結五采玉十二以爲飾謂之綦詩云會弁如星又曰其弁伊綦是也邸下柢也以象骨爲之

王之弁經弁而加環經弁經王弔所服也其弁如爵弁而素所謂素冠也而加環經環經者大如緦之麻經纏而不糾司服職曰凡弔事弁經服

諸侯及孤卿大夫之冕韋弁皮弁弁經各以其等爲之而掌其禁令各以其等繅斿玉璂如其命數也冕則侯伯繅七就用玉九十八子男繅五就用玉五十繅玉皆三采孤繅四就用玉三十二三命之卿繅三就用玉十八再命之大夫藻再就用玉八藻玉皆朱緑韋弁皮弁則侯伯璂飾七子男璂飾五玉亦三采孤則璂飾四三命之卿璂飾三再命之大夫璂飾二玉亦二采弁經之弁其辟積如冕繅之就然庶人弔者素委貌一命之大夫冕而無斿士變冕爲爵弁其韋弁皮弁

之會無結飾弁絰之弁不辟積禁令者不得相僭踰也王藻曰君未有命不敢即乘服不言冠弁冠弁兼於韋弁皮弁矣不言服弁服弁自天子以下無飾無等

司甲　闕

司兵掌五兵五盾各辨其物與其等以待軍事五盾干櫓之屬其名未盡聞也等謂功沽上下鄭司農云五兵者戈殳戟酋矛夷矛　及授兵從司馬之灋以頒之及其受兵輸亦如之及其用兵亦如之從司馬之法令師旅卒兩人數所用多少也兵輸謂師還有司還兵也用兵謂出給衛守　祭祀授舞者兵授以朱干玉戚之屬　大喪廞五兵故書廞爲淫鄭司農云淫陳也淫讀爲廞玄謂廞興也興作明器之役器五兵也士喪禮下篇有甲冑干笮　軍事建車之五兵會同亦如之車之五兵鄭司農所云者是也步卒之五兵則無夷矛而有弓矢

司戈盾掌戈盾之物而頒之分與受用　祭祀授旅賁殳故士戈盾授舞者兵亦如之亦頒之也故士王族故士也與旅賁當事則衛王也殳如杖長尋有四尺　軍旅會同授貳車戈盾建乘車之戈盾授旅賁及虎士戈盾乘車王所乘車也軍旅則革路會同則金路　及舍設藩盾行則斂之舍止也藩盾盾可以藩衛者如今之扶蘇與

司弓矢掌六弓四弩八矢之灋辨其名物而掌其守藏與其出入法曲直長短之數　中春獻弓弩中秋獻矢箙弓弩成於和矢箙成於堅箙盛矢器也以獸皮爲之　及其頒之王

弓弧弓以授射甲革椹質者夾弓庾弓以授射豻侯鳥獸者唐弓大弓以授學射者使者勞者王弧夾庾唐大六者弓異體之名也往體寡來體多曰王弧往體多來體寡曰夾庾往體來體若一曰唐大甲革革甲也春秋傳曰蹲甲而射之質正也樹椹以為射正射甲與椹試弓習武也豻侯五十步及射鳥獸皆近射也近射用弱弓則射大侯者用王弧射參侯者用唐大矣學射者弓用中後習強弱則易也使者勞者弓亦用中遠近可也勞者勤勞王事若晉文侯文公受王弓矢之賜者故書椹為鞎鄭司農云椹字或為鞎非是也圉師職曰射則充椹質又此司弓矢職曰澤共射椹質之弓矢言射椹質自有弓謂王弧弓也以此觀之言鞎質者非其矢箙皆從其弓從弓數也每弓者一箙百矢凡弩夾庾利攻守唐大利車戰野戰攻城壘者與其自守者相迫近弱弩發疾也車戰野戰進退非強則不及弩無王弧王弧恒服弦往體少者使矢不疾凡矢枉矢絜矢利火射用諸守城車戰殺矢鍭矢用諸近射田獵矰矢茀矢用諸弋射恒矢庳矢用諸散射此八矢者弓弩各有四焉枉矢殺矢矰矢恒矢弓所用也絜矢鍭矢茀矢庳矢弩所用也枉矢者取名變星飛行有光今之飛矛是也或謂之兵矢絜矢象焉二者皆可結火以射敵守城車戰前於重後微輕行疾也殺矢言中則死鍭矢象焉鍭之言候也二者皆可以司候射敵之近者及禽獸前尤重中深而不可遠也結繳於矢謂之矰矰高也茀矢象焉茀之言刜也二者皆可以弋飛鳥刜羅之也前於重又微輕行不低也詩云弋鳧與鴈恒矢安居之矢也庳矢象焉二者皆可以散射也謂禮射及習射也前後訂其行平也凡矢之制枉矢之屬五分二在前三在後殺矢之屬參分一在前二在後矰矢之屬七分三在前四在後恒矢之屬軒輖中所謂志也鄭司農云庳矢讀為人罷短之罷玄謂庳讀如痺病之痺痺之言倫比天子之弓合九而成規諸侯合七而成規大夫合五而成規士合三而成規句者謂之弊

弓體往來之衺也往體寡來體多則合多往體多來體寡則合少而圜弊猶惡也句者惡則直者善矣凡祭祀共射牲之弓矢射牲示親殺也殺牲非尊者所親唯射爲可國語曰禘郊之事天子必自射其牲澤共射椹質之弓矢鄭司農云澤澤宮也所以習射選士之處也射義曰天子將祭必先習射於澤澤者所以擇士也已射於澤而后射於射宮射中者得與於祭大射燕射共弓矢如數并夾如數如當射者之數也每人一弓乘矢并夾矢箙也大喪共明弓矢弓矢明器之用器也士喪禮下篇曰用器弓矢凡師役會同頒弓弩各以其物從授兵甲之儀物弓弩矢箙之屬田弋充籠箙矢共矰矢籠竹箙也矰矢不在箙者爲其相繞亂將用乃共之凡亡矢者弗用則更更償也用而棄之則不償

繕人掌王之用弓弩矢箙矰弋抉拾鄭司農云抉者所以縱弦也拾者所以引弦也詩云抉拾既次詩家說或謂抉謂引弦彄也拾謂韝扞也玄謂抉挾矢時所以持弦飾也著右手巨指士喪禮曰抉用正王棘若擇棘則天子用象骨與韝扞著左臂裏以韋爲之掌詔王射告王當射之節贊王弓矢之事授之受之凡乘車充其籠箙載其弓弩充籠箙者以矢既射則斂之斂藏之也詩云彤弓弨兮受言藏之無會計亡敗多少不計

槀人掌受財于職金以齎其工齎其工者給市財用之直弓六物爲三等弩四物亦如之三等者上中下人各有所宜弓人職曰弓長六尺六寸謂之上制上士服之弓長六尺三寸謂之中制中士服之弓長六尺謂之下制下士服之弩及矢箙長短之制未聞矢八物皆三等箙亦如之春獻素秋獻成矢箙春作秋成書其等以饗工

鄭司農云書工功拙高下之等以制其饗食也玄謂饗食酒肴勞之也上工作上等其饗食厚下工作下等其饗食薄乘其事試其弓弩以下上其食而誅賞鄭司農云乘計也計其事之成功也故書試爲考玄謂考之而善則上其食尤善又賞之否者反此乃入功于司弓矢及繕人成功凡齎財與其出入皆在槀人以待會而攷之亡者闕之皆在槀人者所齎工之財及弓弩矢箙出入其簿書槀人藏之闕猶除也弓弩矢箙棄亡者除之計今見在者

戎右掌戎車之兵革使使謂王使以兵有所誅斬也春秋傳曰戰於殽晉梁弘御戎萊駒爲右戰之明日襄公縛秦囚使萊駒以戈斬之詔贊王鼓既告王當鼓之節又助擊之傳王命于陳中爲王大言之也會同充革車會同王雖乘金路猶以革路從行也充之者謂居左也曲禮曰乘君之乘車不敢曠左盟則以玉敦辟盟遂役之鄭司農云敦器名也辟法也玄謂將歃血者先執其器爲衆陳其載辭使心皆開辟也役之者傳敦血授當歃者贊牛耳桃茢鄭司農云贊牛耳春秋傳所謂執牛耳者故書茢爲滅杜子春云滅當爲厲玄謂尸盟者割牛耳取血助爲之及血在敦中以桃茢拂之又助之也耳者盛以珠盤尸盟者執之桃鬼所畏也茢苕帚所以埽不祥

齊右掌祭祀會同賓客前齊車王乘則持馬行則陪乘齊車金路王自整齊之車也前之者已駕王未成之時陪乘參乘謂車右也齊右與齊僕同車而有祭祀之事則兼玉路之右然則戎右兼田右與凡有牲事則前馬王見牲則拱而式居馬前卻行備驚奔也曲禮曰國君下宗廟式齊牛

道右掌前道車王出入則持馬陪乘如齊車之儀道車象路也王行道德之車自車上諭命于從車自由詔王之車儀式顧之屬王式則下前馬王下則以蓋從以蓋從表尊

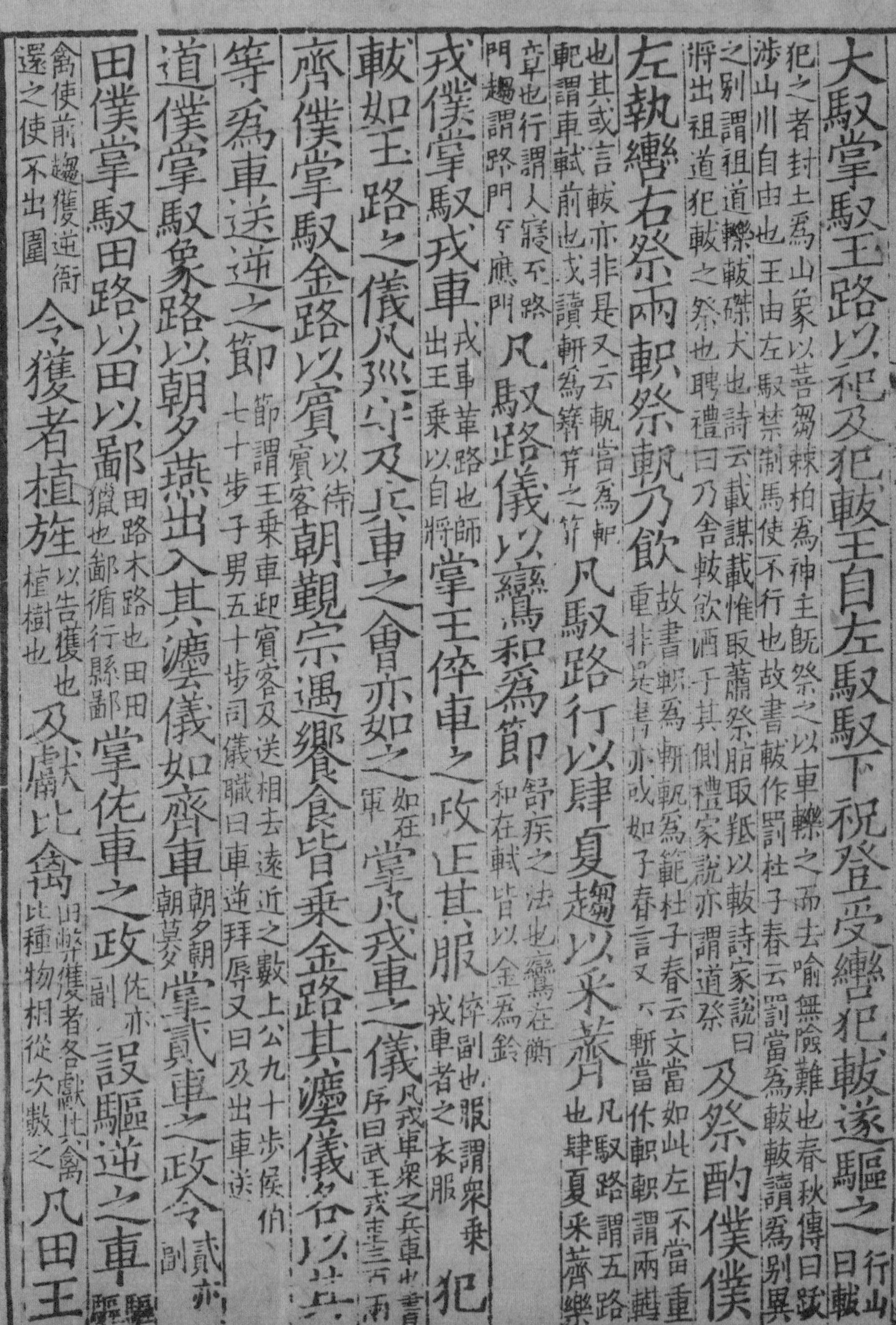

大馭掌馭王路以祀及犯軷王自左馭馭下祝登受轡犯軷遂驅之行山曰軷犯之者封土爲山象以菩芻棘柏爲神主既祭之以車轢之而去喻無險難也春秋傳曰跋涉山川自由也王由左馭禁制馬使不行也故書軷作罰杜子春云罰當爲軷軷讀爲別異之別謂祖道轢軷磔犬也詩云載謀載惟取蕭祭脂取羝以軷詩家說曰將出祖道犯軷之祭也聘禮曰乃舍軷飲酒于其側禮家說亦謂道祭及祭酌僕僕左執轡右祭兩軹祭軓乃飲故書軹爲䡄軓爲範杜子春云文當如此左不當重重非是書亦或如子春言又云䡄當作軹軹謂兩轊也軓謂車軾前也或讀軓爲簪笄之笄凡馭路行以肆夏趨以采薺凡馭路謂五路也肆夏采薺樂章也行謂人寢至路門趨謂路門至應門凡馭路儀以鸞和爲節舒疾之法也鸞在衡和在軾皆以金爲鈴

戎僕掌馭戎車戎車革路也師出王乘以自將掌王倅車之政正其服倅副也服謂衆乘戎車者之衣服犯軷如玊路之儀凡巡守及兵車之會亦如之如在軍掌凡戎車之儀凡戎車衆之兵車也書序曰武王戎車三百兩

齊僕掌馭金路以賓以待賓客朝覲宗遇饗食皆乘金路其灋儀各以其等爲車送逆之節節謂王乘車迎賓客及送相去遠近之數上公九十步侯伯七十步子男五十步司儀職曰車逆拜辱又曰及出車送

道僕掌馭象路以朝夕燕出入其灋儀如齊車朝夕朝朝莫夕掌貳車之政令貳亦副

田僕掌馭田路以田以鄙田路木路也田田獵也鄙循行縣鄙掌佐車之政佐亦副設驅逆之車驅驅禽使前趨獲逆衙還之使不出圍令獲者植旌植樹也以告獲也及獻比禽田弊獲者各獻比其禽比種物相從次數之凡田王

提馬而走諸侯晉大夫馳也提猶舉也晉猶抑也使人扣而舉之抑之皆止奔也馳放不扣馭夫掌馭貳車從車使車貳車象路之副也從車戎路田路之副也使車驅逆之車分公馬而駕治之乘謂六種之馬校人掌王馬之政政謂差擇養乘之數也月令曰班馬政辨六馬之屬種馬一物戎馬一物齊馬一物道馬一物田馬一物駑馬一物種謂上善似母者以次差之玉路駕種馬戎路駕戎馬金路駕齊馬象路駕道馬田路駕田馬駑馬給宮中之役凡頒良馬而養乘之乘馬一師四圉三乘爲皁皁一趣馬三皁爲繫繫一馭夫六繫爲廄廄一僕夫六廄成校校有左右駑馬三良馬之數麗馬一圉八麗一師八師一趣馬八趣馬一馭夫良善也善馬五路之馬鄭司農云四匹爲乘養馬爲圉故春秋傳曰馬有圉牛有牧玄謂二耦爲乘師趣馬馭夫僕夫帥之名也趣馬下士御夫中士則僕夫上士也自乘至廄其數二百一十六匹易乾爲馬此應乾之筴也至校變爲言成者明六馬各一廄而王馬小備也校有左右則良馬一種者四百三十二匹五種合二千一百六十匹駑馬三之則爲千二百九十六匹五良一駑凡三千四百五十六匹然後王馬大備詩云騋牝三千此謂王馬之大數與麗耦也駑馬自圉至馭夫凡馬千二十四匹與三良馬之數不相應八皆宜爲六字之誤也師十二匹趣馬七十二匹則馭夫四百三十二匹矣然後而三之飼三之無僕夫者不駕於五路卑之也天子十有二閑馬六種邦國六閑馬四種家四閑馬二種降殺之差每廄爲一閑諸侯有齊馬道馬田馬大夫有田馬各一閑其駑馬則皆分爲三焉凡馬特居四之一欲其乘之性相似也物同氣則心一鄭司農云四之一者三牝一牡春祭馬祖執駒馬祖天駟也孝經說曰房爲龍馬鄭司農云執駒無令近母猶

攻駒也二歲曰駒三歲曰駣玄謂執猶拘也春通淫之時駒弱血氣未定為其乘匹傷之 夏祭先牧頒馬攻特 先牧始養馬者其人未聞夏通淫之後攻其特為其蹄齧不可乘用鄭司農云攻特謂騬之 秋祭馬社臧僕 馬社始乘馬者世本作曰相土作乘馬鄭司農云臧僕謂簡練馭者令皆善也玄謂僕馭五路之僕 冬祭馬步獻馬講馭夫 馬步神為災害馬者獻馬見成馬於王也馭夫馭貳車從車使車者講猶簡習 凡大祭祀朝覲會同毛馬而頒之 毛馬齊其色也頒授當乘之 飾幣馬執扑而從之 鄭司農云校人主飾之也幣馬以馬遺人當幣處者也聘禮曰馬則北面奠幣于其前士喪禮下篇曰薦馬纓三就入門北面交轡圉人夾牽之馭者執策立于馬後 凡賓客受其幣馬 賓客之幣馬來朝聘而享王者 大喪飾遣車之馬及葬埋之 言埋之則是馬塗車之芻靈 田獵則帥驅逆之車 帥猶將也 凡將事于四海山川則飾黃駒 四海猶四方也王巡守過大山川則有殺駒以祈沈禮與玉人職有宗祝以黃金勺前馬之禮 凡國之使者共其幣馬 使者所用私覿 凡軍事物馬而頒之 物馬齊其力 等馭夫之祿宮中之稍食 馭夫於趣馬僕夫為中舉中見上下 師圉府史以下也鄭司農云稍食日稟

趣馬掌贊正良馬而齊其飲食簡其六節 贊佐也佐正者謂校人臧僕講馭夫之時簡差也節猶量也差擇王馬以為六等 掌駕說之頒 用馬之第次 辨四時之居治以聽馭夫 居謂牧庌所處治謂執駒攻特之屬

巫馬掌養疾馬而乘治之相醫而藥攻馬疾受財于校人 乘謂驅步以發其疾知所疾處乃治之相助也 馬死則使其賈粥之入其布于校人 布泉也鄭司農云賈謂其屬官小吏賈二人粥賣也

牧師掌牧地皆有厲禁而頒之頒馬授圉者所牧處孟春焚牧焚牧地以除陳生新草中春通淫中春陰陽交萬物生之時可以合馬之牝牡也月令季春乃合累牛騰馬遊牝于牧秦時書也秦地寒涼萬物後動掌其政令凡田事贊焚萊焚萊者山澤之虞

廋人掌十有二閑之政教以阜馬佚特教駣攻駒及祭馬祖祭閑之先牧及執駒散馬耳圉馬九者皆有政教焉阜盛壯也詩云四牡孔阜杜子春云佚當爲逸鄭司農云馬三歲曰駣二歲曰駒散讀爲中散大夫之散謂聒馬耳毋令善驚也玄謂逸者用之不使甚勞安其血氣也教駣始乘習之也攻駒騬其蹄齧者閑之先牧先牧制閑者散馬耳以竹括押其耳頭動搖則括中物後遂串習不復驚正校人員選校人謂師圉也正員選者選擇可備員者平之馬八尺以上爲龍七尺以上爲騋六尺以上爲馬大小異名爾雅曰騋牝驪牡玄駒褭驂鄭司農說以月令曰駕蒼龍

圉師掌教圉人養馬春除蓐釁廄始牧夏庌馬冬獻馬射則充椹質茨牆則翦闔蓐馬茲也馬既出而除之新釁焉神之也春秋傳曰凡馬日中而出日中而入故字庌爲訝鄭司農云當爲庌玄謂庌廡也廡所以庇馬涼也充猶居也茨蓋也闔苫也椹質翦闔圉人所習也杜子春讀椹爲齊人言鈇椹之椹椹質所射者習射處

圉人掌養馬芻牧之事以役圉師役者圉師使令焉凡賓客喪紀牽馬而入陳賓客之馬王所以賜之者詩云雖無予之路車乘馬喪紀之馬啓後所薦馬廞馬亦如之廞馬遣車之馬人捧之亦牽而入陳

職方氏掌天下之圖以掌天下之地辨其邦國都鄙四夷八蠻七閩九

貉五戎六狄之人民與其財用九穀六畜之數要周知其利害天下之圖如今司空輿地圖也鄭司農云東方曰夷南方曰蠻西方曰戎北方曰貉狄玄謂閩蠻之別也國語曰閩芊蠻矣四八七九五六周之所服國數也財用泉穀貨賄也利金錫竹箭之屬害神姦鑄鼎所象百物也爾雅曰九夷八蠻六戎五狄謂之四海乃辨九州之國使同貫利貫事也東南曰揚州其山鎮曰會稽其澤藪曰具區其川三江其浸五湖其利金錫竹箭其民二男五女其畜宜鳥獸其穀宜稻鎮名山安地德者也會稽在山陰大澤曰藪具區五湖在吳南浸可以爲陂灌溉者錫鑞也箭篠也鳥獸孔雀鸞鵁鶄犀象之屬故書箭爲晉杜子春曰晉當爲箭書亦或爲箭正南曰荊州其山鎮曰衡山其澤藪曰雲夢其川江漢其浸潁湛其利丹銀齒革其民一男二女其畜宜鳥獸其穀宜稻衡山在湘南雲夢在華容潁出陽城宜屬豫州在此非也湛未聞齒象齒也革犀兕革也杜子春云湛讀當爲人名湛之湛湛或爲淮河南曰豫州其山鎮曰華山其澤藪曰圃田其川滎雒其浸波溠其利林漆絲枲其民二男三女其畜宜六擾其穀宜五種華山在華陰圃田在中牟滎兗水也出東垣入于河泆爲滎滎在滎陽波讀爲播禹貢曰滎播既都春秋傳曰楚子除道梁溠營軍臨隨則溠宜屬荊州在此非也林竹木也六擾馬牛羊豕犬雞五種黍稷菽麥稻正東曰青州其山鎮曰沂山其澤藪曰望諸其川淮泗其浸沂沭其利蒲魚其民二男二女其畜宜雞狗其穀宜稻麥沂山沂水所出也在蓋望諸明都也在睢陽沭出東莞二男二女數等似

誤也蓋當與兗州同二男三女鄭司農云淮或爲睢沭或爲洙河東曰兗州其山鎮曰岱山其澤藪曰大野其川河泲其浸盧維其利蒲魚其民二男三女其畜宜六擾其穀宜四種岱山在博大野在鉅野盧維當爲雷雍字之誤也禹貢曰雷夏既澤雍沮會同雷夏在城陽四種黍稷稻麥正西曰雍州其山鎮曰嶽山其澤藪曰弦蒲其川涇汭其浸渭洛其利玉石其民三男二女其畜宜牛馬其穀宜黍稷嶽吳嶽也及弦蒲在汧涇出涇陽汭在豳地詩大雅公劉曰汭垠之即洛出懷德鄭司農云弦或爲汧蒲或爲浦東北曰幽州其山鎮曰醫無閭其澤藪曰貕養其川河泲其浸菑時其利魚鹽其民一男三女其畜宜四擾其穀宜三種醫無閭在遼東貕養在長廣菑出萊蕪時出般陽四擾馬牛羊豕三種黍稷稻杜子春讀貕爲奚河內曰冀州其山鎮曰霍山其澤藪曰楊紆其川漳其浸汾潞其利松柏其民五男三女其畜宜牛羊其穀宜黍稷霍山在彘楊紆所在未聞漳出長子汾出汾陽潞出歸德正北曰幷州其山鎮曰恒山其澤藪曰昭餘祁其川虖池嘔夷其浸淶易其利布帛其民二男三女其畜宜五擾其穀宜五種恒山在上曲陽昭餘祁在鄔虖池出鹵城嘔夷祁夷與出平舒淶出廣昌易出故安五擾馬牛羊犬豕五種黍稷菽麥稻也凡九州及山鎮澤藪言曰者以其非一曰其大者耳此州界楊荊豫兗雍冀與禹貢略同青州則徐州地也幽幷則青冀之北也無徐梁乃辨九服之邦國方千

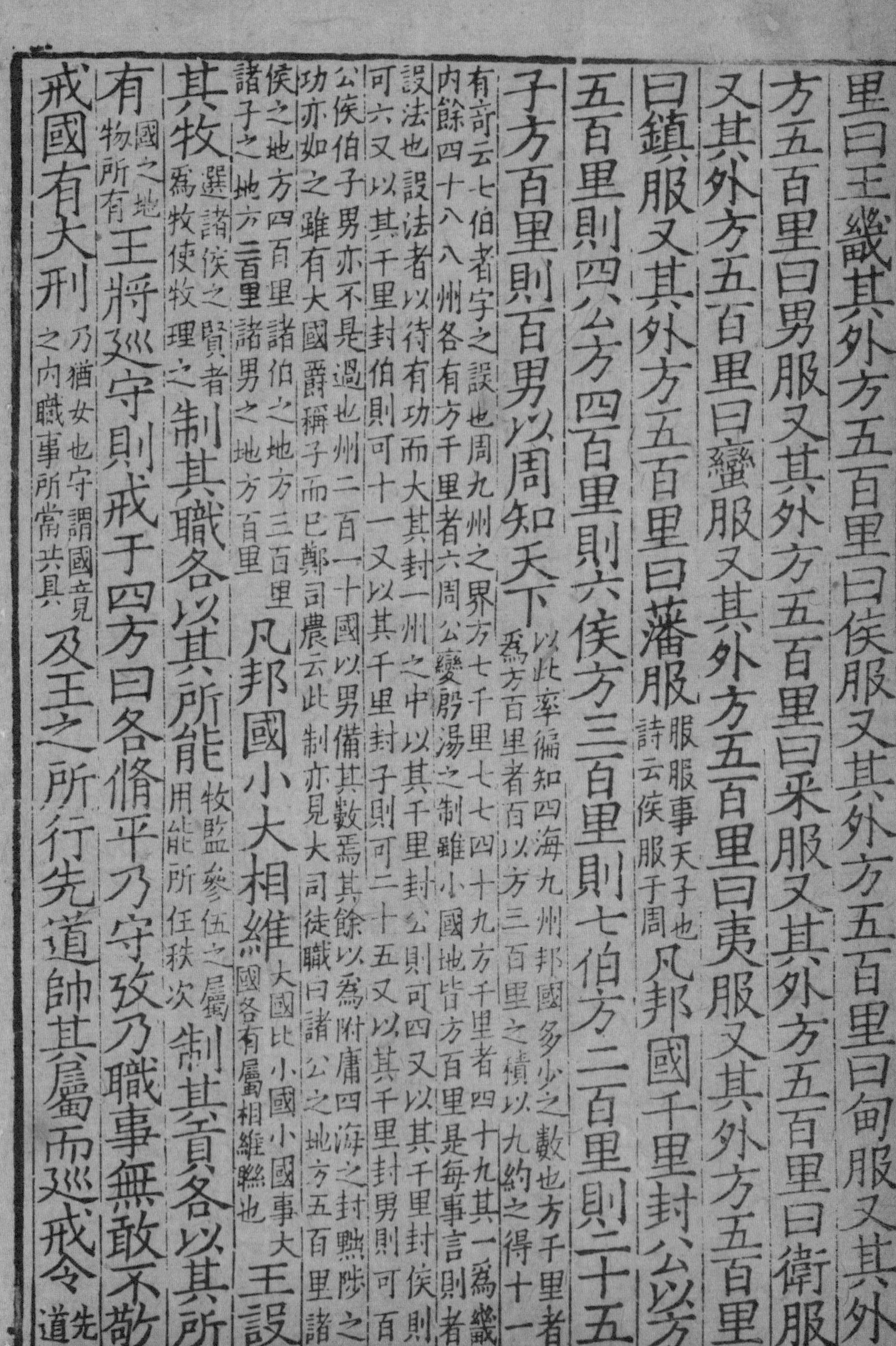

里曰王畿其外方五百里曰侯服又其外方五百里曰甸服又其外方五百里曰男服又其外方五百里曰采服又其外方五百里曰衛服又其外方五百里曰蠻服又其外方五百里曰夷服又其外方五百里曰鎮服又其外方五百里曰藩服服服事天子也詩云侯服于周凡邦國千里封公以方五百里則四公方四百里則六侯方三百里則七伯方二百里則二十五子方百里則百男以周知天下以此率徧知四海九州邦國多少之數也方千里者為方百里者百以方三百里之積以九約之得十一有奇云七伯者字之誤也周九州之界方七千里七七四十九方千里者四十九其一為畿內餘四十八八州各有方千里者六周公變殷湯之制雖小國地皆方百里是每事言則者設法也設法者以待有功而大其封一州之中以其千里封公則可四又以其千里封侯則可六又以其千里封伯則可十一又以其千里封子則可二十五又以其千里封男則可百公侯伯子男亦不是過也州二百一十國以男備其數焉其餘以為附庸四海之封黜陟之功亦如之雖有大國爵稱子而已鄭司農云此制亦見大司徒職曰諸公之地方五百里諸侯之地方四百里諸伯之地方三百里諸子之地方二百里諸男之地方百里凡邦國小大相維大國比小國小國事大國各有屬相維聯也王設其牧選諸侯之賢者為牧使牧理之制其職各以其所能牧監參伍之屬用能所任秩次制其貢各以其所有國之地物所有王將巡守則戒于四方曰各脩平乃守攷乃職事無敢不敬戒國有大刑乃猶女也守謂國竟之內職事所當共具及王之所行先道帥其屬而巡戒令先道

先由王所從道居前行其前日所戒之令王殷國亦如之殷猶衆也十二歲王若不巡守則六服盡朝謂之殷國其戒四方諸侯與巡守同

土方氏掌土圭之灋以致日景致日景者夏至景尺有五寸冬至景丈三尺其間則日有長短以土地相宅而建邦國都鄙土地猶度地知東西南北之深而相其可居者宅居也以辨土宜土化之灋而授任地者土宜謂九穀稙穉所宜也土化地之輕重糞種所宜用也任地者載師之屬王巡守則樹王舍爲之藩羅

懷方氏掌來遠方之民致方貢致遠物而送逆之達之以節遠方之民四夷之民也諭德延譽以來之遠物九州之外無貢法而至者達民以旌節達貢物以璽節治其委積館舍飲食續食其往來

合方氏掌達天下之道路津梁相湊不得陷絕通其財利茂遷其有無同其數器權衡不得有輕重壹其度量尺丈釜鍾不得有大小除其怨惡怨惡邦國相侵虐同其好善所好所善謂風俗所高尚

訓方氏掌道四方之政事與其上下之志道猶言也爲王說之四方諸侯也上下君臣也誦四方之傳道傳道世世所傳說往古之事也爲王誦之若今論聖德堯舜之道矣故書傳爲傅杜子春云傅當作傳書亦或爲傳正歲則布而訓四方布告以教天下使知世所善惡而觀新物四時於新物出則觀之以知民志所好惡志淫行辟則當以政教化正之

形方氏掌制邦國之地域而正其封疆無有華離之地杜子春云離當爲雜書亦或爲雜玄謂華讀爲低哨之低正之使不低邪離絕使小國事大國大國比小國比猶親也易比象曰先王以建萬國親諸侯

山師掌山林之名辨其物與其利害而頒之于邦國使致其珍異之物山林之名與物若岱畎絲枲嶧陽孤桐矣利其中人用者害毒物及螫噬之蟲獸

川師掌川澤之名辨其物與其利害而頒之于邦國使致其珍異之物川澤之名與物若泗濱浮磬淮夷蠙珠暨魚澤之萑蒲

邍師掌四方之地名辨其丘陵墳衍邍隰之名地名謂東原大陸之屬物之可以封邑者物之謂相其土地可以居民立邑

匡人掌達灋則匡邦國而觀其慝使無敢反側以聽王命法則八法八則也邦國之官府都鄙亦用焉慝姦僞之惡也反側猶背違法度也書曰無反無側王道正直

撢人掌誦王志道國之政事以巡天下之邦國而語之道猶言也以王之志與政事諭說諸侯使不迷惑使萬民和說而正王面面猶鄉也使民之心曉而正鄉王

都司馬掌都之士庶子及其衆庶車馬兵甲之戒令庶子卿大夫士之子車馬兵甲備軍發卒以國灋掌其政學政謂賦稅也學脩德學道以聽國司馬聽者受行其所徵為也國司馬大司馬之屬皆是家司馬亦如之大夫家臣為司馬者春秋傳曰叔孫氏之司馬鬷戾

書衣

周禮卷第九

秋官司寇第六　周禮　鄭氏注

惟王建國辨方正位體國經野設官分職以爲民極乃立秋官司寇使帥其屬而掌邦禁以佐王刑邦國（禁所以防姦者也刑正人之法孝經說曰刑者侀也過出罪施）刑官之屬大司寇卿一人小司寇中大夫二人士師下大夫四人鄉士上士八人中士十有六人旅下士三十有二人（士察也主察獄訟之事者鄭司農說以論語曰柳下惠爲士師鄉士主六鄉之獄）府六人史十有二人胥十有二人徒百有二十人

遂士中士十有二人府六人史十有二人胥十有二人徒百有二十人（遂士主六遂之獄者）

縣士中士三十有二人府八人史十有六人胥十有六人徒百有六十人（距王城三百里至四百里曰縣縣士主縣之獄者）

方士中士十有六人府八人史十有六人胥十有六人徒百有六十人（方士主四方都家之獄者）

訝士中士八人府四人史八人胥八人徒八十人（訝迎也士官之迎四方賓客）

朝士中士六人府三人史六人胥六人徒六十人（朝士主外朝之法）

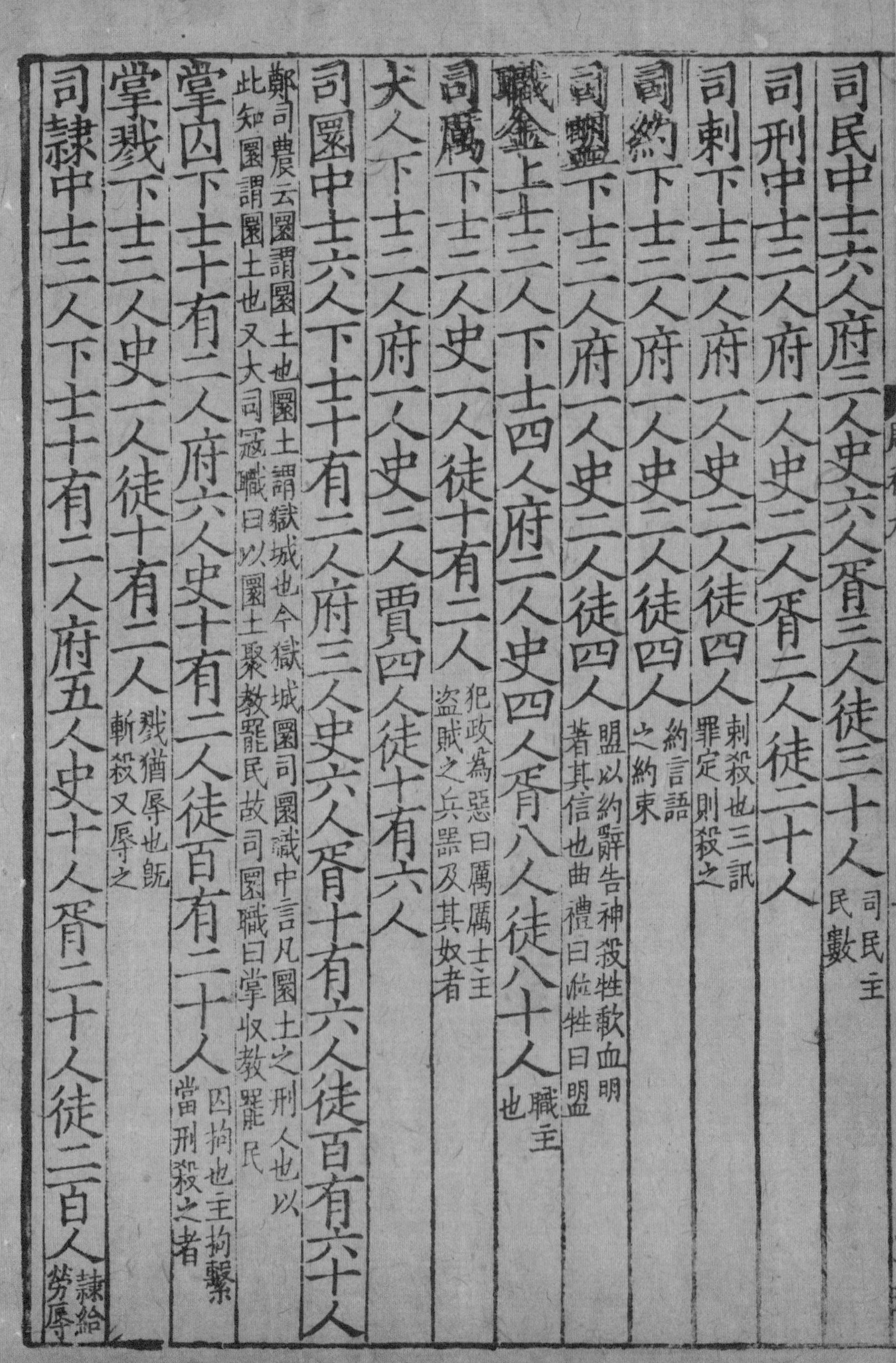

司民中士六人府三人史六人胥三人徒三十人司民主民數

司刑中士二人府一人史二人胥二人徒二十人

司刺下士二人府一人史二人徒四人刺殺也三訊罪定則殺之

司約下士二人府一人史二人徒四人約言語之約束

司盟下士二人府一人史二人徒四人盟以約辭告神殺牲歃血明著其信也曲禮曰涖牲曰盟

職金上士二人下士四人府二人史四人胥八人徒八十人職主也

司厲下士二人史一人徒十有二人犯政爲惡曰厲厲士主盜賊之兵器及其奴者

犬人下士二人府一人史二人賈四人徒十有六人

司圜中士六人下士十有二人府三人史六人胥十有六人徒百有六十人鄭司農云圜謂圜土也圜土謂獄城也今獄城圜司圜職中言凡圜土之刑人也以此知圜謂圜土也又大司寇職曰以圜土聚教罷民故司圜職曰掌收教罷民

掌囚下士十有二人府六人史十有二人徒百有二十人囚拘也主拘繫當刑殺之者

掌戮下士二人史一人徒十有二人戮猶辱也旣斬殺又辱之

司隸中士二人下士十有二人府五人史十人胥二十人徒二百人隸給勞辱

之役若漢始置司隸亦使將徒治道溝渠之役後稍尊之使主官府及近郡

罪隸百有二十人　盜賊之家爲奴者

蠻隸百有二十人　征南夷所獲

閩隸百有二十人　閩南蠻之別

夷隸百有二十人　征東夷所獲

貉隸百有二十人　征東北夷所獲凡隸衆矣此其選以爲役員其餘謂之隸民

布憲中士二人下士四人府二人史四人胥四人徒四十人　憲表也主表刑禁者

禁殺戮下士二人史一人徒十有二人　禁殺戮者禁民不得相殺戮

禁暴氏下士六人史三人胥六人徒六十人

野廬氏下士六人胥十有二人徒百有二十人　廬賓客行道所舍

蜡氏下士四人徒四十人　蜡骨肉腐臭蠅蟲所蜡也月令曰掩骼埋胔此官之職也蜡讀如狙司之狙

雍氏下士二人徒八人　雍謂隄防止水者也

萍氏下士二人徒八人　鄭司農云萍讀爲蛢或爲萍號起雨之萍玄謂今天問萍號起萍爾雅曰萍蓱其大者蘋讀如小子言平之平萍氏主水禁萍

之草無根而浮取名於其不沉溺

司寤氏下士二人徒八人寤覺也主夜覺者

司烜氏下士六人徒十有二人烜火也讀如衛侯燬之燬故書燬爲垣鄭司農云當爲烜

條狼氏下士六人胥六人徒六十人杜子春云條當爲滌器之滌玄謂滌除也狼狼扈道上

脩閭氏下士二人史一人徒十有二人閭謂里門

冥氏下士二人徒八人鄭司農云冥讀爲冥氏春秋之冥玄謂冥方之冥以繩縻取禽獸之名

庶氏下士一人徒四人庶讀如藥煮之煮驅除毒蠱之言書不作蠱者字從聲

穴氏下士一人徒四人穴搏蟄獸所藏者

翨氏下士二人徒八人翨鳥翮也鄭司農云翨讀爲翅翼之翅

柞氏下士八人徒二十人柞除木之名除木者必先校剥之鄭司農云柞讀爲音聲唶唶之唶屋笮之笮

薙氏下士二人徒二十人書薙或作夷鄭司農云掌殺草故春秋傳曰如農夫之務去草芟夷蘊崇之又今俗間謂麥下爲夷下言芟夷其麥以其下種禾豆也玄謂薙讀如鬀小兒頭之鬀書或作夷此皆翦草也字從類耳月令曰燒薙行水非謂燒所芟草乃水之

硩蔟氏下士一人徒二人鄭司農云硩讀爲擿蔟讀爲爵蔟之蔟謂巢也玄謂硩古字從石折聲

翦氏下士一人徒二人翦斷滅之言也主除蠹蠹者詩云實始翦商

赤犮氏下士一人徒二人赤犮猶言捇拔也主除蟲豸自埋者

蟈氏下士一人徒二人鄭司農云蟈讀為蜮蜮蝦蟇也月令曰螻蟈鳴故曰掌去鼃黽鼃黽蝦蟇屬書或為掌去蝦蟇玄謂蟈今御所食蛙也字從虫國聲也蜮乃短狐與

壺涿氏下士一人徒二人壺謂瓦鼓涿擊之也故書涿為獨鄭司農云獨讀為濁其源之濁音與涿相近書亦或為濁

庭氏下士一人徒二人庭氏主射妖鳥令國中絜清如庭者也

銜枚氏下士二人徒八人銜枚止言語囂讙也枚狀如箸橫銜之為之繣結於項

伊耆氏下士一人徒二人伊耆古王者號始為蜡以息老物此主王者之齒杖後王識伊耆氏之舊德而以名官與今姓有伊耆氏

大行人中大夫二人

小行人下大夫四人

司儀上士八人中士十有六人

行夫下士三十有二人府四人史八人胥八人徒八十人行夫主國使之禮

環人中士四人史四人胥四人徒四十人環猶圍也主圍賓客任器為之守衛

象胥每翟上士一人中士二人下士八人徒二十人通夷狄之言者曰象胥其有才知者也此類之本名

東方曰寄南方曰象西方曰狄鞮北方曰譯今揔名曰象者周之德先致南方也

掌客上士二人下士四人府一人史二人胥二人徒二十人

掌訝中士八人府二人史四人胥四人徒四十人訝迎也賓客來主迎之鄭司農云訝讀爲跛者訝跛者之訝

掌交中士八人府二人史四人徒三十有二人主交通結諸侯之好

掌察四方中士八人史四人徒十有六人

掌貨賄下士十有六人史四人徒三十有二人

朝大夫每國上士二人下士四人府一人史二人庶子八人徒二十人此王之士也使主都家之國治而命之朝大夫云

都則中士一人下士二人府一人史二人庶子四人徒八十人都則主都家之八則者也當言每都如朝大夫及都司馬云

都士中士二人下士四人府二人史四人胥四人徒四十人

家士亦如之都家之士主治都家吏民之獄訟以告方士者也亦當言每都

大司寇之職掌建邦之三典以佐王刑邦國詰四方典法也詰謹也書曰王旄荒度作詳刑以詰四

方一曰刑新國用輕典 新國者新辟地立君之國用輕法者爲其民未習於教 二曰刑平國用中典 平國承平守成之國也用中典者常行之法 三曰刑亂國用重典 亂國篡弒叛逆之國用重典者以其化惡伐滅之 以五刑糾萬民 刑亦法也糾猶察異之 一曰野刑上功糾力 功農功力勤力 二曰軍刑上命糾守 命將命也守不失部伍 三曰鄉刑上德糾孝 德六德也善父母爲孝 四曰官刑上能糾職 能能其事也職職事脩理 五曰國刑上愿糾暴 愿愨慎也暴當爲恭字之誤也 以圜土聚教罷民 圜土獄城也聚罷民其中困苦以教之爲善也民不愍作勞有似於罷 凡害人者寘之圜土而施職事焉以明刑恥之 害人謂爲邪惡已有過失麗於法者以其不故犯法寘之圜土繫教之庶其困悔而能改也寘置也施職事以所能役使之明刑書其罪惡於大方版著其背 其能改者反于中國不齒三年 反于中國謂舍之還於故鄉里也司圜職曰上罪三年而舍中罪二年而舍下罪一年而舍不齒者不得以年次列於平民 其不能改而出圜土者殺 出謂逃亡 以兩造禁民訟入束矢於朝然後聽之 訟謂以財貨相告者造至也使訟者兩至既兩至使入束矢乃治之也不至不入束矢則是自服不直者也必入矢者取其直也詩曰其直如矢古者一弓百矢束矢其百个與 以兩劑禁民獄入鈞金三日乃致于朝然後聽之 獄謂相告以罪名者劑今券書也使獄者各齎券書既兩券書使入鈞金又三日乃治之重刑也不券書不入金則是亦自服不直者也必入金者取其堅也三十斤曰鈞 以嘉石平罷民 嘉石文石也樹之外朝門左平成也成之使善 凡萬民之有罪過而未麗於灋而害於州里者桎梏而坐諸嘉石

役諸司空重罪旬有三日坐朞役其次九日坐九月役其次七日坐七月役其次五日坐五月役其下罪三日坐三月役使州里任之則宥而舍之（有罪過謂邪惡之人所罪過者也麗附也未附於法未著於法也木在足曰桎在手曰梏役諸司空坐日訖使給百工之役也役月訖使其州里之人任之乃赦之宥寬也）以肺石達窮民（肺石赤石也窮民天民之窮而無告者）凡遠近惸獨老幼之欲有復於上而其長弗達者立於肺石三日士聽其辭以告於上而罪其長（無兄弟曰惸無子孫曰獨復猶報也上謂王與六卿也報之者若上書詣公府言事矣長謂諸侯若鄉遂大夫）正月之吉始和布刑于邦國都鄙乃縣刑象之灋于象魏使萬民觀刑象挾日而斂之（正月朔日布王刑於天下正歲又縣其書重之）凡邦之大盟約涖其盟書而登之于天府（涖臨也天府祖廟之藏）大史內史司會及六官皆受其貳而藏之（六官六卿之官也貳副也）凡諸侯之獄訟以邦典定之（邦典六典也以六典待邦國之治）凡卿大夫之獄訟以邦灋斷之（邦法八法也以八法待官府之治）凡庶民之獄訟以邦成弊之（邦成八成也以官成待萬民之治故書弊為憋鄭司農云憋當為弊邦成謂若今時決事比也弊之斷其獄訟也故春秋傳曰弊獄邢侯）大祭祀奉犬牲（奉猶進也）若禋祀五帝則戒之日涖誓百官戒于百族（戒之日卜之日也百族謂府史以下也郊特牲曰卜之日王立于澤親聽誓命受教諫之義也獻命庫門之內戒百官也大廟之內戒百姓也）及納亨前王祭之

曰亦如之納亨致牲奉其明水火明水火所取於日月者凡朝覲會同前王大喪亦如之大喪所前或嗣王大軍旅涖戮于社社謂社主在軍者也鄭司農說以書曰用命賞于祖不用命戮于社凡邦之大事使其屬蹕屬士師以下也故書蹕作避杜子春云避當為辟謂辟除姦人也玄謂蹕止行也

小司寇之職掌外朝之政以致萬民而詢焉一曰詢國危二曰詢國遷三曰詢立君外朝朝在雉門之外者也國危謂有兵寇之難國遷謂徙都改邑也立君謂無冢適選於庶也鄭司農云致萬民聚萬民也詢謀也詩曰詢于芻蕘書曰謀及庶人其位王南鄉三公及州長百姓北面群臣西面群吏東面群臣卿大夫士也群吏府史也其孤不見者孤從群臣卿大夫在公後小司寇擯以敘進而問焉以衆輔志而弊謀擯謂揖之使前也敘更也輔志者尊王賢明也以五刑聽萬民之獄訟附于刑用情訊之至于旬乃弊之讀書則用灋附猶著也故書附作付訊言也用情理言之冀有可以出之者十日乃斷之王制曰刑者侀也侀者成也一成而不可變故君子盡心焉鄭司農云讀書則用法如今時讀鞫已乃論之凡命夫命婦不躬坐獄訟為治獄吏褻尊者也躬身也不身坐者必使其屬若子弟也喪服傳曰命夫者其男子之為大夫者命婦者其婦人之為大夫之妻者春秋傳曰衛侯與元咺訟甯武子為輔鍼莊子為坐士榮為大理凡王之同族有罪不即市鄭司農云刑諸甸師氏禮記曰刑于隱者不與國人慮兄弟以五聲聽獄訟求民情一曰辭聽觀其出言不直則煩二曰色聽觀其顏色不直則赧然三曰氣聽觀其氣息不直則喘四曰耳聽觀其聽聆不直則惑

五曰目聽觀其牟子視不直則眊然以八辟麗邦灋附刑罰辟法也杜子春讀麗爲羅玄謂麗附也易曰日月麗于天故書
附作付附猶著也一曰議親之辟鄭司農云若今時宗室有罪先請是也二曰議故之辟故謂舊知也鄭司農云故舊不遺則
民不偷三曰議賢之辟鄭司農云若今時廉吏有罪先請是也玄謂賢有德行者四曰議能之辟能謂有道藝者春秋傳曰夫謀
而鮮過惠訓不倦者叔向有焉社稷之固也猶將十世宥之以勸能者今壹不免其身以棄社稷不亦惑乎五曰議功之辟謂有大勳力立功者六曰
議貴之辟鄭司農云若今時吏墨綬有罪先請是也七曰議勤之辟謂憔悴以事國八曰議賓之辟謂所
不臣者三恪二代之後與以三刺斷庶民獄訟之中中謂罪正所定一曰訊群臣二曰訊群吏
三曰訊萬民刺殺也三訊罪定則殺之訊言也聽民之所刺宥以施上服下服之刑宥寬也民
言殺殺之言寬寬之上服劓墨也下服宮刖也及大比登民數自生齒以上登于天府大比三年大數民之衆寡也人
生齒而體備男八月而生齒女七月而生齒內史司會冢宰貳之以制國用人數定而九賦可知國用乃可制耳小祭
祀奉犬牲奉猶進也凡禋祀五帝實鑊水納亨亦如之納亨致牲也其時鑊水當以洗解牲體肉大賓
客前王而辟鄭司農云小司寇爲王道辟除姦人也若今時執金吾下至令尉奉引矣后世子之喪亦如之小師涖
戮小師王不自出之師凡國之大事使其屬蹕屬士師以下孟冬祀司民獻民數於王
王拜受之以圖國用而進退之司民星名謂軒轅角也小司寇於祀司民而獻民數於王重民也進退猶損益也國用民衆則

歲終則令群士計獄弊訟登中于天府上其所斷獄訟之數正歲帥其屬

益民寡則損而觀刑象令以木鐸曰不用灋者國有常刑令群士群士遂士以下乃宣

布于四方憲刑禁宣徧也憲表也謂縣之也刑禁士師之五禁乃命其屬入會乃致事得其屬之計乃令致之於王

士師之職掌國之五禁之灋以左右刑罰一曰宮禁二曰官禁三曰國

禁四曰野禁五曰軍禁皆以木鐸徇之于朝書而縣于門閭左右助也助刑罰者

助其禁民為非也宮王宮也官官府也國城中也古之禁書亡矣今宮門有符籍官府有無故擅入城門有離載下帷野有田律軍有嘄讙夜行之禁其桶可言者以五戒

先後刑罰毋使罪麗于民一曰誓用之于軍旅二曰誥用之于會同

三曰禁用諸田役四曰糾用諸國中五曰憲用諸都鄙先後猶左右也誓誥於書則甘

誓湯誓大誥康誥之屬禁則軍禮曰無干車無自後射此其類也糾憲未有聞焉掌鄉合州黨族閭比之聯與其民人

之什伍使之相安相受以比追胥之事以施刑罰慶賞鄉合鄉所合也追追寇也胥讀

如宿偦之偦偦謂司搏盜賊也掌官中之政令大司寇之官府中也察獄訟之辭以詔司寇斷獄弊

訟致邦令詔司寇若今白聽正法解也致邦令者以法報之掌士之八成鄭司農云八成者行事有八篇若今時決事比一曰邦

汋鄭司農云汋讀如酌酒尊中之酌國汋者斟汋盜取國家密事若今時刺探尚書事二曰邦賊為逆亂者三曰邦諜為異國反間四曰

犯邦令干冒王教令者五曰撟邦令稱詐以有爲者六曰爲邦盜竊取國之寶藏者七曰爲邦朋朋黨相阿使政不平者故書朋作傰鄭司農云傰讀如朋友之朋八曰爲邦誣誣罔君臣使事失實若邦凶荒則以荒辯之法治之鄭司農云辯讀爲風別之別救荒之政十有二而士師別受其數條是爲荒別之法玄謂辯當爲貶聲之誤也遭飢荒則刑罰國事有所貶損作權時法也朝士職曰若邦凶荒札喪寇戎之故則令邦國都家縣鄙慮刑貶令移民通財糾守緩刑移民就賤救困也通財補不足也糾守備盜賊也緩刑舒民心凡以財獄訟者正之以傅別約劑傅別中別手書也約劑各所持券也故書別爲辯鄭司農云傅或爲付辯讀爲風別之別若今時市買爲券書以別之各得其一訟則案券以正之若祭勝國之社稷則爲之尸以刑官爲尸略之也周謂亡殷之社爲亳社王燕出入則前驅而辟道王且辟行人祀五帝則沃尸及王盥洎鑊水洎謂增其沃汁凡刉珥則奉犬牲珥讀爲衈刉衈釁禮之事用牲毛者曰刉羽者曰衈諸侯爲賓則帥其屬而蹕于王宮謂諸侯來朝若燕饗時大喪亦如之大師帥其屬而禁逆軍旅者與犯師禁者而戮之逆軍旅反將命也犯師禁干行陳也歲終則令正要會定計簿正歲帥其屬而憲禁令于國及郊野去國百里爲郊郊外謂之野

鄉士掌國中鄭司農云謂國中至百里郊也玄謂其地則距王城百里內也言掌國中此主國中獄也六鄉之獄在國中各掌其鄉之民數而糾戒之鄉士八人言各者四人而分主三鄉聽其獄訟察其辭察審也辯其獄訟異

其死刑之罪而要之旬而職聽于朝辨異謂殊其文書也要之爲其罪法之要辭如今劾矣十日乃以職事治之於外朝容其自反覆司寇聽之斷其獄弊其訟于朝羣士司刑皆在各麗其灋以議獄訟麗附也各附致其法以成議也獄訟成士師受中協日刑殺肆之三日受中謂受獄訟之成也鄭司農云士師受中若今二千石受其獄也中者刑罰之中也故論語曰刑罰不中則民無所措手足協日刑殺協合也和也和合支幹善日若今時望後利日也肆之三日故春秋傳曰三日棄疾請尸論語曰肆諸市朝玄謂士師既受獄訟之成鄉士則擇可刑殺之日至其時而往涖之尸之三日乃反也若欲免之則王會其期免猶赦也期謂鄉士職聽于朝司寇聽之日王欲赦之則用此時親往議之大祭祀大喪紀大軍旅大賓客則各掌其鄉之禁令帥其屬夾道而蹕屬中士以下三公若有邦事則爲之前驅而辟其喪亦如之鄭司農云鄉士爲三公道也若今時三公出城郡督郵盜賊道也凡國有大事則戮其犯命者

遂士掌四郊鄭司農云謂百里外至三百里也玄謂其地則距王城百里以外至二百里言掌四郊者此主四郊獄也六遂之獄在四郊各掌其遂之民數而糾其戒令遂士十二人言各者二人而分主一遂聽其獄訟察其辭辨其獄訟異其死刑之罪而要之二旬而職聽于朝司寇聽之斷其獄弊其訟于朝羣士司刑皆在各麗其灋以議獄訟獄訟成

士師受中協日就郊而刑殺各於其遂肆之三日就郊而刑殺者遂士也遂士擇刑殺日至其時往涖之如鄉士為之矣言各於其遂者四郊六遂遂處不同若欲免之則王令三公會其期令猶命也王欲赦之則用遂士職聽之時命三公往議之若邦有大事聚衆庶則各掌其遂之禁令帥其屬而蹕大事王所親也六卿若有邦事則為之前驅而辟其喪亦如之

凡郊有大事則戮其犯命者

縣士掌野鄭司農云掌三百里至四百里大夫所食晉韓須為公族大夫食縣玄謂地距王城二百里以外至三百里曰野三百里以外至四百里曰縣四百里以外至五百里曰都都縣野之地其邑非王子弟公卿大夫之采地則皆公邑也謂之縣縣士掌其獄焉言掌野者郊外曰野大揔言之也獄居近野之縣獄在二百里上縣之縣獄在三百里上都之縣獄在四百里上各掌其縣之民數糾其戒令而聽其獄訟察其辭辨其獄訟異其死刑之罪而要之三旬而職聽于朝司寇聽之斷其獄弊其訟于朝羣士司刑皆在各麗其灋以議獄訟獄訟成士師受中協日刑殺各就其縣肆之三日刑殺各就其縣者亦謂縣士若欲免之則王命六卿會其期期亦謂縣士職聽之時若邦有大役聚衆庶則各掌其縣之禁令若大夫有邦事則為之前驅而辟其喪亦如之凡野有大事則戮

其犯命者野距王城二百里以外及縣都

方士掌都家鄭司農云掌四百里至五百里公所食魯季氏食於都玄謂都王子弟及公卿之采地家大夫之采地大都在畺地小都在縣地家邑在稍地不言掌其民數民不純屬王聽其獄訟之辭辨其死刑之罪而要之三月而上獄訟于國三月乃上要者又變朝言國以其自有君異之司寇聽其成于朝群士司刑皆在各麗其灋以議獄訟成平也鄭司農說以春秋傳曰晉邢侯與雍子爭鄐田久而無成獄訟成士師受中書其刑殺之成與其聽獄訟者都家之吏自協日刑殺但書其成與治獄之吏姓名備反覆有失實者凡都家之大事聚衆庶則各掌其方之禁令方士十六人言各掌其方者四人而主一方也其方以王之事動衆則爲班禁令焉以時脩其縣灋若歲終則省之而誅賞焉縣法縣師之職也其職掌邦國都鄙稍甸郊野之地域而辨其夫家人民田萊之數及其六畜車輦之稽方士以四時脩此法歲終又省之則與掌民數亦相近凡都家之士所上治則主之都家之士都士家士也所上治者謂獄訟之小事不附罪者也主之告於司寇聽平之

訝士掌四方之獄訟鄭司農云四方諸侯之獄訟諭罪刑于邦國告曉以麗罪及制刑之本意凡四方之有治於士者造焉謂讞疑辨事先來詣乃通之於士也士主謂士師也如今郡國亦時遣主者吏詣廷尉議者四方有亂獄則往而成之亂獄謂若君臣宣淫上下相虐者也往而成之猶呂步舒使治淮南獄邦有賓客則與行人

送逆之人於國則爲之前驅而辟野亦如之居館則帥其屬而爲之蹕誅戮暴客者客出入則道之有治則贊之送逆謂始來及去也出入謂朝覲於王時也春秋傳曰晉侯受策以出出入三覲入國入野自以時事凡邦之大事聚衆庶則讀其誓禁

朝士掌建邦外朝之灋左九棘孤卿大夫位焉羣士在其後右九棘公侯伯子男位焉羣吏在其後面三槐三公位焉州長衆庶在其後左嘉石平罷民焉右肺石達窮民焉樹棘以爲位者取其赤心而外刺象以赤心三刺也槐之言懷也懷來人於此欲與之謀羣吏謂府史也州長鄉遂之官鄭司農云王有五門外曰皐門二曰雉門三曰庫門四曰應門五曰路門路門一曰畢門外朝在路門外内朝在路門内左九棘右九棘故易曰係用徽纆寘于叢棘玄謂明堂位說魯公宮曰庫門天子皐門雉門天子應門言魯用天子之禮所名曰庫門者如天子皐門所名曰雉門者如天子應門此名制二兼四則魯無皐門應門矣檀弓曰魯莊公之喪既葬而絰不入庫門言其除喪而反由外來是庫門在雉門外必矣如是王五門雉門爲中門雉門設兩觀與今之宮門同閽人幾出入者窮民蓋不得入也郊特牲譏繹於庫門内言遠當於廟門廟在庫門之内見於此矣小宗伯職曰建國之神位右社稷左宗廟然則外朝在庫門之外皐門之内與今司徒府有天子以下大會殿亦古之外朝哉周天子諸侯皆有三朝外朝一内朝二内朝之在路門内者或謂之燕朝帥其屬而以鞭呼趨且辟趨朝辟行人執鞭以威之禁慢朝錯立族談者慢朝謂臨朝不肅敬也錯立族談違其位僔語也凡得獲貨賄人民六畜者委于朝告于士旬而舉之大者公之小者庶民

私之俘而取之曰獲委於朝十日待來識之者人民謂刑人奴隸逃亡者司隸職曰帥其民而搏盜賊鄭司農云若今時得遺物及放失六畜持詣鄉亭縣廷大者公之大物沒入公家也小者私之小物自畀也玄謂人民之小者未齔七歲以下凡士之治有期日國中一旬郊二旬野三旬都三月邦國朞期內之治聽期外不聽鄭司農云謂在期內者聽期外者不聽若今時徒論決滿三月不得乞鞫凡有責者有判書以治則聽判半分而合者故書判爲辨鄭司農云謂若今時辭訟有券書者爲治之辨讀爲別謂別券也玄謂古者出責之息亦責國服與凡民同貨財者令以國法行之犯令者刑罰之鄭司農云同貨財者謂合錢共賈者也以國法行之司市爲節以遣之玄謂同貨財者富人畜積者多時收斂之乏時以國服之法出之雖有騰躍其贏不得過此以利出者與取者過此則罰之若今時加貴取息坐藏凡屬責者以其地傅而聽其辭鄭司農云謂訟地界者田地町畔相比屬故謂之屬責以地傅而聽其辭以其比畔爲證也玄謂屬責轉責使人歸之而本主死亡歸受之數相抵冒者也以其地之人相比近能爲證者來乃受其辭爲治之凡盜賊軍鄉邑及家人殺之無罪鄭司農云謂盜賊羣輩若軍共攻盜鄉邑及家人者殺之無罪若今時無故入人室宅廬舍上人車船牽引人欲犯法者其時格殺之無罪凡報仇讎者書於士殺之無罪謂同國不相辟者將報之必先言之於士若邦凶荒札喪寇戎之故則令邦國都家縣鄙慮刑貶故書慮爲憲貶爲窆杜子春云窆當爲禁憲謂幡書以明之玄謂慮謀也貶猶減也謂當圖謀緩刑且減國用爲民困也所貶視時爲多少之法

司民掌登萬民之數自生齒以上皆書於版辨其國中與其都

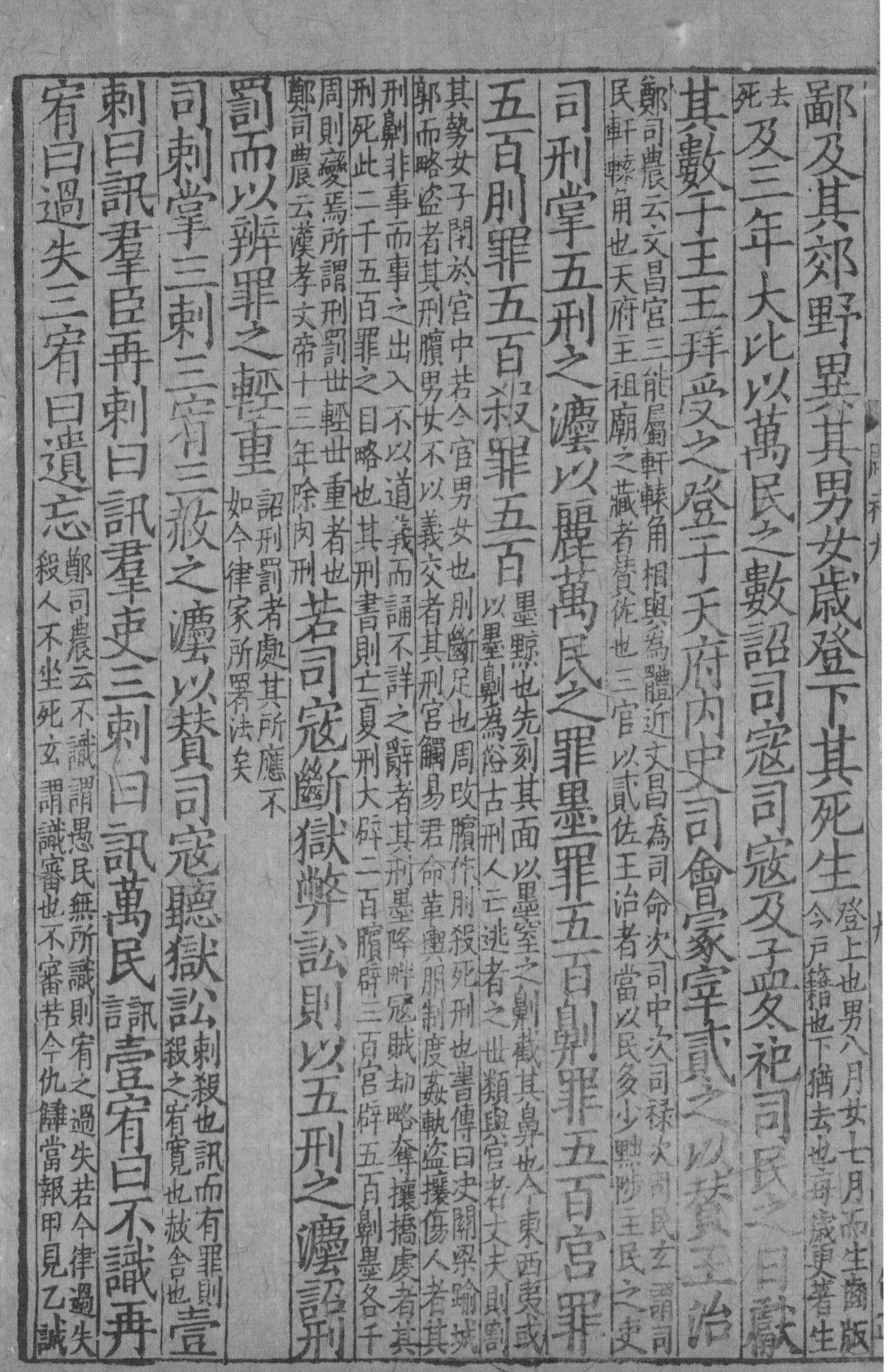

鄙及其郊野異其男女歲登下其死生 登上也男八月女七月而生齒版今戸籍也下猶去也每歲更著生去死 及三年大比以萬民之數詔司寇司寇及孟冬祀司民之日獻其數于王王拜受之登于天府內史司會冢宰貳之以贊王治 鄭司農云文昌宮三能屬軒轅角相與爲體近文昌爲司命次司中次司祿次司民玄謂司民軒轅角也天府王祖廟之藏者贊佐也三官以貳佐王治者當以民多少黜陟主民之吏

司刑掌五刑之灋以麗萬民之罪墨罪五百劓罪五百宮罪五百刖罪五百殺罪五百 墨黥也先刻其面以墨窒之劓截其鼻也今東西夷或以墨劓爲俗古刑人亡逃者之世類與宮者丈夫則割其勢女子閉於宮中若今宦男女也刖斷足也周改臏作刖殺死刑也書傳曰決關梁踰城郭而略盜者其刑臏男女不以義交者其刑宮觸易君命革輿服制度姦軌盜攘傷人者其刑劓非事而事之出入不以道義而誦不詳之辭者其刑墨降畔寇賊劫略奪攘撟虔者其刑死此二千五百罪之目略也其刑書則亡夏刑大辟二百臏辟三百宮辟五百劓墨各千周則變焉所謂刑罰世輕世重者也鄭司農云漢孝文帝十三年除肉刑 若司寇斷獄弊訟則以五刑之灋詔刑罰而以辨罪之輕重 詔刑罰者處其所應不如今律家所署法矣

司刺掌三刺三宥三赦之灋以贊司寇聽獄訟 刺殺也訊而有罪則殺之宥寬也赦舍也 壹刺曰訊羣臣再刺曰訊羣吏三刺曰訊萬民 訊言 壹宥曰不識再宥曰過失三宥曰遺忘 鄭司農云不識謂愚民無所識則宥之過失若今律過失殺人不坐死玄謂識審也不審若今仇讎當報甲見乙誠

以爲甲而殺之者過失若舉刃欲斫伐而軼中人者遺忘若間帷薄忘有在焉而以兵矢投射之 壹赦曰幼弱再赦曰老旄三赦曰惷愚 惷愚生而癡騃童昏者鄭司農云幼弱老旄若今時律令年未滿八歲八十以上非手殺人他皆不坐 以此三灋者求民情斷民中而施上服下服之罪然後刑殺 上服殺與墨劓下服宮刖也司約職曰其不信者服墨刑凡行刑必先規識所刑之處乃後行之

司約掌邦國及萬民之約劑治神之約爲上治民之約次之治地之約次之治功之約次之治器之約次之治摯之約次之 此六約者諸侯以下至於民皆有焉劑謂券書也治者理其相抵冒上下之差也神約謂命祀郊社羣望及所祖宗也夔子不祀祝融楚人伐之民約謂征稅遷移仇讎既和若懷宗九姓在晉殷民六族七族在魯衛皆是也地約謂經界所至田萊之比也功約謂王功國功之屬賞爵所及也器約謂禮樂吉凶車服所得用也摯約謂玉帛禽鳥相與往來也 凡大約劑書於宗彝小約劑書於丹圖 大約劑邦國約也書於宗廟之六彝欲神監焉小約劑萬民約也丹圖未聞或有彫器簠簋之屬有圖象者與春秋傳曰斐豹隸也著於丹書今俗語有鐵券丹書豈此舊典之遺言 若有訟者則珥而辟藏其不信者服墨刑 鄭司農云謂有爭訟罪罰刑書謬誤不正者爲之開藏取本刑書以正之當開時先祭之玄謂訟訟約若宋仲幾薛宰者也辟藏開府視約書不信不如約也珥讀曰衈謂殺雞取血釁其戶 若大亂則六官辟藏其不信者殺 大亂謂僭約若吳楚之君晉文公請隧以葬者六官辟藏明罪大也六官初受盟約之貳

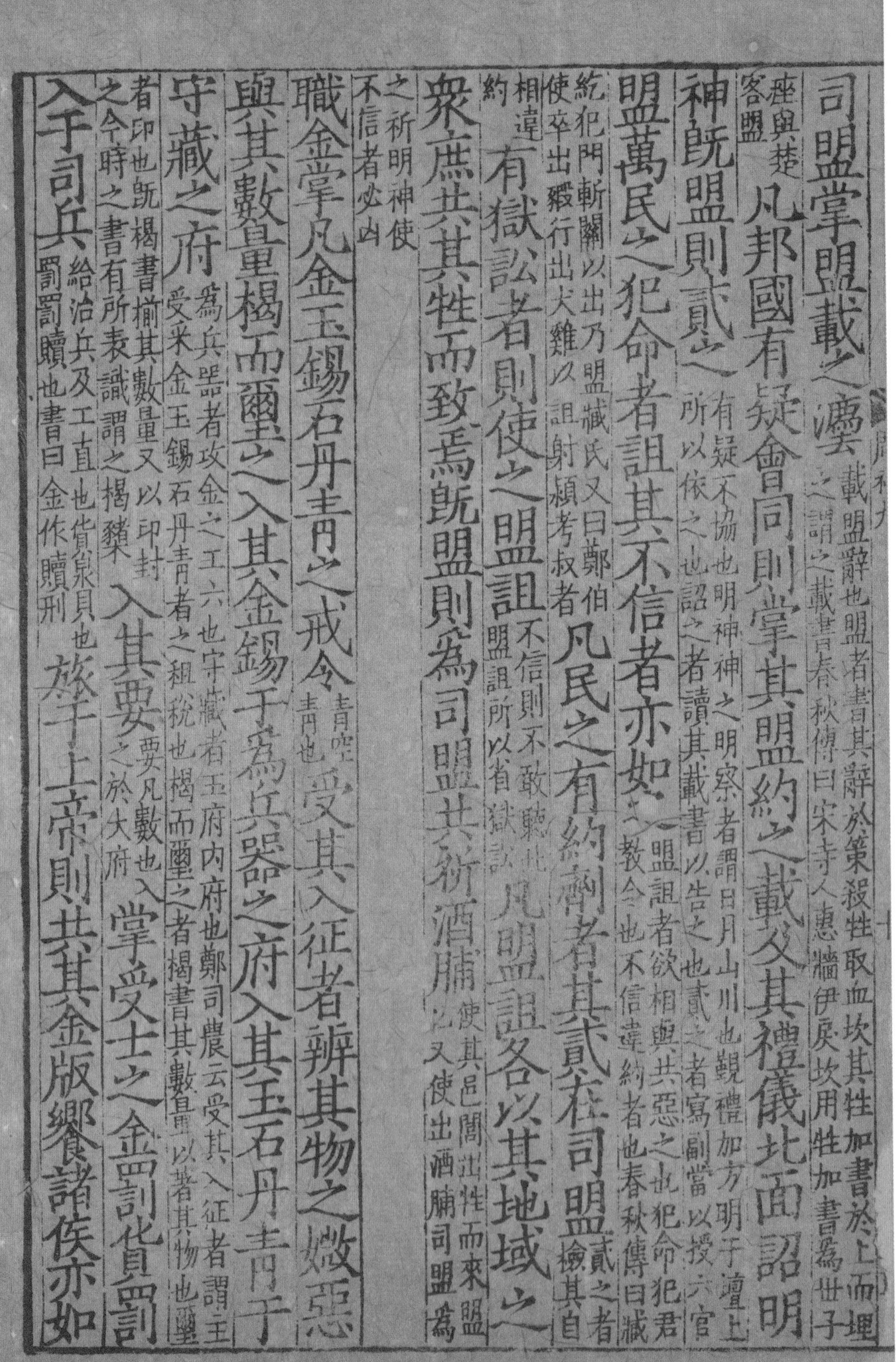

司盟掌盟載之灋載盟辭也盟者書其辭於策殺牲取血坎其牲加書於上而埋之謂之載書春秋傳曰宋寺人惠牆伊戾坎用牲加書爲世子痤與楚客盟凡邦國有疑會同則掌其盟約之載及其禮儀北面詔明神既盟則貳之有疑不協也明神神之明察者謂日月山川也覲禮加方明于壇上所以依之也詔之者讀其載書以告之也貳之者寫副當以授六官盟萬民之犯命者詛其不信者亦如之盟詛者欲相與共惡之也犯命犯君教令也不信違約者也春秋傳曰臧紇犯門斬關以出乃盟臧氏又曰鄭伯使卒出豭行出犬雞以詛射潁考叔者凡民之有約劑者其貳在司盟貳之者檢其自相違約有獄訟者則使之盟詛不信則不敢聽此盟詛所以省獄訟凡盟詛各以其地域之衆庶共其牲而致焉既盟則爲司盟共祈酒脯使其邑閭出牲而來盟已又使出酒脯司盟爲之祈明神使不信者必凶

職金掌凡金玉錫石丹青之戒令青空青也受其入征者辨其物之媺惡與其數量楬而璽之入其金錫于爲兵器之府入其玉石丹青于守藏之府爲兵器者攻金之工六也守藏者玉府內府也鄭司農云受其入征者謂主受采金玉錫石丹青者之租稅也楬而璽之者楬書其數量以著其物也璽者印也既楬書揃其數量又以印封之今時之書有所表識謂之楬櫫入其要要凡數也掌受士之金罰貨罰入于司兵給治兵及工直也貨泉貝也罰罰贖也書曰金作贖刑旅于上帝則共其金版饗諸侯亦如

之鉼金謂之版此版所施未聞凡國有大故而用金石則掌其令主其取之令也用金石者作槍雷椎椁之屬

司厲掌盜賊之任器貨賄辨其物皆有數量賈而楬之入于司兵鄭司農云任器貨賄謂盜賊所用傷人兵器及所盜財物也入于司兵若今時傷殺人所用兵器盜賊贓加責沒入縣官其奴男子入于罪隸女子入于舂槀鄭司農云謂坐爲盜賊而爲奴者輸於罪隸舂人槀人之官也由是觀之今之爲奴婢古之罪人也故書曰予則奴戮女論語曰箕子爲之奴罪隸之奴也故春秋傳曰斐豹隸也著於丹書請焚丹書我殺督戎恥爲奴欲焚其籍也玄謂奴從坐而沒入縣官者男女同名凡有爵者與七十者與未齓者皆不爲奴有爵謂命士以上也齓毁齒也男八歲女七歲而毁齒

犬人掌犬牲凡祭祀共犬牲用牷物伏瘞亦如之鄭司農云牷純也物色也伏謂伏犬以王車轢之瘞謂埋祭也爾雅曰祭地曰瘞埋凡幾珥沈辜用駹可也故書駹作龍鄭司農云幾讀爲庪爾雅曰祭山曰庪縣祭川曰浮沈大宗伯職曰以埋沈祭山川林澤以疈辜祭四方百物龍讀爲駹謂不純色也玄謂幾讀爲刉珥當爲衈刉衈者釁禮之事凡相犬牽犬者屬焉掌其政治相謂視擇知其善惡

司圜掌收教罷民凡害人者弗使冠飾而加明刑焉任之以事而收教之能改者上罪三年而舍中罪二年而舍下罪一年而舍其不能改而出圜土者殺雖出三年不齒弗使冠飾者著黑幪若古之象刑與舍釋之也鄭司農云罷民謂惡

人不從化爲百姓所患苦而未入五刑者也故曰**凡圜土之刑人也不虧體其罰人也不虧財**（言其刑人但加以明刑罰人但任之以事耳鄭司農云以此知其爲民所苦而未入刑者也故大司寇職曰凡萬民之有罪過而未麗於法而害於州里者桎梏而坐諸嘉石役諸司空又曰以嘉石平罷民國語曰罷士無伍罷女無家言爲惡無所容入也玄謂圜土所收教者過失害人已麗於法者）凡害人者不使冠飾任之以事若今時罰作矣

掌囚掌守盜賊凡囚者上罪梏拲而桎中罪桎梏下罪梏王之同族拲有爵者桎以待弊罪（凡囚者謂非盜賊自以他罪拘者也鄭司農云拲者兩手共一木也桎梏者兩手各一木也玄謂在手曰梏在足曰桎中罪不拲手足各一木耳下罪又去桎王同族及命士以上雖有上罪或拲或桎而已弊猶斷也）**及刑殺告刑于王奉而適朝士加明梏以適市而刑殺之**（告刑于王告王以今日當行刑及所刑姓名也其死罪則曰某之罪在大辟其刑罪則曰某之罪在小辟奉而適朝者重刑爲王欲有所赦且當以付士士鄉士也鄉士加明梏者謂書其姓名及其罪於梏而著之也囚時雖有無梏者至於刑殺皆設之以適市就衆也庶姓無爵者皆刑殺於市）**凡有爵者與王之同族奉而適甸師氏以待刑殺**（適甸師氏亦由朝乃往也待刑殺者掌戮將自市來也文王世子曰雖親不以犯有司正術也所以體異姓也刑于隱者不與國人慮兄弟也）

掌戮掌斬殺賊諜而搏之（斬以鈇鉞若今要斬也殺以刀刃若今棄市也諜謂姦寇反間者賊與諜罪大者斬之小者殺之搏當爲膊諸城上之膊字之誤也膊謂去衣磔之）**凡殺其親者焚之殺王之親者辜之**（焚燒也易曰焚如死如棄如辜之言枯也謂磔之）**凡殺人者踣諸市肆之三日刑盜于市**（踣僵尸也肆猶申也陳也凡言刑盜罪惡

莫大焉凡罪之麗於灋者亦如之唯王之同族與有爵者殺之于甸師氏罪二千五百條上附下附刑五而已於刑同科者其刑殺之一也凡軍旅田役斬殺刑戮亦如之戮謂膊焚辜肆墨者使守門黥者無妨於禁御劓者使守關截鼻亦無妨以貌醜遠之宮者使守內以其人道絕也今世或然刖者使守囿斷足驅衛禽獸無急行髡者使守積鄭司農云髡當為完謂但居作三年不虧體者也玄謂此出五刑之中而髡者必王之同族不宮者宮之為翦其類髡頭而已守積積在隱者宜也

司隸掌五隸之灋辨其物而掌其政令五隸謂罪隸四翟之隸也物衣服兵器之屬帥其民而搏盜賊役國中之辱事為百官積任器凡囚執人之事民五隸之民也鄭司農云百官所當任持之器物此官主為積聚之也玄謂任猶用也邦有祭祀賓客喪紀之事則役其煩辱之事煩猶劇也士喪禮下篇曰隸人涅廁掌帥四翟之隸使之皆服其邦之服執其邦之兵守王宮與野舍之厲禁野舍王行所止舍也厲遮例也

罪隸掌役百官府與凡有守者掌使令之小事役給其小役凡封國若家牛助為牽徬鄭司農云凡封國若家謂建諸侯立大夫家也牛助為牽徬此官主為送致之也玄謂牛助國以牛助轉徙也罪隸牽徬之在前曰牽在旁曰徬其守王宮與其厲禁者如蠻隸之事

蠻隸掌役校人養馬其在王宫者執其國之兵以守王宫在野外則守厲禁

閩隸掌役畜養鳥而阜蕃教擾之掌子則取隸焉杜子春云子當為祀玄謂掌子者王立世子置臣使掌其家事而以閩隸役之

夷隸掌役牧人養牛馬與鳥言鄭司農云夷狄之人或曉鳥獸之言故春秋傳曰介葛盧聞牛鳴曰是生三犧皆用矣是以貉隸職掌與獸言其守王宫者與其守厲禁者如蠻隸之事

貉隸掌役服不氏而養獸而教擾之掌與獸言不言阜蕃者猛獸不可服又不生乳於圈檻也其守王宫者與其守厲禁者如蠻隸之事

周禮卷第九　經四千二百六十二字　注七千五百二十字

周禮卷第十

秋官司寇下　周禮　鄭氏注

布憲掌憲邦之刑禁正月之吉執旌節以宣布于四方而憲邦之刑禁以詰四方邦國及其都鄙達于四海憲表也謂縣之也刑禁者國之五禁所以左右刑罰者司寇正月布刑于天下正歲又縣其書于象魏布憲於司寇布刑則以旌節出宣令之於司寇縣書則亦縣之于門閭及都鄙邦國刑者王政所重故屢丁寧焉詰謹也使四方謹行之爾雅曰九夷八蠻六戎五狄謂之四海凡邦之大事合衆庶則以刑禁號令

禁殺戮掌司斬殺戮者凡傷人見血而不以告者攘獄者遏訟者以告而誅之司猶察也察此四者告於司寇罪之也斬殺戮謂吏民相斬相殺相戮者傷人見血見血乃爲傷人耳鄭司農云攘獄者距當獄者也遏訟者遏止欲訟者也玄謂攘猶郤也郤獄者言不受也

禁暴氏掌禁庶民之亂暴力正者撟誣犯禁者作言語而不信者以告而誅之民之好爲侵陵稱詐謾誕此三者亦刑所禁也力正以力強得正也凡國聚衆庶則戮其犯禁者以徇凡奚隸聚而出入者則司牧之戮其犯禁者奚隸女奴男奴也其聚出入有所使

野廬氏掌達國道路至于四畿達謂巡行通之使不陷絕也去王城五百里曰畿比國郊及野

之道路宿息井樹此猶校也宿息廬之屬賓客所宿及晝止者也井共飲食樹爲蕃蔽若有賓客則令守涂地之人聚欜之有相翔者誅之守涂地之人道所出廬宿旁民也相翔猶昌翔觀伺者也鄭司農云聚欜之聚擊欜以宿衛之也有姦人相翔於賓客之側則誅之不得令寇盜賓客凡道路之舟車𨊠互者敘而行之舟車𨊠互謂於迫隘處也車有轘轅坻閣舟有砥柱之屬其過之者使以次敘之凡有節者及有爵者至則爲之辟辟辟行人亦使守涂地者

禁野之橫行徑踰者皆爲防姦也橫行妄由田中徑踰射邪趨疾越隄渠也凡國之大事比脩除道路者此校治道者名若今次金敘大功掌凡道禁禁謂若今絕蒙大巾持兵杖之屬邦之大師則令埽道路且以幾禁行作不時者不物者不時謂不夙則莫者也不物謂衣服操持非此常人也幾禁之者備姦人內賊及反閒

蜡氏掌除骴此曲禮四足死者曰漬故書骴作脊鄭司農云脊讀爲漬謂死人骨也月令曰掩骼埋胔骨之尚有肉者也及禽獸之骨皆是凡國之大祭祀令州里除不蠲禁刑者任人及凶服者以及郊野大師大賓客亦如之蠲讀如吉圭惟饎之圭圭絜也刑者黥劓之屬任人司圜所收教罷民也凶服服衰絰也此所禁除者皆爲不欲見人所穢惡也若有死於道路者則令埋而置楬焉書其日月焉縣其衣服任器于有地之官以待其人有地之官主此地之吏也其人其家人也鄭司農云楬欲令其識取之今時楬櫫是也有地之官有部界之吏今時鄉亭是也掌凡國之骴禁禁謂孟春掩骼埋胔之屬

雍氏掌溝瀆澮池之禁凡害於國稼者春令爲阱擭溝瀆之利於
民者秋令塞阱杜擭溝瀆澮田間通水者也池謂陂障之水道也害於國稼謂水潦及禽獸也阱穿地爲塹所以禦禽獸其或超踰則陷焉世謂之
陷阱擭柞鄂也堅地阱淺則設柞鄂於其中秋而杜塞阱擭收刈之時爲其陷害人也書曰敜乃擭敜乃阱時秋也伯禽以出師征徐戎禁山之爲苑
澤之沈者爲其就禽獸魚鼈自然之居而害之鄭司農云不得擅爲苑囿於山也澤之沈者謂毒魚及水蟲之屬
萍氏掌國之水禁水禁謂水中害人之處及入水捕魚鼈不時幾酒苛察沽買過多及非時者謹酒使民節用酒也書酒誥曰
有政有事無彝酒禁川游者備波洋卒至沈溺也
司寤氏掌夜時夜時謂夜晚早若今甲乙至戊以星分夜以詔夜士夜禁夜士主行夜徼候者如今都候
之屬禦晨行者禁宵行者夜遊者備其遭寇害及謀非公事禦亦禁也謂遏止之無刑法也晨先明也宵定昏也書曰宵中
星虛春秋傳曰夜中星隕如雨
司烜氏掌以夫遂取明火於日以鑒取明水於月以共祭祀之明齍
明燭共明水夫遂陽遂也鑒鏡屬取水者世謂之方諸取日之火月之水欲得陰陽之絜氣也明燭以照饌陳明水以爲玄酒鄭司農云夫發聲明齍謂以明水
滫滌粢盛黍稷凡邦之大事共墳燭庭燎故書墳爲蕡鄭司農云蕡燭麻燭也玄謂墳大也樹於門外曰大燭於門內曰庭燎皆所以照
衆爲明中春以木鐸脩火禁于國中爲季春將出火也火禁謂用火之處及備風燥軍旅脩火禁

邦若屋誅則爲明竁焉鄭司農云屋誅謂夷三族無親屬收葬者故爲葬之也三夫爲屋一家田爲一夫以此知三家也玄謂屋讀如其刑剭之剭剭誅謂所殺不於市而以適甸師氏者也明竁若今楬頭明書其罪法也司烜掌明竁則罪人夜葬與

條狼氏掌執鞭以趨辟王出入則八人夾道公則六人侯伯則四人子男則二人趨辟趨而辟行人若今卒辟車之爲也孔子曰富而可求雖執鞭之士吾亦爲之言士之賤也凡誓執鞭以趨於前且命之誓僕右曰殺誓馭曰車轘誓大夫曰敢不關鞭五百誓師曰三百誓邦之大史曰殺誓小史曰墨前謂所誓衆之行前也有司讀誓辭則大言其刑以警所誓也誓者謂出軍及將祭祀時也出軍之誓誓左右及馭則書之甘誓備矣郊特牲說祭祀之誓曰卜之日王立于澤親聽誓命受教諫之義也車轘謂車裂也師樂師也大史小史主禮事者鄭司農云誓大夫曰敢不關謂不關於君也玄謂大夫自受命以出則其餘事莫不復請

脩閭氏掌比國中宿互㯻者與其國粥而比其追胥者而賞罰之國中城中也粥養也國所游養謂羨卒也追逐寇也胥讀爲偦故書互爲巨鄭司農云宿謂宿衞也巨當爲互謂行馬所以障互禁止人也㯻謂行夜擊㯻禁徑踰者與以兵革趨行者與其馳騁於國中者皆爲其驚衆邦有故則令守其閭互唯執節者不幾令者令其閭內之閭胥里宰之屬

冥氏掌設弧張弧張罿罦之屬所以扃絹禽獸爲阱擭以攻猛獸以靈鼓敺之靈鼓六面鼓敺之使

鷙趨阱擭若得其獸則獻其皮革齒須備鄭司農云須直謂頤下須備謂搔也

庶氏掌除毒蠱以攻說禬之嘉草攻之毒蠱蟲物而病害人者賊律曰敢蠱人及教令者弃市攻說祈名祈其神求去之也嘉草藥物其狀未聞攻之謂燻之鄭司農云禬除也玄謂此禬讀如潰癰之潰凡敺蠱則令之比之校次之使爲之又

穴氏掌攻蟄獸各以其物火之蟄獸熊羆之屬冬藏者也將攻之必先燒其所食之物於穴外以誘出之乃可得之以時獻其珍異皮革

翨氏掌攻猛鳥各以其物爲媒而掎之猛鳥鷹隼之屬置其所食之物於絹中鳥來下則掎其腳以時獻其羽翮

柞氏掌攻草木及林麓林人所養者山足曰麓夏日至令刊陽木而火之冬日至令剝陰木而水之刊剝互言耳皆謂斫去次地之皮生山南爲陽木生山北爲陰木火之水之則使其肄不生若欲其化也則春秋變其水火化猶生也謂時以種穀也變其水火者乃所火則水之所水則火之則其土和美凡攻木者掌其政令除木有時

薙氏掌殺草春始生而萌之夏日至而夷之秋繩而芟之冬日至而耜之故書萌作甍杜子春云甍當爲萌謂耕反其萌牙書亦或爲萌玄謂萌之者以茲其斫其生者夷之以鉤鐮迫地芟之也若今取茭矣含實曰繩芟其繩則實不成

軌耜之以耜測凍土刬之若欲其化也則以水火變之謂以火燒其所芟萌之草已而水之則其土亦和美矣月令季夏燒薙行水利以殺草如以熱湯是其一時著之掌凡殺草之政令

硩蔟氏掌覆夭鳥之巢覆猶毀也夭鳥惡鳴之鳥若鴞鵩以方書十日之號十有二辰之號十有二月之號十有二歲之號二十有八星之號縣其巢上則去之方版也日謂從甲至癸辰謂從子至亥月謂從娵至荼歲謂從攝提格至赤奮若星謂從角至軫夭鳥見此五者而去其詳未聞

翦氏掌除蠹物以攻禜攻之以莽草熏之蠹物穿食人器物者蟲魚亦是也攻禜祈名莽草藥物殺蟲者以熏之則死故書蠹爲橐杜子春云橐當爲蠹凡庶蠱之事庶除毒蠱者蠱蠹之類或熏以莽草則去

赤犮氏掌除牆屋以蜃炭攻之以灰洒毒之洒灑也除牆屋者除蟲豸藏逃其中者蜃大蛤也擣其炭以坋之則走淳之以灑之則死故書蜃爲晨鄭司農云晨當爲蜃書亦或爲蜃凡隙屋除其貍蟲貍蟲䗪肌蛷之屬

蟈氏掌去鼃黽焚牡蘜以灰洒之則死牡蘜蘜不華者齊魯之間謂鼃爲蟈黽耿黽也蟈與耿黽尤怒鳴爲聒人耳去之以其煙被之則凡水蟲無聲杜子春云假令風從東方來則於水東面爲煙令煙西行被之水上

壺涿氏掌除水蟲以炮土之鼓毆之以焚石投之水蟲狐蜮之屬故書炮作泡杜子春讀炮爲苞有苦葉之苞玄謂燔之炮之炮土之鼓瓦鼓也焚石投之使驚去若欲殺其神則以牡橭午貫象齒而沈之則

其神死淵爲陵神謂水神龍罔象故書㯉爲梓午爲五杜子春云梓當爲㯉㯉讀爲枯枯榆木名書或爲樗又云五貫當爲午貫

庭氏掌射國中之夭鳥若不見其鳥獸則以救日之弓與救月之矢夜射之不見鳥獸謂夜來鳴呼爲怪者獸狐狼之屬鄭司農云救日之弓救月之矢謂日月之食所作弓矢玄謂日月之食陰陽相勝之變也於日食則射大陰月食則射大陽與若神也則以大陰之弓與枉矢射之神謂非鳥獸之聲若或叫于宋大廟譆譆出出者大陰之弓救月之弓枉矢救日之矢與不言救月之弓與救日之矢者互言之救日用枉矢則救月以恒矢可知也

銜枚氏掌司囂察囂讙者與其聒亂在朝者之言語國之大祭祀令禁無囂令令主祭祀者軍旅田役令銜枚爲其言語以相誤禁叫呼歎嗚於國中者行歌哭於國中之道者爲其惑衆相感動嗚吟也

伊耆氏掌國之大祭祀共其杖咸咸讀爲函老臣雖杖於朝事鬼神尚敬去之有司以此函藏之旣事乃授之軍旅授有爵者杖別吏卒且以扶尊者將軍杖鉞共王之齒杖王之所以賜老者之杖鄭司農云謂年七十當以王命受杖者今時亦命之爲王杖玄謂王制曰五十杖於家六十杖於鄉七十杖於國八十杖於朝

大行人掌大賓之禮及大客之儀以親諸侯大賓要服以內諸侯大客謂其孤卿春朝諸侯而圖天下之事秋覲以比邦國之功夏宗以陳天下之謨冬遇以協諸侯之慮時會以發四方之禁殷同以施天下之政此六事者以王見諸侯爲文圖比陳協皆

考績之言王者春見諸侯則圖其事之可否秋見諸侯則比其功之高下夏見諸侯則陳其謀之是非冬見諸侯則合其慮之異同六服以其朝歲四時分來更迭如此而徧時會即時見也無常期諸侯有不順服者王將有征討之事則旣朝王命爲壇於國外合諸侯而發禁命事焉禁謂九伐之法殷同即殷見也王十二歲一巡守若不巡守則殷同殷同者六服盡朝旣朝王亦命爲壇於國外合諸侯而命其政政謂邦國之九法殷同四方四時分來歲終則徧矣九伐九法皆在司馬職司馬法曰春以禮朝諸侯圖同事夏以禮宗諸侯陳同謀秋以禮覲諸侯比同功冬以禮遇諸侯圖同慮時以禮會諸侯施同政殷以禮宗諸侯發同禁

時聘以結諸侯之好殷覜以除邦國之慝此二事者亦以王見諸侯之臣使來者爲文也時聘者亦無常期天子有事諸侯使大夫來聘親以禮見之禮而遣之所以結其恩好也天子無事則已殷覜謂一服朝之歲也慝猶惡也一服朝之歲五服諸侯皆使卿以聘禮來覜天子天子以禮見之命以政禁之事所以除其惡行

間問以諭諸侯之志歸脤以交諸侯之福賀慶以贊諸侯之喜致禬以補諸侯之烖此四者王使臣於諸侯之禮也間問者間歲一問諸侯謂存省之屬諭諸侯之志者諭言語諭書名其類也交或往或來者也贊助也致禬凶禮之弔禮禬禮也補諸侯烖者若春秋澶淵之會謀歸宋財

以九儀辨諸侯之命等諸臣之爵以同邦國之禮而待其賓客九儀謂命者五公侯伯子男也爵者四孤卿大夫士也

上公之禮執桓圭九寸繅藉九寸冕服九章建常九斿樊纓九就貳車九乘介九人禮九牢其朝位賓主之間九十步立當車軹擯者五人廟中將幣三享王禮再祼而酢饗禮九獻食禮九舉出入五積三問三勞諸侯之禮執信圭七寸繅

藉七寸冕服七章建常七斿樊纓七就貳車七乘介七人禮七牢朝位賓主之間七十步立當前疾擯者四人廟中將幣三享王禮壹祼而酢饗禮七獻食禮七舉出入四積再問再勞諸伯執躬圭其他皆如諸侯之禮諸子執穀璧五寸繅藉五寸冕服五章建常五斿樊纓五就貳車五乘介五人禮五牢朝位賓主之間五十步立當車衡擯者三人廟中將幣三享王禮壹祼不酢饗禮五獻食禮五舉出入三積壹問壹勞諸男執蒲璧其他皆如諸子之禮

繅藉以五采韋衣板若奠玉則以藉之冕服著冕所服之衣也九章者自山龍以下七章者自華蟲以下五章者自宗彝以下也常旌旗也斿其屬幓垂者也樊纓馬飾也以罽飾之每一處五采備爲一就就成也貳副也介輔已行禮者也禮大禮饔餼也三牲備爲一牢朝位謂大門外賓下車及王車出迎所立處也王始立大門內交擯三辭乃乘車而迎之齊僕爲之節上公立當軹侯伯立當疾子男立當衡王立當軫與廟受命祖之廟也饗設盛禮以飲賓也問問不恙也勞謂苦倦之也皆有禮以幣致之故書祼作果鄭司農云車軹軹也三享三獻也祼讀爲灌再灌再飲公也而酢報飲王也舉舉樂也出入五積謂餼之芻米也前疾謂駟馬車轅前胡下垂拄地者玄謂三享皆束帛加璧庭實惟國所有朝士儀曰奉國地所出重物而獻之明臣職也朝先享不言朝者朝正禮不嫌有等也王禮王以鬱鬯禮賓也鬱人職曰凡祭祀賓客之祼事和鬱鬯以實彝而陳之禮者使宗伯攝酌圭瓚而祼王既拜送爵又攝酌璋瓚而祼后又拜送爵是謂再祼再祼賓乃酢王也禮侯伯一祼而酢者祼賓賓酢王而已后不祼也禮子男一祼不酢者祼賓而已不酢王也不酢之禮聘禮禮賓是與九舉

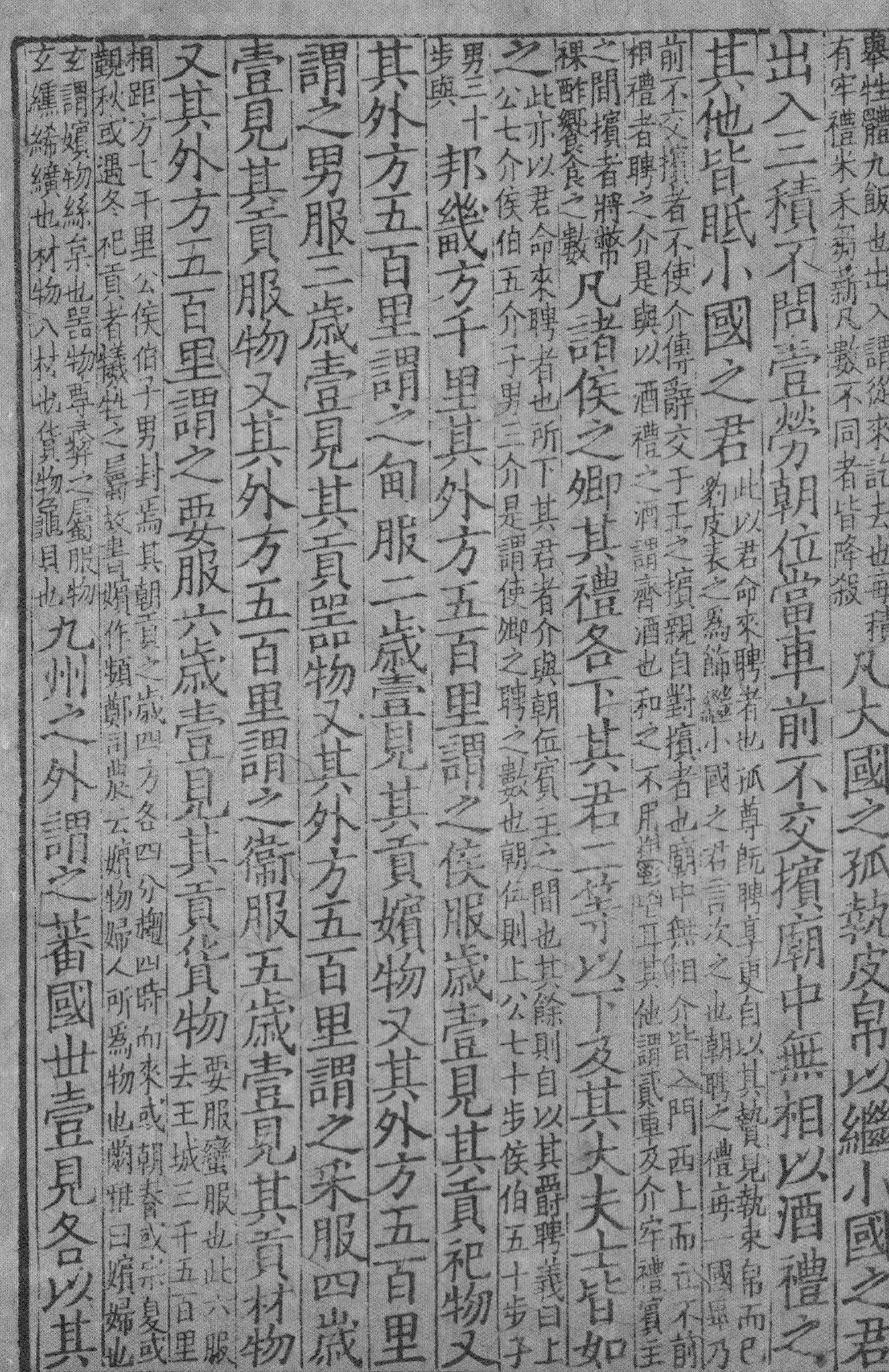

舉牲體九飯也出入謂從來訖去也每積有牢禮米禾芻薪凡數不同者皆降殺凡大國之孤執皮帛以繼小國之君出入三積不問壹勞朝位當車前不交擯廟中無相以酒禮之其他皆眡小國之君此以君命來聘者也孤尊既聘享更自以其贄見執束帛而已豹皮表之爲飾繼小國之君言次之也朝聘之禮每一國畢乃前不交擯者不使介傳辭交于王之擯親自對擯者也廟中無相介皆入門西上而立不前相禮者聘之介是與以酒禮之酒謂齊酒也和之不用鬱鬯耳其他謂貳車及介牢禮賓主之間擯者將幣祼酢饗食之數凡諸侯之卿其禮各下其君二等以下及其大夫士皆如之此亦以君命來聘者也所下其君者介與朝位賓主之間也其餘則自以其爵聘義曰上公七介侯伯五介子男三介是謂使卿之聘之數也朝位則上公七十步侯伯五十步子男三十步與邦畿方千里其外方五百里謂之侯服歲壹見其貢祀物又其外方五百里謂之甸服二歲壹見其貢嬪物又其外方五百里謂之男服三歲壹見其貢器物又其外方五百里謂之采服四歲壹見其貢服物又其外方五百里謂之衛服五歲壹見其貢材物又其外方五百里謂之要服六歲壹見其貢貨物要服蠻服也此六服去王城三千五百里相距方七千里公侯伯子男封焉其朝貢之歲四方各四分趨四時而來或朝春或宗夏或覲秋或遇冬祀貢者犧牲之屬故書嬪作頻鄭司農云嬪物婦人所爲物也爾雅曰嬪婦也玄謂嬪物絲枲也器物尊彝之屬服物玄纁絺纊也材物八材也貨物龜貝也九州之外謂之蕃國世壹見各以其

所貴寶爲摯九州之外夷服鎮服蕃服也曲禮曰其在東夷北狄西戎南蠻雖大曰子春秋傳曰杞伯也以夷禮故曰子然則九州之外其君皆子男也無朝貢之歲父死子立及嗣王即位乃一來耳各以其所貴寶爲摯則蕃國之君無執玉瑞者是以謂其君爲小賓臣爲小客所貴寶見傳者若犬戎獻白狼白鹿是也其餘則周書王會備焉王之所以撫邦國諸侯者歲徧存三歲徧覜五歲徧省七歲屬象胥諭言語協辭命九歲屬瞽史諭書名聽聲音十有一歲達瑞節同度量成牢禮同數器脩灋則十有二歲王巡守殷國撫猶安也存覜省者王使臣於諸侯之禮所謂間問也歲者巡守之明歲以爲始也屬猶聚也自五歲之後遂間歲徧省也七歲省而召其象胥九歲省而召其瞽史皆聚於天子之宮教習之也故書協辭命作叶詞命鄭司農云象胥譯官也叶當爲汁詞當爲辭書或爲叶辭命玄謂胥讀爲諝王制曰五方之民言語不通嗜欲不同達其志通其欲東方曰寄南方曰象西方曰狄鞮北方曰譯此官正爲象者周始有越重譯而來獻是因通言語之官爲象胥云諝謂象之有才知者也辭命六辭之命也瞽樂師也史大史小史也書名書之字也古曰名聘禮曰百名以上至十一歲又徧省焉度丈尺也量豆區釜也數器銓衡也法八法也則八則也達同成脩皆謂齎其法式行至則齊等之也成平也平其僭踰者也王巡守諸侯會者各以其時之方書曰遂覲東后是也其殷國則四方四時分來如平時凡諸侯之王事辨其位正其等協其禮賓而見之王事以王之事來也詩云莫敢不來王孟子曰諸侯有王若有大喪則詔相諸侯之禮詔相左右教告之也若有四方之大事則受其幣聽其辭四方之大事謂國有兵寇諸侯來告急者禮動不虛皆有贄幣以崇敬也受之以其事入告王也聘禮曰若有言則以束帛如享禮凡諸侯之邦交歲相問也殷相聘也世相朝也

小聘曰問殷中也久無事又於殷朝者及而相聘也父死子立曰世凡君即位大國朝焉小國聘焉此皆所以習禮考義正刑一德以尊天子也必擇有道之國而就脩之鄭司農說殷聘以春秋傳曰孟僖子如齊殷聘禮也

小行人掌邦國賓客之禮籍以待四方之使者禮籍名位尊卑之書使者諸侯之臣使來者也令諸侯春入貢秋獻功王親受之各以其國之籍禮之貢六服所貢也功考績之功也秋獻之若今計文書斷於九月其舊法凡諸侯入王則逆勞于畿鄭司農云入王朝於王也故春秋傳曰宋公不王又曰諸侯有王王有巡守及郊勞眡館將幣爲承而擯眡館致館也承猶承也王使勞賓於郊致館於賓至將幣使宗伯爲上擯皆爲之承而擯之凡四方之使者大客則擯小客則受其幣而聽其辭擯者擯而見之王使得親言也受其幣者受之以入告其所爲來之事使適四方協九儀賓客之禮朝覲宗遇會同君之禮也存頫省聘問臣之禮也適之也協合也達天下之六節山國用虎節土國用人節澤國用龍節皆以金爲之道路用旌節門關用符節都鄙用管節皆以竹爲之此謂邦國之節也達之者使之四方亦皆齎法式以齊等之也諸侯使臣行頫聘則以金節授之以爲行道之信也虎人龍者自其國象也道路謂鄉遂大夫也都鄙者公之子弟及卿大夫之采地之吏也凡邦國之民遠出至他邦他邦之民若來入由國門者門人爲之節由關者關人爲之節其以徵令及家徙鄉遂大夫及采地吏爲之節皆使人執節將之以送之亦有期以反節管節如今之竹使符也其有商者通之以符節如門關門關者與市聯事節可

同也亦所以異於畿內也凡節有天子法式存於國成六瑞王用瑱圭公用桓圭侯用信圭伯用躬圭子用穀璧男用蒲璧成平也瑞信也皆朝見所執以爲信合六幣圭以馬璋以皮璧以帛琮以錦琥以繡璜以黼此六物者以和諸侯之好故合同也六幣所以享也五等諸侯享天子用璧享后用琮其大各如其瑞皆有庭實以馬若皮皮虎豹皮也用圭璋者二王之後也二王後尊故享用圭璋而特之禮器曰圭璋特義亦通於此其於諸侯亦用璧琮耳子男於諸侯則享用琥璜下其瑞也凡二王後諸侯相享之玉大小各降其瑞一等及使卿大夫覜聘亦如之若國札喪則令賻補之若國凶荒則令賙委之若國師役則令槁襘之若國有福事則令慶賀之若國有禍烖則令哀弔之凡此五物者治其事故故書賻作傅槁爲稾鄭司農云賻補之謂賻喪家補助其不足也若今時一室二尸則官與之棺也稾當爲槁謂槁師也玄謂師役者國有兵寇以匱病者也使鄰國合會財貨以與之春秋定五年夏歸粟於蔡是也宗伯職曰以禬禮哀圍敗禍烖水火及其萬民之利害爲一書其禮俗政事教治刑禁之逆順爲一書其悖逆暴亂作慝猶犯令者爲一書其札喪凶荒厄貧爲一書其康樂和親安平爲一書凡此五物者每國辨異之以反命于王以周知天下之故慝惡也猶圖也

司儀掌九儀之賓客擯相之禮以詔儀容辭令揖讓之節出接賓曰擯入贊禮

曰相以詔者以禮告之**將合諸侯則令爲壇三成宮旁一門**合諸侯謂有事而會也爲壇于國外以命事宮謂壝土以爲牆處所謂爲壇壝宮也天子春帥諸侯拜日於東郊則爲壇於國東夏禮日於南郊則爲壇於國南秋禮山川丘陵於西郊則爲壇於國西冬禮月四瀆於北郊則爲壇於國北既拜禮而還加方明於壇上而祀焉所以教尊尊也覲禮曰諸侯覲於天子爲宮方三百步四門壇十有二尋深四尺是也王巡守殷國而同則其爲宮亦如此與鄭司農云三成三重也爾雅曰丘一成爲敦丘再成爲陶丘三成爲昆侖丘謂三重**詔王儀南鄉見諸侯土揖庶姓時揖異姓天揖同姓**謂王既祀方明諸侯上介皆奉其君之旂置于宮乃詔王升壇諸侯皆就其旂而立諸公中階之前北面東上諸侯東階之東西面北上諸伯西階之西東面北上諸子門東北面東上諸男門西北面東上王揖之者定其位也庶姓無親者也土揖推手小下之也異姓昏姻也時揖平推手也衛將軍文子曰獨居思仁公言言義其聞詩也一日三復白圭之玷是南宮縚之行也夫子信其仁以爲異姓謂妻之也天揖推手小舉之**及其擯之各以其禮公於上等侯伯於中等子男於下等**謂執玉而前見於王也擯之各以其禮者謂擯公者五人侯伯四人子男三人也上等中等下等者謂所奠玉處也壇三成深四尺則一等一尺也壇十有二尋方九十六尺則堂上二丈四尺每等丈二尺與諸侯各於其等奠玉降拜升成拜明臣禮也既乃升堂授王玉**其將幣亦如之其禮亦如之**將幣享也禮謂以鬱鬯祼之也皆於其等之上**王燕則諸侯毛**謂以須髮坐也朝事尊尊上爵燕則親親上齒鄭司農云謂老者在上也老者二毛故曰毛**凡諸公相爲賓**謂相朝也**主國五積三問皆三辭拜受皆旅擯再勞三辭三揖登拜受拜送**賓所停止則積閒則問行道則勞其禮皆使卿大夫致之從來至去數如此也三辭辭其以禮來於外也積問不言受受之於庭也鄭司農云旅讀爲旅於大山之旅謂九人傳辭相授於上下竟問賓從末上行介還受上傳之玄謂旅讀爲鴻臚之臚臚陳之也

賓之介九人使者七人皆陳擯位不傳辭出賓之上介出請使者則前對位皆當其末擯焉三揖謂庭中時也拜送送使者

王君郊勞交擯三辭車逆拜辱三揖三辭拜受車送三還再拜王君郊勞備三勞而親之也鄭司農云交擯三辭謂賓主之擯者俱三辭也車逆主人以車迎賓於館也拜辱賓拜謝辱也玄謂交擯者各陳九介使傳辭也車逆拜辱者賓以主君親來乘車出舍門而迎之若欲遠就之然見之則下拜迎謝其自屈辱來也至去又出車若欲遠送然主君三還辭之乃再拜送之也車送迎之節各以其等則諸公九十步立當車軹也三辭重者先辭辭其以禮來於外後辭辭升堂

致館亦如之館舍也使大夫授之君又以禮親致焉致飧如致積之禮俱使大夫禮同也飧食也小禮曰飧大禮曰饔餼

及將幣交擯三辭車逆拜辱賓車進荅拜三揖三讓每門止一相及廟唯上相入賓三揖三讓登再拜授幣賓拜送幣每事如初賓亦如之及出車送三請三進再拜賓三還三辭告辟鄭司農云交擯擯者交也賓車進荅拜賓上車進主人乃荅其拜也及出車送三請主人三請留賓也三進進隨賓也賓三還三辭告辟賓三還辭謝言已辟去也玄謂旣三辭主君則乘車出大門而迎賓見之而下拜其辱賓車乃前下荅拜也三揖者相去九十步揖之使前也至而三讓讓入門也相謂主君擯者及賓之介也謂之相者於外傳辭耳入門當以禮詔侑也介紹而傳命者君子於其所尊不敢質敬之至也每門止一相彌相親也君入門介拂闑大夫中棖與闑之間士介拂棖此爲介鴈行相隨也止之者絕行在後耳賓三揖三讓讓升也登再拜授幣授當爲受主人拜至且受玉也每事如初謂享及有言也賓當爲儐謂以鬱鬯禮賓也上於下曰禮敵者曰儐禮器曰諸侯相朝灌用鬱鬯無籩豆之薦謂此朝禮畢儐賓也三請三進請賓就車也主君每一請車一進欲遠送之也三還三辭主君一請者賓亦一還一辭

致饔餼還圭饗食致贈郊送皆如將

幣之儀 此六禮者惟饗食速賓耳其餘主君親往親往者賓爲主人主人爲賓君如有故不親饗食則使大夫以酬幣侑幣致之鄭司農云還圭歸其玉也故公子重耳受飧反璧玄謂賻以圭璋禮也享以璧琮財也已聘而還圭璋輕財而重禮贈送以財既贈又送至于郊 賓之拜禮拜饔餼拜饗食 鄭司農云賓之拜禮者因言賓所當拜者之禮也所當拜者拜饔餼拜饗食玄謂賓將去就朝拜謝此三禮三禮禮之重者也賓既拜主君乃至館贈之夫又送之于郊 賓繼主君皆如主國之禮 鄭司農云賓繼主君若復主人之禮賞也故曰皆如主國之禮玄謂繼主君者儐主君也儐者主君郊勞致館饔餼還圭贈郊送之時也如其禮者謂玉帛皮馬也有饌陳之積者不如也若饗食主君及燕亦速焉 諸侯諸伯諸子諸男之相爲賓也各以其禮相待也如諸公之儀 賓主相待之儀與諸公同也饔餼饗食之禮則有降殺 諸公之臣相爲國客 謂相聘也 則三積皆三辭拜受 受者受之於庭也侯伯之臣不致積 及大夫郊勞旅擯三辭拜辱三讓登聽命下拜登受賓使者如初之儀及退拜送 登聽命賓登堂也賓當爲儐勞用束帛儐用束錦侯伯之臣受勞於庭 致館如初之儀 如郊勞也不儐耳侯伯之臣致館于庭不言致飧者君於聘大夫不致飧也聘禮曰飧不致賓不拜 及將幣旅擯三辭拜逆客辟三揖每門止一相及廟唯君相入三讓客登拜客三辟授幣下出每事如初之儀 客辟逡巡不荅拜也唯君相入客臣也相不入矣拜主君拜客至也客三辟三退負序也每事亦有言 及禮私面私獻皆再拜稽首君荅拜 禮以醴禮客私面私覿也既覿則或有私獻者鄭司農云說私面以春秋傳曰楚公子弃疾見鄭伯以其良馬私面 出及中門之外問君客再拜

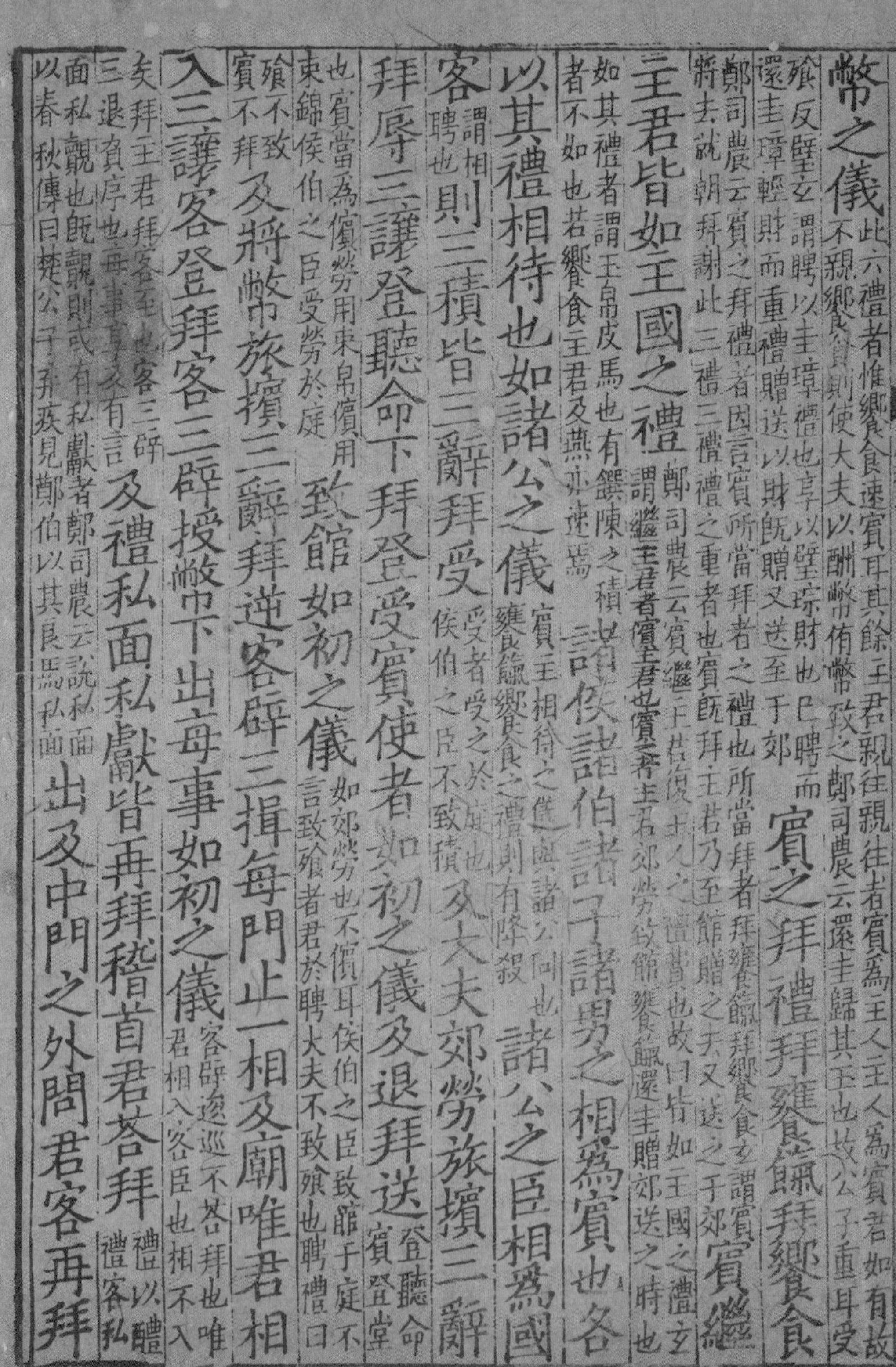

對君拜客辭而對君問大夫客對君勞客客再拜稽首君荅拜客趨辟中門之外即大門之内也問君曰君不恙乎對曰使臣之來寡君命臣于庭大夫曰二三子不恙乎對曰寡君命使臣于庭二三子皆在勞客曰道路悠遠客甚勞勞介則曰二三子甚勞問君客再拜對者爲敬慎也致饔餼如勞之禮饗食還圭如將幣之儀饗食亦謂君不親而使大夫以幣致之君館客客辟介受命遂送客從拜辱于朝君館客者客將去就省之盡殷勤也遂送君拜以送客明日客拜禮賜遂行如入之積禮賜謂乘禽之加恩也如入之積則三積從來至去凡侯伯子男之臣以其國之爵相爲客而相禮其儀亦如之爵卿也大夫也士也凡四方之賓客禮儀辭命餼牢賜獻以二等從其爵而上下之上下猶豐殺也凡賓客送逆同禮謂郊勞郊送之屬凡諸侯之交各稱其邦而爲之幣以其幣爲之禮幣享幣也於大國則豐於小國則殺主國禮之如其豐殺謂賄用束紡禮用王帛乘皮及贈之屬凡行人之儀不朝不夕不正其主面亦不背客謂擯相傳辭時也不正主不鄉不正西鄉當視賓主之前却得兩鄉之而已

行夫掌邦國傳遽之小事媺惡而無禮者凡其使也必以旌節雖道有難而不時必達傳遽若今時乘傳騎驛而使者也美福慶也惡喪荒也此事之小者無禮行夫主使之道有難謂遭疾病他故不以時至也必達王命不可廢也其大者有禮大小行人使之有故則介傳命不嫌不苴居於其國則掌行人之勞辱事焉使

則介之使謂大小行人也故書曰夷使鄭司農云夷使使於四夷則行夫主爲之介玄謂夷發聲環人掌送逆邦國之通賓客以路節達諸四方通賓客以常事往來者也路節旌節也四方人圻上舍則授館令聚㰃有任器則令環之令令野廬氏也鄭司農云四方有任器者則環人主令殉環守之凡門關無幾送逆及疆鄭司農云門關不得苛留環人也玄謂環人送逆之則賓客出入不見幾

象胥掌蠻夷閩貉戎狄之國使掌傳王之言而諭說焉以和親之謂蕃國之臣來覜聘者若以時入賓則協其禮與其辭言傳之以時入賓謂其君以世一見來朝爲賓者凡其出入送逆之禮節幣帛辭令而賓相之從來至去皆爲擯而詔侑其禮儀凡國之大喪詔相國客之禮儀而正其位客謂諸侯使臣來弔者凡軍旅會同受國客幣而賓禮之謂諸侯以王有軍旅之事使臣奉幣來問凡作事王之大事諸侯次事卿次事大夫次事上士下事庶子作使也鄭司農云王之大事諸侯使諸侯執大事也次事卿使卿執其次事也次事使大夫次事使上士下事使庶子

掌客掌四方賓客之牢禮餼獻飲食之等數與其政治政治邦新殺禮之屬王合諸侯而饗禮則具十有二牢庶具百物備諸侯長十有再獻饗諸侯而用王禮之數者以公侯伯子男盡在是兼饗之莫適敵用也諸侯長九命作伯者也獻公侯以下如其命數王巡守殷國則國君膳以

牲犢令百官百牲皆具從者三人公眡上公之禮卿眡侯伯之禮大夫眡子男之禮士眡諸侯之卿禮庶子壹眡其大夫之禮（國君者王所過之國君也犢繭栗之犢也以膳天子貴誠也牲孕天子不食也祭帝不用也凡賓客則皆用焉令者掌客令主國也百牲皆具言無有不具備）凡諸侯之禮上公五積皆眡飧牽三問皆脩群介行人宰史皆有牢飧五牢食四十簠十豆四十鉶四十有二壺四十鼎簋十有二牲三十有六皆陳饔餼九牢其死牢如飧之陳牽四牢米百有二十筥醯醢百有二十罋車皆陳車米眡生牢牢十車車秉有五籔車禾眡死牢牢十車車三秅芻薪倍禾皆陳乘禽日九十雙殷膳大牢以及歸三饗三食三燕若弗酌則以幣致之凡介行人宰史皆有飧饔餼以其爵等為之牢禮之陳數唯上介有禽獻夫人致禮八壺八豆八籩膳大牢致饗大牢食大牢卿皆見以羔膳大牢侯伯四積皆眡飧牽再問皆脩飧四牢食三十有二簠八豆三十有二鉶二十有八壺三十有二鼎簋十有二腥二十有七皆陳饔餼七牢其死牢如飧之陳牽三牢米百筥醯醢百

甕皆陳米三十車禾四十車芻薪倍禾皆陳乗禽日七十雙卿皆膳大牢三饗再食再燕凡介行人宰史皆有飱饔餼以其爵等爲之禮唯上介有禽獻夫人致禮八壺八豆八籩膳大牢致饗大牢卿皆見以羔膳特牛子男三積皆眡飱牽三問以脩飱三牢食二十有四簠六豆二十有四鉶十有八壺二十有四鼎簋十有二牲十有八皆陳饔餼五牢其死牢如飱之陳牽二牢米八十筥醯醢八十甕皆陳米二十車禾三十車芻薪倍禾皆陳乗禽日五十雙壹饗壹食壹燕凡介行人宰史皆有飱饔餼以其爵等爲之禮唯上介有禽獻夫人致禮六壺六豆六籩膳眡致饗親見卿皆膳特牛積皆視飱牽謂所共如飱而牽牲以往不殺也不殺則無鉶鼎簠簋之實其米實于筐豆實實于甕其設筐陳于楹内甕陳于楹外牢陳于門西車米禾芻薪陳于門外壺之有無未聞三問皆脩脩脯也上公三問皆脩下句云君牢介行人宰史皆有牢君用脩而臣有牢非禮也蓋著脫字失處且誤耳飱客始至致小禮也公侯伯子男食皆餼一牢其餘牢則腥食者其庶羞可食者也其設蓋陳于楹外東西不過四列簠簋稻粱器也公十簠堂上六西夾東夾各二也侯伯八簠簋堂上四西夾東夾各二子男六簠簋堂上二西夾東夾各二豆菹醢器也公四十豆堂上十六西夾東夾各十二侯伯三十二豆堂上十二西夾東夾各十子男二十四豆堂上十二西夾東夾各六禮器曰天子之豆二十有六諸公十有六諸侯十有二上大夫八下大夫六以

聘禮差之則堂上之數與此同鉶羹器也公鉶四十二侯伯二十八子男十八非衺差也二十八書或爲二十四亦非也其於衺公又當三十於言又爲無施禮之大數鉶少於豆推其衺公鉶四十二豆爲三十八蓋近之矣則公鉶堂上十八西夾東夾各十侯伯堂上十二西夾東夾各八子男堂上十西夾東夾各四壺酒器也其設於堂夾如豆之數鼎牲器也簠盛黍稷器也鼎十有二者飪一牢正鼎九與陪鼎三皆設于西階前簠十二者堂上八西夾東夾各二合言鼎簠者牲與黍稷俱食之主也牲當爲腥聲之誤也腥謂腥鼎也於侯伯云腥二十有七其故腥字也諸侯禮盛腥鼎有鮮魚鮮腊皆九爲列設于阼階前公腥鼎三十六腥四牢也侯伯腥鼎二十七腥三牢也子男腥鼎十八腥二牢也皆陳陳列也飧門內之實備于是矣亦有車米禾芻薪公飧五牢米二十車禾三十車侯伯四牢米禾皆二十車子男三牢米十車禾二十車芻薪皆倍其禾饔餼既相見致大禮也大者既熟飧積有生有腥有孰餘又多也死牢如飧之陳亦飪一牢在西餘腥在東也牽生牢也陳于門西如積也米橫陳于中庭十爲列每筥半斛公侯伯子男黍粱稻皆二行公稷六行侯伯稷四行子男二行醯醢夾碑從陳亦十爲列醯在碑東醢在碑西皆陳於門內者於公門之陳也言車者衍字耳車米載米之車也聘禮曰十斗曰斛十六斗曰籔十籔曰秉每車秉有五籔則二十四斛也禾稾實并刈者也聘禮曰四秉曰筥十筥曰稯十稯曰秅每車三秅則三十稯也稯猶束也米禾之秉筥字同數異禾之秉手把耳筥讀爲棟梠之梠謂一稯也皆陳橫陳門外者也米在門東禾在門西芻薪雖取數于禾薪從米芻從禾也乘禽乘行群處之禽謂雉鴈之屬於禮以雙爲數殷中也中又致膳示念賓也若弗酌謂君有故不親饗食燕也不饗則以酬幣致之不食則以侑幣致之凡介行人宰史衆臣從賓者也行人主禮宰主具史主書皆有飧饔餼尊其君以及其臣也以其爵等爲之牢禮之數陳爵卿也則飧二牢饔餼五牢大夫也則飧大牢饔餼三牢士也則飧少牢饔餼大牢也此降小禮豐大禮也以命數則參差難一等畧於臣用爵而已夫人致禮助君養賓也簋豆陳于戶東壺陳于東序凡夫人之禮皆使下大夫致之於子男云膳視致饗食言夫人致膳於小國君以致饗之禮則是不復饗食也饗食有壺酒卿皆見者見于賓也既見之又膳之亦所以助君養賓也卿見又膳此聘禮卿大夫勞賓餼賓之類與於子男云親見卿皆膳特牛見讀如卿皆見之見言卿於小國之君有不故造館見者故造館見者乃致膳鄭司農說牽云牲可牽行者也故春秋傳曰餼牽竭矣秅讀爲秅稀麻荅之秅

凡諸侯之卿大夫

士爲國客則如其介之禮以待之言其特來聘問待之禮如其爲介時也然則聘禮凡所以禮賓是亦禮介凡禮賓客國新殺禮凶荒殺禮札喪殺禮禍烖殺禮在野在外殺禮皆爲國省用愛費也國新新建國也凶荒無年也禍烖新有兵寇水火也凡賓客死致禮以喪用死則主人爲之具而殯矣喪用者饋奠之物賓客有喪唯芻稍之受不受饗食饗食加也喪謂父母死也客則又有君焉芻給牛馬稍人所食也其正禮殯饔餼主人致之則受遭主國之喪不受饗食受牲禮牲亦當爲腥聲之誤也有喪不忍煎亨正禮殯饔餼當孰者腥致之也

掌訝掌邦國之等籍以待賓客等九儀之差數若將有國賓客至則戒官脩委積與士逆賓于疆爲前驅而入官謂牛人羊人舍人委人之屬士訝士也既戒乃出迎賓及宿則令聚欜令令野廬氏及委則致積以王命致于賓至于國賓入館次于舍門外待事于客次如今官府門外更衣處待事于客通其所求索及將幣爲前驅道之以如朝至于朝詔其位入復及退亦如之鄭司農云詔其位告客以其位處也入復客入則掌訝出復其故位也客退復入迎爲之前驅至于館也玄謂入復者入告王以客至也退亦如之如其爲前驅凡賓客之治令訝訝治之賓客之治謂欲正其貢賦理國事也以告訝訝爲如朝而治之凡從者出則使人道之從者凡介以下也人其屬府史胥徒也使道賓客之從者營護之及歸送亦如之如之者送至於竟如其前驅聚欜待事凡賓客諸侯有卿訝卿有大夫訝大夫有士訝士皆有訝此謂朝覲聘問

之日王所使迎賓客于館之訝凡訝者賓客至而往詔相其事而掌其治令

掌交掌以節與幣巡邦國之諸侯及其萬民之所聚者道王之德意志慮使咸知王之好惡辟行之節以爲行信幣以見諸侯也咸皆也辟讀如辟忌之辟使皆知王之所好者而行之知王所惡者辟而不爲使和諸侯之好有欲相與修好者則爲和合之達萬民之説説所喜也達者達之于王若其國君掌邦國之通事而結其交好通事謂朝覲聘問也以諭九稅之利九禮之親九牧之維九禁之難九戎之威諭告曉也九稅所稅民九職也九禮九儀之禮九牧九州之牧九禁九法之禁九戎九伐之戎

掌察　闕

掌貨賄　闕

朝大夫掌都家之國治都家王子弟公卿及大夫之采地也主其國治者平理其來文書於朝者日朝以聽國事故以告其君長國事故天子之事當施於都家者也告其君長使知而行之也君謂其國君長其卿大夫也國有政令則令其朝大夫使以告其都家之吏凡都家之治於國者必因其朝大夫然後聽之唯大事弗因謂以小事文書來者朝大夫先平理之乃以告有司也大事者非朝大夫所能平理凡都家之治有不及者則誅其朝大夫不及謂有稽殿之在軍旅則誅其有司有司都司

馬家司馬

都則闕　都士闕　家士闕

周禮卷第十　經三千九百八十七字　注八千七百四十五字

周禮卷第十一

冬官考工記第六　周禮　鄭氏注

國有六職百工與居一焉百工司空事官之屬於天地四時之職亦處其一也司空掌營城郭建都邑立社稷宗廟造宮室車服器械監百工者唐虞已上曰共工或坐而論道或作而行之或審曲面埶以飭五材以辨民器或通四方之珍異以資之或飭力以長地財或治絲麻以成之言人德能事業之不同者也論道謂謀慮治國之政令也作起也辨猶具也資取也操也鄭司農云審曲面埶審察五材曲直方面形埶之宜以治之及陰陽之面背是也春秋傳曰天生五材民並用之謂金木水火土也故書資作齊杜子春云齊當爲資讀如冬資絺之資玄謂此五材金木皮玉土坐而論道謂之王公天子諸侯作而行之謂之士大夫親受其職居其官也審曲面埶以飭五材以辨民器謂之百工五材各有工言百衆言之也通四方之珍異以資之謂之商旅商旅販賣之客也易曰至日商旅不行飭力以長地財謂之農夫三農受田也治絲麻以成之謂之婦功布帛婦官之事粤無鎛燕無函秦無廬胡無弓車此四國者不置是工也鎛田器詩云庤乃錢鎛又曰其鎛斯趙鄭司農云函讀如國君含垢之含函鎧也孟子曰矢人豈不仁於函人哉矢人唯恐不傷人函人唯恐傷人廬讀爲纑謂矛戟柄竹欑柲或曰摩鐧之器胡今匈奴粤之無鎛也非無鎛也夫人而能爲鎛也燕之無函也非無函也夫人而能爲函

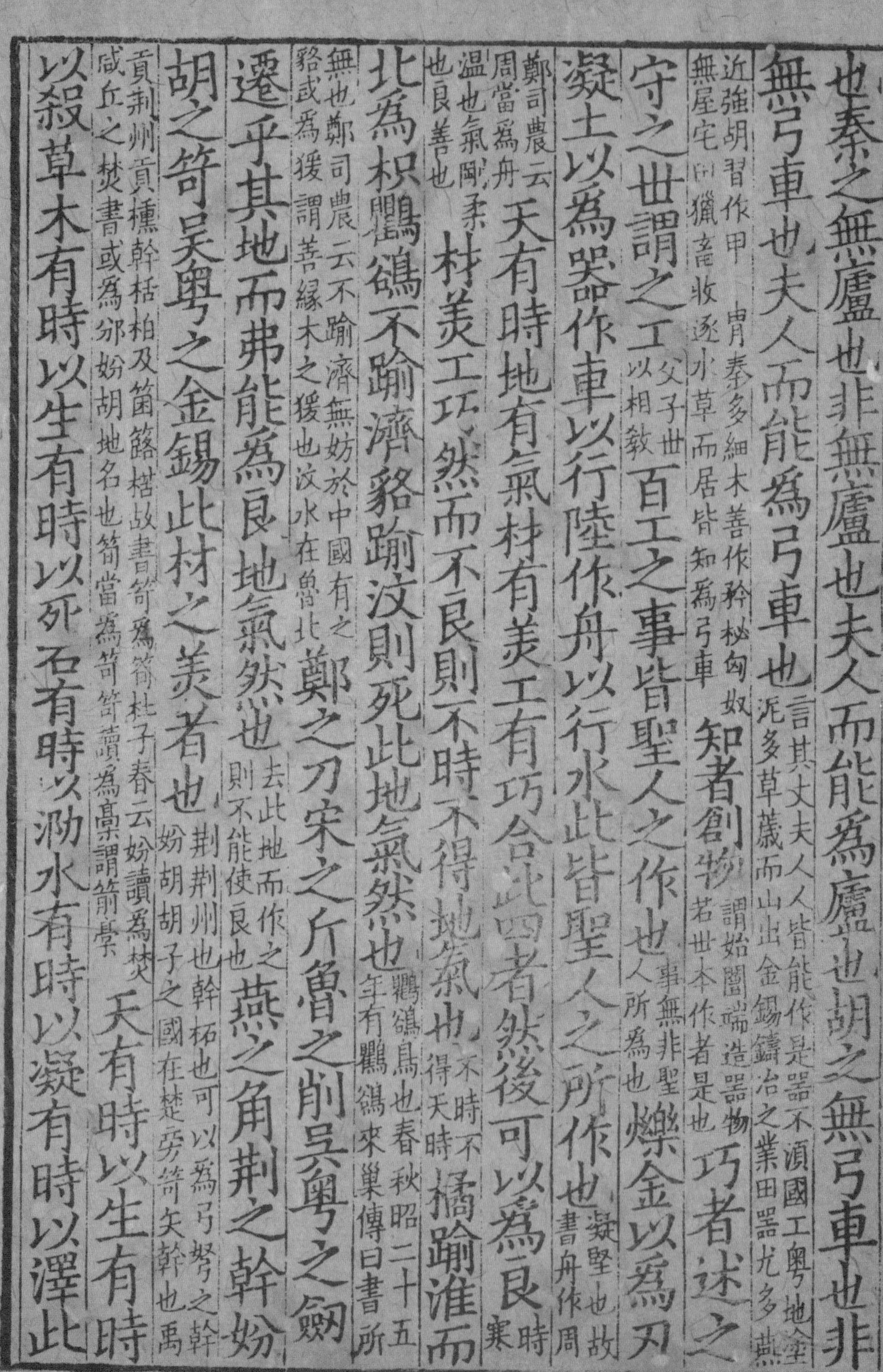

也秦之無廬也非無廬也夫人而能爲廬也胡之無弓車也非無弓車也夫人而能爲弓車也（言其丈夫人人皆能作是器不須國工粵地塗泥多草薉而山出金錫鑄冶之業田器尤多燕近強胡習作甲胄秦多細木善作矜柲胡奴無屋宅田獵畜收逐水草而居皆知爲弓車）知者創物（謂始闓端造器物若世本作者是也）巧者述之守之世謂之工（父子世以相敎）百工之事皆聖人之作也（事無非聖人所爲也）爍金以爲刃凝土以爲器作車以行陸作舟以行水此皆聖人之所作也（凝堅也故書舟作周鄭司農云周當爲舟）天有時地有氣材有美工有巧合此四者然後可以爲良（時寒溫也氣剛柔也良善也）材美工巧然而不良則不時不得地氣也（不時不得天時）橘踰淮而北爲枳鸜鵒不踰濟貉踰汶則死此地氣然也（鸜鵒鳥也春秋昭二十五年有鸜鵒來巢傳曰書所無也鄭司農云不踰濟無妨於中國有之貉或爲獀謂善緣木之獀也汶水在魯北）鄭之刀宋之斤魯之削吳粵之劒遷乎其地而弗能爲良地氣然也（去此地而作之則不能使良也）燕之角荊之幹妢胡之笴吳粵之金錫此材之美者也（荊荊州也幹柘也可以爲弓弩之幹妢胡胡子之國在楚旁笴矢幹也禹貢荊州貢櫄幹栝柏及箘簬楛故書笴爲笱杜子春云妢讀爲焚咸丘之焚書或爲邠妢胡地名也笱當爲笴笴讀爲槀謂箭槀）天有時以生有時以殺草木有時以生有時以死石有時以泐水有時以凝有時以澤此

天時也言百工之事當審其時也鄭司農云泐讀如再扐而後卦之扐泐謂石解散也夏時盛暑大熱則然凡攻木之工七攻金之工六攻皮之工五設色之工五刮摩之工五摶埴之工二攻猶治也摶之言拍也埴黏土也故書七爲十刮作捖鄭司農云十當爲七捖摩之工謂玉工也捖讀爲刮其事亦是也攻木之工輪輿弓廬匠車梓攻金之工築冶鳧㮚段桃攻皮之工函鮑韗韋裘設色之工畫繢鍾筐㡛刮摩之工玉楖雕矢磬摶埴之工陶旊事官之屬六十此識其五材三十工略記其事耳其曰某人者以其事名官也其曰某氏者官有世功若族有世業以氏名官者也廬矛戟矜柲也國語曰侏儒扶廬梓攖屬也故書雕或爲舟鄭司農云輪輿弓廬匠車梓此七者攻木之工官別名也孟子曰梓匠輪輿鮑讀爲鮑魚之鮑書或爲鞄蒼頡篇有鞄㼜韗讀爲歷運之運㡛讀爲芒芒禹迹之芒楖讀如巾櫛之櫛旊讀爲甫始之甫埴書或爲植杜子春云雕或爲舟者非也玄謂旊讀如放於此乎之放有虞氏上陶夏后氏上匠殷人上梓周人上輿官各有所尊王者相變也舜至質貴陶器甒大瓦棺是也禹治洪水民降丘宅土卑宮室盡力乎溝洫而尊匠湯放桀疾禮樂之壞而尊梓武王誅紂疾上下失其服飾而尊輿故一器而工聚焉者車爲多周所上也車有六等之數車有天地之象人在其中焉六等之數法易之三材六畫車軫四尺謂之一等戈柲六尺有六寸既建而迆崇於軫四尺謂之二等人長八尺崇於戈四尺謂之三等殳長尋有四尺崇於人四尺謂之四等車戟常崇於殳四尺謂之五等酋矛常有四尺崇於戟四尺謂之

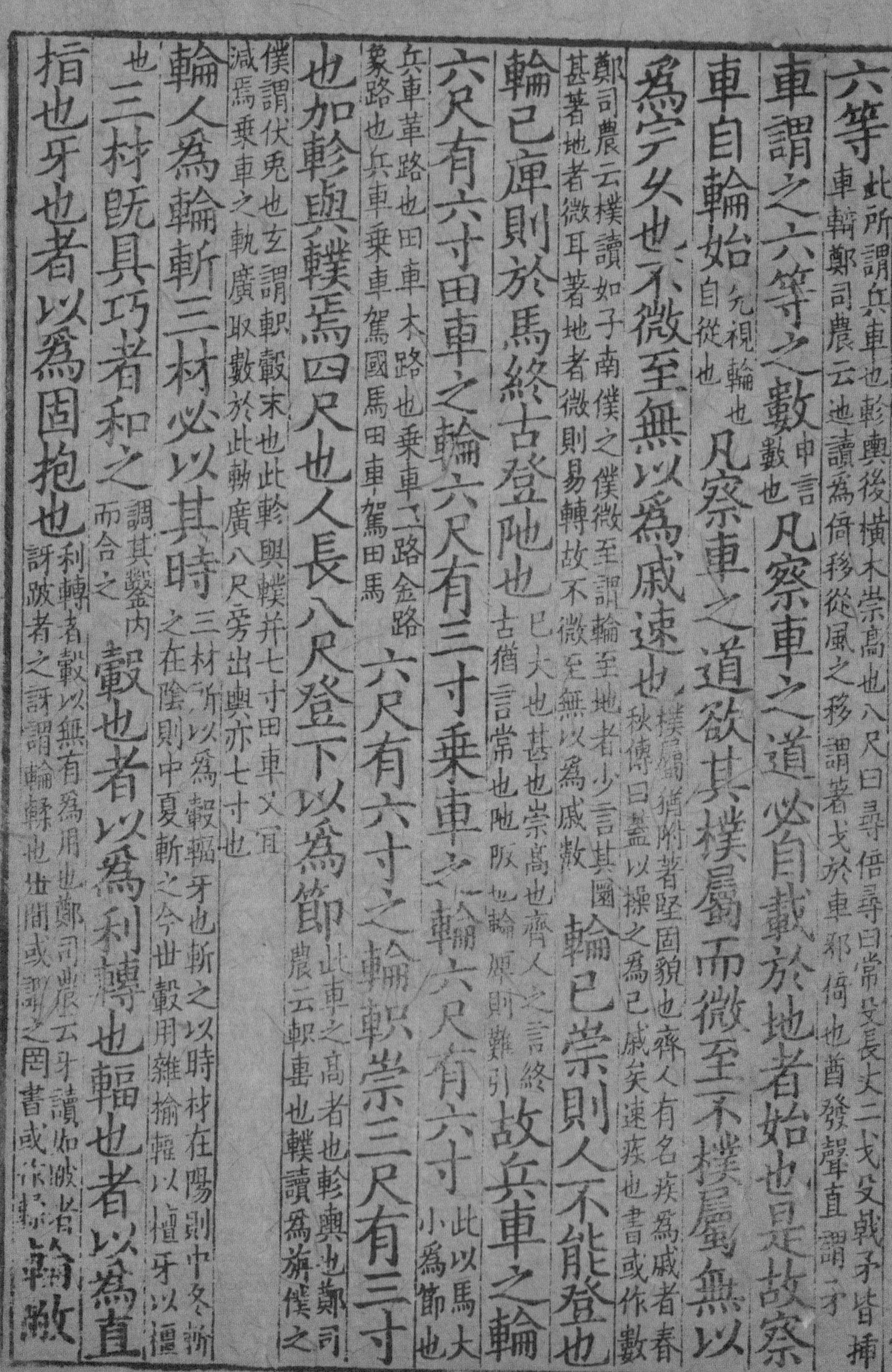

六等此所謂兵車也軫輿後橫木崇高也八尺曰尋倍尋曰常殳長丈二戈殳戟矛皆插車輢鄭司農云迆讀爲倚移從風之移謂著戈於車邪倚也酋發聲直謂一矛

車謂之六等之數申言數也凡察車之道必自載於地者始也是故察

車自輪始先視輪也自從也凡察車之道欲其樸屬而微至不樸屬無以

爲完久也不微至無以爲戚速也樸屬猶附著堅固貌也齊人有名疾爲戚者春秋傳曰盡以操之爲已戚矣速疾也書或作數

鄭司農云樸讀如子南僕之僕微至謂輪至地者少言其圜甚著地者微耳著地者微則易轉故不微至無以爲戚數輪已崇則人不能登也

輪已庳則於馬終古登阤也已大也甚也崇高也齊人之言終古猶言常也阤阪也輪庳則難引故兵車之輪

六尺有六寸田車之輪六尺有三寸乘車之輪六尺有六寸此以馬大小爲節也

兵車革路也田車木路也乘車玉路金路象路也兵車乘車駕國馬田車駕田馬六尺有六寸之輪軹崇三尺有三寸

也加軫與轐焉四尺也人長八尺登下以爲節此車之高者也軫輿也鄭司農云軹轂末也轐讀爲旃僕之

僕謂伏兔也玄謂軹轂末也此軫與轐并七寸田車又宜減焉乘車之軹廣取數於此軹廣八尺旁出輿亦七寸也

輪人爲輪斬三材必以其時三材所以爲轂輻牙也斬之以時材在陽則中冬斬之在陰則中夏斬之今世轂用雜榆輻以檀牙以橿

也三材既具巧者和之調其鑿內而合之轂也者以爲利轉也輻也者以爲直

指也牙也者以爲固抱也利轉者轂以無有爲用也鄭司農云牙讀如跛者訝跛者之訝謂輪輮也世間或謂之罔書或作柢輪敝

三材不失職謂之完 敝盡而轂輻牙不動 望而眡其輪欲其幎爾而下迆也進而眡之欲其微至也無所取之取諸圜也 輪謂牙也幎均致貌也進猶行也微至至地者少也非有他也圜使之然也鄭司農云微至書或作危至故書圜或作負當爲圜 望其輻欲其揱爾而纖也進而眡之欲其肉稱也無所取之取諸易直也 揱纖殺小貌也肉稱弘殺好也鄭司農云揱讀爲紛容揱參之揱玄謂如桑螵蛸之蛸 望其轂欲其眼也進而眡之欲其幬之廉也無所取之取諸急也 眼出大貌也幬幔轂之革急革急則裏不廉隅見鄭司農云眼讀如限切之限 眡其綆欲其蚤之正也 蚤當爲爪謂輻入牙中者也鄭司農云綆讀爲關東言餅之餅謂輪箄也玄謂輪雖箄爪牙必正也 察其菑蚤不齵則輪雖敝不匡 菑謂輻入轂中者也齵齒不相値乃後輪敝盡不匡剌也鄭司農云菑讀如雜廁之廁謂建輻也泰山平原所樹立物爲菑聲如胾博立梟棊亦爲菑匡枉也 凡斬轂之道必矩其陰陽 矩謂刻識之也故書矩爲距鄭司農云當作矩謂規矩也 陽也者稹理而堅陰也者疏理而柔是故以火養其陰而齊諸其陽則轂雖敝不藃 稹致也火養其陰炙堅之也鄭司農云稹讀爲蒖祭之蒖藃當作秏玄謂藃藃暴陰柔後必橈減幬革暴起 轂小而長則柞大而短則摯 鄭司農云柞讀爲迫唶之唶謂輻間柞狹也摯讀爲槷謂輻危槷也玄謂小而長則菑中弱大而短則末不堅 是故六分其輪崇以其一爲之牙圍 輪崇六尺六寸之牙圍尺一寸 參分其牙圍而漆其二 不漆其踐地者也漆者七寸三分寸之一不漆者三寸三分寸之二令牙厚一寸三分寸之二則內外面不漆

者各一寸也梼其漆内而中詘之以爲之轂長以其長爲之圍六尺六寸之輪漆内六尺四寸是爲轂長三尺二寸圍徑一尺三分寸之二也鄭司農云梼者度兩漆之内相距之尺寸也以其圍之防捎其藪捎除也防三分之一也鄭司農云捎讀爲桑螵蛸之蛸藪讀爲蜂藪之藪謂轂空壺中也玄謂此藪徑三寸九分寸之五壺中當輻菑者也蜂藪者猶言趨也藪者衆輻之所趨也五分其轂之長去一以爲賢去三以爲軹鄭司農云賢大穿也軹小穿也玄謂此大穿徑八寸十五分寸之八小穿徑四寸十五分寸之四大穿甚大似誤矣大穿實五分轂長去二也去二則得六寸五分寸之二凡大小穿皆謂金也今大小穿金厚一寸則大穿穿内徑四寸五分寸之二小穿穿内徑二寸十五分寸之四如是乃與藪相稱也容轂必直陳篆必正施膠必厚施筋必數幬必負幹鄭司農云讀容上屬曰軝容玄謂容者治轂爲之形容也篆轂約也幬負幹者革轂相應無贏不足既摩革色青白謂之轂之善謂丸漆之乾而以石摩平之革色青白善之徵也參分其轂長二在外一在内以置其輻轂長三尺二寸者今輻廣三寸半則輻内九寸半輻外一尺九寸凡輻量其鑿深以爲輻廣廣深相應則固足相任也輻廣而鑿淺則是以大抏雖有良工莫之能固抏搖動貌鑿深而輻小則是固有餘而強不足也言輻弱不勝轂之所任也故竑其輻廣以爲之弱則雖有重任轂不折言力相稱也弱菑也今人謂蒲本在水中者爲弱是其類也鄭司農云竑讀如紘綖之紘謂度之參分其輻之長而殺其一則雖有深泥亦弗之溓也殺衰小之也鄭司農云溓讀爲黏謂泥不黏著輻也參分其股圍去

一以爲骹圍謂殺輻之數也鄭司農云股謂近轂者也骹謂近牙者也方言股以喻其豐故言骹以喻其細人脛近足者細於股謂之骹羊脛細者亦爲骹揉輻必齊平沈必均揉謂以火槁之衆輻之直齊如一也平沈平漸也鄭司農云平沈謂浮之水上無輕重直以指牙牙得則無槷而固得謂倨句鑿內相應也鄭司農云槷椴也蜀人言椴曰槷玄謂槷讀如涅從木熱省聲不得則有槷必足見也必足見言槷大也然則雖得猶有槷但小耳六尺有六寸之輪綆參分寸之二謂之輪之固輪箄則車行不掉也參分寸之二者出於輻股鑿之數也凡爲輪行澤者欲杼行山者欲侔杼謂削薄其踐地者侔上下等杼以行澤則是刀以割塗也是故塗不附也附著侔以行山則是摶以行石也是故輪雖敝不甐摶圜厚也鄭司農云不甐於鑿謂不動於鑿中也玄謂甐亦敝也以輪之厚石雖齧之不能敝其鑿旁使之動凡揉牙外不廉而內不挫旁不腫謂之用火之善廉絕也挫折也腫瘣也是故規之以眡其圜也輪中規則圜矣萬之以眡其匡也等爲萬蔞以運輪上輪中萬蔞則不匡剌也故書萬作禹鄭司農云讀爲萬書或作矩縣之以眡其輻之直也輪輻三十上下相直從旁以繩縣之中繩則鑿正輻直矣水之以眡其平沈之均也平漸其輪無輕重則斟材均矣量其藪以黍以眡其同也黍滑而齊以量兩壺無贏不足則同權之以眡其輕重之侔也侔等也稱兩輪鈞石同則等矣輪有輕重則引之有難易故可規可萬可水可縣可量可權也謂之國工國之名工

輪人爲蓋達常圍三寸圍三寸徑一寸也鄭司農云達常蓋斗柄下入杠中也桯圍倍之六寸圍六寸徑二寸足以含達常鄭司農云桯蓋杠也讀如丹桓宮楹之楹信其桯圍以爲部廣部廣六寸廣謂徑也鄭司農云部蓋斗也部長二尺謂斗柄達常也桯長倍之四尺者二杠長八尺謂達常以下也加達常二尺則蓋高一丈立乘也十分寸之一謂之枚爲下起數也枚一分故書十與上二合爲于杜子春云當爲四尺者二十分寸之一部尊一枚尊高也蓋斗上隆高一分也弓鑿廣四枚鑿上二枚鑿下四枚弓蓋橑也廣大也是爲部厚一寸鑿深二寸有半下直二枚鑿端一枚鑿深對爲五寸是以不傷達常也下直二枚者鑿空下正而上低二分也其弓菑則橈之平剡其下二分而內之欲令蓋之尊終平不蒙橈也端內題也弓長六尺謂之庇軹五尺謂之庇輪四尺謂之庇軫庇覆也故書庇作秘杜子春云秘當爲庇謂覆幹也玄謂軹轂末也輿廣六尺六寸兩轂并六尺四寸旁減軑內七寸則兩軹之廣凡丈一尺六寸也六尺之弓倍之加部廣凡丈二尺六寸有宇曲之減可覆軹不及幹參分弓長而揉其一參分之持長橈短短者近部而平長者爲宇曲也六尺之弓近部二尺四尺爲宇曲參分其股圍去一以爲蚤圍蚤當爲爪以弓鑿之廣爲股圍則寸六分也爪圍一寸十五分寸之一參分弓長以其一爲之尊尊高也六尺之弓上近部平者二尺爪末下於部二尺二尺爲句四尺爲弦求其股股十二除之面三尺幾半也上欲尊而宇欲卑上近部平者也讀下曰宇上尊而宇卑則吐水疾而霤遠蓋者主爲雨設也乘車無蓋禮所謂潦車謂蓋車與蓋已崇則難爲門也蓋已卑是蔽目也是故蓋崇十尺十尺其中正也蓋十尺宇二尺

而人長八尺卑於此蔽人目無衣若無紘而弓不落也 良蓋弗冒弗紘殷畝而馳不隊謂之國工 隊落也善蓋者以橫馳於壟上

輿人爲車輪崇車廣衡長參如一謂之參稱 稱猶等也車輿也衡亦長容兩服 參分車廣去一以爲隧 兵車之隧四尺四寸鄭司農云隧謂車輿深也讀如鐆燧改火之燧玄謂讀如邃宇之邃 參分其隧一在前二在後以揉其式 兵車之式深尺四寸三分寸之二 以其廣之半爲之式崇 兵車之式高三尺三寸 以其隧之半爲之較崇 較兩輢上出式者兵車自較而下凡五尺五寸故書較作榷杜子春云當爲較 六分其廣以一爲之軫圍 軫輿後橫者也兵車之軫圍尺一寸 參分軫圍去一以爲式圍 兵車之式圍七寸三分寸之一 參分式圍去一以爲較圍 兵車之較圍四寸九分寸之八 參分較圍去一以爲軹圍 兵車之軹圍三寸二十七分寸之七軹輢之植者衡者也與轂末同名 參分軹圍去一以爲轛圍 兵車之轛圍二寸八十一分寸之十四轛式之植者衡者也鄭司農云轛讀如繫綴之綴謂車輿軨立者也立者爲轛橫者爲軹書轛或作軨玄謂轛者以其鄉人爲名 圜者中規方者中矩立者中縣衡者中水直者如生焉繼者如附焉 治材居材如此乃善也如生如木從地生如附如附枝之弘殺也 凡居材大與小無并大倚小則摧引之則絶 并偏邪相就也用力之時其大并於小者小者強不堪則摧也其小并於大者小者力不堪則絶也 棧車欲弇 爲其無革鞔不堅易坼壞也士乘棧車 飾車欲侈 飾車謂革鞔輿也大夫以上革

鏡輿故書𠊱作移杜子春云當爲𠊱

輈人爲輈輈車轅也詩云五楘梁輈輈有三度軸有三理目下事度深淺之數國馬之輈深

四尺有七寸國馬謂種馬戎馬齊馬道馬高八尺兵車乘車軹崇三尺有三寸加軫與轐七寸又并此輈深則衡高八尺七寸也除馬之高則餘七寸爲衡頸之間也

鄭司農云深四尺七寸謂轅曲中田馬之輈深四尺田車軹崇三尺一寸半并此輈深而七尺一寸半今田馬七尺衡頸之間亦七寸則軫與轐五寸半則

衡高七尺七寸駑馬之輈深三尺有三寸輪軹與軫轐大小之減率寸半也則駑馬之車軹崇三尺加軫與轐四寸又并此輈深則衡高六尺

七寸也今駑馬六尺除馬之高則衡頸之間亦七寸軸有三理一者以爲媺也無節目也二者以爲久也堅刃

也三者以爲利也滑密軓前十尺而策半之謂輈軓以前之長也策御者之策也十或作七合七爲弦四尺七寸

爲鉤以求其服服則短矣七非也鄭司農云軓謂式前也書或作軓玄謂軓是軓法也謂輿下三面之材輢式之所尌持車正也凡任木目車持任之材任正

者十分其輈之長以其一爲之圍衡任者五分其長以其一爲之圍

小於度謂之無任任正者謂輿下三面材持車正者也輈軓前十尺與隧四尺四寸凡丈四尺四寸則任正之圍尺四寸五分寸之二衡任者謂兩軛之間

也兵車乘車衡圍一尺三寸五分寸之一無任言其不勝任五分其軫間以其一爲之軸圍軸圍亦一尺三寸五分寸之一

與衡任相應十分其輈之長以其一爲之當兔之圍輈當伏兔者也亦圍尺四寸五分寸之二與任正者相應

參分其兔圍去一以爲頸圍頸前持衡者圍九寸十五分寸之九五分其頸圍去一以

為踵圍踵後承軫者也圍七寸七十五分寸之五十一凡揉輈欲其孫而無弧深孫順理也杜子春云弧讀為盡而不汗之汗玄謂弧木弓也凡弓引之中參中參深之極也揉輈之倨句如二可也如三則深傷其力今夫大車之轅摯其登又難既克其登其覆車也必易此無故唯轅直且無橈也大車牛車也摯輖也登上阪也克能也是故大車平地既節軒摯之任及其登阤不伏其轅必縊其牛此無故唯轅直且無橈也阤阪也故書伏作偪杜子春云偪當作伏故登阤者倍任者也猶能以登及其下阤也不援其邸必緧其牛後此無故唯轅直且無橈也倍任用力倍也故書緧作鰌鄭司農云鰌讀為緧關東謂紂為緧鰌魚字是故輈欲頎典頎典堅刃貌鄭司農云頎讀為懇懇典讀為殄駟車之轅率尺所一縛懇典與似謂此也輈深則折淺則負揉之大深傷其力馬倚之則折也揉之淺則馬善負之輈注則利準利準則久和則安故書準作水鄭司農云注則利水謂轅脊上兩注令水去利也玄謂利水重讀似非也注則利謂輈之揉者形如注星則利也準則久謂輈之在輿下者平如準則能久也和則安注與準者和人乘之則安輈欲弧而無折經而無絕揉輈大深則折也經亦謂順理也進則與馬謀退則與人謀言進退之易與人馬之意相應馬行主於進人則有當退時終日馳騁左不楗杜子春云楗讀為蹇左面不便馬苦蹇輈調善則馬不蹇也書楗或作券玄謂券今倦字也輈和則久馳騁載在左者不罷倦尊者在左行數千里馬不契需鄭司農云契讀為爰契我龜之契需讀為畏需之需謂不傷蹄不需道里終歲御衣衽不敝衽謂裳也此唯輈之和也和則安是以然

也謂進則與馬謀而下勸登馬力登上也輈和勸馬用力馬力旣竭輈猶能一取焉馬止輈尚能一前取道喻易進良輈環灂自伏兔不至軓七寸軓中有灂謂之國輈伏兔至軓蓋如式深兵車乘車式深尺四寸三分寸之二灂不至軓七寸則是半有灂也輈有筋膠之被用力均者則灂遠鄭司農云灂讀爲灂酒之灂環灂謂漆沂鄂如環軫之方也以象地也蓋之圜也以象天也輪輻三十以象日月也蓋弓二十有八以象星也輪象日月者以其運行也日月三十日而合宿龍旂九斿以象大火也交龍爲旂諸侯之所建也大火蒼龍宿之心其屬有尾尾九星鳥旟七斿以象鶉火也鳥隼爲旟州里之所建鶉火朱鳥宿之柳其屬有星星七星熊旗六斿以象伐也熊虎爲旗師都之所建伐屬白虎宿與參連體而六星龜蛇四斿以象營室也龜蛇爲旐縣鄙之所建營室玄武宿與東壁連體而四星弧旌枉矢以象弧也覲禮曰侯氏載龍旂弧韣則旌旗之屬皆有弧也弧以張縿之幅有衣謂之韣又爲設矢象弧星有矢也妖星有枉矢者蛇行有毛目此云枉矢蓋畫之攻金之工築氏執下齊冶氏執上齊鳧氏爲聲㮚氏爲量段氏爲鎛器桃氏爲刃多錫爲下齊大刃削殺矢鑒燧也少錫爲上齊鍾鼎斧斤戈戟也聲鍾錞于之屬量豆區鬴也鎛器田器錢鎛之屬刃大刃刀劒之屬金有六齊目和金之品數六分其金而錫居一謂之鍾鼎之齊五分其金而錫居一謂之斧斤之齊四分其金而錫居一謂之戈戟之齊參分其金而錫居一謂之大刃之齊五分其金而錫居二謂

之削殺矢之齊，金錫半謂之鑒燧之齊。鑒燧取水火於日月之器也。鑒亦鏡也。凡金多錫則刃白且明也。

築氏爲削，長尺博寸，合六而成規。今之書刃。欲新而無窮。謂其利也。鄭司農云：常如新，無窮已。敝盡而無惡。鄭司農云：謂鋒鍔俱盡，不偏索也。玄謂刃也，脊也，其金如一，雖至敝盡，無瑕惡也。

冶氏爲殺矢，刃長寸，圍寸，鋌十之，重三垸。殺矢，與戈戟異齊而同其工，似補脫誤在此也。殺矢用諸田獵之矢也。鋌讀如麥秀鋌之鋌。鄭司農云：鋌，箭足入稾中者也。垸，量名，讀爲丸。戈廣二寸，內倍之，胡三之，援四之。戈，今句孑戟也，或謂之雞鳴，或謂之擁頸。內謂胡以內接柲者也，長四寸，胡六寸，援八寸。鄭司農云：援，直刃也；胡，其孑。已倨則不入，已句則不決，長內則折前，短內則不疾。戈，句兵也，主於胡也。已倨謂胡微直而邪多也，以啄人則不入。已句謂胡曲多也，以啄人則創不決。胡之曲直鋒本必橫而取圜於磬折。前謂援也。內長則援短，援短則曲於磬折，曲於磬折則引之與胡並鉤。內短則援長，援長則倨於磬折，倨於磬折則引之不疾。是故倨句外博。博，廣也。倨之外胡之裏也，句之外胡之表也。廣其本以除四病而便用也。俗謂之曼胡，似此。重三鋝。鄭司農云：鋝，量名也，讀爲刷。玄謂許叔重說文解字云：鋝，鍰也。今東萊稱或以太半兩爲鈞，十鈞爲環，環重六兩大半兩。鍰鋝似同矣，則三鋝爲一斤四兩。戟廣寸有半寸，內三之，胡四之，援五之，倨句中矩，與刺重三鋝。戟，今三鋒戟也。內長四寸半，胡長六寸，援長七寸半。三鋒者，胡直中矩，言正方也。鄭司農云：刺謂援也。玄謂刺者，著柲直前，如鐏者也。戟胡橫貫之，胡中矩，則援之外句磬折與。

桃氏爲劍，臘廣二寸有半寸，臘謂兩刃。兩從半之。鄭司農云：謂劍脊兩面殺趨鍔者也。以其臘廣爲之莖圍長倍之鄭司農云莖謂劒夾人所握鐔以上也玄謂莖在夾中者莖長五寸中其莖設其後鄭司農云謂穿之也玄謂從中以卻稍大之也後大則於把易制參分其臘廣去一以爲首廣而圍之首圍其徑一寸三分寸之二身長五其莖長重九鋝謂之上制上士服之身長四其莖長重七鋝謂之中制中士服之身長三其莖長重五鋝謂之下制下士服之上制長三尺重三斤十二兩中制長二尺五寸重二斤十四兩三分兩之二下制長二尺重二斤一兩三分兩之一此今之匕首也人各以其形貌大小帶之此士謂國勇力之士能用五兵者也樂記曰武王克商裨冕搢笏而虎賁之士說劒

鳧氏爲鍾兩欒謂之銑故書欒作樂杜子春云當爲欒書亦或爲欒銑鍾口兩角銑間謂之于于上謂之鼓鼓上謂之鉦鉦上謂之舞此四名者鍾體也鄭司農云于鍾脣之上袪也鼓所擊處舞上謂之甬甬上謂之衡此二名者鍾柄鍾縣謂之旋旋蟲謂之幹旋屬鍾柄所以縣之也鄭司農云旋蟲者旋以蟲爲飾也玄謂今時旋有蹲熊盤龍辟邪鍾帶謂之篆篆間謂之枚枚謂之景帶所以介其名也介在于鼓鉦舞甬衡之間凡四鄭司農云枚鍾乳也玄謂今時鍾乳俠鼓與舞每處有九面三十六于上之攠謂之隧攠所擊之處攠弊也隧在鼓中窐而生光有似夫隧十分其銑去二以爲鉦以其鉦爲之銑間去二分以爲之鼓間以其鼓間爲之舞脩去二分以爲舞廣此言鉦之徑居銑徑之八而銑間與鉦之徑相應鼓間又居銑徑之六與

舞脩相應舞脩舞徑也舞上下促以橫爲脩從爲廣舞廣四分今亦去徑之二分以爲之間則舞間之方恒居銑之四也舞間方四則鼓間六亦其方也鼓六鉦六舞四此鐘口十者其長十六也鐘之大數以律爲度廣長與圜徑假設之耳其鑄之則各隨鐘之制爲長短大小也凡言間者亦爲從篆以介之鉦間亦當六今時鐘或無鉦間以其鉦之

長爲之甬長并衡數也以其甬長爲之圍參分其圍去一以爲衡圍衡居甬上

又小參分其甬長二在上一在下以設其旋令衡居一分則參分旋亦二在上一在下以旋當甬之中央是其正

薄厚之所震動清濁之所由出侈弇之所由興有說說猶意也故書侈作移鄭司農云當爲侈

鍾已厚則石大厚則聲不發已薄則播大薄則聲散侈則柞柞讀爲咋咋然之咋聲大外也弇則鬱聲不舒揚

長甬則震鍾掉則聲不正是故大鍾十分其鼓間以其一爲之厚小鍾十分其鉦間以其一爲之厚言若此則不石不播也鼓鉦之間同方六而今宜異又十分之一猶大厚皆非也若言鼓外鉦外則近之鼓外二鉦外一

鍾大而短則其聲疾而短聞淺則躁躁易竭也鍾小而長則其聲舒而遠聞深則安安難息爲遂六分其厚以其一爲之深而圜之厚鍾厚深謂窒之也其窒圜故書圜或作圓杜子春云當爲圜

㮚氏爲量改煎金錫則不耗消湅之精不復減也㮚古文或作歷玄謂量當與鍾鼎同齊工異者大器不耗然後權之權謂稱分之也雖異法用金必齊權之然後準之準故書或作水杜子春云當爲水金器有孔者水入孔中則當重也玄謂準擊平正之又當齊大小準之然後量之鑄之於法中也量讀如量人之量量之以爲鬴深尺內方尺而圜

其外其實一鬴以其容爲之名也四升曰豆四豆曰區四區曰鬴鬴六斗四升也鬴十則鍾方尺積千寸於今粟米法少二升八十一分升之二十二其數必容鬴此言大方耳圜其外者爲之脣其臀一寸其實一豆故書臀作脣杜子春云當爲臀謂覆之其底深一寸也其耳三寸其實一升耳在旁可舉也重一鈞重三十斤其聲中黃鍾之宮應律之首槩而不稅鄭司農云令百姓得以量而不租稅其銘曰時文思索允臻其極銘刻之也時是也允信也臻至也極中也言是文德之君思求可以爲民立法者而作此量信至於道之中嘉量既成以觀四國以觀示四方使放象之永啟厥後茲器維則永長也厥其也茲此也又長啓道其子孫使法則此器長用之凡鑄金之狀故書狀作壯杜子春云當爲狀謂鑄金之形狀金與錫黑濁之氣竭黃白次之黃白之氣竭青白次之青白之氣竭青氣次之然後可鑄也消湅金錫精麤之候

段氏闕

函人爲甲犀甲七屬兕甲六屬合甲五屬屬讀如灌注之注謂上旅下旅札續之數也革堅者札長鄭司農云合甲削革裏肉但取其表合以爲甲犀甲壽百年兕甲壽二百年合甲壽三百年革堅者又支久凡爲甲必先爲容服者之形容也鄭司農云容謂象式然後制革裁制札之廣袤權其上旅與其下旅而重若一鄭司農云上旅謂要以上下旅謂要以下以其長爲之圍圍謂札要廣厚凡甲鍛不摯則

不堅已敝則橈鄭司農云鍛鍛革也摯謂質也鍛革大孰則革敝無強曲橈也玄謂摯之言致凡察革之道眡其鑽空欲其惌也鄭司農云惌小孔貌惌讀爲宛彼北林之宛眡其裏欲其易也無敗蕞也眡其朕欲其直也鄭司農云朕謂革制櫜之欲其約也鄭司農云謂卷置櫜中也春秋傳曰櫜甲而見子南舉而眡之欲其豐也豐大衣之欲其無齘也鄭司農云齘謂如齘齒眡其鑽空而惌則革堅也眡其裏而易則材更也眡其朕而直則制善也櫜之而約則周也舉之而豐則明也衣之無齘則變也周密致也明有光燿鄭司農云更善也變隨人身便利

鮑人之事鮑故書或作鞄鄭司農云蒼頡篇有鞄䩑望而眡之欲其荼白也韋革遠視之當如茅莠之色進而握之欲其柔而滑也謂親手煩撋之卷而摶之欲其無迆也鄭司農云卷讀爲可卷而懷之之卷摶讀爲縳一如瑱之縳謂卷縳韋革也迆讀爲既建而迆之之迆無迆謂革不韢眡其著欲其淺也鄭司農云謂郭韋革之札入韋革淺緣其邊也玄謂韋革調善者鋪著之雖厚如薄然察其線欲其藏也故書線或作綜杜子春云綜當爲系旁泉讀爲絤謂縫革之縷革欲其荼白而疾澣之則堅鄭司農云韋革不欲久居水中欲其柔滑而腥脂之則需故書需作劅鄭司農云腥讀如沾渥之渥劅讀爲柔需之需謂厚脂之韋革柔需引而信之欲其直也信之而直則取材正也信之而枉則是一方緩一方急也若苟一方緩一方急則及其用之

必自其急者先裂若苟自急者先裂則是以博為帴也鄭司農云帴讀為翦謂廣為狹也玄謂翦者如俴淺之俴或者讀為羊豬戔之戔卷而摶之而不迆則厚薄序也序舒也謂其革均也眡其著而淺則革信也信無縮緩察其線而藏則雖敝不甐甐故書或作鄰鄭司農云鄰讀為磨而不磷之磷謂韋革縫縷沒藏於韋革中則雖敝縷不傷也

韗人為皋陶鄭司農云韗書或為䩵皋陶鼓木也玄謂鞠者以皋陶名官也鞠則陶字從革長六尺有六寸左右端廣六寸中尺厚三寸版中廣頭狹為穹隆也鄭司農云謂鼓木一判者其兩端廣六寸而其中央廣尺也如此乃得有腹穹者三之一鄭司農云穹讀為志無空邪之空謂鼓木腹穹隆者居鼓三之一也玄謂穹讀如穹蒼之穹穹隆者居鼓面三分之一則其鼓四尺者版穹一尺三寸三分寸之一也倍之為二尺六寸三分寸之二加鼓四尺穹之徑六尺六寸三分寸之二也此鼓合二十版上三正鄭司農云謂兩頭一平中央一平也玄謂三讀當為參參正直也參直者穹上一直兩端又直各居二尺二寸不弧曲也此鼓兩面以六鼓差之賈侍中云晉鼓大而短近晉鼓也以晉鼓鼓金奏鼓長八尺鼓四尺中圍加三之一謂之鼖鼓中圍加三之一者加於面之圍以三分之一也面四尺其圍十二尺加以三分一四尺則中圍十六尺徑五尺三寸三分寸之一也今亦合二十四版則版穹六寸三分寸之二耳大鼓謂之鼖以鼖鼓鼓軍事鄭司農云鼓四尺謂革所蒙者廣四尺為皋鼓長尋有四尺鼓四尺倨句磬折以皋鼓鼓役事磬折中曲之不參正也中圍與鼖鼓同以磬折為異凡冒鼓必以啟蟄之日啟蟄孟春之中也蟄蟲始聞雷聲而動鼓所取象也冒蒙鼓以革良鼓瑕如積環革調急也鼓大而短則其聲疾而

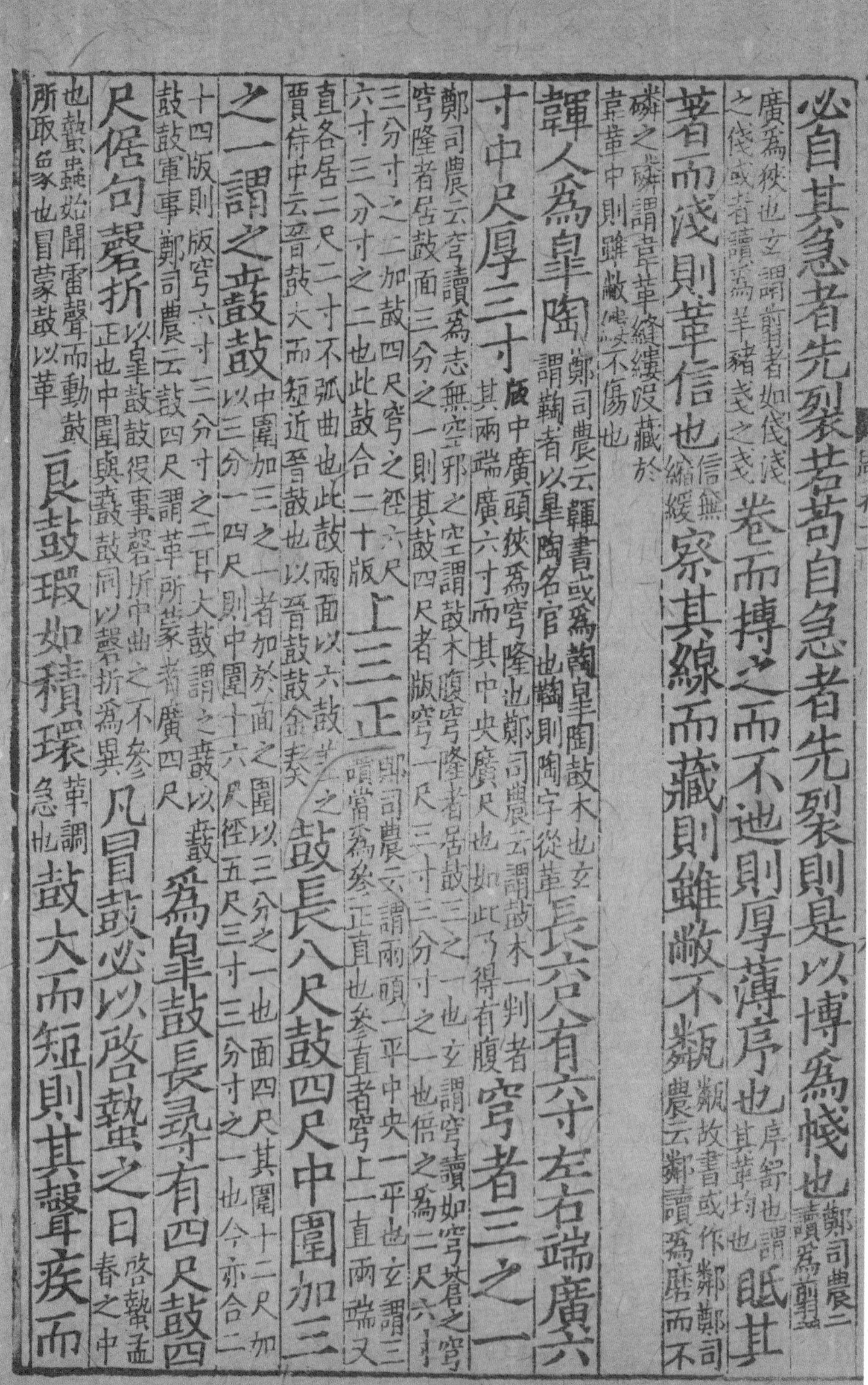

短聞鼓小而長則其聲舒而遠聞

韋氏闕　裘氏闕

畫繢之事雜五色東方謂之青南方謂之赤西方謂之白北方謂之黑天謂之玄地謂之黃青與白相次也赤與黑相次也玄與黃相次也此言畫繢六色所象及布采之第次繢以爲衣青與赤謂之文赤與白謂之章白與黑謂之黼黑與青謂之黻五采備謂之繡此言刺繡采所用繡以爲裳土以黃其象方天時變古人之象無天地也爲此記者見時有之耳子家駒曰天子僭天意亦是也鄭司農云天時變謂畫天隨四時色火以圜鄭司農云爲圜形似火也玄謂形如半環然在裳山以章章讀爲獐獐山物也在衣齊人謂麋爲獐水以龍龍水物在衣鳥獸蛇所謂華蟲也在衣蟲之毛鱗有文采者雜四時五色之位以章之謂之巧章明也繢繡皆用五采鮮明之是爲巧凡畫繪之事後素功素白采也後布之爲其易漬汙也不言繡繡以絲也鄭司農說以論語曰繢事後素

鍾氏染羽以朱湛丹秫三月而熾之鄭司農云湛漬也丹秫赤粟玄謂湛讀如漸車帷裳之漸熾炊也羽所以飾旌旗及王后之車淳而漬之淳沃也以炊下湯沃其熾烝之以漬羽漬猶染也三入爲纁五入爲緅七入爲緇染纁者三入而成又再染以黑則爲緅緅今禮俗文作爵言如爵頭色也又復再染以黑乃成緇矣鄭司農說以論語曰君子不以紺緅飾又曰緇衣羔裘爾雅曰一染謂之縓再染謂之竀三染

謂之纁詩云緇衣之宜兮玄謂此同色耳染布帛者染人掌之凡玄色者在緅緇之間其六入者與

筐人　闕

㡛氏湅絲以涚水漚其絲七日去地尺暴之故書涚作湄鄭司農云湄水温水也玄謂涚水以灰所泲水也漚漸也楚人曰漚齊人曰涹　晝暴諸日夜宿諸井七日七夜是謂水湅宿諸井縣井中　湅帛以欄爲灰渥淳其帛實諸澤器淫之以蜃渥讀如繒人渥菅之渥以欄木之灰漸釋其帛也杜子春云淫當爲湛書亦或爲湛鄭司農云澤器謂滑澤之器蜃謂炭也士冠禮曰素積白屨以魁柎之說曰魁蛤也周官亦有白盛之蜃蜃蛤也玄謂淫[illegible]以粉之令帛白蛤今海旁有焉　清其灰而盝之而揮之清澄也於灰澄而出盝晞之晞而揮去其蜃　而沃之而盝之而塗之而宿之更渥淳之　明日沃而盝之朝更沃至夕盝之又更沃至旦盝之亦七日如漚絲也　晝暴諸日夜宿諸井七日七夜是謂水湅

周禮第十一

經三千五百六十二字
注七千六十三字

周禮卷第十二

冬官考工記下　周禮　鄭氏注

玉人之事鎮圭尺有二寸天子守之命圭九寸謂之桓圭公守之命圭七寸謂之信圭侯守之命圭七寸謂之躬圭伯守之命圭者王所命之圭也朝覲執焉居則守之子守穀璧男守蒲璧不言之者闕耳故書或云命圭五寸謂之躬圭杜子春云當爲七寸玄謂五寸者璧文之闕亂存焉天子執冒四寸以朝諸侯名玉曰冒者言德能覆蓋天下也四寸者方以尊接卑以小爲貴天子用全上公用龍侯用瓚伯用將鄭司農云全純色也龍當爲尨尨謂雜色玄謂全純玉也瓚讀爲餐饡之饡龍瓚將皆雜名也卑者下尊以輕重爲差玉多則重石多則輕公侯四玉一石伯子男三玉二石繼子男執皮帛謂公之孤也見禮次子男贄所束帛而以豹皮表之爲飾天子之孤表帛以虎皮此說玉及皮帛者遂言見天子之用贄天子圭中必必讀如鹿車縪之縪謂以組約其中央爲執之以備失隊四圭尺有二寸以祀天郊天所以禮其神也典瑞職曰四圭有邸以祀天旅上帝大圭長三尺杼上終葵首天子服之王所搢大圭也或謂之珽終葵椎也爲椎於其杼上明無所屈也杼閷也相玉書曰珽玉六寸明自炤土圭尺有五寸以致日以土地致日度景至不夏日至之景尺有五寸冬日至之景丈有三尺土猶度也建邦國以度其地而制其域祼圭尺有二寸有瓚以祀廟祼之言灌也或作淉或作果祼謂始獻酌奠也瓚如盤其柄用圭有流前注琬圭九寸而繅以象德琬猶圜也王使之瑞節也諸侯有德王命賜之使者執琬圭以致命焉繅藉也琰圭九寸判規

以除慝以易行凡圭琰上寸半琰圭琰半以上又半爲瑑飾諸侯有爲不義使者征之執以爲瑞節也除慝誅惡逆也易行去煩苛璧羨度尺好三寸以爲度鄭司農云羨徑也好璧孔也爾雅曰肉倍好謂之璧好倍肉謂之瑗肉好若一謂之環玄謂羨猶延其袤一尺而廣狹焉圭璧五寸以祀日月星辰禮其神也圭其邸爲璧取殺於上帝璧琮九寸諸侯以享天子享獻也聘禮享君以璧享夫人以琮穀圭七寸天子以聘女納徵加於束帛大璋中璋九寸邊璋七寸射四寸厚寸黃金勺青金外朱中鼻寸衡四寸有繅天子以巡守宗祝以前馬射琰出者也勺故書或作約杜子春云當爲勺謂酒尊中勺也鄭司農云鼻謂勺龍頭鼻也衡謂勺柄龍頭也玄謂鼻勺流也凡流皆爲龍口也衡古文横假借字也衡謂勺徑也三璋之勺形如圭瓚天子巡守有事山川則用灌焉於大山川則用大璋加文飾也於中山川用中璋殺文飾也於小山川用邊璋半文飾也其祈沈以馬宗祝亦執勺以先之禮王過大山川則大祝用事焉將有事於四海山川則校人飾黃駒大璋亦如之諸侯以聘女亦納徵加於束帛也大璋者以大璋之文飾之也亦如之者如邊璋七寸射四寸瑑圭璋八寸璧琮八寸以覜聘瑑文飾也覜視也聘問也衆來曰覜特來曰聘聘禮曰凡四器者唯其所寶以聘可也牙璋中璋七寸射二寸厚寸以起軍旅以治兵守二璋皆有鉏牙之飾於琰側先言牙璋有文飾也駔琮五寸宗后以爲權駔讀爲組以組繫之因名焉鄭司農云以爲稱錘以起量大琮十有二寸射四寸厚寸是謂内鎮宗后守之如王之鎮圭也射其外鉏牙駔琮七寸鼻寸有半寸天子以爲權鄭司農云以爲權故有鼻也兩圭五寸有邸以祀地以旅四望

邸謂之柢有邸此共本也瑑琮八寸諸侯以享夫人獻於所朝聘君之夫人也案十有二寸棗㮚十有二列諸侯純九大夫純五夫人以勞諸侯純猶皆也鄭司農云案玉案也夫人天子夫人玄謂案玉飾案也夫人王后也記時諸侯僭稱王而夫人之號不別是以同王后於夫人也玉案十二以為列王后勞朝諸侯皆九列聘大夫皆五列則十有二列者勞二王之後也棗㮚實於器乃加於案聘禮曰夫人使下大夫勞以二竹簋方玄被纁裏有蓋其實棗烝栗擇兼執之以進璋邸射素功以祀山川以致稍餼邸射剡而出也致稍餼造賓客納稟食也鄭司農云素功無瑑飾也餼或作氣杜子春云當為餼

楖人闕

雕人闕

磬氏為磬倨句一矩有半必先度一矩為句一矩為股而求其弦既而以一矩有半觸其弦則磬之倨句也磬之制有大小此假矩以定倨句非用其度耳其博為一博謂股博也博廣也股為二鼓為三參分其股博去一以為鼓博參分其鼓博以其一為之厚鄭司農云股磬之上大者鼓其下小者所當擊者也玄謂股外面鼓內面也假令磬股廣四寸半者股長九寸也鼓廣三寸長尺三寸半厚一寸已上則摩其旁鄭司農云磬聲大上則摩鑢其旁玄謂大上聲清也薄而廣則濁已下則摩其耑大下聲濁也短而厚則清

矢人為矢鍭矢參分茀矢參分一在前二在後參訂之而平者前有鐵重也司弓矢職茀當為殺鄭司農云一在前謂箭稾中鐵莖居參分殺一以前兵矢田矢五分二在前三在後鐵差短小也兵矢謂枉矢絜矢也此

二矢亦可以田田矢謂矰矢殺矢七分三在前四在後鐵又差短小也司弓矢職殺當爲茀參分其長而殺其一矢稾長三尺殺其前一尺令趣鏃也五分其長而羽其一羽者六寸以其笴厚爲之羽深笴讀爲稾謂矢幹古文假借字厚之數未聞水之以辨其陰陽辨猶正也陰沈而陽浮夾其陰陽以設其比夾其比以設其羽夾其陰陽者弓矢比在稾兩旁弩矢比在上下設羽於四角鄭司農云比謂括也參分其羽以設其刃刃二寸則雖有疾風亦弗之能憚矣故書憚或作但鄭司農云讀當爲憚之以威之憚謂風不能驚憚箭也刃長寸圍寸鋌十之重三垸刃長寸脫二字鋌一尺前弱則俛後弱則翔中弱則紆中強則揚羽豐則遲羽殺則趮言幹羽之病使矢行不正俛低也翔迴顧也紆曲也揚飛也豐大也趮旁掉也是故夾而搖之以眡其豐殺之節也今人以指夾矢儛衛是也橈之以眡其鴻殺之稱也橈搦其幹凡相笴欲生而摶同摶欲重同重節欲疏同疏欲㮚相猶擇也生謂無瑕蠹也摶讀如摶黍之摶謂圜也鄭司農云欲㮚欲其色如㮚也

陶人爲甗實二鬴厚半寸脣寸盆實二鬴厚半寸脣寸甑實二鬴厚半寸脣寸七穿量六斗四升曰鬴鄭司農云甗無底甑鬲實五觳厚半寸脣寸庾實二觳厚半寸脣寸鄭司農云觳讀爲斛觳受三斗聘禮記有斛玄謂豆實三而成觳則觳受斗二升庾讀如請益與之庾之庾

旊人爲簋實一㱿崇尺厚半寸脣寸豆實三而成㱿崇尺崇高也豆實四升凡陶旊之事髻墾薜暴不入市爲其不任用也鄭司農云髻讀爲刮薜讀爲藥黃蘗之蘗暴讀爲剝玄謂髻讀爲跀墾頓傷也薜破裂也暴墳起不堅致也器中膊豆中縣膊讀如車輇之輇既拊泥而轉其均尌膊其側以儗度端其器也縣縣繩正豆之柄膊崇四尺方四寸凡器高於此則垺不能相勝厚於此則火氣不交因取式焉

梓人爲筍虡樂器所縣橫曰筍植曰虡鄭司農云筍讀爲竹筍之筍天下之大獸五脂者膏者臝者羽者鱗者脂牛羊屬膏豕屬臝者謂虎豹貔螭爲獸淺毛者之屬羽鳥屬鱗龍蛇之屬宗廟之事脂者膏者以爲牲致美味也臝者羽者鱗者以爲筍虡貴野聲也外骨內骨卻行仄行連行紆行以脰鳴者以注鳴者以旁鳴者以翼鳴者以股鳴者以胷鳴者謂之小蟲之屬以爲雕琢刻畫祭器博庶物也外骨龜屬內骨鼈屬卻行螾衍之屬仄行蟹屬連行魚屬紆行蛇屬脰鳴鼃黽屬注鳴精列屬旁鳴蜩蜺屬翼鳴發皇屬股鳴蚣蝑動股屬胷鳴榮原屬厚脣弇口出目短耳大胷燿後大體短脰若是者謂之臝屬恒有力而不能走其聲大而宏有力而不能走則於任重宜大聲而宏則於鐘宜若是者以爲鐘虡是故擊其所縣而由其虡鳴燿讀爲哨頎小也鄭司農云宏讀爲紘綖之紘謂聲音大也由若也銳喙決吻

數目顅脰小體騫腹若是者謂之羽屬恒無力而輕其聲清陽而遠聞無力而輕則於任輕宜其聲清陽而遠聞於磬宜若是者以爲磬虡故擊其所縣而由其虡鳴［吻口腃也顅長脰貌故書顅或作牼鄭司農云牼讀爲鬜頭無髮之鬜］小首而長摶身而鴻若是者謂之鱗屬以爲筍［摶圜也鴻傭也］凡攫閷援簭之類必深其爪出其目作其鱗之而［謂筍虡之獸也深猶藏也作猶起也之而頰頷也］深其爪出其目作其鱗之而則於眡必撥爾而怒苟撥爾而怒則於任重宜且其匪色必似鳴矣［匪采貌也故書撥作廢匪作飛鄭司農云廢讀爲撥飛讀爲匪以似爲發］爪不深目不出鱗之而不作則必穨爾如委矣苟穨爾如委則加任焉則必如將廢措其匪色必似不鳴矣［措猶頓也故書措作唶杜子春云當爲措］

梓人爲飲器勺一升爵一升觚三升獻以爵而酬以觚一獻而三酬則一豆矣［勺尊升也觚豆字聲之誤觚當爲觶豆當爲斗］食一豆肉飲一豆酒中人之食也［一豆酒又聲之誤當爲斗］凡試梓飲器鄉衡而實不盡梓師罪之［鄭司農云梓師罪也衡謂麋衡也曲禮執君器齊衡玄謂衡平也平爵鄉口酒不盡則梓人之長罪於梓人焉］

梓人爲侯廣與崇方參分其廣而鵠居一焉崇高也方猶等也高廣等者謂侯中也天子射禮以九爲節侯道九十弓弓二寸以爲侯中高廣等則天子侯中丈八尺諸侯於其國亦然鵠所射也以皮爲之各如其侯也居侯中參分之一則此鵠方六尺唯大射以皮飾侯大射者將祭之射也其餘有賓射燕射上兩个與其身三下兩个半之鄭司農云兩个謂布可以維持侯者也上方兩枚與身三設身廣一丈兩个各一丈凡爲三丈下兩个半之傅地故短也玄謂个讀若齊人搚幹之幹上个下个皆謂舌也身躬也鄉射禮記曰倍中以爲躬倍躬以爲左右舌下舌半上舌然則九節之侯身三丈六尺上个七丈二尺下个五丈四尺其制身夾中个夾身在上下各一幅此侯凡用布三十六丈言上个與其身三者明身居一分上个倍之耳亦爲下个半上个出也个或謂之舌者取其出而左右也侯制上廣下狹蓋取象於人也張臂八尺張足六尺是取象率焉上綱與下綱出舌尋縜寸焉綱所以繫侯於植者也上下皆出舌一尋者亦人張手之節也鄭司農云綱連侯繩也縜籠綱者縜讀爲竹中皮之縜舌維持侯者張皮侯而棲鵠則春以功皮侯以皮所飾之侯司裘職曰王大射則共虎侯熊侯豹侯設其鵠謂此侯也春讀爲蠢蠢作也出也天子將祭必與諸侯群臣射以作其容體出其合於禮樂者與之事鬼神焉張五采之侯則遠國屬五采之侯謂以五采畫正之侯也射人職曰以射法治射儀王以六耦射三侯三獲三容樂以騶虞九節五正下曰若王大射則以貍步張三侯明此五正之侯非大射之侯明矣其職又曰諸侯在朝則皆北面遠國屬者若諸侯朝會王張此侯與之射所謂賓射也正之方外如鵠内二尺五采者内朱白次之蒼次之黄次之黒次之其侯之飾又以五采畫雲氣焉張獸侯則王以息燕獸侯畫獸之侯也鄉射記曰凡侯天子熊侯白質諸侯麋侯赤質大夫布侯畫以虎豹士布侯畫以鹿豕凡畫者丹質是獸侯之差也息者休農息老物也燕謂勞使臣若與群臣飲酒而射祭侯之禮以酒脯醢謂司馬實爵而獻獲者于侯薦脯醢折俎獲者執以祭侯其辭曰惟若寧侯若猶女也寧安也謂先有功德其鬼有神毋或若

女不寧侯不屬于王所故抗而射女或有也若如也屬猶朝會也抗舉也張也強飲強食詒女曾孫諸侯百福詒遺也曾孫諸侯謂女後世為諸侯者

廬人為廬器戈柲六尺有六寸殳長尋有四尺車戟常酋矛常有四尺夷矛三尋柲猶柄也八尺曰尋倍尋曰常酋夷長短名酋之言遒也酋近夷長矣凡兵無過三其身過三其身弗能用也而無已又以害人人長八尺與尋齊進退之度三尋用兵力之極也而無已不徒止耳故攻國之兵欲短守國之兵欲長攻國之人衆行地遠食飲飢且涉山林之阻是故兵欲短守國之人寡食飲飽行地不遠且不涉山林之阻是故兵欲長言罷羸宜短兵壯健宜長兵凡兵句兵欲無彈刺兵欲無蜎是故句兵椑刺兵摶句兵戈戟屬刺兵矛屬故書彈或作但蜎或作絹鄭司農云但讀為彈丸之彈彈謂掉也綃讀為悁邑之悁悁謂橈也椑讀為鼓鼙之鼙玄謂蜎亦掉也謂若井中蟲蜎之蜎齊人謂柯斧柄為椑則椑隋圜也摶圜也轂兵同強舉圍欲細細則校刺兵同強舉圍欲重重欲傅人傅人則密是故侵之改句言轂容殳無刃同強上下同也舉謂手所操鄭司農云校讀為絞而婉之絞重欲傅人謂矛柄之大者在人手中者侵之能敵也玄謂校疾也傅近也密審也正也人手操細以擊則疾操重以刺則正然則為矜句兵堅者在後刺兵堅者在前凡為殳五分其長以其一為之被而圍之參分其圍去一以為

晉圍五分其晉圍去一以爲首圍凡爲酋矛參分其長二在前一在後而圍之五分其圍去一以爲晉圍參分其晉圍去一以爲刺圍被把中也圍之圍之也大小未聞凡矜八觚鄭司農云晉謂矛戟下銅鐏也刺謂矛刃胷也玄謂晉讀如王搢大圭之搢矜所捷也首殳上鐏也爲戈戟之矜所圍如殳夷矛如酋矛凡試廬事置而搖之以眡其蜎也灸諸牆以眡其橈之均也横而搖之以眡其勁也置猶樹也灸猶柱也以柱兩牆之間輓而納之本末勝負可知也正於牆牆器六建既備車不反覆謂之國工六建五兵與人也反覆猶軒輖

匠人建國立王國若邦國者水地以縣於四角立植而縣以水望其高下高下既定乃爲位而平地置槷以縣眡以景故書槷或作弋杜子春云槷當爲弋讀爲杙玄謂槷古文臬假借字於所平之地中央樹八尺之臬以縣正之眡之以其景將以正四方也爾雅曰在牆者謂之杙在地者謂之臬爲規識日出之景與日入之景日出日入之景其端則東西正也又爲規以識之者爲其難審也自日出而畫其景端以至日入既則爲規測景兩端之內規之規之交乃審也度兩交之間中屈之以指臬則南北正晝參諸日中之景夜考之極星以正朝夕日中之景最短者也極星謂北辰

匠人營國方九里旁三門營謂丈尺其大小天子十二門通十二子國中九經九緯經涂九軌國中城內也經緯謂涂也經緯之涂皆容方九軌軌謂轍廣乘車六尺六寸旁加七寸凡八尺是爲轍廣九軌積七十二尺則此涂十二步也旁加七寸者輻內二寸半輻廣三

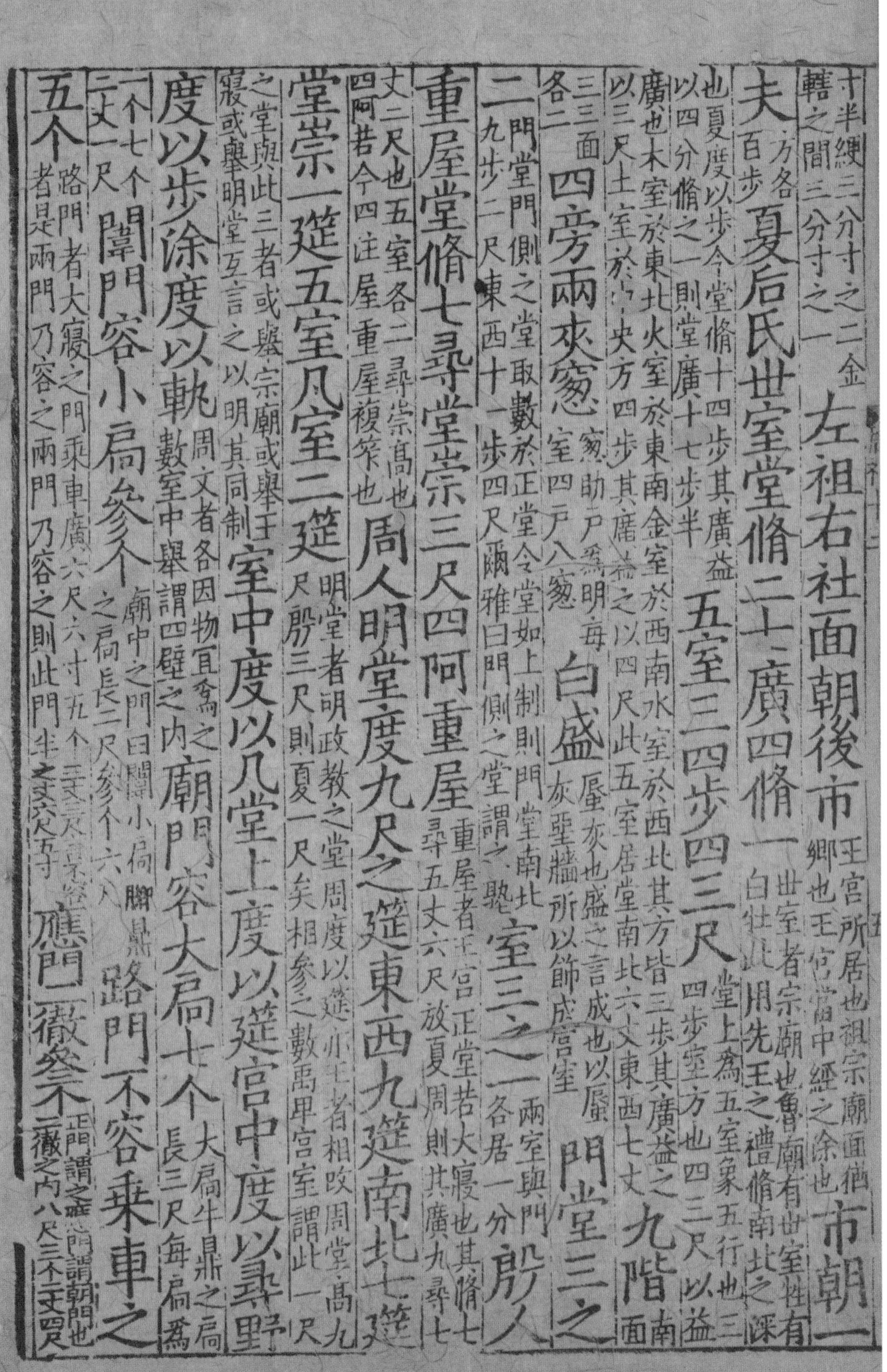

寸半緤三分寸之二轄之間三分寸之一　金　左祖右社面朝後市王宮所居也祖宗廟面猶鄉也王宮當中經之涂也市朝一夫方各百步夏后氏世室堂脩二七廣四脩一世室者宗廟也魯廟有世室牲有白牡此用先王之禮脩南北之深也夏度以步令堂脩十四步其廣益以四分脩之一則堂廣十七步半五室三四步四三尺堂上爲五室象五行也三四步室方也四三尺以益廣也木室於東北火室於東南金室於西南水室於西北其方皆三步其廣益之以三尺土室於中央方四步其廣益之以四尺此五室居堂南北六丈東西七丈九階南面三三面各二四旁兩夾窻窻助戶爲明每室四戶八窻白盛蜃灰也盛之言成也以蜃灰堊牆所以飾成宮室門堂三之二門堂門側之堂取數於正堂令堂如上制則門堂南北九步二尺東西十一步四尺爾雅曰門側之堂謂之塾室三之一兩室與門各居一分殷人重屋堂脩七尋堂崇三尺四阿重屋重屋者王宮正堂若大寢也其脩七尋五丈六尺放夏周則其廣九尋七丈二尺也五室各二尋崇高也四阿若今四注屋重屋複笮也周人明堂度九尺之筵東西九筵南北七筵堂崇一筵五室凡室二筵明堂者明政教之堂周度以筵亦王者相改周堂高九尺殷三尺則夏一尺矣相參之數禹卑宮室謂此一尺之堂與此三者或舉宗廟或舉王寢或舉明堂互言之以明其同制室中度以几堂上度以筵宮中度以尋野度以步涂度以軌周文者各因物宜爲之數室中舉謂四壁之内廟門容大扃七个大扃牛鼎之扃長三尺每扃爲一个七个二丈一尺闈門容小扃參个廟中之門曰闈小扃腳鼎之扃長二尺參个六尺路門不容乘車之五个路門者大寢之門乘車廣六尺六寸五个三丈三尺言不容者是兩門乃容之兩門乃容之則此門半之丈六尺五寸應門二徹參个正門謂之應門謂朝門也二徹之内八尺三个二丈四尺

內有九室九嬪居之外有九室九卿朝焉內路寢之裏也外路門之表也九室如今朝堂諸曹治事處九嬪掌婦學之法以教九御六卿三孤爲九卿九分其國以爲九分九卿治之九分其國分國之職也三孤佐三公論道六卿治六官之屬

王宮門阿之制五雉宮隅之制七雉城隅之制九雉阿棟也宮隅城隅謂角浮思也雉長三丈高一丈度高以高度廣以廣經涂九軌環涂七軌野涂五軌廣狹之差也故書環或作轘杜子春云當爲環環涂謂環城之道門阿之制以爲都城之制都四百里外距五百里王子弟所封其城隅高五丈宮隅門阿皆三丈宮隅之制以爲諸侯之城制諸侯畿以外也其城隅制高七丈宮隅門阿皆五丈禮器曰天子諸侯臺門環涂以爲諸侯經涂野涂以爲都經涂經亦謂城中道諸侯環涂五軌其野涂及都環涂野涂皆三軌

匠人爲溝洫主通利田間之水道耜廣五寸二耜爲耦一耦之伐廣尺深尺謂之甽田首倍之廣二尺深二尺謂之遂古者耜一金兩人併發之其壟中曰甽甽上曰伐伐之言發也甽畎也今之耜岐頭兩金象古之耦也田一夫之所佃百畝方百步地遂者夫間小溝遂上亦有徑九夫爲井井間廣四尺深四尺謂之溝方十里爲成成間廣八尺深八尺謂之洫方百里爲同同間廣二尋深二仞謂之澮此畿內采地之制九夫爲井井者方一里九夫所治之田也采地制井田異於鄉遂及公邑三夫爲屋屋具也一井之中三屋九夫三三相具以出賦稅共治溝也方十里爲成成中容一甸甸方八里出田稅緣邊一里治洫方百里爲同同中容四都六十四成方八十里出田稅緣邊十里治澮

采地者在三百里四百里五百里之中載師職曰園廛二十而一近郊什一遠郊二十而三
甸稍縣都皆無過十二謂田稅也皆就夫稅之輕近重遠耳滕文公問爲國於孟子孟子曰夏
后氏五十而貢殷人七十而助周人百畝而徹其實皆十一徹者徹也助者藉也龍子曰治
地莫善於助莫不善於貢貢者校數歲之中以爲常文公又問井田孟子曰請野九一而助
國中什一使自賦卿以下必有圭田圭田五十畝餘夫二十五畝死徙無出鄉鄉田同井出
入相友守望相助疾病相扶持則百姓親睦方里而井九百畝其中爲公田八家皆私百畝
同養公田公事畢然後治私事所以別野人也又曰詩云雨我公田遂及我私惟助爲有公
田由此觀之雖周亦助也魯哀公問於有若曰年饑用不足如之何有若對曰盍徹與曰二
吾猶不足如之何其徹也春秋宣十五年秋初稅畝傳曰非禮也穀出不過藉以豐財也此
數者世人謂之錯而疑焉以載師職及司馬法論之周制畿內用夏之貢法稅夫無公田以
詩春秋論語孟子論之周制邦國用殷之助法制公田不稅夫貢者自治其所受田貢其稅
穀助者借民之力以治公田又使收斂焉畿內用貢法者鄉遂及公邑之吏旦夕從民事爲
其促之以公使不得恤其私邦國用助法者諸侯專一國之政爲其貪暴稅民無藝周之畿
內稅有輕重諸侯謂之徹者通其率以什一爲正孟子云野九夫而稅一國中什一是邦國
亦異外內之法耳圭之言珪絜也周謂之士田鄭司農說以春秋傳曰有田一成又曰列國一同**專達於川各載其名**達猶至也謂澮直至
於川復無所注入載其名者識水所從出**凡天下之地埶兩山之間必有川焉大川之上必有**
涂焉通其壅塞**凡溝逆地防謂之不行水屬不理孫謂之不行**溝謂造溝防謂脉理屬讀
爲注孫順也不行謂決溢也禹鑿龍門播九河爲此逆防與不理孫也**梢溝三十里而廣倍**謂不墾地之溝也鄭司農云梢讀爲桑蟄蛸之
蛸蛸謂水漱齧之溝故三十里而廣倍**凡行奠水磬折以參伍**坎爲弓輪水行欲紆曲也鄭司農云奠讀爲停謂行停水溝形當如磬直
行三折行五以引水者疾焉**欲爲淵則句於矩**大曲則流轉流轉則其下成淵**凡溝必因水埶防必因地**

埶善溝者水漱之善防者水淫之漱猶齧也鄭司農云淫讀爲厭謂水淤泥土留著助之爲厚玄謂淫讀爲淫液之淫凡爲防廣與崇方其閷參分去一崇高也方猶等也閷者薄其上大防外閷又薄其上厚其下凡溝防必一日先深之以爲式程人功也溝防爲溝爲防也里爲式然後可以傅衆力里讀爲已聲之誤也凡任索約大汲其版謂之無任故書汲作役杜子春云當爲汲玄謂約縮也汲引也築防若牆者以繩縮其版大引之言版橈也版橈築之則鼓土不堅矣詩云其繩則直縮版以載又曰約之格格椓之橐橐葺屋參分瓦屋四分各分其脩以其一爲峻囷窌倉城逆牆六分逆猶郤也築此四者六分其高郤一分以爲閷囷圜倉穿地曰窌堂涂十有二分謂階前若今令甓裓也分其督旁之脩以一分爲峻也爾雅曰堂涂謂之陳竇其崇三尺宮中水道牆厚三尺崇三之高厚以是爲率足以相勝

車人之事半矩謂之宣矩法也所法者人也人長八尺而大節三頭也腹也脛也以三通率之則矩二尺六寸三分寸之二頭髮皓落曰宣半矩尺三寸三分寸之一人頭之長也柯欘之木頭取名焉易巽爲宣髮一宣有半謂之欘欘斲斤柄長二尺爾雅曰句欘謂之定一欘有半謂之柯伐木之柯柄長三尺詩云伐柯伐柯其則不遠鄭司農云蒼頡篇有柯欘一柯有半謂之磬折人帶以下四尺五寸磬折立則上俛玉藻曰三分帶下紳居二焉紳長三尺

車人爲耒庛長尺有一寸中直者三尺有三寸上句者二尺有二

寸鄭司農云耒謂耕耒庛讀爲其顙有疵之疵謂耒下岐玄謂庛讀爲棘刺之刺刺耒下前曲接耜自其庛緣其外以至於首以弦其內六尺有六寸與步相中也緣外六尺有六寸內弦六尺應一步之尺數耕者以田器爲度宜耜異材不在數中堅地欲直庛柔地欲句庛直庛則利推句庛則利發倨句磬折謂之中地中地之耒其庛與直者如磬折則調矣調則弦六尺

車人爲車柯長三尺博三寸厚一寸有半五分其長以其一爲之首首六寸謂今剛關頭斧柯其柄也鄭司農云柯長三尺謂斧柯因以爲度轂長半柯其圍一柯有半大車轂徑尺五寸輻長一柯有半其博三寸厚三之一輻厚一寸也故書博或作摶杜子春云當爲博渠三柯者三渠二丈七尺謂罔也其徑九尺鄭司農云渠謂車輮所謂牙行澤者欲短轂行山者欲長轂短轂則利長轂則安澤泥苦其大安山險苦其大動行澤者反輮行山者仄輮反輮則易仄輮則宇故書仄爲側鄭司農云反輮謂輪輮反其木裏需者在外澤地多泥柔也側當爲仄山地剛多沙石玄謂反輮爲泥之黏欲得心在外滑仄輮爲沙石破碎之欲得表裏相依堅刃六分其輪崇以其一爲之牙圍輪高輪徑也牙圍尺五寸柏車轂長一柯其圍二柯其輻一柯其渠二柯者三五分其輪崇以其一爲之牙圍柏車山車輪高六尺牙圍尺二寸大車崇三柯綆寸牝服二柯有參分柯之二大車平地載任之車轂長半柯者也

綆輪箄牝服長八尺謂較也鄭司農云牝服謂車箱服讀爲負　羊車二柯有參分柯之一　鄭司農云羊車謂車羊門也玄謂羊善也善車若今定張車較長七尺　柏車二柯　較六尺也柏車輪崇六尺其綆大半寸　凡爲轅三其輪崇參分其長二在前一在後以鑿其鉤徹廣六尺鬲長六尺　鄭司農云鉤鉤心鬲謂轅端厭牛領者

弓人爲弓取六材必以其時　取幹以冬取角以秋絲漆以夏筋膠未聞　六材既聚巧者和之　聚猶具也　幹也者以爲遠也角也者以爲疾也筋也者以爲深也膠也者以爲和也絲也者以爲固也漆也者以爲受霜露也　六材之力相得而足　凡取幹之道七柘爲上檍次之檿桑次之橘次之木瓜次之荊次之竹爲下　鄭司農云檍讀爲億萬之億爾雅曰杻檍又曰檿桑山桑國語曰檿弧萁服　凡相幹欲赤黑而陽聲赤黑則鄉心陽聲則遠根　陽猶清也木之類近根者奴　凡析幹射遠者用埶射深者用直　鄭司農云埶謂形埶假令木性自曲則當反其曲以爲弓故曰審曲面埶玄謂曲埶則宜薄薄則力少直則可厚厚則力多　居幹之道菑栗不迆則弓不發　鄭司農云菑讀爲不菑而畬之菑栗讀爲榛栗之栗謂以鋸副析幹迆讀爲倚移從風之移謂邪行絕理者弓發之所從起玄謂栗讀爲裂繻之裂　凡相角秋閷者厚春閷者薄穉牛之角直而澤老牛之角紾而昔　鄭司農云紾讀爲抮縳之抮昔讀爲交錯之錯謂牛角觕理錯也玄謂昔讀履錯然之錯　疢疾險中　牛有久病則角裏傷　瘠牛之角

無澤少潤氣角欲青白而豐末豐大也夫角之本蹙於𦛗而休於氣是故柔柔故欲其埶也白也者埶之徵也蹙近也休讀爲煦鄭司農云欲其形之自曲反以爲弓玄謂色白則埶夫角之中恒當弓之畏畏也者必橈橈故欲其堅也青也者堅之徵也故書畏或作威杜子春云當爲威威謂弓淵角之中央與淵相當玄謂畏讀如秦師入隈之隈夫角之末遠於𦛗而不休於氣是故脃脃故欲其柔也豐末也者柔之徵也末之大者𦛗氣及煦之角長二尺有五寸三色不失理謂之牛戴牛三色本白中青末豐鄭司農云牛戴牛角直一牛凡相膠欲朱色而昔昔也者深瑕而澤紾而摶廉摶圜也廉瑕嚴利也鹿膠青白馬膠赤白牛膠火赤鼠膠黑魚膠餌犀膠黃皆謂煮用其皮或用角餌色如餌凡昵之類不能方鄭司農云謂膠善戾故書昵或作樴杜子春云樴讀爲不義不昵之昵或爲䵒䵒黏也玄謂樴脂膏膱敗之膱膱亦黏也凡相筋欲小簡而長大結而澤小簡而長大結而澤則其爲獸必剽以爲弓則豈異於其獸剽疾也鄭司農云簡讀爲撊然登陴之撊玄謂讀如簡札之簡謂筋條也筋欲敝之敝鄭司農云嚌之當孰漆欲測鄭司農云測讀爲惻隱之惻玄謂測讀如測度之測測猶清也絲欲沈如在水中時色得此六材之全然後可以爲良全無瑕病良善也凡爲弓冬析幹而春液角夏治筋秋合

三材三材膠絲漆鄭司農云液讀爲醳寒奠體奠讀爲定至冬膠堅内之檠中定往來體冰析灂大寒中一於冬析

幹則易理滑致春液角則合合讀爲洽夏治筋則不煩煩亂秋合三材則合合堅

密也寒奠體則張不流流猶移也冰析灂則審環審猶定也春被弦則一年之事

期歲乃可用析幹必倫順其理也析角無邪亦正之斲目必荼鄭司農云荼讀爲舒荼徐也目幹節目

斲目不荼則及其大脩也筋代之受病脩猶久也夫目也者必強強者在

内而摩其筋夫筋之所由幨恒由此作摩猶隱也故書筋或作薊鄭司農云當爲筋幨讀爲車幨之幨玄謂幨絶起也

故角三液而幹再液重醳治之使相稱厚其液而節其帑厚猶多也節猶適也厚其帑則木堅薄其帑則需需謂不充滿鄭司農云帑

讀爲襦有衣絮之絮帑謂弓中裨是故厚其液而節其帑約之不皆約疏數必

侔不皆約纏之繳不相次也皆約則弓帑侔猶均也斲摯必中膠之必均摯之言致也中猶均也斲摯不中膠之

不均則及其大脩也角代之受病夫懷膠於内而摩其角夫角之所

由挫恒由此作幹不均則角蹴折也凡居角長者以次需當弓之畏也長短各稱其幹短者居蕭恒角而

短是謂逆橈引之則縱釋之則不校鄭司農云恒讀爲棨緪之緪玄謂恒讀爲揯揯竟也竟其角而短于淵幹引之角縱

不用力若欲反橈然校疾也既不用力放之又不疾恒角而達譬如終紲非弓之利也達謂長於淵幹若達於蕭頭紲弓韣

（負過淵接則送矢不疾若見紲於㢸矣弓有㢸者爲發弦時備頓傷詩云竹㢸緄縢）今夫茭解中有變焉故校（鄭司農云茭讀爲激發之激茭謂弓檠也校讀爲絞而婉之絞玄謂茭讀如齊人名手足擥爲骹之骹茭解謂接中也變謂䔆臂用力異校疾也）於挺臂中有柎焉故剽（挺直也柎側骨剽亦疾也鄭司農云剽讀爲湖漂絮之漂）恒角而達引如終紲非弓之利（重明達角之不利變譬言引字之誤）撟幹欲孰於火而無贏撟角欲孰於火而無燂引筋欲盡而無傷其力鬻膠欲孰而水火相得然則居旱亦不動居濕亦不動（贏過孰也燂炙爛也不動者謂弓也故書燂或作朕鄭司農云字從燂）苟有賤工必因角幹之濕以爲之柔善者在外動者在內雖善於外必動於內雖善亦弗可以爲良矣（苟偷也濕猶生也）凡爲弓方其峻而高其柎長其畏而薄其敝宛之無已應（宛謂引之也引之不休止常應弦言不罷需也峻謂簫也鄭司農云敝讀爲蔽塞之蔽謂弓人所握持者）下柎之弓末應將興（末猶簫也興猶動也發也弓柎卑簫應弦則柎將動）爲柎而發必動於閷（閷接中）弓而羽閷末應將發（羽讀爲扈扈緩也接中動則緩緩簫應弦則角幹將發）弓有六材焉維幹強之張如流水（無難易也）維體防之引之中參（體謂內之於檠中定其體防深淺所止謂體定張之弦居一尺引之又二尺）維角定之欲宛而無負弦引之如環釋之無失體如環（負弦辟戾也負弦則不如環如環亦謂無難易鄭司農云定讀如牚距之牚車牚之牚）材美工巧爲之時謂之

參均角不勝幹幹不勝筋謂之參均量其力有三均均者三謂之九和有三讀爲又參量其力又參均者謂若幹勝一石加角而勝二石被筋而勝三石引之中三尺假令弓力勝三石引之中三尺弛其弦以繩緩擐之每加物一石則張一尺故書勝或作稱鄭司農云當言稱謂之不參均玄謂不勝無負也九和之弓角與幹權筋三侔膠三鋝絲三邸漆三斞上工以有餘下工以不足權平也侔猶等也角幹既平筋三而又與角幹等也鋝鍰也邸斞輕重未聞爲天子之弓合九而成規爲諸侯之弓合七而成規大夫之弓合五而成規士之弓合三而成規材良則句少也弓長六尺有六寸謂之上制上士服之弓長六尺有三寸謂之中制中士服之弓長六尺謂之下制下士服之人各以其形貌大小服此弓凡爲弓各因其君之躬志慮血氣又隨其人之情性豐肉而短寬緩以荼若是者爲之危弓危弓爲之安矢骨直以立忿埶以奔若是者爲之安弓安弓爲之危矢若損贏濟不足危奔猶疾也骨直謂強毅荼古文舒假借字鄭司農云荼讀爲舒其人安其弓安其矢安則莫能以速中且不深故書速或作數鄭司農云字從速速疾也三舒不能疾而中言矢行短也中又不能深其人危其弓危其矢危則莫能以愿中愿慤也三疾不能慤而中言矢行長也長謂過去往體多來體寡謂之夾臾之屬利射侯與弋射遠者用埶夾庾之弓合五而成規侯非必遠顧埶弓者材必薄薄則弱弱則

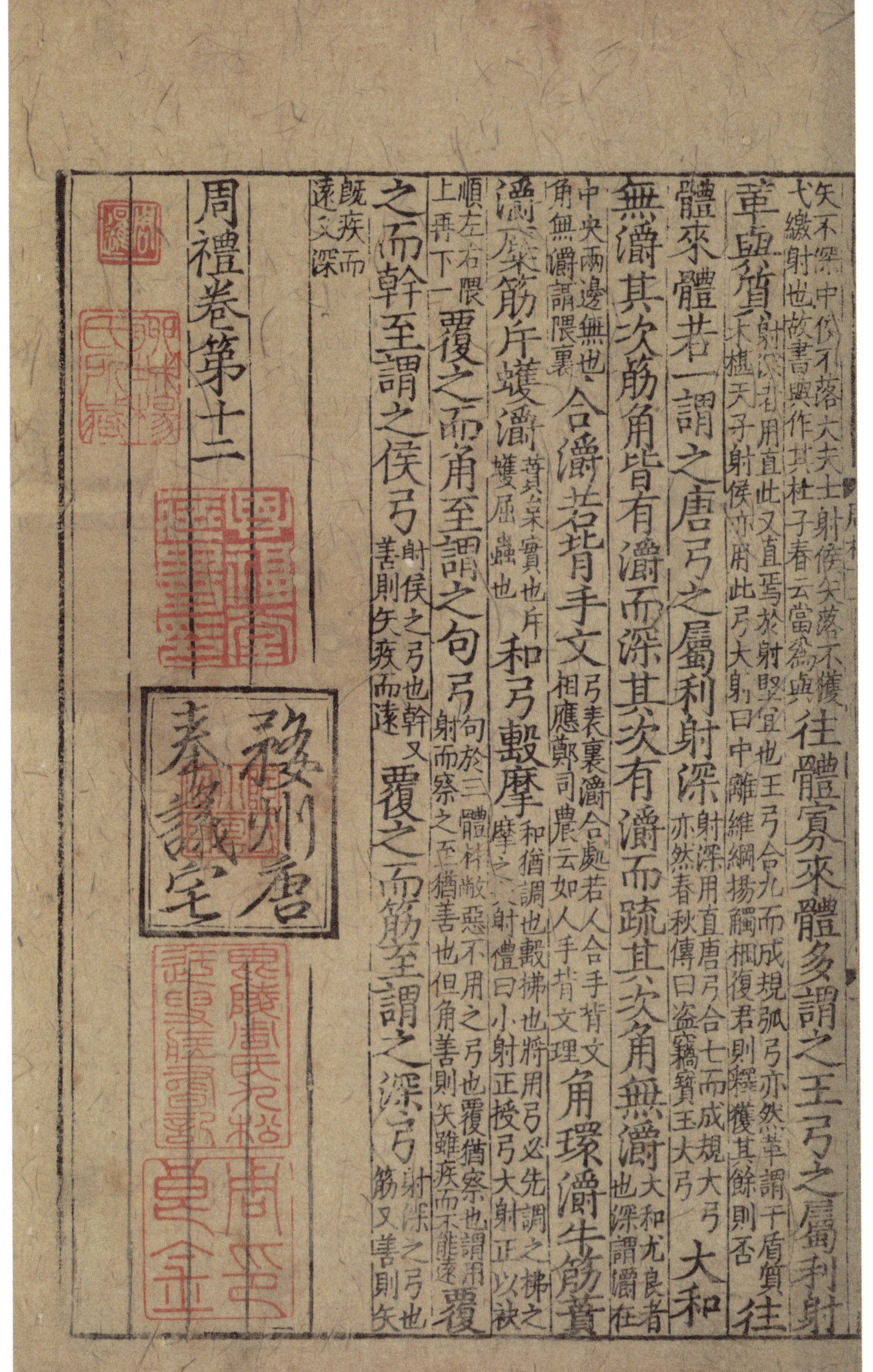

矢不深中侯不落大夫士射侯矢落不獲弋繳射也故書與作其杜子春云當為與往體寡來體多謂之王弓之屬利射
革與質射深者用直此又直焉於射堅宜也王弓合九而成規弧弓亦然革謂干盾質木椹天子射侯亦用此弓大射曰中離維綱揚觸梱復君則釋獲其餘則否往
體來體若一謂之唐弓之屬利射深射深用直唐弓合七而成規大弓亦然春秋傳曰盜竊寶玉大弓大和
無濟其次筋角皆有濟而深其次有濟而疏其次角無濟大和尤良者也深謂濟在
中央兩邊無也角無濟謂隈裏合濟若背手文弓表裏濟合處若人合手背文相應鄭司農云如人手背文理角環濟牛筋蕡
濟麋筋斥蠖濟蕡其臬實也斥蠖屈蟲也和弓轂摩和猶調也轂拂也將用弓必先調之拂之摩之大射禮曰小射正授弓大射正以袂
順左右隈上再下一覆之而角至謂之句弓句於三體材敝惡不用之弓也覆猶察也謂用射而察之至猶善也但角善則矢雖疾而不能遠覆
之而幹至謂之侯弓射侯之弓也幹又善則矢疾而遠覆之而筋至謂之深弓射深之弓也筋又善則矢
既疾而遠又深

周禮卷第十二

婺州唐奉議宅

書衣

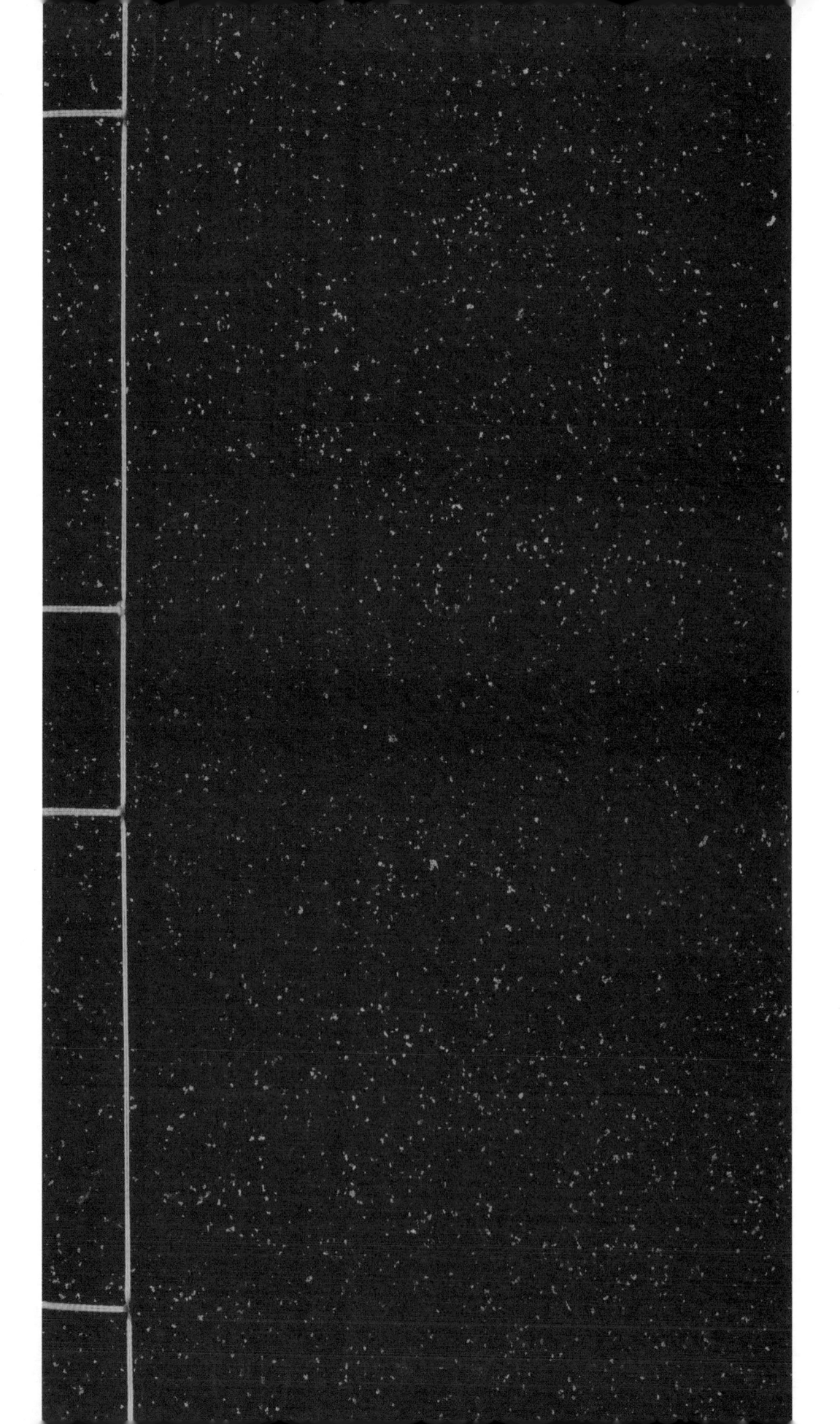

版本解題彙編

一之一、婺州本（本書影印底本）

楹書隅録

宋本周禮十二卷六册一函

「道光十年汪氏藏」在卷二後

鄉先生北海鄭君經學，易、書、論語、孝經注並佚，春秋付服子慎，慎注亦亡。近所傳鄭氏注尚書、春秋左傳、論語三書，固有疑惠定宇僞託者，非真出深寧所輯也。今惟詩箋及三禮注在耳。顧三禮經注合刻之古本，世鮮傳焉。岳倦翁九經三傳沿革例所稱，唐時石刻本有經而無注，晉天福銅板本有注而不存，他若蜀大字本、蜀學重刊大字本、中字本、中字有句讀附音本、潭州舊本、撫州舊本、建大字本、俞韶卿家本、中字凡四本、婺州舊本、興國于氏本、建余仁仲本，雖尚有一二傳者，然間或遇之，不能數數覯也。此本每半葉十三行，行大二十五字，小三十五字。首題「周禮卷第一」，次行頂格「天官冢宰第一」，越三格題「周禮」，又越三格題「鄭氏注」。每卷末題經注若干字。有木記三：卷三後曰「婺州市門巷唐宅刊」，卷四、卷十二後曰「婺州唐奉議宅」。蓋即「婺州舊本」，尤今世絶無僅有者，寧非至寶耶。

三禮經注合刻，儀禮有嚴州本，禮記有撫州本，俱已覆彫，周禮則闕如。黄復翁繙本，以嘉靖徐刻爲主，殊非宋本真面。而宋本之見於著録者，黄復翁所校紹興間集古堂董氏本，秋官下、冬官上鈔補。蜀大字本，存秋官。單注本，存冬官。小字本，存夏官。岳本，存地官、春官、夏官。互注本；缺秋官、冬官。並海寧陳簡莊所藏附音義纂圖互注本，秋官、冬官以余仁仲本配補。案：此本即復翁所據互注本。所見巾箱本、缺春官、夏官。案：此本係纂圖互注。余仁仲本：天官、地官配補，秋官俗鈔。案：此本即阮文達公周禮校勘記所載錢孫保本。率皆殘帙，且或附音釋，或纂圖互注，不盡鄭注也。此本則與嚴、撫兩刻同爲鄭注專本，首尾完具，鏤鍥精工，亦無弗同，而經注之勝各本者，證之彭文勤公石經考文提要、據校宋本凡四，除已見前之互注、附音、仁仲三本外，尚有宋本九經。阮文達公周禮校勘記及復翁札記、簡莊跋文，尤多脗合。如倦翁云：「秋官司寤氏『掌夜時』，注『夜時謂夜晚早，若今甲乙至戊』，疏又以『甲乙』則早時，『戊亥』則晚時實其説。獨蜀本作『戊』字。竊謂『戊』字爲是，疏則因傳寫之誤而曲爲之説爾。注意正指甲夜乙夜至戊夜也。」是「戊」字之沿譌已久，故今據校之宋本從無云作「戊」者，而此本獨未誤。又倦翁云：「開元所書五經，往往以俗字易舊文。五季而後，鏤版傳印，經籍之傳雖廣，而點畫義訓訛舛自若。」蓋宋時刊書，多出坊賈，俗文破體，大抵類然。此本字學獨極精審，幾於倦翁所謂「偏旁點畫」「不使分毫差誤」，故宋諱之缺避，較他本頗詳。可知此本非特今世爲罕見之珍，即宋槧各本，亦莫與之京矣，不更寶中之寶耶。

嚴、撫兩本，先公督袁江時收得之，旋購此本於揚州汪容甫先生之子孟慈太守家，錢遵王、陳簡莊所藏鄭箋毛詩兩宋本，復先後來歸。於是，北海之學存於今者，咸獲善本，洵經厨之大觀也。先公畢生，邃於經學，服膺北海。嘗敘山陽儉卿丁文六藝堂詩禮七編曰：「自後儒空言義理，而鄭君之學微。然王禕謂『朱子詩集傳，訓詁多用毛鄭』。朱子論孟精義序云：『漢儒正音讀，通訓詁，考制度，辨名物，其功博矣。學者苟不先涉其流，則亦何以用力於此。』孟子集注以柏舟爲『衛之仁人』，白鹿洞賦『廣青衿之疑問』，仍用毛鄭舊説。至儀禮經傳通解徵引三禮，備載鄭注。讀經而不由鄭學，猶欲入室而不由户也。」嗚乎，學者誠能致力於此，博考互稽，析疑申奥，則訓詁既定，義理斯明，於經學豈曰小補之哉。重惜予之謭陋，不克自勵而自棄也。悲夫。同治上元甲子重陽，東郡楊紹和謹識於四經四史齋。

有「高□英和私印」「恩福堂藏書印」「周良金印」「毘陵周氏九松迂叟藏書記」

「江都汪氏問禮堂收藏印」「汪大喜孫孟慈」「汪喜孫印」「喜孫秘笈」「秘書少監」「汪廷熙印」「汪介徽印」「周玉齊金漢石之館」「阮氏小雲過目」「何紹基印」「何紹業觀」各印記。

版刻圖録

周禮注　漢鄭玄撰　宋婺州市門巷唐宅刻本　金華　圖版八八、八九

匡高一九・六釐米，廣一三・一釐米。十三行，行二十五字至二十七字不等。注文雙行，行三十五字、三十六字不等。白口，左右雙邊。楊氏四經四史之齋舊藏宋本四經之一。宋諱缺筆至桓、完字。刻工沈亨、余竑又刻廣韻，廣韻缺筆至構字、眘字，因推知此書當是南宋初期刻本。卷三後有「婺州市門巷唐宅刊」牌記，卷四、卷十二後有「婺州唐奉議宅」牌記。九經三傳沿革例所謂「婺州舊本」，疑即此本。「唐奉議」疑即唐仲友，仲友以校刻荀子等書遭朱熹彈劾得名。

一之二、婺州本（殘本）

藏園群書經眼録

周禮注十二卷　漢鄭玄撰　存卷一至六，卷七至二十配附釋文本　△八六三四

宋婺州市門巷唐宅刊本，半葉十三行，行二十五六字，注雙行三十五字，白口，左右雙闌，版心記字數及刊工姓名，有王珍、沈亨、余竑、徐林、李才、卓宥、高三諸人。卷三末葉有牌子，文曰：「婺州市門／巷唐宅刊」。卷七至十二半葉十一行，行二十一二字不等，注雙行同，白口，四周雙闌，版心上記字數，下記刊工姓名。避宋諱至「慎」字止。附釋文。有楊守敬之跋。

鈐有：「周櫟園藏書印」白、「商丘宋犖收藏善本」朱、「緯蕭艸堂藏書記」朱、「臣筠」、「三晉提刑」各印。余嘗以校黄刻本，頗有改正。（袁寒雲藏，丙辰見）

二、金刻本

阿部隆一　北京南京上海觀書記（一九八二年發表於汲古第二號，今據阿部隆一遺稿集第一卷）

周禮一二卷附釋音一卷　漢鄭玄注　（釋音）唐陸德明撰　〔金〕刊　六册

新補深藍書衣（二七・五×一八釐米），金鑲玉裝，印版用紙高二四釐米。首無目録。正文卷首題「周禮卷第一／天官冢宰第一（空五格）鄭氏注」。後附周禮經典釋文，卷首題「周禮釋音／（低二格）唐國子博士兼太子中允贈齊州刺史吴縣開國男陸德明撰／天官

冢宰第一」。左右雙邊（一八·三×一二·七釐米），有界十一行，每行大致十九至二十二字不等，注小字雙行，每行大致在二十五至三十二字之間。版心白口，單黑魚尾，題「周礼（或作「周」「注周」「注周礼」「礼」「周音」等）幾　（葉次）」。玄敬儆警弘殷匡筐恒貞徵桓溝諸字偶或缺筆，例不嚴。鈐「項氏萬卷/堂圖籍印」「子/長」「萬卷堂/圖籍章」「大生/堂印」「端友/省主/人印」（白文）「錢/孟襄」諸印，並天禄璽印六種。明項篤壽（字子長）萬卷堂、天禄琳琅等舊藏。天禄續目卷二著録。

天禄續目以爲宋監本，而據字體當視爲金刊本。字體方直，刻印鮮明，美善可貴，未聞有同版别本傳世。天禄續目列舉此本可校正明經廠本訛脱之處。

附録：金刻本周禮商榷——兼論婺州本周禮

（原刊登於二〇一四年出版版本目録學研究第五輯。今經重校，個別表述有所調整，大體無異。）

一、前言

北京圖書館藏有一部金刻本周禮鄭氏注，原爲天禄琳琅舊藏，並以宋刻本目之。天禄琳琅書目後編（卷二，葉一五至一六）云：

周禮一函六册

鄭康成注，十二卷，後附陸德明音義一卷，岳珂所謂「音釋自爲一書」，真宋監本之舊也。

並與明監本稍稍對校曰：

太宰「三曰邦監本譌「郊」。甸之賦」。膳夫「羞用百有監本脱「有」字。二十品」。鄉大夫「各憲之于其所治」。監本衍「之」，以下句「國」字屬此句。肆長「掌其戒禁」。監本譌「令」。遂人「以彊監本譌「疆」。予任甿」。大樂正「乃分樂而序監本譌「祀」。之」。磬師「凡監本譌「及」。祭祀」。夏官序官「小子」「史一監本譌「二」。人」。司弓矢「庳監本譌「痺」。矢」，「授兵甲監本譌「至」。之儀」。大馭「掌馭玉監本譌「王」。輅」。職方氏「其浸盧」。監本譌「盧」。維庭氏「夜監本脱「夜」字。射之」。大行人「則詔監本脱「詔」字。相諸侯之禮」。小行人「凡此五物者」。監本脱「此」字。掌客「致饗監本譌「饔」。太牢」。秋官末，「都則闕，都士闕，家士闕」。監本脱此三官。考工記輪人「則是摶監本譌「榑」。以行石也」。

以此下定論言：「是則明傳刻之誤，宋監本不誤也。」

僅憑釋文自爲一卷，即認爲是「真宋監本之舊」，再加上用來對校的是錯訛較多的明代監本，這種判斷自然無法令人信服。楊成凱先生在金刻本的鑒賞與收藏——古書版本知識（見紫禁城二〇〇九年第二期，頁一二〇至一二五。）中説：

南豐曾子固先生集三十四卷，避北宋帝諱。天禄琳琅書目後編著録爲宋建陽巾箱本。趙萬里先生認爲版式刀法紙墨與潘氏舊藏雲齋廣録如出一轍，應該同屬金中葉平水坊刻本。……跟此書情況類似的還有周禮十二卷釋音一卷，天禄琳琅書目後編著録爲宋刻本，今藏國家圖書館，已經定爲金刻本。（頁一二四）

劉薔先生天禄琳琅研究（二〇一二年九月北京大學出版社出版）云：

天禄琳琅書中確有兩部真正的金版書，即天目後編卷二之「宋版」周禮和卷六之「宋版」南豐曾子固先生集，前者被稱作「真宋監本之舊也」，後者著録爲「建陽巾箱本」。兩書皆藏中國國家圖書館，周禮，……此本字體偏方，筆畫古拙，……刻書筆法爲南宋以後北方版刻風格，故趙萬里先生定爲金刻本。（頁三三五）

自趙萬里先生以後，此書定爲金刻本遂無異議。

傳世金刻本極少，可以確認的金刻本更少，尋常人没有版本學家累積數十年的經驗與機會，無法分辨其中的差距，只能仰賴版本學家閲書的經驗。楊先生又説：

北宋和北方刻本留存的實物太少，以致對於南北宋之間以及南北方之間的版式風格的差異，幾乎總結不出多少明確的依據……

在許多情況下，我們只是根據版式的直感，將其歸入金代刻書中心平水（即現在臨汾地區）刻本，其實没有更過硬的證據——中國版刻圖録對一些金刻本的説明就是這種情況。但我們不能不想到，平水應不止一家刻書地，平水之外還有其他多處，各家各地的風格我們卻未必都能成竹在胸。

諱字雖是鑒定版本的重要依據，可是用於金刻本卻是把兩刃劍：金刻本大都出自宋本，特别是北宋本，往往保留宋帝諱字，若不注意就會誤斷爲宋本。金帝諱字比較特殊，需要更多地觀察，積累更多的資料。

刻工姓名更被當今版本研究者恃爲利器，然而標有刻工的書并不多。（頁一二三至一二四）

金刻本周禮的情況，正如楊先生所言，没有任何確切可供鑒别的訊息。不僅没有序跋、刊記，整部書未標有刻工姓名，避諱字「玄」「恒」「敬」「殷」「貞」，皆爲避宋帝諱字。趙萬里先生的鑒定結果，自然没有我們置喙之處，不過，有没有更好的方法來理解這部金刻本周禮呢？

二、異體錯訛字衆多的金刻本周禮

金刻本周禮（今據再造善本影印本）十二卷，每半葉十一行，經文大字，行二十至二十四字不等，注文小字雙行，行二十六字至三十二字不等，白口，左右雙欄。版心單魚尾，有書名「周禮」、卷數及葉數，無刻工名。釋音一卷，每半葉十二行。有印：「天禄／繼鑑」（卷一、三、五、七、九、一二首）、「項氏萬卷／堂圖籍印」（卷一、五、九首）、「子／長」（卷一、五、九首）、「萬卷堂／圖籍章」（卷一、五、九首）、「大生／堂印」（卷一、九首，卷四、八尾，釋音尾）、「乾隆／御覽／之寶」（卷一、三、五、七、九、一二首，卷二、四、六、八、一一尾，釋音尾）、「天禄／琳琅」（卷二、四、六、八、一一尾，釋音尾）、「端友／省主／人印」（卷四、八尾，釋音尾）。

各職官之間區分不清，有時提行以別之，有時僅以「○」以別之，有時空二格以別之，有時直接承前職末文。

多用異體字，如：「禮」作「礼」，「獻」作「献」，「飭」作「飭」，「穀」作「穀」，「無」作「无」，「處」作「処」，「與」作「与」，「數」作「数」，「屬」作「属」，「鹽」作「塩」，「萬」作「万」，「爾」作「尔」，「亂」作「乱」，「辭」作「辞」，「舉」作「举」，「決」作「决」，「齊」作「斉」，「劑」作「剤」，「斷」作「断」，「從」作「従」，「贊」作「賛」，「冢」作「冢」，「寇」作「寇」，「淫」作「滛」，「學」作「斈」，「邪」作「衺」，「梁」作「梁」，「變」作「变」，「來」作「来」，「宜」作「宜」，「國」作「国」，「備」作「俻」，「關」作「関」，「互」作「乥」，「泥」作「泥」，「肉」作「肉」、「肉」，「稽」作「稽」，「聲」作「声」，「欬」作「咳」，「體」作「躰」，「黑」作「黒」，「菹」作「葅」，「奇」作「竒」，「徑」作「徑」，「久」作「乆」，「與」作「與」，「象」作

「彖」，「災」作「灾」，「器」作「噐」，「陰」作「隂」，「遷」作「迁」等。

將天官與黃丕烈士禮居本周禮鄭注對校，異文錯字隨處可見，舉例如下：

天官冢宰第一，「辨方正位」注「考之極星」，「之」作「諸」。

大宰之職，注「掌邦禁」作「掌邦政」；「刖臯」作「則臯」；「月奉」作「月俸」；「班禄」作「班禄」；「勤勞」作「動勞」，「禮賓」作「札（應爲「禮」之簡體「礼」的訛體）賓」，「秝大麥」作「秝大麥」，「百草」作「百工」，「楛矢」作「楛矢」；「尚質也三者」，「三」作「玉」；「六幣云玉獻」，「玉」作「三」；「執璧」作「執壁」。

小宰之職，注「司馬平士大夫」，「士」作「七」；「皆舍不以力役」，「舍」作「舍」；「比居謂伍籍」，「比」作「此」；「合計其士之卒伍」，「士」作「土」；「有事者所當共」，「事」作「富」；「大宰助王也」「贊王酌鬱鬯」，「王」皆作「主」；「春秋傳」作「春秋溥」；「使齎歲」作「使齍歲」。

宮正職，注「擊柝」作「擊析」，「食禄稟」作「食禄廩」。（金刻本「稟」、「廩」常混用）

宮伯職，注「秩禄稟」作「秩禄廩」；「大子所用」，「大」作「天」。

膳夫職，注「擣珍漬」，「漬」作「潰」。

庖人職，注「六獸麋鹿」，「麋」作「麇」；「凡鳥獸」，「凡」作「几」；「乃令獸人」，「令」作「今」；「尤盛爲人」，「尤」作「无」；「煎和膳」，「煎」作「前」。

内饔職，注「煎和齊」，「煎」作「前」；「曰胥實俎」的「胥」字分爲「丞日」二字；「腥臊」作「腥膘」，「膴牒」作「膴delays」。

甸師職，注「芸芓」作「芸茅」，「焫蕭」作「焫蕭」，「泲酒」作「沛酒」。

獸人職，注「令禽注於虞中」、「小禽私之」，「禽」作「禽」；「斬首」作「斬胥」。

鼈人職，注「甲萮」作「甲萮」；「簎謂以杈刺泥中」，「簎」作「籍」，「杈」作「义」。

腊人職，注「小物全乾」，「乾」後衍「當」字；「鄭司農云膴膺肉」，「肉」後有「也」字；「皆先制乃亨」，「亨」後有「之」字。（以上卷一天官上）

食醫職，注「成之猶水火」，「猶」作「飲」；「棗栗飴蜜」，「栗」作「粟」；「堇荁枌榆」，「荁」作「苴」，「娩槁」作「免槁」。

疾醫職，注「六癘」作「六廣」；「驗窺」作「驗窺」；「書術者」，「者」下有「也」字。

瘍醫職，注「黄礬石」，「礬」作「礜」；「似脉苦」，「似」作「以」。

酒正職，注「齊麴蘖必時」，「麴」作「麹」，「蘖」作「糵」。

漿人職，注「用柶者」、「不用柶者」，前一「柶」作「柶」，後一「柶」作「桖」；「春秋傳曰火星」，「火」作「水」。

籩人職，注「河間以北煮」，「北」作「比」；「乾梅也有桃」，脱「有」字；「玄謂此二物」，「二」作「三」。

醢人職，注「以粱麴及鹽」，「粱」作「梁」；「今河間名豚」，「今」作「謂」；「鄭司農云酏食以酒酏」，二「酏」皆作「馳」；「羸蠃」，「羸」作「羸」。

掌舍職，注「故書枑爲柜」、「柜受居」，二「柜」皆作「拒」；「梐椳」作「梐椳」。

幕人職，注「若幄中」，「幄」作「偓」。

掌次職，注「板屏」作「板屏」。

玉府職，經文「金玉玩好」，「玉」作「王」。

司書職，注「相副貳」，「貳」作「二」；「財幣之簿書」，「簿」作「薄」。

職内職，注「總謂簿書」、「簿移用」，二「簿」皆作「薄」；「貳令者」，

「貳」作「二」。

職歲職，注「以貳者」、「其貳令」，二「貳」皆作「二」。

職幣職，注「振猶抍也」，「抍」作「拯」；「録籍」作「録藉」。（金刻本「藉」、「籍」常混用）

司裘職，注「大射麋侯」，奪「大」字。

掌皮職，經文「會其財齎」，奪「財」字；注「予人以物」，奪「以」字。

内宰職，注「世婦二十七人」，「世」作「出」；「齍薦徹豆籩」，「齍」作「盉」，「籩」作「邊」；「所立社也」，「社」作「礼」；「敦杜子春讀」，「杜」作「社」。

閽人職，注「苛其出入」，「苛」作「考」；「内命夫卿大」，「夫」作「天」。

九嬪職，注「亦十五日而徧」，「徧」作「偏」；「玉敦受黍稷」，「玉」作「王」。

内司服職，注「始生月令」，「令」作「今」。

追師職，注「春秋傳曰衡紞紘」，「紞」作「統」；「有衡垂于副」，「于」作「千」。

屨人職，注「今世言屨」，「世」作「出」；「玄謂凡屨」，「凡」作「九」；

「纁屨黑絇繶」，「絇」作「絈」。

夏采職，注「以衣曰皐」，「皐」作「皇」；「夏后氏之綏」，「綏」作「緌」；「故書亦多作」，「多」作「者」。（以上卷二天官下）

又有前後文互乙者，如：宫伯職注「在外爲舍」作「在舍爲外」。又有重文而作重文符號者，如酒正職注「酏糟糟音聲」，「糟糟」作「糟く」，司書職注「入於職幣幣物」作「幣ろ」，司裘職注「鵠鵠毛也」，作「鵠ろ」、内司服注「所以尊尊也」，「作尊ミ」等。綜觀全書錯訛字例，幾乎皆爲形近而誤的情況。

書末附釋音一卷。雖然版式與正文不類，爲半葉十二行，但字體的簡化與正文相同。可以排除取其他本釋文與之拼合爲一部的可能性。論者或謂兩宋監本有經注附釋文的情況，金刻本周禮即是如此，這是天禄琳琅書目後編藉以判斷爲宋監本的證據。金人攻下汴京後獲得大量北宋監本的書籍與版片，金刻本周禮書末附釋音也正可作爲金刻本與北宋刻本同源的證據。被鑒定爲金刻本的黄帝内經素問與蒙古本的尚書注疏，釋音則分别附在各卷卷末，與金刻本周禮不同；九經三傳沿革例書本説興國于氏本的音義「不列於本文下，率隔數頁始一聚見」；到南宋末，經注疏附釋音本，則割裂釋文至經注文相應的位置，已經成爲常態。釋文經歷從整卷附於書末↓分别附於各卷末↓隔數頁一聚見↓割裂一段一字到相應的經注文下的過程，雖然爲讀者提供了便利，但因文字與經注文相出入，也種下南宋末期改經注文以遷就釋文的惡習。

以通志堂經解本經典釋文周禮音義與金刻本對校，金刻本周禮釋音以最簡單的方式注音，除了將釋文説解的文字全部删去外，一字只注一音，「又音」皆不録；直音的字（音某），删「音」字；有反切的字（某某反），删「反」字。當然，能夠將字體簡化的地方都用簡體字，甚至將上下不需要注音的字删去，如庖人職：

庖人徐扶交反↓庖扶交；賈八人鄭徐音古劉音嫁下放此↓賈古；裹肉音果↓裹果；苞苴子餘反↓苴子余（「餘」改爲「余」）；物賈音嫁↓物賈嫁；

並選擇性地注音，跳過他認爲不需要注音的字，但不清楚取決的標準是什麽①，如内饔職：

内饔　割亨普庚反注及下同；肆解託歷反；齊以才細反；截側吏反；膰音燔本亦作燔；脀職升反；脜音由徐餘柳反干云病也司農云朽木臭也；泠毛音零徐郎年反；而躁早到反；臕本又作臕芳表反又符表反徐又孚趙反；而沙如字一音所嫁反或蘇他反；鳴貍音鬱徐於弗反；豕盲亡亮反；眡視土反又音視；睫音接干音將業反；而般音班；臂如字徐本作辟音方紙反；螻音樓如螻蛄蟲臭也干音漏内病也此依禮記文；是別彼列反；澌也音西；蛄音姑；掌共羞共依注音具；膴火吴反徐幽武反；胖普半反；鍛丁亂反；鉶羹音刑；膟肉直輒反又之涉反；大臠力轉反；好賜呼報反注同。

↓内饔　亨普庚；肆解託歷；齊才細；截側吏；膰燔；脀職升；脜由；臕（改注音字）芳表；貍莫皆（改反切字）；

① 例如在對校的過程中，不斷地發現「爲，于僞反」被保留下來，其他難讀字却被删去。

盲亡亮；眂（改注音字）視；睫接；般班；螻樓；別彼列；澌西；蛄姑；膴呼（改反切爲直音）；胖普半；牒直輒；銂刑（改前後順序）；䜌力轉；好呼報。

經典釋文的釋音，大部分以二個字爲單位，金刻本這種刪改的作法，造成一個比較大的問題是，同一個字在同一段文字中可能出現數次，但與之組合的另一個字往往被金刻本刪去，無法準確地知道被釋字是哪一個。不過這種情況到了考工記稍微改善，較多的單位字組被保留了下來。

同樣，在釋音部分，可以見到和正文一樣多的錯訛字。

總體看來，金刻本周禮充滿了簡化字、錯字，刻書的態度也相當隨意。若説金刻本最大的價值在於與北宋監版同源，我們可以根據金刻本推想北宋監本的樣貌，但這部金刻本周禮似乎與印象有一段差距。那麽，探究金刻本的性質成爲我們確定金刻本價值的當務之急。

三、金刻本周禮的底本

追查金刻本的性質，婺州本周禮①、毛居正六經正誤②與加藤虎之亮的周禮經注

① 本文所指「婺州本周禮」，使用中華書局古逸叢書三編影印北京圖書館藏本之影印本（一九九二年）。北京圖書館收藏兩部婺州本周禮，此部完帙，另一部爲僅存前六卷的殘本。

② 毛居正六經正誤，使用通志堂經解本（臺北：漢京文化事業有限公司）。

疏音義校勘記①可以爲我們提供最重要的綫索。

（二）金刻本與婺州本的對校

婺州市門巷唐宅刻本周禮，被鑒定爲南宋初期的南方坊刻本，可説是除了金刻本之外，現存最早的周禮經注本。每半葉十三行，行二十五至二十七字不等，注文小字雙行，行三十五至三十六字不等，白口，左右雙欄。書末未附釋文。此部周禮，加藤虎之亮先生在撰寫周禮經注疏音義校勘記時没有看到原書或是影印本，但校記中仍出現「宋婺州本」的字樣，其實是引用孫詒讓周禮正義校記之言，而孫詒讓使用的不過是費念慈用婺州本留下的校記。將婺州本與金刻本對校，可以瞭解同一時期，南、北方刻書的差異。

以婺州本爲底本，與金刻本通校一過，兩部周禮存在著許多的異文，其中大部分是金刻本在筆畫上的形訛與簡化字，少部分的異文才是我們探究兩部周禮之間關係的關鍵。爲避免文章太過冗長，以下將不列金刻本因無關緊要的形訛、簡化字而與婺州本産生異文的條目。標「♪」號者，爲婺州本經過修補的條目，這些條目是討論兩本關係的關鍵，留待下文討論。

【天官第一】

① 加藤虎之亮撰：周禮經注疏音義校勘記（東京：財團法人無窮會，一九五八年九月）。

敘官「辨方正位」注「考之極星」，金本「之」作「諸」；「此定宮廟」，「廟」下有「也」字。

大宰之職，注「掌邦禁」，金本「禁」誤作「政」；「百草根實」，「草」誤作「工」。

宮正職，注「有解惰」，金本「解」作「懈」。

内饔職，注「實鼎曰脀」，金本「脀」誤作「丞日」二字。

腊人職，注「小物全乾」，「乾」下有「當」字。經文「共其脯腊」，金本脱「其」字。（以上天官上）

疾醫職，注「數術者」，金本「者」下有「也」字。

凌人職，注「春秋傳曰火星」，金本「火」誤作「水」。

籩人職，注「以啗所貴」，金本「貴」下有「也」字；「有桃諸梅諸」，金本脱「有」字。

醢人職，注「今河間」，金本「今」作「謂」。

職幣職，注「振猶拼也」，金本「拼」誤作「掓」。「掓」字可簡化成「拼」，恐因此而與「拼」字形相近而致誤。

司裘職，注「大射麋侯」，金本脱「大」字。

掌皮職，經「會其財齎」，金本脱「財」字。注「與人以物」，金本脱「以」字。

閽人職，注「二曰庫門」、「三曰雉門」，金本「庫」、「雉」互乙，是。「苛其出入」，金本「苛」誤作「考」，恐爲音近而誤。

典婦功職，注「鄭司農云」，金本脱「云」字。此處婺本「農云」二字擠刻，經過修補。

夏采職，注「故書亦多作綏」，金本「多」誤作「者」。（以上天官下）

【地官第二】

敘官，封人，注「堳埒及小封疆」，金本「埒」前有「慱」字；委人，「史四人」，金本脱「史」字；廩人，注「廩廩人」，金本下「廩」字作空格。

大司徒之職，經「則民不愉」，金本「愉」作「偷」，注文同作「偷」。加藤氏校勘記云：「偷、愉諸本參差。」經「以斂財賦」，金本「財」下誤衍「九」字，注「民九職」，金本脱「九」字；「盗賊急其刑」，金本「急」誤作「隱」；「山澤之材」、「貨賄化材」，金本「材」俱作「財」。

小司徒之職，注「二牧而當」，金本誤重「而」字。

鄉師之職，注「苴刌茅長」，金本「刌」誤作「者」。

鄉大夫之職，注「今吏有復除」，「復」誤作「服」，金本音之誤；「衆庶寧軍輿」，金本「云」誤作「之」，金本此字修補過，筆畫較粗，且字體稍傾斜；「使無復」，金本脱「寧」字。

旅師職，注「而讀爲若聲之誤」，金本「爲」誤作「實」，婺本經過修補；「今云族師職，注「未知此世所云」，金本「云」作「謂」。

遂大夫職，注「耒耜鎡」，金本「鎡」誤作「茲」，婺本經過修補。

遂師職，經「以救其時事」，金本「其」誤作「共」，形之誤。

遂人職，注「比閭黨族」，金本「黨族」二字誤倒。

賈師職，注「賈師帥」，金本「賈師」誤作「買帥」。

司市職，注「行苦者」，金本誤作「沽」，婺本經過修補。

媒氏職，注「大夫乃以玄」，金本「玄」誤作「一」。

司救職，經「諸嘉石」，金本誤作「加」，注文中「嘉」字金本不誤；注「以事而牧之」，金本「事」誤「士」，「牧」誤「收」，皆因音之誤、形之誤。

充人職，注「告備近之」，「之」字金本誤作經文大字。（以上地官上）

鼓人職，注「止擊鼓司馬」，金本「鼓」下有「也」字，「也司」二字擠刻；「之眚不鼓」，金本「鼓」誤作「言」，應涉上字「眚」字而誤。

封人職，注「時界矣」，金本「矣」誤作「爲」。

族師職，注「未知此世所云」，金本「云」作「謂」。

政役」，金本「政」誤作「征」，婺本經過修補。♪

委人職，注「玉府其牧」，金本「玉」作「王」，「牧」作「收」，皆形之誤，但此處婺本「牧」字亦經修過作「攴」，應該欲改爲「牧」，但字體不明。♪「麤者曰薪」，金本誤修改作「鹿」。

草人職，注「渴澤故水」，金本「澤」誤「浮」。

卝人職，注「錫釞也二」，金本無「二」字，婺本誤衍。

廩人職，注「曰糧謂糒也」，金本誤作「糗」。（以上地官下）

【春官第三】

敘官，司尊彝，注「言爲尊之法」，金本「法」下有「也」字。鞮鞻氏，注「鞻讀如屨也」，金本「如」字空半格，恰如此本「如」字大小，但無「如」字。

大宗伯之職，注「不言祭地此皆」，金本缺「此」字；「文有麤縟耳」，金本「麤」作「鹿」，有修改；「唯天半見」，金本「見」下有「也」字。

小宗伯之職，注「鄭司農立」，金本「農」下有「云」字，但與「立」字擠刻一字格，説明「云」字爲後補者；「赤曰赤熛怒」，金本「熛」上脱「赤」字。「司寇主大司空主冢」，二本俱作「大」字，應作「犬」。♪

肆師職，注「謂羊血也」，金本「羊」誤作「於」；「諸侯與七日」，金本「七」

誤作「六」。

司尊彝職，注「郊特牲曰縮酌用茅」，金本脱「牲」字，婺本經過修補，「郊特牲」三字擠刻二字格。

典瑞職，注「以相見故邾隱公」，金本「相」誤作「用」；「以徵守者以徵召守國」，金本脱「以徵守者」，恐涉後文而脱；「則送於使者」，金本脱「者」字。

司服職，注「鄭司農云大裘」，金本「裘」誤作「求本」二字；「天子日視朝」，金本「日」誤作「曰」，但婺本修改過；「其袂三尺三寸袪尺」，金本「袂」誤作「袪」。

冢人職，注「列侯墳高四丈」，金本「丈」誤作「尺」。

職喪職，注「玄謂祭以牲」，金本「祭」作「告」，婺本誤。（以上春官上）

大司樂職，注「鳥獸蹌蹌」，金本作「牄牄」。孫詒讓云：「今書僞孔本作『蹌』，與鄭本異，説文倉部引書亦作『牄』，是許、鄭所據本同。」① 經「姑洗爲羽」，金本「姑」誤作「沽」（以下注文亦有作「沽」者，略）。注「以玉而祼焉乃後合樂」，金本「焉」字誤作「稷」，恐涉上字「祼」而誤作。「數其陽無射無射」，金本下「無射」作空二格。「讀當爲大韶字之誤」，金本脱「大」字，「韶」下有「聲」

① 孫詒讓撰，王文錦、陳玉霞點校：周禮正義（北京：中華書局，二〇〇〇年三月），册七，頁一七三八。

字，作「讀當爲韶聲字之誤」。「興謂作之也」，金本「作」誤作「行」。

鼓矇職，注「時也諷頌」，金本「時也」二字誤乙。

眡瞭職，注「西頌磬東面」，金本「磬」誤作「穀」，亦形之誤；「擊榡以奏之」，金本「擊」誤作「鼓」。

典同職，注「故書硍或爲硍」，金本「爲」作「作」，是。

磬師職，注「編爲編書」，金本「書」下有「之編」，是。

笙師職，注「今時所推五空」，金本「推」作「吹」，是。

籥章職，注「爾雅曰畯農夫也」，金本「農」誤作「田」。

大卜職，注「卜日天子卜葬」，金本「日」誤作「曰」，婺本經過修補。♪

龜人職，注「奉由送也」，金本「由」作「猶」，是。

占人職，注「杜子春云繫幣者」，金本「繫」誤作「計」，恐音之誤。

簭人職，注「筮遷都邑也」，金本「也」字作空格；「即事有漸也」，金本脱「有」字。

大祝職，注「神祇杜子春云」，金本脱「春」字；「讀振爲振旅之振」，金本「振旅」誤作「祭」；「祭以　肝肺」，金本空格處誤重「以」字；「凡血祭曰釁」，金本「血祭」誤乙；「掌國事辨護之」，金本「事」誤作「士」，「辨」作「辦」，是。

司巫職，注「死既斂就巫」，金本「既」誤作「氣」。

大史職，注「天子頒朔于諸侯」，金本「頒」作「班」，是。阮元校勘記云：「嘉靖本『頒』作『班』，賈疏引注同。凡經文作『頒』，注中多作『班』。按此亦段玉裁云經用古字注用今字之一證。」①經「大師抱天時」，金本「師」誤作「史」；注「瞽即大師大師瞽官之長」，金本不重「大師」二字。

小史職，注「爲節事相成」，金本「成」下有「也」字。

馮相氏職，注「長短之極極則氣」，金本第二個「極」字誤作「以」。

巾車職，注「讀如鞶帶」，金本「帶」誤作「帨」，形之誤；「鷖讀爲鳧鷖」，金本脱「讀」字；「或曰潼容」，金本「潼」誤作「幢」，婺本此字經過修補；「士喪禮下篇曰車至」，金本脱「下」字。

司常職，注「某某之號今大」，金本第二個「某」字誤作「甲」。（以上春官下）

【夏官第四】

大司馬之職，注「掌大田役治」，金本「大」誤作「火」，婺本此字經過修補；「則南鄉甀東鄉爲人」，金本「甀」誤作「甄」，婺本此字經過修補；「天子諸侯蒐狩」，金本「狩」誤作「獸」；「攻敵剋勝」，金本「攻」誤作「功」，皆音同而

① 重栞宋本周禮注疏附校勘記（臺北：藝文印書館據嘉慶二十年江西南昌府學本影印，一九八九年），頁四一〇。

誤，婺本此處一整行皆修補。「祝奉以從」，金本誤重「以」字。「秦伯素服」，金本「秦」字空格；「奉猶送也」，金本「猶」誤作「田」。♪

馬質職，注「不以齒賈」，金本誤重「以」字。

小子職，注「體解節折也肉豆者切肉也」，金本「解節」誤作「節即」，「肉」誤作「均」，此字恐涉上「切」字而誤；「用毛牲曰」，金本「用毛」二字誤乙。

羊人職，注「獻羔祭韭」，金本「韭」字下誤衍「一」字。經「祭祀割羊牲」，金本脱「羊」字，但婺本「羊牲」擠刻一字格，且經過修補。♪

射人職，注「禮有射豕者」，金本「豕」字誤「矢」，音之誤。（以上夏官上）

司士職，注「朝朝者皆退」，金本脱「皆」字。

方相氏職，注「木石之怪」，金本「石」誤作「土」。

大僕職，注「御僕 庶子」，金本空格處作「御」，此處作「御僕庶子」爲是，婺本校改時恐將衍字删除，而金本未改。經「王不眡朝」，金本「眡」誤作「抵」，形之誤；注「公有疾不視朝」，金本「朝」作「朔」，是。♪

弁師職，注「希衣之冕五斿」，金本脱「冕」字；「大夫藻再就用玉」，金本誤重「再就」二字；「兼於韋弁皮弁」，金本「於」下衍「弁」字。

齊右職，注「王未成之時」，金本「成」作「乘」，是；「備驚奔也」，金本

「諸子之地方二百里」，金本脱「里」字，婺本「二百里」三字擠刻二字格，經過修補。♪（以上夏官下）

「驚」誤作「敬」。

大馭職，注「皆以金爲鈴」，金本「鈴」下有「也」字。

職方氏職，注「四擾馬牛羊豕三種」，金本「豕」誤作「豸」；

【秋官第五】

「秋官司寇第六」，金本「六」作「五」，是。婺本誤作「六」。

敍官，薙氏，注「又今俗間謂麥」，金本脱「今」字，婺本「又今俗」三字擠刻二字格，經過修補；♪蟈氏，注「月令曰螻蟈」，金本「蟈」字誤作「蛞」，恐涉上字而誤；掌交，經「府二人」，金本「二」字空白無字。

士師之職，注「稱詐以有爲者」，金本「稱」誤作「爲」，恐涉下而誤。

訝士職，注「疑辨事先來」，金本「事」誤作「士」，音之誤。

朝士職，注「魯用天子之禮」，金本「之」字作空格；「天子應門此名制」，金本「此」字下空十格後誤重「此」字；「獲委於朝」，金本「獲」字誤作「未」，恐涉「委」字音而誤；「出責之息亦責國服與」，金本「責」字作「如」，是，婺本恐涉上「責」字而誤。

司刺職，注「若今時律令」，金本「時」字作空格。

司盟職，注「讀其載書以告之也」，金本「也」字作空格；「寫副當以授六官」，金本「六」字誤作「官」。

職金職，注「要凡數也」，金本「凡」誤作「其」，恐涉經文「入其要」而誤作。

（以上秋官上）

雍氏職，注「書粊誓曰敜乃」，金本「粊」誤作「秦」，「粊」爲「費」之古字，阮元校勘記云：「自唐以前皆作『粊誓』，至衛包乃妄改爲『費誓』。」（頁五五四）此處金本恐因形之誤。婺本「粊」字亦誤作「柴」。

蜩氏職，注「牡蘜蘜不華者」，金本脱一「蘜」字。

壺涿氏職，注「故書橭爲梓」，金本「故」字誤作「教」，形之誤。

庭氏職，注「射大陽與」，金本「與」下有「以疑之」三字，且「與以疑之」四字擠刻二字格，加藤氏校勘記云：「抄本下有『以疑之』」，黄云：周校無『以疑之』三字，案此必因疏誤衍。」（詳下文，卷三七，頁二三左）

伊耆氏職，注「咸讀爲函」，金本作「咸續函也」，形之誤，婺本經過修補；♪「尚敬去之」，金本「敬」誤作「杖」，形之誤。

司儀職，注「饔餼饗食之禮則有降殺」，金本「殺」誤作「教」，形之誤；「寡君命臣于庭大夫曰」，金本「庭」下有「問」字，是。

掌訝職，注「以王命致于賓」，金本「賓」下有「其數于宮」四字，且「王命致于」四字擠刻二字格。加藤氏挍勘記云：「訂本上有『致積』，建、訂、陳本『致』下有『其數』。抄本下有『其數于宮』。」（卷三八，頁五三右）此注之經文作「及委則致積」，若如加藤氏所言，則訂本（宋王與之周禮訂義）作「致積，以王命致其數于賓」，金本恐因誤涉「其數于賓」而衍「其數于宮」四字。「如朝而治之」，金本「治」作「理」，加藤氏挍勘記云：「建、訂、陳本『理』作『治』。」（卷三八，頁五四右）與婺本同。（以上秋官下）

【冬官考工記第六】

總論，經「攻木之工輪輿」注「鄭司農輪輿」，金本「農」下有「云」字，是。經「加軫與轐焉四尺」，金本「焉」字誤作「馬」，形之誤。

輪人職，注「幬幔轂之革急」，金本「急」字作「也」，是；「鄭司農云不甈於鑿謂不動於鑿」，金本「甈」字誤作「動」，涉下文「動」而誤。

輿人職，注「兵車之轛圍」，金本「轛」誤作「軹」，此注經文作「參分軹圍去一以爲轛圍」，恐涉經文而誤；「謂車輿軨立者」，金本「輿軨」誤作「无軫」，金本注文「無」多作「无」，「輿軨」、「無軫」近似，恐因此致誤。

桃氏職，經「身長五其莖長」，金本脱「其」字。

鳧氏職，注「厚鍾厚深謂室之也」，金本「謂」誤作「爲」，音之誤。

韗人職，注「今亦合二十四版」，金本無「四」字，黄丕烈札記云：「『二十』下誤衍四字，宋單注本無，董鈔補同，今訂正。」則金本爲是。

畫繢職，注「鄭司農説以論語曰」，金本「説以」作「云説」。（以上冬官考工記上）

玉人職，注「於其杼上 明無所屈」，金本此空格處有「上」字，誤重；「大山川則大祝用事焉」，金本「大祝」之「大」誤作「是」。

陶人職，經「脣寸盆實二」，金本「盆」字誤作「益」。

梓人職，注「若與群臣飲酒而射」，金本「臣」下有「閒暇」二字，加藤氏按勘記云：「董、余、浙、十、重、纂、元、京、岳、陳、人、閩、韓、周本同。」阮元校勘記云：「按賈疏引注亦無此二字；又云『若與群臣飲酒者，君臣閒暇無事而飲酒』，則『閒暇』二字係疏語誤入，鄭注本無，嘉靖本是也。」（頁六四九）故以上衆本皆因疏語孱入而誤。

匠人職，注「堂上爲五室象五行也」，金本第二個「五」字作空格。經「九夫爲井……方十里爲成」，金本「十里」誤作「一里」。經「凡任索約大汲」，金本「汲」誤作「級」，注文中「汲」字金本皆不誤。注「穿地曰窌」，金本「穿」上誤衍「万」字。

車人職，注「柯欘之木頭取名焉」，金本脱「取」字；「易巽爲宣髮」，金本「宣」字作「寡」。「故書仄爲側」、「側當爲仄」、「在外滑仄」，金本「仄」字皆誤作「反」，形之誤；「在外澤地多泥柔也」，金本「在」字誤作「其」。弓人職，注「若損羸濟不足危」，金本「若」作「言」，是。（以上冬官考工記下）

綜觀以上金刻、婺州二本之異文，雖金刻本偶有勝處，但脱字、衍字、涉上下文而誤、音之誤、形之誤比比皆是。作爲同一時期的南北方刻本，金刻本與婺州本之高下立判。

（二）兩部周禮與毛居正周禮正誤的對校

魏了翁六經正誤序云：

本朝胄監經史多仍周舊，今故家往往有之，而與俗本無大相遠。南渡草創則僅取版籍於江南諸州，與京師承平監本大有逕庭，與潭、撫、閩、蜀諸本互爲異同，而監本之誤爲甚。……朝廷命胄監刊正經籍，司成謂無以易，誼父馳書幣致之，盡取六經三傳諸本，參以子史字書，選粹文集，研究異同。凡字義音切，豪釐必按。……寶慶初元（一二二五）冬十二月丁亥朔，臨邛魏了翁序。

説明毛居正爲了修正南宋監本的錯誤，撰寫了六經正誤，並確實做到「字義音切，毫釐必按」的地步，書中所指出的許多錯誤，都與字畫的寫法有關，如「償」字中的

「四」不可作「亖」，「樂」字的「木」不可作「木」；「摯」作「摯」，「穀」作「穀」，「會」作「會」，「黑」作「黑」，「券」作「券」，都是錯字。同時，校記中多條都引興國本與建本作爲佐證。不過，多虧毛氏如此錙銖必較，我們才能夠清楚地瞭解到南宋後期監本文字筆畫的細節，有助於討論金刻本與宋朝監本的關係。

六經正誤周禮正誤所列出錯誤者共163條（天官38條、地官22條、春官36條、夏官22條、秋官29條、冬官16條），本文先後以金刻本、婺州本與周禮正誤逐條比對，正誤所舉出的錯字，如以上所列的「債」、「樂」、「摯」、「穀」、「會」、「黑」「券」等，以及「任」作「任」（從「壬」不從「王」），「本」作「夲」，「眂瞭」作「眂瞭」，「指麾」作「指麾」，「徵」作「徵」，金刻本都與之相合。更出乎意料的是，婺州本在這些地方居然與金刻本錯誤一致，相同的例子還有許多，無法一一列舉。或許，這些點畫上的細節比較讓人難以信服，以上所舉的例子也是其他衆本有可能出現的錯字，以下再舉幾個無關點畫的條目，可以更清楚地明白二者之間的關係。楷體字皆爲周禮正誤原文，【】中注記筆者對校兩本的結果：

✣天官

大宰之職，注「疾病相扶持」，「扶」字下欠「持」字，諸處本皆有「持」字。【二本皆無「持」字。】

小宰之職，注「稱責謂貸予」，作「子」誤。【二本皆作「子」。】

膳夫，注「醴醇醫酏」，「醫」作「醫」誤。【二本皆作「醫」。】

腊人，注「庶羞皆有大者，此據肉之所擬祭者也。又引有司」，中欠「者此」至「又引」十二字。【二本皆無此十二字。】

獸醫，且强陽氣也。「且」作「旦」誤。【二本「且」字雖不誤，但「陽」字皆作「其」。】

✤地官

春人，注「扰杼臼也」，「臼」作「曰」誤。【二本皆作「曰」。】

黨正，「昏冠」作「昬」誤，興國本作「昬」，後同。【二本皆作「昬」。】

司門，注「視占不與衆同」，「占」當作「瞻」，興國本作「瞻」。【二本皆作「占」。】

遂師，「辨其施捨」注「施讀亦爲弛」作「施讀亦弛也」誤，興國本作「施讀亦爲弛也」，亦誤，多「也」字。【二本俱作「施讀亦弛也」。】

草人，注「若氾勝之術也」，「若」作「苦」，「氾」作「氾」誤。【二本皆作「氾」。】

✤春官

職喪，注「當催督」，作「督」誤。【二本皆作「督」。】

小師，注「出音者曰鼓」，缺「者」字。【二本皆缺「者」字。】

籥章，「豳樂」作「豳」誤。【二本皆作「豳」。】

大史，「執書以次位常」注「謂校呼之」，「校」當作「挍」，考挍之挍从手，欄校之校从木，考挍之挍音教，欄校之校音效。小史注「校比之」亦當作「挍」，凡考挍字皆然，但承訛既久，不敢改也。【二本俱作「校」。】

✣夏官

環人，注「揚威武以觀敵」，觀當音灌。【二本「揚」字皆作「爲之」。】

司士，注「背北面東」，「背」作「皆」誤。【二本俱作「皆」。】

挍人，注「稍食日稟」，「日」字注疏本作「曰」，興國、建本皆作「曰」，然正義不釋此句意，不敢改也。【二本俱作「曰」。】

✣秋官

薙氏，注「月令曰燒薙行水謂燒所芟草」，作「水非謂燒所芟草」誤。【二本皆有「非」字。】

大司寇之職，注「書曰王旄荒度作詳刑」，「旄」作「耗」誤。【二本皆作「耗」。】

小司寇之職，「二曰議故之辟」注「故舊不遺則民不偷」，釋文同，興國、建本及二本釋文皆作「偷」。按此注是引論語文，論語作「偷」，則此注亦當作「偷」字。【二本俱作「偷」。】

罪隸，注「牛助國以助轉徙也」，「牛」字下缺「助國」二字。【二本俱作「牛助國以牛助轉徙也」。】

野廬氏，注「若今絶蒙大巾」，興國、建本皆作「布巾」。【二本皆作「大巾」。】

雍氏，注「書粊誓」今書作「費」。【金刻本作「秦誓」，婺州本作「粊誓」，金刻本爲形之誤，若除去此因素，二本俱作「粊」。】「禽獸魚鼈」作「鼈」誤，興國本作「鼈」，釋文不音，乃知作「鼈」非也。【二本皆作「鼈」。】

萍氏，注「書酒誥曰有政有事無夷酒」，興國、建本皆作「彝」，今書亦作「彝」。【二本皆作「夷」。】

壺涿氏，「以炮土之鼓毆之」注「玄謂燔之炮之炮」，作「燔之炮之炮」，中欠一「之」字，諸本皆然，姑俟善本。【二本皆作「燔之炮之炮炮土之」。】

司儀，「及禮私面」注「鄭司農説私面」作「鄭司農云説私面」多「云」字誤，諸本皆無「云」字。【二本皆有「云」。】朝大夫，注「主治其國者平理其來文書於朝者」，「平」作「乎」誤。【二本皆作「主其國治者平理其來文書於朝者」。】案：金刻本、婺州本是，毛居正所據本誤。

✤冬官

輪人，「大而短則摯❶」，作「摰」誤。摯，从執从手，音臬。埶，古勢字，非从操執之執也。从執者，音贄。【❶二本同作「摯」。】注「摯❷讀爲槷❸謂輻危槷❹也」，槷从埶从木，亦音臬。【❷二本與毛居正同，❸金本作「摯」，婺本作與毛居正同，❹二本同作「摯」】。「轂也者以爲利轉也」，「轂」作「轂」誤，轂从㱿从車，「㱿」音確，亦作「殼」。【二本皆作「轂」。】

以上的例子，都只能説明金刻本與婺州本的底本非常接近，甚至是同一個版本，才能有如此一致的樣貌。當然，金刻本、婺州本也不是總完全一樣，從上文兩書的對校即可説明。與毛居正本對校時，雖有不同之處，亦皆爲點畫之差，而文字存在大差異者爲以下三條：

（一）旅師，「而用之」注「而讀爲若」，「爲」作「實」誤，興國、建本皆作「爲」。

按：金本作「實」，婺本作「爲」。但婺本經過修補。

（二）哲蔟氏，注「其詳未聞」，「詳」作「祥」誤。

按：金本作「祥」，婺本作「詳」。但婺本經過修補。

（三）伊耆氏，「共其杖咸」注「咸讀爲函」作「咸讀函」，婺誤。

按：金本作「咸續函也」，「續」爲「讀」之形誤；婺本作「咸讀爲函」，經過修補。

這三條是相當關鍵的條目，只看現在這兩部周禮文本的差異，容易讓人誤以爲是不同底本的兩個文本。不過，在婺本中，這三條都有修補的痕跡，説明婺本在經過校改後，將原本作錯字之處都修改爲正確的字，在此之前，極有可能是作「實」、「祥」、「咸讀函也」。因此，在將金刻本、婺州本對校時，我們也特别注意到兩本文字具有較大出入的地方，婺州本幾乎都經過修補的工作，如上文所標示「♪」。又，春官小宗伯，經「及執事涖大斂」注「爲之喪大記」，二本「喪」字俱作「𠷒」。「喪」字二本最常同作「喪」，或作「喪」，或作「丧」，卻在同一處出現作「𠷒」，不能不讓人懷疑兩本確實有着從表面看不到的聯繫。

（三）從周禮經注疏音義校勘記找尋金刻本的綫索

周禮經注疏音義校勘記是加藤虎之亮先生花費三十三年所編寫。他自大正十三年春

（一九二四）開始「立周禮經注疏音義校勘之志」（周禮經注疏音義校勘記序）。三十三年間，他從日本到上海各處蒐集各種傳世的周禮單經本、經注合刻本、音義本、疏本、經注音義合刻本、經注疏合刻本、經注疏音義合刻本、諸家校勘本，並參校元以前周禮注釋書、禮書、宋以前類書隨筆類、唐以前注釋書、字書韻書、周禮諸儒考説等，共計一百九十三部。幾乎是想得到的周禮經注疏音義本，他都逐一網羅到這部校勘記中——除了金刻本與婺州本周禮。

將金刻本出現的錯字與加藤氏校勘記對校，這些錯字與加藤氏所校衆本無一相謀，自成一套系統，原因皆出自金刻本本身因涉上下文、形近、音近而致誤的關係上。但從秋官下卷開始，金刻本與加藤氏校記中所謂的「抄本」往往不謀而合，如出一轍。檢此「抄本」，並未出現在加藤氏「引據各本書目解説」中，然在秋官司寇上卷最末、「秋官司寇下」條之前，加藤氏有一段按語：

嘉、士本有「經四千二百六十二字，注七千五百二十字」，黄云：「蕘案：此卷周校臨錢孫保校宋本，兹臨周校，未取抄本。」董本缺秋官下及冬官上，黄氏以抄本校。案：抄本殷、玄、桓、敬、驚等字皆闕筆，所據爲宋本可知。（下册，卷三六，葉四〇右）

蕘圃藏書題識再續録卷一「周禮注疏四十二卷校宋本」下有云：

周本校語云：錢孫保、季振宜所藏宋版周禮，春官、夏官、冬官爲余仁仲本，天官、地官則又别一宋槧，秋官則鈔補者也。余假諸顧秀才之逵，又參以岳本校訖，癸丑二月廿二日也。蕘案：此是周香嚴臨段茂堂校本，前跋當是茂堂所記。以上卷八後。

秋官下、冬官上係鈔補，用黑筆校，蕘翁。卷四十後。

全書覆取周臨段校余仁仲刊本，又錢孫保補鈔宋本，又岳本及段茂堂意改本，……補鈔本及意改本未及校入，恐展轉傳寫，昧所從來也。①

此「抄本」的來源，或許就是錢孫保的補鈔宋本。周香嚴、黄丕烈、加藤氏等，皆輾轉獲得「抄本」的内容，並未見到原件。不過，他們都忠實地將「抄本」的情況一一注出，如：「『出入五積』，抄本『五』下空闕一字」、「『不受饗食』，抄本下空三格」等，這些空格處皆與金刻本相同。

經過與加藤氏「抄本」所作一一比對，其中關鍵之處，如庭氏職，注「射大陽與」，金刻本「與」下有「以疑之」三字；掌訝職，注「以王命致于賓」，金刻本「賓」下有「其數于宮」四字，「抄本」皆一致，且僅有「抄本」有以上文字。又，輈

① 黄丕烈撰：蕘圃藏書題識再續録（北京：中華書局，一九九三年一月，清人書目題跋叢刊六・黄丕烈書目題跋、顧廣圻書目題跋），頁三五四至三五五。

人職，經「爲之當兔之圍」，注「與任正者相應」：「抄本脱『相應』。」那是因爲金刻本「相應」二字漫漶，以致抄寫者看不清而無法抄寫。當然，由於轉相抄寫的緣故，抄本與金刻本也有不同之處，不過皆爲點畫之差。可以推測，加藤氏所説的「抄本」，所據就是金刻本周禮。原本以爲金刻本孤獨地在這世上黯黯地存在着，實際上卻在最關鍵的時候，發揮了它的效用。

此外，最令人在意的莫過於金刻本梓人職注「若與群臣閒暇飲酒而射」，加藤氏校記列舉了董、余、浙、十、重、纂、元、京、岳、陳、人、閩、韓、周本，皆與金刻本同竄入了疏語的「閒暇」二字，而婺州本没有。又，庭氏職注「射大陽與以疑之」，加藤氏校記録黄蕘圃語，以爲「以疑之」三字因疏誤衍。就内容考量，確爲鄭注所無，而混入賈疏語，但何時混入則無法確定。不過，我們不可能因爲這兩個例子，就認爲金刻本的底本爲注疏本。

四、結語

現在，我們可以大膽地推斷，金刻本與婺州本刊刻的時間非常接近，他們所使用的是同一個底本，而北宋或南宋初的監本是他們最可能使用的底本。雖然金刻本簡體字不斷、錯字連篇，但這些是最單純、未經過後人擅改内容的錯誤。表面上看來，婺州本在各方面都比金刻本要來得可靠，文本内容也有明顯的出入，但這些出入往往出於修補，初刻的文本恐怕與金刻本相同。通過本文的初步分析，可以推測這兩部大約同時期、但面貌差異很大的南北刻本，其實就像是異卵雙胞胎一般，都是直接繼承宋代監本的基因，繁衍出來的第一代子孫。

婺州本有影印本行世，但金刻本在再造善本出現之前，則甚少有人能够利用。金刻本就像前文所言，滿紙錯字，它之所以能够在歷史上立足，完全是看在它近古的價值上。殊不知金刻本真正的優點與價值，必須與婺州本合璧，才能够完全地顯現出來，今後祇有好好利用金刻本的特性，我們對周禮的早期刊本才能够得到更完整的認識。

圖書在版編目（CIP）數據

影印金刻本婺州本周禮.全二册 / (漢) 鄭玄注. 一北京 : 北京大學出版社，2023.3
（重歸文獻：影印經學要籍善本叢刊）
ISBN 978-7-301-33772-1

Ⅰ. ①影…　Ⅱ. ①鄭…　Ⅲ. ①禮儀－中國－古代②《周禮》－研究　Ⅳ. ① K224.06

中國國家版本館 CIP 數據核字 (2023) 第 038155 號

書　　名	影印金刻本婺州本周禮（全二册） YINGYIN JINKEBEN WUZHOUBEN ZHOULI (QUAN ERCE)
著作責任者	（漢）鄭　玄　注
責任編輯	王　應
標準書號	ISBN 978-7-301-33772-1
出版發行	北京大學出版社
地　　址	北京市海淀區成府路 205 號　100871
網　　址	http://www.pup.cn　　新浪微博：@ 北京大學出版社
電子信箱	dj@pup.cn
電　　話	郵購部 010-62752015　發行部 010-62750672　編輯部 010-62756449
印 刷 者	北京中科印刷有限公司
經 銷 者	新華書店
	787 毫米 ×1092 毫米　16 開本　56.5 印張　516 千字
	2023 年 3 月第 1 版　2023 年 3 月第 1 次印刷
定　　價	566.00 圓（全二册）